海外中国研究丛书

——到中国之外发现中国

危险的愉悦

20世纪上海的
娼妓问题与现代性

Dangerous
Pleasures

Prostitution and Modernity in Twentieth-Century Shanghai

[美] 贺萧 著 韩敏中 盛宁 译
Gail Hershatter

江苏人民出版社

图书在版编目(CIP)数据

危险的愉悦：20世纪上海的娼妓问题与现代性 /
(美)贺萧著. —南京：江苏人民出版社，2022.5(2023.12重印)
(海外中国研究丛书/刘东主编)
书名原文：Dangerous Pleasures：Prostitution and Modernity
in Twentieth-Century Shanghai
ISBN 978-7-214-26892-1

Ⅰ.危⋯　Ⅱ.①贺⋯　Ⅲ.①娼妓—社会问题—研究
—上海—20世纪　Ⅳ.D693.98

中国版本图书馆CIP数据核字(2022)第013514号

Dangerous Pleasures：Prostitution and Modernity in Twentieth-Century Shanghai by Gail Hershatter
Copyright © 1997 by The Regents of the University of California
Published by arrangement with University of California Press
Simplified Chinese edition copyright © 2020 by Jiangsu People's Publishing House
All rights reserved
江苏省版权局著作权合同登记号：图字10-2018-145号

书　　　名	危险的愉悦：20世纪上海的娼妓问题与现代性
著　　　者	[美]贺　萧
译　　　者	韩敏中　盛　宁
责任编辑	赵　姥
装帧设计	周伟伟
责任监制	王　娟
出版发行	江苏人民出版社
地　　　址	南京市湖南路1号A楼，邮编：210009
照　　　排	江苏凤凰制版有限公司
印　　　刷	苏州市越洋印刷有限公司
开　　　本	652毫米×960毫米　1/16
印　　　张	43.5　插页4
字　　　数	553千字
版　　　次	2022年5月第1版
印　　　次	2023年12月第6次印刷
标准书号	ISBN 978-7-214-26892-1
定　　　价	168.00元

(江苏人民出版社图书凡印装错误可向承印厂调换)

序"海外中国研究丛书"

中国曾经遗忘过世界,但世界却并未因此而遗忘中国。令人嗟讶的是,20世纪60年代以后,就在中国越来越闭锁的同时,世界各国的中国研究却得到了越来越富于成果的发展。而到了中国门户重开的今天,这种发展就把国内学界逼到了如此的窘境:我们不仅必须放眼海外去认识世界,还必须放眼海外来重新认识中国;不仅必须向国内读者迻译海外的西学,还必须向他们系统地介绍海外的中学。

这个系列不可避免地会加深我们150年以来一直怀有的危机感和失落感,因为单是它的学术水准也足以提醒我们,中国文明在现时代所面对的绝不再是某个粗蛮不文的、很快就将被自己同化的、马背上的战胜者,而是一个高度发展了的、必将对自己的根本价值取向大大触动的文明。可正因为这样,借别人的眼光去获得自知之明,又正是摆在我们面前的紧迫历史使命,因为只要不跳出自家的文化圈子去透过强烈的反差反观自身,中华文明就找不到进入其现代形态的入口。

当然,既是本着这样的目的,我们就不能只从各家学说中筛选那些我们可以或者乐于接受的东西,否则我们的"筛子"本身就可能使读者失去选择、挑剔和批判的广阔天地。我们的译介毕竟还只是初步的尝试,而我们所努力去做的,毕竟也只是和读者一起去反复思索这些奉献给大家的东西。

刘　东

献给莎拉和扎卡里

目 录

第一部 历史记载与等级制度

第一章　导言:认识与记忆　3

第二章　分类与统计　41

第二部 愉悦

第三章　妓院规制　77

第四章　情感事务　113

第五章　花招与伎俩　138

第六章　职业生涯　154

第三部 危险

第七章　人口买卖　221

第八章　法律与混乱　245

第九章　性病　*270*

第四部　干预

第十章　改革者　*291*

第十一章　管理者　*322*

第十二章　革命者　*359*

第五部　当代的对话

第十三章　命名　*387*

第十四章　解释　*421*

第十五章　历史、回忆与怀旧　*462*

附录：表格　*469*

注释　*475*

引用文献　*613*

索引　*649*

插图目录

图 1　野鸡拉客　*192*

图 2　野鸡和娘姨　*193*

图 3　上海声色场中"迷途的羔羊"　*194*

图 4　游艺场一幕　*195*

图 5　兰云阁　*196*

图 6　沈宝玉　*197*

图 7　琴寓　*198*

图 8　穿戏装的高等妓女　*199*

图 9　拿着书的高等妓女　*200*

图 10　对弈的高等妓女（和娘姨？）　*201*

图 11　秦楼　*202*

图 12　花四宝　*203*

图 13　筱青楼　*204*

图 14　坐小轿车的高等妓女　*205*

图 15　男人举刀"破瓜"　*206*

图 16　《妓女的生活》（孙玉声，1939）的封面　*207*

图 17　高等妓女在开价　*208*

图 18　两名高等妓女与儿童　*209*

图 19　鸨母领来妓女，嫖客"论斤议价"　*210*

图 20　妇女劳动教养所　*211*

图 21　抽血检查性病　*212*

图 22　上课　*213*

图 23　学刺绣　*214*

图 24　毕业典礼　*215*

图 25　陆星儿的妇女教养所采访录中的插图（陆星儿 1993 年之一）　*216*

图 26　同图 25　*217*

第一部
历史记载与等级制度

第一章　导言：认识与记忆

本书虽称不上是对19世纪晚期至今上海娼妓生活的想象性重构，却又甚于想象性重构。①说算不上想象性重构，是因为娼妓同其他所有的下层社会群体一样，并没有亲自记载自己的生活。娼妓直接言说或再现自身的事例极为罕见（当然，我也将会阐明，她们并非完全沉默无语）。事实上，只是当有人想对她们进行赞誉、谴责或是统计其人数、进行监管、为她们治病、分析其病理、对世人发出警示、拯救她们、取缔娼妓业或者利用她们作为社会象征等等——只是在这种种情形下，娼妓才进入了历史记载。记录她们生存状况的文献资料名目繁多，其中包括娱乐场所指南、奇闻轶事录、肖像画、高等妓女受赠或自己赋写的诗作、小报上专门散布名妓蜚短流长的闲话专栏、禁止街头拉客的市政法令条规、巡捕房对街头卖淫女和被控从事贩卖妇女活动者的审讯记录、见诸报端的涉及高等或下等妓女案例的庭审报道、中外改革者有关许可或取缔娼妓业之利弊的争论、中国学者评述世界娼妓业史以及分析本地娼妓业缘由的专论、医生和社会工作者就上海各类人口中性病发病率所做的调查报告、救援机构记载的绑架拐卖妇女进妓院的案例、用小说笔法记录的妓女的骗人伎俩和痛苦生活等等，不一而足；当然，资料来源还不只限于以上所述。这些资料各有各的用处,但总起来看,它们对于革命以前社会上层的动向很有认识价值,可以说明上层人士如何建构并把握被统治的"他者"的类型。简言之,这些材料告诉我们的大多是作者们的分类策略,而不是妓女本身的经历。1935年,改革家曾迭讥讽地评论说:

> 其实这都是作者脑子里的妓女,作者耳朵里的妓女,你问他她们吃的究竟是什么,穿的究竟是什么,她们过这生活究竟情愿或不情愿,他就答不出来了。

曾迭喟叹道,读下流小报的花丛艳遇、青楼韵事也好,读主改革派闭门造车的作品也好,读有关在沪东洋、罗宋妓女的猥亵文字也好,总之,读者不可能找到一句直接从妓女嘴里说出来的话。②

因此,有关娼妓的极其丰富的史料并不是发自妓女的声音。然而,即使我们能听到大家竭力搜寻的"妓女本人的声音",那也不可能是未受到任何中介影响的原声。她们的日常生活,她们的挣扎,乃至她们的自我观照,在一定程度上都已经被上述其他人的声音和机构所建构起来了。于是,再刻苦再勤勉的历史学者也不可能用"取回"的方法来书写出历史,好像只要在被忽略的文献中大力发掘,便能复原出以往听不到的声音。事实上,此举之不可能性也使人们对复原模式本身产生了疑问。这种不可能性将注意力引向产生历史记载的种种方式:其实所有的历史记载都是一系列纵横交错的关系的产物,有着此时此地关怀的历史学者不得不隔着无法逾越的时间跨度,对这些关系做出模糊的理解或猜测。

然而,如果说本书的研究对历史复原方法的局限性做出了思考,如果说这样的思考使人谦卑的话,那么,它所要做的却也绝不只是无中介的、不失真的重构。娼妓业不仅是妇女在其中讨生活的、不断变迁的场所,它也是一个隐喻,是表达思想情感的媒介;城市中变动不居的上层阶级和新兴的中产阶级借娼妓问题讨论他们面对的问题、他们的恐惧、他们应着手做的事情以及前瞻性设想。在上海,一个世纪以来,人们对娼妓业有着各种不同的理解。有的认为它提供了城市所特有的愉悦,有的说这是充满寡廉鲜耻、工于心计的贪婪之辈的行当,有的将它看成道德败坏、容易染病上身的场所,还有的认为这标志着国家的衰落。讨论中也有人认为这是妇女及其家人做出的痛苦的经济选择,因为卖淫有时成了在上海寻找就业机会的妇女所能得到的最好的或唯一能带来收益的活动。人们通过娼妓业的类别理解这个行业,但这些类别范畴并非固定不变的,要探索这些类型必须注意城市的历史,殖民和反殖民的立国行动,关注"性",尤其是女性的"性"与初露头角的民族主义话语的交叉重叠。每一种社会阶级与社会性别的组合看待娼妓问题都有不同的参照点;由于各自处于不同的位置,娼妓问题对于不同的阶级和性别组合也呈现出不同的意义。

妓女被赋予了变动的多重性的意义,这就要求我们不能再用超历史的方法谈问题,例如称娼妓业为"世界上最古老的职业";也不能局限于一个个朝代地列数有关高等妓女的书籍和文字记载。③我们必须超越以上的做法,对性劳务进行因时因地的、历史化本地化的研究。娼妓业从来就是从事性服务、性买卖的行业,但我们可以从这样的交易中了解多得多的内容:例如性的意义、其他的社会关系,以及人们如何通过"性"这个媒介展开有关政治权力和文化转型、国民性和文化归依感等等问题的讨论。

中国现代有关娼妓业的争鸣在某些方面呼应了欧美的论辩。晚近的女性主义学术研究探索了娼妓业对于"一个社会的阶级和社会性别构造"的种种启示作用。娼妓业可说明

> 有关男女之经济和社会地位的权力安排;通行的性意识形态;……情欲性的和生育性的女性性行为被纳入特别的体制性安排的方法;改革者和妓女之间跨阶级的联合和对抗等。④

这方面的文献著作过于复杂,无法在此概要述之,然而其中有一些

反复出现的主题则对上海问题研究不无意义。首先,文献资料大体上是管理者、改革派、记者、小说家等等生产出来的,想在梳理这些资料的同时分辨出"来自妓女本人从业经历的语言"[5]是十分困难的。其次是对娼妓业之强大的象征作用的关注。阿兰·考尔班在讨论19世纪法国的情况时写道:"人们所写的、所议论的娼妓问题,实在是集体妄想的聚焦点,是各式各样焦虑的汇合处。"[6]就法国而言,焦虑包括害怕"性病、社会革命,以及任何意义上的'道德败坏'"[7],也包括惧怕男性统治受到威胁这样一种更笼统的意识。[8]对于20世纪早期的美国而言,焦虑的内容还包括"不加限制的移民……不可名状的城市,酒的罪恶,工人阶级城市文化的生长,而最重要的,是妇女的社会角色的变化"。[9]

这类学术意见中共同的第三个主题是不再(如许多改革者那样)将娼妓活动视为堕落或道德缺陷,而是坚持将娼妓业当成一种劳动形式,哪怕它并非总是自愿选择的工种。[10]有些学者争议说,妓女本人将她们的活动看成是在工作。[11]妓女的劳动以及从中获得的收益既可让她们摆脱窘困的家境,做到经济自立(19世纪的纽约就是这样的),也可帮助维持其家庭的良性经济周转(如殖民地时期的内罗毕)。[12]

新近的学术见解中第四个主题是竭力摆脱将妓女刻画为牺牲品的做法,力求寻找从事性行业的妇女在历史上所起的能动作用,无论这种作用多么有限。[13]这就需要关注老鸨的创业才能,[14]而且应对妓女是"无辜的牺牲品或邪恶的伤风败俗者"[15]这种两极化的认识展开评论。鲁思·罗森写道,尽管买卖妇女的现象在英国[16]和美国的公众中引起了相当大的恐慌,但"从事娼妓业的绝大多数妇女并非被生拉硬拽、灌了蒙药或用棍棒打着进来,才不情愿地做起这份苦役"。[17]相反,正如克里斯廷·斯坦塞尔所评论的,"娼妓业是充满艰辛的、道德上难以定论的许多选择中的一种。"[18]在某些情形中,它为妇女提供了有限的控制权。朱迪斯·沃科维茨解释道:

> 从表面上说,娼妓业似乎是男性霸权驰骋的舞台,在这个行业

中女人被当作交易的商品出售。实际情形中,往往是女人把持着行业,她们通常住在一起,形成了明确的妇女小团体。妓女仍然不可能不受到男人的役使,但她们也并非只是被动承受男性虐待的受害者。她们会以个体和集体的方式进行自卫。她们讨价还价,她们既可能受到男人的凌辱,却也可能搜刮嫖客。[19]

新近对娼妓问题的学术研究中最后一个重要主题,是国家当局与主张改革的人士之间的激烈论辩;19世纪和20世纪初期,许多国家都发生过这样的争论。粗略说来,得到医疗部门支持的政府官员辩称卖淫是必要的罪恶,应通过妓女登记和对她们进行医疗检查加以管理、节制,而包括基督教和妇女权益活动家在内的各类改革派则反驳说,娼妓业是社会罪恶,应予以废止、革除。各种不同的管理方法塑造了19世纪和20世纪初期法国、英格兰、苏格兰、意大利、俄国等国的卖淫组织的形态。[20]管理的主张输出到殖民地后,还加上了种族主义的特色;管理者对当地妓女竭尽污蔑之能事,他们设法保护殖民者(尤其是士兵)不受疾病的威胁,免受所谓不洁的有色妇女的危害。[21]

对于妓女来说,无论管理还是取缔都不是什么好事。在管理制度下,妇女必须履行繁复的登记手续,这使她们同本来所隶属的劳工阶级群体割裂开来,也使暗娼数量增加,致使警察可以用怀疑卖淫的理由随意滋扰全体劳工阶级妇女。[22]具有讽刺意味的是,那些认为发放执照和体检有损妇女地位,因而反对进行管理的上层妇女改革家,对她们那些"失足姐妹们"也好不了多少。许多女性主义团体自以为是在打击对妇女的性剥削,同时也是在更广的层次上打击男权统治。然而,禁娼的法令往往使劳工阶级妇女的生活陷入更深的困境。禁娼令下,政府加大了打击卖淫的力度,许多妇女被迫地下卖淫;当她们受到警方骚扰时,就会向拉皮条人寻求保护,但这样做的代价更惨重,不但丢了收入,失去了控制权,甚至难保人身安全。[23]

上述各主题在上海娼妓业的发展进程中也都具有重要性。但在中国,人们就什么样的两性关系和社会性别关系有助于在半殖民地的不利环境中形成现代国家的问题,进行了热切的公开讨论,在这种场合娼妓问题也会被提出来。中国从来没有成为某一大国的完全的殖民地。相反,从19世纪中叶起,欧洲列强、美国和日本纷纷立足通商口岸,并占据了包括城乡区域在内的更大的势力范围。毛泽东发明了"半殖民地半封建"一语来形容这样一幅情景:软弱的国家政府对农村的上层实施有限的权力,外国人则控制了现代经济部门,介入地区政治和全国政治。口岸城市中的租界是外国直接的政治统治、经济活动和思想影响最为密集的地区。

从19世纪中叶至20世纪中叶,上海一直是条约确定的通商口岸,城市中有一部分归西方人治理。西方和日本的商人、水手、工业家和冒险家在上海安家,有的还在上海发了财。上海也是中国最大的工商城市,它吸引了全国的商贾,吸引了农村男女前来讨生活。上海还是中国共产党的诞生地。上海包容了来自各国、各地区、各阶级的形形色色的人群;它也是庇护所,从基督教道德自新派到马克思主义革命家等,各路政治鼓动家均厕身上海。所有这些人群分别归属三个不同的市政机构(公共租界、法租界和华界)。公共租界和法租界由缴纳地产税的外国人选出的委员会管治;洋投资者活跃在商业和轻工业界;洋教育家则控制了上海许多新的教育机构。[24]

在动荡不定的、事实上已经殖民化了的上海,上层人士本身经历了深刻的经济政治变化,痛切地感受到中国半殖民地状况之不稳定,国家主权之脆弱。正是中国的这种不完全的殖民化状态引发了特殊的、与真正的殖民地不同的焦虑。一方面,形势随时有可能恶化(也确实经常面临恶化的境地);但从另一方面看,目标明确的果断行动有可能避免更大的政治灾难。上海形成了各种各样的民族主义主张。大多数民族主义者以建立强盛的现代国家为目标,这个现代强国应能采纳殖民者的方法并作这样那样的变通,以此来挫败殖民扩张,防止"半殖民主义"深化,并最终击退殖民主义势力。

形形色色的改革者和革命者所要争取的现代性并没有得到清晰的界定。现代性是个闪烁不定、不断退移远去的目标。它包括经济和军事实力,但很多人感到也必须对文化习惯进行彻底的检讨修正。现代性能使半殖民状况成为一去不复返的历史;在娼妓问题、性、婚姻和公共卫生等方面的大辩论,与界定中国现代性的努力是密不可分的。然而,虽说引起这些讨论是因为上海存在着显著的外国势力,而且讨论处处受到这种存在的影响,可讨论本身却很少直接提到外国人。中国的文人作家说到洋人时,通常是为了拿欧美、日本的娼妓或婚姻状况来作比较。在上海从业的洋妓女、她们的洋嫖客、嫖华妓的洋人,以及更广义地说,对塑造上海的形态和历史起了重要作用的半殖民主义势力的活动等等——凡此种种,在大多有关娼妓问题的文献资料中只是一笔带过。这是在半殖民化的城市的缝隙之中、决意要在内部进行的一场有关现代性的对话。

一位上海妇女向男人出售性服务(对参与者和观察者而言)究竟意味着什么,是因娼门层次的高下和时段的不同而有所变化的。这是因为上海娼妓业有多方参与其中,所有的参与者——妓女、老鸨、嫖客、妓女的相好和丈夫、娘家人、夫家人、警察、法庭、医生、市政府、传教士、社会改革者、学生和革命者等等——都在无形之中影响了对娼妓问题的认识理解,并对所形成的认识提出质疑、反复商讨和吸纳利用。于是,研究娼妓业及其变迁对理解上海社会多个阶层的思想和社会习惯具有启示作用。又因为关于娼妓问题的辩论往往在地区或全国性书刊上进行,故这一研究也能勾勒出 20 世纪中国社会有关社会性别与现代性的争论的概貌。

在我所研究的这一个世纪中,不断变化的妓女形象在上层人士的讨论中起了重要的意识形态表征作用。[25]上流社会男性(间或也有上层女性)写下了大量的有关娼妓的文字,但他们所关注的问题却随着时间的推移而发生变化。19世纪和20世纪初期,在上流社会的话语中,高等妓女[26]体现了圆熟的文雅情致,成了温文尔雅的最高权威。指南书、回忆录、人称"蚊虫报"[27]的寻访艳迹的小报等大力赞叹美貌的名妓,描写往往含有刺激性的细节,尽情渲染她们与城里阔佬权势人物之间罗曼蒂克的纠结。这类文章还往往含有警示性的语言,正告读者妓女会如何耍手腕,在顾客身上打钱财主意。文章的字里行间还有详尽的指示,说明老到的嫖客应怎样向名妓和其他的嫖客显示自己的学识和能力;于是指南书成了造就上流男性的入门读物。与赞赏文字并行的,是有关在马路上拉客的妓女的报道,主要刊登在主流日报的地方新闻版和外国报纸上。报道中的下等妓女被描述为绑架、人口买卖、挨老鸨打骂的受害者,同时她们也被说成是扰乱治安、传播性病的不安定因素。

人们或许会得出结论说,有关妓女的文章泾渭分明,有的专写高等妓女,有的专写下等妓女。但是上海到了20世纪二三十年代后,文章中有关牺牲品和危险的性交易的调子逐渐升温,到了40年代几乎已完全淹没了愉悦的声音。在二三十年代,娼妓被广泛地表述为社会问题的化身,妓女代表受践踏、妨害治安,代表危险。改革者经常斥责娼妓业剥削妇女,是国家的耻辱,甚至就是中国国力单薄的关键问题之一:人们论证说,如果一个制度竟允许将妇女当成下等人,那这个制度必然只能产生弱国。[28]

这一阶段,报纸和通俗小说家开始对娼妓业中不那么享有优裕待遇、不大受到保护的部分投以更多的关注。关注对象的转移与另一种文字形式的兴起有关。当时揭露丑闻黑幕的新闻报道和小说有了较大的发展,其读者群是新兴的城市中产阶级。揭丑文字关注形形色色的社会罪恶与不幸,例如讨饭、不讲公共卫生、虐待用人、卖淫等等,当然还不止这些。[29]在这一阶段,将权力扩大到城市生活的新领域中去的警察和法庭,也管起了娼妓业。至少它们对涉及娼妓业边缘的现象,如将"良家妇女"卖入娼门或所谓危害公共秩序的马路拉客等,实行了监管。到了40

年代,娼妓与正经人已经截然有别,尤其同正派的"小市民"③泾渭分明。娼妓已被归入城市不安定因素的范畴。

我们对这一系列变化叙述得有条不紊,这似乎意味着变化的过程井然有序,可事实不然。将娼妓业描绘为欢场和危险地带的文字其实相互交错,同时存在。但是,不管怎么说,对混乱和危险的关注增强了,对之加以管理节制的制度建立起来了,这些都对上海娼妓的日常生活、身份归属和她们的行为产生了多方面的影响。事实上,关注的眼光和管理的加强甚至影响到什么样的人可算娼妓的问题。人口流动模式的变化和经济机遇的变化都可能使娼妓的人数增加,也使人们对之更加恐慌。然而上层人士观念的变化,他们将妇女地位和国家实力的强弱联系起来的看法,却创造出一种话语,它使娼妓人数的上升获得了特定的意义。这种话语甚至就用"妓女"这一现在最为通用的词指称这类女子,而不再沿用早年的"名妓"一词。㉛社会上层设立了新的机构,负责对妓女进行分类、改造或管理,这些工作又构成了妓女生活的具体环境。上海娼妓业是有丰富内涵的交汇点,可以从中探索有形的变化和意识形态的变化如何互相纠缠在一起,因为单有其中一方是不可能对娼妓生活产生决定作用的。㉜

历史学者的知识建构

本书的核心问题是调查研究有关事物的知识是如何获得的,之后如何被记忆起来,再后来又如何得到历史学者的理解、同时经过其再创造而重新面世的。这里,书写地方史和国别史的作者必须面对现行的史学实践这个更大的问题。后结构主义引发的认识论危机看来在许多学术领域已现颓势,可就在这样的时候,它却被历史学那最老顽固的学科拾了起来。尽管赶了晚班,历史学者的痛苦却还是那么真切。他们百思不得其解:既然不再相信有客观的、可知的、可以重新找回来的过去,那为什么还要书写历史？如果并不存在什么客观事实,那我们毕生的研究所创造的又是什么？难道历史最终说来不过是我们在现时塑造的表征之集合,而这些表征永远都会受制于我们自己时代的种种关怀之局限,受制于这关怀中的政治？㉝

这一系列问题确实很重要。但是,尽管"过去"已经不再是坐等在那里被人发现之物,可提出上述问题的前提仍然是认定"过去"以这样那样的方式在等着我们去触摸,使之凸现为历史,成为一系列的文本表征。然而,假如我们试图去想象产生出这些有关"过去"的书面文字印痕的环境,那么我们立即就会意识到,在我们将它们当作自己这一行的原始材料使用之前,它们早已沉积下来,进入了那个时代所进行的历史对话了。

就以本书要写的题目为例。我带着一组问题走进中国近代的性劳务史,我的问题本身渗透着各方面的影响——马克思主义,女性主义,后结构主义,20世纪后期革命政权的解体,以及各种各样的政治信条和知识思想体系,其中有的系统连贯,有的则缺乏完整性。对这些影响可以作如下的粗略概述:马克思主义使我对历史上的权力运作、物质生活的中心地位、对资本主义和殖民主义的分析、下层普通人的历史以及劳工史发生兴趣。女性主义学者和活动家的著述坚持社会性别问题在一切社会的运作中占有中心地位,娼妓业是性劳动,是一个工种。此外,研究欧洲和美国的娼妓业的女性主义历史学者提出了女性的能动性、反抗行为、性以及国家等诸多议题;本书加入了仍在进行的、有关上述议题的对话。我从后结构主义批评家处学到的是关注一切范畴的不稳定性,关注语言的构造作用而不仅仅是其反映的功能。我已经对史料中无缝隙的叙述产生警惕,我本人更不会渴望创造出浑然一体、了无接缝的文章。我已经学会聆听历史记载中的静默无声,懂得了静默并不简单地等于失在。但是,我仍然很不情愿放弃编织历史叙述的任务。不错,我已不再相信将别人的故事整理出条理是可行的、合乎道义的、明智的做法,我也怀疑,历史学者除了像唱双簧般老练地代替被压迫者发声外,究竟能否做更多的事;尽管如此,我仍然不愿意看到一个没有历史被书写出来或干脆拒斥书写历史的世界。在后社会主义阶段,在那些一边做着令历史沉默不语、对集体记忆加以重新整合的事情,一边又声称自己在为被压迫者说话的政权已成为过去之后,这种可能性尤其让人感到痛心。革命政权的消逝再一次提出了现代性对中国意味着什么的问题,本书中描写的几代改革者和革命者都在探讨、叙说这个问题。但是,革命的社会主义的终结也对生活在晚期资本主义社会的人提出了问题。例如,我们如何知道资本主义已处于"晚期",而不是中年或意气风发正当年?在后社会主义阶段,对于生活在那两大阵营对立的简单化年代里曾被称作"铁幕"两边的各国国民来说,什么样的公正理想,什么样的权力机制,什么样的社会性别和性的格局才能激发人们的活力?

这是一位历史学者当前的部分思虑。晚清民初时期风流倜傥的士卿写下的有关中国高等妓女的文字确实能解答我的问题。然而,假如我只是在依靠有限的当代策略提出问题,那么,这些文字所告诉我的,则大大超出了我所能问及的范围。这些文人中有许多人写的是他们最近的过去,他们怀着爱恋、辛酸、忆旧之心,回想20年前的名妓。因此我们读到的文字并非只是透明地记录了一个女人的籍贯、从业史、销魂的容貌、主要来往的名士、本人的诗艺等等"事实",而已经是一个浸透着感怀意味的故事。名妓被带进文字记载,并能成为我当今沉思冥想的对象,只是因为一个世纪以前的男人在渴念与感伤中遥想她们所属的世界,因为他们,还有中国,已经永远地失去了这样的一个世界。㉞

有关下等的马路拉客女的著述同样也表现出一个沉积过程。从20世纪10年代起,面对列强主宰的世界,对国家的健康和富强感到忧心忡忡的许多上层人士大声呼吁废娼。他们写出追根求源的故事以支持改革事业;他们将原先根本对立的,甚至不连贯的街头妓女形象聚合起来:她们或者是被可恶的人贩子从家人身边拉出来、离开了自己家乡群落的、无辜被动的青春少女,或者是凶煞恶神似的泼妇,在新的危险的都市环境中散布着病菌。这时改革者就不是以怀旧的眼光回眸自己所珍爱的往昔,而是怀着骇惧心凝视着堕落的现时和危机四伏的将来。街头拉客的妓女作为国家灾难的象征进入了历史记载。

这里说的不仅是怀旧情绪的审美问题或某些改革运动的轨迹。化为叙述文字形式的印痕构成了有关高等娼妓和低等娼妓的历史记载,这其中也凝固着一整套的权力关系。男人们同高等妓女一起履行社会礼仪,然后又用文本形式创建出高等妓院的社会礼仪;男人们可以声言自己主张改造娼妓业;总之,男人以这样那样的方式,在他们的相互关系中界定自己。他们在书写娼妓的时候,也将自己放置进种种情景之中——忆旧的情怀唤起了往昔的中国、很不如意的现在以及能想见的国家未来之种种情状——由此他们便捕捉住,甚至创造出自己同其他上层人物的联系。他们的忧患意识通过妓女的形象得到了言说,因此妓女在20世纪的城市舞台上并不处于边缘位置。相反,她们是由男人讲述的关于愉悦、危险、社会性别与国家的故事中的要件,故事里面男人和女人之间权力的转换更迭,有时被用来表示家庭与国家或国家与外部世界之间同样不稳定的权力关系。妓女以"嵌入"的方式被带进历史记载:她们嵌入了塑造她们的故事的人的历史,嵌入了他们的权力争斗之中。

但此处说的"嵌入"并不意味着静止不动。在我们看来似乎是具体的、可检验的文本印迹,事实上成了变动的过去的构成部分,那是被写进历史的人和事件与书写历史的人之间一系列游移不定的关系;我作为历史学者加入到这层层关系中来,只可算是最近泛起的涟漪。文人学士们自然不会将其赞赏性的或劝诫性的文章看成为"历史";他们宁愿称之为回忆录、文学、对当局的劝谏甚或是历史传奇故事。这个事实本身只会使我们警觉地认识到,各种文类之间的疆界是游移不定的,而这种不确定性对于形成如今在20世纪末被我们笼而统之地称为历史记载的那些书面文字,起了多么重要的作用。

于是,新近的、有了改进的、内省的历史学者,对于受到质疑的意义和包容多种声音的不同眼光十分敏感的历史学者,也就有了更多的忧思。她要考虑的不只是她本人及其当代的关怀如何使讲述某些故事成为可能,却同时排斥了别的故事;她还必须时刻牢记,历史记载中的所有事情本身都携带着更早时候的争论和关怀的印迹。在自我意识很强的怀旧文字或劝谏文字中,情形当然是这样的,文章的作者以特殊的、具体的方式,将一个主体写进了历史。然而,那些看上去不讲究文字功夫的历史记录也同样载有早先的印迹。例如,统计数字就可以读成某些实体对于统计对象进行计数、分类、抽税、压制、改良或用别的方式塑造之的努力,而统计对象本身又恰是因这些团体实施了统计行为才得以凸现的存在。警察对马路妓女的讯问可以读成十分公式化的交往方式(在40年代的中国,这样的问答来回重复,几乎只能将此读成公式套话)。在这种问话的场合,执法官员将妓女归纳入不同的范畴,例如按动机来区分她们;妓女则很快就明白哪一种表白自我的方式会使她们得到最宽大的处理。历史学者如将这样支离破碎的东西读作一成不变的"事实"是很危险的,这并不是因为数字必然带有欺骗性,也不是因为被拘留的街头拉客女通常总会撒谎装假,而是因为我们看到的并非简单意义上的一连串"事实",而是它们的炮制过程;我们对"事实"及其出笼的过程这两个方面都应关注(当然,还绝不能忘记"我们"是谁,我们背负着什么样的历史包袱,可也绝不能时时催逼读者记住这些,搞得读者不堪重负)。

在精心刻画中国近百年娼妓史的时候,我力图勾勒出地形图谱,指明事实、事实的制造者和事实的诠释者之间游移不定的关联。我始终不忘"事实"并不是被发现的,而是在人们生产意义的过程中被建构出来的。究竟是否存在意义生产过程之外的所谓语言外经验,这并不是我所关注的问题。历史学者就其定义来说只能在话语的印迹中剔抉爬梳,在广义的文本中做文章。作为历史学者,我很感激有关娼妓的写作曾如此繁荣,留下了如此丰富的书面文字记载。然而,我又必须要问,为什么记载被塑造成了现在我们看到的模样;记载的图谱中那高高低低、坑坑洼洼、曲里拐弯的地形地貌又能对我们说出什么样的、关于记载人的故事，如他们的思绪忧虑、他们对自己在世上的地位的认识等等。

这种做法同罗伯特·伯考弗所说的"种族语境"实践，即将事物植入"生动经历者的语境和用语之中"的做法，既有差距，又有超越之处。⑤我并不期望自己能恰如其分地重建19世纪末文人学士心目中的意义范畴（更不用说妓女心目中的意义了）；同时，我并不愿意，也绝无可能放弃自己要做的事情和要问的问题。但是，如果后结构主义理论使历史学者注意到自己在生产历史叙述时进行精心编织的过程，那我们也应该留意遍布在我们所阅读的一切文字材料中的、精心编织的痕迹，以及颇具匠心的呈示或遮蔽的印迹。我们要做的不是寻觅"已然在那儿"的过去，而是寻找历史记载的对象、记载历史的人和我们自己这三方面互相之间游移不定的关系。

或许用一个烹饪的隐喻可以恰切地描述这样的追寻过程。我们设想书写历史的过程就是在剥洋葱。如果历史学者专心致志地一层一层剥开洋葱、去寻找想象中的本质内核的话，那么她会发现除了剥下来的一堆东西和刺痛的双眼外，什么也没有找到。但从另一方面来说，如果引起历史学者的兴趣的，是洋葱的形状和纹理质地，是其层层相包、层间有豁的构造方式，是其看似浑然一体，然而一剥便沿着起先看不见的裂缝纷纷散落的情形，是调查洋葱内里状况的行为切实改变整个洋葱形状的过程，是洋葱在各种情况下发出的气味，是调查行为本身对剥洋葱的人产生的影响——那么，以这种剥洋葱的方法对待历史便会产生丰富的成果。人们可以争议说洋葱是只等人去剥它的、先于话语的"已然"存在，所以这隐喻也许不是无懈可击的。但是，归根结底说来，历史学者确实是在检查某个**东西**。不过我们还可以说洋葱并非真的先于话语而存在；为了使剥洋葱成为一件值得做的事情，首先需要将它认作食物。

本章首先描述各类史料中关于娼妓业的"知识"是如何获得的；接着探讨1949年后由国家支持的修史工作如何"记忆"娼妓问题；再下来是

简述现行史学实践的一些关注点,例如寻找难以辨认的下属群体的声音、像愚侠堂吉诃德似的寻找能动性和反抗的表现、探索半殖民主义这个社会范畴等——正是这些关注激发了本书对历史进行重新创构。本章结束时会交代以下 14 章所采用的叙事的策略。创构历史的活动能作如此切分,完全是(我的)意志行为和(你的)搁置怀疑使然,这一点读者应牢记在心:其实在认知和记忆之间、在记忆和重构之间、在重构和讲故事之间,本来并不存在截然的界线。

认　知

当时的观察者是怎样了解上海的娼妓业的? 有两类资料可以帮助我们搞清这个问题。一类是游记、指南书和被称为"蚊虫报"的通俗小报,它们以报道名妓的社交活动为主,当然也并非只限于名妓。另一类是主流大报,报道各个等级的娼妓的状况,通常写娼妓如何受到社会的压迫或写她们如何危害社会秩序。

社会上层人士书写的游记和指南书中有极其丰富的上海娼妓的资料。这些书文通篇或以绝大部分篇幅来描写娼妓。游历上海的人所写的旅行散文和随笔中,诗情画意地描写了娼妓,将此作为上海不可或缺的一景。一位在沪观光的官员在 1893 年的回忆录中写道,黄昏时分,"粉白黛绿者,咸凭槛倚栏,招摇过客"。他又说,戏园将散场时,"青楼之姗姗来迟者"就要登场了,"犹复兰麝烟迷,绮罗云集,诚不夜之芳城,菊部之大观也"。[36]

指南书的前身是源远流长的娼妓回忆录,不过看来其受众是当时正不断扩大的城市读者群。这类书的书名有《沪人宝鉴》《上海六十年花界史》《花国百美图》《柔箱韵史》《海上冶游备览》等等,最后一部的作者使用了笔名"半痴生"。[37] 指南书内容繁多,如记录名妓生平,载名士的冶游艳事,编制妓院名册、介绍妓院内各色人物,详释娼妓行话切口,细绘妓院组织分布,描述妓女出局或在宴席赌局应酬时顾客应遵守的规矩,交代局资、付账的程式和赏赐等事宜,开列节庆日并指出常客每季必尽的义务,也交代忌讳之事和祭祀活动的礼仪等,书中有许多故事,讲述妓女如何使用种种伎俩,掏空了客人的腰包。

指南书成了权贵士卿互见互尚学识、风雅和智慧才情的场所。书中大量使用典籍掌故,就连称呼妓院麇集地所用的"北里",也取自唐朝都城长安的妓院区。[38]形容名妓的美色,用的净是花草园艺方面的词汇,浓艳之极;序言题词中,还连篇累牍地讨论出污泥而不染的荷花(常喻名妓)是否胜过所有别的花。[39]作者们互相作序,浅笑同好沉迷于女色,聪明才智竟不用来为皇上治国效力;[40]在国力疲弱、外交失利的时刻,有的作者感受到上海妓女的歌声竟如此悲切凄楚,令人肠断。[41]同时,作者们也表达了相互之间的赞赏之情,各自都赏识对方的深沉情感及其对同样情真意切的名妓的依恋。[42]

指南书的主调是赞赏,但间或也会谴责鸨母,告诫客人避开妓院的淫风,或规劝妓女跳出淫业。即使在这样的文字中,作者仍很自觉地展示出渊博的知识,不仅表现出细致精到的道德情操与见地,也显得通晓诗词。有一篇"讨鸨母檄",题目下面注明"仿(唐代将领)徐敬业讨武氏檄";奉劝狎客和妓女的文章说成是"仿李白春夜宴桃园序有引"。[43]

然而,熟谙诗文的作者在炮制笑话时也同样显得才思敏捷,如佯装政府命令,禁止在妓院街区晾晒内衣裤袜头云云;或用妓女的口吻给相好投递一封封情书;甚至还精心策划荤笑话,下面就是一则:

> 江西何某,年少工诗,有才子之目。来沪游历,寓某客栈。同寓某叟,金陵人,最喜咬文嚼字。一日何与叟在某处,见谢珊宝校书。因校书早闭花下之门,彼此不通一语,而回头溜眼,颇极流连。何因举随园诗话告叟云:美人之光,可以养目;诗人之诗,可以养心;此二语真是切当。叟好杜撰俗典,假作斯文,因正色曰,此两句见齐东录,其下尚有四句。何明知其诳,故问之。叟曰,下四句,记得是绿

野之游,可以养吾足;贵妃之乳,可以养吾手。㊹何狂笑曰,原来此书某亦见过,其下尚有两语,翁忘之矣。叟讶然问何语,何嗫嚅笑曰,黛玉兰芬之口,可以养吾,说到吾字,下一字未曾说出,已笑不可抑。叟问益坚。何曰,若试猜之,如猜不着,俟我回寓查书与汝看也。㊺

像这样的影射性活动的文字在指南书中甚为罕见,通常指南书并不直露地描写性事,而是借用典故、双关语,使文字昂然生趣:

> 六月廿四日,俗传为雷祖诞日。有某客于是日饮于某词史家。高朋满座,酒设双台,拇战喧呼,群花围绕。由某校书素豪于饮,其夜杯不沾唇。诘之,则曰,今日雷祖圣诞,须虔诚一日夜,不食烟火。强之再四,峻语坚辞。席散后,客余兴未阑,复造庐相访。至则已将闭门羹相待。女仆诡托主人病暍欲呕,业已偃卧。其实留髡早赴巫山矣。明日复遇同席,询以既经不食烟火,何以留客,未免大不敬。校书无词以对,红潮满面,半晌忸怩而言曰,厥物岂有烟火耶。合座为之喷饭。㊻

作者们将这些话放到妓女的嘴里,让她们说出来,描绘并欣赏这样的场面,而他们则由此结成伙伴关系,对答如流,妙语连珠。

  指南书可以与蚊虫报放在一起来看,后者是通俗小报,通常用一版或更多的篇幅闲话名妓。㊼19世纪最后的二三十年间,上海的报纸种类激增,其中就包括了小报。最早的有李伯元的《游戏报》和吴趼人的《笑报》。两位主编均为著名的"谴责小说"作家,而"谴责小说"是20世纪初十分大众化的一个文学品种。新闻与文学互相之间充分渗透,铸就了关于名妓的文字记载。㊽1897年至1909年,《游戏报》主办了选举上海色艺双佳妓女的活动(见第六章),此举增加了报纸的销售量,而且创造了一种氛围,有利于其他报道娼妓界消息的小报出笼。㊾

  小报中最有名气的,大概要数《晶报》。《晶报》自1919年起,每三天出一期,持续20年以上。㊿在内容方面,《晶报》与指南书有所雷同,但其大部分的版面都用于追踪名妓与上海头面人物的关系、妓女的怪癖、相互的争斗、生意的成功或失利、回忆过去享有盛名的名妓、登载高等妓院编目及电话号码等。(51)大多详细的描写都是关于高等妓院的,但也有不少文章十分注意勾勒娼妓业复杂的等级制度。

指南书和小报很少提到完全卖给娼妓业的妇女,或违背个人意愿被迫订立契约的妇女。上流社会的读者对女人究竟通过何种途径、方式进入这个行当并无兴趣。妇女不仅在妓院的业务中,而且在关系到国家民族的大事情上,都被描绘为主动的行为者,而不是受害人。例如,1919 年的五四运动期间,全国各地的学生和城市居民都在进行抗议活动,反对凡尔赛谈判将德国在中国的租界让给日本,而不是归还中国。高等妓院宣布停业一天,抗议"国耻",散发传单支持全市罢工罢市,设立茶点站慰问参加抗议活动的学生,并加入了抵制日货的行动。(52)简而言之,妓女没有被写成牺牲品,而是以正当演员的身份加入了上海和全国的这台大戏中。阅读指南书和小报时,读者的脑海中会浮现出一幅毋庸置疑的图画,那是个女人的世界,女人在其中有很大的回旋余地,她们可以选择自己的伴侣,可以安排自己的工作环境,当然她们也明显地受到种种约束,偶尔也不免手头拮据,不过并无真正的冻馁之虞。这样的女人或许会让上海大亨的公子少爷伤心,然而却不会真正给他造成道德的、政治的或是法律上的麻烦。高等妓女很少成为怜悯的对象。

然而,上海最早的也是最受尊重的一家中文报纸《申报》却刊登了一份调查报告,唤起了全然不同的画面。不错,《申报》的确在 19 世纪末 20 世纪初对有修养的、自主的、在上层活动、富有浪漫色彩的名妓有过一些报道,也刊印过一些写妓女的应景诗。但是其大量的篇幅却用于报道穷苦的、受压迫剥削,还时常挨打骂受虐待的妓女。这些不是高等妓女,她们通常是"雉妓",即在街头拉客的妓女。"雉妓"或"野鸡"的说法在上海很普通,用以指任何出行无常的人或物,如黄包车和无固定航程的轮船等。(53)"雉妓"的名称不仅描绘出街头拉客女的俗艳打扮,也道出了她们

"如野鸟般飞来飞去"的习性。㉞她们往往还是孩子,虽说间或也有已婚妇女。报上写到野鸡,总是强调她们的乡下出身,以及她们被诱拐后卖入娼门或被贫苦无奈的父母典押给妓院的事实。她们身上毫无文雅可言。无论是被贩卖还是典押,报道总是强调本人不愿意当妓女,在标准化的问答中,受欺压的调子一唱再唱,读者心目中关于她们被迫当妓女的看法更得到了强化。她们往往出现在下面两种场景中:从凶恶的老鸨那里逃出来,被市政当局送往救援组织;或是在街上拼命拉客时被警察抓住,罚款5至10元,放出来,多半还是接着干那营生。对野鸡的报道不会像写名妓那样,情意绵绵,精雕细刻。典型的报道全文读下来不过如此:"常州雉妓戴阿缓,在南京路,被老闸捕房318号华捕带入捕房。存洋五元保出。"㉟

20世纪二三十年代,这些类型的史料——指南书、蚊虫报和纪实的报纸等——继续报道娼妓业的情况,但报道本身发生了很大的变化。有的声音越来越响,有的声音则听不到了。虽然名妓没有完全销声匿迹,直到40年代,她仍出现在忆旧文字和分类编目中,但已不再是色情业的象征了。代替名妓的是携带病毒、在大街上抛头露面、妨害治安、备受迫害的"雉妓"。

五四运动期间及以后,人们日益关注性病及其对"中华民族"健康的影响,有关娼妓问题的讨论也随之成为医疗卫生方面的讨论,娼妓业的延续越来越被形容为公共卫生的问题。除了以医学眼光看待娼妓业外,当时还出现了一种法律话语,它不认为娼妓业非法,但是对之实施管理和限制,以保护"良家妇女"。从法律上讲,良家妇女指的是其家人并没有打算卖她,而本人在没有合法契约的情况下进了妓院的妇女。报上经常报道这样的案例,女人本人、其娘家或夫家的人出庭声明,她是违背意愿被卖了做妓女的。女人只有拿得出被迫卖淫的证据,才有希望得到法律的帮助而脱离妓院系统。㊱无论什么等级的妓女都可以起诉,要求解除非法的契约或改变身份;事实上妓女也是这么做的。到20世纪20年代末的时候,无论高等还是低等的娼妓业界都成了官司不断的地方,娼妓业已不再是获得愉悦或挥霍金钱的地方,而成了争议合约义务以及合法管理的问题。

这一类报道除了表明在娼妓问题上已开始出现司法话语外,也将娼妓(无论是高等妓女还是野鸡)为一方、鸨母或人贩子为另一方的关系表述为矛盾、冲突关系,妓女几乎总是被刻画为这些关系中的受害人。从更大的范围说来,史料记载中的妓女越来越受到各种势力的压迫,其中有老鸨、出尔反尔的嫖客、背信弃义的相好、劳务市场、重男轻女的社会,有时还有国家。

还有一类主题也日益显著。改革者和政府部门都在说有必要将性行业整个地、不分等级地管起来。民国时期的妓女问题引起了国家的强烈关注,这是因为妓女危及公众健康和社会秩序,但无疑也是因为妓女的人数越来越多,她们创造税收的能力变得越来越可观。这个时期,国家本身也变得越来越好管事、爱扮演监护人的角色。[57]"国家"——这里指上海的几重市政府——开始对娼妓业实行管理,向业主定期收税,或者试图取缔娼妓业。早在1920年,公共租界政府迫于外国传教团体要求取缔"淫乱买卖"的压力,先是给所有的妓院发营业执照,然后逐步收回执照。这场由洋人搞起来的运动,就像对立面所预言的那样,其结果是无照经营者激增。此后经常有禁娼运动,同样不成功,一直到20世纪50年代,新的共产党政府发动广泛的运动,才取缔了娼妓业。20世纪80年代在市场经济的条件下,卖淫活动卷土重来,再次引发激烈的争论,焦点在于是否应该动用以及怎样运用国家权力,来架构和调节性活动与社会秩序的关系。

蚊虫报和指南书主要描写处于娼妓业等级上层的妇女,《申报》和其他报纸则主要报道处于等级制底层的妇女。两类娼妓都出售性服务,但其相似之处也仅此而已。街头拉客女不像高等妓女,她们在恶劣肮脏的环境中工作,受到胁迫,干活拿钱,在工作中既妨害了社会秩序(这是警察管的范畴),也危及大众的身体健康(关于性病传播的报告就透露了这样的担忧)。如果我们只从字面意思看这些大相径庭的陈述,一定会质疑作为单一范畴的"妓女"是否真的具有它实际上不应有的同一性。我们会想,是否不应再用"娼妓业"来表示一个清一色的行业,而应改用像"高等妓女"和"野鸡"这样的分类范畴。

但是我最终认为应放弃调和的努力,转而关注不和谐与嘈杂之音。娼妓业是个极其灵活的能指,可以指称许多不同的对话场合中许多不同类型的中国人。这种种不同所产生的不和谐合唱,提出了"娼妓业"在那个时代究竟意味着什么的问题,也提出了嫖客和更广大的城市人口究竟关心什么、忧虑什么的问题。最重要的是,我们必须以审慎的态度对待这样一个观念,即以为我们能从历史中撷取惟一的、整套的描述或说明娼妓问题的"事实"。

有关上海娼妓业的话语在不断变化更新,这当然反映出上海娼妓行业结构方面的变化。随着乡村衰败的加剧,上海的商业和工业一前一后地发展起来,促使乡下的妇女和姑娘或自愿或被迫来到上海谋生。这些相互关联的现象导致下层娼妓业的膨胀,改变了性服务行业的结构,乃至引起改革者的恐慌。他们现在认识到娼妓对社会秩序有相当大的破坏性,对社会的、人身的健康有相当大的危害。

然而,娼妓业之表征中的变化并不只是简单明了地反映了色情行业中的社会变化。考虑到以下种种情况——城市上层人士在自我认识、自我界定方面的变化,五四运动所产生的影响及革命运动的壮大,改革派发动的对妇女地位乃至娼妓地位的论辩,不仅是中国的激进政治中,而且还有西方传教团的资料中所使用的语言和范畴的效应等等——如考虑到这些情况,那么我们还必须注视那观看者看问题的眼光。[⑧]有关娼妓问题的讨论还应同关于婚姻问题的论争对照起来看,两者是平行的,有时也相互交叉。例如,起初人们心目中的名妓不只是性伴侣,而更是社交陪伴,于是,提供包办婚姻中所没有的各类伴侣关系和选择,也就成了名妓生涯的写照。但是,五四运动引发了社会生活的激荡,有识之士开始谈论新的婚姻观;他们尽管不见得身体力行,却主张婚姻应是两个平等的人之间的同道同伴关系。如果婚姻是志同道合的,如果人们将志同道合视为婚姻的理想,那么名妓原先的作用——作为有修养、有技艺的女性,替男人解除包办婚姻的郁闷无趣,或为男性提供娱乐——就不再重要。如此,留给娼妓的便只有性了。与此同时,娼妓业也被重新定义为剥削性质的交易,其主要的关系方已不再是妓女与嫖客,而是妓女与老鸨,这种关系还具有压迫的性质。鉴于上述各种关联,我们应将娼妓业看作是集中了一系列话题的行业,讨论的焦点是何为现代的,因而也是可取的社会性别关系和性关系。

记　忆

　　许多从事"了解"有关娼妓业"知识"的作者,都认为自己的作品是自觉回忆的产物,这好像在证明历史学者设定界限的做法徒劳无益。如前所述,大部分指南书都属于忆旧文字。写于20世纪20年代的指南书都说19世纪七八十年代至世纪之交为娼妓业的黄金时代。一些主要的指南书作者公开在序言题词中说,在改革运动提出废娼之际,他们在为一个行将消逝的世界作最后的、可靠的历史记录。好几位作家甚至自比著名的汉朝史家班固和司马迁。[59]与汉朝及后来的史家相仿,许多作者几乎逐字(不加引注地)照搬先前指南书中的材料。[60]

　　指南书作者的序言不乏时代的忧思。1907年时詹垲忧心忡忡地写道:"内地民穷财匮……而沪上青楼之盛,乃倍乎从前。贵游豪客之征逐于烟花场中者……一岁所糜金钱难以数计也。"他谴责富有的国人无心肝、无爱国心,接着声明自己有心"乃就见闻所及,萃为兹编,不徒以海上群芳足供采录,亦以见中国外强中干之势"。[61]15年后,清帝国消亡,各式白话运动兴起,无论从政治的还是文学的眼光看去,都是世道大变,但汪了翁依然表示了上述情怀。他在冗长的《上海六十年花界史》(19世纪60年代至20世纪20年代)的自序中哀叹道,如今有学识的学子不认真钻研学问,偏去读些通俗的刊物白白浪费时间。他接着说道,尽管如此,他认为将自己几十年间搜集的材料加以整理,出版一部名妓的史书,仍是一件值得做的事情。他以为,与其直接着手禁绝淫业,不如好好调查娼妓业变成了什么样。为此目的,他先确定哪些名妓故事合乎事实真相,严格地拣选材料,以使这部书具有定版史籍的准确性。㉒

指南书的作者虽然也谈论国力和真实性等时代所关注的问题,但他们和中国的经典史家一样,总的说来都唱今不如昔的调子。史家通常会悲叹现在的统治者大不如先王贤明,指南书的作者也同样为高等妓女酬宾技艺的衰退而唏嘘,认为她们已失去了从前的那等风雅和文采。张春帆于1919年在报上连载回忆世纪之交名妓的文章,文中用警示的口吻说,最近妓女的美色和技艺大有被淫乱所代替的倾向,但淫乱的表象背后却掩藏着悲苦的生涯。㉓

这类忆旧和哀叹娼妓业败落的文字出现在特定的历史时期。那时中国的城市,尤其是上海正在经历迅速的、令人不安的变化。自列文森起,许多从事中国史研究的学者都注意到,对中国上层人士来说,19世纪西方入侵以来,"何谓中国的中国特性"已成为十分严重而棘手的问题。㉔弘扬中华文化习俗成了对这问题的部分回应(此时中华文化习俗已被视为特殊的习俗,而不再具有普适性),所要弘扬的内容就包括翔实地阐述高等妓女精致高雅的社会交往习俗(所谓"西方有娼妓,我们则有名妓")。1905年科举制度废止,此后数年是这类忆旧文学的高峰期。那个时候,不只是上层对中国在世界上的地位的认识发生了变化,就连上层阶级的成分也在变。忆旧文字中不大提到西方,但作者们嘴上不说,当他们讲述失去的世界时,心目中却仍是以西方为尺度的。㉕

1949年后,中华人民共和国政府搜集整理了1949年前娼妓业的故事,这里涉及记忆行为的另一类问题。中国的主导性史学(其实是1949

年至20世纪80年代初中国惟一的史学方法)以阐述和大力捍卫下属群体的利益为首要任务。"下属群体"(subaltern)是从南亚历史学者拉纳吉·古哈的著作中借用的一个术语。古哈说这个词的内涵有"等级低下"者的意思,并界定说,这样的人"无论从阶级、种姓、年龄、社会性别、职务还是任何别的意义上说,都具有南亚社会中处于从属、下等、次要地位的一般特性"。⑯在印度和世界各地的印度移民社群中,在历史仍由上层的正史主宰的情况下,从事下属群体研究的历史学者自觉地努力将卑贱者群体写进历史,让"人民"回到历史中去。这些南亚的学者与在中国境内写作的中国历史学者之间,他们与在北美、欧洲、日本和其他各地参与各种"人民历史"运动的人之间,有着共同的旨趣,尽管互相之间的史学实践不一定相同。我之所以用"下属群体"这个词,而不是在近期中国史学著作中更常用的"被压迫阶级",是因为"下属群体"包含了社会性别和其他诸多因素,实际上更确切地反映了中国官方发起的修史运动所规定的目标:历史就是要"说出"这些群体的故事。

1949年以后,一队队的历史学者跑遍了中国,坚持不懈地搜集并发表工人和农民反抗封建主义、帝国主义的口述历史。他们搞来了大批的素材——歌曲,罢工和暴动的故事,斗争中或斗争间歇中的寻常生活等等,若不是因为他们的勤勉搜集,这些东西本来根本不可能用文字的形式"讲述"出来。在中国,让下属群体开口说话的进程显然得到国家的支持。1949年后的中国,当下属群体(通常是工人和农民)开口发言时,他们所使用的是国家在革命进程中所提供的词语。用这套词汇发言并与其他类似(虽不尽相同)的声音汇合成合唱的过程,反过来也塑造了发言人,使他们成为社会主义国家的特定国民类型。⑰

这是一个很复杂的过程,不能将它当作不怀好意的宣传活动而不加理睬。1949年后的修史工作产生了新的情况,这里不仅是国家创造了一套语言的问题,而更是"人民"如何利用这样的语言去言说从前无法说清的"压迫"。记录片《小喜》中的农妇说她丈夫是"老封建",她其实就是接过了国家政治话语中的词汇,用它来命名愤怒的情绪,并使之合情合理,可从前这股怒火却找不到表达的语言,因此也不具有谴责的力量。⑱表达愤怒的能力造就了显而易见的政治力量,人们很容易对此拍手称快。然而,官方的造反话语根本不关注官方所定的阶级结构之外的任何范畴,所以它充其量只是做了均衡、拉直、找平等等整齐划一的事情。在最坏的情况下,如"文化革命"时所修的历史中,造反的话语大大膨胀,简直将反抗之英勇夸大到滑稽可笑的地步,甚至干脆就是一派胡言。对研究中国的历史学者来说,因为有了官方留下的这笔下属群体话语的遗产,所以寻找颠覆声音的工作大大地复杂化了⑲,这是因为我们可以称为下属群体的人在使用官方的语言说话(并已习惯用官方的语言理解自己的经验),而这套话语既确认他们所吃的苦,又赞扬他们的反抗行为,与此同时却也抹去了他们的历史中任何不符合苦难与反抗两大范畴的方面。⑳

于是,对研究中国史的学者而言,恢复下属群体经验的努力总是跟随在极其强大的国家工程之后,此项工程已经横贯了下属群体的大部分领地,并已无可挽回地在大片领地上打下了标记(穿越领地的旅程本身也成了这项工程的标记)。这就要求我们至少应认识马克思主义的解放语言在好几代中国人身上引起的巨大反响,而同时又要求我们质疑那种语言的措辞方式和用法。上述程序再清晰不过地体现在对20世纪早期上海娼妓史的研究工作中。1949年以后收集的几乎所有陈述,都是使用阶级压迫的语言讲出来的(甚至可以说是用这套语言回忆出来的)。尽管阶级压迫的语言无处不在,历史学者却也不能因此认定下属群体对革命利益有"天然的"认同感。至少在中国,无论1949年以前还是以后,为了将下属群体的利益和革命利益等同起来,就必须在组织层面、意识形态层面、甚至是语言层面上作出巨大的努力。20世纪50年代的一位市政府高级官员谈到政府送妓女去改造的情况时,曾这样描述妓女们疯狂的、充满敌意的反应:"她们中间没有一个人认为共产党是来解救她的。"㉑

对历史学者说来,毛泽东时代之后娼妓问题的重新抬头带来一个意想不到的好处:20世纪90年代初,娼妓问题在中国已经被当作有历史渊源的、可以正当地开展研究的课题。我于20世纪80年代中期开始着手研究上海民国时期的娼妓业。那时我向中国的研究机构提出要求帮助,他们很礼貌地答应了,对外国历史学者的奇怪癖好也甚为宽容,但是对娼妓业这个题目本身却很尴尬地三缄其口。到了1995年,当我完成这项研究时,我已能同许多人直接交谈,并有各种机会倾听政府的、学者的和一般百姓的谈话。这些谈话关心的主要是当代问题,但各类评论者在某种程度上也都在自觉地回溯过去,将过去当作可以提供信息,从中汲取教训和提供决策参考的宝库。但是,如果说我在为这部书做研究的多年中学到了什么的话,那就是回溯过去实际上是个互动的过程,它恰恰是在声称要复原历史真实的时候,却做着创构性的工作。在20世纪行将结束之际,"记忆"娼妓问题的近况及历史的活动涵盖了众说纷纭、相互抵牾的主题,例如追怀理想化的50年代,当时政府和人民一条心,都主张禁娼;例如论证名妓对中国文学艺术做出了历史贡献,应予以承认;又如通俗小报在饥渴地搜寻革命前高等妓院里的劲爆故事。本书的最后一章将回到这些主题。

重　构

难以分辨的下属群体声音

在国家的领导监督下进行的复杂的记忆活动只从一个方面说明了寻找娼妓这一下属群体的声音的活动。更广义地说来,对娼妓业的研究提出了我们怎样一边对过去进行历史的复原,而同时又在创造性地建构历史的问题。有关娼妓问题的资料是那么完全彻底地嵌入了愉悦、改革和管理的话语之中,所以不可能凭借这些资料,以任何直截了当的形式重构这些妇女的生活经验。资料中各种男人的声音——嫖客的、改革者的、律师的、医生的等等——远比妓女的声音清晰得多。男人的声音提供了一套与社会性别密切相关的、关于(男性的)愉悦和(对男人的)危险的话语。在女性改革者的文章中,一方面有女性的团结一致,另一方面则是阶级差异,两者的扭结形成了她们对娼妓问题的表述。文章唱出纯洁社会和怜悯失足姐妹的调子,这些姐妹据称受到了所有阶级的男性的极度欺压(后来这类评述得到进一步充实,但去掉了女性团结的说法,并得到中华人民共和国政府的认可)。与此同时,女性改革家的声音也提供了一套与阶级密切相关的、关于拯救的话语(娼妓是拯救的对象,是其上层阶级的姐妹挽救了她们)。在所有这些声音中,妓女本人的声音仍始终难以辨认。妇女在各种不同的安排中出售性服务,所以即使能听到她们的声音,那也不可能是单一的声音;然而可以肯定的是,她们的声音听上去一定不同于被历史隔绝的我们今天所能听到的声音。

写娼妓的原始资料产生于对娼妓问题之"大"意义的激烈的公开争鸣,如何阅读这些跨多重语域的资料,才能从中找到线索,认识娼妓实在的生活经历以及经过干预的生活经验呢?况且不论历史学者将轴线设定在哪一域,妓女都是下层、从属、相对失声的群体。文学理论家葛雅特里·斯皮瓦克有一番话既是说给下属群体研究组织听的,也针对着欧美知识界,她提出,"第一世界"的知识分子和后殖民时代的知识分子在为下属群体的经验"赋予"声音的时候,可能无意中复制了帝国主义的权力关系。她写道,"下属群体意识"

> 受到上层集团精神能量之集中投射的冲击。……绝不可能充分恢复。……[下属群体意识]总是偏离其通常被广泛认可的能指,确实……就在它被揭示出来的时候就已被抹去了。……它根本无法脱离话语。⑫

由于这种理不清的纠结,斯皮瓦克干脆认为下属群体没有任何自主独立叙述历史的可能性。她单刀直入地问:"下属群体会说话吗?"又直言不

讳地答道:"下属群体不能说话。"⁷³在能否"听到"女性下属群体说话的问题上,斯皮瓦克尤其悲观:

> 在下属群体主体被抹去的行程记录中,性差别的痕迹更是加倍地消泯了。问题不在于女性参与了反叛,或存在着性别分工的准则,这两点都是有"证据"的。问题其实是,社会性别的意识形态建构,无论是作为殖民主义史学撰写的对象,还是作为反叛的主体,都保持了男性的主宰地位。如果说在殖民主义的语境中,下属群体没有历史,不能说话,那么女性下属群体就更是处在浓重的暗影中。⁷⁴

在斯皮瓦克看来,通过人文学科和社会科学获得她所谓的下属群体"信息复原"这件工作,既是一件好事,又是一件靠不住的事。从事复原工作的人绝不只是不失真的信息传送带,他们作出了自己的认识预设(如下属群体意识是存在的,下属群体是主体等),而这些认识的根子深深扎在当代的权力关系之中。她告诫说,在最坏的情形下,如此复原会"同帝国主义的主体建构活动一致起来",而"下属群体女性仍会一如既往地保持沉默"。⁷⁵

考虑到殖民者在构造"他者"——作为知识和分类之对象的"他者"——中所起的作用,那么先前的被殖民("第三")世界的沉默就显得格外深沉了。斯皮瓦克声称"在下属群体是妇女的情形中,不可能收集到带有性别指向的主体之轨迹的构造成分,以确定其撒播的可能"。⁷⁶她的用语甚至使最积极用功的历史学者都陷入绝望。

斯皮瓦克断言,我所听到的下属群体的任何声音,部分说来是我选择在什么地方倾听的结果;我的当代的、女性主义的、"第一世界"的、嵌入自己的历史时期的特权与政治信仰的结合使我能作出这样的选择,并受命作出这样的选择。对此我不会提出异议。尽管如此,我仍要反驳她对"下属群体会说话吗?"这个问题所作出的否定回答。在一定程度上,下属群体既实实在在地开口说话(发出的声音被他人记录下来,作为文本而进入历史记载），也能表现自我（就是说，很有技巧地以特有的方式解说自己的经验和活动，为的是尽量从中获取自身的利益）。

历史学者从能找到的历史记载中看到、听到的，是各种各样的运动痕迹。在此我要提出，我们应从最宽泛的意义上理解"言说"。例如，在20世纪30年代的中国，一个知识人士慷慨陈词，力主废娼，这当然是以后世的历史学者能够理解的方式在发言；我在本书中将证明，在半殖民地中国的语境中，这样的人士应被视为下属群体成员。**那一位**下属群体成员确实在言说。然而，当我们考虑妓女本身在生成话语印迹的活动中所扮演的角色时，问题就变得复杂些了。就说一个高等妓女吧，她从不动笔写字，但是另一方面又有大量的劝诫文字告诉客人不上她当的种种方法，那么我们从中也就可以推断她的谋略和操纵手段。又如以违背个人意愿被卖到妓院为理由上法庭诉讼、要求脱离妓院的高等妓女和野鸡；或如上海报纸报道的好几百名遭拘捕并在法庭上作简短证词的马路拉客女。人们或许会以为，鉴于街头拉客的野鸡人穷又不识字，加之同一人一般最多提到一次，在这样的情形中，"带有性别指向的主体之轨迹的构造"便更难以确认。但是，诸如此类的记载不仅使我们窥见将妇女带入娼妓行业的环境条件，也使我们看到当地政府的管理制度以及妓女如何找到自己的位置以使自己能从司法制度中获得最大的好处。这些妓女虽然并没有直接言说，却仍是留下了可以辨认的痕迹。

历史记载中下属群体所占有的主体位置，并非只是作记载的上层人士指派给他们的；在一定程度上，是下属群体本身进行干预才形成了这样的位置。这里的问题并不在于下属群体的成员——也可以说是任何人——有没有始终如一的、独立自主的主体性。我们要追溯的，是一种**关系**，我们确实希望能从这样一种关系中看到"带有性别指向的主体之轨迹的构造"。

假如我们不用斯皮瓦克的命题——"下属群体不能说话"（我以为"下属群体不能在社会话语中表述自身"更接近斯皮瓦克的实际论点），

假如我们这样说:"许多下属群体成员发出刺耳的杂声,有的把持着话筒,许多人则断断续续地说话,所说更不见得是心里话,而所有的人多少都意识到在那一历史时刻他们的表述在政治上所起的作用",那么我们可能会更贴近历史学者面对的实际情况。此外,所谓下属群体一旦开口说话便自然失去下属群体的地位的说法也是一条死胡同;假如我们运气好,便能钻出这个"消失的下属群体"的死胡同。最后,摆在我们面前的还有一种居高临下、把持一切的话语所生成的图像,即下属群体只出现在其上层发言人为其指定的位置上;现在我们也有机会使这幅图像变得复杂起来。我们不是要用"相互竞争的话语"这样一个概念替代原先的图像("话语竞争"有自由市场十分繁荣、最佳话语有望胜出的意味);富有成果的提法应该是承认有些话语只有在**相互关系中**才能看到其意义。在上海娼妓的问题上,想调和不同的话语以产生惟一的、浑然一体的叙述不仅绝无可能,而且也是有害无益的。可能正是在不协调的嘈杂话语之间才会产生最有意思的绘图。

堂吉诃德式地寻找能动性和反抗行为

在20世纪后期北美史学界的妇女史一隅中,寻找女性的能动性和反抗行为既是出于信仰,也是一种家庭作坊式的活计;这样的寻觅渗透在本书的研究中。上海娼妓的圈子处在法律、医学、道德和政治制度的重重约束包围之中;妓女如何看待自身,她们在妓院内外应寻找什么样的关系,她们有哪些选择的可能等等,诸如此类的事情必然受到她们身处环境的影响。看来妓女利用平常的手段来改善自己的生活和工作条件,如安排自己当妾以换取大量的金钱财富,又如到法院告鸨母等。这些做法使所谓妓女是牺牲品或危害了社会秩序的说法捉襟见肘。

这两种对妓女的再现中,一种是透过指南书的警世眼光所看到的情形,一种是直接听到妓女对法官说的话(当然已是经过中介处理的);对于想寻觅女性能动性和反抗行为的历史学者来说,这里正可找到能动性,甚至是反抗行为的例子。一个干活后直接收取小费和礼品,而不是将酬金如数上缴妓院的高等妓女,是在质疑老鸨的权威,反抗老鸨对她的收入并在某种意义上对她身体的支配权。跟着迷人的却囊中羞涩的年轻人离开妓院的高等妓女,或者选择英俊的戏子和车夫当伴侣而不要鸨母选定的阔商人的高等妓女,也同样在向老鸨叫板。上法庭、自述深受人贩子之苦的街头拉客妓女则是在抵制将她划入坏女人、妨害社会治安、传播疾病之列的做法。

对诸如此类的行为不应求意过深是十分重要的。不应参与莱拉·阿卜-卢格霍德所说的"抵抗的浪漫传奇"。⑰这些行为很容易被读作颠覆性举动,但也可以将它们当作是"使体制得以运转"的表现,那样最终还是证明了统治规范的合法性。它们不仅没有质疑,实际上反而再度肯定了将妓女约束在多重隶属关系中的总体社会安排。例如,高等妓女为了收取小费和私下里得到馈赠,就要设法让客人养成恩赐的习惯,但这样做会使她越来越离不开客人,也使她更容易受到客人的伤害。当妓女以被迫非法卖淫为由获准脱离妓院的时候,她其实也在做着使法庭的权威合法化的事情:法庭有权决定在什么情况下妇女可以被依法安置在妓院中,或更普通的情况是,法庭有权确认妇女在什么情况下可以要求转移性服务。再者,为了离开妓院,许多女人言之凿凿,一口咬定希望被送回到父权家庭中去;她们心里也许根本不这么想(考虑到其家庭条件),但表达回家的愿望表明这是让法庭看到其为受害人而非犯法者的最佳机会。当然,和"雄赳赳气昂昂"的大规模工人起义、农民造反的宏图相比较,这样的抵抗行动可能没什么了不起;⑱但我们也必须抵挡为女性反抗行为建立"单独领域"的诱惑。重要的在于能识别妇女能动性的事例,实事求是地看待这些事例,既不夸大也不加浪漫化,也应该承认,历史记载中有太多的静默无声,有太多的无法解决的含混和暧昧,因此我们对能动性事例的阐释最终仍会受到根本的制约。

套中人下属群体:半殖民主义问题

"下属群体"不是一个固定的单一的范畴。在半殖民地的上海,几乎每个中国人在同另一人的关系中都可成为下级、从属者。就连地方上有权有势的军阀也在地盘问题上和政治上受到后来的殖民势力的挤压打击;同完全的殖民地中相对稳定的外国势力相比,这种后到的殖民势力时不时地变得更具侵扰性和破坏性。如果不去考虑直接执掌国家政权的人,那么下属群体身份的广泛性就更清楚了。一个群体可以既享有特权又从属他人(如半殖民地上海的知识分子),他们以地位更低下的下属群体(如娼妓)为隐喻,来表达自己处于从属地位的状况。20世纪一二十年代时,知识分子著书立说,分析中国在国际舞台上如此虚弱的根源;他们往往探讨国内的文化成因,其中包括普遍的狎妓行为。二三十年代时,中国知识分子经常以替工农、妓女和其他位卑者申冤诉苦为己任(同时也为其福利和对之的管理出谋划策)。这些中国知识分子感到,在西方政府和西方知识分子面前,自己只是人下人(他们确实也被看作人下人);因此,必须牢记他们是在对这样一个世界说话,他们的文章针对着这个世界而写。对自己从属地位的体悟形成了他们利用下属群体做文章的修辞手段。他们并不承认自己享有社会权力、处于下属群体的上方并参与对它们的压迫,而是以下属群体受到的压迫作为证据,来讨伐中国的政治和文化。他们还利用妇女,尤其是妓女作为隐喻,表现自己在军阀社会中受到的压迫和中国在世界等级体系中经受的苦难。甚至就连1949年以后成为社会话语主要塑造者的中国共产党也多次处于下属群体地位:先是作为国际共产主义运动中的从属单位,作为中国政体中一个小小的、濒临危亡的小团体;取得政权后,它仍然(即使现在也仍时不时地)认为自己在全球政治经济中是受到逼迫的下属群体。

如果凭着知识分子言说、写作、刊印、传播的能力为其归类,也就是说,按照他们生成话语印痕的能力,以及他们通过代表下属群体发言从而与之拉开距离的行为来看,他们似应属于上层精英。如果将他们置入半殖民地的社会架构(这也是他们中许多人理解自己处境的方式),则其地位问题就变得复杂起来了。中国的大多数群体都可能具有多重的、某种关联意义上的从属性,牢记这一点是很重要的。对此可用"套中人"下属群体身份命名之,意思是说有些群体煞费苦心,既要替"下面的"人说话,又要表示出自己有别于"下面",而与此同时他们也同"上面的"人搞联合并面对后者说话。当然,"套中人"的说法也有问题,它唤起的形象过于呈序列状,而特定的历史时期和场合中,从属地位的构成和消亡的方式则多有交叉、重叠和不稳定性,故"套中人"的比喻无法全部传达其中的复杂情形。但这样说至少可以不再将"下属群体"当作大一统的单一范畴。

对下属群体作如此包罗万象的定义也有其危险性。下属群体的范畴可以扩大到大而无当的地步,因而也失去效用(假如人人都是从属者,那么这个范畴还有什么用?)或失去政治意义(假如人人都是从属者,那么探讨政治问题的历史学者如何评估联合、同盟和解放行动的可能性?)。更糟糕的是,这不又像是身处宗主国著书立说的历史学者在轻巧地声明,自己同经受了帝国主义肆虐的人们休戚与共("我们大家都是从属者")? 我承认一个概念包容太多会削弱其意义,但我仍主张使用涵盖面广的下属群体概念。

如果我们强调的是关联程度,是人们只有在同其他人(有时是好几类人)的关系中才构成下属群体身份,那会是什么情形呢? 首先,跨越阶级图谱的社会性别的运作比较容易描述了。我并不是假设所有妇女不分阶级都属一个统一体。相反,我要说的是社会性别有各种不同的用法。就以娼妓来说,意识到社会性别有等级差异的上层妇女改革者可以利用娼妓问题,坚持自己对各阶级姐妹们所负有的责任;半殖民地的本土男性上层人士也可利用娼妓问题,用以表明自己在国际上恰如"他们的"女人在国内一样,都处于从属地位。其二,中国的半殖民主义的运作显化了。本土阶级结构造成的压迫并未消失,但是在殖民制度下,当地的上层本身处于俯首听命的从属位置,这一情况使得阶级压迫发生了重要的变化。对下属群体作如此宽泛的定义显然不是要说所有的压迫(或抵抗)都是同等的,或人人都是同一意义上的从属者。我希望勾画出压迫可能呈现的层压、折叠或相缠绕的状态,而不是将压迫描绘得无差异、清一色,于是压迫好像也不大沉重了。

讲故事

任何关于过去的书都会有一种分量和沉甸甸的质感,使之显得充实而具权威性。这样的书无论在组织结构上做了什么试验,总少不了开头和结尾。选择在哪里开始,又在哪里结束一段历史,其实仅仅是选择而已,记住这点是很有用的。作者所作的决定可能大不同于在过去的日子里那些制造了事件、观察事件或评论事件的人心目中的合理决定。

这个故事的疆界就像所有的边界一样,是人为设定的,但也并不完全是任意的。《危险的愉悦》从19世纪后期大量的殖民备忘录、上层人士的回忆录以及游记开始写起。之所以从这里开头,是因为此处的文字痕迹变得浓重起来了,有关性和社会性别同中国现代性问题之纠缠的争鸣也变得清晰可辨了,至少在我这样的现代人耳中听来如此。其实故事的起点也可以再往前推半个世纪,那时上海刚刚开埠。[29] 主要使用19世纪材料的叙述会有不同的重心。

本书的下限设在20世纪的后期,这有几方面的原因:一来20世纪80年代和90年代娼妓问题再次引起论战;二来当代的议题及其历史的回声正是我所关心的问题;再者也因我不具备超人的洞察力,又非决策者,所以我在提供预见或推荐政令方面无能为力。我与少数探讨娼妓问题的中国学者不同,我不打算将娼妓业的起源定在中国历史早期,虽说我认识到久远年代的回声造就了许多中国人理解近现代娼妓问题的语境。我与现在中国的官员和社会工作者也不同,我不以20世纪50年代取缔娼妓业的运动为结束点,尽管我会讨论这次禁娼运动,那是国家对城市社会和家庭关系管起来的重要时刻。然而,我仍十分留意中国人在参与讨论和评论娼妓问题时,如何在变动的历史过程中确定自己的位置,我密切地注意他们吸取了什么教训或向别人推荐什么经验,以及这些经验教训后来怎样被一再重复或发生了变化。从这个意义上说,本书虽有明确的开头和结尾,却也意在表明,就这个特定的题目还能锻造出别的故事来,而别的故事的可能性本身又同别的历史密不可分。

本项研究跨越(通常是严加把守的)虚构与非虚构文字的界限。㉚文学资料是正当的丰饶的领地,可供历史在其中爬梳翻找,尤其是追溯对名妓的讨论,因为许多指南书和回忆录的作者也是报纸的编辑,他们又以高等妓院为背景创作小说,有些作品还指名道姓地描写了名花。㉛张春帆、毕倚虹、孙玉声、周瘦鹃、包天笑等作家自由地穿行于不同的文类之间,他们的作品正可用来审视不同的体裁程式如何使名妓与客人的故事有不同的再现,也就是说,可以审视历史记载如何被文类的规范所塑造。我的研究作了一些这方面的尝试,主要是在各种非虚构性文字体裁的领域,虚构文字方面也断断续续地用了一些,但说不上是全面的检查。我依靠的是短篇小说和黑幕小说,㉜对主要的名妓小说只是一带而过,因为我觉得自己还没有熟练的技巧,能对这样的文学作品作有力的阐释。但是文学学者对名妓文学、对写爱情、犯罪和黑幕之类的"鸳鸯蝴蝶派"通俗故事的研究,对我很有帮助,我也从阅读这些学者的著作中获得了很大的乐趣。㉝

我的研究只限于上海,只是在追溯20世纪30年代和90年代关于改革问题的全国性争鸣时才会提到其他地方。抬高或贬低上海的人士都喜欢唱上海特殊的调子;确实,上海并不是中国,我写的娼妓史是地方的、有限的历史。人们可以写其他地方的历史,如北京的㉞、广州的㉟、天津的㊱以及许多其他城市㊲的历史。在这项花了将近十年时间的研究完成之际,我如释重负却也不无依恋地将这些城市托付给别的研究者。

本书分为五个部分:历史记载与等级制度、愉悦、危险、干预以及当代的对话。读者看到这里时,第一部分便已读了一半了,下面还有一章"分类与统计",谈上海娼妓业等级制的创建,将会剖析各种类型的娼妓,并探讨对于构成这样一个等级体系并厕身其间的人来说,特别是在娼妓业变得"摩登"起来的20世纪三四十年代里,出现了什么关系到危急存亡的问题。

第二部分"愉悦"谈男人笔下讲述的高等妓女生活,写名妓的男性最在意的,是展示自己的风流文雅。下面各章分别从几个侧面讨论高等妓女、佣仆、嫖客和鸨母相互之间的关系。第三章"妓院规制"视高等妓院为复杂的社会与商业机构,在此地,男人之间的交往和相互影响受到一整套烦琐的礼仪、规矩的制约,而男人的行为是否得体合宜,要由名妓来仲裁。第四章"情感事务"讨论名妓与客人在性交往中的交涉和感情问题,其结果往往是妓女被纳妾、离婚、回头做妓女、再次当妾。第五章"花招与伎俩"突出了在指点恰当的行止的书中所透露的劝诫意味,对不够老练不够世故的客人而言,等待他的是重重险境。第六章"职业生涯"审视作为公众人物的名妓,她们的故事在都市各阶级中流传;这一章还追溯了名妓之间的关系网络。总的说来,这部分描画的是造就社会上层愉悦感的体系,其中有许多情景是以怀旧的心境记录下来的;我试图从那样一种体系安排中考量名妓,她们既是实力派演员,也是从属他人的戏子。

第三部分"危险"转向另一类文字,其中娼妓(通常是位于高等妓女之下的娼妓)既被描绘成牺牲品,也被说成是危险的化身。第七章"人口买卖"描述有关绑架、买卖妇女问题的文字记载;这一章要问的是,在有大量的证据说明许多娼妓同自己的娘家和夫家保持着密切关系、其实还帮助支撑了娘家和夫家的情形下,为什么在有关上海娼妓的故事中,拐卖成了最常见的主题。第八章"法律与混乱"追溯日常的管理制度(与之相对的是提倡妓女登记注册或主张废娼的短暂运动),并注意到娼妓如何利用法庭。第九章"性病"审视作者们如何越来越强调淫业、性病和中华民族的健康之间的联系。

第四部分"干预"检查20世纪的改革者和管理者如何力图将娼妓问题同国家实力的衰退联系起来,又怎样努力振兴国力。第十章"改革者"讨论从清末到日本占领期间出现的种种改良理论,其中有些受到基督教的影响,但所有的理论都持民族主义的主张。这一章还简要地审视了改革社团的活动,它们做的事情也预示了后来国家对娼妓进行的再教育。第十一章"管理者"所描述的,是20世纪20年代至40年代里的各种运动,如提倡对娼妓发营业许可,主张废娼并推行检查制度。第十二章"革命者"检查20世纪50年代由国家发起的运动,它的成功致使上海公开活动的娼妓销声匿迹近30年。这三方面的努力中都能看到两种愿望之间的张力,一方面想通过教育和就业等手段提高妇女地位,从而增强国家民族的实力,另一方面则想让妇女回到(被认定具有保护作用的)一家之主身边去,从而使国家安定。

第五部分是"当代的对话",讨论20世纪80年代和90年代卖淫嫖娼在中国卷土重来所引发的激烈争辩。第十三章"命名"、第十四章"解释"追溯了娼妓业新形式的激增,同时还要从两个方面考察这个时期如何形成对娼妓问题的表述:它同解放前和毛泽东时期的历史的关系,以及同人们心目中现代化的未来的关系。最后一章"历史、回忆与怀旧"将娼妓问题的再度出现视为一个历史话题,一个关于解放前的记忆的会聚点,也是一个文学艺术再现的问题。

历史学者总是要将事情捋出条理、头绪来(这与我们那些文学近亲兴高采烈地打乱秩序的做法恰成对照),因此我在这里试图讲述一个井然有序的故事。有条理有顺序,并不等于就是讲一个直线行进的故事,如何从黑暗大踏步走向光明(甚或是倒退)。我没有这样做,而是要鼓励读者翻越过这些资料,回头想想有什么其他可能的解释,去想象一下史料中的知识是怎样获得、怎样纳入记忆、怎样被重新创造、又怎样被讲述出来的这样一个剪不断理还乱的过程。我们要学会在几种不同的语域中阅读和聆听,如此或许就能开始懂得娼妓的声音和行为,当然那是在同那些更显见的、更清晰可辨的力量之**关联中**方可加以识别的声音和行为。我们也许能在这个过程中学到很多,在娼妓业的外形和构造不断变化的情形下,我们能识别妓女的声音在哪里形成合唱,哪里形成对位,哪里又出现了显著的不和谐。与此同时,我们也能追寻其他人的文字、言谈的轨迹,看他们怎样在话语层面上使用娼妓一词。在都市的上层和普通居民想了解自己的位置、想理解身为20世纪中国的城市居民意味着什么的时候,他们对文雅举止、体面正派、政府,甚至是国民性等不断变化的意义进行了论辩,其中就突出地使用了娼妓这个符号。

第二章　分类与统计

上海妓女多为贫寒的做工人家和家道中落的中上等人家的妻女,虽说其境况不一定太差,可无论在当时还是从前,她们基本上总是处于阶级等级和社会性别等级的底层。①然而要论她们的从业条件、生活境遇以及个人在上海风流场中的地位和名声,其间的差异甚巨,乃至用"妓女"一言概之显得有失妥切。上海的娼门依嫖客的阶级地位、买卖双方的原籍以及妓女的品貌年龄等,分出了高下档次。旅游指南和改革者都描述了妇女从事娼妓业的一系列安排:女人可以被卖给或抵押给开妓院的业主,可以事先讲好怎样与老鸨拆账,或者自己行业。②同"自由"经营自家身体的私娼相比,卖给妓院或典押给妓院的女人自然是不大好拒绝接客的。③高等妓女提供陪伴侑酒、歌舞表演等社交服务,虽说也有卖身之事,但并非总是以性服务直接取酬。与之形成对照的是居于行业下段的妇女,她们的主要服务内容便是经常的不讲究形式的性交了。20世纪上半叶,行内等级发生了很大的变化,高档的长三妓院也好,街头拉客的也好,都面对着向导社、按摩院和舞厅等诸多新建场馆的竞争。要谈这一阶段的娼妓业,必须跨等级、跨时段地探究各种不同的从业环境才是。

娼门并无清晰可见、各有确定地界的等次之分。如有等级,不如说那是一系列作者共同的或交叉重叠的想象性描绘之产物,是男人(或以男人为主)的认识、回忆、分类、统计的结果。对许多作者,尤其对书写名妓者而言,划分等级的举动本身就是一种怀旧,就是分门别类地记载他们感到业已消逝或已岌岌可危的生活方式。他们在感怀旧时、历数上层妓女生活的同时,也透出对数量激增的下层卖淫女的鄙弃或惊恐的态度。对另一些作者,尤其是书写马路拉客女的人而言,分类行动本身便成了揭露丑恶的手段,用来警醒市民,令其关注并采取行动解决社会问题。

说娼妓业的分类存在于人们共同的想象之中,并不等于否定高级妓女"真的"分出过清晰的等次。她们确有等次,而且有许多证据表明她们自己也明白这个道理,有时相互之间门户森严。当我说分类是想象性的产物时,我想指出的是,那些书写娼妓业的男子在描述业内情况的同时也就为之设定了等级。对他们来说,等级就是次第排序,这不光是给不同的类型命名的问题,而且还必须阐明高等与低等的关系。作者们正是通过建立等级范畴、确定各类别的重要程度、构筑不同等级之间的边界并以话语形式巡视把守这边界,才使不同的等级得以凸现,并使之成为上海生活的一大特色。等级的构建又是通过一些现成的叙述步骤实现的,作家之间亦步亦趋,互相印证,反复叙说,往往一字不差。有四个步骤最为重要,即划分地界、统计数字、区别类型、区分地域。然而,即使最详尽的分类也无法穷尽五花八门的上海性劳务状况。来自各种不同背景的妇女在性劳务市场进进出出,形成了非正式的临短工队伍,而新形式的色情服务则在按摩院和舞厅等场所迅速扩展。因等级遭到破坏而产生的焦虑沮丧始终是民国晚期文字中的一个主题。等级制度虽不是稳定的范畴,但已成为人们的一套共识,并对上海妓女的生活产生了实在的社会影响;本章要探讨的就是这样的一种等级制度。

这里出现了我们能否听到下属群体说话的问题。人们其实不可能脱离开等级所划定的范畴来揭示妓女平时"真正的"工作和生活条件,因为这样的条件本身几乎总是被说成为等级的注定结果。例如，虽然在有关高等妓院的描写中有时也会出现严厉的或霸道的鸨母，但"恶老鸨"在有关下等妓女的文字中出现得频繁得多。老鸨狠毒多与贪婪有关；妓女拉不到足够的生意或不肯多拉客便遭老鸨殴打摧残的事例，在回忆录、俗语切口汇编、新闻报道、旅游指南、黑幕故事等中多有描述。④下等娼妓被逼迫着时常卖淫，加上受虐待，无怪一位指南书作者想象她们是层层压在地狱中了。⑤

娼妓的身心健康，无疑依情形不同而有别，如老鸨狠毒还是好心，她们是否要多接客，是否生病或者怀孕等。不过，但凡提到娼妓身心状况的，却几乎总是为了论证改革的必要，或悲叹十里洋场淫风日炽。有社会工作者报道说，一些妓女说出了抑郁的心情，感到自己低贱，心中疑惑。⑥做救援工作的在访谈报道中，亦称她们"已经失足而至麻醉……灵魂麻醉"。⑦一位指南书作者在评论下等妓女的处境时感到震惊，说"这般人工泄欲器，也已成了日常功课，已由苦而乐了"⑧。如果说，文章中描写的妓女接客愈频繁，地位便愈低下，那就意味着，在许多观察者的眼中，衡量堕落的最终标准是看女人对卖身变得麻木不仁了，还是看上去甚至当作乐事。然此种种说法所揭示的，其实是推进现代化的改革人士及怀旧文人的心声，而远非妓女的真实生活。

划分地界："此地风光不再"

妓女的等级部分地通过地界的区划表现出来，什么样的地段就有什么样的等级。民国期间出版的大多数欢场指南以及同时期的小报文字，都以大量篇幅关注娼妓业的空间分布。作者们开列马路街道、巷子里弄的翔实名单，指明各种等级的妓院的位置，还有的记载了一些等级的妓女从一处搬迁到另一处的情形。⑨对这些作者来说，登录场所的乐趣看来并不只在收集和重现地名，而是在诵念地名的过程中唤起那已经消逝的世界。

　　写于20世纪10年代和20年代的作品中,作者回忆起19世纪初叶的情形。那时黄浦江上有船舶载妓应客;妓艘游弋于停泊在港口的汽船间,舟子高声唤客,有意的商贾便请上船来。描写妓艘的文字总会提到女人之美艳,衣衫之讲究,以及江面上飘过的悠扬笙笛。[10]到了19世纪中叶,不知何因,船妓登岸,群居于老城区的虹桥一带,所应的嫖客为广东福建的商贾。[11]1860年间,太平军围城,许多妓女因迁出老城区,搬到了租界(公共租界始建于1845年,法租界建于1849年)。[12]百年间长三、幺二妓院等不停地迁徙租界,有些资料称这种现象与西洋人来后上海日胜一日的繁华有关。[13]

　　在民国作家的忆旧文字中,19世纪最后的二三十年一般被标以上海名妓的"黄金时代"。1917年时有位作者写道,从前富豪们在青楼挥金如土,故市面兴旺;对比之下,他生活的时代虽说妓院和妓女的数量大增,光景却是大不如先前,按他的说法,是白银外流的缘故。[14]往日里,男宾云集青楼,据称只为笙箫欢歌,名流聚首;性事不说没有,却非采撷之重,倘使发生,也说成是一桩柔乡韵事,而非赤裸裸的钱性交易。[15]19世纪后期,上海老城区内挨着北墙的里坊为妓院麇集之所。文人们笔下收进了那里的花园、围篱、竹帘掩映中的"红衫绿袖",还有那顾盼之间的万种风情。[16]最高档的长三妓院亦荟萃于公共租界的四马路(现福州路)和宝善街(现广东路)上的弄堂街坊,许多文章怀着深情历数了这些里弄的名字。[17]民国时期,那一带是公共租界的商业中心,就在青楼近处,绸布庄、服装店、药房、报亭书店、戏馆、影院、酒楼和旅社鳞次栉比,沿街排开。[18]隔了几个街区的妓院,就低了一档了,也是几经迁徙过来的:先是从老城区搬到小东门,后来一场大火烧了许多堂子,再后来搬到公共租界,在河南路、北京路、东西棋盘街和鸡鸭弄(老北门外)等处安顿下来。[19]1920年后,公共租界开始禁娼,妓院遂逐渐移向法租界,沿着爱多亚路(即"爱德华七世路",现名延安东路)两侧开设起来。[20]作者们以诱人的笔墨勾画海上风月场,只道那是僻静、雅致、隐蔽的去处,富绅巨贾会粉黛,丝竹袅袅,绕室盘桓。描写的青楼女子,无不衣着得体,颇懂自爱,全然没有暴露在人们视线下的一般娼妓行径。[21]

自 19 世纪末,属于公共租界的南京路一带便聚合着拼命拉客的马路娼妓(一则文字痛斥"冶叶倡条",称之为"鸠盘茶不足当雅人一盼"),而城外临河一带,"亦多娼家,编竹为篱,抟泥成壁,湫隘殊甚。稍自爱者每不屑处"。[22]公共租界北面虹口区内的北四川路,则集中了广州、东洋、韩国和(十月革命后的)白俄妓院,厕足其间的还有舞厅、影院、茶室、餐馆、澡堂、美容院和按摩院,其中自有许多打临工性质的娼妓。[23]到了 20 世纪,"大世界"(1917 年开张)一类的游乐场和永安公司等百货公司的屋顶花园开始有女子弹奏琵琶,演唱戏段子,而端茶送水的女招待也兼做陪伴女郎出卖色相,收取一份额外的报酬。[24]

据说高级妓女十分注意身份,与野鸡掰扯得一清二楚,为此不惜迁徙搬家,"以示不与同流合污,以为区别"。[25]无论长三、幺二们本人是否真的以门户决定栖息地,几代作者所作的地界区划却表明,曾是高等妓院渊薮的福州路(四马路)到了 30 年代已是鱼龙混杂,什么样等次的堂子都有了。甚至在书场中,倡优在台上弹奏说唱,台下就有娼妓巡游于听众间拉客。[26]时光流逝,旧时的高级青楼区衰败下来,档次一降再降,由此指南书中便常能听到"此地风光不再"的喟叹。当作者们说起浙江路上原先是青楼胜地的迎春坊现在却为"三等野鸡的窝场",曾经赫赫有名的虹桥也变成"担菜负薪者的征逐场所",[27]无不唏嘘黯然。"花底沧桑""陵谷变迁"之评说,确立起书写高等妓女文字的一大主题:怀恋逝去的风光。

统计数字

上海娼妓业于史学家之所以重要,所涉妇女的人数之众至少是部分原因。然而要说出上海卖淫女子的确切数目是不可能的。公共租界对娼妓时禁时容,而在法租界,妓院则有营业许可证。各种市政府态度不一,这意味着没有系统地收集统计资料。妓院老板哪怕只为省下贿赂官员的费用,往往也会有意隐瞒生意的性质和规模。计数一事,和分类、管理一样,并非中性的活动。在上海和在其他地方一样,创建统计资料是国家政体法度建设过程的有机部分,体现了现代性工程所具有的侵扰特征,常受到被调查人群的抵制。统计数字貌似准确,然其搜集者为各种不同的团体,之所以要搞统计的理由也时时在变,至于统计对象,更是有十足的理由不说实话。

现能找到的残缺不全的统计资料表明,社会上的卖淫队伍呈不稳定增长的态势。据公共租界一位西洋卫生检查官1871年的统计,租界内有1 632名中国妓女,而法租界公董局估计在法租界内有2 600名。两处的青楼据说多为国人而非洋人所设。[28]1908年的一部指南列了1 219名妓女(其中最高档的969人,次之146人,广州妓女42人,东洋妓女62人)。低等的妓女未列入,或许因为作者是在指点冶游高档青楼的门径,而非监测公共卫生情况。[29]到了20世纪10年代后期,公共租界当局对卖淫比较关注了,遂发现妓女人数在增长,恐慌心理和勤勉的统计互推互动,两者都在升温。上海市工部局正俗科在1915年进行的一项调查显示妓女总数已达7 791人,其中差不多五分之四是马路拉客的野鸡。[30]1920年间,租界任命的淫风调查会的一项报告中提到,仅在公共租界就有4 522名中国妓女,也就是说租界中每147个中国居民中就有一个妓女。报告还指出,若大上海以150万人口计,并算上在法租界活动的妓女,则上海每300个中国居民中就有一个女人以卖身为生。[31]这些数字还不包括报告中所说的"偷偷摸摸的"妓女。[32]事实上另外一组差不多同时进行的统计显示,在两个租界有六万多名娼妓,其中多数是被称为"雉妓"的街头拉客女,或更低等的卖淫者。[33]

实际上每一个观察过上海滩景象的人都会说到,没有营业许可的娼妓以及有其他职业掩护的卖淫人数大大超过了有营业执照的妓院。20世纪,舞场内计时付费的职业舞女、按摩院里的按摩女郎、歌舞杂耍场里的女招待、旅行社的向导女、卖报纸香烟和水果的小商贩、巡回为水手织补衣服的补衣女等等——或是因职业需要,或是因收入微薄需要补贴,这些女人实际上都在从事卖淫活动。㉞虽然当时的调查统计很少将她们计入妓女队伍,但在估算提供性服务部门的规模和理解妇女的从业选择时,必须考虑这些兼职的或"有伪装"的妓女。

20世纪20和30年代发表的数字与其说是统计的结果,不如说是社会科学学者和改革家所提出的粗略见解。他们拿出来的往往是大数,约数,是有伸缩性的数字;它们引导读者,使他们去想象有越来越多的、根本无以计数的妓女活跃在上海的大街小巷。1927年的一项估算称有执照的和无执照的娼妓数字为 120 000 人,到了 1935 年,估计达 100 000 人,增加的部分主要归因于农村的自然灾害和萧条时期工厂的倒闭。㉟1937 年,在日本全面入侵前夕发表的一份英文报告称公共租界有 25 000 名妇女从事卖淫活动,也就是说,租界的每 14 名妇女中就有一个妓女。妓女中有五分之一是"已知的职业卖淫者",但作者们最忧虑的是百分之八十的非正式从事卖淫活动的人,她们在百货公司的屋顶庭院,在旅馆、公园、电车、影院以及在街头拉客。㊱战后的一项研究将专职妓女的数字定在 50 000 人,但也指出这数字应增加一倍,以包括"行为接近娼妓"的妇女。㊲

这些数字意味着,在中国最大的工业城市上海,在一些时段,妓女的人数超过了棉纺女工数。㊳按照 1935 年公布的 10 万妓女的数字推算,大约每 13 名妇女中就有一个妓女;按照战后的数字看,则是每 15 至 20 名妇女中有一个;如果只考虑年轻的成年妇女,则比例还要提高。㊴调查报告的作者在探讨娼妓数字上升的原因时,最经常提到的是上海人口的增加,大量流动人口(贫富都有)从其他地区进入上海,以及男女人口比例不均。1910 年到 1930 年间,包括公共租界和法租界在内的上海人口增长了将近两倍。第二次世界大战结束时的人口与 1930 年大体持平,可 1945 年至 1947 年,人口再次增长了三分之一。㊵1910 年时外来人口占总人口的 82％以上,到 1930 年时已超过 90％。㊶流入上海的女性人口在工厂,尤其是纺织厂找到工作;有的当了用人或奶妈,还有的进入娱乐行业,或当了娼妓。㊷

但是流入上海的男人数目大大超过女人。30 年代初,在租界以外华人管辖的城区里,男女性别比一般是 135∶100,到了二战以后的三年间,这比例已下降到 124∶100。㊸而在租界,中国成年男女的人口比例更加失调,1930 年公共租界的男女之比为 156∶100,法租界是 164∶100。㊹民国时期的社会改革家总爱指出,城市人口中婚姻无着的男性过多造成了性交易需求的增长。虽说可能情况属实,但是在 20 世纪上半叶的大多数年份里,公共租界和法租界内的成年男女性别比却稳步趋向比较均衡。正是在这同一期间,报告出来的娼妓数目却在稳步上升。㊺

归根到底,数字的意义不在于准确指示娼妓业的增长情况,而是引导人们看到变化着的统计方法和统计目的。要对什么进行统计,为何统计,由谁来作统计,这些在上海是经常发生变化的。社会科学的调查研究继回忆录之后成为书写娼妓业的主要文类,改革代替了原先的赞赏而成为作家的主要议题,这时调查报告也就置换了原先的登记造册而成为娼妓业统计的主要手段。看似确凿的调查数字很快就过时,代之而起的是援用模糊的大数字的做法,所传达的意思是,卖淫已成为无法控制的、五花八门的并日益具有危险性的现象。当国家和改革者坚持实行对娼妓的监控时,统计成为大家都使用的一种手段。如此产生的统计数字与其说明对娼妓业的限制已见成效,不如看作是表现了上层人士越来越强烈的忧虑。

区分类型

从晚清到 20 世纪 40 年代,几乎所有关于上海娼妓业的长篇描述,诸如冶游见闻、指南向导、通俗小报以及宣传改革的出版物等,无不详述娼妓门户及与此行业有关的匪夷所思的名称和名堂。嫖界也是从知书识礼的名门之后到暂靠码头的外国水手,无所不包。这些妓女的名目中许多是上海特有的。别的城市同样也有当地的各种类型,也以差不多的方式作了分组归类,列数详述。但这些叙述并不仅仅在搞妓女分类,而是作为历史讲述出来。历史的叙述通常隐指三种主题:一是娼妓在中国源远流长,二是娼妓史与士大夫的历史有千丝万缕的联系,三是当代娼妓业的发展与中国近代史平行,讲述了从文明到压迫与危险的一部衰落史。

20世纪初上海娼妓行当的术语渗透着早期历史的印迹以及对官场的讽喻。"倌人"是高等妓女的一种称谓,本意"为官之人"。1891年一位游览向导作者说,"倌人"出处无从查考,但认为用"倌人"称妓女或许因妓如官,均可视为"公共之物"。他还提出另一种解释,说该词出自元朝和明朝的"官妓"。[46]另一种说书妓的常用称谓是"先生"。"先生"原是对学者、长者和受尊崇者的尊称,后来演变为说书艺人的行业俗名。英语中往往将这样的艺人译作"说唱女"或"歌姬"(sing-song girl)。[47]1935年有一部《上海俗语图说》词典,编者遍查《礼记》、《论语》等多种儒家经典、搜寻"先生"的意思之后,苦笑着说未见一例称女子为先生的。正如上海妓女自成一统,未有先例一样,"先生"这个用语也没有先例(于是亦暗示其不合常规,甚至不合法)。[48]"倌人"和"先生"两个称谓都挪用自有脸面的男性官僚士大夫阶层,于是产生了一个绵绵不绝的话题,即20世纪士大夫和高等妓女传统的式微。[49]

书寓:从献艺到卖身

20世纪中,几乎所有写到娼门等第的文字都会感伤地从"书寓"说起,那是妓中的最高品格,当时已淘汰无存。19世纪后半叶会弹唱、善说白的妓称书寓,专门接待当地的文人学士。通常亦称她们为"书史"(说书倌人)、"词史"(诗词倌人)和"先生",其表演的场所为"书楼"(说书的书场),所栖息的寓所便称"书寓"(说书人的寓所)。"书寓"亦指这一等级群体。㊿

指南书的作者将书寓妓的艺涯谱系上推了一千年。㉛在上海,据说男说书人为吸引听众,曾起用女性来说书,到头来女人说书说红了,男人便退居后台,操弦为说唱女伴奏。19世纪六七十年代书寓风气大盛。说书的女子演出时,其红纸名牌高悬书楼外。男人付一元点唱,便算是熟客了。演出后,有些说书艺妓也在自己的寓所应酬客人。㉜19世纪早期,每年都有一次(也有说一年两次)会唱,相当于考核,来认证书寓资格;彼时书寓妓展示各自的唱、说白和操弦之技艺,通过者方得继续谓之书寓。㉝书寓不独花容玉质,华服美饰,其酬宾的烟枪同样出名,更因工于说唱操弦而蜚声沪上。㉞与等级稍低的长三等不同的是,书寓并不侑酒陪席。㉟书寓的艺名(入行时取的名)不惟赏心悦目,且均有诗画的意韵。㊱

依照书寓销声匿迹后出现的怀旧文字看,书寓等级自视清高,以艺技而非色相谋生,所谓"卖嘴不卖身"。民国时期有文章说,书寓门第管教森严,凡有妓与心上人苟且者,一经发现,必焚其卧具,扫地出门。㊲

另一些文章则说书寓确在住所"卖色",只不过是陈仓暗度,公开身份仍是说唱艺人。㊳后来,靠艺为生的妓类渐走下坡,史料暗示说,概因此类女子不愿与客有狎昵之举("过清高拔俗"㊴了)。及至20年代,书寓已全部融入长三等级。长三自不及书寓品格高尚,多处文章提到长三妓女"对狎客有求必应"。㊵"书寓"一词断断续续一直用到1948年,大多数情况下指长三妓女;长三亦接过了"先生"的尊称。㊶

20世纪的作者叙述书寓之消逝,唱出了往昔的挽歌。从前妓与客之间以艺为纽带,并不靠性。由此,"书寓"等级也成为追本逐原的载体,用来讲述优雅文明的昔日故事。与此相对照,一位指南书作者痛斥他置身其中的30年代,说"现在人欲横流,随潮流的趋向,而娼门中人,遂亦不得不松裤子带,为其招揽生意的不二法门了"。㊷

书寓是否限制与顾客的性关系，毕竟是无法证实的了，至于她们如何看待自己的技艺、生意与性活动的关系，则更是无从查考。史料中清晰可辨的是男性作者面对变迁的错愕和沮丧：过去只有饱学优雅之士方可享用的无以言喻的欢乐，现在已变成粗俗的商业买卖，变成任何人只要有钱就可买到的性。文中不只哀悼独特的书寓之退隐，而且还为旧文人曾共享的男性愉悦之消逝而扼腕长叹。

长三与幺二

本书第二部将详述高等妓院的经营方式与各种关系，事实上这部分内容在传统的分类中所占的比重远大于低等妓女的营生。高等妓院既是抒发忆旧情绪的中介，也是生发出男儿气概的场所。"长三"本指牌面为两排三点的骨牌。老规矩招长三侑酒三元，夜度三元，后来虽例规早变，称呼却是沿用下来。整个民国时期，长三居于娼妓等级之最。与书寓相仿，长三亦能歌曲，只是节目花样不如书寓繁多。[63]她们服饰豪华，擅长宴席赌局的应酬，周旋于富商达贵之间。先前出租车还不怎么流行时，长三妓出堂差搭乘马车，或坐"肩车"，即由堂子里的仆役扛在肩头上送去，也等于给妓家的生意做了活广告。[64]民国后期，福州路会乐里的长三妓院颇有名气。阔气的可招妓陪同看戏或游玩娱乐。[65]诸如此类的差事，妓院收费均有定规。[66]

长三一般年纪很轻。许多姑娘进长三妓院时还是孩子，是老鸨买来当"养女"的。过了青春期的女子，上等妓院就不肯收了。老鸨自有理由，一来人大了不好调教，二来在她身上花费不少，能干的年头却不多，不上算。

要结识长三，不靠她的一位常客介绍是很难的。长三姑娘日日接待应酬，不过一般却不能指望她与客人发生性关系，即便完全卖给老鸨的亦然。[67]虽说要得到她的人需煞费苦心，但只要客人苦苦"追求"已久，又在妓与老鸨那里抛掷了千金，那么一亲芳泽也非不能。[68]与书寓不同的是，长三并不避讳与狎客的性关系，民国时她们常与客人同往旅馆开房间过夜。⑩长三妓院一直维持到40年代，为沪上生活一大特色。⑪

再下来就是"二三"和"幺二"妓女了，两种称呼也都来自骨牌名。民国时期，二三逐渐消失，后一律统称长三了，⑪然幺二却仍是分明的等级。民国时她们的资费说是打茶围、招待瓜子水果一元（俗称"干湿盆"），侑酒二元（故以"幺二"即"一二"谓之）。在通货变化的年代，幺二们实际的收费标准如何不清楚，不过民国年间要让妓女晚上陪伴助兴，耗费肯定大大高于"幺二"名字所示。众口一致的是幺二唱功不如长三，卖色费用也低于长三。幺二妓院规模一般较长三妓院大得多，每个妓院还下设许多小的堂子。⑫

幺二妓院对生客熟客一视同仁，来者不拒。⑬一则文字直露地评述道，"只要你袋里有六块大洋钱，便可教她跌倒在你铁蹄之下，元宝翻身，任你摆布。"⑭有一部指南书写到有的女子离开长三队伍去当幺二，或是被管她的人（一般是养父或养母）逼着去当幺二，皆因幺二卖身钱来得快，不似长三堂子名堂繁多，耗时耗力，不容易来快钱。作者评道，长三姑娘去当幺二，弯子不大好转，感情上身体上对于说卖就卖难以适应。⑮

作者们在历数上等妓女类别时，尤突出妓女因经济所迫而不得不多松裤带的时刻，以为那正说明妓业悲惨的滑坡。例如，1922年有一部花界编年史记述道，市面上突然出现了一个"青楼救济团"，观察家想当然认为成立该组织是为给工部局施加压力，使其取消禁娼的决议（详见第十一章），可不久就发现事实不然。该组织其实掩护了一个从事秘密皮肉生意的窝点，狎客经过筛选，价格亦十分昂贵。如今生活费用上涨，只有极少数的妓女能洁身自好，不以身取钱了。报道到此，作者不禁唏嘘慨然。⑯

韩庄与咸肉庄

如果说在长三妓院，性交媾只是次要的或偷偷摸摸的勾当，那么针对着阔绰商户的"韩庄"(从"台基"一词演变而来)就是专做私底下男女苟合的生意了。从书写韩庄的回忆录、新闻报道、警世檄文、历史传奇等等看来,其滋味与危险均在于打破了严谨的家庭防守线:到了庄内,男人可以睡他人的小妾或体面人家的大小姐。这些文字意味着,只有在淫乱迷醉的大都市里,如此不轨才能自树一帜,合法生存下来。

韩庄风气从19世纪中期一直沿袭至20世纪10年代。⑦除了官姨太和大小姐(她们中不乏来韩庄与家里反对的情人幽会者),韩庄也有一定数目的妓女,供客人包夜、包月或更长期的租用。女庄主起劲地罗致女人与狎客,庄花收了费与庄主拆账。⑧写到"新党"男女如"新式学校"安排课程似的给自己的幽会做计划,文章作者不免露出嘲讽的意味。⑨随着旅馆业的兴起,韩庄营生衰落下来。旅馆又提供了一处私会的场所。⑩

20世纪,韩庄渐为更加公开的公娼堂子——"咸肉庄"——所替代。⑪与各等级的高级妓院相仿,民国时期的咸肉庄也是公开的设施,也纳税并领取执照;⑫但与韩庄类似,目的只在让情急的男人立即满足淫欲。⑬客人来了只给上一杯茶,而不是头等妓院里的各包点心,也不讲究交际。⑭1932年的一部指南书写道,咸肉庄

> 完全以肉欲为前提,所以最受急色儿的欢迎。因为没有妓院的虚伪周折,痛快地纳了相当的代价,便可满足欲望。⑮

这里的女人是"咸肉",指南书的作者写她们的时候尽情把玩文字游戏,说什么生意清淡的小肉庄里"未尝没有火腿家乡肉在里面,既可便宜,且招待殷勤",谈"肉味的美恶"与价格的关系,介绍"斩一刀"的花费(20世纪30年代3元,全夜5—8元)。⑯说起令人谈虎色变的性病,一部30年代的向导书用了"咸肉臭"的字眼,⑰另一位则提醒读者说,"食肉自以新鲜为贵,加过盐的咸肉,非但失却肉的真味,并且多少总还带些臭气,非胃口好的朋友,终有些不敢承教"。⑱咸肉还作为一种转喻,指明了上海作为外埠人聚居地的性质:

> 咸肉虽不清鲜,却耐贮藏,旅客携作路菜,最为相宜,整块煮熟后带在身旁,随时可以取用,割下一块,送到嘴里就吃,便利极了。上海是活码头,出门人最多,"咸肉庄"就为便利旅客而设。(89)

不讲社交,只管解决性欲,这是咸肉庄的共同点,但别的方面咸肉庄之间却有很大差别,高档的"贵族屠门"装饰华丽,寻常的也就是基本设备。(90)普通肉庄的妓女接客的房间俗称"鸽子棚",小得只够放一张床。接客时间的长短按付费多少而定,一个完事再接下一个。(91)老鸨们被毫不留情地形容为"一种剽悍凶暴的老妪"或是"一般风骚尖刻的徐娘",(92)标志着这一类堂子相对属低层次,因为说到高等妓院的业主是从不用如此粗俗的字眼的。

或许因为咸肉庄是在公共租界开始禁娼的时候兴盛起来的,(93)所以大部分都开在法租界的八仙桥附近。(94)到20世纪30年代,指南作者开始评论说"'咸肉'营业跟着上海旅馆事业,一同突飞猛进,近年来大有压倒长三幺二之势"。(95)这些描述只是沧海一粟,反映了当时弥漫着的情绪,即娼门等级界限打破,原先以书寓长三幺二为中心的妓院文化败落了,直截了当地变成了拿钱换性的生意;随之大滑坡的,是原先那个有序的社会。追忆长三和蔑视"咸肉"在这类文字中总是联系在一起。

47 雉 妓

清末和民国时期的上海,最大的妓女群体叫作"野鸡"或"雉妓",其人数远远超过其他等级。(96)文章写到咸肉庄,有关疾病和性的商业化的调子就已很普遍了;写到野鸡,更是有顾客遭遇人身危险的恐怖描叙。那些找马路拉客女的男人被说成"打野鸡",可事实上在史料中看到的分明是女人在当捕手。(97)每当夜幕降临,公共租界和法租界的大马路两边可看到一群群的野鸡(98),拼命在小商人和走街串巷的贩夫走卒中拉客。(99)(见图1)那个时期的指南向导书反复告诫来沪旅客千万小心野鸡,她们见路

人就上,所做近乎偷盗勾当。最不堪一击的是乡下人:

> 倘客虽乡愚而似有钱者,则以钓鱼之法使其心神迷乱身不由主,平日一文如命,此时千金不惜。[100]

有一作者错杂地使用了禽鸟的比方,他警告说,野鸡"好像老鹰抓小鸡"似的紧抓捕食对象不放。[101]还有将野鸡的方法形容得如团伙打劫:

> 上海野鸡拉客人,都半是三个人服侍一个。……在马路上还客气些,若被她们诱进了暗弄堂,那是野鸡老鸨一窝蜂地上前,将他围困垓心,他若还要倔强,那就实行绑票手段,将他像戏台上的活擒张任似的,四脚朝天的抬进鸡窝,乡下人常常被她们摆布得唤救命。[102]

这位作者还说,更糟糕的是野鸡还有一种方法,把客人拉到黑暗弄堂里,"实行抬乡下人的麻糕,以引起男子的性欲狂"(麻糕形似阴茎)[103]。至于野鸡的索费,按1932年来说,所谓"一炮主义"一元,夜度则七元。[104]

与其他的妓女类型相仿,野鸡内部也有种种区别,并非写到野鸡就只有贪婪二字。有的野鸡专门乘坐三轮车在南京路兜风拉客,有的去茶楼戏院,看到有意思的男人装出羞答答的样子。还有的名字听着就怪,叫"住家野鸡",她们从不外出拉客。[105]20世纪女性的装束有了很大变化,野鸡于是开始学样,脚登皮鞋,戴着金丝边眼镜,修着短发,打扮成女学生的模样。[106]然而抛头露面乃是野鸡的整体特征;与其他等级的专职妓女相比,野鸡主要是在马路上游荡。

从年龄看,野鸡和下等娼妓总是被程式化地描述为两极,要么十分年轻,"未成年",要么就是年纪大了,"迟暮佳人","营养窳劣"。[107]所谓"年纪大"通常是指20岁到30岁之间,这个年龄段的高等妓女不多,但野鸡的人数却很多。[108]从支离破碎的史料中可看出,随着下等妓女队伍的扩大,妓女的平均年龄也在往上走。[109]

虽然野鸡的活动范围是马路街道,她们却并未脱离妓院这个制度。雉妓堂子远不如长三幺二妓院那样讲究社交礼仪,不过打茶围的嫖客象征性地付点钱,也会上两盘点心(装干湿),他便可以坐着与妓女打趣说笑。⑩但这只是小插曲,有指南书写道,"不等你坐到一刻钟,她就要求你住夜,你如不允她就要行逐客令,实在没有味道"。⑪

所有有关娼妓的史料都将野鸡写成受老鸨虐待之典型。尽管她们荡马路,站弄堂,并不关在堂子内,而且从整体上说,年纪也长于高等妓女,但这些并没有使得她们对自己的职业生涯有更多的自主权。她们站马路时,娘姨或老鸨就在一旁监视,拉到客人就领回堂子。⑫(见图2)欧内斯特·豪泽在1940年出版的《上海:待售之城》中回忆了战前的情形:

> 入夜,电影院散场出来,便可看见穿着蹩脚衣服的年轻中国姑娘同年长的阿妈手挽手的,一对对沿着南京路上闲荡。这些姑娘看上去很不开心,可想而知,若不是因为那些讨厌的阿妈,本来她们中间会有人想方设法回到乡下去的。⑬

1923年一个外国人的改革组织做的调查报告中写得更明白:

> 不论天冷天热,不论下雨、霜冻还是下雪,只要一到晚上就得扎堆站着招呼男人,路人稍有反应便一拥而上,非哄着他答应了不可。拉不到客人,姑娘就要挨打了。⑭

此类评述不限于主张改革的西洋人。一部指南书写道,迫于老鸨的压力,"在深夜三四点钟尚站在马路上的野鸡,她们不教人去'住夜',往往向路人哀告说:'对勿住帮帮倪格忙罢!'"⑮

在改革者和社会学者的笔下,更能说明野鸡的低下境遇的,是她们与客人性交的频繁程度。1948年对500名各阶层妓女的调查中发现,大多数女人平均每个月性交活动10次至30次,有的甚至说有60次。⑯改革者的文章中还列举过更高的数字,说有的老鸨逼着雉妓一夜接客4人至20人不等。⑰改革者还将低等妓女视为性病的主要来源,因为同其他人群相比,妓女传播性病更广泛也更迅速。⑱

此外,和其他类型的妓女相比,雉妓至少还有一个方面遭遇更为悲惨:她们平时不待在妓院里,而市政法令是禁止街头拉客的,因此她们也就时常与执法的警察发生冲突摩擦。[119]有的指南书给上海游客出主意说,摆脱纠缠不休的雉妓的惟一办法就是把她拉到大街上去,因为她怕巡捕干预,于是乎也就松了劲。[120]到了20世纪30年代,几乎所有关于雉妓的文字(不论何种文类)一概唱起了可怜苦命的调子。一位指南作者写道,野鸡拉客若不够放肆,便要讨鸨母的打骂,"但是一放肆,巡捕的哭丧棒那是毫不留情的赏她几下"。拉来了嫖客固然躲过了毒打,但是觉也睡不成了,因为这些男人会"缠扰一夜",直到他们的"性欲发泄到无可再发的时候"。[121]用这样的眼光来看问题,野鸡放肆拉客的做法也就不怎么具有威胁性了,1935年一位指南作者已操起了改革者的表述:野鸡"这副凶如虎狼的状态,实在可恨可怜,因为她们受了环境的支配,生活的逼迫"。[122]

花烟间和钉棚

最低等级的要数在"花烟间"和"钉棚"卖身的娼妓了。[123]花烟间即客人边吸鸦片烟边嫖妓("花")的地方。与高等妓院一样,开始它们也在老城区内(小东门一带),后来迁到了租界,散落在各处。此类堂子淘汰得最迟的是打狗桥附近的三五家。[124]1893年一部回忆录的作者将雉妓堂子和花烟间进行了比较,说前者要花三四元,破衣烂衫的还拦住,花烟间则贩夫走卒都让进,抽烟玩女人两不误,全算上也就一百钿。[125]

指南书一般不描写高等妓院的常客,也许因为这些书好像就是直接为经常光顾那里的人而写的。对比之下,作者们写到雉妓堂子和花烟间一类的低贱场所,便往往露出鄙夷不屑的样子,不遗余力地将自己同那里的狎客分开。书中描写的花烟间又小又脏,没什么家具,被子臭烘烘的。[126]花烟间同周围房舍的区别在于靠在门口的一张梯子,那是它的"特别标志"。[127]"花儿"们在门口有坐有立,唱着"十杯酒"之类的淫调,看见有人走过,便叫住他,使个眼色,然后一拥上前,将那人像"俘虏般"擒上楼去。⑫

到花烟间去嫖,俗称"跳老虫";何以叫作跳老虫,解释也是形形色色。一部指南说"跳"指的是女人见有人过来便从梯子上一跳而下的习惯。⑫另一书则定义得更加直白:

> 这也是一种象形名词,老虎当然是象征某种器官,此虫无长劲,一跳即完,"跳老虫"者言其特别快也。⑬

白天的买卖俗称"关房间",1910年以后关房间的价格是两三角,可"住夜厢"即夜度则要二元。⑬有的资料说,1933年禁烟后,花烟间就销声匿迹了,另一些则认为花烟间的名称照常使用,皮肉生意照做,只是不再开灯点烟了。⑬

钉棚散落在城北的闸北、虹口一带,⑬是极其简陋的堂子,嫖客都是些"头脑简单经济力弱的劳工们"。⑬价格也贱,一炮式的一角,夜度也就一元。⑬这种场所的性交易被赤裸裸地称作"打钉",顾客全然不必如在高等妓院那样去做花头或懂得开条斧等等的规矩。⑬

洋娼妓与"冒险家的乐园"

上海云集了来自世界各地的妓女,她们由被改革者称为"白奴贩子"的拐卖妇女者贩运来沪。⑬洋妓的客源主要是洋人群体和靠岸的水手,有些也做华人嫖客的生意。⑬上海有"冒险家的乐园"之称,至少部分是受了欧洲人写的游记的影响,这些游记中绘声绘色地描写了沪上欧美妇女的妓馆中所能享受的声色之娱及其危险性。⑬同中国人写的指南相仿,这些据说是亲历见闻的叙述其实也是你抄我我抄你的,每说一遍都会添枝加叶。不少外国作者构造出他们想象中白种女子遭受中国男人摧残的可怕故事:

> 站在车杠间的黄包车夫听说要拉我们去施高塔路时便咧开嘴笑了。那是个臭名昭著的地方,听说开着三百所妓院,每所约十至

十五名女人，各国的都有……这类妓院主要是外籍妓女管理，有俄国和波兰来的犹太女人，还有许多罗马尼亚人。那是罪恶的渊薮，是中国杀人魔王、外国凶手和拉皮条人的围猎场和总部，其中大多是漏网的罪犯。数百个姑娘经他们的手转来转去，从一个妓院到了另一个妓院。妓女中有许多美国姑娘。那些家伙会讲出他们在美国的城市里如何不择手段地引姑娘们上钩，也有女人受了魔鬼操纵，自己愿来，总之将她们弄到手后转口到此挣大钱，因为有东方人情愿出高价玩弄来自遥远国度的白种女人。⑭

有作者认为，在一个危机四伏、毫无人情关爱可言的大都市里，白种女子与东方人的接触必然以女人受伤害告终：

> 当然，结果就是疾病与死亡；那是无可避免的。再严谨的预防措施也无法保护妓女，使之不染疾；一旦得病，在妓院里就没用了，就必须离开，要么拖着垮掉的身子悲惨地回到远方的故乡，一辈子就这么打发了，要么就是死亡，其惨状无法记录，因为她死在这座对她的命运毫无兴趣的城市中某个阴暗肮脏的角落。⑭

外国人对在沪欧洲妓女的描写侧重于有梅毒的非白种人对白种女人的威胁，但中文资料则比较杂，且很少有将洋妓写成受害者的。1905年的一则叙述对白人妓女毫不客气："其人大都龋齿蓬头无异药义变相狮王一吼见者寒心。"⑭

后来的报道好得多，或许反映出公众已对卫生和经济问题比较关注了。高等妓院中西洋妓女洁净无毒，工作环境良好，每夜收费50元也能积攒下一大笔钱，对此种种三四十年代的文字都予以肯定。⑭

欧美妓女中人数最众、地位最低的要数俄妓。最早的一批于1904—1905年日俄战争后就来上海了，由此引发了传教士杂志《中国记事录》的愤怒之声。记录者是位洋人，他深恐大批白人妓女的到来会打乱半殖民地上海的社会秩序，还可能有辱所有白人的身份地位：

> 如果不采取什么行动的话,那么我们的文明的好名声,是的,连我们的家园的安全,都会受到威胁……自从日本人占了满洲南部的省份、将这些地方的妓女统统赶出去后,中国沿海的通商口岸就充斥着这类劫掠成性的货色。

尽管"出以公心的公民"努力组织"治安维持会"来驱逐这些妇女,以使街道马路不再受到"这些轻佻女郎侮辱性举止"的骚扰,[14]然而俄妓的人数持续增加,十月革命后更是如此。[15]30年代一位观察者估计住在上海的俄国妓女达8000人之多,而其他国籍的白人妓女也就2000人。[16]许多人来自北方城市哈尔滨,她们或公开在法租界和虹口区的"罗宋堂子"卖淫,或在舞厅当舞女兼卖淫赚点外快。[17]有的俄国女人在虹口的酒吧间工作,客人买10元一瓶的酒她们就能得1元,一个外籍观察者这样描写道:

> 这些女人也许并非娼妓,但与之接触的男人没几个会否认她们中的多数在酒的作用下也很情愿干点卖身的副业,而饮酒是她们的正业。……与其让她们一瓶酒挣一元,毁了身体,最后变得比最低贱的畜生还低下,还不如让这些可怜的女人正经去当妓女(如果可以用这样的字眼的话),钱财上可挣足了买卖的好处。[18]

白俄堂子为招徕顾客,雇用了华人无赖做"领港",他们给路人赏览"西洋百美图",并领着穿街走巷至深处的堂子。[19]无论中外作者笔下的这些女子都可怜兮兮;与其他的西洋妓女相比,俄妓更容易成为狠心人口贩子的牺牲品,长相又差(一中文指南形容说"俄妓论姿色臃肿如蠢猪,骚臭不堪向迩"),也更容易染杨梅疮。一位作者规劝道,"不若直截痛快的实行一炮主义",也不要同俄妓过夜,语言隔膜,终是无趣。[20]

日妓也在虹口一带营业,尤以北四川路居多,20世纪都知道那地方叫"神秘的北四川路",路两边全是粤妓馆、日妓馆、俄妓馆、赌场和按摩院。[21]日妓中有艺妓,19世纪的资料中形容艺妓是"艳如桃李冷若冰霜",

其不易近身这点有时会同长三幺二比较。㊿同一些资料还说要宿日妓相对更容易些。有些日妓兼职做侍女、茶馆招待，或开小饭馆；还有的靠走街串巷的小贩和黄包车夫为她们拉生意，"一炮"收费几元。㊾

对在沪日妓的描写受到中日之间政治矛盾的影响。例如，1919年底发表的一篇写艺妓的文章中就提到，《晶报》说自"五四"以来学生一味地"调查死日货"（为了抵制日货），却忽略了活日货。㊿北四川路说得如日本侨居地（原文只说"××侨居地"，因30年代初曾时不时地禁止在可能被解释成抨击性言论的内容中提到日本）。㊿沪上的日本艺妓馆被说成是日本侵略政策的一个组成部分，日本"有以色欲麻醉其他民族的方针"。同时，日妓又被说成"别有风味，因为日本一切倭化"，陈设简单而索酬不菲。30年代的一位作者认为嫖东洋妓院的好处是无染病之虞。未行交媾之前，嫖客必先行淋浴，由日本女佣伺应洗拭并检查有无毒疮溃烂等状。文章告诉华人狎客说，假如因就浴时赤裸裸的与侍女调笑感到不自在，反而会被人家看成"洋盘"。再者，因日俗是席地而坐，进门必须脱鞋，所以应注意不穿有洞的袜子，免得让日本女人讪笑。㊿这些警示性的用语都带有民族主义情绪，于是日妓一方面受到嘲笑，另一方面又被视为洁净和精致的标准。

归根说来，书写娼妓业的中国作者对在华外籍娼妓很少注意，无非是说到有东洋西洋妓女存在，并将她们的状况、地位与其国籍联系起来（如卑贱的俄妓、强大的日妓之说）。令外国作者和读者神往的"冒险家的乐园"故事将上海描写成各色人群汇集的异域大都会，那里有心怀叵测的欧美人，还有不可知的他者。这样的世界对中国作者和读者没有什么意义，他们所关心的主要是详述社会类型并分出等级高下，点出社会问题，建立行为规范等。在中国人为国人所写的文字中，上海再现为巨大、复杂而危机四伏的地方——但并非不可知。在中文语境中，洋娼妓处于娼妓等级之外，不在中国人的思虑之内。

区分地域及原籍等级

和上海其他经济部门的劳动者一样,大多数娼妓并非上海本地出身。[157]这在一定程度上反映出上海在不断扩大并吸引乡下人到来的现实:在乡村的危机和战乱逼得农民离乡背井时,很多乡下人怀着找到工作的希望来上海闯荡。妓女的籍贯构成也映射出沪上商界和官场的强大地方派系势力,如有广东帮、宁波帮和长江下游城市的帮派等,从这些地方来的男人似乎也偏爱来自原籍的娼妓。娼妓的籍贯还反映出这一行当中人口买卖的特殊性质:买了女人的贩子都情愿在离她们老家很远的地方再卖,如此才可摆脱她们家人要财物回报或分得赚头的纠缠。[158]对于妓院老板来说,买外地女人也意味着对她们更大的控制权,因为"一旦离开了老家的社群,妓女就完全只好任由管她的人去摆布了"。[159]出于同样的理由,如当时有人所说,"给卖掉的或典押的上海女子通常也运往很远的地方。"[160]

和上海大多数行业一样,妓女的原籍也是决定娼妓业等级的重要因素。书寓和长三妓院的妓女据说主要产自江南城镇,尤其是苏州(有名的美人乡)、无锡、南京、杭州、常州等地。[161]长三妓院讲的是酥软的吴语,[162]即使上海本地的土娼也会强效苏白,至少用苏州口音装点门面,冒充苏帮。[163]

苏帮雄视业界,故在作家笔下苏州出身便自然就是天生丽质了。当年会乐里有一家规模不大却生意兴旺的妓院,据曾在附近居住的人回忆说,馆内有两名妓女,分别是苏州和山东人,"那第二位美艳无比,根本看不出是山东人"。[164]自幺二以下便不是清一色的,有长江下游的,有扬州和苏北各地的,还有江西、湖北、天津、广东等省的。[165]雉妓和花烟间据说都是扬州、苏北人,光顾这种堂子的嫖客也是苏北籍的劳工。[166]苏北帮在市场上也有自己的地盘,如有的专门划船到停泊在黄浦江上的舢板边,在中国船员中搭客。⑮娼妓中以苏北人为底层的等级与籍贯交叉的现象,也从一个侧面反映出上海的职业结构。⑯

地域的区别还在其他方面影响了上海的娼妓业。20世纪20年代军阀混战,许多有钱的广州人只好移居上海,做起大生意,如开设了先施公司和永安公司等。由此,粤妓的地位也相应提高。⑰在沪的粤帮有自己的一套复杂用语指涉性活跃女子、童女子、宴请等,有自己的房间装潢习惯,自唱自弹的表演风格,在北四川路也有他们的地盘。⑱

粤妓馆是上海广东帮错综复杂的商业利益的组成部分:妓女设宴从粤菜馆点菜,陪伴客人去的也是广东人开的饭馆和旅馆。⑲和苏州妓院的许多女人不同的是,粤妓并没有卖给妓院老板,一般说来她们对自己的工作有自主权。⑳整个民国期间,长三已不是那么难以接近,粤妓亦然,她们接待的圈子已扩大。20世纪之初,顾客要一名粤妓陪坐斟酒必须通过熟客介绍,可到了30年代只需在广东餐馆前的彩牌上点名,随时约她出来便是。㉑

宁波帮也常出现在民国时期的小报和指南中。管理宁波堂子的是宁波老鸨和宁波堂差,宁波娼妓栖息并出没于五马路和大新街一带的旅馆里。㉒尽管宁波堂子公然做生意,但并不纳捐,也不领照会,所以实际应算非法经营的私娼。同长三幺二一样,她们也在住处摆酒待客,欢迎客人去"做花头",但若客人想同哪个女人销魂,就必须另开房间,因为她们的住处地方小,摆着厨房的家什更是拥挤,还散发着阵阵夜壶的尿臊臭以及给客人当点心用的宁波咸鱼咸螃蟹浓烈气味。至少有一位上海作者评论说宁波堂子的饭菜闻着刺鼻,音乐听着刺耳。㉓档次高的粤妓和宁波娼妓只认同乡,一般不与其他地方的客人打交道,起码语言不通造成了一定的障碍。㉔据说凡是迷恋苏帮和扬帮高等妓女的人都瞧不起粤帮。㉕指南书中提到广东宁波娼妓必着重于怪异的地域特点,她们的衣饰、饭菜、乐曲、表演都略显古怪离奇。

广东帮里还有原籍广东东部的女人。㉖追溯起来,19世纪初期那里就已有女人来上海谋生了,在虹口一带和法租界专门做外国水手的生意。⁽¹²⁹⁾一则文字写道,在这些地区,"每到薄暮深宵,尝见白衣白冠之水兵,在该处蹀躞徘徊,意有所属。而她们亦浪声秽语,媚眼横飞,以施起勾搭手段。"⁽¹³⁰⁾每月卅号为水手领薪饷的日子,生意便格外火爆。⁽¹³¹⁾这些女人有个特别的称呼,叫"咸水妹",对此有种种不同的解释,有说指专接海员,有说她们出身船家,有说是广东话中漂亮妹子的音译。⁽¹³²⁾中文材料里有说她们身着奇装的,有说丑陋的,有说打扮精致的,有称道美丽的,真是说什么的都有。⁽¹³³⁾晚清时期的一部回忆录中提到咸水妹们"赤头大脚",⁽¹³⁴⁾与那时穿着讲究、缠足的长三相去甚远。

20世纪30年代以前,咸水妹只接水手。⁽¹³⁵⁾也许正因此,她们一出现在上海,其传播性病的可能性就引起外国作者的注意。1871年公共租界的卫生官员爱德华·亨德森一面谴责外国水手光顾的妓院肮脏不堪,一面辱骂外籍嫖客中的非白种人。他说这种设施"黑暗、肮脏、简陋,而在一切方面最最蹩脚的恰是马来人和黑人等常去的地方"。⁽¹³⁶⁾后来一则外文材料则与此相反,说是接近(白种)洋人才使她们干净,说咸水妹"比别种娼妓讲卫生,因为广东人爱干净,也因为她们希望招徕外国人"。⁽¹³⁷⁾尽管如此,她们与外籍水手的接触以及由此引起的性病蔓延还是引起了英国海军司令的注意。1877年时他要求上海开设一家性病医院,对广东娼妓进行检查和登记。这些女人没有被吓倒,她们反进一步利用贴着自己照片的医院注册卡当招牌,给自己拉生意。检查持续至1920年,此后持照的娼妓业从公共租界淡出,尽管废娼实际有多大成效很难说。⁽¹³⁸⁾

外国作者认为,如咸水妹不通过卫生检查的话,对外国人是很危险的;话里的意思是,咸水妹正因是华人,才携带病毒。中国作者则有相反的立场,他们认为妓女得性病是因为同太多的外国烂水手睡觉。有指南书说咸水妹一夜接客竟多达二三十人。⁽¹³⁹⁾还有作者将传染一词的词义扩大,不仅用以指传染性病,还指染上了坏作风:"因终日与外国水手交接,因此一切都染了洋化。"他告诫问津者说,咸水妹会处处作弄不懂英文和广东话的嫖客,对睡熟的客人会乘机抄靶,偷盗其钱财;还有,她们不说悆惠,至少也坐观外国水手与华人争风打架,于是他规劝去那里玩的客人定要先问明退身之路。⑲从指南书上可看出,咸水妹是陪衬,衬托出中国高等妓女的风雅:她们有一套套讲究的社交花样,让客人玩得开心;这些客人不只好赌、讲究吃的排场并期待着欢合,他们也爱好戏曲,喜欢清谈说笑。接触外国人并没有提高咸水妹在娼妓等级中的地位。⑲

门户森严

指南作者在描述娼门等第时并不将这当作自己的创建,而认为那是娼妓本身所懂得并严格实行的一种制度。在许多以上海为背景并拥有本地读者群的娼妓小说中,作者们所表现的妓女都清醒地认识到门第等级的存在,无不处心积虑地想维持自己的地位。一部研究娼妓小说的著作如此刻画那些虚构的名妓的"等级意识":长三瞧不起幺二,谓之"粗俗不堪为伍……急吼吼,心黑,一副俗相";幺二回敬长三,称她们"摆噱头,绷空场面,那点礼数不过是掏客人腰包的伎俩而已"。这也是野鸡瞧不起幺二的道理:她们"一味地虚伪,骗人"。无论长三幺二还是野鸡统统看不起粤妓。⑫

陈定山在回忆战前上海生活的书中讲了一个名叫素珍的雉妓的故事。素珍长得很美,有"野鸡大王"之称。她是"住家"野鸡,有一所独院,外出搭客时乘坐镶银嵌铜的车辆,刻意不走寻常野鸡出没的地段。《晶报》常报道素珍的行踪,给予她往往只有长三们才享有的关注。画家郑曼陀与之过从甚密,用她做模特来画日历牌上用的美人肖像,没想画卖得出奇的好,画家出了大名,公众亦很想探听画上的女子何许人也。从前郑曼陀用的模特大多为高等妓女。等小报将他与素珍的韵事公之于世,曝露了他使用野鸡做模特的事实,不要说好人家的年轻女子,就连长三幺二也一概不肯再让他画了,他上门也不见,还不买他的日历牌。商人也不从他那里买肖像做日历牌,转而去找他的两个学生。郑曼陀受到如此打击,改画风景,收入急剧下降。按陈定山的说法,长三幺二认为自己的肖像若是与低级得多的妓女的肖像在同一出版物中面世,太有辱自己的身份。那妓女再漂亮、再有钱也不行。[13]

就如讲述妓女生活的其他方面时一样,讲述者所关心的事与故事中人关心的事不可能分开。指南书中的高等妓女之所以有很高的地位,正因为她们懂得如何严把门户。客人是见多识广还是乡巴佬,谈话是妙语连珠、充满机锋还是戆大的闲扯,是精美地展示自己还是俗不可耐的招摇,这些在她们是泾渭分明。书中说她们与低等妓女冰炭不容,她们如此热切地作出这种区分,可能出自内心的忧虑,想保持住已在下滑的地位。但这也可能是缠结着旧时情怀的文人所用的修辞手段,借以道出他们自己的忧虑:现在的世界上,旧有的界限在松动,再也不稳固,一切等级制度都在摇动。无论妓女是否与嫖客一起把守着娼妓等级的疆界,那等级却已经被流动的摩登的娼妓业冲得摇摇欲坠了。

零工式卖淫与摩登卖淫

想在一种等级体系内囊括形形色色的上海娼妓业是不大可能的,许多妇女并不在妓院体制内从业。她们是性劳务市场的零散工,按需要在这里进进出出,挣些外快作为工资收入的补贴。这样做是违法的,因为她们没有得到上海市政机关发的执照。所有的观察家一致认为当局对于在妓院内外从事性服务的妇女进行注册登记方面做得很不成功。无照经营的娼妓人数等于或超过了长三幺二雉妓等等有执照的妓女。无照者有种种名称,如"私娼""暗娼""私窝子"或"半开门"等。[14]打零散工的妓女如其他的妓女群体一样,成分很复杂。有的差不多可以算小贩,有的是女裁缝,还有韩庄的庄花一类,衣着打扮像体面的上等人家人,在戏院里搭讪男人。[15]此外,一般都知道通过中介人雇来的女佣同东家的关系是"日里主仆,夜里夫妻,一物两用"。⑯

指南书谈到高等妓女时,教顾客如何言行得体,免得出洋相(见第三章和第五章)。说到野鸡和其他低等妓女,重点便挪到如何规避纠缠和预防染病。假如指南的分类中包括兼职的和临工性质的娼妓,那么主题又有所变化。作者会用这些娼妓来告诫人们说,偌大的上海环境复杂,事情往往不是表面所看到的那样。社会地位是模糊不清的,想要在社交场上行为得体,就必须具备都市中人的本事,能透过表象看清实质。指南作者就派发自己充当知情者,传授要紧的知识。

考虑到茶室女招待、舞女、按摩女、向导女、脱衣舞女等附带卖淫的职业激增,就需要对娼妓等级不断进行修订更新,在20世纪三四十年代尤其必要。(见图3)女招待、舞女等收取费用,做陪伴、娱乐招待及提供性服务;从事这些新兴职业的女子穿着西式衣裙,俨然一副新式的人上人的派头,迥异于旧时的名妓做派。她们做的是"摩登"的娼妓业,强调为工商阶级的人士提供实用的高效的服务。

女茶役又叫"玻璃杯",因所端饮料而得名;20世纪三四十年代时她们为下等游艺场的茶客提供陪伴服务。⑰(见图4)当年福州路一家游艺场的经营者发现雇佣女招待很能招徕顾客,于是这种特殊工种应运而生,对女性开放。⑱互相竞争的游艺场纷纷辞退男招待,雇佣女招待。30年代时,客人要一杯茶,女茶役收取一两角的茶资,外加一角小费。指南作者说大多茶客心思都不在茶上,⑲而女招待也被说成专长于抛媚眼,打情骂俏,"卖春",给人捏来捏去。一位给妇女杂志撰文的作者间接地道出了这些女子与斥责其处境的改革者之间的隔膜。她说,"午夜,游艺场里的灯火熄了。……被玩弄的女子们终究去被玩弄了,在我们旁观的第三者,当然不明白被玩弄者的心绪的"。⑳一则文字声言大多女茶役有十来个常客,30年代时每月可净收数百元,生意清淡时,还可与客人过夜挣到额外收入。㉑还有些人则没那么高调,他们描述的女茶役不拿薪水,卖出的头六杯茶还需向账房倒贴钱,因工作性质关系,她们必须花钱买衣服和化妆品,经济上不堪重负,因此才同男人睡觉,可从他处"得到几块钱,或丝袜子高跟鞋旗袍料一类的东西的"。[202]关于咖啡馆女招待和酒吧女的报道中也有同样的描述。[203]

好几篇文章特别提到,女茶役不受妓院保护,而在公共场所工作,所以不得不同直接控制她们的营生的地痞或曰"老公"维持良好的关系(包括性关系)。[204]有时女茶役的故事还讲到她们原先是工厂的女工,同日本人关系紧张以后那些雇佣她们的厂子倒了,她们被迫走入现在这个行当,天天同男人打交道,而男人对之不过是始乱终弃。此类故事将个人所受的羞辱与民族的耻辱联系起来,虽说两者究竟是怎样的联系并非总能说得很清楚。[205]

20世纪30年代跳舞场在上海时兴起来,不少妇女也就应运当了计时舞女,其工作就是同买了门票进场的客人跳舞,还要劝客人买昂贵的香槟酒,她们从中可稍稍提点成。[206]自有舞场以来,形形色色的女人都被吸引来做伴舞女郎,其中包括出完夜间的堂差来舞场挣外快的高等妓女,也包括下等娼妓,她们将舞场当作搭客的主要场所。[207]

刻画舞女生活的文字中最常见的是她们的辛酸与卑微。跳舞本身在西欧并没有什么恶劣的意思,"不过一到了我们东方,就给一般色情狂,或图利的商人,视作一种色情营业"。[208]许多文章提到舞女的家庭往往在风雨飘摇的经济和战乱中备受磨难,她们只好选择此业以养活父母和兄弟姐妹。文中常会提到不时有舞客对她们动手动脚,她们只得忍气吞声;有的拼命想读点书,好离开舞厅;舞女时刻面临直接步入卖淫的危险。[209]书中有时也写她们与其他一些出卖色相的"摩登"女郎一样,捏在老板娘或契约人手里,备受虐待,因此处境同那些有明确的妓女身份者并无二致。[210]有的虽不直言,却用类比的方式委婉地暗示舞女的卑贱地位,如一篇文章就称:"舞女和倒粪夫,在绝不相同的上海环境中求生存,前者结束上海之夜,后者开始上海之晨。"[211]

一般认为,按摩女系又一类以服务业装点门面的变相娼妓。上海首批按摩院开在法租界、公共租界和北四川路,请的是法国和俄国的女郎。中国的指南作者告诉读者说,那里所谓的按摩"完全是淫技的一种。所异于操皮肉生涯的,一则以手接触,一则以？接触而已"(问号为原文所有)。按摩院讲究卫生,一尘不染,因为"西人爱洁是天性"。华客或还可盼望"有意外的艳福哩":"若是长得俊秀翩翩,我们在想尝洋味,她们也未尝不在想尝中味。"然该指南又下结论说,若是沉湎其中,"那无异简直作西洋浪女的玩物",受她们的欺骗、耻笑,不谙西语者还"处处居于被动地位,活受罪做傀儡"。[212]与"冒险家的乐园"一类作品中谈论洋妓的情形相仿,人们对西方的认识和探讨是通过关注西洋性工作人员的肉体而进行的。书中写到的欧美按摩女既是清洁卫生的典范,又会导致危险和屈辱,与之接触的中国人只有放弃主动性和控制权才有可能享受愉悦。

中国按摩院仿效西式做法,按摩女多在西洋按摩院中做过助手女侍,有过训练。这些按摩院用"晶宫""迷宫"等名义在小报上刊登广告,按摩女也同长三们似的,取了香艳的名字。吹捧文字说"按摩女都是国产品,所以最合国人的胃口"。[213]中国按摩院分土耳其派、俄国派、巴黎派和中国派等等不同的按摩方式,然其主业乃是性。据说按摩女为客人提供"清"或"浊"两类按摩,"浊"也就是"开炮"或"手淫"。一指南书讥讽地说:"也有几家专门在按摩上用功夫……不过是少数而已。"[214]

按摩院成了激烈的警世言论的议题。一部指南警告说,按摩院只是将客人的病痛转移到身体的另一地方去,害他得了"风流病";[215]另一作者指责按摩院"挂羊头卖狗肉"。[216]雇佣欧洲人的西洋按摩院公认十分洁净,与之适成对比的是,各大报纸所报道的中国按摩院则是设施肮脏,按摩女的白色工作服已变成了"土灰色"。[217]有一篇妇女杂志上的文章声斥"一个丑陋畸形的社会制度",说帝国主义和资本主义使按摩女郎成了"变相的娼妓"。文章解释说,在按摩院做的女子生活还不如公开的娼妓,因为她们没有正式的薪金,只靠一点小费。描写她们的文字与描写雉妓类似,说她们也受到狠心的"变相老鸨"的榨取,如果没做到生意或挣不到什么钱,"皮鞭沾水就会光顾到她们头上"。[218]写中国按摩院的文章与描写洋按摩院的文字成为对照,将按摩女和顾客轮替写成受害者。[219]

还有一种打擦边球的卖淫服务,提供者为女向导,她们受雇于20世纪30年代中期兴起的向导社。[220]到了40年代,上海已有好几百家向导社。[221]开始的时候小报的报道还着重描写其"正当"性以及男女向导的斯文体面,但是到了1937年,有的书干脆说向导对上海一无所知,根本不像广告上说的那样漂亮,简直就是变相的娼妓等等。[222]舞厅和妓院的业主视向导女为竞争对象,他们显然向工部局施加了压力,故向导社是不准在报纸上登广告的,于是它们就将自己的名称和电话号码印在餐馆和酒吧的纸巾上。[223]还有一种宣传自己服务范围的方法,那就是雇佣推销员到酒楼和旅馆去,发广告卡,把向导员的照相簿送到客人眼前让他们看。等向导女叫来了,"她正正经经地坐在你的对面,或是坐在你旁边,沉默似地等待着你的举动,你的企求,当然啰,这门玩意儿总得你自己先开口,先动手,嬉皮笑脸的搭讪上去,甚至无聊地问她几岁?生意好哦?侬欢喜我哦!等,她们才会跟着你说笑,跟着你玩……她们也不像红舞女一样的应酬功夫那么好,能够玲珑乖巧的会说会笑"。40年代一名向导女每日可能挣10元,她自己只能留下三分之一左右,其余的要分给跑堂的、推销员和向导社老板。向导女和茶役一样,挣的还不够糊口、买衣服和化妆品的,只好靠同客人睡觉赚些外快。开向导社的许多是小地痞流氓,书中说他们恶待向导女,同老鸨和堂子老板虐待下等娼妓没有什么两样。日本占领以前,公共租界的向导社必须在工部局登记,取得营业执照。[224]

20世纪30年代大量涌向游艺场、电影院和百货公司的有一种叫作"淌排"("淌牌")或"淌白"的女人。"上海人谓之'淌排',言其在路上淌来淌去,颇像浮于水面之无主木排。……略施勾引,她顺着水势便淌到你身边来了,此之谓'捞淌排'。"[225]她们与雉妓不同,后者在马路拉客受到市政府种种法令条规的限制,但她们却在新建的公共场所游来荡去,不受官方干涉。指南书告诫说捞淌排有危险,一定要仔细鉴别。她们看上去就像女学生,着装时髦,脚蹬高跟鞋,脸上施着脂粉唇膏。大多淌排自立门户,也有的一望便知有跟包娘姨监视着。不知情者难免搞错,"每有一般急色儿,误捞人家人,吃耳光挨毒打"。指南作者细细教会粗心人识别的招数:如一个女子独自一人在百货公司或游艺场等公共场所走动,那她多半是单放的淌排了,"因为好好的人家人,绝没有单独一人,必有亲属陪同的"。最难辨别的是"双挡",即成对出行的女人。书中告诫男人要注意她们走路时"是否回眸斜睐",同她们搭讪时对方有无回应。倘若女人似乎有意,她起身走时就应盯上,到百货公司楼顶花园的僻静处去谈话,将事情定妥。淌排在游艺场游荡,还有的流动卖娼妇女则蹀躞往来于旅馆的走廊,旅馆的茶房会相帮着一起物色嫖客。大旅馆中还有"流动的按摩",一部指南说她们是"衣衫华美,皮鞋囊囊的摩登女子",提供全身按摩,发挥手的才艺。旅馆里还可让茶房去叫算命女,来了就算命或当即做皮肉生意。二战以后,还出现了一个所谓"吉普女郎"的新卖淫群体,她们乘坐着美国士兵巡游上海的车辆,专门为盟军提供性服务。

  舞场中的脱衣舞表演亦是顺带性服务的新形式。作为戏剧演出剧目的脱衣表演名义上有个故事,一般都发生在诸如向导社之类的地方。例如,有一出戏名叫《洋人查访女向导》,戏中一个讲蹩脚中文的外国人说出了他的愿望,他要检查他雇用的向导女的身体,看看她们是否受到梅毒感染。这就引出了脱衣的需要,于是脱衣舞就在聚光灯下展开。如果说外国观察家将上海写得富有异国情调,那么上海人则以域外风情作为这些表演的背景。例如,有一个故事发生在夏威夷群岛;另一个1938年上演的剧目《野人袭击美女》在中文小报上登广告,称戏里有篝火,并有"红种印地安蛮人和裸露的女郎"。第二年上演的舞剧剧目包括《夏夜露天浴》《我想干那事》《沉闷的春日》《神圣玉体》《四马乱奔》《贞女的酥胸》《桃红色内裤》《巴黎夜生活》《她的裤带》和《让我们宽衣吧》等等。这些表演每一个都在各种中文小报上刊登了广告或有报道㉞,这些绘声绘色的故事与报道名妓和著名影星行踪的闲话专栏齐头并肩。故事本身写得十分详尽露骨,形成了黄色文学的别类,激怒了公共租界当局,于是当局会周期性地查封此类小报或收回其出版许可证。㉟

20世纪三四十年代的作者在详述性服务新形式时对其繁衍迅速无不感到沮丧,这些新的卖淫方式冲击、破坏了原先使性买卖井然有序的等级制度。㊱作者们隐含的意思是,上海生活中性色之泛滥不仅模糊了娼妓与其他妇女的界线,而且威胁到男人和女人的性别属性的稳定性。在少数探讨同性恋的资料中,有人将出现同性恋的原因归结为性的泛滥:"沪市淫风炽盛,以致发生性的变态。"作者争辩说,"若在内地,终可少见。"他看到这股"淫风"随时间的推移愈演愈烈:20年前,"那时沪上的淫风,不及现在炽盛,卖娼的花样,也不如现在的多"。然而及至30年代,不仅有了名堂繁多的女性卖娼者,而且"男风"也大盛起来。"人兔"者,系投龙阳所好的男妓,"在那游戏场、各公园里蹀躞往来,飞眼媚人":"他们的装饰,几已完全女化,且也涂脂抹粉,骚形怪状,乍见之下,殊不易辨别雌雄。"讨论用语与主张改革者谈论妇女卖淫的语言惊人地相似,作者的结论也是,男人去做"人兔","原因于生活的逼迫,或其它恶劣环境所造成。"㊲作者们越来越多地将卖淫现象,尤其是新式的迅速扩张的卖淫形式,同中国的民族不幸联系起来。

娼妓的生活艰辛、没有保障,但对于上海的穷苦妇女来说,她们的景况恐怕不是最惨的。20世纪30年代的评论员在调查妇女就业机会的时候发现,展示色相和出卖性普遍提高了收入:

> 说一句老实话,中国真正的女子职业,惟有工厂女工才是用血汗换饭吃,其它的什么女店员等职业,已有几分"活招牌"性质,妓女更是挂招牌出卖性欲的,调胡丝的女工每日工作十二小时,所得的报酬只有几毛钱,最便宜的庄上小姐,陪客一宿,也能获得袁头三五枚。两相比较,工女确比妓女苦得多!

然而,这位作者继续用典型的 30 年代谈论娼妓问题时的矛盾态度说,这职业却不能只凭收入多少来评价的:

> 物质的报酬,工女虽不及妓女,而精神的愉快,妓女却万不及工女,因为工女不必去挨胡椿的刺痛,不必去承受酒气熏天的接吻,不必装了笑脸去应酬她所不愿意见的人,不必去挨老鸨们的毒打,不必去受工部局的检验。[23]

妓女越来越多地从事性的,而不是社交的活动,中国观察者的著述越来越显著地写到性的贬值和堕落;伴随着这样的变化,娼妓业也日益被再现为肉体和精神的苦难。

尽管如此,在困苦之中还是有很大的区别。最上层的妓女有时在相当程度上可以掌握自己的工作环境,还往往能嫁给有权势的人,从而走出妓院。自主权则谈不上,从一切方面来说,她们有权力其实只因为她们同有权有势的人相好;然而,凭着技艺和运气,她们的光景以及把握自己人生的灵活度则胜于工厂女工和多数为人妻者。处于社会底层的卖淫业并非一种严格意义上的独立职别,而是呈现不固定的流动的形态,可以让经济上处于窘境的妇女找到临时的谋生手段。这时娼妓业往往与其他工种和婚姻形成交叉关系。从社会类别看,娼妓业的人员构成有进有出,并无恒定性。

最没有自主权和灵活性的是身陷妓院制度的娼妓,嫖客的阶级地位高下对她们不起作用。她们的工作乃至人身都给妓院的老鸨或老板管着,在一些方面地位同奴隶差不多。[29]但是,我们在看到她们被当作商品一样对待的同时,却也不应忽略另一方面,即她们以各种手段抗争着,对自己的娼妓生涯取得了一定的控制权。这些在以后的章节中将会详细论说。

20 世纪上半叶,上海发展成为经济、政治和文化重镇,娼妓业的行市和性质也随之发生变化。从前找名妓,主要为精美奢华的享乐,现在城里经商做工的人群激增,这些人有未婚的,也有离开了乡下的妻子进城的,于是娼妓业也适应市况,为这些人提供性服务。需求刺激供给,出现了供需两旺的局面,越来越多的逃难人、养不活女儿的乡下人,源源不断提供了人员之需。随着卖淫的"普及",娼妓的处境便也每况愈下,越来越多的女人从事各类无执照的地下卖淫或有各种"摩登"职业为掩护的变相卖淫,地位卑贱而且没有任何保障。这种趋向同上海的洋人和华人中发展成长的各类各派改革潮流结合起来,便产生了一系列有关治理或取缔娼妓业的呼吁,然见效甚微。娼妓不论以何种面目出现,都已被公认为一种社会类型,也成为一种社会问题。但是一直到50年代初,市政府才成功地取缔了这一特殊的做妇女生意的市场。

  娼妓业政治经济结构的变化也反映在话语层面的变化上,但不能将话语的变化只看作是对马路上、游乐场里下层妓女和变相妓女人数激增的现象所作的简单反应。话语的变化也必须同时看作是一张指路的交通图,它表明社会的上层自身处于变化之中,他们所关心和担忧的问题也在不断变化;正是变化的上层之变化着的思虑在许多方面造成了娼妓每日所面对的有形环境,而且也以多种方式影响了她们作出回应的诸多可能性。以下各章将更充分地探讨这些思虑。[240]

第二部
愉 悦

第三章　妓院规制

20世纪早年，高等妓院在上流人士的书文中所得到的关照远非其他各类淫业形式能比。史料将高等妓院置入多重语境之中：它是维系许多商业利益的生意场，是产生城市男子气概的场所，也是妓女不断周旋于老鸨、佣仆、嫖客之间，争取自己的地位的社会空间。

高等妓院是高度公开的、有复杂的组织系统的生意场，其营生要靠多方提供货源及服务。顾客往往在有其他男士出席的公开场合召妓前来酬酢宴乐，地点可以在妓院里，也可以是妓院外的地方。依红偎翠的男人相互之间结交并加强了生意上的、政治上的联系。这类关系又使娼寮成为权贵名士展示风采学识的场所，这里所要表现的男子气概，主要是社交层面上而非性色意义上的品质。造就这副男子气是危机四伏的冒险事业，于是介绍高等妓院的书文便为新手们指点迷津，告诉他们怎样赢得其他男士的尊敬又不受妓女的奚落。指南书提供了有关妓院生意规矩的详尽知识，一个客人要显示自己很有教养、深谙此道，就必须了解这些知识。指南书还描述了同高等妓女交往中的审美情趣和常规礼节。一个男士为了在光顾欢场的其他男人以及妓院的女人面前摆出温文尔雅、知识渊博、腰缠万贯的架势，那么不论他是否想同某妓女发生肉体上的亲密关系,都必须对她及其所在妓院履行一套复杂精细的社交和出账的规矩。不仅是客人同妓女打交道,而且他同她的鸨母以及妓院上上下下的杂役用人交往,也都被刻画为一种交易的关系,这就需要客人对妓院的内情多有了解才是。

指南书是一种手册,对妓女和嫖客双方必须履行的礼仪作了细致的规定。① 书中主要介绍铺张的、有相当规模的、十分公开化的妓院,尤着重于其组织形式方面。当时上海的妓院很可能并不像留下来的史料中所描述的那样,或许中档的、不那么正式的妓院更为普遍。高等妓院的冶游指南所开列的,是妓院应有的规矩,或者是怀旧的作者遥想往事时所回忆起来的、妓院曾经有过的规矩;这些指南极少提到在妓院交往中通常发生的变通、谋划或偏离规则等情况。其实它们所说的,只是男人们感到自己应该了解的、处于通商口岸迅速变化的特定环境中的上层社会的习俗,同时它们也透露出这些男士愿意以什么方式整理和回忆这类上流社会的社交活动。世道变了,常常是变得让人扼腕叹息,而指南书的作者和读者企图做的,就是将旨在确立等级流品、确保赋予愉悦感的一整套礼仪规矩固定下来。

指南书不但传达了作者心目中的理想世界,还因对细节问题不厌其详,而能让我们从中找到对作者不怎么关心的另一些问题的解答,例如老鸨和妓女之间怎样分配权力,又如高等妓女生涯有什么出路、受到哪些限制等等。这样读指南书经常会使我们看到令人惊诧的权力关系布局,从而挫败任何企图用线性方式描述下属群体等级系统的努力。嫖客无论从社会性别还是阶级地位来说都处于优势,但他们却时常受到妓女的捉弄、奚落。老鸨必须很有技巧地周旋于各方势力中,才能争取到大范围的经营,而且在通常情况下,她们几乎完全控制了年纪小的妓女,然而,仍然可能有个别妓女会挫败她,挣脱她的控制。妓院里的女佣仆乍一看可能是地位最低的人,但她们有时也会是妓院中有控股权益的人,那些名义上是雇佣者的人反倒要听命于她们。究竟是谁在为妓院立规矩？以上提到的安排尽管没有完全推翻我们凭常识所形成的看法，但却使问题变得复杂了。

业主和经营者

到了民国后期，特别是1949年后，妓院老鸨已有固定的形象：残忍，剥削成性，是性劳动领域里的资本家。然而，在历史资料中出现的老鸨却不能归结为如此单一的形象。②警察的注册簿即使存留下来，顶多只能告诉我们几个妓院老板的名字。③指南书和俗语切口词典不讲老鸨个人的故事，而喜欢列出类别，给出专门的名称和所司之职。与此适成对照的是黑幕小说和通俗小报，它们常写老鸨如何贪婪、有手段、会卖弄风情等，细节十分有趣，有时也令人厌恶。从如此混杂的材料中拼凑出连贯的"老鸨肖像"只会模糊不同类型之间的差异及各自的历史衍化过程。还有一点也很重要：这样的拼合也会遮掩20世纪晚期的历史学者感兴趣的问题，即文字体裁对创造"事实"的影响，用更具煽动性的话来说，就是作为文类之效应的事实。

在回忆录、指南书和报纸的报道中，指称老鸨的用语从直截了当的贬称到带嘲讽意味的尊称，什么都有。最常见的一组名称用的是一种捕猎鸟的名字"鸨"：如"老鸨""鸨母""鸨妇"等。最近有评论者解释说，"鸨"是一种放肆的、无法无天的禽类，用这个词就是要让人看到妓院女老板的"贪婪和无情"④。但是如此刻画可能只是后来人的回溯性联想，中国的史料中并没有作如此明确的联系。还有一些经常用来指称妓院女业主的说法听上去比较客气一点。"铺房间者"作为一种类别指任何一个新立艳帜的妓女或老鸨。⑤在其他情形中指家庭或氏族成员的"本家"这个词则比较中性。⑥"主政"一词看来很像舞文弄墨的恩客给起的名字，称开妓院的为"主政"可以解释为对业主的美化，或是一种挖苦：在与官僚机构完全无涉的领域中借用这样一个官场的称呼，既取笑了老鸨，也嘲弄了政府。⑦

　　管理妓院确实需要一定的行政才干和政治技巧。老鸨要挑选风水好的营业地点，租房子、家具，搞室内装修，雇用（有时也买下）妓女、娘姨和佣仆，（在实施有照经营的地方和时期）要取得执照，挂招牌，满足对生意的各种要求。⑧到了20世纪10年代末和20年代，老鸨还必须有结交权势的本事，以应付地痞流氓的敲诈勒索。《晶报》解释说，地痞流氓查到哪家妓院有赢利，便会上那里滋事。几天后，他们会派自己的人假装嫖客，来到该妓院，大把花钱，还声称喜欢上了某妓女。这时那帮滋事的流氓又打上门来，那假扮嫖客的同伙便像个英雄似的将他们赶走了，这一来老鸨对他感激不尽，说不定还委身于他。他呢，为了报答妓院在性和金钱方面所作的补偿，也就同意做妓院的长期庇护人。⑨另一种情况是老鸨找出在场面上吃得开的"白相人"或"靠山"，有了这样的关系，地痞就不敢随意来犯，即便有了麻烦，也好帮忙过难关。这种靠山俗称"娼门撑头"。⑩不管妓院有没有撑头，老练的鸨母也必须同各方拉关系，如菜馆、她的姑娘演唱的戏院、替她拉客源的旅社以及其他各种生意场所。⑪开办、管理和保护妓院，尤其是生意红火的妓院，既费金钱也需要社会经验。于是，如一部指南书所说，鸨母一般都是"饱尝风尘滋味的半老徐娘"，也就是说，一般都是先前的妓女或妓院的仆佣。⑫（现在的读者应了解所谓"半老徐娘"通常是指三十来岁的女人。）成功的鸨母是这样的生意人，其掌管的行当之经营收入"足以向官府交纳巨额花捐，付得起比其他产业更高的地租，并仍有盈余可在行内分配"。⑬

　　为了让有可能成为嫖客的人通晓内情，指南书很详细地勾勒出妓院的组织形式。20世纪早年的高等妓院一般有两类，一类称"大场户"，另一类称"住家"。相比之下，大场户大一些，也比较复杂，但即便如此，它们一般顶多只有四个妓女。⑭开大场户的老鸨（有时是在妓院做女佣的几个合伙投资人，见本章稍后部分）会向男性房产主承租整座房子、房子的一厢或楼房中的一部分。如老鸨给他送去一桌四样小菜，那么租约就算敲定了。他若收下了,就不能再转租他人,否则要退还定金,如果"老鸨厉害",⑮还得搭上一大笔罚金。租房后,老鸨就当起了二房东,把房间出租给妓女,妓女吃饭、使唤用人、使用房里的家具都要向老鸨交钱。电是老鸨管的,但规定妓女只能点多少灯头,有时超过规定数字,就向妓女多收费。老鸨提供家具(按一部指南书的说法,老鸨给的家具总是那么难看,所以妓女往往也自购一点家具),还雇佣一个厨子,妓院要摆花酒,饭菜都是在公用的厨房里做的。1922年时,妓女据说每个月要为这些服务交纳60到70元。⑯在妓院摆花酒的收益有一部分交还给账房间,每隔一段时间再作为份子钱分给妓女、佣人和老鸨。⑰

"住家"是小规模的妓院。有些是名妓独立开设的,有一班常客,都是达官富豪。⑱名妓亲自动手,将住家妓院布置得富丽堂皇,还带来她的贴身娘姨、仆人一干人给妓院做事。还有的住家妓院由老鸨管理,老鸨将房间包租给妓女,但(在20世纪10年代末之前)除了电话以外,不提供其他服务。虽说住家妓院比大场户的组织形式简单,但据说客人还是情愿来住家妓院,那样一来不必为如此繁多的宴席或各种名堂的开销掏腰包,⑲二来从馆子里叫来的饭菜也好吃些。⑳

高等妓院是公开的经营机构,不必偷偷摸摸,也不是什么耻辱。每当有新的妓院开张,或有高等妓女转到别的妓家或是更换花名(见本章下面的讨论),都会在小报上登出消息。㉑1919年时,《晶报》连续登载高等妓女的姓名和电话号码。报纸对此解释说,尽管上海的华阳德律风公司列了妓女的电话号码,但那是列在妓院名下的,为了查到某妓女在哪家妓院地址下,就必须去查很复杂又残缺不全的索引。㉒到1929年时,已有有心人专门编了一小本妓院电话号码簿,在妓院和香烟店里出售。㉓妓院也在报上做广告,给自己及管下的妓女起了很雅致的名字。㉔

高等妓女:聘用、典押、卖绝

史料中的高等妓女不以受害者面目出现,而是十分能干的女人。老鸨要想生意做得红火，最重要的决定莫过于聘请妓女了。一个已经有了名气的妓女将她的一帮熟客带过来，搞得好，还可以稳稳地靠她招徕更多的客人。一部1939年的指南书说，"先生既为妓院里的主要人物，则其色艺，自非有相当的程度，不足以号召狎客，尤须温柔和媚，应酬周到，才能使狎客拜倒于旗袍之下。"妓院为载誉的妓女争来夺去，把她们当作"钱树子"。㉕想将这样的红人搞来，不但财务上要安排周详，还要摆场面表示欢迎和尊重。老鸨聘用妓女的做法，同包办婚姻差不多：她找一个中人去同妓女的中人谈条件，两边的介绍人都要付费。㉖

按指南书的说法，妓女来到妓院时很讲究排场，妓院要举办仪式表示对她本人及其招财进宝能力的尊敬，她本人对于妓院的价值也在此时展露无遗。梳妆打扮好了的妓女在自己的私宅"端严以待"，等妓院派车来接她。到了新妓院，手执点燃的棒香下了车，迎她的是一连串的爆竹和喜庆的场面，进门时先要跨过表示兴旺发达的火把。不等她进屋谁也不许说话，屋里点着蜡烛，她进来后放下香把，从用人手中接过香茗。这套礼节不得有任何差池，否则视作不吉祥，因为"接先生好比接财神"，有先生在，整个妓院就会生意兴隆。㉗当红的妓女接着就会展示自己对于妓院的价值；她事前已同自己的常客们打好招呼，这时便邀约他们前来设宴，对她表示祝贺。㉘从妓院派车马去接妓女并放鞭炮迎接这点来看，妓女进妓院的规矩颇似新嫁娘进婆家；不过，接下来的事情就很不一样了，并没有婚礼上那种新娘对夫家家族表示敬意的礼仪。这里要强调的是，妓院礼待妓女，将妓女当作宝贵的资源，而不是将她作为家族的一名下属成员接纳进来。

妓女的聘期以"节"为度，一节约四个月左右，分别从阴历的三个节日算起：五月的端午节，八月的中秋节，阴历新年的春节。㉙这种安排使得为妓院带来很多生意的妓女能讨个更好的价钱，但也使她易遭屈辱，在生意受挫时受到伤害。19世纪后期，高等妓女会用自己的钱参与对妓院的投资，挣来的钱自己能留下将近半数，其余的则归老鸨。㉚20世纪初，老鸨和妓女的钱财安排开始发生变化。妓女受聘拿固定的聘金("包头钿"),一节度两三百元,一半预付,营业收入一概归老鸨所有。㉛聘金的另一半则每隔一段时间发放一次,同时老鸨将这一节度内的膳宿费用等流水账一应记下。到节度完了时,妓女可有几类情况。做得出名的,别的妓院会派中人来说合,而妓女本人可能早就别有所适。可要是妓女还欠着老鸨的饭钱房钱,那么节度到期时她就得将房间腾出来,让给新聘的妓女,迎接新来者照例又是热闹非凡。被抛弃的妓女不偿还欠债是不准离开妓院的;在这种情形下留在妓院叫作"落账房",那是极丢脸面的事情。㉜跳槽到别的妓院或做了小老婆的妓女被称作"调头",因生病或挣不到钱被老鸨赶出妓院的妓女则叫"提轿"(与"踢脚"近音)。有一则笑话嘲笑不懂事的嫖客,说他一脸天真地问妓女打算何时"上轿",不想却等于骂了人家。㉝

指南书和小报津津乐道于老鸨如何聘请载誉的名妓,在这两种文字体裁中较少见到有关典押或贩卖妇女、少女的隐晦安排。抵押典当是下等妓院(见第七章)里一种普通的安排,讲到上等妓女时较少提及。典押称作"包身体"或做"包账",即将穷人家的女人包给妓院数年;另一种情况是上等妓女的生母或养母同老鸨订立契约,基本内容是将女儿包给妓院一节度或一年。㉞

被卖的女人称"讨人",归老鸨或"讨主"所有。买主目的明确,就是让她当先生。不管是拐卖的、被父母卖掉的,还是自己卖自己,她都无限期地属于老鸨或讨主。讨主严密监视其一举一动,或让年纪大点的佣人监督她。指南书和切口汇编很少谈到长三妓寮中的虐待之事,不过提起买女人的讨主却会带着少有的轻蔑口气形容其如何凶狠。㉟包身的和卖绝的妓女在节度结束时都不会转到别处,因此同"自由身"的先生相比,她们为自己争得好一点的境遇的机会也就少而又少。㊱

高等妓院内形成的家庭关系同购买的做法密切相连,许多讨人就是老鸨从小买来养大的。㊲妓院里的女童并不都是卖绝的,有的是妓女生的女儿,"从生下来起,妓院就是她们的家"。㊳例如,19世纪80年代的名妓李珊珊就是上海一名妓的女儿;她的祖父是清朝的大官李鸿章,但李从未认这个孙女(见第六章)。㊴至少被一种20世纪的资料引用过的一首诗(1876年)就表示了对这些女孩的同情:

> 鸨母骄人号本家,
> 黄金不惜买娇娃。
> 可怜十二三龄女,
> 演舞教歌到月斜。㊵

学当娼妓的女孩中至少有一些被老鸨称作"养女"㊶或"小本家"㊷,有的史料说买来的女子"将鸨母当作母亲"。㊸一位回忆录作者评论说,这些女孩最是吃苦,奔来跑去替客人上茶点烟。㊹1939年的一部指南书解释道,老鸨收买来的女孩做养女可省下聘金,况且得到了易管教、听使唤的姑娘。当老鸨认为哪个年轻女子养大了,可以接客了,就会收一笔开苞费,也算养育女孩的费用得到了一点补偿。㊺养女在妓院不拿工钱,就像铁匠铺子的男学徒一样;两者都在学会一门手艺,今日的训练为的是准备好来日挣钱。㊻但是讨人和学徒不一样,她们并非只是按契约在一段时期内当学徒。她们被认作亲属,这样即便没有掩盖却也模糊了她们终身受奴役的地位。在这方面她们与"童养媳"的地位更相似:"童养媳"从小过继给未来的夫家,于是夫家现在就可以使唤她们干活,又省了将来讨成年媳妇的开销。㊼

成年的妓女同老鸨之间也有这层家庭关系。许多成年的妓女称呼老鸨为母亲,史料中往往并不说明老鸨究竟是其生母、养母,抑或"姆妈"只是一种习惯上的客气称呼。例如,1924年时《晶报》刊登了一则"骚姆妈"的短文,写的是上海名妓宝琳的母亲,年纪已有38岁,却仍骚劲十足,像个二十几岁的女人。㊽骚姆妈有可能是宝琳的生母,但也很可能是个妓女,现在年纪大了,所以聘请了或许是过继了甚至是买下了宝琳,继续做她的生意。小报的闲话专栏有时会报道"姆妈"怎样对当先生的"女儿"管头管脚。一位"姆妈"对"女儿"歇了生意同另一个妓女去看戏大为不满,据说母女俩经常吵架。[49]这到底算是妈妈在管教不听话的女儿,还是老鸨逼雇来的妓女多干活,还是两者皆有?总之,家人的称呼使亲属关系还是雇佣关系变得无法区分,抑或这套用语正指明了两者的联系。

老鸨对"她的"妓女有多大的权力?情况可以说差别甚巨。虽说史料很少个别叙述老鸨的生涯,但仅从以上的片段可看出,老鸨既可急切地恳请名妓为之招徕生意,也会为营利目的而买女孩,训练并差遣使唤她们,像个苛求雇工的监工。家庭关系可能使后一层关系看上去有所缓和。如要用亲生亲养的标准看,老鸨姆妈与女儿的这种亲属关系可能是"想象出来的",但她们毕竟共同生活,彼此有责任义务、亲情联系,也有凌辱伤害,这种剪不断、理还乱的关系即使在"血亲"中也同样存在。[50]还有一个因素也会使老鸨与妓女的关系有所改善:老鸨买女孩是进行长期投资,如对女孩一味打骂,怎能期望日后得到丰厚回报。尽管如此,自19世纪以来呼吁妓院改革的人士往往强调儿童在老鸨控制之下的悲惨处境。对这幅图画可以有几种不同的解读。也许在高等妓院和别的妓院里,儿童都是最受虐待、最易受到伤害的群体。也许改革者发现利用儿童的境遇比较容易唤起公众的义愤,而已成年的高等妓女对生意安排有相当的控制权,所以不易用她们来组织发动公众。也许改革的故事中需要一个坏蛋,而斥责鸨母比斥责嫖客容易些,因为后者中有许多上海的上层人士。鸨母对妓女的生活显然有着重大的而且并非总是仁慈的影响。不过,将鸨母的权力绝对化,那是对妓院里的社会关系看得太简单了,它反映的是很久以前改革派的兴趣、利益所在,而不说明当今历史学者的关注。

握权的佣仆:妓院里的做手

高等妓女和佣仆之间同老鸨和妓女之间一样,并不存在鲜明的主子和下人的关系。"从属的"妓女对老鸨也有所控制,只不过她们的权力有点被遮掩了;同样,妓院的佣仆杂役对妓女的控制也可达到惊人的程度。从顾客的角度看,妓院的仆役很像政府机关里的办事员和勤务员,尽管地位很低,却把守着通向重要资源的关卡,所以对他们也得恭恭敬敬。

有的女用人年轻、有点姿色,其称呼五花八门,有"大姐""阿姐""跟局""做手"等等,她们在妓女应召出堂差的时候陪伴前往。㉛有一部指南书解释说,"先生为花,阿姐为叶";"阿姐"的工作是扶助先生,在先生出堂差时跟局,"以防中途发生意外",同时也是监视先生的行动,特别是那些还是女儿身的小先生。㉜阿姐同先生一样,也有自己的稔客,阿姐虽然地位不及先生,但据说比先生容易上手。㉝有的自立门户的先生有贴身的阿姐,收入两人拆账。黑幕故事常会影射先生和阿姐与同一嫖客有染。㉞雇佣阿姐并不按节度付一定数目的钱,她们的收入名堂繁多。有的看上去就是低档次的,便按月开支工钱,外加赏钱。㉟还有的和先生一样,也要侑酒主觞、应酬场面的,那就按其办花酒的数目从妓院的盈利中拆份头。㊱

妓院中还有一类年纪大些的女佣,叫"娘姨"。娘姨同先生和狎客没有什么亲密关系,但在妓院内部却颇有权势。本来"娘姨"指的是妓院里结过婚的用人㊲,不过娘姨同阿姐的区别倒不在于结没结婚,而是看其同妓院财力的关联。犹如先生常被比作官人,娘姨也被比作做官人家雇佣的扈从。1891年的一种史料讲到,专横跋扈的用人也会叫嫖客受气,文中用讥刺的口气评论说,娘姨就像做官人家的家奴,自己花了钱来当奴才扈从,为的是压榨百姓。年纪轻、品貌好的娘姨也从嫖客那里接赏钱,有时积攒多了,也就自己当起老鸨来。她们还可以动用自己的关系,帮先生借钱,这种做法叫"捐账"。㊳

然而,娘姨最常见的经济角色,是直接为一先生或妓院投资。在这种称作"带挡"的安排中("带挡"有携带和抵挡的意思),一帮人——通常是妓院的用人——斥资数百,相帮一个先生。有时妓女本人也入股。㊴凡投了钱的,都可从先生的酬金和赏钱中拆得份头,而先生则要遵从所有的斥资人的意思。⑩1919 年小报上有一则故事,讲有一女佣权力很大,妓院上上下下的事情都捏在她手里,夜里没有客人的时候,她睡在先生的床上,先生倒只好睡地板了。㉛倘若带挡娘姨借了钱给老鸨,老鸨就会给她派发些轻省的管家活计,不敢有所得罪。㉜许多住家妓院是没有老鸨的,那么有可能多数情况下都是带挡娘姨在拿主意。㉝娘姨可能对先生十分严厉,乃至凶狠,这是为了保护自己的投资,因为带挡交易是有风险的。先生一个节度下来所赚不多,娘姨也就得不到多少投资回报;先生要是跟嫖客跑了,那么带挡也就血本无归了。㉞但另一方面,运气好的或投资管理有方的娘姨则可积累资金,在银行钱庄开户头,老来不愁了。㉟有一则黑幕故事,说是有个外号叫"金牙老三"的 25 岁上下的娘姨,同很多有钱人都拉上了关系,专门安排摘取小先生童贞的事宜(如此可为妓院大把地赚钱,自己也大捞赏钱),还放印子钱给妓女,一年后她用挣来的钱开了个妓院,自己做起了管事。㊱

或许因为娘姨在妓院里算是有点权势的人物,所以她们像老鸨一样,也受到了谴责和嘲讽。1917 年有书形容说,娘姨

> 通常过了 24 岁,邋里邋遢,模样凶狠,极遭人嫌。若来刻意奉承,益发令人厌恶。她们来回走动,真是讨厌。一句话不对,就可将你赶出门外。最好离她们远远的。㊲

同乖巧讨喜的阿姐相比,娘姨的名声不好听,当然有时也有人指责这两类人都出口粗鄙,甚至恶言恶语(例如骂那些惹恼了她们的男人"挨千刀的")。㊳娘姨尤其被描画得面目可憎,是因为评论者不能见容于其所谓泛滥的性欲,暗含的对比是名妓有节制的、通过正当渠道进行的性活动。据说娘姨同妓院的男仆私合(如是老鸨的女儿做此事,那男女相悦就被视为通奸);㊴娘姨还同客人暗中勾搭。奇怪的是,一则 19 世纪的史料指责娘姨危害了社会风气,而名妓却从来没有背过这样的罪名;史料说娘

姨乱轧姘头的做法流传广泛,"相习成风,几有人尽夫也之意,甚至背夫弃妻、口角轻生等案层见叠出。"[70] 20世纪30年代的黑幕小说中,娘姨是一副贪婪相,漫天地向客人讨赏钱。如若先生抱怨说讨得太凶,客人都赶跑了,那么娘姨就威胁说要先生立即偿还带挡本钱加利息。[71]诸如此类的故事表明,一个"用人"在性行为和钱财方面所拥有的自主权,那种动摇了社会性别等级和阶级等级的定位,使得观察高等妓院景致的男人感到深深不安。

高等妓院也雇佣男仆,差事是吆喝通报客人到来、上茶、递毛巾、打扫、准备筵席、给客人送请帖、给先生发局票(见本章后面的讨论)、送先生出堂差等。[72]男仆先前叫"外场"或"相帮",是帮忙的意思,后来也得了些不大好听的称呼,如"龟瓜子""乌龟""龟奴"等。[73]这一组名称的缘起就像以"鸨"称呼妓院的女业者一样,已无从查考了。不过,"龟"字大多数的含义都是人不爱听的,只看"乌龟"的称呼就明白了。(1919年有文章琢磨说,他们不该叫乌龟啊,妓女又不是他们的老婆和女儿。)[74]龟奴与娘姨不同,与20世纪三四十年代的妓院男老板也不一样,他们被刻画为相对无权的甚至地位卑下的人。有劝客人对龟奴客气一点的,说这样他们办差事就不会慢慢吞吞的了,[75]不过他们看来不会像威风凛凛的娘姨那样让人气馁。指南书作者也不觉得当堂差的人有何精明之处。1935年的一部上海俗语汇编解释说,"乡下男子,跟着阿姨婶娘同到上海来吃堂子饭的为数亦颇多,他们的职务也各各不同,识字的可当账房先生,代嫖客记局账,代妓女记夜厢,聪明的能学乌师先生,有气力可拉包车,最无用的便留在客堂里做'相帮'。"[76]

虽说龟奴也许被人看扁,当成粗笨愚鲁之人,但他们日日亲近唾手可得的美貌女子,还是勾起了一些会意的评说。评论主要围绕着晚清时龟奴肩背先生出堂差的习俗。本来妓女应客人之召到书场演唱是坐轿子去的,但是到了光绪(1875—1908)末年,公共租界开始对轿子纳税了。[77]开始时还只是年纪小(分量也轻)的雏妓坐在龟奴肩上出堂差,她们的服务也只限于歌唱。龟奴在肩上铺一条白手巾,掮着雏妓走路,雏妓就抱着龟奴的头。"后来不限雏妓,连十七八岁的大姑娘,廿二三岁的成熟姑娘等,近一百斤左右的身体,也坐在龟奴肩头,宝塔似的一座。"⑱龟奴在马路上疾步行走,坐着的要想不掉下来,就得紧紧抱着他的头,于是就有了这俏皮话:"小先生夜夜摸龟头。"⑲龟奴背雏妓的做法还引出了史料中很少见的公开提到妓女行经的段子,那是 1905 年发表的一首七言诗:

> 龟背难当代用肩,
> 时髦出局力能掮。
> 虚心昨夜经期到,
> 点滴留心裤后前。⑳

这四句诗有点特别,不仅没有色情内容,还甚为罕见地提到了妓女的身体。一般诗文中摹写妓女的姿色都用比喻手法,而不会直白地写实;无论淫秽猥亵的文章还是科学说理的,总之文字资料中几乎从来不曾直接提到过妓女的身体机能。然而淫秽地影射妓院男堂差的文字一直延续到掮行已被黄包车取代的年代。㉑1935 年的一幅漫画中,妓女和阿姐坐在"龟奴"拉的黄包车上出行。画面实在是在糟蹋妓女:黄包车的背面画着两颗颠倒的黑心,车牌号码 606,而治梅毒药(洒尔佛散)的商标名正好也叫六〇六。说明文字先讲妓女如何不忠不义,又会对身体造成何等危险,接着对拉车的堂子龟奴品头论足,说他正色眯眯地斜睨阿姐,因为堂子里不惟阿姐,就连先生也同龟奴相好哩,此事路人皆知。㉒有的写妓院恩客的文字材料还影射说,真正做"乌龟"的不是"龟头",倒是这些客人,客人来玩要付钱,堂差则不花一个子就可白相。

堂差不惟能接近先生,还把守着见先生的关卡;找先生陪伴是很花钱的,可谁又不想让先生陪着呢。所以,资料中所表露出来的对堂差的敌意或许与此有关。还有一种情况也可能造成摩擦,那就是妓院里各个层次的佣仆差役都靠赏钱过日子,嫖客每每必须上下通通打点到。客人在妓院里摆台面、同妓女过夜或是替妓女赎身讨来做小,都须付"下脚"给佣仆。㊳有的"下脚"钱不多,几元就可;倘若客人老是到某一妓女处过夜,则价码看涨。过年过节也要给赏钱,那叫"手巾钿"(客人来设宴席或牌局时,堂差要给客人递手巾),也有叫作"吃粢饭团"的。新年里会给常客"开果盘",客人照例也要出手大方,多多给赏的,赏钱就分发给妓院内所有的佣仆。㊴客人若要讨妓女做小老婆,那么房侍就会拿了银台面银四喜等各色银器来,客人要么收下(付几百元),要么谢绝(付四五十元)。客人大多无心收受,故银器多半也是房侍从银楼租借来的。㊵1908年时,上海的高等妓院联合涨价,办酒席全都涨了一块钱,这时一家报纸评论说,逛妓寮的真正花销不在于花酒、赌局,而是各种名堂的犒赏,凡摆席、设赌、住夜、吃顿便饭、逢年过节,无不需要给赏。㊶虽说重重犒赏有时令嫖客裹足不前,也使其为逃脱重赏而有意回避在重大节日造访妓院,但是详述妓院礼仪的手册还是奉劝客人不要太过吝啬。一位作者批评说,有的狎客对先生有求必应,慷慨赠赐,可让他掏一个子的手巾钿给"小人"都满心不情愿。作者告诫说,聪明的办法是钱要花在明处,让人人都看得见,最好显得落落大方、通晓人情世故㊷——如此大概可让"小人"也开心了,他们可是能阻止客人去会先生的人啊。

浓妆艳抹的尤物:妓院里的先生

高等妓院于上海经济有着举足轻重的作用。与妓院直接有关的业主、经营者、妓女、仆人等庞大人群都靠妓院营生。如要说到给妓女梳妆打扮、让她们在陈设精美的场合抛头露面的一套程序,那就会牵扯到更大的供货商网络。妓女身上穿的、戴的衣物饰品是其自我的展示,指南书中对妓女装束的描写远远超过了对妓女身体的关注。对于嫖客来说,能仔细地区分这些装束服饰,对之如数家珍,就说明他有鉴赏力,有品位,是个行家里手,也等于表明了他的上等人身份。妓女要是没有首饰珠宝,房间布置得不讲究不雅致,便会失去吸引力;而不能鉴赏装饰品的顾客则是降低了自己的身份。

1929年时,一位外国的观察者写道:"在妓女的住宅周围有许多做衣裳的、做头发的、做丝绸软缎鞋子的、绣花的店铺,全仗她的光顾,生意很好。"⑱卖珠宝的女商贩每隔一阵就登门妓院,首饰盒里装满了昂贵的玉簪、金钗、珍珠和珊瑚头饰,都做成茉莉花的形状。⑲有位作者写道,妓女从前用鲜花打扮自己:春天戴菊花,夏天戴香甜的桂花,秋天戴李子花,冬天戴兰花;到了19世纪末,鲜花都换成珍珠做的花了,虽说要花好几百元,但好处是形状色泽保持不变。⑳有个迷恋妓女的外国人看着妓女们在酒宴上唱曲,他注意到"她们满身珠光宝气,耳朵、手指、颈项、衣服上无不佩戴着各种各样的饰物:如榛子大小的钻石,形状和大小不一的珍珠,还有说不出名堂的神奇玉石"。㉑妓女手里拿的、用的也都是贵重的物件,如装着镜子和给客人醒酒用的肉豆蔻的银匣子、象牙扇骨、金粉画饰面的折扇等等。纤手轻摇下的折扇成为表达妓女婀娜体态的手段,更增添了她的妩媚。㉒

这些装饰品都很值钱,妓女经常被盗贼偷抢本身就很说明其价值。20世纪一二十年代,主流大报《申报》经常报道妓女出局或甚至在妓院应酬时遭持枪抢劫的消息。㉓有一对很有心计的强盗采取了迂回作案的方式,他们花钱同妓女过夜,然后将妓女麻醉,待其睡过去再偷盗。㉔偷得最多的是金手镯、珍珠头饰和钻石戒指,有时也偷衣服。㉕名妓是城市生活中的公众人物,因此出了事情不怕叫警察,而盗贼如被抓获,一般要判六个月乃至数年的监禁。

举例来说,1920年1月某日深夜,名妓珍珠花应召前往一旅馆侑酒。到了公共租界地的汉口路、西藏路转弯处,包车慢了下来,一个强盗跳上车来,抢走了她那顶镶嵌着51颗钻石、价值3080元的帽子。珍珠花立即向警局报案,公共租界巡捕房的三名华人侦探到3月底就破了案。涉案的两名强盗中有一人的母亲将抢来的帽子上一枚金蝴蝶别针出租给了不知情的妓女,后来两个妓女相遇,珍珠花认出了自己的别针,才使案情有所突破。一个强盗叫冤枉,说他买馄饨回家的路上听见有人大叫,只见一个强盗逃走了,他从地上捡起了这枚蝴蝶形别针。尽管如此,两个男人和那位母亲还是被判了刑。[95]还有一个案子结局可没有那么好。1920年时,名妓莲英被人谋财害命,珠宝被抢,尸身丢弃上海郊外。关于这起谋杀案及其侦破审讯,报纸作了跟踪报道,有人写成了小说,甚至还编成舞台剧上演(见第六章)。

不过,别看妓女穿金戴银、满身珠宝,她们个人却不见得有多阔绰。有时这些珠宝首饰是凑起来给妓女撑门面的,为的是吸引和留住财大气粗的嫖客。妓院会派娘姨到有钱人家的小老婆和大小姐处去租借钻石戒指和珍珠头饰(妓院的娘姨到体面人家去租借之举颇有颠覆性,因为娘姨付的租金成了大户女人的独立经济来源)。但是,如若心目中那位阔气的客人不显身,或者并不总能大手大脚地花钱,那么妓女和娘姨阿姐就倒霉了,可能连首饰的租金都付不出。[97]还有一种情形正好相反:客人想讨某妓女欢心的时候会送给她贵重的珠宝首饰,等关系冷却下来又会讨回首饰;此期间如妓女为了应付开支将首饰典当出去了,客人就会威胁告官或以武力相逼。1929年时,《时报》报道说名妓潘阿珍坐舢板跳黄浦江了,其实她就是遇到了这种尴尬。摇舢板的船工将她打捞上来、交给警方后,她解释说,自己为了付医药费,将一个客人的馈赠典出去了,不想他起了疑心,火冒三丈,限时限日要她还东西;现在大限已到,还不出来,便只好一死了之。(负责此案的警探将她交给同一妓院的两名妓女和两名娘姨照看。)[98]

在上海,妓女领时髦之先,成了时尚的风向标,这也从另一方面说明其不蒙羞耻、公开参与都市生活的程度。通俗小报经常点评妓女年年更换服装颜色的习惯,例如几十年前不看好的玫瑰色和紫色,现在成了注重时髦的女子的标准色。[99]照相集的流行也表明,到了20世纪初,西式时髦已成为一种自我展示的方式。本是舶来品的照相术已被接受,19世纪末上海名妓更是争相拍照留影。从前妓女对镜作自画像并将画像赠予相好嫖客的传统,这时恐怕已被照相取代了。她们用自己的肖像照装点房间,或印了自己的相片送给客人。这样的照片还能直接从上海的照相馆里买到。⑩名妓倩影流通量巨大,使高等妓女更加成为显性的存在(但不见得使她们变得更可亲近),照相术也使妓女的形象更准确更多样化。

许多高等妓女试着在不同的背景中、穿戴不同的服饰拍人像照。1917年的一部影集中(见图5—14),⑩兰云阁身着绣花袄,头戴珠宝饰带,端坐在盆花的中央,及地的裙裾下隐隐探出一对金莲。沈宝玉照片的背景也差不多,但手执羽扇。琴寓穿的是中式的绣花丝袍,还镶着珍珠花。有几位全套戏装,摆着戏中人的架势,还有的穿着不过分讲究的中装,不过四周装点着精美的物品:一本书,一套茶具,一把琴,一副围棋等等。秦楼、花四宝和筱青楼则是维多利亚仕女打扮,戴着饰花的草帽,穿高帮皮鞋,佩网眼花边、蝴蝶结,还有翻毛领子,这样的装束虽不普遍,却也不算罕见。影集中有好几位女子手里拿着西式装帧的书籍,还有一群坐在一辆早年型号的轿车上(据说妓女还学会了打西式台球,虽说书中没有表现她们玩台球的照片)。⑩许多照片中的衣着配饰可谓中西合璧:如西式外套罩着高领旗袍;头上是英国工人经常扎眼地戴着的那种鸭舌帽,身披中式的紧身坎肩;戴发套、穿束腰坎肩和宽松长裤的女人坐在琴键前。这一年时兴的冬装是用白狐或雪貂皮滚边的绣花缎面斗篷,下一年就不兴了,代之而起的是西式外套,说是穿了这样的衣服上桌不必脱去。⑩一些上海妓女显然也好女扮男装,虽说这一点在花影中并不突出:她们偶尔会穿男士戏装(中式)或生活装(较多是西式);⑭所穿一般是学生装或绅士装,这也是一种自我展示,强调了她们自己的高雅情趣。西式服装并没有取代而是增加了妓女们的选择机会,使她们能按自己认为有吸引力的样式着装;西装等于让她们有了一套新的道具,不仅可展示风雅,还可表明她们有知识,懂现代。

唯一无法跨越中西文化的女性标记就是缠足。许多照片中人是小脚女人,她们只穿中式衣服。1917年的妓女影集中有一篇小传提到,西洋风气传进来后,已不时兴缠足了,现在嫖客讲究的是妓女的腰有多细。小传中又说,尽管如此,有的妓女仍是日日缠足,有的客人要找的仍是缠足的女子。⑯涉及娼妓的资料中不大说起裹脚的事情,这也部分地反映了资料对娼妓的肉体基本不予描述的情形。文字资料中的描写集中在服装、容貌、优雅的步态以及活泼或缄默的脾性。

高等妓女的自我展示还有一个重要方面,那就是取花名。妓女的职业生涯有许多重要关头:初进妓院,调换地方,自己开业,或做了一段小老婆后重新回来做妓女;这时她们同上流社会的男人一样,会给自己取新的名字。例如20世纪20年代,上海妓女"小玲珑老七"搬到天津去后,改名叫"爱温";回到上海,又选了"年年红"做名字。⑯有的妓女在使用一个花名时红起来了,有时就会保留这个花名。世纪之交有个名妓给自己取名"林黛玉",用的是清朝曹雪芹的小说《红楼梦》中那柔弱多病、爱使性子的女主人公的名字。1923年有一英文文章解释说,妓女取花名喜用表示细巧、美丽或香艳之物的字眼,如胭脂、桃花、翡翠、牡丹、明月等等;文章还说,"体面人家的女子是不取这等名字的。"女人也可"选择表明何时入行的字眼,如'十三旦'。"尽管作者断言,有审美情趣的字眼"用到风尘女子的身上便俗不可耐了",然而许多名字听上去很像吟诗作画的文人士卿所用的字号。有的用"斋"名,有身处某地方的感觉,如"清香小舍""醉花居"等。自己开住家妓院的妓女甚至会学着士大夫的派头起名"吟诗小筑主人"。⑱小报上有一条评论劝人别拿这些地名太当真:取名"金银楼"的妓女不见得有成堆的金银,叫"花月阁"的未必如鲜花似明月。反之亦然。取名"陋室"的年轻妓女不一定相貌平常、居室简陋,其实这名字反倒衬托出她的风雅。⑲

高等妓女的花名还往往表明她与其他妓女的亲缘关系(血亲或收养)或族谱上的关联。名妓年纪大了,会找一个或收养一个下手,她会给新来的取自己的名字,前面加个"小"字。如"李双珠"的养女就叫"小双珠老二",⁽¹⁰⁹⁾"沈玉英"的新助手名"小沈玉英"。(一篇文章评论说,别看她名小,调情的本事可不小。⁽¹¹⁰⁾)另一种常见的做法是,如果几个妓女在同一妓院一待好几年,那么她们会用同一个名字,只在后面加上排行"老大""老二"等等,如此一直可排到"老九"。⁽¹¹¹⁾有时一所妓院的妓女用同一姓氏(如张素云、张宝宝、张老云等),或是共有一个辈分名(如张老云、张素云、张雅云等)。⁽¹¹²⁾这时小报便以"三陈"⁽¹¹³⁾"二凤"(高凤、青凤)⁽¹¹⁴⁾称之。一指南书抱怨道,妓女"多有同时同名者,以致寻芳访艳之流辄为之误入桃源"。⁽¹¹⁵⁾共同的名字表明生意上的关联,但不一定是个人之间的紧密关系。

有关高等妓院的书文通常聚焦于一个有着繁缛社交礼仪的小世界,整个过程由色艺双全的女子引导。但是,当作者们谈到取名问题时,文章便透出了哀其不幸之意。作者们解释说,妓女起了花里胡哨的艺名,其本姓便隐去了;他们猜测说,起名背后可能是不想让人从她现在的生活追寻其身世,或者连她本人都不知道自家身世。1917年的一部指南说,

> 海上妓女多隐其本姓,于名则随意命之。……歌姬以千万计,而求其标用真名者,百不得一。其意得非谓身既娼矣,亦何必以本姓示人,或以本姓询诸个中人,咸若讳莫如深,不欲泄流。更有自幼为匪人远方拐骗而来,鬻入勾栏,即本人亦实不知其系出何家者。⁽¹¹⁶⁾

这些阴郁的评论表明娼妓生涯或许背负耻辱、隐忍失却之苦,这在赞赏性文字中是难得听见的调子。然而,究竟谁是这场痛失本姓戏的主角?痛失姓氏有父慈女孝、悲惨地从家庭的怀抱中被夺走等弦外之音,但是,这出苦戏究竟关乎妓女,还是以诗文对其表示倾慕的人,却实在是不清楚的。同有关娼妓生活的其他许多情形一样,资料中传达出某种情感,却不说明那是谁的情感。

梳妆打扮得体、身着华服、有雅致的花名的妓女在装饰精美的妓院里亮相。大的妓院可有几层楼高,楼下有门廊和摆宴席的厅堂,楼上楼下都是一间间挂着门帘的小屋子。[113]家家妓院都在前门上方的窗上挂一盏灯,客满了就将灯取下。[114]19世纪的游记不光写妓院里的女人,它们几乎同等地关注妓院陈设之富丽堂皇,以及这种优裕的环境所唤起的愉悦之情。1893年时,池志澄写道,青楼

> 房中陈设,俨若王侯。床榻几案,非云石即楠木。罗帘纱幕以外,着衣镜、银书画灯、百灵台、玻罩花、翡翠画、珠胎钟、高脚盘、银烟筒,红灯影里,烂然闪目,大有金迷纸醉之概。[115]

妓女的房中可能摆着一张藤睡椅("其上任客小眠最为适意"),或是"罗汉榻",那是专为吸食鸦片用的、双铺的精致卧榻。房间的陈设风格年年不同,就以灯具来说,"向以玻璃为贵,嗣行羊角灯,旁缀以珠,继又广行书画灯,每房四盏,以白绢上书诗词,间以着色花卉或山水。"西式图案的墙纸也甚为走俏。布置讲究的房间要摆四个果盘,每个妓女有一根金银水烟筒(后来烟筒被价格很贵的卷烟取代)。[116]妓女房间的摆设和她身上的珠宝一样,往往是客人赐予的:陪他过夜的人以及他过夜的房间都要可心宜人才好。[117]客人不称心了,发怒了,会叫妓女还回"他的"珠宝;同样,客人发脾气时会将妓院的精美摆设砸个粉碎,或者雇流氓来砸。指南书和主流报纸都提到,客人出于嫉妒或为别的不顺心,会在妓院大打出手,将招牌、家具、花瓶、镜子等统统砸个稀巴烂。老鸨也毫不含糊,一准将动手的客人告上法庭,要求赔偿损失。[112]

高等妓女大多在公开或半公开的场合活动,如饭馆、书场、戏院和大妓院中的宴会厅等,但是还有一个重要的空间,那就是她的房间。房间不只是容纳性行为的空间,它也是亲密的社交酬酢的场所。"房间"是妓院生意中进行商谈活动的小单元,指南书中有许多同"房间"相关的切口,就说明其重要性。老练的嫖客应该懂得,并能适当地使用这些切口。

住家妓院或大场户的妓女先要"包房间"（租房间），然后要"裱房间"（糊墙纸），并"铺房间"（整理、装潢）。如果妓女房里已有客人，用人搞错了又要领客人进来，那么妓女就要高叫"领房间"（领到［别的］房间去）。也就是说，后来的先请到别处等候，待她有空了再来迎他。遇到这种情况，客人也可以"借房间"，即到另一妓女的房间去等她。但假如先来的和后来的客人正巧是熟人，便可以"并房间"，两人共与一位妓女说笑。如果好吃醋的客人听到又有客到，或许会叫"病房间"，也就是不到天亮不撤出的意思。精明的妓女会设法避免尴尬的局面：她会很得体地请走第一位客人，再接待另一个，这就叫"腾房间"。如果她能自如地应付各种场面，有了一班常客，便可"调房间"，也就是到条件更好的妓院去包房间；不过妓女掉价、往下处挪也可叫"调房间"。客人不称心了，可能会来"打房间"。妓院新开张或过年的喜庆活动中会请乐师操弦佐曲，活动完毕，乐师会到一个个房间去为妓女奏一曲并讨赏，这就是"扫房间"，有开门红、开年红的意思。⑫

所有这些围绕着"房间"的活动都是社交活动，没有明显的性行为含义。只有两种切口指更为亲昵的交往，但那是在妓院以外的地方进行的。在旅馆的房间里召妓侑酒、酬唱、叉麻将叫作"开房间"。在旅馆叫堂差，坐局时间比在菜馆的堂差稍长些，客人正可以利用机会"寻寻开心，亦可增进双方的热度，又可以窥测对方的情意"。一部指南书为客进言道，一旦开了头，没准就会结成乐缘，常常销魂哩。比"开房间"再进一步的，就是在僻静的地方租一间"小房子"，双方便可日日在此幽会。作者劝有心寻艳的客人将此小房间装点得漂亮些，但也不必太过铺陈。⑬

对妓女和客人双方而言，"房间"都是进行社会交往和商讨的场所。妓女做得好，就会调往越来越好的妓院房间，灵活自如地疏导客流，令各方满意，有时还能自己开住家妓院。成功的客人则希望施展娴熟的房间礼仪技巧，将负誉的妓女从妓院拉出来，让她脱离身在妓院房间所必须恪守的生意上、社会交往上的职责，将她带进只有他独自可及之处。

97

妓院的服务

高等妓女的日常活动中,性关系占相对次要的位置;她们的主要任务是应召出局,陪伴男人们吃喝打牌。一日从中午开始,按照同客人的亲疏程度安排会面和活动。下午她可能就待在妓院里,抽烟、打瞌睡、缝衣、结绒线、画画、喝茶,但也可能去会一个熟客、上街购物,或在妓院外租来的房间里同他会面。傍晚时分吃中饭,化妆,准备好出堂差、赴筵席;应付完堂差起码要到半夜了,走红的妓女则应酬时间还要长。夜生活可能是同相好的客人上床,或同他坐车兜风;到了20世纪20年代及后来,妓女也可能再去舞厅。黎明时分她才上床睡觉。[115]

叫局和出局

有个西方的评论者写道,"如果我们能相信中国书中的证据的话",

> 一帮官吏或文人若不召妓作陪,简直不可能在任何社交场合聚首。……歌姬在以往任何时候都不如清末民初时期——约从1870年到1926年的国民革命期间——那么享有盛誉。[116]

"社交场合"可以是菜馆、酒肆、茶馆、戏院或是妓院。妓女出席这样的场合,提供娱乐消遣,使男人们的饮酒、看戏、牌局或谈话等活动有了令人赏心悦目的亮色。

对场面上的男人来说,必须恰如其分地扮演好自己在这种社交仪式中的角色,妓女也须酬应如流,才会使活动又得体、又愉快。召唤妓女到妓院以外的场合曰"叫局"[117];叫局的办法是差遣戏院、酒肆的侍应将红色的"局票"送到妓院。[118]娱乐消遣场所雇用了专门送局票的人,马路上送票人快步疾行、分送局票,实为19世纪末、20世纪初上海生活中常见的场景。[119]妓女应召前往称"出局"或"出堂差";她可坐妓院的轿子出局,或如前所述坐在龟奴的肩上被他捎了去,再后来就改坐包车了。[120]年幼的、质押身的或卖绝给妓院的妓女出局要有用人跟着,年纪大一点、名气也大的妓女出局,则要好几个小大姐陪着。[131]

有一个写妓院生活的文人趣谈集,其中一篇提出,所谓"出局"或"出堂差"原先是指宋朝的官员和清朝翰林院士出公差。[132]文人学士将官场的用语和等级体系搬到妓女身上,表现了机智的自嘲心态。这样的例子很多。妓院也径自将这套官方用语拿过来用。20世纪初,高等妓女乘轿子出堂差时有男仆手提灯笼相随,灯上赫然写着"公务"。[133]20世纪30年代有个作者写道,他还记得幼时看见这样的灯笼上"粘着四个红字,大书特书曰'公务正堂'"。如此大胆擅用官方语言的做法引起了他的一番沉思:

> 按清代官制,起码七品知县,才可称一声正堂。典史和县丞,只称左右两堂。……而彼时之妓女,竟敢僭称正堂,不但咄咄怪事,而且胆大妄为。况出堂唱和上书场,都是淫业一类,如称淫务,还算合理。她们偏不称淫务而称"公务",又为名实不符。岂妓女卖淫,也是一种正当的公务吗?[134]

到30年代时,乱用官方语言引来的已不是嬉笑,而是高声的道德说教。娼妓业的意义变了,就此可见一斑(详见第三、四部)。

一位洋观察家看高等妓女,调子就多少有些轻浮:

> 她们游来荡去,从一家饭店到另一家饭店,从一家旅馆到另一家旅馆,为主人的宴会增添欢乐活力,却如无线电控制的出租车一样,始终同总部保持着联系。她们的光亮的私人包车在灯红酒绿的上海市中心急驰飞奔,穿行于林立的饭馆旅社之间。车的前灯后灯照得人晃眼,垫脚板上还藏着一盏聚光灯,映照出她们迷人的小脸庞、乌黑头发上的荷花,最后还有不能小看的,就是她们身上闪烁发光的珠宝。为防止珠宝被人抢走,总有个跑腿的一路小跑跟在车后;装着充气轮胎的人力车迅疾地轻盈地移动着,跑腿的手紧紧把

住车的一角。⑬

每当客人填写一张局票的时候,就启动了一连串的小生意,牵动了一张利益网络。送局票去妓院的人要收跑腿费(1891年时是63个铜板)。开出局票的菜馆或旅馆有一本记事簿,将何日何妓出局一一入账记清,每逢月底便有菜馆的人去妓院收账,一局收70个铜板,曰"车马费"。妓院也有一本明细账,每次出局都有记录,到时候一一核对,防止菜馆将没出局的也算了进去。⑬ 19世纪末的局资为3元(此为"长三"的"三"字的一种意思,长三是对高等妓女最常用的指称)。⑬ 到了20世纪20年代,为了多做生意,长三出局跌到2元,继而又跌至1元,而这一块钱中,妓女"必须付给仆人10分,给为她操弦伴奏的乌师10分,给妓院5分茶水费"。⑬("幺二"妓女档次略低于长三妓女,出局收两元,然而她们和长三不一样,一直挺到30年代不落价,故有"滥污长三板幺二"之说。)⑬ 到了30年代末,付局账已不再是当场交易,而改由妓院记账,按节度结算。⑭

高等妓女出局时所做之事,依场合、本人走红的情况以及与叫局客人的熟悉程度而有所区别。原先所有的出局妓女都应唱一曲,并有乐师伴奏。然而,随着她们越来越远离其原初的唱优角色,而叫局的又通常是在旅馆的房间,许多妓女也就以几分钟的清谈代替了唱戏。一部指南书说妓女每晚要应付差不多30个局差,必是疲惫不堪,这或许就是她们故意不带乐师以逃避唱曲的原委。⑭ 还有一种"代轿"的办法也表明妓女对自己的日程安排有某种支配权。倘有妓女不喜欢的客人叫局,可又不敢推却,便可请一姐妹代她出局,对客人只说是她病了或另有堂差。⑫ 时髦妓女日程爆满,除非心里特别喜欢的恩客,否则只待几分钟就走,去应付下一档差事,哪怕客人已等了她一两个钟头也不管。晚上10点以前一般都是应菜馆酒楼的局差,10点过后才应旅馆的(也不过是清谈,只是不在公众场合,也不必那么急匆匆地赶场)。⑯

冶游有繁缛的规矩,也是这套复杂的程式造就了上流社会男性的行为标准。指南书以大量笔墨指点嫖客如何达到上流标准。如果嫖客想点尚不相识的妓女,就有指南书指点门径,奉劝他最好由该妓的常客介绍,在局票上写明是代那位熟客叫局,如此妓女或肯来坐上片刻。作者又告诫说,若不这样做,妓女会"颇形落落"。又劝客人注意举止,不可随便。如一部指南书所说,这只是试探性的"打样局","犹之商店中参观货场",⑭但作者的口气明白无误地在说,客人和妓女一样,也处于被试探的地位。有意问津又无熟客介绍,则可在香烟店里买到列了妓女名字的小电话号码簿。⑮

许多叙述都流露出哀伤的语调。1936 年的一部指南书感叹说,市面不景气,狎妓也容易了,"妓女迁就",客人地位低点的、出价便宜点的都肯,故亦无须再经熟客引荐。⑯但即便召妓方便了,也不用人介绍了,客人仍不可造次。有位作者呵斥道,"如在报上见某妓的历史而叫打样堂差者,切不可举其隐秘相询,以免惹其心中不快,而冷淡你。"作者还接着告诫说,叫打样局者"不可太放浪,以免露出极相"⑰。打样之后,嫖客便可以自己的名分召妓了。书上指点说,堂差最好"专叫一人,每日叫一次,一节亦不过百元左右"。又说,总叫"打样局"的人是无法同任何一个妓女搞好关系的;再说,每次叫不止一个的话,也要给妓女笑话,被说成"垃圾马车",妓女自然也不肯专心应酬。⑱

妓女应堂差,也须像客人一样,一言一行都要照例规办,不可出格。指南书详述妓女的行为规范,嫖客可以此为标准来检验妓女的举止。这些规矩增强了堂差的社会性质:在公开的社交场合,妓女的举止应让客人在他的同伴面前显得很有"面子"。妓女到场应先招呼常客。若有特别稔知者在场,妓女就应请求"转局",然后在熟客边上坐下唱一支曲子。如乐师没有到场伴奏,她不唱了,须客气地向客人告罪,免得他气恼。妓女应坐在客人边上,但不要同他喝酒,以示客妓有别。如客人定要她喝,妓必对全场客人说声"对不起"。若客人划拳输了,非要妓女代喝罚酒,则她可以喝酒但不可吃菜。不愿喝酒的妓女必须委婉地推却,不过如客人醉了或非让喝不可,则只好答应,抿上一口。妓女离场时须礼貌地告辞。⑭有的妓女叫客人扫兴,应差到来却"漠然不动",不寒暄不唱歌,只"任娘姨大姐辈胡乱了事",自己却如"泥塑美人"端坐一旁;这样的妓女受到讥嘲,谓"小人得志乱癫狂"。⑮指南书中充斥着这样的细节,正是要教会嫖客如何识别自己是否得到了应有的尊重。

除了在菜馆或旅馆叫简短的常规堂差外,客人可召妓来酒馆陪同他和友人喝酒("酒局"),陪他们去戏院看戏("戏局"),陪他们打牌并从赢家抽头("牌局"),有时还通宵陪着打牌或做别的事情("天明局")。⑮19世纪后期还有一种很受欢迎的娱乐方式,那就是邀约妓女乘坐漂亮的马车兜风。最早时这也算叫局,但最终成了男人拥妓的展示方式,与他们相伴的是美貌的妓女,她们身着西洋装、东洋装抑或旗袍。有指南书赞叹道,路人见其沿街徜徉,装束入时,甚为悦目。有一部游记回忆马车经过的情形说:"尘埃倏起,雷霆乍惊,而红装绿鬓,已铿然一声,穿花拂柳而过。"⑮

打茶围

叫了打样堂差后,就要进行熟悉妓女的第二步,即去她所在的妓院喝酒、抽烟、吃点心、闲聊。这种交往的方式便是"打茶围"⑮。一部指南书解释道:"讲到打茶围的乐趣,自较叫堂差进一步,因为叫堂差多在众目昭彰的处所,往往易受拘束,在打茶围的时候,可以稍为放浪,得以畅叙幽情,谈笑取乐。"⑮打茶围的客人被领进妓女的房间后,门帘便放下了,电灯亮起,照得雅致的陈设分外醒目,也是示意别的客人回避。⑮

与堂差不同的是,长三妓院的茶围是免费的,妓家自然有钱财方面的损失。不过,不取费的意思也是明了的,即狎客打了几次茶围后,便有义务办筵席或者设赌局,为妓院带来进账。此举符合上层阶级嫖客所应具有的男子气的上流做派。他们可以花时间同妓院和某位妓女发展关系,他们应该懂得自己长远的责任,因此不必用各种收费来时时提醒他们毋忘尽责。⑮常去打茶围却又不办酒席的客人会遭妓女的耻笑和白眼，即使办了酒席的客人，如打茶围过于勤快了，老鸨也要骂他小气的。然而，大多数指南书还是认为茶围是同妓女建立亲密关系的最佳时机，如果客人"做得有面子有手段"，那么要不了多久便是妓女追着求他们，而不是他们追逐妓女了。⑮

嫖客与妓女之间关系的亲疏深浅，其衡量的尺度十分精细。对初次打茶围的客人的忠告是，最好邀约友人，等到深夜，妓女已应完一圈堂差回来的时分，二三人一同前往。(书上说，如果去早了，"只有娘姨招待，没甚趣味"。)⑮可如果去得太晚了，则自己意中的那位妓女或许已在同别的客人缱绻了。⑯初次打茶围还须注意不宜时久，不要超过 10 分钟。⑯来得多些的嫖客可以试试下午来访，那时房间里十分安静，妓女也比较空闲。如果妓女在办花酒或要应召出局，那么打茶围的客人便应知趣地退出，因为说来那些活动都是有不少进账的。⑯

茶围仪式的许多细节都有明确的目的，为的是提醒客人想着自己同妓女的关系究竟到了什么程度。指南书在描述这些礼节时着重指出了妓女和佣仆的势力，她们只需做点小小的姿势，便可抬举嫖客或羞辱嫖客。生客来到妓院，"例有相帮高叫'客来'"；然而，"如阔客红妓，必叫明某阿姐，某老爷来或某大人、某大少爷来。"20 世纪 10 年代，各妓院装了电铃，龟奴不再高叫客到，那种进门就将来客分类的做法无以为继；也可算是技术发明削弱了社会等级差别的一例。⑯来了妓院里无人认得的陌生客，便只用小茶碗或旧茶碗招待喝茶；来了受宠的客人，便会另加一碗，是从妓女自己的茶具中取出的大一些的茶碗。对警察、小官吏或是先前同妓女或老鸨有过关系的新狎客，也会格外多添茶碗。妓女与客人有了肉体关系，还会拿出上好茶叶，让用人冲开水敬客。于是，从妓女房里传出的那声"开水"的高呼，意思就是来了可心的恩客，要用自己的好茶招待的。假若一个房间里坐了两个客人，各自同自己喜爱的妓女说笑，那么两位妓女应各自拿出茶碗招待自己的客人，不这样做就是让客人受到了羞辱。妓女若是气恼某位常客,便不肯拿出自己的茶碗敬客,这种冷落客人的做法叫"革茶碗"。运气不佳的客人要么去找别的妓女,要么就用妓院的茶碗喝茶。[15]到了20世纪,高等妓女作为文雅情致的权威的作用减弱,而越来越成为人们公开表露的性渴望的对象,这时打茶围中那些细腻的差别自然也不复存在了。

如果说,长三妓院打茶围的规矩示意客人必须不断地争取自己的地位,那么,在档次低一些的幺二妓院,喝茶的做法就让客人随心所欲了。那里的见面称作"叫移茶"。生客初到,龟奴高叫客来,所有不在接客的妓女就都跑出来了,拥挤一堂任客人挑拣。客人如见到有对意的人,"唤来,问明她的芳名,那么这个人就算你已经选定"。接下来便是"移茶"到妓女的房间里去了。一部指南书解释道,"你就可与那所拣的人同到她房里去坐坐谈谈,喜欢胡调的就胡胡调,浪漫些亦属何妨"。"叫移茶"的价格通常是一元。同长三妓院相仿,狎客利用喝茶的机会同妓女建立持续的关系,发展下去可能就会有性交往。[16]等来了几回,熟悉点了,手面又大方,那么客人在妓院的地位也就上升了;妓院是个会所,可以让客人在妓女和别的嫖客面前展露自己的地位。虽然幺二妓院的这套开头的礼仪也如长三妓院一样拖拖拉拉,可是"叫移茶"毕竟只是象征,使人想到幺二妓是不如长三妓那样有选择客人的自由的。

酒席与赌博

狎客有诸多理由要在高等妓院设办酒席:例如能在舒心宜人的环境中同男性朋友吃喝说笑;享受同漂亮的妓女说话、观看其表演的愉快;当着老鸨、妓女和其他冶游者的面,证明自己确实是个气度非凡的人;大手大脚只为博取某妓(有时也是其鸨母)的欢心。酒局和赌局是妓院收入的主要来源。正式的宴会每桌8人,做东的客人为每桌付固定的钱数,外加饭菜钱和给用人的犒赏。[16]在妓院办酒席就叫"摆台面"或是"摆花酒","花"指妓女。[17]麻将牌称"碰和",一圈麻将快叉完时,一个牌友要叫

"碰和"。同"摇摊"和扑克牌等牌戏相比,麻将牌带来的收入最为丰厚。都说老鸨最欢迎嗜赌豪饮的嫖客。⑯

摆台面、吃花酒、碰和赌钱统称"做花头"。通常有两种情形:打了几圈麻将后吃顿便饭,或者更讲究的是先上酒席再叉麻将,席上常有请来的许多客人。⑯"花头"其实是一种记账单位,20世纪30年代时相当于12元。⑯例如1939年时,打一圈麻将的花费是2—4个"花头"(即24—48元)。⑰如办两桌花酒、打十圈麻将,每样单算一个"花头",合计下来便是"一打花头",实实足足的一束快活之花。⑪除了这些花费外,还要给用人和乐师发犒赏,⑫如此算来,30年代时一夜酒局和赌局的花销可高达数百元。(那时指南书里已经高唱道德说教的调子,一位指南书作者就指出说,"在妓家吃一席酒,可救穷人半年粮。")⑬局资一般由主人和客人分摊,办法是让请来的客人购买相当于半个、一个或两个"花头"的票。酒水喝多了,账单数字过大了的时候,做东的也会让客人出一点。⑭

酒席也是按一定的礼仪进行的。客人乘坐轿子到妓院,抬轿人(后来是黄包车夫,再后来是轿车司机)会拿到妓院发的铜牌子,镌刻成桃啊、花啊或是古时候青铜器的模样。这些就叫"轿饭票",在市面上(先是在妓院内,后来是各烟纸店)可以兑换小钱。⑮(单从全市范围都接受可当小钱使用的铜牌这一点就可看出,有多少小生意是围着妓院转的。)客人到后,侍应摆好台面,然后要高叫"筛酒!"这是叫各房妓女入席陪伴客人的意思。一位指南书作者说,大呼"筛酒"的男仆"其声洪大而悠远,初来海上之人不知原委,往往闻之吃惊不小"。他这又是在强调初来乍到的土包子对上海的感受:这里的景象是多么的陌生而迷乱。⑯等客人入席举杯之际,侍者又叫"起炒",声音略逊于前面那声"筛酒"。先上小吃,继上大菜,最后是米饭或稀饭。上主菜的时候,妓女一个个地唱曲,乐师在一旁吹奏、操弦、击鼓伴奏。⑰接着是妓女抱着琵琶自弹自唱。席间,侍者都在叫"添酒",(指南书断言说)客人喝糊涂了,妓院就上兑了水的酒。间或也发生客人喝着酒发起脾气来、掀翻桌子的事情;但更有可能的是客人在一家的席散后立即转到另一家妓院再办酒席,化解了小冲突,抬高了自己的名声,为的是比肩表现慷慨大方。[17]

如同召妓和打茶围一样,摆花酒和设赌局对狎客和妓女双方都有个尽心的问题,也有面子问题。每逢节度开端、妓女转换门庭、冬至来临、妓院为生意兴隆搞祭祀活动、老鸨或妓女过生日等,妓女或她的鸨母都会请常客帮忙"做花头"。对妓女来说,在上述时节竟然没有常客出来摆台面,是很丢面子的事情;一部指南书中说,假如老鸨这时也觉得很没面子的话,就很可能会鄙视招徕不来生意的妓女。[19]这对有心机的客人倒是个好机会,趁妓女生意清淡时凑上去会令她感激不已,日后兴许少不了眷顾呢。[18]客人同景况好的妓女来往时,如想赢得她的恩宠,并显耀自己的财富,那就切记做花头要有求必应。[18]假如妓女还没开口请求,自己就来做花头了,那客人就挣足了面子。[18]要做到在妓院和妓女那里备受恩宠,其花费是逐年稳步攀升,无怪1939年时一部指南书感叹道,从前做三个四个花头的就是好客人了,现在只做三四个花头会被人当成笑柄。作者在字里行间影射做花头的危险,但终究还是忘怀地赞叹起那宴聚的快乐:

> 做花头,为客人冶游妓院中的一出重头戏,亦是狎客显出面子的时候。……凡狎客在妓家做花头的那天,最受妓家的奉承,一呼百应,应酬周到,犹其余事。徽花作伴,歌曲娱客,声达户外。左拥右抱,可得享尽艳福。酒后席散,得逢机会,还可挟其所好的妓女,随其月圆的好梦。所以游其地者,常忘白驹的易过,做主人的开心愉快,自可不言而知了。[18]

即使当夜不能得到自己心爱的妓女,做了花头的从此也会被当成正式的客人,如王定九在1932年出版的《上海门径》中所说,妓院的人"十分巴结",而做了东的主人"嗣后渐渐可领略此中意想不到的情趣"。[18]当然,同妓经常有性关系者,那做花头更是义不容辞了,对包了妓女一段时间的客人来说尤其如此。⑱

收账付账

　　规模较大的妓院因在堂差、酒席、赌局中进行了大量的交易活动,所以需要专门的账房将每笔生意逐一记下。一年中的端午节(龙船节)、中秋节和春节为收账日,聘请妓女也是在这些节气进行。节日临近时,妓院会给常客送礼,其实是提醒他们该付账了。好客人这时会派下人到妓院取账单,并以现金付讫。另一种办法是,如客人正在外叫局,也可在局票上写上"随带局账"。妓院收了账,会出具写得文绉绉的收据,并为送钱来的仆人付车马费。节度未完就提前清账是很不寻常的,甚至会被看作不吉利的事。这样做的客人通常是因为同妓女或别的客人闹翻了,提前结账就表明他同该妓院从此一刀两断。如有争吵发生,妓院可能会从中调停,但也可能将这客人当作"眼中钉",干脆就放了他。⑯

　　客人过于急切地付账表示切断发展中的生意关系,而拖欠不付的又是另一种麻烦了。节度完了时不付钱的叫"漂账",有指南书解释说这是指水面上的东西漂移开去的情形。⑰漂账是常见的事情,所以就有了下面的上海顺口溜:

　　　　枇杷黄

　　　　娘姨忙

　　　　小姐慌

　　　　大少藏

　　　　账漂光⑱

遇到漂账的,妓院有几种对策。例如不再同这位客人有任何来往;一部指南书说,想阻止什么人、不让他上妓院的话,一个有效的办法是说服他,让他拖欠好几家妓院的款子,这一来哪家都对他关门了。⑲妓女或娘姨阿姐也可以在报上登一则启事,公开出他的洋相,威胁要公布他的姓

名,或是要奉送赏金给找到欠账者的人。1908年的一则启事是这样的:

朱老糊涂

去年遣阿小妹到府讨取局账,蒙朱老打俚耳光,赶出门外。年底连被褥当去开销。目下正月十六已过,朱老尚不出面,可谓糊涂已极。特此登报找寻。尚仁里金寓告白。

有时这样的启事起了作用,如下面的一对就很说明问题:

寻　　人

有陕西某大少,前节在小姐处摆酒碰和叫局[小姐指妓女],欠账有三百八十四元之多,连下脚亦未付,至今匿不见面。如有仁人君子将该大少寻到者,送洋十元,决不食言。阿更阿招阿巧阿金同启[登启事的显然是妓院的女佣]。

寻人已获

前登告白,以陕西某大少积欠嫖钱下脚三百八十四元,分文未付。今该大少已自己投到,自愿限期三日缴清。是以仍为隐名,以存忠厚。逾限不缴,当再登报,勿为言之不预也。阿更阿招阿庚阿珠再启。⑩

尽管论者申斥此类赖账者,谓其在花丛中"如书中之蟫蠹",⑩但是在制止拖欠赖账的事情上,妓家终究还是应付乏力。通常那逃账人的职业或住址不详,也就无从敦促他付账。妓院采用的惯例就是在节度完了时,将账本颠倒过来扔在地上,以为如此可让那些尚未清账的客人前来付讫。⑩为减少自己的损失,妓院通常也会将客人拖欠的钱款算到妓女和房侍的头上。佣仆应得的有些名目的小账也一直扣到春节才发放,如客人不来付账,那么妓女还必须负担这几笔小账。⑩一个妓女究竟要对妓院的债务负多大的责任,这里有好几种因素,其中最重要的是看妓女同老鸨谁镇得住谁。节度末了,用人应得的份额中或许会被扣除了一笔;妓女应得到的节度开支费用会被克扣,账房有可能一直盯着她,直到她将债务都付清了为止。⑬但是一个好的鸨母,或说想再挽留妓女一个节度的鸨母,也许会同意妓女少付一点,或干脆就勾销了这笔债务。⑮客人逃账会给妓女造成深陷债务的危险,这可能就是她们审慎选择相好,又急切地向他们索要礼品的一个重要原因。一般说来,一方面要少负债,另一方面该花的还要花,要维持讲究的衣着打扮以及丰盛的宴席,这对于妓女、老鸨和客人三方来说都既要从长计议也要靠运气。

靠妓院在节度结束时收上来的钱过日子的人有那么多。老鸨先要付清的是男仆和做清扫杂活的女仆的工钱,其余部分就按照先定下来的标准分成。房侍和带挡娘姨按事先说好的抽一至二成。再剩下的就归老鸨(如是住家妓院就归妓女)。聘请来的妓女是不提成的,因为每个节度她们都拿固定的聘金。如此收入方式,若生意兴隆,老鸨和年长的女佣最是受益,可若生意惨淡,倒霉的便也是她们了。⑯办花酒的少了,客人漂账了,妓女当然也跟着吃亏,然其酬劳却倚靠一连串更为私人化的交易活动:她们向喜欢的恩客讨钱财、服装、珠宝并向他们借贷;逢年过节的时候,稳客也会送些礼品、赏钱给自己相好的妓女。⑰

仪式的凝聚力

妓院同其他的小生意一样,为了买卖兴旺,必遵奉习俗,定期举办仪式。每个月、三大节日前夕、每逢新先生到或财神爷生日,妓院都要举行"烧路头"的活动。接财神须焚香、烧纸钱、上供品。每个妓女都要点燃一对蜡烛,对着财神像跪拜。男仆在财神"灵炉"的炭火中倒上一杯酒,若火苗高蹿,则视为吉兆。日阑时分,妓女拿着自己的蜡烛,并从妓院的神龛中取一块火炭回房。月底时,妓院要烧撒了咸盐的纸锭,说是会让现钱滚滚而来(上海话"盐"和"钱"谐音)。妓女的床下面也放纸锭,说是会招来赏赐的"零钱"。除了这些求神招数外,老鸨还有更加直接具体的招财办法。她举办酒宴并设赌局,自然是客人付账。宴聚甚讲排场,乐师整宿奏乐,席上摆满美馔。同妓院的所有社交应酬一样,"烧路头"也是各自尽心的场合。客人明白,若要被人看得起,也给妓女一个面子、争得个近身的机会,此时必得来捧场。妓女也懂得,如仍想在老鸨跟前维持身价,就必须拉来有钱的客人。因此,1891 年的指南书说,"每交此等时候,官人之无多阔客者,焦虑忧愁如过大难焉。"[18]

妓院其他的礼仪也将过节与赚钱结合起来。过三大节日时,妓女会给客人上特别的点心:端午节上枇杷和糯米粽子,中秋节上月饼和鲜藕,至于猪爪和炸鱼,那是什么节都有的。过节时开饭,妓女要赏厨子和用人,转过身来再问客人讨赏。节日里来吃饭,花销在 20—70 元;节气上办花酒的客人,要比平常多花一倍的费用。[19]春节的头两个礼拜,妓女还给常客特别开果盘。清末时送果盘热热闹闹的,男仆头戴饰有红穗的帽子,口中念念有词,说的都是吉利话。以后此礼节销声匿迹了。客人为这果盘得结结实实付出一笔,钱就由老鸨、妓女和全体佣仆瓜分。开果盘和新年里别的犒赏如此靡费,只有最阔绰的才会这时来造访妓院,一般客人都躲得远远的。消匿了的客人被谑称为"十六大少",因为他们要到正月十六才会在妓院露头。[20]

有一种节气,名声很大,却只有幺二妓院才过,那就是菊花节。19 世纪后期起年年秋天举行。院子中央,工人将数百盘菊花堆成菊花山,四周围着蓝色绿色彩纸叠成的假山石。还用菊花和草扎成人形,在大门外用花搭个拱顶。菊花节一过就是两个月,节内的宴席就摆在室外菊花山脚下,而不是在幺二妓女的房内。有钱人平日里羞于逛幺二妓院,到了菊花节却争相在此摆花酒,日子早早就得定下来。这些客人又会叫长三妓过来唱曲侑酒。这时的宴席要摆五桌,周围四桌坐客人,中央一桌给菊花扎的人和动物。就这么一场酒宴下来,幺二妓院便可净入百余元。[21]

如果说有些仪式同伺候客人、赚取丰厚回报紧密相关,那么另外一些仪式就只是妓院内部人所为,或只替自己而为。晚清时,妓院请来巡回演出的说书人,10 天连环说书,给妓女讲佛教的因果报应故事。妓女生病了或是过生日,也会请僧人道士做法事,念经打醮,佛道混杂。[202]上海有好几座庙堂,每逢阴历初一和十五,妓女都要去进香。[203]大年初一的下午,妓女身穿镶着金铃滚边的红袍,乘坐马车,一路前往公共租界南京路上的虹庙烧香。[204]

有一座庙,原先是野鸡和花烟间妓女经常光顾之地,后来长三、幺二妓也常常去进香拜佛了,那就是小东门外洋行街口嵌入墙壁的"撒尿菩萨"庙。一部指南书解释说,得此不寻常的名字,概因隔壁有一冒臭气的尿坑:

> 一天到夜,红烛齐燃,香烟缭绕。善男信女,恭往拈香叩头,很多很多。不过邻近的小便生意太好,因之臭气和香气,氤氲夹杂,经过其地,尝闻得一种又臭又香的异味罢了。

据说妓女钟情于撒尿菩萨庙,是因当地有一则传说:

> 据说,这位菩萨,生前是一位嫖客,缠头一掷,万金不惜。到了后来,金尽衣敝,无颜回家,就在这里悬梁而死。死后得过他金钱的诸娼妓,追念菩萨,鞠躬尽瘁,死而后已,不无悲悼。共同替他在墙角落里嵌造一只壁庙,以作纪念。现在一般时髦红倌人,每逢朔望,齐来烧香。她们说烧过了香,淫业必好。更有下等娼妓,倘使一天接不到嫖客,明天就来焚香默祷。说也奇怪,祷告回去,嫖客就来上门。以故这位撒尿菩萨的香烟,迄今仍然生意兴隆,没有衰兆。[205]

这些共同的仪式显然为的是让妓女和妓院的生意红火起来。

除了集体的礼仪活动,妓女个人在做出生意上的决定或想改善日后境遇时,也会有几种仪式化的举动。例如去占卜,上香求签,卜问自己前途如何、某客何时会来,或是问该不该转到另一所妓院去。[206]她们小心翼翼,不碰忌讳之事。有些禁忌显然关系到生意是否红火,例如给财神爷点的蜡烛未燃尽前是不能灭烛火的,又如去进香的路上和回来的路上不能同客人说话。[207]可是另一些忌讳究竟是为什么,就不好说了,比如到另一家妓院应局时不准在那里解手,再憋都不行。[208]老到的客人都懂得妓院最忌讳的事情。凡想窥探妓院账目、饭用毕将筷子架在碗上、站在门槛上、用手托下巴、赤脚走路、打碎醋坛子、给妓女送束带或镜子、同正在上香的妓女说话、嘲弄妓院的任何祭祀活动等等,都被看作是砸妓院生意的行为。[209]

描写高等妓院情状的文字多是为了指点嫖客何为正当行为。所指点的不外将见多识广和注意细小地方作为表现出男子气概的两大特征。指南书是一种文类,不仅描述,还规定了妓院这个社会一隅中所有参与者均应遵守的仪式化的自我表现。到了 20 世纪,许多礼数渐渐不再奉行,却又重现在指南书中,不过此时的指南书不再指点正确行为,而只是怀念留恋曾经如此看重礼仪的世界罢了。

然而指南书中还可以看出其他种种名堂。书中表明,在不同的妓院,老鸨、佣仆、先生和正在学艺的小先生各自的地位是不同的,这些在高等妓女职业生涯的不同时段也会发生变化。老鸨可能是从前的妓女,现在年纪大了点,收了一群养女;可能是精明的生意人,将大场户的房间出租给妓女;可能是倒霉蛋,雇了个没多少生意还费钱的先生;可能苛待买来的女孩,或者是上述几种情况的排列组合。同样,妓女可能成了人家的财产,被人牢牢抓在掌心里,或者可能很有心计,会经营自己。女佣人看似地位低于妓女,却可能是妓女的大债主,对妓女和老鸨都能发威。

尽管对龟奴有不少色情的影射,但长三妓院里的男仆做的是最没出息的活计,地位低下。相比之下,卖绝的也好,老鸨也好,带挡娘姨也好,总之妓院里所有的女人,其人生道路则是变数大得多。有手段有运气的女人可以赎身,自己开妓院,或者出资扶助崭露头角的艺人,坐吃丰厚的利息。然而想要提高地位,手中必须有钱,妓女往往通过同一个有钱又宠她的嫖客搞好关系——对老鸨或出资的娘姨来说,就是通过控制妓女同嫖客之间的这种关系——来获得必要的资源。下面两章将详细论述妓女同嫖客之间的这种关系对双方有什么潜在的好处,又有什么风险。

第四章　情感事务

　　住在上海这个口岸城市或对上海有所研究的西方人,凡是写到高等妓女,印象至深的都是看不到他们心目中的那种性行为。1929年,在提交给芝加哥大学的硕士学位论文中,社会学学者詹姆斯·威利对西方读者解释道,中国的高等妓女是训练有素的乐师和歌剧艺人,她们"演唱古典曲目,并为此进行了长期艰苦的练习。……其技艺如此精湛,乃至在上海常得到'先生'的称谓"。① 中国男子找妓女,只为进行愉快的谈话,他们同自己闭门不出的太太是无法如此交谈的:"打打牌,用两样点心,你一句我一句地斗嘴玩,这就是晚间的娱乐。要是有什么别的报偿的话,那也是隐蔽的活动。"② 威利引了一位中国男子对一美国作者说的话:

　　　　我们不要求自己的老婆同歌姬一般,歌女是专门练就了让男人开心的技艺的。我们去歌姬那里,不会蛮横地要求她们直接满足我们的身体需要,但是在东方的白人中有半数好像只有这一样兴趣。我们则要求她们为极端无聊的人生增添色彩和优美……而她们做到了。③

其他为西方读者阐述、解释妓女生活的人强调这些女艺人的矜持举止,④ 有人用警示的口气说,外国人有时"想当然地看待她们狐媚的笑容,以为邂逅并不会到此为止,所以一旦任何亲昵的举动遭到冷遇,往往感到十分惊讶"。⑤高等妓女在性的方面表现得妩媚、优雅、含蓄,没有一点淫荡之意,在想必是十分枯燥无味、单调郁闷的中国生活中提供了绚丽多彩的插曲,因此高等妓女成了西方人对中国的表述中反复出现的构件,这个中国是亘古不变的、异域情调的、优美雅致的,在表达性欲之精深微妙方面完全是**另外一套**。

中国作者也强调高等妓女不卖身,不过这里并没有什么外国味道。如我们已经看到的那样,在中国的文本中,重要的不是性交媾而是嫖客如何表现自己,如何在妓院里同各方的交往过程中界定自己的位置。但是,自我表现中有个有机的部分,要看客人对性关系的类别和怎样得手的规矩懂得多少。

高等妓院里最根本的一件事,也许就是区分"干"客、"湿"客和"恩"客了。一个"干相好"可以召妓出局,同她一起饮酒,但由于"家教"的缘故,或是虑及自己的地位,抑或是害怕染疾,总之他不同她过夜。⑥娼寮中有句行话叫"借干铺",意思是晚上喝酒赌钱之后,客人在妓家待了一宿,但并无性事。⑦"湿相好"指与妓女有性关系的客人(一次还是一百次是无所谓的),妓女对他亦有更多的钱财方面的要求。"恩相好"则是妓女与之发生性关系又对之动了真情的客人。⑧

"干相好"与"湿相好"的区分同妓女中的"大""小"区分有点相似。"小先生"是处女,正在学艺,或已经掌握了歌唱、谈话和席间应酬本领,却尚未开始"接客"。这种情形不会无限延续下去,一旦童贞失去,她们也就成了"大先生"了。⑨大先生也不是说想要就能到手的。肯大把花钱的嫖客,比较容易达到靠近妓女,尤其是名妓的目的。对妓女慷慨馈赠固然重要,但是能给妓家带来生意进账同样要紧。客人如经常带朋友来喝酒,如能将自己的关系户邀到妓院办酒席,爽爽气气地付饭菜、陪酒钱,那么他就可以要求同喜欢的妓女过一夜。⑩当然,客人也可能只同大先生维持"干相好"关系。

有关高等妓女与嫖客的关系的描写，常见于男性作者的笔下，这类文字的读者是嫖客、想嫖的人或是立志改革的斗士。男人写作时采用的视角不同，与妓女的性关系也因此被分为两大类，一类给妓女、客人和老鸨带来愉悦，另一类则带来危险。"干"关系被说成是相对简单的关系。"湿"关系与"干"关系适成对照，比较复杂：它使嫖客必须应付妓女讨取金钱礼物的要求，因而是危险的；对妓女而言，则是自轻自贱，不管喜欢不喜欢那个男人，都必须满足他的性需求。只有老鸨在任何情况下都是赢家。同"恩相好"的关系也并非必然意味着天长日久。这种关系可能会对嫖客产生纳妓女为妾的压力，造成客人与其家人和妓女三方的冲突。有一部指南书指出，即使客人感觉良好，不等于他的"心上人"也觉得幸福：妓女同某个客人保持稳定的关系会妨碍她吸引其他男性，她还可能落到借钱给他或负债的地步。⑪对老鸨和佣仆而言，一位"恩相好"或许是好事，有可能带来丰厚的赎身钱，但也许是坏事，意味着妓女失去了赚钱的能力。⑫

这方方面面的考虑使得妓女与客人之间的性关系不可能有任何私密性。客人在妓院得到性的快乐，这意味着他必须同老鸨、佣仆、账房还有妓女本人进行金钱交易。同叫局、打茶围、办花酒一样，与妓女发生性关系提供了一种社交场合；为了避免出洋相，获得满足，就必须恰如其分地把握分寸。从妓女这方面说，与客人发生亲密接触使她得到了讲条件的机会，通过谈判她可最终摆脱老鸨，并获得殷实的资财；但同一个客人发生关系也可能吓退了其他客人，毁了生意，让她耗尽积蓄。在有些情形中，妓女卷入了感情，其情人可能是嫖客，也可能并非嫖客。对妓女来说，维持性关系就是没完没了地讲价钱论条件和算计谋划，但也为她提供了机会，使她能够把握自己的时间、收入和感情生活，而这种机会在"良家"姐妹们的生活中是十分罕见的。在史料中，所有涉及性关系的地方都是从嫖客或改革者的角度来写的，因此，谈性事在妓女生涯中的位置需要冒一点风险，进行历史的想象。

小先生与老鸨的控制权

妓女生涯中少不了同客人的性关系,但她本人最无力控制的是其头一回。将初夜权出售给阔客是老鸨多年投资、栽培的顶点,所以她通常总是选择一个手面阔绰的人,能让她的投资得到丰厚的回报。

华语史料中较少谈及训练培养雏妓的事情,可能作者以为读者早就知道了,或者对细节不感兴趣。年幼时被老鸨买来或收养的年轻女子由雇来的老师教授棋、诗、乐等技艺。她们学习写文章、弹琵琶,并一句句地学唱传统曲目。⑬总的说来,老鸨对这些女孩子不错,让她们吃饱穿暖,并让女用人严格地看管她们。白日里,老鸨的"女儿"在穿着打扮上同上海狭窄弄堂里的女儿家没什么不同;只是她们要睡到中午才起床,晚上穿着华丽,这才显出了与邻家女孩的区别。⑭从某些方面看,她们与外界隔绝,很像那些守在深闺中、即将嫁给优裕阶层男子的年轻女子。在较高等次的妓院里,老鸨十分小心,绝不让还是处女的"女儿"在无人陪伴的情况下独自外出。一个在妓院区居住的住户回忆说,老鸨担心这些女孩,"就像父母担心子女一样"。妓院老板不想冒风险,让流氓地痞或什么小白脸占了便宜,丢了优厚的开苞费。⑮妓院内部的人尊重"妓院的家法",龟奴不准与年轻女子发生性关系,犯了规矩的视作"奸污了好人家的女子"。⑯1922年有一部从改革的角度抨击娼妓业的妓女自述,年轻的妓女将严密的监督说成和监禁无异:

> 生意忙的时候,阿珠(其养母)不肯放我[上戏园子听戏]。……现在生意清淡,可以听一个爽快。但是阿珠从不肯放许我一个人行动,不要说上戏园子,就是到虹庙烧香,也要叫一个人跟着。表面上说是伺候,其实就是监督,差不多吃饭、上厕所她们都要干涉。⑰

一到青春妙龄,女孩就当上了小先生。她同大"姐姐"一样,要出堂差,坐在龟奴的肩上去饭店、茶馆。梳着未嫁姑娘的发式,⑱从不一人外出,这些就是她仍为雏儿的标记。20 世纪 20 年代时,一位美国的社会学学者想象说,雏妓的经历很像在社交界初次露面的青年女子所感受到的那种眩晕:

> 此后四五年,她们生活在持续的亢奋之中。晚上和夜间她们忙着赶场,一处处奔波,一个个地应酬。走红的姑娘从下午晚些时候就开始奔忙,一直要到深夜,到各种娱乐场所应短短的堂差,在男人们的饭桌或椅子边上短暂地停留,说上几分钟话。⑲

这段话尽管口气轻松,如同在描述班级的舞会皇后一般,然而应多少档堂差、见什么人等,这些社交日程的安排,小先生几乎是不能做主的。如果她对哪位客人渐渐有了好感,那么老鸨和娘姨就会死死盯着她,以防发生不经许可的性行为。⑳为了让小先生赚到足够的钱维持自己和随侍的生活,有的妓家允许嫖客同雏妓的房侍睡觉,算是对客人付的酒席费、礼品和下脚等花销的回报。提供这种服务的女仆叫作"打底娘姨",有写上海习俗的文章挖苦说,这些娘姨是"急色儿之需要品"㉑。

有指南书说,客人嫖小先生的意思很微妙,但并非不可理解。一个嫖客或许有兴趣成为摘取某小先生童贞者,不管是花钱买特权还是偷着来。或许他去妓院并不为满足肉欲,而只为消磨光阴,吸吸鸦片,闲聊取乐和赌钱。雏妓通常娇小玲珑,正适合这样的场合。不过,指南书的作者不客气地下断语说,"嫖小先生,好比养缸金鱼,只好看,不好吃。"㉒

许多涉及小先生初次性活动的语汇和仪式很像在谈婚姻。大多中国家庭的女儿在选择配偶和结婚时机方面都没什么发言权。结婚前听娘家父母的话,结了婚,就听丈夫的,丈夫有权要求她干活、满足性欲,并替他传宗接代。同样,妓女何时开始以及向何人出售性服务,自己完全不能做主。高等妓院里的"女儿"被仔细地梳妆打扮,准备初次接客;这一晚一般安排在她 14 岁生日过后。对小先生的初夜有不同的叫法,如"点大蜡烛"、"梳栊"(指女人开始接客后,发式就改变了)、"开苞"(字面意思就是打开花萼),还有更形象的,叫"破瓜"。开苞和婚姻相似,事先在买者和管年轻女子的成年人(在妓家就是老鸨)之间要进行广泛的商议。有意者往往先会在妓院办几次像样的花酒或设几回赌局,等确立了自己作为好客人的地位,再开始谈开苞的事。㉓除此以外,他还须给小先生备衣饰并"具数百金以寿其亲娘或其假母"㉔。开苞本身也是很隆重的场合,此亦像婚礼:

> 开苞亦是女子一生最足纪念的一日,即为婚期是也。娼门中人,视梳栊的典礼,亦不亚于良家结婚,合卺良辰。㉕

妓家一般都会请乐师,点香烛;龟奴穿着正式,给小先生和开苞者上宴席的菜肴,一本正经地致贺。㉖1939年时,连同彩礼和庆典一起算上,开苞的费用估计在五百至上千元之间。㉗

对老鸨说来,开苞买卖既能带来如此收益,让何人开苞自然得由她来定。到了20世纪30年代,指南书说到娼妓业,都唱起了改革文字中那种批评的调子,谈论开苞时总说小先生哪里中意老鸨挑选的年纪大的阔佬。一部指南书评论道,开苞是"以金钱战胜肉欲,最是不人道"。㉘另一部书则提到妓女最厌恶开苞的客人,但"只得吹灭灯火,咬紧牙关,闭紧眼睛,坚忍苦痛"。作者越说越多,接着评道:

> 初次破瓜的女子,即使两相爱好也不懂得一点情趣,这已经是味同嚼蜡了,何况在金钱压迫之下,由鸨母威逼她而来。……这真是天地间最乏味最不仁的事情;而竟有许多富而淫的"恶而蛮",专爱在此中寻乐趣。……

这时妓女"嘴里还不得不敷衍,心里却恨不得他立刻得了夹阴伤寒,走出大门就翘辫子"。㉙这段生动的文字还配有插画,画面上的女人穿着汗背心、衬裙、拖鞋,手捧西瓜,头别过去,一幅恶心的样子,而那个又老、又秃、又胖的男人狞笑着,正持刀破瓜。㉚(见图15)开苞因是强迫性质,所以指南书都会告诫说,开苞又费钱财又不讨好,真是犯不着,"就性的需要上论,也实在不合算",再说,"客人恃着金钱为蹂躏的工具",令女子深恶痛绝,因此她们都会早早地了断关系,哪里可以做长。[31]本来指南书是描述、指点嫖妓门径的,现在倒谴责起只讲金钱不讲感情的性关系来了。他们这样做,等于承认(哪怕只是间接地承认)妓女本人可能有性欲,但因在威逼之下去同有钱的老头交合,所以大败了胃口。

史料中并未直陈男人为何愿意破财去玩弄一个毫无经验、心存恐惧、往往充满敌意的女子。此举带来什么色情快意,未见说明。找年纪小的性对象似乎是个因素:妓女不管多大了,总告诉客人自己年方二八;有个老鸨解释说,她们不得不如此回答,因客人都要挑十六岁的。[32]占有被当作奇货、严加看管之对象,其快活充其量也是昙花一现,因为开苞者无权要求女人为之生育或同他天长日久。指南书中只直接说到过一种动机:在一些人、特别北方人看来,同处女睡觉是吉利的事情,可以消弭灾祸或带来好运。"撞了红"一语显然指处女膜破裂见血,说是此血可以扭转生意上的亏损,保证事业发达。[33]老头子们更是迷信滋阴补阳一说。[34]

大先生:门道与选择

一旦确定某妓不复为小先生或是刚开苞的,一般人也都这么看了,那么想同她有肌肤之亲就不但要看老鸨的眼色,还要赢得她本人的好感。不再是小先生的妓女在性的方面也许活跃了些,但也并非有求必应。不易近身是高等妓女自我界定的重要方面,对客人来说,这也是他们理解自己在妓院地位的关键:能够同有名气的、众人追逐的女子亲密无间的客人便自视为妓院的座上客。[35]

欲得到长三妓女的身体受种种限制,这使她们同等级低一些的华妓以及据说十分淫荡的洋妓形成鲜明的区别。1929年《晶报》上有文形容美国娼妓"像咸肉庄和跳老虫,操肉欲淫业"(讲的像是美国的事情);说她们十分讲究卫生,身体结实健康,每天同十来个男人睡觉不成问题,"像车轮转个不停";还说她们常在阴户上涂抹唇膏,那里因使用过度而发黑。㊱

20世纪中国娼妓的爱慕者恰恰是通过她们迥异于上述低俗行为这一点来对之进行勾画。孤傲,高品位,这使她们显得文明、优雅,此品行亦延及其嫖客。幺二妓很不喜欢客人在"上局、装干湿后便即住夜,谓之一局一夜厢"("稍有身份之妓亦不肯从")。然而,"倘一度之后此客不来,尤为所忌,所谓一去不还乡也。"㊲在长三妓中,客人倘在时机未成熟时贸然提出夜度要求,会被当作愚鲁的乡巴佬,甚至当作脑子出了毛病。㊳长三据称只在生意不好时才会以身易钱,做性的买卖。这样的人被说成操双份职业,正业是长三,卖艺,在场面上应酬,还有一份有点丢人,那就是"上庄零卖"㊴。

对于一个规规矩矩地做分内应做之事的长三来说,夜厢被刻画为一个漫长的、多少有点神秘的过程之顶点:

> 沪上妓女之佼佼者,每不肯轻易作夜度娘。然亦有不费半丝红线成就了一宵欢爱者,其得之盖自有道……或问嫖之道安在,曰,此不能明言,慧心人自能知之。㊵

姑且不论上文对道家之"道"和佛家之"慧心"的嘲弄,这里确实评说了长三妓女从嫖客中选择体己相好的标准。19世纪末的一部指南书提出说,妓女选嫖客同嫖客选妓女是一样的,长相好,年纪轻,是两条主要标准。老而丑的客人被告知他们无论如何都会相形见绌。㊶

这一主题在20世纪的文字中经久不衰。1920年编的一部清代的稗官野史说到光绪年间,有一名叫德仙的妓女被一金姓阔客相中,而德仙终日"落寞殊异",极有可能嫌其"面麻而黑,貌实不飏"。本来她已答应他寄宿,然而另有客至,德仙即毁前约。金提出赠二十金,"聊助花粉费",德仙仍是不依,只嘱他改日再来。待他再次前往,却发现她刚留客过夜,那客被形容为"美少年,翩翩浊世佳公子也"。金朝这青年只看一眼,"因悟德仙奚落之由",遂告知德仙"今已矣,繁华梦醒矣",除去夜度费用外,另又加付给她仆妇等的小账。德仙如数收进,又讨四元"嬲金"。金不允,德仙再次索要,金终于动怒道,"汝鸳梦同人,而蝇头逐我。"㊷有意思的是,老鸨不得不出面"请肆筵谢过",但是故事并未说老鸨可以迫使德仙同金过夜。㊸

诸如此类的故事形成了一种说法:"姐儿爱俏,鸨儿爱钞。"㊹ 1939年的一部指南书对此说得更明白,妓女爱的就是"小白脸"(上海俚语,指长相好的青年男子):

> 还有一种,是喜欢小白脸胡调的,她们出堂差看见了小白脸,两只脚便像铁铸的一般,死也不肯走,便胡调胡上了。

这里"胡调"的意思说得相当明确,就是上床了。㊺尽管作者要说的是妓女在感情上朝三暮四、出尔反尔,这段文字却也表明妓女可以选择自己的客人,再说她们自己也有情欲,其行为有时是情欲所至。

然而指点嫖客如何赢得大先生好感的文字并非一味强调长相。金钱是很重要的因素。叫大先生的堂差比叫小先生贵一些,因为她们懂行、专注,又有许多稔客追逐她们。㊻书上说,想对小先生动脑筋只能鬼鬼祟祟的,同大先生就不一样了,尽管可以大胆、直率地说出愿望,不过自己的分内之事也一定要做好。例如每逢初一、十五要来喝酒、做花头,节日里要收下特别准备的菜肴并会钞,冬至付帽子钱,立夏付扇子钱,正月里付果盘钱。最好不要抠抠搜搜的:"如果有心规避,就是坍自己的台,不给她的面子,那是不可以的。"㊼

结交妓女首先要考虑的是让她所在的妓家多进账,让她有面子;但接下来还有一件不可少的事情,即多赠财物,馈赠会落到妓女自己的腰包里而不是妓家的钱柜中。走运的妓女叫"红先生",一般不肯留宿客人,想留下事先要满足一些条件,可能是送几只金手镯或一只钻戒,并付

赌账酒账外加 20 至 40 元小账。特别阔绰的，想要的又是大红大紫的先生，竟可为共度一宵抛掷千金。㊽

钱财却不是唯一的变数，这更让嫖客感到头痛。一部指南书叹道，“耗费万金，不能一亲芳泽的”大有人在。㊾ 1932 年有一部上海的游览指南书，其中题为“嫖的门径”的部分就大谈这个问题。指南书直接为嫖客指点说：“做了花头成了熟客，再进一步当然癞蛤蟆想吃天鹅肉了。尽了义务，享些权利，这本是事理所当然。不过这事没有定例。”接着解释道，“很有许多做了不少花头，还是不曾下水（即发生性关系），有的未做花头，已尝风味。”作者指点说，关键在于客人的功夫。他不只应手面大方，还须讲究衣着的品位；应注意邀约有资格的嫖友同伙一起前往，如此“她们怕惧三分，不敢作弄”。假如他“体贴入微，胡调的地方胡调，庄重的地方庄重”，那么“何论使标劲的红妓，也当做你胯下的俘虏”。㊿另有一位作者发挥说，关键是两个字，“小”和“闲”。“小”说的是事无巨细，都要悉心关照，例如帮她穿上外套啦，送她上电梯啦等等（1939 年出版的这部指南书糅进了外来的、向妇女献殷勤的骑士派头和外来的技术）。“闲”说的是每日务去看她，如此他的体贴和牵挂便会给妓女留下印象。指南书又奉劝说，如不这样做，那么就要靠金钱权势、而不是爱慕来得到妓女的身体了，女人不信服他，也就谈不上爱，这样的关系还是不结为上。嫖大先生和嫖小先生的道理是一样的，客人图的不只是肉体的关系，而是要“彼此恋爱”，书中描写说这种情爱的关系是“很有滋味的”。(51)

20 世纪 30 年代出现了图改革的娼妓生活写照，对高等妓女的再现
112 也随之发生了微妙的变化。尽管她们仍被刻画为甚具魅力的女人，有本事“劳动”客人、令其心甘情愿掏腰包，然而金钱却已不是她们唯一的驱动力了。相反，她们被说成是情感上深受摧残的物件，为了爱会孤注一掷：

> 社会对于妓女终于是鄙视着；至少，妓女给予社会的印象是“贱”。这些，妓女自身是感觉到的，只要她经历过几年风尘。

> 这里写的妓女并不是专以性器官劳动来获得生活的,是一种所谓上等的比较优秀的一部分:以言词与歌唱来获得生活,所谓"卖嘴不卖身"。……
>
> [如果一个客人得到了妓女的真心,她]往往会真心地爱你,而且给予你许多精神物质上的助力,而且这种助力的实际性有时远胜过一般家庭的女子所能施与的。
>
> 她们不像一般良妻贤母的看重金钱,金钱于她们只是利用来玩畅的一种东西,挥霍得很爽快。……她们需要生活各方面的满足,但除了物质外,精神方面是很难补济的。
>
> 关于性,因为解决的机会像和有财产者处理自己的财产那样随意,所以倒反看淡了的。……
>
> 谁没有灵魂呢?沦落在青楼中的妓女的灵魂里,比较别人是更烦闷的,只是她们掩藏得更深密罢了。㊷

嫖客如仔细阅读这类指南书,会从中学到如何熟练地运用金钱和精神报偿的手段去获取妓女的欢心,并同她维持关系。不过,书中也正告客人说,尽管他有钱,长相也好,但老练的妓女对人欲的了解绝不在他之下,她也同样会支配他人为自己谋得好处。

至于妓女会寻求什么样的感情或性关系,当然从这些叙述中是看不出多少名堂的。然而,说到30年代的指南书作者和读者喜欢什么东西,那么这些书中的信息就十分丰富了:它们证实了男人自己的能力才干,也对带有浓郁的彼此恋爱"滋味"的性缘作了肯定。虽说事实上往往要靠金钱才能生出如此情感,而且指南书在别处也承认这个事实,但在说到感情的时候,还是会淡化金钱问题。

奇怪的是,性活动本身在小说中描写得诗情画意,可在指南书中却不然。19世纪晚期的史料不谈性,只谈妓女与客人鱼雁往来,以很有修养的方式表达相互间的深情厚谊。㊸史料描述妓女如何以微妙的方式表达对某人的专一情感,如送他围巾或首饰盒,拿着他一缕头发当指环似的绕在指上,或让房侍替她出堂差,自己则去偷会情人等。㊾20世纪的闲话专栏怀旧地讲述从前的故事,如一个堕入情网的客人竟然给他喜欢的妓女写了上百封情书。㊿这些材料有时用一些字眼温和地嘲弄了妓女与客人之间的性行为,如"连底冻"指一连几夜度夜厢,又如"被头风",指因性伙伴而得伤风。㊶指南书对20世纪嫖客之间所用的粗俗的性俚语作了一些解释,如30年代时,追逐妓女叫"搭壳子"("搭"也有交媾的意思),或称"盯梢"。㊷但这些示意性的指称仍未直接说出性交往。清末时期,直言不讳地写情色的文类在中国已十分发达,考虑到这一事实,对性事缄口不提就不能用一般的文化上的节制来解释了。㊸只能说,这种沉默似乎同指南书和小报有关,这两种文类的作者所关心的问题是对往昔的思恋和对等级地位的忧虑,他们不大关注肉体的愉悦。

在很少数的情形中,史料也会直接提到妓女的性技巧,但这时,怀旧情绪和地位忧虑仍很明显。例如一部19世纪末的指南书哀叹道,近来妓女的性技也同她们的书艺、乐艺一样,不如从前了。㊹一部1917年的指南书将意思挑得更明白,认为中国的高等妓女不看重性的知识和性欲,这同西欧和中国古时候的情形适成对照。在"青楼韵语"的标题下印的是这样一则故事:

> 清初耿精忠未叛时,在闽中奢淫无度。府中有侍女灵芝者,忽被狐祟,喜近男子。耿怒,命选藩下少年男子二十名,裸逐而递淫之。阅人已遍,而灵芝不愈。耿笑曰,沟壑可盈,是不可厌也。余尝与友人语及此事,且曰,青楼中有是人,则芳名扫地矣。友曰,余尝涉足欧西,见其地之为皮肉生涯者,衾中均置有秘戏图多册,枕席之间狂荡尤甚。其或淫若河间,则彼中人推为巨擘,而狎之者群焉,以名妓目之,否则门前冷落。盖其意以为妓之所贵者,在淫。不淫则无所事妓也。此言颇近理。㊺

论房中术也好,论情欲也好,中国娼妓既比不上清初的婢女,也比不上西欧的娼妓，这层意思流露在这则韵事的字里行间。在大多指南书中，妓女在性事方面把关严紧正是其优雅文明的标记，可在这里，妓女缺乏"性"趣却说明她们衰老枯竭，缺乏活力，而老化、缺乏活力正是通常针对中国文化的一般性批评。

　　指南书中对性行为有种种不同的提法，如"落相好""落水""真个销魂"或"转念头"等。⑥⑪同妓女保持经常的性关系被说成是值得向往的事情，但情欲的肉体体现却不在指南书的话语范围之内。指南书并不通过绘声绘色的色情描写为人提供感官快活，而是兴致勃勃地为客人指点如何衡量自己成功的机会，其叙述语言对于 20 世纪末那些阅读自学手册的人来说并不陌生。书中奉劝客人很实际地掂量妓女的风头和自己的吸引力。⑥⑫假如客人经严格的自检，认定自己尚不够资格获得所喜欢的女人，那么书中自有别的法子可以教给客人。譬如，他可以设法去"烧冷灶"，即造访生意清淡的妓女，该妓因得关照易生感激之情，也就会巴结他。⑥⑬（当然，指南书也劝客人谨慎为好，应查明她**为何生意冷落**。）⑥⑭有个作者换了一种说法，将嫖生意清的堂子说成是"到没有香火的枯庙里去烧香"，枯庙的菩萨"许久不得香火"，因此你哪怕只烧很少一点香烛，他也会注意到的：

> 在一般出风头的先生阿姐，你若不识相要去转念头，她们眼高于顶，真也难得睬你，如果是没有什么风头的先生阿姐，生意冷落得要命，这时候你去烧冷灶，就是面子和手段差些，也不怕她们掉枪花了。⑥⑮

这个道理不但是对想同妓女建立性关系而言，就是平日的叫堂差或打茶围也一样。"冷灶"妓家的妓女有空闲时间同客人聊天，可如果去找风头健的女人，"她们出堂差已经忙得不得了，只好和揩房间江北娘姨，搭搭讪头，这是何等的没趣啊！"⑥⑯

　　转妓女的念头的人，想要加大成功的机会还有一招，就是同妓女的侍女先拉上关系。阿姐的地位低些，嫖的破费也不多。阿姐懂得将自己打扮得标致宜人、款款地招待客人的技巧。同先生一样,阿姐也懂得在客人的男伴面前要给他面子。同阿姐过夜,还省下一笔给用人的下脚(阿姐本来就是用人),同先生夜度则是不可省的。不过阿姐也期盼客人馈赠并来办花酒,如果她的契约中规定她可从妓院的节度收入中抽头的话,期盼便更加急切。如觉得有经验、地位高的阿姐太难对付,那么指南书会奉劝不大挑剔的客人去嫖打扫房间的年轻女仆。书中告诉客人,这样的女仆比较容易接受他的奉承,因为她们天天看着先生那些精美的衣饰,自己也很想穿漂亮的衣裳、戴好看的首饰啊。[67]

如有客人愿意冒高风险以享受高回报,那他可以试试与老鸨建立性的关系。老鸨的嫖客是想吃什么就吃什么,想干什么就干什么,完全不必像妓女的嫖客那样,多抽一口烟、多逗留一刻钟,便担心老鸨会发火。客人同老鸨有了亲密关系,在妓院里就像个老板了,上到妓女,下到做粗活的丫头,人人都要听他的使唤。再说,老鸨有钱,客人需要借现金时,她也能帮得上。同住家妓院中身兼先生的老鸨搭上关系,也能得到以上种种好处。但也有一个问题,就是她们不得不出堂差,又要打理生意,很少有时间陪着相好。[68]

客人一旦成功地"落了相好",他的义务也随之增多了。除了要付小账给用人和老鸨外,还应细水长流地给相好妓女送礼,并不断带朋友到妓院来吃喝、赌博。[69]其中有些费用,尤其是没完没了各处给小账的费用,也有逃避的办法,那就是不留在妓院,而是将妓女带到旅馆去。一开始"开房间"被视作不名誉的事情,但是自20世纪20年代工部局禁止妓院留客过夜后,在旅馆开房间的做法就比较普遍了。[70]起初嫖客只当禁令是一纸空文,但他们很快发现巡捕时不时地突击检查,看来是真要管了。这个时期,上海的旅馆业扩大了,档次也提高了,"许多大饭店,房间的布置真有比妓女妆阁更富丽的。"这就使妓女与嫖客的性交往大多移至旅馆进行。有指南书巧妙地抓住公共租界的别称"特别市",诙谐地评论说:

妓院里不许男女同宿,旅馆里倒可以真个销魂,这的确有些矛盾得可笑。租界上的事情,讲的都是外国理性,用中国的脑筋去想是想不通的。如果组织不是这样特别,也就不足以成为名副其实的特别市了。⑪

随着性活动逐渐转移到妓院以外的场所,原先提供社交和色情等综合服务的妓院业务就走下坡路了。同时,随着色情服务转到旅馆,性关系也摆脱了社会、财务关系的纠缠,而从前来逛妓院是要担当许多社交和金钱方面的责任、义务的。到旅馆的房间里会一名高等妓女,同她发生性关系,和叫一个下等妓女来做这事没有多大区别。指南书作者写到这些时还常提到,在旅馆中发生的通奸案也普遍呈上升态势。⑫

优伶及其他相好

一般说来,妓女即使同客人有了十分缱绻的关系,她多少还是会在钱财上打些小算盘。对比之下,妓女所爱的人却并不见得是客人或甚至不是丈夫。当妓女为了爱情而非物质利益方面的考虑选择性伴侣时,据说她们挑的往往是戏子或是自己的马夫车夫,而不要阔绰的士卿或商贾,即使在妓院生意十分红火、客人中有许多名流的时候也如此。⑬有个名妓艺名叫林黛玉,取的是清朝小说《红楼梦》中女主人公的名字;她将近 50 岁时同一个不到 20 岁的优伶好上了,还笑着对朋友说,"我只当是养生药罢了"。⑭梨园伶人和妓女一样,地位低下,向来被看得"贱"。也许是同病相怜,也许是优伶名气大,也许是他们衣着入时,抽的烟喝的酒都很讲品位——不管出于什么原因,总之妓女很受吸引,乃至妓女与优伶相好已经成为指南书必然要说到的题目。⑮一部回忆录引述了一个妓女的解释:

> 我等沦落风尘,阅人不为不伙,惟必气味之相投,乃堪身心之相许。无如近世一般阔客,虽或膺国家之显秩,擅富贵之双全,无如就

其外而观之,终嫌有市井气,就其内而察之,终嫌有寒俭气,往往出于优伶之下。以故只可图其财帛,而不堪联以心情噫。⑯

优伶与车夫据说心气平和,同花钱的客人相比,他们对妓女好得多。⑰

同优伶落相好(即"姘戏子")受到一些指南书的嘲弄,被认为是很丢脸的事。⑱但也有一种论调说,不同戏子或车夫相好,妓女就红不起来。⑲报纸的闲话专栏和指南书如说明什么的话,那么可以说在20世纪初期,姘戏子是很普遍的现象。1918年北京有家报纸刊登了一份名妓的名单,其中有上海名人胡宝玉、林黛玉、陆兰芬、张书玉等(见第六章),她们都有梨园相好。⑳另一份小报列出47桩妓女同戏子的艳情,从中看出有些妓女不止一个优伶情人。㉑有饶舌者打趣道:"昔人有句云,天下名山僧占多,今可易其语曰海上名花优占多矣。"㉒

妓女平时动用各种手段让常客在其身上花钱、在妓家花钱,可是同戏子或别的情人在一起,则完全是另一回事了。是否情人,只要看是不是女人花钱。妓女给情人买昂贵的礼物,甚至借钱替情人还债,这就叫"养小鬼"。指南书告诫嫖客说,妓女若同戏子搅和到了一起,就不要再往那妓院丢钱了,否则或许会发现自己的慷慨馈赠全都填了他人的腰包。㉓有个妓女据说搞得很尴尬:她将客人送她的料子转赠给情人,他做了件袍子,穿出来,给那客人看到了,客人一生气再也不理睬那家妓院了。㉔名妓张书玉喜欢给车夫穿彩条滚边的绸子衣裳,戴上有金穗的毛料帽子,结果传出了她同车夫相好的流言。她听到传言不快,遂叫车夫穿得素些,正告他说不然巡捕会以衣着不当为由拘他入捕房的。㉕

指南书和小报文章的作者对于妓女与戏子的往来时而不安,时而觉得有趣。一位作者从中看到妓女总算有机会可发泄对男人的愤懑:"她们平常做的是男子的玩具,受男子的玩弄,她们有了钱,就想在男子身上报仇。"㉖这时,人们心目中妓女所拥有的社交和选择客人的权力达到了极点。在这类文字表述中,女人不仅能自主地挑选性伴侣——体面人家的妇女无权这样做——而且还利用这种关系,剥夺了选中的男子的自主权,事实上将他们变成了女性。描写"小鬼"生活的文字说他们物质生活优裕,可个人自由却大受限制:他们不能有自己的企图,每夜必须准时去会应完堂差的妓女,差不多已成了豢养他们的女人的奴隶。⑰有一则小报故事,冷嘲热讽地描写一名叫文第老四的自家身体,说她每每抛头露面,身边必有一高大、英俊、强健的大学生。他对她言听计从,她打牌时他在一旁静候,她吸烟时他在一角静坐。她的妓女朋友都叫他"文第老四之侍从武官",说妓院的"主政"就像中国的首脑一样,也需要侍从武官。⑱种种描述,重点都在"正常的"权力关系之颠倒:女人养男人,控制男人,尽管不言明却已直逼传统的性别身份安排。

妓院中通常称"怪"的,是发生在妓女之间的性关系。民国期间,西方的性学语汇渐流行起来,但此前,指称女子之间这种关系的通常用语不是"同性恋"或"同性爱",而是"磨镜子"。1935 年出版的一部俗语切口词典解释说,磨镜子一说来自古时候用一平滑铜镜打磨另一面铜镜的做法,两个面上均无突起。女人之间的事也称"摊粉皮"。⑲20 世纪初有关名妓生平的故事中提到一个曰"人妖"的"洪奶奶"。洪奶奶住在公共租界的恩庆里,据说她的客人很少,却挥霍无度,有的史料神秘兮兮地添说:"其供给取诸妇人,而不取诸男子者也。"⑳更露骨一点的文字则干脆说,洪的"怪"在于"所狎之男子绝少,而妇女喜与之昵,俗所谓磨镜党者是也,洪为之魁"。该文又说,洪的相好不仅是妓女("北里中人"),还有"巨室之妾女",自其同洪有染,"即视男子为厌物矣"。㉑同对待妓女的其他性关系一样,资料中很少直接谈女人之间性关系中的感情或具体行为,但有几种资料提到女人相爱有强烈的占有心,常因忌妒而争吵。一史料还提到洪奶奶为这类争执仲裁,别的女人"唯唯从命,不敢违"。㉒另据说"洪党"中人还开始收费在各饭店请小范围观众观其演示女人的性爱。㉓尽管妓女当众表演同性恋被说成是 30 年代旅馆业的一道风景(以塞满木耳、遇热水便涨大的假阳具为招徕物),但妓女似乎不大可能参加夜总会的系列表演。㉔

炮制关于妓女们在生意之外的性伙伴的故事，传播这些故事，其本身也是一种窥淫的举动。写这样的故事似乎多半是为了让读者间接地感到自己对名妓与狎客的私生活了如指掌。但也可以有别的解释：这些故事勾勒出女人能够选择伴侣的范围——身处娼妓业之外的妇女几乎是绝对不会得到这样的空间的。在评说者所关注的那些选择中，由男性开始、并控制性交往的"正常"男性特权大大削弱了。每次客人同妓女的交往中都含有被妓女拒绝的可能，但是妓女同优伶、车马夫、"小鬼"和其他女人的勾连所涉及的，就不仅是拒绝的问题了，而是整个地动摇了权力的性别身份。

情妇、小妾及退身计

故事中有三心二意的、自己有主意的、性意识觉醒了的妓女，懂得自己要什么样的情人并敢于去追求的妓女，但也有与之相反的、不那么厉害的妓女，那就是忠贞不贰、有情有义的妓女。重情义的娼妓也有许多变种。1920 年的书中重印了一则 19 世纪 70 年代的故事，讲的是从小失去父母、被亲戚卖入青楼的林爱官。林出身好人家，故事亦用相称的字眼，谓其"风格温重，寡言语，不喜妆饰"。林看中一雍姓客人，与之私订终身，无奈雍生力量单薄，不能为她赎身。过了几年，雍有一陈姓朋友看上了林爱官，使老鸨责令其与之"通燕好"。故事说到陈与老鸨来到林的房间，林拔出刀子，跪在陈面前对他说，

> 妾本薄命，生死不足重轻。所以苟延有待者，以虽隶烟花，尚复贞一。君家拥花围柳，何处不逢佳丽者，何以迫吾言欢？君欲污吾身，请污吾刃。言讫，以刃置妆台。陈哑然曰，予固知尔之钟情于雍，然彼力薄不济，奈何。曰，不济则以死继之，不然，怀此刃何为者。陈乃慨然曰，尔识雍，予岂不识雍哉。于是启户遽出，乘夜挟雍至林所。出所带金条脱两枚付鸨母，谓之曰，林不尔向矣，舍女而取

金,尔之见机也,如不从,曷观此刃。鸨母无奈,遂以归雍。⑮

在另一些故事中,一个妓女忠心耿耿地照顾得了肺痨的相好,他死后她更改姓名回到青楼,不想因自己的风尘生涯玷污了他家的清白名声。⑯另一妓女尽管不得不替巨商应酬侑酒,却坚不从其夜度要求,然私下里则与一位穷困但懂她心思的男子信誓旦旦,长相厮守。⑰这些事例中,有美德的妓女在感情上均忠贞不贰,均明白自己(低下)的地位,并尽最大努力在这样的环境中守住贞操。

如果说妓女的行为表现出应有的妇德时,在文字表述中她的危险性也有所下降的话,那么,当她表示愿意做上等人的妾室时,其潜在的危险就进一步得到控制了。指南书和小报中的名妓小传经常包括某妓的声明,称自己不想继续为妓,而欲寻一所爱,依附于其家庭。⑱

男人的大老婆往往是奉父母之命讨进家来,对方必是门当户对,可以为男家增加资产、提高地位的人家。娼妓在这些方面均无能为力。小老婆则相反,她们是男人自己挑选的,后者看中的是其性感、罗曼蒂克的吸引力、对谈的能力,以及能否带来子嗣。妓女就其背景和经历看,想攀上大老婆的地位是不大可能的,但是纳妾的一套语汇实际上同婚姻的语汇并无二致,⑲唯有常用的"从良"一词仍表明妓女并非良家出身。按某外国观察家在 1871 年时的记载,阔佬纳妓为妾"根本算不得丢脸"。即使有明令禁止高官与娼妓交往,他们仍纳妓为妾。⑳(一位外国评论家试图对西方读者解释中国的这一习俗时,举出伴侣关系这一西方的婚姻观。他说做了小妾的娼妓比起深宅大院中的夫人,对外部世界懂得多一些,因此"于情于理均比大太太更接近外国人心目中的妻子"。㉑)

由一个嫖客将妓女"包"下来的做法属于居中的安排,结果双方有可能达到更长久恒定的结合。嫖客向老鸨支付包妓女的月租,便可时常来看妓女或者干脆住在妓院里。另一种变通的办法是给女人另找房屋住下。嫖客如一时付不出妓女的赎身钱、无法当即买断妓女或尚未打算赎她或买她,就可采用包租的安排。20 世纪 20 年代末,包妓女的月租可高达50元。[⑩]有些文章暗示被有钱人包下来的妓女对这种安排比较满意,与妓女正常的日程相比,包身的妓女有了较多的闲暇(可能收入也多了些)。[⑱]与纳妾相仿,包身使得男人多少能独占一个女人,[⑲]也减少了因情敌或遭妓女本人的拒绝而蒙受羞辱的可能。

想讨妓女做小的人必须付一笔"身价"钱给老鸨(指典押或卖绝给妓院的妓女)或给妓女本人。[⑮]卖妓女给男人做小老婆对老鸨来说是很赚钱的。[⑯]尽管如此,老鸨仍不让给妓家挣来丰厚利润的妓女离开。在妓女想走而老鸨不让的情况下,客人可能会雇用流氓绑架妓女。还有一种办法,就是妓女可以去找官府请求按原价自赎其身。有时,在采取上述孤注一掷的行动之前的一段时间里,妓女颇受老鸨的虐待。[⑰]20世纪30年代的黑幕故事中有个主要人物,就是长三妓院里的恶老鸨:她漫天要价,不准妓女再接待付不起这天价的追求者,甚至关押或殴打不服从的妓女。[⑱]高等妓女通常被刻画为成熟女人,对自己的职业生活有不寻常的控制权,现在这幅肖像边上出现了上述故事,它们显得很不合拍,但却始终是一股潜流。

老鸨对妓女的婚姻主要考虑金钱上的利害关系,而妓女本人为何同意做妾,背后的故事就比较复杂了。感情上受到某男子的吸引很可能是一个因素,但文字资料中很少提到这一层,往往只是一带而过地声明某妓同其客人相好,已决定结婚。为人妻为人母的角色对妓女的吸引力,可能是她们想离开妓院的另一个原因;这层意思在男性写的有关娼妓的作品中也提出过。1905年的一部集子中有一篇"劝妓从良辞",显然是男性文人所作,风格上模仿陶渊明的"归去来辞"。陶渊明(365—427年)曾经为官,因厌恶官场腐败风气,40岁时退隐。他的原作描写去职归隐、过田园生活的惬意;"劝妓从良辞"既处处模仿其格律、用词,便隐含着妓女结婚与官吏隐居的比较。辞赋对倦怠的(但看来心中充满狐疑的)妓女赞颂居家过体面日子的美德,节录如下:

    归良人兮,年纪将衰,胡不归?既自以身为有主,奚怅恨而独悲？悟老者之可托，知少年之莫追。居正室其未遂，览今是而前非。……辞鸨母而出嫁，喜娇客之相依。乃归锦里，吉日良辰。婢仆欢迎，侍女候门。花粉就抛，风韵犹存。携郎入座，有酒同斟。乐荆布以自适，做针黹以何嫌。倚妆楼以笑语，审归正之清闲。棋日敲以成趣，房虽静而常安。幸良匹之得偶，时和好而盘桓。柳无人以妄问，花无客以轻攀。⁽¹⁰⁹⁾日悠悠兮可度，靠终身以何难。

归良人兮，请绝迹于青楼。……已乎！月貌花容有几时，曷不真心定去留？胡为茫茫任所之？草台非所愿，花轿不可期。嫁良人而有孕，将育予以悯斯。待成立以筮仕，受封诰之紫泥。庆齐眉以偕老，乐夫簪笏复奚疑。⁽¹¹⁰⁾

个中的意味一言难尽。辞赋列数妓女从良的种种好回报，如生活稳定、体面、有人体贴、经济上有保障、日子清闲、儿子、社会地位等等，但同时流露出妓女因追不到年轻人（或老鸨不允）、只能嫁给年长者而不无惆怅。文中还暗示妓女认为当正室才更遂心愿。

从小报的闲话专栏看，妓女嫁人最通常的理由是立即可得到钱财方面的好处。质押的妓女希望找个愿意替她清偿抵押款的人，卖绝的希望有人出价赔偿老鸨购买她的花费、利息及平日的开销。"自家身体"与人结交，也是希望追求者或丈夫替她们付清欠债、付给她们"身价"钱、赠予珠宝等贵重物品。大手大脚，借高利贷，物价上涨，客人漂账，凡此种种都使欠债成了高等妓院的流行病。妓院债务之重，引发了阴郁的政治比喻：一份小报形容某红妓"恰似中国，债台高筑，还没有主权和自由身"。⁽¹¹¹⁾

用结婚的办法偿付债务、开始新生的过程叫"洗澡"⁽¹¹²⁾或"汤浴"⁽¹¹³⁾。这个字眼的意思可能指洗去娼妓生涯的"风尘"。妓女喜欢什么样的男人为之洗风尘呢？小报的文章说得很清楚：那人既要很有钱，又要有很多社会关系。⁽¹¹⁴⁾即使生意繁忙的当红妓女也认为同这样的人来往至少眼前就可派用场。1919年9月的小报上仅一栏内就发布了好几则名妓的结婚启事:林黛玉跟了富有的矿业公司经理,宝琴跟了一个权力足以影响年度花榜的人,金书玉的那位早已为她租了房子,花云玉的是个广东人,有能力偿清她的大量债务,鉴冰找了个有钱的军官。⑮像林黛玉这样的名妓故事多多,她们在漫长的娼妓生涯中不知洗了几回浴。

为难之处

尽管当妾有其吸引力,实际上确有许多妓女当了妾室,但是为妾之路实在不好走。妓女往往厌烦小妾生活的封闭和感情生活的苦涩。如果男人将新讨的小老婆安置在大老婆的屋檐下,则大老婆很可能不许男人去小老婆的房间。在这种居住安排中,男人、大老婆、小老婆之间每天起摩擦是司空见惯的,长此以往,原先再甜蜜的关系也会变得酸涩无趣。⑯有些人发现当妾在一些方面还不如当妓女有保障,因为妾必须靠一个男人始终宠她才行。妓女过惯了热闹的社交生活,有时觉得家庭生活过于与世隔绝,遂离开新婚的丈夫去寻求不怎么受拘束的生活。⑰例如,野性十足、外号"匪帮"的葵青云老五在结婚一个月后就离开了男人,为的是丈夫不同意她自开银行户头。(据说她跟着心爱的戏子去了杭州。)⑱洪如玉的丈夫反对她抽烟,不愿意她夜间同别的妓女一起外出寻开心,洪便翻脸争吵。(双方讲和,条件是他答应她在家里抽烟,她答应不再同别的女人外出。)⑲

许多妓女婚后家庭喧扰、关系破裂,可有不同的解释,如证明妓女水性杨花,或桀骜不驯,或工于心计。《晶报》详尽地跟踪报道宝琴的情况。宝琴原是常熟穷苦人家出身,被一邻居收养后,又典押到上海的一家妓院,那时她才13岁。后来她给自己赎身,事业发达,终于在年度的花界竞逐中荣膺花国副总统(见第六章)。经历一次短暂的婚姻后,宝琴又回归本业。1919年9月,宝琴决定嫁给顾二做妾以换取身价钱5 000元(一说5 400元)。她母亲从常熟赶来上海主理婚事。然而,甚至就在10月中行婚礼之前,宝琴据说就为做了顾的第五房太太而气恼(后来的资料说她是被债权人逼迫无奈,本心根本不愿嫁给顾某)。不到一个星期,报纸报道说宝琴日夜哭闹喧扰,对在妻妾中排行第五大为不满,并以出走相胁。顾则冷静地回答说,自己为她付的身价实属慈善之举;用"洗澡"的方式恩顾她令他感激,不过她真要走也请自便,他不会强留。至10月24日,宝琴果然已还二千身价钱出走了。宝琴的母亲听说她不吃不喝、成天说胡话,很是着急,将她送回了常熟。《晶报》起先暗示宝琴为赖着不还身价钱而装疯,但后来的报道说她可能有更险诈的动机。报上说,有人看见她结婚前夜同老客人、政府官员汤先生在一起。次日成婚后,突然吵着要吃鸭胗肝,买了五只,坐在顾的对面吧唧吧唧大嚼起来。顾叫她别吃了,她生硬回嘴。于是他掏出 2 000 元给她,叫她走人。她回到汤先生身边,汤以每月 400 元的租金包了她几个月,后娶为夫人。但宝琴的婚姻变故并未到此为止。10 年后,不知疲倦的闲话专栏又报道说宝琴对汤先生又骂又打,汤已中止了他们的关系。宝琴再度混迹烟花巷,总是炫耀她的学生装和皮外套。与一些名人显要来往后,她消停了一段时间,跟了军阀白崇禧的秘书,后来此人事业受挫,她又弃他而去。[120]一则叙述称宝琴刚入行时"天真烂漫,胸无城府",但紧接着说,"自入北里后,耳濡目染,受姐妹行中之同化力日深,放浪形骸",及至后来"益恣意放纵"。[121]宝琴不但能说会道、放浪形骸,同时她也很在意自己的社会地位和钱财进账。每次结婚前,显然都权衡过婚姻能否增进自己的财富和权力,并据此作出决定,必要的时候不惜耍花招、采用极端手段,以取得预想的结果。但她是在特定的环境中这样做的:妓女们欠债容易还债难,宝琴每每须在巨大经济压力下选择自己的伴侣。

如宝琴与顾二分手一例所示,为妾者离异,其最大的财务障碍是颇具争议的身价钱归属。如果婚姻不成功,男人可能要求女人吐出身价钱,那样她以同意结婚为条件所积攒起来的财产就受到折损。有时为身价钱的事情会告上法庭。例如,1929 年时,一个名叫许少谦的人告妓女惠然老九破坏他们之间的契约。许诉说 1928 年他曾付给惠然 500 元现钱、500元钱票,惠然欠老鸨或娘姨的钱他帮忙偿还了500元。作为交换条件,惠然应摘下招牌,不再营业,迁入许为他俩的共同生活而租的房子。同居几日后,惠然回家甚晚,引起许的疑心。他发现她居然仍外出应局差。作为回应,惠然亦一纸诉状反告许。她声称许收回了馈赠她的衣裳家具,还在她的妓家欠下酒水饭菜账。她的律师辩护说用"皮肉换来的"钱应归她所有,但许的律师反驳说,没有一条法律、条例管得到姘居。法庭最终裁决惠然归还钱票和付给老鸨的钱(现金不还,因为许无法出示给钱的证据),又令许清偿所欠妓院的账。这起案例中,妓女与男人脱离关系时并未成为钱财上的显著受益人。⑫

妓女结束一段婚姻后,⑬通常的选择是利用新近获取的资源自己开妓院。小报热切地详述妓女"出山",回到了应堂差、茶围、花酒的娼妓生活。⑭并非所有的结合都短命:有些女人在生了好几个孩子后才回来做妓女;有个妓女回到原来的生活,因为她男人在婚后第七年失踪,过了几个月冒出来,欠了一屁股债。⑮妓女并不因当过小老婆而蒙耻,她们同没有结婚时差不多。新的客人又会想收其做妾,他们不会因女人的前一次婚姻而却步。

从客人这方面说,成功地追到某个妓女既是其上等人地位的证明,也好独占自己心仪的女子。但是盘桓在纳妾故事中的警戒调子却表明,妓女经常轻而易举地摆脱了这种安排。从妓女这方面说,得到一个稳定的客人并与之进入长期的姘居或婚姻关系提供了某些条件,使她相对于老鸨和客人而言有可能获得最大的收益和控制权。客人赠送给当红妓女的礼物和小账进入了妓女的腰包,而不是妓院老板的账房。妓女嫁作妾妇时,老鸨会拿到一笔钱,但妓女本人同样拿到了一笔钱,何况她可能利用出嫁作为一步棋,既结束她与老鸨之间不愉快的关系,也积累了更多的钱财。说得更明白些,历史学者从小报报道和指南书中听到了另一种信息,尽管它不怎么符合那些作者的本意。历史学者听到,烟花世界中的女子如有了一批常客,又很有生意手腕,那么从对个人时间和收入

第四章　情感事务

的支配权来看,妓女生涯给予妓女的空间大于传统的体面婚姻给予妇女的空间。历史学者还听到,娼妓业中的女人对此心中有数,十分看重,并以此决定自己所采取的行动。

如果说进入婚姻有好处,那么在某些情形中,离异同样带来利益。[126]史料很少提到妓女在婚姻中的情感趋向,但是妓女的行为表明,情感需要和物质利益很可能是纠缠在一起的。在历史记载中无法将它们区分开来,我们也不可以认定妓女在经验中会将两件事情分开。上海娼妓的感情事务总打着一个深深的印记,那就是拼命争取财产保障和个人对财产的支配权。

第五章　花招与伎俩

书写上海高等妓院的文字中有一种虽不声张、却挥之不去的警世调子。从 20 世纪 20 年代起,马路拉客的雏妓成了危险和社会堕落的醒目形象;与之相比,高等妓女从未有如此遭遇。然而指南书和小报将高等妓院刻画为一个难以捉摸的阴险场所,男人来到此地即使不败了身子,也会折损钱财或丢掉自尊。危险在于他可能会当着其他朋友的面出洋相,别人可能将他当作乡巴佬、缺心眼少知识,认为他想在上海混世界还太嫩。上海妓院乍看是供人玩乐的地方,实际上却做着严肃的事情:妓院是造就和展示都市男子气概的重要场所。指南书和小报告知读者嫖妓的种种规矩、要求,以及要注意哪里有陷阱。同妓女交往提供了机会,可证明自己是都市中人,很文雅,懂得礼节,而妓女则成了文明礼貌的仲裁者。妓女的服务和感情并不完全受客人的随意摆布。

铺张的警示

最详尽的嫖妓指南细致列出快活的种类,对礼仪、规矩一一指点,然其序言必声明,罗列细节为的是教诲读者。1891 年的一部指南作者论证道,一般劝人远离妓院的书籍写得实在乏味,根本读不下去,书中的规劝当然也就听不到了。现在他"闲中无事,因将其中迷人之径、惑人之具、媚人之技、恬人之词一一表而出之,揭而张之,不惮委曲烦琐,厘为四卷计二百条",读了自会明白沉迷烟花会"倾财丧命"。他要让"阅者一目了然,洞若观火,知佳境实为幻境,迷途乃属险途。既已烛照无遗,自可味同嚼蜡,其不废然而返者亦鲜矣"①。过了将近半个世纪,指南作者孙玉声着重强调的是不知就里、不熟悉妓女手腕的客人在感情上遭遇的危险:

> 娼门里的甜言蜜语,娇俏媚态,的确可使嫖客心荡神移。
> 妓女的假情假爱,似乎缱绻情深,实在令人魂销心醉。
> 青年人走入此门,不知彀中情形,便要迷糊,受亏不少。
> 这部书把妓院中的一切秘密,和妓女们的迷人黑幕,完全揭示。
> 冶游的人看了,不会堕落到底,青年们读了,可以增进见识。②

有时书中会提到妓女的痛苦。孙玉声所著的指南书 1939 年出版,封面上画了两个人,一个肥胖的穿黑旗袍的中年妇女显然是个老鸨,她正朝跪着的、吓得哆嗦的青年女子挥舞手杖,后者穿着无袖长裙、高跟鞋,显然是个妓女。两人都在一扇门边,门上方可以看到一个摊开四肢、大字形躺着的女人的轮廓线。标题《妓女的生活》中的"活"字,三点水中的两点不是点,而画成了两颗心,副标题是《白相门径》。封面传达了复杂的意思,既有妓女的苦楚,也有嫖妓的愉悦(可能还有爱恋)。③(见图 16)

指南作者们在适时地证明自己是值得信任的、不偏不倚的教育者之后,就可以用诗一样的语言呼唤出他们一开始所谴责的那个世界了。他们一方面竭尽铺陈之能事,一方面却唱着警世调子,这双重的寓意常使行文突然中断转折。孙玉声刚劝人小心跌进妓院的"迷茫情海",紧跟着却转了话风:

> 她们妓女的生活,写意安逸惯的,吃的油,穿的绸,日中一无所事,高卧在鸽笼式的房内,养息精神,夜间在电光通明的马路中奔

走,多如过江之鲫,个个粉黛胭脂,穿红着绿,袅娜卖俏,眼角传情,妖骚姣娘,多以勾引青年为能事。

读者很可能觉得书中对妓院生活的描写十分抓人,因而印象很深,对劝诫的话反倒不大在意。其实,大多数指南书作者都认定读者会一头扎进妓院而难以自拔。刚才引的那段话下面,作者辩称"做人之道,要求见多识广,那么白相的地方,自不能不走"。又说,"嫖的学识,却不可不研究,因为它里面处世的种种大问题,都可以在堂子里找得出,什么都有,什么都全。"所以他断定有必要讲授如何正确地白相堂子,这种教育可以使人们"对于处世的一切……都能懂得"。他总结了"跑堂子"的"九个字秘诀",让喜欢白相的人牢记于心:"'想得穿','看得破','放得落'。"④

阿木林和瘟生

第三章中谈到,指南书详尽地解释了召妓叫局、去妓院打茶围、办花酒、过节气等等繁复的礼节。可以认为它们为阅历不深的客人提供了礼仪大成,指点了正确的行为举止。这类劝导文字在20世纪30年代显然达到了高峰,其描绘的图画说明那时要在上海生活立足,要驶过上海这片浅滩暗礁,需要特殊的知识,无知的人会遭到羞辱。行为正确,就必须正式履行经济方面的责任,但正确的行为又不限于此,还应包括难以言表的展示自我的本领。做得成功的客人享受两样好处:一来赢得妓女芳心的机会大大增加,二来在妓院里一起观察他一举一动的妓女们不会再嘲笑他,这点同样重要。客人如花钱缩手缩脚、花钱大手大脚、穿着不得体⑤、过早地表示亲热⑥——总之,客人如说了错话,做了错事,不符合规矩要求,那么他就会受到耻笑,值得注意的是,他会被人当作乡下人。⑦

对乡下人常用的蔑称是"阿木林",这个词有声有色地说出来,分明是将那人当成了一段愚笨不开窍的木头。⑧受人欺哄、付了不该付的钱,那受欺的叫作"瘟生";该付钱的时候不付、从而暴露自己啥也不懂的人也叫"瘟生"⁹。据 1932 年的一部指南书说,嫖客白相高等妓院一年会花掉上千元,但一个瘟生轻而易举地就会翻倍丢钱。⑩要搞清楚一笔钱花出去会不会被人家当作得了瘟病,就必须有能力准确地估量自己与妓女的亲昵程度。如果同妓女已经落了相好,那么同她办花酒就没有什么大的危险;但假如这女人另有相好,那么设宴就是冒傻气了。替一个特别在意他的妓女办花酒,那么即使两人之间没有什么肉体关系,也是妥切的。⑪对自己的财力资源不把关,任其不断流入妓女腰包,对方讨礼物有求必应,那就是瘟生。⑫请妓女上餐馆是聪明之举,但是带她去看戏是愚蠢的,因为到了戏院她不但会见到老相识,而且没准正好看着自己的戏子相好在台上表演,看戏的钞票倒是你掏的。⑬

有点阅历的客人从书中得知,要准备一整套的应对办法,以免当瘟生。例如,指南书奉劝客人在外面叫局差,而不要去办昂贵的花酒;饮酒赌博都要适可而止,不要过头;跟着别的客人去妓院,人家花钱你喝酒(这样的人叫作"镶边大臣");节气上别去妓院,去了必多花犒赏和礼品钱。⑭真正手段高明的客人甚至可以靠白相妓院过日子。他的办法是给妓院拉来生意,帮着新来的客人联络妓女,如此他在妓院的消费就可以打折,自己的吃喝赌也靠着那些他拉来的客人,其实,他等于替他们拉了皮条。有些诈骗者靠着在妓院的麻将桌上做手脚而发财。⑮总的说来,指南作者的意思是宁可让妓女骂你"滑头",也别叫她们笑话你是瘟生。⑯

尽管指南书说得很明白,白相妓院不可能不花钱,但挥金如土却并不一定能使妓女垂青。在政治动荡的 1919 年,有个回忆嫖客生涯的作家评论说,用钱可以买个参议,但是有的倒运嫖客一辈子在妓院里丢钱,却仍是受骗挨宰,因为妓女喜欢年轻英俊的客人,讨厌又老又丑的。⑰一些指南书除了在如何明智地花钱等问题上提出具体的忠告外,还就客人如何才能让妓女倾心于自己的办法进行讨论,例如同她说笑要生动,常问寒问暖,房里热了替她打扇子,冷了问有无不适,带她上戏院、看电影,不停地剥了高级糖果给她吃。做这些事情拢共也没多少花费,但会赢得妓女的感激和好感,效果比办十桌花酒都强。⑱

说到阿木林和瘟生,指南书指出,对他们的嘲弄来自妓女,只有妓女才能裁决一个男子是否懂得本地的习俗规矩,是否熟练到可以接受的程度。然而,此裁决的听众则是与他同来妓院白相的其他嫖客,是与他一道饮酒、吃喝、赌博的男人。事实上,新客人想让妓女顺利地接受他,最好的办法就是伙同已经是常客的一帮朋友一起到妓院。书中指点说,这些具有影响力的朋友将他介绍给红妓,给足了面子。看中某妓,欲同她成好事的话,也可以通过朋友做中人。或许最重要的,是通过他们的榜样直接学到待人接物的分寸。不过,熟客介绍新人进妓院也有风险,这就像做保人介绍学徒学手艺一样,学徒不守规矩,保人的名声也就毁了。⑲

当然,在实际生活中,嫖客会报复那些让他们蒙受羞辱的女人。例如,1908年时,嫖客严某在地方小报上著文斥责妓女金含香,说她出身低贱(金在一开始时当过街头拉客的雉妓),目中无人,他在饭店叫局她竟然不至。金被激怒了,回文解释说迟到是因为局差排得太满,应不过来,还说心中有怨气应该先对她说,不该登报发泄。说她傲慢客人,她不承认,最后说,"至必欲与我们吃堂子饭人斤斤较量,窃为严大少不值也。"此时报纸的编辑也插进来,一面指责严某缺少耐心,一面又怪金含香既知有耽搁,为何不差遣婢女先来通报道歉。⑳这里可看出嫖客有能力诋毁妓女的出身和人品,谴责她违反行为准则,迫使她采取守势。这场在报纸上公开进行的争论表明,在上海的社交界,妓女并非那么有能耐,甚至就在妓院内,她们也必须遵守规则,行为顺服。

既如此,那么,在判断城市男性品格方面,指南书竟然赋予妓女那么大的权能,倒是格外令人瞩目了。在一定意义上,妓女的定位是以自身作为载体,体现城市的文明教养和知识。男人在其他嫖客们眼里能打几分,要看他"精通、驾驭"这些知识群落的能力;掂量他的嫖客或直接在妓院中观察此人的表现,或是听妓女们对他的议论,听她们的口气是赞美钦佩呢还是讥刺嘲讽。上海社会变化迅速,在都市的等级阶梯中占个好位置,并得到妓女和嫖客双方的认可,这不仅仅是消遣娱乐的问题。

性的资费

如第四章所示,同妓女发生性关系究竟何时开头、如何开头,对于嫖客来说是很费脑筋的事情。指南书告诉人们如何花钱才花得最值。书中解释说,女人一旦不再是小先生了,在第二次卖与谁人的问题上便有了一点点自主权。开苞已为老鸨带来一大笔收入,她已履行了自己的义务,紧接着她就可以安排自己中意的客人与她过夜。价格是"点大蜡烛"的一半,但仍数倍于通常的夜度资。㉑这第二次就叫"挨城门"。1932年的一部"妓院史话"解释道,这种说法起源于19世纪末:当时上海的新北门和小东门一到晚上9点就关城门,官吏过了钟点回来,坐着轿子到了城门边,其仆人就高叫"照会"。所谓"照会"其实是一种木牌子,分成两半,另一半在城门守兵手中,两边要对上才行。然而一旦检查了照会,开了一点城门放人,那么想进城又无照之人也会趁机涌入。还有敢干的佯装有照,等城门开了一条缝隙,便塞点钱在守卫手里,飞快进入,此时"挨城门"的也有好几个。妓院取材进城门的故事喻指开苞后的第二次,其象征意思文中也说得明明白白:这是"以妓女的生殖器为城门"。㉒

在嫖客挨城门的问题上,作者的态度不一。客人听到劝告说,挨城门要花那么多钱在已然不是处女的妓女身上,不划算,"老于冶游的人,多不肯作此举。"㉓但另一方面,客人又被告知挨城门的乐趣很可能甚于开苞:

> 那(开苞的)恶而蛮好像是开马路的小工,费了血汗精神,筑成一道平坦大道,却让别人到马路上去坐汽车出风头,所耗不多,而大得实惠。所以门槛精的嫖客,都不愿做蜡烛而愿挨城门。㉔

尽管这类叙述目的不在探讨妓女的性生活在多大程度上由自己说了算,

但是许多篇章都说得很清楚:挨城门的可以期盼更大的快乐,因为妓女同他有感情,是心甘情愿委身于他的。㉕

如果喜欢小先生或肉体上受其吸引的客人"偷开苞"成功,则乐趣更强烈得多,当然危险也大得多。开苞或挨城门都是正式的礼节,但偷开苞却背着老鸨进行,事实上剥夺了她养育、训练女孩所期望得到的进账。指南书在谈偷开苞的时候,暗示客人和妓女相互之间可能有恋情:

> 处女初次遭狂浪蹂躏,没有情感,何能求得对方的慰藉乐趣呢。偷开苞者则不同,双方情深火热,只要妓女情愿,鸨母是否应许,可以不问。㉖

不过,指南书的主调却不是客妓的感情共鸣,而是男人的手段。书中将"偷来的"肉体关系说成宝物,容貌好的年轻人既要对妓女甜言蜜语,又要设法欺瞒老鸨,方能偷成。1939年的一位指南作者说:"近来性欲横行,淫风日炽,虽良家女子,亦易染恶习,何况娼门中人……"而小先生"早被打动春心",往往一块手帕、两双鞋、20块钱就可说动她们自愿献身。㉗从有手腕的客人这方面看,童贞应是从老鸨和妓女那里夺过来的宝物,代价越低廉越好,而且最好有妓女本人的热情配合。但是如果被老鸨发现了,那可能对双方都很惨。年轻的妓女"必备受摧折",还要被迫接受一个浑然不知情的、愿出大价钱的阔客为其"梳拢",后者哪里晓得他的宝物早让人家夺走了。㉘"偷开苞"的客人可能要面对老鸨的索赔要求,数目可能接近"合法"开苞的资费。㉙更糟糕的是,老奸巨猾的老鸨可能会智胜客人,偷开苞的事情进行过程中,老鸨装聋作哑,然后出面不许他离开妓院,除非付清开苞全价,或者干脆替妓女赎身。㉚

如果按照指南书的说法,偷开苞是客人"陈仓暗度"的把戏,在一定程度上得到妓女的配合,那么将已经破瓜的妓女当作待开苞的卖,就是老鸨玩弄的骗局了,这也需要妓女的配合。正因雏妓的初夜收费极高,于是有心计的老鸨便常常一次次地卖她的苞。这种回收再用的雏妓就叫作"尖先生"。"尖"字的写法一看就有双重意思:"小"字在上,"大"字在下,说明此"小"先生不再是雏儿,而已然是接客的"大"先生了。早在1919年,小报就对这种弄虚作假的事情冷嘲热讽了。例如,文章发出如此疑问:

> 民和里的珍珠花对人说她是小先生,从来没有破过瓜。不过我记得她同姓白的优伶碰过风,怎么还说自己是小先生呢?[31]

到了30年代,指南作者一个个都在感叹处女所剩无几,偷开苞风气之盛在他们看来是世风日下、妓院普遍难以维持操守的表现。在他们想象之中的过去,妓院严格遵守行规,而现在到处看到淫乱的行为。[32]客人付开苞钱却白相了"尖先生",狡猾的老鸨有办法让小女子"流丹盈滴",而那客人"却在昏昏沉沉中",根本不知道有什么区别。[33]面对这种新的情况,指南书奉劝冶游人须倍加小心。许多情形名义为开苞,

> 也不过作弄瘟生,欺骗冤大头而已。然据生理的常态,少女第一次经人道,处女膜破必有殷红外染,所以都以此为征。不过有很多假作。所以开苞客人工作的时候,应细检这苞,有无夹带。[34]

识不破诡计的客人成为妓女暗地里耻笑的对象。[35]事实上,20世纪30年代的黑幕故事中,受愚弄的嫖客已成了固定的滑稽角色。一则故事中,一"大"一"小"两姐妹劝一阔绰的大少拿出两根金条加两颗珍珠,说如此便可睡一个再开一个苞。他交出所索后,一位苏州籍朋友(两妓也是苏州人氏)告诉他,这两个女人在苏州同戏子相好,出了名的。[36]妓女玩弄假开苞的把戏若被当场拆穿,客人动怒,可能带着一帮人来捣毁该妓院。[37]同样,鸨母亦将白璧无瑕的雏妓当宝贵的资产,一个少女如当作处女卖给妓院,一旦发现有假,那鸨与客必让她吃足苦头。[38]

竞 争

和任何其他生意关系一样,嫖客之间与妓女之间也有竞争关系。妓

女要想方设法吸引自己所中意的客人,㊴而客人这边,如前所说,最好的光景也要同好几个人争名妓。这两种竞争关系和妓院中的许多其他事务一样,也有一定之规,受烦琐的礼仪制约,并有一套特殊的用语。

对妓女和客人而言,这礼仪好比是一段一段的一夫一妻制婚姻。例如,客人在外叫局,在应差的时段里,哪怕只有几分钟,妓女也必须全神贯注地待客。这段时间里她可以同别的客人打招呼,但不可表现得太随便。打茶围、办花酒也一样,在活动结束前,双方都必须对对方专一不二。如果妓同客的关系已深入到落了相好,则规矩会更严。这时妓女就不应同此人的朋友熟人再生情愫,否则会遭客人辱骂,被看作是水性杨花的贱人。(那插足的男人也被朋友孤立,无人理睬。)㊵史料中并未明说妓女在一段时间内能否与不止一人发生肉体关系,但有一点是很清楚的,那就是妓女不可以在那位常客的圈子中,当面做任何让他下不了台的事情。

从客人这边来说,一个节度即四个月内,他在一家妓院只可同一名妓女发生肌肤之亲。在此之前,妓女之间为得到可心的恩客明争暗斗,对谁赢谁输吵架不断,给小报的闲话栏增添了无数的谈资。㊶然而客人一旦开始同某妓过夜,双方就都有权对对方提出要求。另外一个妓女想偷走她的客人,就叫作"轧客人"。指南书叫客人警惕这种事情,因为夹在势不两立的妓女之间,"往往无以自解,惟唱西厢记一句曰,'好教我左右做人难耳!'"㊷书中写的换妓女的事情多半还是由客人引起。节度未完就找别的妓女叫作"跳槽"或"越界筑路"。㊸男人"跳槽"往往因气恼他的女人接受别人献的殷勤。他甚至会让她的一个姐妹陪着大肆张罗酒席、聚会,一吐心中恶气。㊹1919年的报纸上有消息说,一个外号"猴王"的嫖客甚至邀请当地报社的笔杆子来见证他跳槽,他说就是要让先前相好的妓女难堪。㊺

清末时候,想跳槽的嫖客按惯例应付一笔钱给先前的妓女,以得到解脱;此后该妓与他视同陌路。这就是所谓的"过门局"。㊻男人若买下妓女做妾，日后同她分手，又寻另一妓女，前面的妓女按道理可对他提出财产要求，还可以合法地带着一帮人来，要求同那有可能做她继任的妓女谈条件。㊼

但是进入 20 世纪后，对正规礼节的详细描写就从历史记载中消失了；这时得到详细报道的是激烈的竞争环境中争风吃醋的事件。大多这类叙述仍表现了指南书的主题，即对等级地位的焦虑及感叹情感易变等；故事中的男人都处于劣势，无法让妓女始终忠实于他。客人最可怕的噩梦无过于"白板对煞"，㊽即和另一个男人争抢同一个妓女。"白板对煞"是麻将用语，一副麻将里有四个空白牌，诨号"小白脸"。㊾（都说妓女最喜爱的俊俏青年也叫"小白脸"，该不是巧合。）对家需要四张白板中的三张才能算一副牌，假如两家各持两张白板，谁也不丢出去让对方凑数，那么就会形成僵局。妓女越是红，就越会有两个或更多的男人同时相争。有一部指南书用推测的办法，着重点出小白脸比他们要争抢的妓女多得多的僵局，比方虽不见得可信，倒是十分形象。作者说，136 张麻将牌中，有 4 张（或说每 34 张中有一张）"小白脸"，拿这个比例套中国人口，那四万万中国人中就有一千三百万小白脸，仅仅在上海，就有十万个小白脸，但他们想讨好的妓女才区区几千啊！既如此，那白板对煞必是不可避免的。文字旁边配了一幅漫画，画中一个衣饰华丽的女子站在中央，发愁地咬着手指，她的两侧坐着两个正在抽烟的小白脸，一个一脸灿烂，另一个阴云密布。㊿

在追求者多、妓女少的情形下，手段高超的妓女能将几个客人都伺候得服服帖帖的，不让他们动气。㉝不过更常见的是某个客人或不止一个客人妒火中烧，俗称"吃醋"。㉜1875 年《申报》曾报道一个妓女夹在两个醋意浓烈的客人当中，走投无路，只好自杀，报纸用了一句话概括情势："男人发疯瞎喝醋，迷人妓女吞鸦片。"㉝但是看看小报的闲话专栏，就会发现绝大多数妓女还是算盘蛮精的。有些按客人阔气的程度决定跟谁，放弃一般有钱的，找那十分阔绰的。花云玉在一个政治上十分活跃的妓女圈子里特别出名,据说她同何先生在一起是为了事业发达,同陶先生在一起是因为喜欢他的相貌。别的妓女反对她这样做,她回答说谁也无权干涉她爱的自由。高雅云跟了一个能在财力上资助她的男人,另外又养了个俊俏的情人,据说那鸦片瘾十足的养她的人和和气气地将她让给小白脸时,她十分沮丧。(后来她去汉口发展了。)[54]

妓女往往需要努力奋斗才能成名走红,但是在谈竞争的文字中,妓女却被描写成握有大权、可以在客人中挑来拣去的人,说她们挑客人既讲相貌又讲钱财,只是在几个客人都兼有财貌的情形中才会举棋不定。[55]妓女同客人有了肉体关系后,各自对对方都有了更多的义务,不过对于成熟的名妓而言,是否答应夜度要趁她高兴才行。指南书中说要以自己最像样的一面示人,这话多半是对嫖客而不是妓女的规劝。

机关算尽的女生意人

指南书告诉客人举止打扮粗俗有危险,涉世不深像阿木林有危险,此外还罗致了许多故事,告诫客人小心妓女掏其腰包的本事。据说妓女玩弄了各种鬼把戏,她们有时同妓院老板穿连裆裤,有时则单独行动。如妓女发现客人瞒着家里人来嫖妓,她会做出近乎敲诈勒索的事情来。[56]作者们叫客人提高警惕,说妓女无论等级贵贱,个个都是向熟客讨要衣裳珠宝的能手。[57]这种交易有专门名词,叫"抄小货"[58]或是"砍斧头"[59],客人惧怕受骗挨宰之心跃然纸上,而妓女的伎俩也成为许多写娼妓类的劝诫文字的主题。书上说,妓女眼力好,看客人有多少财力就讨多少,犹如医生开出药力恰当的处方一样。妓女的这张处方的味道有米汤(意为说好听话)[60]、眼泪水、醋(意为妒忌)加蜜糖。1935年的一部指南书内有一插画,画面中的女人盖着被子斜躺在床上,床边挨她坐着一个留八字须的男人。女人正在对男人扳手指头,所点到的东西一样样都画在她脑袋上方的画框内:一幢好房子,一辆汽车,一只钻石戒指。[61](见图17)

指南书有一个目的,就是让可能去嫖妓的人熟悉妓女的取财之道以及行内指称这些伎俩的切口,这样客人白相妓院就会感到很愉快,觉得自己对上海的习俗了如指掌。愉悦之情往往通过幽默传达出来。例如有个故事讲一上海男人到广州做生意,碰到一个啥都不懂的妓女。老鸨用行话吩咐她"今晚必须砍斧头"。这小女子只当老鸨真的要她用斧头杀人,十分害怕。她将一把菜刀藏在床底下,后来撑不住了,当着客人的面哭起来,说自己实在无心杀他。客人大笑,遂告诉妓女"砍斧头"的意思;故事的读者也如同亲历其境,仿佛自己教会了妓女说她自己那一行的行话,心里感到美滋滋的。⑫

指南书说,妓女为了多有斩获,可能不惜采用"苦肉计",如假装同老鸨不和,或让假债主当着客人的面上门逼债,然后趁机提出让客人为她赎身,讨她做小。客人如不仔细查实她说话的真假,见她可怜就答应要求,那就是又当了一回瘟生。⑬客人骂起老鸨和有手段的妓女,话也很难听,叫她们"老百脚",既影射其如蜈蚣有毒,也惟妙惟肖地说出了她们的姿态:那一百只脚张开着(准备搂钱?)或摆好姿态准备入侵。⑭

客人给老鸨和精明的妓女取了难听的名字,妓院里的女人也在背地里将客人分成三六九等,各各取了名字。例如"豆腐客人"就是女人说什么就做什么的客人,"瓜子客人,一咬即得;胡桃客人,用力一敲便出……肥皂客人与石子客人,必须用磋磨工夫,亦可收水到渠成之妙……最下者跳虱客人,平日常打茶围,一遇宣卷或路头大典,彼早闻风而逃;亦称苍蝇客人,言苍蝇一扑即飞去也。"⑮指南书照例会列出这些名称,为的是告诉客人,妓女那好客、亲热的样子掩盖着算计、欺骗的本性。

评论者说,妓女虽然装得情深意切,却做不到忠实真诚,这就是其欺骗性的实质。客人大把花钱,论月包了个妓女,说是保证他可"大啖独啖"。"不过话虽如此,其实娼门中人,都是水性杨花",完全可能为了得到外快就同别的男人过夜。"在包客方面,自命虽夸称独尝这块肥肉,不许旁人染指",却会发现自己原来当了"冤大头"和"大洋盘"。⑯上海有一位撰稿者在以报道名妓消息最为著名的小报上说,男人嫖妓的时间一长,必然会做"乌龟",话里的意思是嫖客在妓院里也像在家里一样,希望女人对他专一不二。⑰指南书的作者则论证说这样的要求不合情理,因为娼妓并非良家妇女:

> 凡一个好好女子,为什么要当妓女呢?不为金钱又为什么?……所以妓女的爱情跟嫖客金钱的力量而升降。她们的所谓爱情,可说是拿金钱买来的,是暂时的不会永久的。⑱

作者们认为妓女缺乏诚意其实是妓院这个环境造成的。妓院要妓女今天真心对这个客人,明天实意对那个客人,据说妓女因此失去了动真情的能力,只有活命本性才能让她们假装真心。⑲至 20 世纪 30 年代末,此论已为宣传废娼的女权主义者所利用,其论调是妓女虽明白自己低贱的社会地位,心中感到巨大的痛苦,但另一方面,妓女又有非凡的操纵他人的能力:

> 社会对于妓女终于是鄙视着;至少,妓女给予社会的印象是"贱"!这些,妓女自身是感觉到的,只要她经历过几年风尘……她们大都从小在妓院里养成一种个性,这个性是俏、荡、爽、超。因为交际过各色各样的客人的结果,对于各种人的认识的精微与透彻并不弱于若干政客。她们全靠着应付每个客人的手腕和方术而抓住了供给她们消费的"瘟生"。妓院,很少在实际上是亏了本的。⑳

白鸽子、仙人跳和半开门

在 20 世纪 30 年代的黑幕小说中,为谋取钱财用尽浑身解数的狡猾的妓女已成为普通常见的形象。黑幕故事往往以各方各界的女性作为代表危险的主要人物,以分门别类的短文集形式描写女性的欺诈行为,连表面看来天真无邪的女学生或修女都会让不防备的男人受骗上当。在娼妓类中,黑幕故事集翻来覆去就是那么几样事情。其一,高等妓女会利用看似情真意切的关系来谋取利益。一则故事讲某妓发誓做某男的偏房,从他那里讨了许多钱作还债之用,却卷包离去,逃往天津。另一则故事中的妓女同一治安官发生肉体关系,趁他睡着的时候偷了他两枚钻戒,并拒绝交还,因她料定他为了顾全名声不会将偷窃事件公之于众。还有一个故事中的妓女怀了身孕,伙同她的骗子丈夫一起讹一商人,令其确信女人肚子里是他的骨血,从此月月从此人处拿钱,一年后逃之夭夭。⑦

　　黑幕故事也写低档次娼妓的行径。同写长三、幺二的故事一样,写低等娼妓的故事也形成了一个主题,那就是上海环境复杂,表面和里子大多不一,必须深入了解都市内里种种行径,方能免灾避祸。故事中许多娼妓的背后其实掩藏着一个利用女人做诱饵的骗子团伙,上海话称其为"拆白党"。有一种写得很多的骗局叫"放白鸽",19世纪的史料和20世纪的黑幕故事中都有。"放白鸽"有好几个变种,但都讲到以虚假缘由卖女人的事情。有一种写装扮成亲戚的人贩子带一年轻女子来上海,将其典押给妓院,过了几日,人贩子中有一个跑到警察局举报,说那女人是他老婆,被人非法拐走的;法律禁止购买来源不明的女子从事娼妓业,于是老鸨被警局拘留并依法惩处。这则故事中妓院成了受害方而不是施害方(这说明第七章中所讲的拐卖妇女的标准故事有不同的解释,老鸨在那些故事中通常是邪恶的化身)。另一种形式是将女人卖给人家做老婆,等买新娘的钱到手后,女人就逃回到拆白党那里。还有一种形式:妓女找到舍得花钱的合适的"瘟生",让他们花大价钱给自己赎了身、讨去当小老婆,然后卷包逃走。⑫指南书说到"白鸽子"的危险,文笔便流畅起来:

　　　　上海的禽鸟除了老鸨、野鸡,还有这种白鸽子。而且所有这些都是雌鸟。鸨之凶猛、野鸡之有毒,人人都懂,唯独白鸽子的味道尝起来特别鲜美,只有等吃到肚里,毒汁放出来,才会感到五内如焚……所以说白鸽子比起老鸨野鸡危害更大……千万要当心!

这条警言还配了一幅漫画,画中男人双手举过头,一脸惊讶沮丧的表情,头顶上一个衣饰华丽的年轻女子正飞走,脚上还吊着个钱箱似的东西。㊡

另一种相关的骗局叫"仙人跳",其情节总是削足适履地塞进了单一的模式。一个美貌、衣着体面的女人在戏院或马路上引起男人的注意。女人告诉男人她丈夫或父亲出门了,引诱他来到陈设讲究的家中,同他上了床。两人刚刚开始动作,就有一至数人冲进房间,来者自称是女人的家里人,对着那倒霉的家伙破口大骂,拳打脚踢,说他勾引良家妇女,直到那人拿出现金或开了大数额的期票才放他走。㊣一部指南书正告说,仙人跳作为勾引手段之所以那么危险,正因为当诱饵的女人穿着端庄,看似好人家出来的"现代女性"。阿木林虽然懂得要躲开野鸡,不然得了杨梅疮会掉鼻子的,可到头来却在根本想不到的地方上了当。㊥这些骗局中的女人也称"半开门",或许是因为她们的职业和社会地位并不能一目了然,又或许是她们被用来做钓饵的缘故。㊦

骗子从事的是招摇撞骗的勾当,其假扮的角色总是漏洞百出,险些穿帮,构成黑幕故事中的许多幽默和笑料。㊧一个常用的情节转折是在引诱戏到了紧锣密鼓处,用一"牙齿零落、头发花白、脸皱得像鸡皮"的丑女人替换那美貌的诱饵(换人往往在黑暗中进行)。㊨另一种套式是到了关键时刻天机泄露,原来勾引者是个男的。㊩还有颠倒骗子与上当者的套式,客人才是老到的拆白党。当那些怒气冲冲的男性"家里人"拼命打门的时候,他却平静地说,"都是一家人,为啥不碰碰头?"表明他完全清楚这些人闯进来要做什么。故事到了这里,砸门声戛然而止,客人同"半开门"得以将床上的事情做完。㊵在最曲折的故事里,拆白党、半开门、男扮女装或女扮男装等等,一应齐全,将所有这些因素都捏在一起,便出演了张冠李戴、最终真相大白的大闹剧。例如一个半开门想勾引一个着男装、欲勾引并欺骗女人的女骗子。半开门以为骗子是男人,骗子以为半开门是富有的体面女人。两个人上了床,半开门叫来了"亲戚",诉说那骗子如何强迫她。但"亲戚们"朝床那边看去,只见骗子早脱了男装,变回了女人,叫半开门傻了眼。骗子泪流满面,说半开门是她的朋友,叫她来过夜的。她乱丢了几样家什就走出门去,身后那群"亲戚"目瞪口呆,没想到自己设了局反而被套。[31] 这个故事以极其夸张的方式汇总了指南书所列举的各种危险:在上海,危险有着迷人的面孔,走错一步便会蒙受羞辱,想逛妓院、白相妓女的男人必须具备机智的头脑,对娼妓业的内情须了如指掌。

从指南书到鼓动改革的文字及黑幕小说,无不耗时费力、密切关注妓女的花招伎俩,这恐怕可以理解为对大都市环境中的险情发出的警报。在城市中,有些女人并不受到正派婚姻在经济和社交方面对女人的约束。资料中所描绘的每一种伎俩,其展开都围绕着这样一个时刻:妓女从客人的掌心中溜走,并带走了他的家产。中国的文字资料并不总将忠实与婚姻或不忠与娼妓等同起来,小说和回忆录中有许多写妻子耍花招、玩把戏的,也有许多写妓女恪守节操的。但是,在 20 世纪初期,一个嫖客无法使妓女对他忠心耿耿,哪怕成为其恩客或将其纳为妾也不行,此情形却标志着传统的社会性别安排的瓦解及由此引起的焦虑。在指南书和回忆录中,现代妓院与作者们在感伤情怀中忆起的名妓圈子恰成对照,支配前者规制的是行业的花招诡计,而后者则是比较定型的、恪守规矩的世界,是感情尚未完全商品化的社会。

第六章　职业生涯

至少从两层意思上说,上海高等妓女有自己的"职业生涯"。首先,高等妓女是场面上的人,有关其行踪的故事通过大众阅读的各类刊物书籍广为流传。有时妓女的故事用比较长的传记、事略的形式写出来,通过指南书和其他有关名妓的文集杂录一印再印。另一些故事则比较零散,稍纵即逝,如指南书中有精练的秘闻逸事录,公布谁同谁暗中相好、谁同谁争论等等事情;而实际生活中一天天发生的变化(如来了新的狎客,某妓转了妓院或去了另一城市等)则有《晶报》一类的小报在闲话栏目中予以报道。有些故事不讲单个女人,而以群论,例如20世纪的头20年中,选名妓、开"花榜"的典礼多次举行,引起广泛关注;又如有关妓女政治组织的报道,尽管只是昙花一现,它们所关心的都是国家大事。

这些故事如同所有的历史印迹,也有两种指向。一方面它们提供了妓女所经历的事情,从中可收集到记叙"生活与时代"的元素。另一方面,它们也将注意力引回到注视妓女和记录妓女生活者的眼光,此人往往是满腹经纶的男性,而这些故事让我们从局部窥视全图,看到了那个享受妓女的服务、消费妓女的形象的社群所关心和感到愉悦的事情。妓女的故事穿越文字体裁的界限,在20世纪初期的小报、指南书和小说中传播；在这个过程中，妓女的故事成了使广泛的都市读者群体得以显形的媒介。

说妓女有"职业生涯"还有一层意思。她们作为妓女的人生旅程既有重叠亦有变化：她们经历过唱曲的雏妓、走红的艺人、受人聘用、被有势力的男人或有野心的老鸨包养、当红粉知己、当小妾、离了婚而重新在社交界出头露面、当小业主、当老鸨、成为年长老前辈、成了可怜的丑老太婆等种种阶段。并非个个妓女都经历过以上每个阶段，更何况我们所了解的妓女"生涯"的这一面不可能超出报道的通用类别。例如，人老珠黄、走下坡路、失去容颜、失去爱情、失去客人的妓女，是十分强有力的文学比喻，但它未必和妓女对自己人生历程的理解有多大关系。

我们怀着了解从前娼妓的生活的愿望，但在所能得到的历史资料中却面对着空白，最令人烦恼的是资料中几乎缄口不提妓女的行经、避孕、怀孕、生育和育儿。因为孩子的出生成为可以说三道四的闲话，所以我们知道高等妓女是有孩子的。因为男作家断断续续地写过年纪大的妓女，其中不少依靠自己亲生或领养的子女生活，所以我们知道这类关系一直存在。但这几乎就是我们的全部知识。凡是提到避孕，也说那是压迫妓女的手段，后来的改革者和革命者也利用避孕问题说明恶老鸨的高压和控制。尽管资料中的故事有扭曲有偏颇，但是，如果认定人们现在所讲的生育权利、母子之情或女性的能动性与反抗性，也同样在20世纪初的妓女中通行，却无异于强行移植话语的暴行。（假如森林中有一棵树倒下，当时无人以日后可以使用的方式将此记录下来，那么絮絮叨叨地谈论树倒下时发出的声响之音质是不明智的。我们可能出于女权主义的义愤，对男性编撰的妇女生活记录之疏漏表示大为不满；但在发怒之前，我们应该想到，当今后有人查阅具体的历史资料时，我们本人现有的子女也许大多会体现为我们的履历表中未作解释的空当。）本章的最后一节将谈到妓女职业生涯中的生产和育儿的情况，尽管在这方面只有些许稀疏散落的印迹，探讨起来有些底气不足；相比之下，妓女的争风吃醋、风流的事、相互的联谊抱团和组织政治团体等方面,留下来的信息则丰富得多。

好女人、坏女人、死女人

通俗故事中写的高等妓女大体分为两大类:坏女人和好女人。熟悉"贞女还是婊子"说法的读者可能会感到吃惊,为何建构女性行为的二分法竟会包含在娼妓故事之内。其实这种包容性原非只此一家,西方的故事中也常表现妓女"有一颗高贵的心"。但是,具体到妓女个人,情况千变万化,有丰富的材料可以组成许多不同的类别,因此最终说来,令人惊异的并不是故事表现了上述两个主题之中的一个,而是作者们竟然只局限在两种可能性之内。在当代读者看来,对可供选择的类别作限定,其本身所需要的是对"事实"的强行阐释。例如,"坏女人"被表现为几乎生下来就具有淫荡的本性,哪怕其幼年生活就已充满变故,如7岁遭奸污、8岁被卖作童养媳、10岁就(在婆婆的监管下)卖性。"坏女人"虽然偶尔也有英勇之举,但她们的身上通常有讨厌的毛病,如脾气坏,花样多,贪心,水性杨花。"好女人"则相反,她们几乎总是知书识礼,有教养,矜持,文静,孝顺。妓女的传记事略并不以妍媸取人,好坏女人中各有貌美与不美者。然而美貌的"坏女人"滥用好相貌,因此反而面目可憎,令人反感;而"好女人"的平实相貌倒是反映出其朴实正派、恪守节操的内心。这些故事中极少有性格复杂矛盾的妓女,相反,女人无论经历过多少人生曲折,读上去都只是在一路展示其"坏的"或"好的"品格罢了。因此,所谓传记在任何意义上都不是生平的全面记录,而只是一连串的趣事秘闻而已,意在表现和评定妓女的品性。

资料中有一小部分故事的女主角因成为惊世罪行的受害人而著称。我用"死女人"作为此类故事的标题,多少有调侃的成分(并非所有的受害者都被害死了),然而"死女人"却以另一种方式表明高等妓女具有高度的可观瞻性,她们是都市中的演艺人,其生活甚至死亡都使公众感兴趣。

故事的作者们在娼妓生平"事实"中读出的具体意义给我们很大的启示,它们折射出作者本人的思虑,折射出那些决定他们之所以如此理解事件的意义范畴。正因为这些阅读理解常常显得那么牵强,它们才引起我们的注意,使我们认识到一切阐释和读义都因文化而异甚至因人而异的本质。例如,故事读出了女人的放荡不羁,但当代读者却可能看到了摧残儿童、强迫性交等等的残害形式;故事要说的是妓女如何贪财、如何会算计,但是当代读者看到的可能是其足智多谋、富有弹性甚至是反抗性。(或许我们可以说"受害与反抗"同"贞女与婊子"差不多,都是具有限定作用的两分法。)关键不在于争论所有的读义都"对",或者一切读义都经过了建构、因而都"不对",而是要引起我们对文化之中介作用的注意,使我们看到(过去和现在)文化的中介是怎样构筑经验、形成道德评判、制约行动或准予行动的。我还希望做另一件事。下面我将自己所能得到的对娼妓生活的两种对立读义(一种是男性作者的,一种是我本人的)摆出来,并尽可能使大家看清支撑每一种阐释的表征架构,这架构本身摇摇欲坠,留着补苴罅漏的痕迹;我希望以这样的方式提出问题,探讨妓女是怎样理解自身生活中的事件的,而这是历史记载不曾直接言说的问题。

坏女人

如前所示,"坏女人"是淫荡好色的化身,她甚至在年幼时就过早地显出浪相,直到她早该嫁作妾妇或成为鸨母的年纪还是淫乱本性毕露。最有名的"坏女人"还违背了另一条端正行为的规矩,那就是跨越了阶级界限,有时甚至是大步跨出:她们出身虽卑微可疑,后来却一跃而进入相对说来甚为尊贵的高等妓女行列。如苏媛媛系石匠之女,从小做缫丝工,外号"小菠菜"。她同工头和工厂经理都发生过关系,后来缫丝厂罢工,她就当了妓女。据说她到了40岁,每天还要同三四个男人睡觉,妓女堆里人称"老英雄"。①落蓬阿金的母亲是黄浦江上撑船的寡妇,其情夫开了个花烟间,即可以抽鸦片的下等妓院。落蓬阿金诨号"五落倒",不论是本地船夫还是打临工的男人,只要谁给她五枚铜子(一小包花生米的价钱),她就给谁。她通过花烟间的客人在一高等妓院找了份跟局大姐的工作。据说做了大姐后,以前的下等嫖客在她眼里就像"干巴的剩饭"。在清末民初这段时间里,她先后两次做了阔客的小老婆,后来又姘上一个名优。这类故事中常讲述昙花一现式的辉煌,但是老来穷困潦倒也是常见的情形。同落蓬阿金相好的戏子常对她拳脚相加,后来干脆离开了她。她人老珠黄,只好又落架当大姐。②

清末时上海最负盛誉的名妓林黛玉的生平故事中,冒犯性的规矩、超越阶级的界限、因果报应等等,所有的"坏女人"主题一个不少,都出现了。有关林黛玉生平的基本事实很难确认。她大约1865年前后出生;③她的老家有说是云间,有说是松江,还有说是苏州和松江交界处一个叫章练塘的小镇。④据指南书中最长的一篇林黛玉传略说,其父姓陆,是个瓦工,"家计极困苦";其母却喜好打扮,常与当地的流氓无赖厮混。黛玉生下来时取名"金宝",父亲不认她,"谓人曰,此非我女,不知谁何之种"。传略并未提到陆发脾气是因为想要儿子,不要女儿,而是斥责林母的性乱。文中评道,"故黛玉一生秽迹,半实禀于母教"。⑤

金宝行淫秽事据说始自其幼年。⑥她小小年纪已经历了一连串不幸(3岁时从墙上跌下来,伤了臂膀,5岁时出天花差点死掉),7岁时据说就同一个年长其数倍的邻居阔少发生肉体关系。传略评述道,"按稚女失身必致命,而黛玉则安然无恙",只差明说此为林本性淫荡之明证了。8岁时林黛玉为一李姓皮匠家购去做童养媳。李家不在上海,"其妇凤工心计,得金宝为媳,候其满十岁后,即操密卖生涯"。但金宝"未几为土痞所涎视",李家不得安宁,只好迁居他乡。不久李氏婆媳来到上海,妇人在一巨绅家做佣工。该主人家还有个女佣姓朱,平日做些贩卖人口的勾当。朱诱使金宝出走,并成为她的"钱树子"。朱又"为之延师习艺,翌年即挟以走津门",⑦送她进了一家妓院,该地鸨妇名气很大。金宝在此改名小金铃,作为"初出茅庐之幼妓,本难敌声望昭著之名娼",只好"极力应酬冶客",传略挖苦说,她的办法"厥惟以身布施一术"。⑧她染上了梅毒,"遍身累累若杨梅",被赶出天津的妓院,回到上海,同朱闹翻绝交。治愈后"即在海上悬榜",自名林黛玉。林黛玉本系清朝小说《红楼梦》中那个忧郁多才的女主人公的名字,高等妓女羡之者众多。⑨不过金宝取林黛玉作为花名,有个更为直接的理由:她倾慕上海名妓胡宝玉的为人,"思追效之",胡宝玉起初就用过林黛玉的名字。

林黛玉不久便"名振洋场"。但她能成名靠的不是艳丽,而是听从了一位狎客的劝告。此客曰,"沪上为繁华薮,浇薄地。欲动人视听,第一须以豪奢为事。"林得梅毒痊愈后,脸上留下疤痕,眉毛也脱落了,于是学会"施浓脂以掩疤,多画柳炭以蔽眉",乃至画出的浓眉成了她的标记。传略说,此后"逐臭夫谈北里者咸曰林黛玉林黛玉"。⑩

不久林黛玉便开始了她最为著名的双重行动:一是"淴浴"(为还债而给人当妾,见第四章),二是同伶人相好。⑪她先是做了纱商黄某的偏房,然两人缘分短暂。(这段故事的另一版本说,林黛玉谓黄乃"我之浴盆也!")⑫这年认识了京戏名优李春来和黑儿陈吉太,"无夕不与伶人狎戏。"她又开始结交南汇县令汪蘅舫,"与订白首",汪将其安置在一所房屋内,又代她偿清累累债务。汪因公务在身,时常不在。他一走,林便招李春来与之同宿。⑬李春来至少比林年长10岁,是上海赫赫有名的武生。⑭林黛玉可能在李身上寄托了最深厚的感情,但他也可能仅仅是林最著名的姘头。汪闻及此事,睁一只眼、闭一只眼,直到有一日汪回家,见李在卧室内。据说"汪大怒,拍案曰,'今日不治伶人,何以为人!'"李未被吓住,亦大怒。此时林黛玉十分冷静,笑对李说,汪"挟妓酗酒"的事情传出去,仕途怕也就完了。李一听恍然大悟,反而持刀威逼汪离开,说"此系余寓,汝何人敢拍余案?"(此处以及林黛玉的各种事略、秘闻中的多处都可看到事实和想象并列的情形;叙述有事实根据的细节,加上了用想象力重构出来的对话和内心思想活动,创造出逼真的感觉。)汪被吓倒,只好离去,不再找李与林的麻烦。然而林却没有放过汪。资金消耗将尽时,她干脆直奔南汇租房子,"榜其门曰'南汇县正堂汪公馆'",并坐着轿子招摇过市,"舆灯亦署汪衔"。汪奈何不得,为早脱干系,只好"贿以重金"。林遂返沪,不久与李春来也断绝了关系。

19 世纪的最后 10 年中,林黛玉有一帮常客,其中有"文人墨子、达官富商"。她以八千金身价,嫁给极其富有的邱某做妾,迁居至南浔。但在这次短暂的婚姻期间,林黛玉私下将其所有不断运至上海,准备离婚。此间林还同邱的裁缝和亲戚私通。邱诱林吸食鸦片,不料她"烟瘾虽进,淫念未杀,依然不减本相"。邱十分生气,将她关押起来,后来她买通了看守,逃回上海。所有的"首饰蓄积"早被她从邱家私运来沪,此时她便"坐享所有矣"。(讲述这段故事者对邱某的所作所为明显采取中立态度,而邱本来完全可以套上烟贩子、虐待老婆的帽子。故事中的林黛玉则显得工于心计、淫荡成性,通常难以管束。)⑮

返回上海后,林黛玉又看上了唱旦角的伶人路三宝,搞得他神魂颠倒,"至于弃家不顾,父死不奔丧"("其手段可谓高妙绝伦")。林不久便厌弃了路三宝,准备好好享用她的财富,却不料家产让贼偷了个精光,"不得已复谋神女生涯"。以后的几年中,她的相好不断,其中据说有天津的义和团首领,此人被捕后靠林的说项得以释放;有一位是天津"极有财力之官吏",是她从义妹身边夺走的;还有武昌的一位军人。⑯1905 年,她年将四十,在清朝官员端方出国经过上海时,差点就将他拉到自己家里来款待了,然端方"为左右所谏止"。林颇为失望,据传她说过,本来指望"诱之来,将挟之以遂余欲也"。在与男性的一连串关系中,林黛玉不是阻拦男人尽孝道,就是对朋友不忠、处心积虑、诡计多端。唯有保护义和团首领一事为传记家赞为其一生恶迹中所行唯一好事。

林黛玉的诸多脍炙人口的奇闻轶事在指南书和历史传奇中一说再

说。有一类故事专讲她如何傲慢，不把客人放在眼里。与她往来的一般都是殷实的商贾，据传她认定学子亦应加入倾慕者队伍。一日设宴，备酒水肴馔招待四大名士。宴后将他们集于一室，室内摆满琴书笔墨，样样都是极品。各位尽可享用，但不得出房门；为防止他们逃遁，林已将其鞋子锁入箱内，达一月之久。其中一个趿着借来的拖鞋急急逃跑，林追上来将其拉回原处。有的书在讲这则故事后，将林的行为比作"西人好辟新殖民地之意耳"。[17]话里的意思是林操纵他人的欲望无以复加。

第二类逸事拿她的年龄寻开心。1898年有一首诗佯称对林黛玉表敬意，以省略式暗刺其稀疏的眉毛（用了远山新月的比喻）、大脚、年龄（说应称她"嫂嫂"）以及据说有七八回的婚姻。[18]

第三类故事围绕林黛玉同其他妓女的关系。1899年时，一著名的书场邀请林及另外四位名妓前往表演书艺。那四人都不来，不是太忙，就是雨大出不了门，或者对演出排名顺序不满，正生气。只有林黛玉一人到场，她在故事中显得比那几个开通、大方。（从语气上说，这条逸闻和几乎所有写林黛玉的文字形成鲜明对比，后者用的是冷嘲热讽甚至是谴责的口气。）[19]然而，看上去她同其他妓女的关系并非完全没有龃龉摩擦。名妓陆兰芬[20]年龄、技艺大体与林黛玉相当，讲述两人之间明争暗斗的长故事有好几个版本。陆与林在争抢旦角路三宝的时候成了对头，按一种说法是陆占了上风，从林身边夺走了他。[21]另一说则将两人斗嘴的细节娓娓道来，讲她俩同桌陪酒，互相不理睬，但在同客人机智地说笑时，各自都话中带刺地甩出讥评对方的隐语。林陆不和成了上海小报的热门话题，报章详尽记述客人如何周旋调停而终不成功。最后《游戏报》有论道："林陆同堕风尘，以色艺事人，暮楚朝秦，不能自主。"编者说，她们本都是"红颜薄命，落花流水"，相互之间应学会达观对待才好。[22]文字资料凡写到林陆，一般都讲权势人物如何投以青眼，此处则将林陆写得忍声吞气，倒是不多见。不过大众对林陆龃龉的关注也传达了另一个信息：名妓是聪明伶俐的公众人物，就连其瑕疵怪癖亦可供大众消费。[23]

第四类描写林黛玉一生心系轿夫与伶人。据说每次婚姻都是因为她开始同下人调情而出的问题。传说有一回林让印度巡捕拘了去,原因是他在一僻静处看见林与戏子赵某相拥在出租肩舆内。她的一个长期恩客最终放弃了娶她做小的打算,因为她不肯同各色车夫戏子断绝来往;他甚至逃回江西老家,岂料林尾随而至,追讨散伙抚恤金。还有一次,她重树艳帜新开张,设宴请客,据传从前曾同她相好的一个伶人赖着不走,就是不想让其他男人这一回占先与她夜度。㉔

民国初期,年纪已不小的林黛玉看上了优伶龙小云并全力赞助他,供给衣食,为他请先生教中英文,还出面运动江苏督帅,为龙谋了一份闲职,但军中幕僚群起而攻之,说他原本唱戏,姐姐曾为娼妓,致使龙丢了差事。龙小云转而与别的妓女相好,竟然卖了林黛玉(传略并未说明龙对林有什么样的所有权),"此为林生平一大恨事,至今与人言及,嗟叹不已。"㉕

与龙断绝后,林黛玉在北京生活了一段时间。在她漫长的娼妓生涯中,从一个城市迁居至另一个城市已是常事。在京期间仍得权势人物青睐。汤化龙系前清官吏,梁启超的政治同道,支持民国大总统袁世凯。㉖有报道说汤化龙花了三千块钱欲与她交好,不想只同她握了一次手。1914年林黛玉返回沪上,因年纪大(50岁左右)、阅历丰,在妓界人称"大伯伯"。那时,小报文章也称其为"老英雄"、上海"二老"之一(另一老是她从前的相好李春来)、"五元老"之一(指她和一些年长妓女陪17岁嫖客赌博之事)。㉗到了这时,传记的调子变了,林黛玉一生放荡、背信弃义的主题换成了人老珠黄的感叹:

> 甲寅冬,返沪复入群仙,究因年老色衰,不能叫座。未几复悬榜于三马路。老大年华,调脂点粉,与雏鬟稚子逐鹿情场,亦大可怜。

小报也唱这种论调,描写林黛玉如何"孤单",忍受着"悲惨的境遇",可一面却还在清点着清代和民国的大人物送给她的许多珠宝赠品。㉘

尽管报道说林黛玉的光景大不如从前了,她却仍引人注目,慕者不绝。她同另一名妓在一出戏中客串时,军人阔少表现得很热情,将一摞摞钱抛向舞台。[29]她成了一种撩逗性花边新闻传略的传主,传略题为《老螃蟹横行记》,分章节专写她的一次次婚姻和情场艳史。(记事不提名字,只称林为"老螃蟹",与之有关的男人名字一律开天窗。)据说林对其中不实之处大为光火,她说自己的娘家是好人家,根本不像传中所记是开豆腐店的。[30]

据1919年《晶报》报道,54岁的林黛玉已经答应以三千金身价嫁给比她年轻10岁的北京矿业公司的一名高级职员。笔名"老葫芦"的专栏作家刁钻地说,此男大概没有姐妹,把"老林"当老阿姐了。他还预料这段姻缘长不了。[31](事实上大概根本就没有这桩婚事,凡详细一点的林氏传略都未曾提到过。)林与暴发的富商薛某的关系维持得长一些。薛于一次大战期间投机颜料买卖发了横财,沪上人称"颜料大王"。传说薛在与林黛玉谋面之前就已经决定要娶她。他追求林可谓锲而不舍,林起初冷漠(薛年逾花甲;林认为高级职员才能提供更稳定的财源),及至薛提出馈赠三十万金供其养老,才回心转意。尽管薛富可敌国,但他家中显然有个比他更有权势的人物——他的太太。她听说薛林订亲后,就将他关在家中,林便中止了婚约。1919年的中秋节,薛露面了,整个秋冬都紧追林不放,在法租界为其租居屋,并择定1920年开春后结婚的日子。但婚后别说薛答应过的养老金根本没有兑现,几个月后连每月几百块的生活费也停止了。1921年他再次冒了出来,林斥其爽约,他重又销声匿迹。林愤怒已极,威胁要告他。薛害怕这种官司必损毁自己的声誉,求太太给他留点面子,让他做该做的事。最后他从太太手中拿到5 500元。(作者将这个场景描写得十分有趣,一五一十地编写出夫妻对话,富商恳求太太可怜可怜无辜的林黛玉。)这笔钱就充当了给林的散伙费。

林黛玉再次挂牌复出,但这时娼妓业的大环境和她本人的身体都大不如前了。1920年,工部局已开始在公共租界实施禁娼令,林只好借用尚未被禁的妓院的招牌。1921年她突然右半身偏瘫。

生病前林结交了生平最后一位男友、经商的王某。王到处为林寻医问药,勇气可嘉。这段故事自成一章,与林黛玉生平事略并置,指南书以"林黛玉病中捕鬼"为题讲述了下面这个年迈体衰和因果报应的惨痛故事。

林黛玉瘫痪了,中医西医都束手无策。最后她请了个很有名气的仙姑。那女人穿上道袍,嘴里念念有词。她说房间里有九个厉鬼,她还没遇到过这样凶恶的鬼魅,它们不只要林的性命,还要取她的命啊。林恳求大仙捕鬼,女人又开始小声念咒语。突然一道黑影开口说话了,自称是拉胡琴的二狗,曾与林相好,在林弃他而昵戏子龙小云后,他就死了。仙姑追鬼,鬼说了句两年后回来报仇就消失了,林大哭起来。翌日,林已能活动胳膊腿脚,嘴巴也不歪了。

后来林黛玉病情再次恶化,丈夫又请了个仙姑来驱邪,但她再也没有痊愈。生命将尽时,林大把大把地丢医药费和鸦片钱。她因右臂无知觉,雇了个曾在鸦片馆做侍应的为她点烟。她不时失眠,妓馆也关闭了,只好变卖珠宝首饰。谣传说她丈夫人累垮了,家资耗尽,也准备离开她。㉜穷困潦倒、病魔缠身的林黛玉于60岁死去。㉝

这段记事与同一作家为林黛玉所作的传略唱的是一个调子,都是谴责林过去背信弃义的恶迹。在记叙她晚年的这篇中,林的一生被描绘为耍阴谋诡计、机关算尽的一生,有头有脸的男人因有钱财而被她攫获,因林同下等人勾搭私通而遭遇背叛和屈辱,又在林认为他们不再有用的时候遭她抛弃。这种犯规越界的行为使她得到了应有的报应,那就是老来孤独脆弱,没有良家妇女在晚年所能得到的家人的保护和社会的尊敬。但是,所谓咎由自取的叙述中却还织缝着别的东西,那就是对旧世界的怀恋之情——世纪之交名妓一个个去世,他们所熟悉的那个世界也随之远去了。

好女人

林黛玉的对立面是能完美地配合男性士大夫理想的名妓。尽管现实生活中不一定如此,但至少在文字表述中,她们均知书达理,文静多思,举止谦恭。"好女人"的故事有个共同特点,就是她们并非因为出身低下或生性淫荡才当了娼妓。她们原本是体面人家人,有的还出身高贵,但时运不济,家道中落,为了葬父或葬母,或为了相帮破产的父亲养家糊口,不得已而沦落风尘。㉞重要的不在于所说的是否真有其事,而在于传略竟如此频繁地提到这些事件,甚至用以概括妓女的人品。小报闲话专栏描写的"好女人"通常喜欢独处、念书,不情愿尽娼妓的职分,没完没了地应酬客人。例如,报上说朱小芳不爱抛头露面,宁可在家焚香、饮龙井茶、画水墨画。㉟又如戴眼镜的醉春通几国洋文、能写会算,因遭遇厄运无奈当了妓女,但她知道自己的所作所为给家人丢了脸,心里很是难过。㊱陈小凤是妓女所生,父亲是公务员,祖父曾任四川知府;据说她读了许多书,写得一手好文章,会几种洋文,还懂莎士比亚,维持了出身高贵的形象。(这些文章是 1919 年写的,那时妓女已在使用一些西式的文雅形象来展示自我。)和大多数"好女人"一样,文章中的陈小凤也很渴望从良,嫁个体面的男人。㊲

上海比较有名的"好女人"中有个金小宝,她是所谓的"四大金刚"之一(详见本章下面的讨论)。据说她颇具文才,热心教育,工绘兰蕙,"幽秀温婉恂恂如处子"。㊳一部传略说她出身苏州的金家画舫,但另一部传略则说她出身苏州一贫寒的体面家庭,只因时世维艰,家境困难,才做了歌姬。㊴她曾一度白天上学,晚上表演。㊵写她的逸闻中总穿插着她那念台词般的文绉绉的讲话,表达出她向学的心气和高尚的道德操守。据说她得知沪上士大夫在议论兴办女学的事情后,表示愿意赞助。她说:

以儿飞茵堕溷,飘泊年年,孽海无边,侧身何所。倘会中诸钜公

> 不以青楼贱质,见屏终身,窃愿拼挡钗环,追附骥尾。明知洪流一勺,无补涓埃,聊借此以忏悔来生,且见苦海沉沦,非儿素志也。㊶

还有一次,她丢失了一只耳环,一个外号寿头麻子的愚鲁狎客表示,只要她给个"说法",他就会如数包赔她的损失;也就是说,要她陪睡觉。她冷笑着答道:

> 并未敢要大少尽赔。如大少愿赔,自应感激,有何说法?如欲说法,我辈交接阔大少不知几许人,一一皆须说法,我只一身,恐分不开也。㊷

如前所说,在娼妓的生平故事中,"坏女人"往往无善终,像林黛玉那样,年老体衰,晚境凄楚。与之相反,"好女人"有可能过上幸福美满的生活。金小宝做了一件与她的美德和学问相称的事情——赞助一位客人东渡日本留学。此人学成回国后娶金为妾。㊸(最近有学者出示此君后来遗弃金的证据,㊹但此事在当时任何一部传略中都未曾提及,否则便不会有大团圆的结局了。)

常被称为"诗妓"的李苹香因受过良好教育、精通文墨而成了"好女人"的典范,不过从其艳史和入行途径看,她有失端庄素雅的理想行为标准。李苹香本名黄静仪,可能生于 19 世纪 80 年代。㊺史料中有关其籍贯的说法不一,有说嘉兴,㊻有说松江,甚至有说她家原籍安徽的㊼(上海的籍贯等级中,安徽位于嘉、松之下)。据说黄静仪的父亲为苏州一收税人(厘差),家学渊源。他亲自教女儿写诗作文,㊽常对人夸奖女儿的学问,称她是家里的"不栉进士"(即"不挽发髻的进士";"进士"为通过殿试者,那时妇女当然是不能参加科举考试的);㊾ 14 岁上,黄静仪被许配给刘家公子,㊿但未及举行婚礼,父亲就去世了,一家人的生活重担都落到母亲肩上。潘家离黄家不远,潘家之子潘青园(51)年纪同静仪不相上下,青梅竹
154 马,两小无猜。青园长得英俊,只是出身寒微;静仪私下同他已有肌肤之亲,不想嫁到刘家。她同母亲论理,据说母亲对她百依百顺,容她同潘继

续来往，同时却着手安排与刘家结亲的事宜。婚礼后不足三个月，静仪就借口同母亲一起去进香，与母亲和情人潘青园逃往杭州。小两口在庙里安顿下来，黄氏则给刘公子写信，称女儿突然病殁。刘差人运回她的棺木，葬在天马山。潘与黄留在杭州，并照料母亲起居。[52]

不幸的是，潘青园除了长得俊，似乎一无所长，根本没有养家糊口的本领。一家三人流入苏州，靠静仪在扇面上抄录诗词并在街市卖扇度日。[53]1901 年春天，他们来到上海。静仪在沪“堕入”淫业，进了幺二妓院，芳名李金莲。（一种传略说她被骗子骗到上海，只字不提她自己决定同所爱的潘逃跑一事。后来有回忆录称是潘将其鬻入勾栏。）[54]过了几个月，有倾慕她的客人了解到她工于诗词，同情其遭遇，遂出面说合，使她转入娼妓业最高档的长三妓院，更名为李苹香。[55]很多客人都知道她会作诗了；她与客人一同吟诗作诗，应和自如，因而声名远播。她还写得一笔好字。

李苹香有四首诗常被引用。这些诗的创作年代不详，李对诗的悟性是否受到其娼妓生涯的长足影响亦不清楚。有些传略在谈到她童年的诗才时引用了她的诗作，有的则是在交代她如何沦落风尘之后才引用。这些诗作是如何流传开来的，传略亦未有明确交代。她吟诵自己的诗了？写下来赠与客人了？指南书中刊印的是她的原作吗？抑或我们读到的只是客人凭记忆记录下来的样式？[56]李苹香的崇拜者曾安排出版过她的一部诗集《天的阁诗》，由文明书局刊印。

尝制选菊诗

斜斜整整叶缘枝，
一样滋培有等差。
纵带容华终免俗， 155
别操鉴赏任嘲痴。
空群骏足悬高价，
绝代蛾眉压众媸。

但惜东篱(57)风骨冷，
何人肯采未开时。(58)

失猫诗

画长贪卧乱书对，
底事穿云去不回。
灯下渐看饥鼠出，
花阴疑逐小虫来。
深恩易背奴无行，
饱食飏终将不才。
恰笑主人痴太甚，
临风为汝一徘徊。(59)

中秋诗

一年最好中秋月，
强半都从病里看。
今夜酒杯浮潋滟，
谁家人影照团圆。
近霜园果纷盈座，
斫雪溪鳞乍上竿。
寂寞闺中无伴侣，
夜阑吟啸绕花栏。(60)

哭妹诗

芙蓉枯死菊衰零，
十一年来一梦醒。
苦向绣帏勤笔墨，

> 角渠医药悟参苓。
>
> 虚心善解双亲意,
>
> 妙手常披一卷经。
>
> 今日从头频忆惜,
>
> 凄然寒月如疏棂。㉛

每一首诗都是不同主题的结合,既表现了赏花吟诗等精致的鉴赏力,也在感叹韶光易逝,表达人与人关系中的缺失和思念之苦。虽说敏感的读者从诗歌的选题和程式的运用上可能会听出女人的声音,但如不考虑流传途径及特定的读者群等问题,从这些诗歌本身是看不出娼妓诗的痕迹的。它们在上海那些光顾高等妓院的冶客中流传吟诵,都市中的"才子们"争相博取李苹香的青睐。有些人甚至将李苹香比作宋朝女诗人李清照。

据说李苹香选客人趋文避俗,然而响当当的名气也会令她遭罪。她至少有一次受到牵连,陷入难堪,而此事被人揪住,反反复复地说,意思是最有教养的妓女也难免遭受屈辱。话说有个老头㉜迷上了李苹香,但他的儿辈、甚至孙辈也同她过从甚密。一个孙子在李处走动过于勤快了,家人都看出了他的痴迷。于是李苹香被宋氏家长抑或其妻传唤至宋府,罚跪了很长时间。据说苹香异常痛苦,回说既为娼妇,只知对客来者不拒。说府上人外出冶游,怎好怪罪于她?她怎可能对个个来客都去查三代?这个故事成了个笑话,到处流传,据说对她的名誉也稍有影响。㉝

李的情人潘青园好吃懒做,完全仰仗她的收入度日。这时他听说有客人想娶李做妾。(另一种说法是至此时潘已染上鸦片瘾。)㉞据说潘因害怕从此失去"摇钱树",便开始打官司(究竟告李还是其客人不详),以李的父亲或叔伯的身份,反对她的"私情"。㉟法官最终发出指令,不准她回妓院继续为娼。她离开上海去了宁波,因诸事不顺又回到了上海,住在汕头路1号,并在那里开了一家字画店,取名"谢文漪斋",靠卖自己的字画为生。文人学士梦月生、汪渊若、李云书、王一亭等纷纷慕名而来,买她的字画。1906年,她嫁给一个叫黄秀伯的地区观察员,此后据说住在马立师。⑥

这些资料中没有任何责备李苹香不尽妇道、为妻不忠的意思,相反倒是其情人潘青园被描画成了没有责任感的人,没有能力养活她或是不情愿养活她。文字资料中的李苹香对母亲克尽孝道,对潘忠贞不贰,与客人谈诗论文,才华横溢。她在感情上或许并不聪明,但她不像林黛玉,绝非淫荡货色。结果她脱离了淫业,结了一门亲事,看来婚姻关系稳定。然而就在她成婚之前,这些作者也不是按娼妓的标准看待她的。她之所以被奉为典范,完全是因为有文采的关系。她不是用性而是通过诗文与客人交往,对于一个高等妓女而言,能诗会画本身显然足以让她配得上在传略中被描写成"好女人"了。

死女人

在人物传略或是小报的报道中,高等妓女无论好坏,从来没有被说成是上海生活的丑恶、阴暗面。高等妓女始终是显性的存在,她们鲜艳的服饰、每一步行动以及与权势人物的关系等,都是小报闲话专栏最有价值的新闻。公开议论高等妓女等于赋予她们在上海社交场的地位,或干脆已认定她们在社交界占有一席之地。即使她们遭遇不测,有关报道也很克制,甚至写得很庄重。例如,1929年4月和5月,有两名妓女先后被不知名的歹徒泼硫酸毁容,小报上报道两起事件的文章详细描写她们受到的伤害及疗伤的情况,但没有大肆渲染,耸人听闻,整个调子是客气的,对伤者也很关心。文章说这两位妓女都想不出有何仇人,但文中却丝毫没有提出为性爱争风吃醋而激发攻击行为的可能性。⑥虽然评论高等妓女活动的文章有时含着傲慢的、批评的口气,虽然思嫖的男人受到规劝,说同妓女打交道的时候,要当心皮夹子里的钞票去得太快,要警惕别被人当作阿木林伤了男人的自尊等等,但是,舆论几乎从不谴责妓女的生活危及自身安全或危及公众健康和公众道德。

舆论的节制在1920年报道妓女莲英遭遇抢劫谋杀的事件时表现得

尤为明显。可以将这一事件的报道同下列报道作一对比:1888 年在伦敦专杀妓女并碎尸的剖膛人杰克谋杀案,[⑱]20 世纪 80 年代西雅图的格林河谋杀案,1994—1995 年迈阿密谋杀案等。与上述几起事件的报道完全不同,莲英的惨死并未引起公众对娼妓地位低下、易遭袭击等问题的思考,也没有讨论妇女应回到家庭、受家庭保护和管教的必要性。相反,莲英之死被报道为对知名人物无端施暴的事件,对此她的家人、亲友、客人和市政当局反应强烈。尽管许多评论家都将谋杀与莲英的娼妓身份联系起来,但只有外国的报纸才暗示——仅仅是暗示而已——莲英的死多少是娼妓身份之过。

莲英的全名叫王莲英。[⑲]父亲是杭州的旗人,在她幼年时就已过世;母亲再醮,跟了开茶馆的王长发。辛亥革命后,家里的经济状况恶化了。莲英在杭州读女校,中途辍学。她怎样当上妓女的过程未见详细说明,但 1916 年时,她随同一个女人来到上海。所有的资料均称那女人是莲英之母,看来是她的生母而非鸨母。她与一个上海本地的红妓同住,此妓客人多得应不过来,乐得叫莲英帮忙。然而过了不久,莲英(据说她有点脾气)或是她母亲就同那个妓女的母亲起了矛盾,吵了几架后,莲英便搬出来,另树艳帜。她们闹翻时吵得很凶,那个妓女到处对人说,莲英哪里有本事自己开妓院。但是,根据所有的说法看来,莲英长得漂亮,唱功亦佳,她一走,另一个妓女先前的许多客人也跟着她走了。1917 年冬季,莲英在名妓的竞选活动中(见本章下面的讨论)被选为花务总理;1918 年秋季,她开始与另一赢得花界官名的名妓徐弟共事。

1919 年,莲英给另外两个名妓帮忙,她说自己身体太弱,无法满足客人的要求,对自己的健康也很担心。《晶报》评论说弄不好她很快会有新动作了,还说她"脾气很怪",一向是谁惹她生气马上就和谁绝交的。但是据说莲英对母亲百般耐心,谁要是对那爱管闲事的老太太态度坏一点,她就动气。她身子"弱"可能是怀孕的缘故。1919 年她一度歇了生意,生了个女儿,那是她同一个姓杨的客人交往的结果。有文章说她在这个时期染上了烟瘾。孩子满月后,莲英又回来做妓女,⁷⁰迁至高等妓院密集的小花园。此后刚过一年,她就被杀了。事情发生在1920年6月9日,那时她才20岁。

中外报纸都详细报道了这起谋杀案,疑犯的供词和庭审记录都被汪了翁原封不动地照搬到他那部1922年出版的花界史话中。报道之详尽,一方面说明如此骇人听闻的案件实属罕见,另一方面也反映出受害人的知名度。反过来说,报道行为本身也构造着谋杀,使其成了能为大众所消费的事件。

莲英谋杀的策划者名叫阎瑞生,是个失业的洋行职员,26岁,身高六尺。⁷¹他同守寡的母亲住在广东路,房子是租的。邻居告诉警方他从前有老婆,但她很早就跑了。⁷²他曾在上海的震旦大学读书(《字林西报》报道说,他"确实受过高等教育,都认为他英文说得很好,法文也好"),做过一段翻译和誊写员,但是1920年1月初失业了,经济上越来越窘迫。尽管缺钱,却照旧冶游,同城里的公子哥儿混在一起,可谓旧习不改。他有个旧日的大学同窗好友叫朱亚嘉(音),其父是上海富绅朱葆三。据说他还看上了妓女题红馆,欠了她一个节度的嫖资。五六月间,阎瑞生仍是失业,眼看要到端午节,必须付清欠账了。阎向题红馆借了一只钻戒,拿它当了600块钱去江湾赌马,又赌输了。阎拼命想找钱赎回戒指,遂于6月4日借一朋友的局票叫了莲英的堂差。他怎么选中了莲英并不清楚,但《字林西报》的报道反复说莲英总喜欢"打扮得珠光宝气的",因此阎可能将她当成了可以抢劫的对象。她应召的时候穿着华服,戴一颗大钻戒。6月5日阎再次点莲英的堂差,她却未应。6月7日,他又借另一位朋友的局票点莲英,利用这次机会对她的钻戒估了估价,认为值2 000块。6月8日他邀朱少爷等一群朋友到莲英门上打牌,希望借此向她证明自己有能力交结阔绰的朋友。聚会散前,阎邀请莲英次日去小林黛玉那里叉麻将(小林黛玉系名妓林黛玉的养女)。接着他便精心布置了一场抢劫杀人戏。

他先向昔日同窗朱少爷借汽车,说是打算次日邀妓女外出兜风。(他后来坦白说将朱牵扯进来也是因有点宿怨的关系,早些时候有一份差事未谋成,就因朱不肯出力的缘故,所以心里想让朱也吃吃苦头。)6月9日上午,阎在药房买了用作麻醉剂的氯仿,又找了个相识吴春芳。吴30岁,时不时在茶庄做点事。阎告诉吴自己需要1 000块钱作节日花销,想杀个妓女搞到这笔钱;吴只要肯帮忙,就能得到价值一千以上的东西。吴答应了,阎给他钱去买行凶所用的麻绳(《字林西报》说是一条丝带)。两人约好下午3时在某茶馆见面。

下午1点钟时,阎瑞生来到朱家借汽车,又塞钱打发了朱家的司机,接着便去接吴及其帮手、一个叫方日珊的瘾君子。阎将车开到小林黛玉寓所附近的茶馆,叫他们在这里等着,自己叫了莲英的堂差。下午4点半莲英还没有到小林黛玉处,于是阎去了莲英那里将她拖起床,又回到同谋处商量。这时朱家的司机不知怎的冒出来了。阎告诉他吴是自己的仆人,必须跟着他,车太小,坐不下那么多人,再一次将司机打发走。他回到了小林黛玉的寓所。据《晶报》报道,他一面等莲英,一面同小林黛玉说话,问她为何不戴那颗值2 000元的钻戒。报上说当时城里食品短缺,她不想太过招摇,就将钻戒收起来了。但她心里看不起阎,所以只说戒指有点松,送去修了。他问在什么店修的,她回答是老客人帮忙拿去修的,她也不知道是什么店。⑬

傍晚6点半,莲英总算佩戴着她的招牌珠宝出现在小林黛玉的寓所,手上是一对镶钻石的镯子,两只钻戒,一枚钻石大胸针,腕上还有一块金表。阎谎称他的朋友爽约,不肯来打麻将了,建议带她坐车去乡下兜风。(津津乐道于殖民地枝枝节节的《字林西报》还添说,"据称他告诉她说,他是留过洋的,所以特别当心身体健康"。)劝来劝去,莲英答应了。(《晶报》还说小林黛玉试图将莲英拉到一边,警告她那姓阎的不是好东西,但莲英没睬她。)⑭阎开车,莲英坐在他身边,吴春芳和方日珊坐在后排,就这样来到徐家汇的麦田里。

这时天色已暗。阎停下车,三个男人借口点车灯下得车来,打开箱盖取氯仿,然后吴用浸了氯仿的棉花团捂住莲英的嘴巴和鼻孔。莲英吓坏了,求他们三个饶命,但他们只是一个劲地朝棉花上倒氯仿。这时,有个农民路过,阎走过去说要带他乘车兜风,将他引开。吴和方抢了莲英所有的珠宝饰物(后来她父母开了一张清单,有两枚钻戒,一条珍珠项链,一只镶钻手镯,一副耳环,一个耳勺,两枚饰针,一块金表,一面金边小镜子),将她掐死,尸体丢进麦田。阎带农民兜风回来后,三人一起将莲英的尸身塞进汽车,想找个更僻静的地方弃尸。车开着他们就忙着分赃了,阎没有看路,撞到一棵树上,撞坏了挡泥板。三人搬尸体时,阎发现莲英尚有鼻息,便递给吴和方氯仿瓶子,叫他们将事情做干净利落了。他说半夜一定回来找他们俩,然后就去还车了。他将车还给司机,说修车的钱会给他的,嘱他千万别告诉朱少爷撞坏车的事,并说半夜里还要用车。等他返回麦田,那两个同伙已无影无踪(据说那姓方的瘾君子烟瘾发作,就走了)。

这段时间里,莲英的母亲和继父听说女儿晚上跟姓阎的出去了,一直没回来,心里着急,找到了朱府。朱少爷不知情,只当莲英同阎有了私情,便叫他们放心,说她一定很快回来的。第二天他碰巧对司机提起阎一定是将莲英藏到什么地方去了。司机告诉他车撞坏的事,朱遂起了疑心。6月11日,也就是莲英被害后两天,朱与司机发现了阎,那时他正要去当铺赎回题红馆的戒指。朱停下来,问阎把莲英藏到哪里去了,阎推说什么都不知道。朱提议他们去看望那担惊受怕的莲英的双亲,这时阎惊慌失措,在路当中就跳下车来。当晚,阎找到吴,求他将莲英的尸体埋了,可吴并未照办。6月12日,阎逃离上海。

6月15日(《字林西报》说是6月17日),莲英已经腐烂的尸体和麻绳(或丝带)被发现,莲英父母认出尸体头发上的饰物是她的。莲英的继父辨认了尸体,公共租界的巡捕房悬赏捉拿阎归案。此后一段时间,租界的探员一直沉稳办案,他们找到了由杀人犯典当出去的一只镶钻石的金别针,勘察了犯罪现场,并公布了莲英家里出 1 000 元赏金抓疑犯的消息。(据《字林西报》的报道,赏金是莲英所在的那家妓院的老板出的,500 元给提供消息找到尸体者,另外 500 元给找到珠宝的人。)同时,公共租界当局为防止发生类似罪案,下令禁止饭馆和旅社在午夜后召"歌姬"前往。几个星期过去了,案子还是未破。⑮ 7 月中,阎瑞生在徐州的车站月台上等火车,准备北上,一个中国警察认出他就是通缉令上的人,逮捕了他,将他押送上海。中方报纸报道说发现他将莲英的那枚值 1 000 元的钻戒含在嘴里。警方在他身上搜出一枚大钻戒,一条珍珠项链,一只耳环,一枚别针,这些都归还了莲英的父母。审讯时,阎供出了吴和方。吴春芳被缉拿归案,但方日珊却跑了。吴分得一枚钻戒,一只别针,至少还有另一件东西。他让方替他卖了,这些首饰物品再也没有找回来。

两个被告显然都受到两次审判。第一次在会审公廨,由一个中方法官、一个英方陪审推事审理;第二次是在中国的军事法庭。会审公廨声称有审判权,因为虽说对莲英的尸体在华界发现这一点并无争议,但"罪行基本上发生在租界地"。整个审理过程中,法庭和四周的街道挤满了莲英的朋友和崇拜者,各家报纸都在头版报道了庭审进展。会审公廨根据阎与吴的全部供词及朱少爷和司机的证词,裁定阎吴二人犯有抢劫谋杀罪。

不知什么原因,两名已受判决的人犯又转到中国的军事法庭受审,还有一个华人的区民事法院也声称有审理权。据《字林西报》报道,吴春芳在审理中企图抵赖,为自己开脱,说杀人的事情是阎和方两人干的,他没看见更没参与。亦据该报说,阎作证说"他的主要意图是抢她的东西,根本没有打算要她的命"。同吴一样,阎也称杀人的事情是另外两人犯下的,但表示接受策划莲英之死的责任。他要求给他一部《圣经》,他料到自己会判死刑,对法庭说自己是天主教徒,请求处决时让神父在场为他做祈祷。法庭裁决两被告犯有刑法第 376 条所说的使用暴力抢劫并杀人罪,依法判处死刑。但报纸上的故事到此为止了,犯人最终怎样未见报道。陈定山在1967年的回忆录中说,阎瑞生和同犯被押送吴淞西炮台执行枪决,"观者又倾城而出,吴淞小火车,至车顶上亦载乘客。"⑯

报刊有关审判的报道有个突出的特点,那就是描写莲英的时候使用非常有节制的、怀着敬意的语言。《字林西报》称她为"上海名气最大的歌女之一","普遍认为她的美貌在上海这个圈子中仅在一人之下","相貌不凡,十分美丽,被视为她那一行的第一流人物"。正是这个时期,洋人社会在激烈地争论应许可还是取缔娼妓业的问题,争论的范围中应包括歌妓在内。尽管如此,报上描述莲英的职业时,一点没有道德上表示轻蔑的意思。报纸倒是指出了她的一个弱点,但并不是责备这个漂亮女人到处抛头露面,同男人发生婚外关系,而是说她"总喜欢一身珠光宝气,为得到首饰什么都肯干"。报上两次评论说这恐怕是"她死的直接原因",但却没有趁机斥责好装饰的习惯或敲打妓女。整个报道读来好像是在讲一个上海社会知名的美貌职业女性求饶不得、遭到了骇人听闻的杀害。相比之下,给阎瑞生的画像是"好玩弄女性,品行不端"。⑰他在消遣娱乐方面的趣味已预示了他的不稳重和危险:"据说他常常去看电影,顶喜欢那种耸人听闻的剧情。"⑱

整个庭审过程中,小报提到莲英家里的困难也表示了同情。据说莲英在一只箱子里放了370元现金,但丧事花了1 100元,她母亲只好当了莲英剩下的首饰银器,替她还了债,买了口棺材。此外,《晶报》说她母亲还付了一个私家侦探1 000元,让他去抓阎瑞生(这一说法同有关逮捕阎的其他报道相悖),还需要更多的钱去告这个侦探。莲英的老客人帮她母亲雇了个律师来打官司,此人大概因常代表妓女出庭的缘故,得了"护花律师"的别号。但这场官司却未见任何报道。

10年后,《晶报》办了个专栏,缅怀故去的莲英。报道说莲英的家人将棺材放在公所,每年付寄存费,过了多年未给她落葬。莲英的女儿好冠由莲英的父母和兄弟抚养,这时已11岁了,正在学唱戏。莲英九周年忌日时,她母亲发了个讣告,请了和尚,在莲英落葬时为她念经。费用是莲英过去的两个老客人付的,应她母亲的要求,每人给了她300元。㉙在这次的报道中,莲英的家人和从前庭审描写中的一样,显得稳重、有爱心、有决心讨回公道、有能力也愿意照料莲英的遗骸,并且中规中矩地抚养她的遗孤。

　　莲英死后,这一题材进入了通俗传奇领域,广泛地为京戏、沪剧、话剧、说唱、电影、商业广告等所采用,她的事情在街头巷尾传了二十多年。陈定山说,有一出根据莲英的事编写的戏里,为逼真模仿妓院云集的四马路(现福州路)夜景,演员居然将真的汽车开上舞台。另一个场景中,演员在台上吃起西瓜来,这件道具在严冬季节价格十分昂贵。还有一出戏里有莲英被害后托梦给妹妹一场,饰妹妹一角的女演员"时方红极共舞台",戏中名曲"你把那,冤枉事,对我来讲"灌了唱片后,"北里歌场无不摹仿",演艺与人生关系何其紧密。一个扮阎瑞生的演员演得逼真动情,据说"台下观众,有识阎瑞生者皆为泣下"。有的上海人相信阎实际未被处决,说是他的朋友朱少爷给他买了个替死鬼。陈定山评述说,国家大局动荡不安,上海人却陷在莲英的事情里头拔不出来,意思是说莲英的案子转移了人们的视线,大家不去考虑更为严肃的问题了。他还称莲英和阎瑞生为"黄色新闻之鼻祖",说他们开创了一种风气,使殉情谋杀之类的新闻成为大众贪婪猎取的对象,并被敷衍成台上的戏。他以有点尖酸刻薄的口气评说道,所有扮演莲英的女伶"扮相之美,皆胜莲英本人十倍",还说莲英居然"借死以留名,亦云幸矣"。

　　陈定山写莲英一案始末,已事隔四十多年。他为此类故事的演绎过程提供了很好的例证,使我们看到随着时间的推移,一个故事如何积聚起越来越丰富的层次和细节,而其中大部分都是无法证实的。例如,陈定山写道,阎瑞生一开始想抢的不是莲英而是小林黛玉。小林黛玉甜言蜜语地从客人那里骗来的钻石首饰让阎瑞生垂涎三尺,而钻石是那个客人从自家兄弟开的珠宝行中顺手牵羊"借"来的,物主是他兄弟的主顾。小林黛玉拒绝了阎的邀请,不同他出去兜风,"时王莲英适出夜堂差回……珠翠满头,亦复耀眼",阎当场决定转对莲英下手。按陈定山的版本,阎瑞生并没有想杀害莲英,但他的同谋一定要杀她。据说犯案后,阎对妻子下跪,大哭着坦白了杀人的事。莲英的厄运就这样被表述为一连串倒霉事故所酿成的结果。⑱

  高等妓女为人倾慕也好,受人责难也好,作为人们构建生死冒险经历的假想对象也好,总之,她们的故事是上海大都市生活的一道主菜。通过各类报刊和文学样式广为传播的娼妓故事使这些女人成了公众人物,有关高等妓女的消息可以用以交易,对人和事的描述可以任意添油加醋。故事的流传过程本身也在塑造着都市社会,这个社会的基础是一套共享的知识,那是娼妓故事所共有的成分。从这个意义上说,高等妓女的影响远远超出了上流社会。上层的客人花钱狎妓,为得到妓女的垂青相争角力,他们还为妓女立传。林黛玉、李苹香和王莲英这样的女子由此而成为更广大的都市读者群的偶像,人们从她们的生平中吸取了经验教训,懂得了什么是得体的女性行为,了解到都市中潜伏的危险。

  但是,如果现代读者想找到下属群体的声音的话,那么大量查阅妓女生平详述是很靠不住的策略。高等妓女的故事中关于能动性、狡猾、渴望、才能、欺诈、暴力、忠诚、尽孝等等的事例应有尽有,简直可以说是个意外发现的宝库,其主题之丰富多样足以同时满足各种人之所需,研究女权主义的、研究儒学的、爱看热闹戏的,都可从中找到自己所要的东西。作为单个的故事看,它们很容易让人着迷。但是作为一种故事类别来看,它们都那么老一套,看了上文便知下文,这又使人清醒。坏女人总是孤独地死去,好女人总是嫁到了好人家,而在都市的警世通言中,死女人成了有关暴力和贪婪的转喻。这样来读妓女的故事,除了类别本身所含有的训诲之外,几乎看不出什么别的名堂。细节的堆砌使每个故事看上去都很独特,但是细节再多,却仍未提供任何线索,让我们认识到妓女如何理解自己的生活。我们能找到关于某些名妓的最大量"事实",但恰恰是这些名妓完完全全地消失在自己的故事的深处,真是一种讽刺。

社会认可的仪式：花榜评选

冶游者和读者还通过另一种方式创造并认可了他们所共处的社会，那就是选拔最成功的高等妓女上"花榜"的活动。名妓竞选于19世纪60年代至1920年间不定期举行。㉝类似的选拔在苏州地区自17世纪中叶就有了。㉜花界的选拔也有一整套描述和评判的复杂仪式，其中一些方面常有意攀比选拔文官的科举考试制度。㉝但是学子（男性）经十年寒窗后参加了选拔的笔试，而妓女则不同，并不是自己想参加评选就能参加的。先是妓院的常客们应邀提名，将他们爱宠的妓女开个"花名单"，受到举荐最多的妓女获得与科甲第一名同样的品级，即"状元"，然后也同科甲一样，依次颁发"榜眼""探花"等品级。妓女上花榜头几十名的机会大约是百分之一，这比男人的机会多多了：乡试中举而参加殿试者，能考上进士的三千人中仅一人。㉞有几年，美貌者与技艺精良者分列"花榜"和"艺榜"，后者从科举武科品级。此外还有"叶榜"，品评优秀的阿姐大姐。㉟

尽管评选名妓依据的是相貌和技艺，与当代选美活动的评判标准差不多，但两者至少在一个重要方面根本不同：选名花的时候，人们看到的品评对象不是女人本身，而是狎客们为她写的推荐评语。小报请诸君将推荐投送报社的公告部，报社收到一封就刊登一封。㊱在1897年的选举中，夺魁的张四宝得了9份推荐，第二、三名各得7份。㊲冶客利用投票保荐的机会，滔滔不绝，盛赞意中人的美德，同时也向其他文人学士展示了自己的文采。一般在开榜时会重印写得最好的评语，一连推出几十位名花，一饱读者的眼福。有些花榜列出名花的姓名、住址、籍贯、年龄后，用一首短诗描摹该花，或评论她的衣着、人品和家世。有的将女人比作花鸟，漂亮的辞藻都用在了象征物的羽毛、色泽上，对妓女本人倒是不注意了。㊳

另有一些来函评论选举的步骤,风趣地提出新的评选项目,对选拔标准提意见,替自己的意中人辩护,或是对评选结果表示不满。⁴⁹评选活动的主办报纸费心地对读者说明,他们并没有在评语上做任何手脚,对当选者的评述完全是原封不动从所征集的读者来函中抽取的。⁵⁰公众对高等妓女的讨论在这些推荐品评的引导下进行,而讨论又锻造了一个妙语连珠、说话机敏的群体,其中的文人个个都在炫耀自己的辞章。一部收了1917年花榜题名者小传和图片的文集在序言中如是说:

> 美人颜色,名士文章,为天地间之至宝。……若美人之颜色藉名士文章点缀之,则其颜色愈觉倩丽。名士文章得美人颜色渲染之,则其文章更见俊逸。⁵¹

然而,高等妓女在评选仪式中却不仅仅是被动的、为文人名士辞章所渲染的对象。她们急切地想入选,因为花榜头衔会给她们个人带来荣耀威望,给妓家带来好生意;相反,如得不到提名,自己的名声就会受到损害。⁵²报上有关花榜题名者的消息或闲言碎语,通常提她们的花榜品级。⁵³题名也使妓女更值钱了,老鸨聘用她一个节度所付的聘金、男人讨她做妾时所付的身价都会上涨。⁵⁴徐珂在1920年出版的那部《清稗类钞》中谈娼妓制度时写道:妓女"一经品题,身价十倍。其不得列于榜者,辄引以为憾。然其间之黜陟,亦系乎个人之爱憎,且亦有行贿而得者"。⁵⁵通过选举来认可妓女成就的选择过程涉及大量的权谋,成功与否要看妓女有没有本事调动起冶游客和广大读者的关系网络。太拙劣地推销自己的妓女会受到尖刻的挖苦嘲笑。金巧林交给报社一份自我推荐,用文言文写成,一个评家在报上说,奇怪啊,目不识丁的妓女怎能写出如此有学问的文章?⁵⁶虽然妓女很起劲地争上花榜,不过也有人抱怨说上了榜也未必都是好事。花榜题名后,一大群人来道贺,人人都盼着得红包。1919年有个妓女放弃了头衔,就因她"妈妈"讲话难听,总抱怨开销太大吃不消。⁵⁷

上海最早的妓女花榜由文人作家个人出面组织,他们同报纸、出版社关系很深,推举结果只在很小的文人圈内公布。19世纪的最后几年中,新创办的小报("蚊虫报")开始设花榜搞评选。李伯元的《游戏报》自1897年起,每年举行四次选举。首届选举大受关注,报纸的发行量激增,头一轮卖出5 000份,加印后又卖了3 000份,因此别的报纸效法此行亦属必然。[98]在20世纪头10年中,举办过选名妓活动的报纸有《花天日报》《花世界报》《闲情报》《娱言报》《采风报》等。那时很多文章都哀叹说,现在学样搞花榜的要妓女交钱才让上榜,真是让花榜降格,有失体统。1909年以前,名妓选举从模仿科举制变成了虚设的空架子,1905年科举废止,花榜却还照样授予状元等等的老头衔。[99]

世纪之交,中国发生了激烈的政治动荡,上层人士对清廷之无能、抵御外来势力入侵之不力,已越来越感失望。文人素来好以官吏比作妓女,议论花榜时亦不免透出对国家命运的担忧。1894—1895年甲午战争期间,有几个作家写道,宫廷臣子"资敌媚敌、纳款献诚",竟仍享受高官厚禄;因喟叹道,时下连士大夫都如此失德,还怎能责怪"至卑至贱一弱女子",说妓女不事一主呢?[100]

1910年至1917年间娼妓界没有举行选举。这个时期清朝统治被推翻,民国政府已成立,国家陷入了军阀混战。1917年重开花榜,主办者更新了头衔,不再沿用科举时代的称谓,而给优胜的妓女封军政职务头衔,如大总统、总理、都督、法官、参政、才、艺、品、貌部总长次长、司令、特区司令、政长、督军、顾问等等。[101]乍看这些选举似乎只是昔日辉煌的回光返照,是在新文化作家们猛烈抨击士大夫文化方方面面的时期,从遥远处传来的一声回响。[102]然而,有些观察新式选举仪式的人却不这么想。他们认为使用政治词汇是一种曲笔,用意在于拐弯抹角地批评政府的软弱无能。1917年,《中华新报》的评论员甚至指出,选举的组织者策划让雉妓(即"野鸡")以"在野党"的名义参选("在野党"和"野鸡"共用一个"野"字),恐怕是暗地里表示支持国内的非执政党派吧。评论者又挖苦说,妓女也叫大总统倒是有利于破除中国僵化的等级制度,建立更灵活的西洋式社会制度,是应该视为社会进步的。⑩

民国时期的妓界选举论规模比帝制时代大得多。例如,1917年岁末,新世界游艺场举行公开的选举大会,参加者要购买选票,凭票选举。在1917年和1918年的选举中,有几个嫖客买下好几万张选票,只投给几个妓女,不仅公开表明他们所推的人选,也是当众炫耀自己的财富。⑩ 1919年在大世界游艺场举行的选举活动为小报的闲话专栏提供了好几个星期的谈资,所授的称号有嫦娥(中国古代传说中飞奔月亮的美女)、月舞领队、月舞仙子等等。⑩ 及至1920年,就连上海资格最老的报纸、老成持重的《申报》都刊登了选举广告。⑩ 各种竞争性选举愈演愈烈,各种名目的头衔越来越多,对发起选举的团体来说,这种势头说明选举的潜在商业价值。这时举办选举的除游艺场和小报外,还有各家公司。例如,1920年有一种大肆宣传的选举是由企妹牛奶糖公司举办的,名曰"企妹香国选举大会",要选出大总统、副总统和总理。("香国"两字是必须加的,以区别于新世界游艺场办的选举,后者的名称"花国选举"已经取得版权保护。)优胜者得到一套精致的西式家具,第一名的称号"牛奶总统"(因牛奶糖的主要成分而得名)从此风行上海。企妹公司举办选举的目的是为了推销糖果。⑩ 与早先的花榜不同的是,民国时期的一些花榜靠比赛选出,有几千个妓女参加,比赛唱曲和表演的功夫。⑩

但是,在名花选举变得越来越频繁、引起越来越多的注意的时候,从租界开始响起的改革呼声却改变了这种礼仪活动的大环境。1920年,上海工部局开始以摇珠抽签方式逐年取消妓院的营业执照,花榜选举这才终止。⑩ 此后若干年中,老派的文人越来越多地著文忆旧,在唤回昔日青楼光彩的同时,也展示了自己的博学多识。怀旧的一种形式是为历届花榜造谱系,将每年的赢家及其头衔一一记录在案。在一时成为时尚的花榜年谱中,李伯元的花榜以规矩严而被列为典范,说是他选名花如科举,完全以才华取人,不像后来的花榜被贿选和商业宣传败坏了名声。⑪(资料中只字不提科举制度后期也存在着大量的卖官鬻爵现象。)这个时期，文化人士中亮出改造娼妓业旗帜的人数在增加，这部分人不是通过鉴赏品玩妓女的仪式，而是在宣传改革娼妓制度的行动中，界定了自己的身份和立场。

妓女之间的联系网络

娼妓生活中的许多事情进入历史记载，只是因为作家和报人感到嫖客或更广大的都市读者对这些事情产生了兴趣；娼妓之间的关系被记录下来的情形也一样。前面曾说到，妓女之间的争执与不和是小报热心追踪报道的内容，同时小报还尽责地报道妓女之间的生意合作或竞争的情形。如果一个妓女出城去进香拜佛，或生意太忙，她可能会请一个妓女来帮忙。两个妓女之间的关系或平等或有主从，这要看各自的资历和走红的程度。有时几个妓女合伙开妓院。报纸评论妓女小团体的密切关系时，会说她们"情同亲姊妹"。不过这种关系究竟多深、能维持多久等等，报道通常是不说的，至于她们抱团（或不抱团）的背后有无感情纽带，报上更少提及。[111]

妓女之间的联系有一种比较明显的形式，就是结拜姐妹，纵然没有生意上的来往也能结拜姐妹。[112]有一个自称"十姊妹"的小团体，互相之间的称谓学上海地痞的样，按排行称老大、老二等等。这种做法在20世纪头10年中挺普遍。十姊妹分属不同的妓院，各自结婚离婚的时间也不同，但据说互相之间很抱团，常常在一起聚会。有的资料说叫这种名称的女性团体不止一个，还说如姐妹中有人离开了娼妓行当，那么她的老三或老四的称号就会传给别人。但关于这一点同样缺乏详细的资料。[113]

最有名的团体称呼要算妓女中的"四大金刚"了。金刚原是佛教用语，指把守天国的侍从力士。在庙堂里，这些天神或持剑，或抱琵琶，或拿雨伞,还有一个手中是一条蛇(有的说是蛤蜊)。一部专讲娼妓知识的文集开玩笑说,上海华洋杂居,如此繁华的口岸,确实需要天神守卫,于是有的便化成肉身下凡,美艳无比,保一方风调雨顺。这哪怕只是一句玩笑话,但已将高等妓女的存在同上海的繁荣和安全联系起来。[114]小报频频提到四大金刚,说她们每天去花园的时候受到大官的礼遇。四大金刚究竟是哪四位妓女,各种资料说法不尽统一,学者之间甚至发生争论,但最为经常提到的是张书玉[115]、金小宝、陆兰芬[116]及林黛玉[117]。

"四大金刚"和"十姊妹"不同,它是报纸和指南作者创造出来的组合。[118]几个人之间没有感情基础,没有共享的商业利益,也不像有任何相似的人品、性格,她们自己根本没有集团意识,只是互不相干的个人,被拼凑到一起。她们都是上海妓界的头面人物,这是她们之间的共同点;因此四大金刚成了她们显赫名声的简称。

在19、20世纪之交,有一些名士想为没有亲友认领的名妓造一个公墓,让她们得到像样的安息之地,也可供其生前客人、知己、恋人等前往凭吊。他们来找四大金刚,委托林黛玉代为募捐集资,用以购买墓地,并请其他三位金刚协办。四个女人共印捐建花冢册1 600份,每人负责去妓院分发400册,月底收上来。林黛玉头一晚就募到300元,妓女、嫖客都有捐的。(但是另一处的报道却说总共才募到428元,并没有提林黛玉募了多少,反倒是责备她没有管好募捐活动。)四人中文化程度最高、最有文才的金小宝在龙华寺附近选了块地,谈妥了价钱,办理好所有的手续。1899年春季,四大金刚在墓地立界石,树墓碣,镌刻"群芳义冢"题词,并金小宝等所有捐款妓女姓名录。后来,义冢因管理不善竟然消失,到了1928年已无人知晓其方位。

同募捐建花冢同样有意思的,是由此而产生的文字作品。1928年的一部见闻录重印了一批信函启事,其中有代林黛玉拟的、以她的口气写的信,恳请其他三位金刚协助募捐事宜;还有代林陆金张四人拟的启事,向大众说明建冢宗旨并征集捐款。这些启事辞藻华美,文意深奥,浸透着悲凉情感。女人说自己"生入劫运","悲愉不能自由,疾痛谁可与语","曾几何时,倏已萎谢",充满了人生苦短、生命无常的无奈。林黛玉请求其他三人、并四人一起请求"乐善群公"怜悯"已萎名花",行义举,共建群芳义冢。还说因"是举为维持同类起见",故妓女认捐责无旁贷,但仍望众人解囊,她们将"分任劝捐"。至于读者究竟能从启事中看出妓女对时世的什么看法,则是历史上的无解之谜。每则启事都是"代拟"的,而拟稿者很可能是个男人。女人用高度程式化的文辞表达人生悲苦和短暂的感念,听上去极似指南、见闻录作者本人的遣词造句功夫。妓女似乎在代表自己说话、在说自己的事情,可是恰在此时,妓女本人的"声音"这个问题变得最让人难以捉摸。⑲

这种情形在下面要说的戏文中更为明显。花冢落成,小报主编李伯元"发起征撰"传奇,纪念建冢过程中的可歌可泣事。于是有两位名士合撰《玉钩痕传奇》,共分十出,"文情悱恻,传诵一时"。传奇有些部分属于募捐建冢始末的纪实,然全戏却因引入(虚构的?)妓女陈黛玉之死而获得一种完整性,"被恶鸨凌虐致毙"的陈黛玉成为被埋葬在花冢的第一位妓女。⑳利用陈黛玉之死来推动情节,也等于说出了妓女受害的一种方式。虽说高等妓院完全可能发生这样的"摧香"事件,但是这般凌辱在四大金刚的传略中却是一概看不到的。《玉钩痕传奇》和募捐建冢的启事一样,也只能读作由女性的声音诵读的、男性作家笔下的妓女生涯。

妓女与国家

清末民初,革命风起云涌,其中强调女子教育为国民改造之关键,对沪上妓界影响尤深。㉑妓女也同其他各界妇女一样,组织起来,争取受教育权。1906 年前后,中国正设法回购洋人的铁路投资,一个艺名蓝桥别墅的妓女在收复权利的运动中捐款 1 000 元,受到官方赞许,声名大噪。㉒

1914 年,有一批年长妓女(其中有林黛玉和翁梅倩)借用达尔文的语言,成立了"青楼进化团"。㉓该组织的两名主要积极分子是张曼君和祝如椿。据说张曼君热心阅读革命报纸,是早期青楼女子爱国思想的代言人。她因做过一次演讲而出名。那时妓女中时兴穿印着国旗图案的长裤,张的讲话谴责这种时髦,指出有那么多战士和英雄都为这面国旗牺牲了性命,而现在她们却把国旗的图案穿到裤子上,不是叫洋人看中国人的笑话吗?[124]

祝如椿曾于1897年居花榜榜眼,因容貌娟妍著称。[125]人到中年后,祝如椿开始相信妓女需受教育,才能救她们出"苦海"。(用"苦海"、"花残月缺之悲"等词语来描写妓女境遇的究竟是祝如椿还是指南作者并不清楚。)青楼进化团为募集办学经费搞了一场义演,事先发布消息,"假女戏园演戏一天",上海许多最负盛誉的名妓登台献技。当夜募得一千多元,用于租校舍、聘教员,报名者五十多,其中包括"房中做手、雏妓等",组织者本人也都入校学习,指南书宣告"魔鬼地狱一变而为弦歌礼义之邦"。妓女学生在学校懂得了提倡国货,抵制洋货。正如张曼君在一次开会演讲时所说,对青楼的前途不可能不抱无限的希望。

然而,这项事业因与娼妓的营业日程冲突,很快就难以为继。祝如椿离开上海去了天津;本来在高等妓女的职业生涯中,在不同城市间走动是很平常的事情。学生每日演出、接待至凌晨三四点钟,早上起不来,不能按时学习上午的课程。因工作所需,她们起身后要花许多时间梳妆打扮,下午晚些时候又开始招待客人了,而学校要下午4点才放学,故也成了问题。学校缺乏固定的运营基金和有效的管理,学生旷课,学校终于关门,青楼进化团无形中也解散了。

五年以后,妓女鉴冰办起了一所学校。她的妓院有两幢楼,学校就设在其中一幢底层的厢房内,组织比青楼进化团简单些:学生每天上一小时的课,每个月交三元学费。课程由鉴冰的哥哥讲授,他在文学方面有点功底。妓女及其子女入学上课,但四个月后学校关门,据说也是因为学生夜夜陪赌局酒局,耗时无数,荒废了学业。此后不久,鉴冰找了个有钱的军官,准备同他结婚了。[126]

上述组织尽管短命,却标志着妓女已开始直接参与国家大事。[127]在民国的最初 10 年中,妓女参与政治活动已成为很平常的事情。1915 年,国内对日本提出的"21 条"要求反应强烈,一些妓女捐出了部分局差收入和胭脂钱,共计 300 元,用作民族救亡基金。藏春阁给当地多家报纸写信,表明妓女同各界市民息息相关,她的命运同国家的存亡息息相关。她说自己虽生来不幸,现只是北里歌场一歌女,但"青楼女子毕竟也有家,有家的人也必须有国,因此生活的根本就是为国家服务"。她又说,从客人的谈话中了解到,有个国家想把中国变成第二个印度或是朝鲜,也就是变成殖民地。她声明说,"我虽然只是个妓女,但我也是国家的公民。"她拿出一部分积蓄捐给一爱国团体,希望对救国聊有所补。[128]

1919 年北京的"五四"大示威前夕,上海有 19 位妓女组织了一个宣讲团,请林黛玉做她们的"大阿哥"或"大伯伯"。(《晶报》评论说"此举让人想起义和拳运动,不寒而栗",但并未说明为何这个组织不像一般那样得到首肯,反遭如此恶评,被比作歪门邪道的叛匪。)[129]"五四"游行示威事件之后,5 月 9 日为国耻日,妓院关门、停生意一天以志纪念,妓女表态只使用国货。6 月上旬,妓院再次停业,妓女和全体市民一起参加罢课罢工罢市活动,直到 6 月中才结束。鉴冰的门外取下彩旗,换上黑色布告牌,呼吁非暴力抵抗。有声望的妓女宣布组成青楼救国团,在上海散发了 2 000 份传单,号召进行非暴力示威,要求释放被监禁的学生。她们还设了供应站,为罢课示威的学生送食品茶水。[130]大多数妓女的敬告都只谈国家大事,一般都加上"我们花界,斯业虽贱,爱国则一"等开场白。但是,一个名叫全国改革联合会的组织致"花界姐妹"书,则谈到娼妓业的情况,云姐妹们没有好的生路,只好被迫卖身,成了天下可怜人,但是她们可以通过组成小组、在全市散发传单、宣传救国的方式,使国家和自己的前程得到改善。这里,国家命运同娼妓命运的改善联系在一起。[131]

从辛亥革命到"五四"期间,关心国家命运几乎成了妓女必须做的事,据 1919 年的《晶报》报道,有个名妓因为不会读书,不熟悉"爱国"

"同胞"等新名词,竟至门庭冷落。⑬"五四"以后,鉴冰说到做到,不再招待日本嫖客。当她的一个常客请了日本人一起到她的妓家吃花酒时,她径自出去听戏了,仆人们只好在附近的菜馆叫了点儿饭菜。林黛玉派了个阿姐过去帮忙招待,但当地的闲话专栏报道了鉴冰拒不接待日本人的事。⑬将近20年后,中日战争全面爆发。有记者报道了一场妓女组织的无伴奏歌咏比赛,为救济难民共募集现金1 670元。上海社会局局长和一个重要救援组织的干事也参加了歌咏比赛。⑬

就在以上一个个故事的累积中,不但国家大事越来越成了妓女生活中的大事,而且高等妓女在国家政治事件中的作用也在不断地被放大。指南书和报纸上,高等妓女的政治行动和花边新闻同时刊布,一边是青楼进化团、妓院参与全市罢市行动的报道,一边仍是新近谁同谁好了、流行的款式、谁生病了等等的名妓消息。名妓新闻内容和活动范围的扩大,根本没有转移"坏女人""好女人"在做什么这个主要聚焦点,大多数高等妓女在公众面前的展露,仍与传统的色艺范畴相关,而不是爱国主义和自我更新的行为。但不管怎么说,报道中持续出现了一种新的亚主题,它视高等妓女为受到威胁的国家中的公民,认为她们因职业低贱而处于特别危险的境地。随着报道不断将高等妓女与国家联系起来,对娼妓生涯的理解也形成了新的认识,那就是为了中国的强大和现代化,不仅一般的娼妓,高等妓女也应列为改革的目标。

无言的空白:避孕、怀孕、子女、老年

本章开头已提出,高等妓女的历史记载有其十分奇特的地方:我们能从中找到不少有关她们救国行动的信息,但是若要问她们怎样避免或寻求怀孕,怎样处理自己生下的子女,要问她们活到老年,不能再靠为有钱有势的人说唱表演或当亲密陪伴来养活自己了,又怎么度日——这种种问题,从史料中倒是找不到什么信息的。

1949 年革命后编撰的资料处处突出"诉苦"的话语类型,人们在"诉苦"中学会运用压迫和反抗的语式重新阐释记忆中的过去。[13] 妓院的管理体制有意被用来与革命后的国家政体作对比,从压迫和反抗的话语中,我们了解到妓院制度对妇女的生殖健康漠不关心。我们得知,在一些妓院里,女人在行经期间或甚至怀孕五六个月了,还必须继续工作,结果导致了从血崩到经常性流产等各种妇科疾病。妓女流产后很快又被安排接客。[13] 为防止妓女怀孕,老鸨天天给她们服用明矾。另一种办法是让妓女吃活蝌蚪,说是此物"大凉",可抵消内"热",不致怀孕。活蝌蚪也用作堕胎药。妓女长期服用活蝌蚪,似乎导致了不孕症。[13]

但是,上海的妓院中使用活蝌蚪避孕是否普遍,由谁来管妓女、甚至强迫妓女吞服蝌蚪,长三幺二妓院的做法与野鸡妓院、花烟间的做法是否有所不同,还有什么别的有效(或无效)的避孕方法等等——这些方面的信息在现存的资料中是很难找到的。尽管堕胎在中国的城市中似乎是很普遍的做法,但是在有关娼妓的史料中,谈到堕胎的地方甚至比谈避孕的还要少,这可能因为晚清民初的刑法将堕胎定为非法行为。[13] 同样,尽管公共卫生当局提出性病是导致妓女不孕、死胎、流产的原因(见第九章),可是有关的信息却少得可怜。1948 年的一项调查就提出性病是不孕的原因。调查发现,在 500 个妓女样本中,怀孕率是极低的。样本中只有五分之一多一点在一流妓馆工作,500 人中一半多一点都有性病,但是这项研究并没有分析高等妓女中的性病发病率。[13]

我们对妨碍妓女怀孕的确切因素知之甚少,对妓女、老鸨、客人等如何看待这个问题,更是不得而知。现在接受采访的人士仍使用"诉苦"模式,他们所提供的说法很切合当前女性主义的类别范畴,即将怀孕看作是一种反抗的模式。上了年纪的被采访人回忆说,为了老来有保障,妓女会利用性的策略,尤其是怀孩子的能力,达到返回社会的目的。结了婚的女人在夫家用生子的办法巩固自己的地位,同样,妓女也会用怀孕的办法脱离娼妓业,怀孕能使妓女进入婚姻,或至少是当小老婆。20 世纪80年代中期,一群接受采访的上海老居民讲起了大庆里的年轻妓女巧囡的故事。巧囡同一富家子弟有了关系,因她长得漂亮,老鸨待她不错,看管也很严,当然不情愿让阔少替她赎身。巧囡怀孕后,和情人商定不堕胎。她不肯服用每天送来的活蝌蚪,等肚子大了,客人不可能再找她了,老鸨这才答应那大少爷将她买走。⑭ 从这样的事例中,我们了解到怀孕会引起妓女和业主之间的矛盾,双方会争论谁有权安排性服务和决定生育方面的事情。

但是,小报闲话栏中的文章却表明,怀孕和生育可能与继续做妓女完全不矛盾,老鸨并非必然认定怀孕是灾祸,妓女也不一定拿怀孕作为退身之策。1919年有一条消息说,某妓怀孕了却不知肚里的孩子是哪个客人的。这时嫖客龚某非说孩子是他的,老鸨十分高兴,叫龚付了一笔钱,相当于补偿了妓女产假的损失。⑭ 还有一条消息就事论事地说,某妓因刚生下的幼子死去,伤心过度,怕要推迟一段时间才能重新做生意。⑭ 第三章已提到,儿童在妓院中并非难得一见。妓院收养了许多孩子,让她们学说唱技艺,但还有不少孩子就在妓院出生长大,这就不只是女孩,也有男孩(见图18)。19世纪80年代的名妓李珊珊本人就是妓女所生,其生父系清朝大官李鸿章之子。当李公子不再送钱给珊珊母亲时,这妓女就带着5岁的珊珊上门讨要抚养费,传说李突然病倒,次日便毙命。珊珊在母亲的妓家长大,11岁就当小先生;16岁时,其心上人因受人嫉妒被谋害,她亦随即自杀。⑭ 高等妓女抚养女儿,让她们习艺,学做有教养的艺人;有的妓女还努力培养儿子上学,只是这方面的记载支离破碎,没有多大价值。⑭

有时,不论年长的妓女和老鸨自己是否曾生育,她们都会收养女,将其养大了嫁出去,讨个好价钱。有个30岁的老鸨已嫁了两个养女,收益颇丰,足以歇了生意享清福了。还有一个乐技造诣很深的妓女嫁出四个养女,有了厚实的家底,只可惜积蓄全都点了烟了,落到那千篇一律的下场:破衣烂衫,拖着肿胀的双脚游荡在法租界的马路上,哀叹着从前的荣华富贵。⑯

年老体衰、穷困潦倒的叫花子——最经常出现在人们的眼前、代表娼妓生涯的必然下场的,正是这种形象。但是,这样的结局在妓女的实际生活中究竟有多普遍,是不清楚的,因为大多数女人被纳妾后(如她们能当上几个月的妾的话),对她们的报道也就停止了。实际情形很可能是大多数妓女并没有在法租界的街头结束其娼妓生涯,但指南作者感兴趣的只是那些流落街头的老妓。世纪之交时的名妓翁梅倩终因鸦片瘾而落魄,三十多年后有人发现她竟在街头卖唱度日。⑯ 1853年出生的胡宝玉是上海高等妓女中的头牌,她最讨客人欢心,会英文,抽银质水烟筒,好与别的妓女争斗。但是名气和漫长辉煌的从业经历都未能使她免遭晚景的凄凉,最后仍落得个穷愁潦倒、困在老城中的下场,远离公共租界的繁华地段,尽管她曾经在那里叱咤风云。⑯

忠诚美貌的妓女常被比作宦海浮沉的官员,同样,落魄的老妓往往成为男作家的工具,表达他们最喜欢的两个主题:一是追怀往昔,眷恋那个已被丑陋刺目的"现在"所替代的"过去";二是叹息人生的短暂。⑯ 最终说来,我们获得了关于这些女人的现有知识,并能塑造出她们的职业生涯,这多半是因为男作家树立起她们的形象,通过她们而说出了自己的幽思。

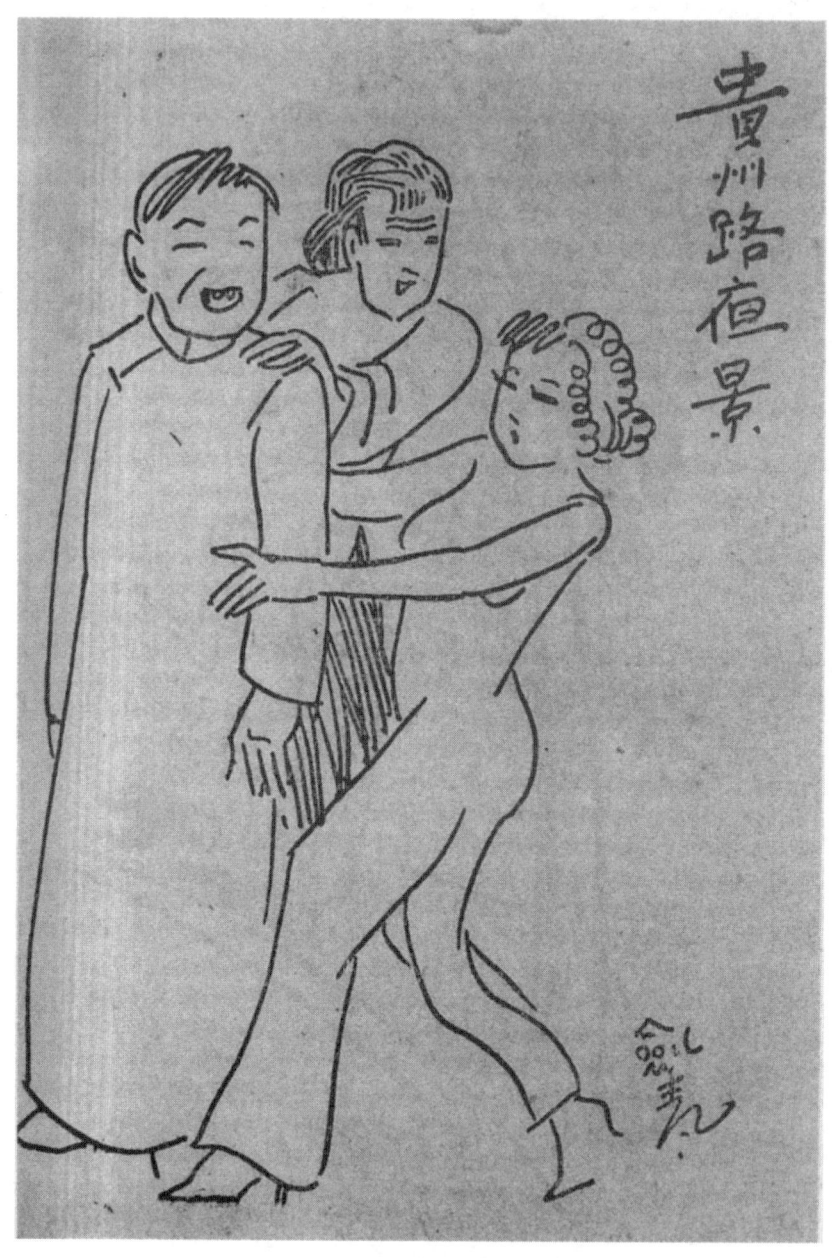

图 1　野鸡拉客

图 2　野鸡和娘姨

图3 上海声色场中"迷途的羔羊"

图 4 游艺场一幕

图5 兰云阁

图 6 沈宝玉

图7 琴寓

图 8 穿戏装的高等妓女

图9 拿着书的高等妓女

图10 对弈的高等妓女(和娘姨?)

图 11 秦楼

图 12 花四宝

图 13 筱青楼

图 14　坐小轿车的高等妓女

图 15　男人举刀"破瓜"

图 16 《妓女的生活》(孙玉声,1939)的封面

图 17 高等妓女在开价

图 18 两名高等妓女与儿童

图 19 鸨母领来妓女,嫖客"论斤议价"

图20 妇女劳动教养所

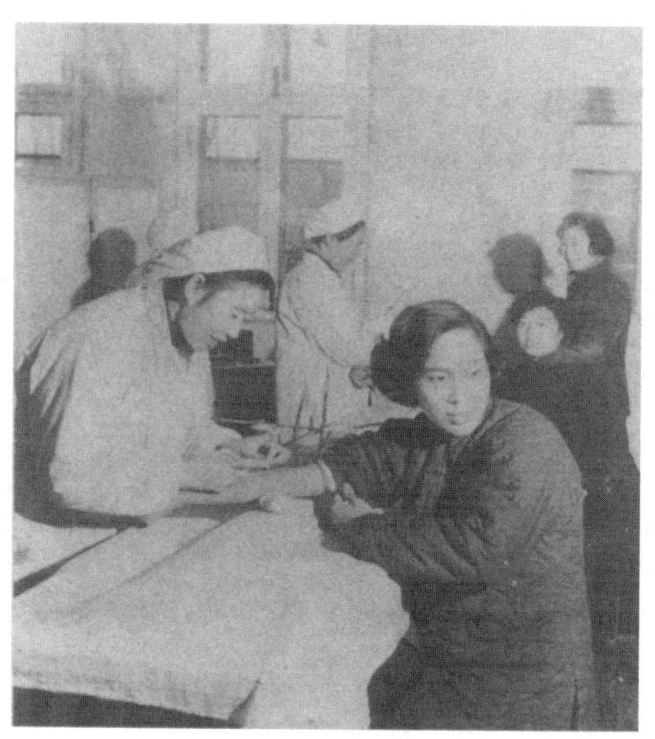

图 21　抽血检查性病

图 22　上课

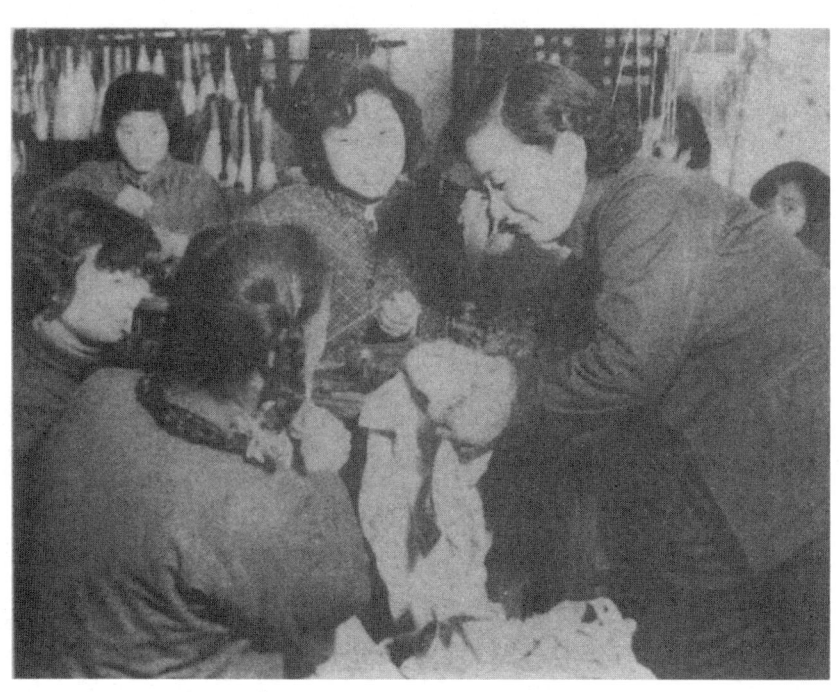

图 23 学刺绣

图 24　毕业典礼

图 25 陆星儿的妇女教养所采访录中的插图(陆星儿 1993 年之一)

图 26　同图 25

第三部
危　险

第七章　人口买卖

我们已经看到,那些关于高等妓女的文字,写的尽是对往昔的追忆和怅惘,被羞辱的风险,对上层男子气概的焦灼不安,间或还会有一些对于国事的忧虑。但不管怎么说,它毕竟是一种关于男性之乐的文字——表现他们与妓女相遇、爱慕、占有以及他们对意中美人的赞赏。不过,这些也并不是上海关于娼妓业公众舆论的全部。与其相伴的还有对于妓女、嫖客以及更大范围的社区所带来的危险的讨论,这种讨论有时也与上述关于愉悦的讨论交织在一起。第三部分即考察三类这样的讨论,涉及人口买卖、法律和性病这三个话题。

在19世纪和20世纪上半叶,妇女买卖交易是上海娼门、妓女之家庭、人口贩子以及国家这几方面的一个交汇点。它不仅牵涉第二部分所谈到的那些高等妓女,而且牵涉娼妓业中那些等级低下的妇女。指南书、小报以及回忆录中很少提及贩卖人口的问题,然而在另一方面的信息来源中,例如主流大报、改革报告、黑幕小说以及赈济机构或警署的记录中,它却比比皆是。外国人和中国人都谈论这个话题,不过在大多数情况下,倒是中国人的声音占上风。

有关人口买卖的故事实际上讲的都是受害故事。所有这类故事的作者都说,女人们被卖进娼门,要么是因为她们的父母穷极无奈,只好把她们卖给人贩子,要么说是在她们家人不知道的情况下被拐骗所致。①无论哪种情况,堕入娼门都被编排成一种与家庭纽带的断裂,妇女是作为被分裂出去的牺牲品,被推入到上海的妓院这样一种城市社会之中。

这样的表述其实是不完全的,而且引起了误解。但它却具有极大的说服力,它引发了许多废止娼妓业的努力,而且在当下有关性服务业何以死灰复燃(见第五部)的讨论中,它还在继续产生回响。本章在考察人口买卖现象时,不仅要看这些故事是如何描述买卖妇女这一行当的,而且还要从中辨析记录下这些现象的人又出于什么样的考虑,以及1949年上海解放前那些从事性服务业的人所采用的策略。

许多资料强调,人口买卖是进入上海娼门的一个很重要的途径。本章首先将描述贩卖人口的过程,妇女和她们的家庭又如何通过法律系统来纠正不公。当家庭联系被最极端的方式——绑架——切断时,女方家庭间或也会诉诸法庭要求妓院放人。在这种情况下,娼妓业、家庭和国家之间的关系就可以看得更清楚一些。

尽管说来说去都是绑架拐卖的故事,但我们必须牢记,许多这样的买卖,其实被卖女人及其家庭都是知道并同意的。许多妓女,甚至大多数的妓女,都有非常复杂的家庭关系,她们既对家庭负有责任,又从中得到支持,而这种关系又充满了冲突。本章的第二节将对这一关系网加以审视。警方和社会工作者对妓女的访谈表明,性服务所获报酬在许多情况下实在是微乎其微,但与在上海从事其他行当挣钱的妇女一样,这些钱对于她们的家庭也是至关重要的经济来源。妓女供养她们的家庭,而当她们与老鸨发生麻烦时,她们的家庭同样也会出面相助。

倘若这些从事性服务的女人都是有一个家庭关系网的,那为什么在当时的资料中又要把她们说成是没有家庭联系的牺牲品,或把她们说成是生身父母家庭与老鸨为之对簿公堂而争夺的对象呢?本章的最后一节将就20世纪上海的妓女讲得最多的所谓与生身父母断绝关系的故事，作出几点解释。

绑　架

白蚂蚁及新闻报道

现代作家们常常警告说，被人拐卖或被骗入娼门是女人在上海动辄会遇到的一大危险。②而20世纪出现的有关娼妓业的警示性文字，也把那些看来无害的城里人都描写成心地邪恶的样子：

> 许多宾馆服务生，剧场的引领人，饭店的侍者，卖花女，报贩子，马夫（车把式），女佣，甚至拉黄包车的苦力，都在这交易中插了一手。而其中最为危险的，或许就是那些女理发师和卖珠宝的，因为她们很容易走家串户，很方便地施加她们的影响。③

新闻报道则更让人感到女人们在上海一不当心就可能遇上危险。1920年11月，《申报》上就有这样一则报道，一名叫梁彩花的18岁的女佣上街买东西，遇到她东家的一个朋友梁德余。梁德余邀请她看戏，后来又拉她去了一家妓院，并同她在那里过了夜。第二天，妓院老鸨称，梁德余以100元的价码将彩花典当给妓院半年。彩花的一个亲戚得知她失踪的消息后，领警方到妓院来要人；梁德余被判入狱三年，老鸨则被收监三月。④这一类故事说明，在那样一种复杂的都市环境中，即使是熟人也可能危及一个女性的贞操，甚至还会危及她的人身自由。

妇女在当地被拐骗仅仅是这种人口买卖活动的一个方面，人口买卖从上海又延伸到内地，直达遥远的省份。人口贩卖包括买进或采取暴力形式抢人，把这些女人运送到远离家乡的地方，把她们变卖或典当给某个顾主，后者实际上获得了对她们的所有权。关于贩卖人口行当的描述至少涉及三类人：绑架者，运输者，还有就是掮客。⑤第一类擅长诱拐那些已经来到上海的人。这些诱拐者据说大多是一些苏北来的妇女，⑥但有根有据的传闻则说干这种事的有男有女,哪儿人都有,他们采取软硬兼施的办法把来到城里的乡下女人骗到手。

例如,在1929年的一个法庭案例中,两个女人,一个18岁,另一个16岁,她们控告一个名叫周内琛的绍兴女人想要把她们卖到妓院去。据18岁的这个名叫王兰翠的女人说,她们来到一家职业介绍所,想找个当保姆的工作,周即以同乡的身份上前来与她们搭讪。她和她们待了一天,晚上又请她们去看了一场电影,但是,王在法庭作证说,她后来的言行就变得可疑起来:

> 后被告同我等至一客栈门首。她先入内,约半小时始出,随有男子数人,向我等姊妹两人详细察看,滔滔私语,我睹此情形,决无良意,况我等与被告在各马路游玩之际,被告谓汝等欲向人家帮佣,非常劳苦,不如入妓院为娼,快乐无穷等语,我等遂弃被告,雇黄包车即往新闻路酱园弄母亲处,将情告知,后始报捕,将被告拘获云云。⑦

民国时期报刊上最多的就是貌似上等人、其实却是人贩子的一类故事。例如1929年的一则新闻报道说,一个女人到上海来想当帮工,她到一个修道院投宿,却被僧侣们典当到了一家妓院。同年报上还有一个故事说,一家黄包车行的老板趁车夫外出拉活之际,竟两次想把他的老婆送出去作抵押。⑧虽然这两起事件均因为亲戚的救援而未得逞,但这样的故事着实渲染了上海街头的危险,尤其对于那些新近从乡下来到城里的妇女更是如此。她们从中引出的教训是,除了自家人谁也不能相信。而由此又引出更大的问题,那就是千万不能与自己所熟悉的社群断了联系,女人和她们的亲戚绝不能相信她们周围的陌生人。

继拐骗者之后,人贩子中的第二类就是运送被拐妇女的那些人。他们或把从上海拐来的女人变卖到外省去,⑨或者自己到灾区去买进一些男男女女,然后再把他们转卖到城里去当妓女、女佣或给人家收养。⑩1940年一外国人的回忆录中对这一行当有如下的描述:

这些人被贩卖时年龄很小,非常便宜;在水灾或饥荒地区,人贩子花三五块大洋就可以买一个。要是运气好,他们一转手能把那些挑选出来的在上海再卖个千儿八百。这些孩子13岁的时候就会与某个讨妓院欢心的中国顾主过上她们的第一夜。⑪

与这些孩童和未婚姑娘一样,已婚妇女也常常是这些拐骗者的捕获目标。⑫被卖的妇女径直被称作"条子",而小孩则被叫作"石头"。⑬上海市档案馆现存的中国反拐骗救济会⑭的档案材料中,就有从20世纪20年代到30年代在这两方面的记录。档案中记载的有些妇女家就在上海,因独自外出或和朋友一起外出而失踪;有的从外地来上海当用人,结果被拐卖。档案中记录的案例都是在上海被拐骗,然后被卖到奉天、天津、福州和烟台;还有一例是绍兴的一个妇女被卖到上海当妓女。其中有一封信,是一个被拐女子的父亲写给反拐骗救济会的,信中传达了这种拐骗所造成的痛苦和混乱:

> 窃云标,原籍上虞,在汉口生成里公济和楼上开设成衣店营业,有女乳名五毛,书名小花,随眷在汉,现年十五岁,平日本来进出自由,略无拘束,以致去年四月四日被人诱拐,四处托人侦查登报招寻,迄无下落。前日忽得上海寄来一信,信面标明由福州赵寄,盖有东兴轮船戳记。拆阅,竟系小女之信,略称被拐匪骗卖在福州南台地当街贵宝堂充当妓女,日日吃苦如坐牢狱,恳设法救出火坑等云。云标一见之下痛不欲生,想小女年幼无知,遭人诱拐,甚至倚门卖笑,其间苦况一想可知。但以东西遥隔,前往救援人地生疏,恐受棍徒串诈,只有恳请设法救济。⑮

与档案馆保存的其他案例一样,此案讲述了一个家庭被陌生人强行破坏、继而又想方设法通过反拐骗总会恢复了家庭亲人间联系的故事。

在某些案例中,人贩子是一些土匪或强盗,可在许多情况下,拐卖者却往往是这家人的朋友,档案记录中还有两个案例,拐骗人是夫妻结伙。

在绑票和拐卖活动中,女人往往更胜一筹,因为她们更容易接近女人和小孩,行骗更容易。[16]20世纪30年代初的一项社会调查发现,28.6%的在押女犯——其中许多人都在50岁以上——是因绑架罪而判刑。[17]但有两条证据说明,男人和女人一样,也从事此项活动:人贩子通常又被称作"父兄",这说明男性也牵涉其中;[18]而关于此行当的描述提到,许多妓女在她们被买来后到再被卖到妓院前都被人贩子强奸过。[19]在有些时候,被拐女人显然是听了拐骗者的甜言蜜语而走的,只是到后来才知道她们将被变卖。[20]在另一些情况下,这些妇女是在独自一人时被强行拉走的,如一位姓萧的已婚妇女,她就是1929年那年在苏北老家独自在河边洗衣服时被人拖走的。[21]这两类故事都说明,对于没有陪伴的女性来说,无论她是傻乎乎的轻信者也好,还是勤勉的家庭妇女也好,这个世界都是非常危险的。

从有关人口买卖的材料看,把妇女从一地变卖到另一地的转运机制并不太清楚。有一个报告指出,为防止追查,人贩子拖着被拐来的"票"不住客店,他们和被拐来的人都藏在剃头店、糕饼店或职业介绍所里。[22]外国人的报告断言,人贩子有严密复杂的关系网、中间接头点和藏身地,但语焉不详。[23]许多材料都说"青帮"也参与了上海的娼妓业,帮会很可能为转运妇女提供了一个组织完备的关系网,但这一点也未见详细的记录。[24]经常有新闻报道说,某个妇女被多次转卖,转卖一次就换一个城市,有时她的身份还不断变化,从女佣或帮工变成妓女,从养女变成儿媳妇。[25]这说明,人口买卖活动向来和与其相衔接或重叠的妇女劳动力市场——充当工厂工人、家庭帮工、婚配和卖淫——有着密切的关系。尽管我们看到了这样一些情况,然而,人口买卖活动这套安排布置之隐秘不宣,则使得这些故事愈加可怖;读者所看到的是人突然就消失了,你根本没法解释,而且往往是永远也找不回来了。

人贩子中的第三类通常是居住上海本地的妇女,她们是掮客,人称"白蚂蚁"或"世脚子"。[26]有一份材料说,"白蚂蚁"一词说的是那些女的人贩子,她们被看成是危害社会的瘟疫㉗,但不知此说是否广为接受。1920年的一本嫖妓指南上列举了上海最著名的一些白蚂蚁的绰号,如从南京来的麻皮阿××和×婶儿。㉘白蚂蚁或许本人就是从事绑票活动的,但她们又与从事长途贩运的人贩子、与上海的包括妓院老板在内的各类雇主,都有关系。㉙白蚂蚁物色了一个对象后,就把她带到一个妓院,谈好价后就把这女人留在那里一两夜。然后,白蚂蚁和老鸨签一份契约,掮客可从中得到百分之二十的佣金,即所谓的"黄头钱"㉚。白蚂蚁在娼妓业的各个层面上都非常活跃,把女人卖到高等妓院、"野鸡"堂子或花烟间。㉛20世纪30年代娼妓业"现代化",与按摩院、歌舞厅、向导社以及酒吧等新的设施结合在一起,人贩子于是就又通过这些新的机构来搞人口买卖。㉜

　　新闻报道以及上海指南一类说的都是这个意思:人口拐卖活动无论在城里还是在乡下都非常普遍,女人一旦落入这些人的魔爪,那么她全家就都完了,这个话题又翻来覆去地被编成各种各样的故事,讲给普通老百姓听。例如有一本集子叫《上海黑幕一千种》,其中一部分为"女拐子之黑幕"。㉝书中描述的拐子有当地的,也有长途拐卖的,都是一帮相互勾结、极有耐心又极其残忍的人。有一个人,装着为他"儿子"找媳妇("儿子"本人是个无辜青年,的确是想找对象),为的是拐骗一个有头有脸人家的女儿。还有一个女人,她是替拐人帮干事的,她嫁给一个老鳏夫,为的是把他女儿拐卖到北京的妓院去。书中最令人吃惊的一个故事,说的是无锡郊区的一个年轻小媳妇,她在河边洗衣服时遇上了一个拐子(无论在虚构的故事还是在真实的传说中,这样的情节都非常常见),拐子劝她到上海去找工作。她离家出走后,两个孩子都生病而死,她的丈夫到上海去找她。一天,他住进一家客店,客店里许多人合住一间房,他听见另一张床上一对男女在说悄悄话,那女的听上去像他的妻子。他便轻声喊自己的名字,于是他听见妻子暗自啜泣的声音。第二天早上,他付不起房钱,他妻子便上前说他是她的丈夫。可店主把她打了一顿,说"汝系我出钱买来者。谁是汝夫"。㉞这种故事被翻来覆去,男拐子,女拐子,他们的受害者等等,说得人人皆知,这充分说明人们对处处充满危险的都市感到多么的可怕。

寻求矫正良策

1949年以前,警方与法院也定期对娼妓业实行管制,至少在涉及"将良家女子卖入花街柳巷"或"沿街拉客"一类有伤风化的问题时,那还是要管一管的(见第八章和第十一章)。民国时期,娼妓业原则上不算非法,㉟但人口买卖是非法的。1923年民国颁布的临时刑法第288条规定,对"以营利为目的怂恿良家女子与任何出资者发生非法性关系"者的处罚,要比对"在上述违法行为中抽取佣金者"的处罚更严厉。㊱1935年的刑法删去了对"良家"的特指,但明确将"使尚未年满二十足岁的男女从其家庭或监护人处"离走者定为犯罪,而如果没有事者本人的同意,或"将事者带走为达到营利目的、或教唆其从事淫乱猥亵之行为",那么,所施加的惩罚将更加严厉。对那些"接纳、藏匿这种人或让这些人获得藏身处者"的惩罚则略轻,对从事这些活动但未得逞者,也必须加以惩罚。㊲这两部刑法都把拐骗行为定为犯罪,因为它为达到营利、性活动或性买卖的目的而造成事者从其家庭或受监护处的离走。此外,魏斐德曾提到,公安局于1928年11月颁布的地方条例,"规定对绑架拐骗者判处死刑,将掩护其从事此项活动的财产没收;对参与与拐骗者谈判却隐瞒不报的受害者家属,则也要判刑入狱,但这一规定实施到什么程度并不清楚。㊳

警方负责实施禁止人口买卖的活动,并把查实的案子转呈法院受理,㊴但据国外观察家看,反绑票拐卖法规的落实充其量是时好时坏,很不平衡。这一向被视为中国执法效率低下的一个证据。㊵1925年,一位外国评论家在评述上海的法制面貌时曾批评了他所谓的立法与执法之间的虚伪鸿沟:

> 尽管……中华民国庄严宣告了关系其民众人身自由的基本法及相应的刑法条例,对违法行为施行非常严厉的惩罚,然而以赢利为目的的买卖儿童和妇女的活动却仍然是个司空见惯的现象。中国社会对这种行为通常表现出极大的宽容,相对来说,这方面的司法判决就比较少。㊶

第二次世界大战前,上海存在着三个不同的市政府,各个政府对拐卖活动都有自己的处置原则,这反而大大影响了反拐卖措施的落实。㊷在该市的中方控制区,1928年,警署在"奸拐"类中记录在案的有223个案例,涉及482名嫌犯——占全部案例或案犯的百分之十弱。㊸公安局和民政局于1928年共同发布规定,要求警方帮助被拐妇女儿童与家人团聚,若找不到他们的亲属,就把他们转交给慈善组织。规定还要求公布被收容的受害人的照片和相貌描述,并要求慈善组织只有在前来认领受害人的"亲属"能够提供担保者、能够准确地说出受害人的相貌、行为和口音特征时才能将受害人交给他们。从1912年至1934年,公共租界会审公廨上被控犯拐骗罪的中国人,每年都象征性地达到几十,有时甚至达到一百人。然而与公共租界的总人口和估计的妓女总数相比,这个数字又简直不足挂齿。㊹不过它与中国的整体状况是一致的,从1932年1月到1933年6月,所有的人口贩卖案件加在一起也就是566件,涉嫌犯罪者共935人。㊺由于疏于管束,上海警方往往在逮捕沿街拉客的妇女后(沿街拉客为当地法令所禁止),才发现她们是被非法贩卖到花街柳巷的。㊻尽管警方打击不力,但贩卖人口原则上说还是要受到相当严厉的惩罚的。㊼从1916年至1925年中国报刊上收集到的45名犯贩卖人口罪的犯人,他们的服刑期最短的为一个月,最长为九年;几乎半数被判一年或一年以上的有期徒刑。㊽

拐卖妇女的报道大多聚焦于一些戏剧性的时刻:受害者本人挣扎叫苦,引起了注意,导致拐卖者落网。例如有这样一个案子,一名叫龚芳子的18岁丹阳女子于1920年4月被拐,他们试图把她卖到法租界一家野鸡妓院,但未能成功。她一路放声大哭引起了一名中国警员的注意,他把三人都拘押起来。两个人贩子分别被判入狱一年和两年,龚则被送回丹阳,因她家乡的行政官来信说,她的父母太穷,无法来上海将她领回。⁴⁹另一姓萧女子,她在河边被拐一事前面说过,一夜她在上海的街上拉客,竟遇见了当初拐卖她的人贩子,她上前将他拽住并高声喊叫,警探听见后将那人抓获。⁵⁰这些故事,除了本身的戏剧性有趣可读以外,都强调这些女子如何设法脱身,这样就更强化了女人上当受骗这一大的故事格局。

另一种常见的关于干预和营救的故事,大多牵涉到被拐骗者的亲戚。他们听说了亲人的悲惨处境后,要么寻求警方的干预,⁵¹要么自己想办法。女人失踪了,后来发现她们和很像是人贩子的人在一起,或发现在上海的妓院里,于是母亲、婶子、姨妈、大娘、大叔、兄弟姐妹、父亲、丈夫一起哄到警署,为她们喊冤叫屈。⁵²有时是受害者的亲属抓获了人贩子,并将他们扭送当局,而被拐妇女县里的一些起劲的官员还会亲赴上海。⁵³警方在得知有拐骗案发生并被告知受害者的下落后,通常都会派警探将涉嫌拐卖人口者和老鸨送交法庭。⁵⁴新闻报道将这些情况都写成戏剧性的发现和家庭团聚。1880年有一个案例,一个男人去参加一个晚宴,宴席上有妓女招待,他发现其中之一竟是几年前被绑票的他的一个侄女。⁵⁵1936年《申报》的一篇报道说,杭州的王素贞被两个邻居骗到上海,卖进了窑子。她的母亲派亲眷去找她。王的一个男亲戚在妓院门口的街上碰巧撞上了她,他在妓院里过了一夜,以让人相信他是一个正经的客人。第二天,他填了一张单,要她外出应酬。老鸨以为他是王的访客便同意放行。这样,王得以逃脱,两个拐卖她的邻居也被抓了起来。⁵⁶

1929年的一则故事,讲了一个家庭的德行如何战胜陌生人的背叛的案例。受害人是句容县一个女子,她8岁时被许配给人家,16岁时父母双亡,便被送到亲戚家,亲戚觊觎她继承得到的一份田地。因为亲戚待她不好,她便轻信了一个男人的甜言蜜语,那男人在上海的一家浴池当修脚工。17 岁那年，她跟那男人到了无锡，他们同居半年后，他开价 300 元把她卖给了一家无照妓院。无锡禁娼后，老鸨又开价 600 元把她转卖到上海一家妓院。这时候，她童年的未婚夫也来到上海找她，他在日本人开的一家公司工作。四年后的一天，有朋友邀请他到那家妓院聚宴，他在那里发现了他的未婚妻，于是买下了她（老鸨要一千元，后他们同意以八百成交），并同她结了婚。报纸赞扬他援救妻子道德高尚。(57)作为一种报道犯罪和人情的文体，这一类故事大多强调的是家庭在寻找沦入困境成员时所表现出的勇敢的一面。 190

当妓女被带上法庭，或被警方质问为何当街拉客或无照行业时，她们最常用的开脱自己的一个说法，就是她们不得已才当了妓女。例如，1929 年，中国便衣警察在一次风化整肃行动中抓住一名叫谈玉喜的 18 岁妓女。法庭要罚她的款，她便说自己是两个月前从四川被拐卖来的，被卖给了一家野鸡堂子。人贩子当然已逃之夭夭，妓院的主人则因买下了这良家女子并逼良为娼而被起诉。妓院的主人辩解说谈是自愿签约，答应收入对半分成，但他仍旧被收监候审。(58)报上还有一些报道，那些女人都声称自己是被拐卖、被迫当妓女的，这样她们逃离老鸨也就有了正当的理由。(59)间或也有报道说某女人指控某男人拐骗，乃因为与之有嫌隙，于是就以此法让他吃官司。(60)在所有这些案例中，女人所断言的实不得已才堕入娼门，尽管可能是真的，但也可能是一种策略，以便使当局将注意力转移到别人身上。

一帮善骗者就这样非常巧妙地运用了惩治拐卖人口的法律。她们说自己是绑票受害者，并控告妓院的老鸨，要她们还钱。有一个女人采用的就是这样的骗术，她先让某个亲戚把她卖给一个白蚂蚁，当她被典押到一家妓院后，她的丈夫就去报警，说刚打听到他被拐卖妻子的下落，那女人也印证他的这番陈述。妓院老鸨往往因私下买入这样的女子或身份不明者从事淫业而被拘押六个月。这样，她既要丢掉新购得的妓女，还要赔上她买人所付的钱款。这就是通常所谓的“放白鸽”这一骗术的变种——鸽子有自己回家的习性。在这种情况下,对拐卖人口的控告便成了敲诈勒索的武器。猫捉老鼠这种通常的规律来了一个大翻个儿,这更让人觉得上海是个深不可测的邪恶之窝,这里什么人都有,不受任何伦理道德的约束。[61]

家庭、性劳动者以及国家

拐骗成为人口贩卖的一种形式,它使女人和她家庭之间的联系发生戏剧性的断裂。但有时候,法庭对拐卖案却不予受理,因为所谓的受害者承认她实际上是为给家里抵债而自愿当的妓女。[62]与绑票一样,人口买卖从整体上说,比粗看之下那些有关改革措施的文章和报刊上的那些报道都要复杂得多。例如,拐卖仅仅是人口买卖活动的一种;而大多数的情况都是女人自己的家里提出要求、并将她变卖或典当的。[63]再者,拐卖还涉及割断家庭网络的问题。然而警方和社会福利部门的材料都表明,女人往往正是为了维持家庭生活并与家人保持联系,才当了妓女,无论家人知道还是不知道她们所做的事。

从19世纪末到20世纪20年代,尽管新闻报道中对某一个案的细节披露很少,但仍足以看出那些失踪女人的家里往往知道她们的行踪。女人被卖到妓院,不仅通过匿名的人贩子中介,而且也往往是直接由她们的亲人或家里其他近交经手:父亲、母亲、继父、养母、养父、母亲的相好、姨婶、叔伯、未来的婆婆、婆婆、丈夫(女人是其大老婆或小老婆)、妯娌、相好、朋友以及老乡熟人等。[64]其中有些买卖还属于背信弃义的那种:如一个做丈夫的把已婚相好的女儿接来家,她却被他自己的老婆打发出去当了妓女,而老婆本人就是花烟间妓女;一女人被她的妯娌从乡下骗了出来,然后被卖进了妓院;或者是什么老乡之类,说是给女人在上海找工作,然而却把她们卖了。[65]还有些贩卖人口行为结果是搬起石头反砸了自己的脚:如一女人控告其昔日相好卖了她的女儿,可那人却说是她本人最初同意卖女儿的,她现在是有了新的相好就改变了主意。⑥⑥有关父母卖女的报道通常都说是因为家里太穷,或最近丧父或丧母,而不是说上当受骗或家庭关系恶劣。⑥⑦再有就是女人为了逃脱不幸的婚姻或继母的虐待而落入人贩子手中。⑥⑧

引起警方或法院注意的案例中,有相当一部分反映了被卖妇女的娘家和婆家之间有深刻的矛盾冲突:如一男子控诉其岳母把他的妻子(她的亲身女儿)卖进了妓院;⑥⑨一父亲向警方控诉,说他嫁出的女儿被她婆婆卖进了花烟间;⑦⑩一做哥哥的到警署来领回被丈夫卖到花烟间的妹妹。⑦①但在大多数情况下,还是父母或兄弟来援救被丈夫或婆家人卖出或典当的女性。⑦②有时,法庭会对这种情况判以离婚;但它们有时则会把女人交还给她的丈夫;而更经常的是把她们交给希望之门这样的慈善机构(见第十章),让她在那里待到能找到一个合适的配偶为止。⑦③

涉案的诸方越难调解,各方争议越复杂,法庭就越有可能将被卖女子送进慈善机构。有一个案子,一女人将其嫁出的女儿卖了,她女儿的丈夫聚集了一帮人将她抢了回来。结果母亲和丈夫均被判刑一个月,他朋友则被拘押两周,而被卖的女子则被送到一家慈善机构去找一个合适的配偶。⑦④在另一个案例中,一已婚女子自称被她的嫂子拐卖。她丈夫的兄弟前来要她回家,说她丈夫在乡下患了脚病不便行走,然而妓院的老鸨则说,是这个女人的父亲将她典当。尽管该女人说愿意回乡,回到她患脚病的丈夫处,法租界的法官却仍判她进了希望之门,直至后来她的案子被转到她的老家阜宁县。⑦⑤法院似乎更愿意让这些女人重新返回她们的家庭关系网,或让她们重新成家,由社会福利组织来安排她们的婚姻。可尽管有家庭优先的考虑,法官们却并不首先把这些女人送回她们的娘家,这一点究竟是出于什么样的司法考量,报刊的报道中也不得其详。那些上前来要回"他们的"的女人的"家庭成员",其身份是否真的如他们本人所说,法官可能没有多大把握,尤其是在涉案女人过去曾有被变卖经历的情形中。⑦⑥

这种情况告诉我们,在所谓的"家庭"名目之下,其实存在着各种经济的安排和情感归属的层次,它不是一套标准的、理想的关系,也不是一个矛盾冲突统统消失了的区域。许多妇女进妓院是由她们自己的家里决定的,有时她们本人也参与了这样的决定。国联关于妇女儿童被拐卖情况的调查委员会在1932年的报告中也承认,大多数妓女"最初都是被那些对她们能行使家长或准家长权力的人送入这一行当的"。⑰

　　街头妓女有时声称,她们是为养家糊口、万不得已才选择了卖淫行当。例如1947年2月27日那天,上海警方逮捕了一个老鸨和三个妓女,并以违反警方颁发的营业执照规定对她们课以罚款。这四人的招供尽管被纳入了警方审讯的框架,但它仍是一份由娼妓业女子直接说出她们自己声音的少有的典型。她们的陈述表明,娼妓业与妇女能够从事的其他形式的城市行业之间是互相渗透的,而娼妓业女子与其家人之间的联系也是一直维持的。那老鸨是一个住在上海的绍兴人,与丈夫一起开了一爿专卖洋货的小商店。当通货膨胀、银根紧缩影响他们的生意时,她就转开一爿小妓院,赢利与三个妓女平分。她的三个"姑娘"分别叫唐小龙、张秀英和陈阿宝。

　　那三个女人都声称是因为经济极度困难、为养活家小才从事娼妓业的。唐小龙,32岁,籍贯苏州,她对警方说:"民因母新亡,父已年老,负债极多,为境遇所迫,于本年二月间来申,自投上述地址沈孙氏家为娼……俟债还清后,再拟改业,或充佣,或返乡。以上所供是实。"唐显然没有丈夫,而她的同伴,来自扬州的25岁的张秀英,则发觉婚姻并不能提供经济上的保证:"民乡有老母、一子,丈夫从军四年,到今未归,一家生计困苦无法谋生,于今年一月十四日离乡抵沪,找旧日同伴张月华(女),托她设法代民介绍职业,一时未获正当职位,该友得本人的同意,介绍到该妓院为娼度生。接客所得之钱同院主对拆。膳宿由妓院主供给。并非受人之骗而逼于为娼,实为家寒之驱使为娼。以上所供是实。恳请当局谅鉴是幸。"

26岁的陈阿宝与上两人不同,她在上海曾从事过其他职业。"民前为……奶妈,二月后因丈夫在乡里病重就回乡。在去年年底丈夫去世。家有年老的父,还有幼小的子女各一。在乡为生活逼迫,民就在最近来申,有到富顺里7号内借房间,同老板娘做拆账为妓女生活。以上所供是实。"据以上三女所供,上海警察局行政处第一课正俗股长得出结论说:"……私娼从业原因,全为生活所迫。确无拐卖或被迫等情事。"㉘

　　这些故事说明,许多妇女并非因为遇到了人贩子才进入了娼妓行当,更不要说被那么多资料所强调的绑架犯了。有些女人比典型传说中绑架受害者的年纪大些;她们对娘家婆家都要尽孝,往往一家老小就指着她们去抚养。从事性劳动有时是妓女本人的决定,这里不仅有个人的、更有家庭的经济需要,她们的收入也往往用于支撑家庭。被捕后,她们本来可以辩诉自己被拐卖,从而争取宽大处理,但她们却将自己置于另一种受尊重的关系之中——正是为了尽孝道,她们才一时从事了低贱的行当。㉙她们是在被捕的特定情况下作出的陈述,这就提醒我们不可把这些陈述简单地读成没有任何问题的"事实"。然而她们的陈述,确实又使女人被暴力绑架、被强迫从事性服务这样的问题变得复杂了。她们以某种特别的方式来形成自己的陈述,这说明她们并非不懂表述的技巧,她们知道如何在实际情况中立即运用这种技巧,首要的一点就是不要让官方一上来就把她们描述为受害者或捣乱分子。她们实际上是参与了对自己的表征(即便那种场合并不是她们自己的选择),并在这一过程中,至少也留下了下属群体发声的某种痕迹。

　　中华人民共和国成立前后对妓女进行的两次调查,也证实了上述经济需要兼家庭责任之说。1948年调查了500名持照妓女,发现她们中只有4%的人是被拐卖或诱骗而从事娼妓业的。其余的人中声称为贫困所逼者占60%,突然失业或破产者占18%,迫于家庭压力者占5%,喜欢这份工作的占13%。㉚调查者称,"她们在这样一种环境下长大,她们喜欢这样一种生活。"㉛上海市政府于1951年妓院关闭后对501名妓女所进行的调查显示,43%的人从事淫业是因为父母或丈夫去世、失业或半失业。另有27%的人是因为家里待不下去或因为离婚,具体细节不详。只有11%的人是被父母或丈夫卖掉或典当出去,而只有9%的人是被拐卖的。

家庭和社会关系不仅影响她们作出从事娼妓业的决定,而且影响到她们从何处进入这行。女人们到上海寻找工作,通常都是依赖来自老家的亲戚朋友给充当介绍人或担保人。妓女也不例外。20世纪40年代警方审讯妓女记录中就有通过姐妹或其他女亲戚到妓院找工作的案例,而采访材料也表明,同村的妇女往往相互介绍到上海的同一家妓院。看来,一旦有人沦为妓女,这样的关系网就会一直运作下去,甚而还形成一个建立在亲戚和老乡关系基础之上的社会背景。

女人们是哪里找到工作就到哪里干,而性服务工作的特殊性并不一定使之成为最不想干的工作。1941年一则关于下等妓女的新闻报道说,一名妓女一夜接客达25次,然而尽管如此,大多数的妓女对自己的境遇却并不反感,因为妓院中的生活毕竟比在乡下要轻松。一位在1949年以前采访过妓女的社会工作者说,"其他的工作都比较累。而这个工作收入多,而且吃得好,所以她就做了。"研究者发现,20世纪40年代末的物价飞涨和战乱造成了老百姓流离失所,许多妇女从乡村跑到上海恰恰是因为她们羡慕妓女的生活:"从事淫业,日子过得风光舒适,对邻近乡村中窘迫度日的劳动妇女着实很有吸引力。"尽管研究者注意到性服务行业实际上是有诱惑力的,但妓女上了法庭或到了警察局却绝不会这样供认,庭审场合本身排除了这样的可能。

与所谓性服务可耻而非具有吸引力的说法相一致的是,妓女们往往不把她们的工作性质告诉给她们所供养的家里人。从乡下来的妓女告诉她们的乡里乡亲自己在做用人,由于她们回家探亲时衣着光鲜、出手阔绰,村里人还觉得当用人真的有钱可赚。邵美亭是一个来自宁波乡下的未婚女子,1947年,她在上海德龙烟厂找了一份临时的工作,可是当工厂停业的时候,她告诉警方说,"我因德龙烟厂关闭后生活无法维持,只得沦落为私娼。本想做数月后返乡去。我父母并不知我做此事情。"尽管邵也相信当妓女是一件有失身份的事情,但她还是拒绝了警方将她送到某慈善机构的建议:"我不能去,因家中父母年迈,妹妹尚幼,家中无人照顾。"⑩家在上海的妓女往往也有同样的倾向,一是对她们的职业保密,不让家人知道,二是愿意干下去。陈英于1948年因无照卖淫被捕,她对警方说,她必须抚养她的老母、兄嫂和外甥。"我母亲不知道,因为我是白天做生意,晚上回去住,母亲以为我在外做工。"陈说她不愿找其他的活计,"因为别的工作不够维持家庭生活,每每想到母亲年老,日夜啼哭,心里不忍"。⑪许多妇女因失去了工作、找不到别的工作而当了妓女,或是认为当妓女就是能得到的最理想的工作;这些人对维系家庭关系仍是至关重要的。

即便是那些被卖到妓院或被典当而从事淫业的妇女,交易本身并不一定就意味着断了家庭关系,尽管19世纪末时卖人契约的语言写得明明白白——该女子一旦卖出,应断绝与家庭的一切联系:

> 买卖一旦成交,她将被带走,她的名字也将更换,她长大成人后将服从买主的意志,做他要她做的一切事,无论那是体面的还是不体面的。倘若违犯,必严加处置。在对她本人的全部利害作以上的托付后,她将永远断绝与其家庭的一切关系,并永不翻悔。若遇死亡事故,双方都将认为是天意,绝无任何抱怨。⑫

不过,许多买卖交易并不像这一合同那么正式,做到一笔成交,它们造成的矛盾冲突在法律系统中亦时有所见。例如在1920年,一名叫徐定义的女子在会审公廨状告其妹夫将她妹妹卖入娼门,造成她娘家与婆家两家对簿公堂。徐募集资财为其妹赎身,她妹妹则要求并被获准离婚。(会审公廨随即宣布该案审结,将那男人释放。)⑬该女人不愿被卖这一点显然是该案审理时的关键,她得到了娘家一方的支持。但其他庭审案例则不宜视作女子挣脱由其家庭招致的契约责任，而应看作是其家庭重申对于该女子的控制权。⁶⁴在1929年的一个案例中，一男人听中介人说他的妻子找到了一份当用人的工作。约半年后，由于阴历新年将至，他就去找她回家料理家务。中介人则说她已经将他妻子卖了，给了他200块钱，要他再娶一个，他于是告到了法院。⁶⁵甚而还有这样的情况：是丈夫自愿将妻子卖掉，却仍然还要分享她们的收入；在一个案例中，一姓齐的男人，在1931年那年把他妻子卖了，得了240元。五年后，他妻子获得了自由，但她仍然干妓女这一行。1936年，齐在街上看见了她，竟向她勒索1000元。她拿不出钱来，他便伙同一些人把她关进一家旅馆里，直到警方发现将他们逮捕。⁶⁶

被典押的妓女与持续的家庭关系

与卖妻卖女不同，家里把女人典押出去从事娼妓业，就好像是把女人的身体当作一种经济资源去开发，不是将它放弃。（作出这一决定有什么内在的机制，女人在其中参与到什么程度，通常的材料中都语焉不详。）在20世纪30年代，典押的做法至少是实行的，尤其在低等娼妓业中最为普遍，而有些材料说一半或一半多一点的妓女属于这一类情况。⁶⁷此类交易就像是典当衣服或家里其他值钱之物一样，在城里的穷人当中，这样的交易也很普遍。⁶⁸爱德华·亨德森这位公共租界的公共卫生署官员在1871年对典押交易做了最翔实的描述。他解释说，被典当的女子的父母或主人会以她一半的身价将她抵押给一家妓院。譬如说，她的身价是200元，他们就能借到100元。然后，他们将她每月所挣的钱（比方说她每月能挣20元）与妓院院主对分（拿到10元），并用所得份额的一部分来还4%的抵押贷款利息（4元）。老鸨提供食宿；父母或主人则有权得到她获取的任何礼品。这样的安排对照料一个贫穷家庭来说至关重要，因为它能给他们提供一大笔钱，接着还有虽不算多却相对稳定的进账，而且还省去他们一个人的饭钱。亨德森补充说，把女人抵押出

去的人家（在他所提到的那个案例中，是女人的丈夫）很可能继而把她又卖给妓院，以获得更大一笔钱。⁹⁹

到了 20 世纪，典押过程更加化简；女人可作为借贷的担保物。借贷期间，她没有任何自由，对她的收入也没有控制权，她的收入由妓院的老鸨掌握。¹⁰⁰这种作为抵押品的妓女称作"包账"，以同那种从老鸨处得一个短期借贷的妓女（"带挡"）相区别，后者是以她所挣得的钱抵债。¹⁰¹典押期限通常为二到三年，虽然有一法庭审讯的报道曾提到过一个八年期的典押案例。¹⁰²典押的钱数则从 1920 年时的 40 元一节度（约四个月）到 1929 年时的 400 元管好几年。¹⁰³1937—1938 年的一项调查发现，被典当的妓女比被卖掉的妓女价钱要高，¹⁰⁴这或许是因为妓院主无须对她负有没完没了的责任；他或她只要对她最能赚钱的三四年加以控制，而后即可将她打发。妓院老鸨如果想连本带利赚得更多一些，她或许会愿意一上来就多付一些。另一方面，典押女儿的人家往往也想多抵押一点，因而也会使劲抬价；而出卖女儿的人家往往都是到了万不得已的绝望境地，已经无法讨价还价。

到了 20 世纪 30 年代，随着要求变革的呼声的高涨（参见第十和第十一章），甚至连指南手册上也开始用谴责性的语言来概括那些对妓院生活的细致描写，尤其是在涉及被拐卖和典押的妓女问题时。在对卖淫业日益否定的大气候下，被典当的妓女也被看成是与被拐卖的一样的受害者。新闻报道总是说起妇女被其父母、兄长或丈夫典押到妓院，她们设法逃脱，后又被法院遣送到希望之门，使她们不再受她们家庭的控制。¹⁰⁵有时候，从事典押交易的家人也会被判刑入狱。¹⁰⁶

但是，被典押而从事性服务的妇女在许多重要方面仍与那些被变卖的姐妹们不同。由于这种交易本身还保留了与家人的接触，这些被典当的妇女仍可以在典当期满后回到她们的父母或丈夫身边（尽管有指南书的作者忧虑地指出，到这种时候她们中的大多数人都已经染上了性病，"她这一生也就完结了"）。¹⁰⁷有的父母了解到他们的女儿处境恶劣，也有让她们解除合同的。例如,1917年,有一个15岁的姑娘,她的父母把她典押到一家高等妓院中学唱功和表演技艺(显然是当雏妓);他们后来控告一老鸨,因为她让一嫖客使这个女孩破了身。⑩这一类诉讼并不局限于高层妓女。1920年有这样一个案例,一16岁女子被她母亲典押到一家野鸡妓院,说好是只从事招待客人事宜,而老鸨则试图逼迫她与客人发生性关系,于是母亲想把她要回。(她因典当女儿而被判罚款50元,老鸨则因逼迫该女做妓女也被罚款50元。)⑩但有报道说,这种因女儿失身而大怒的做法其实也可能是为得到经济上的好处。在1924年的一份小报报道中,一穷极潦倒的男子与他的情人将他们的女儿典当给一老鸨,得款500元。契约上写明,女孩到可以开苞年龄时,所获钱款将与其父母对分。该女失身后,老鸨却没有分钱,于是父母将女儿领回,让训练该女的老鸨在经济上大受损失。(然而,具有讽刺意味的是,这一次不是女孩的父母,反倒是老鸨跑到上海当地的协会里求助;结果是该女的父母将典押得款还给了老鸨。)⑩

到了20世纪30年代时,家人讨回被典押女儿的故事成为妇女杂志上最常见的话题。有一篇报道讲到一个母亲不顾老鸨及其男帮手的威逼毒打,终于在法庭上讨回公道,由她为老鸨当用人,让她的女儿到妓院外去打工,而不再当妓女。⑪这个故事被当作母爱的典范,当作是对让这种合同得到延续的一种控诉,与那些有关拐卖的故事一样,它推崇的是家庭亲情最终战胜了那些欺诈盘剥的外来者。

对被典当的妓女而言,她们知道自己是为父母或家人而当了妓女,是为了还债或为了付父母的丧葬费,因而她们把自己当妓女看成是尽一份孝心。有间接的证据说明,这些女人也参与了将自己典押出去的决定。例如1929年的一诉讼案中,一男子将其妻典押进他所工作的服装店旁的一家妓院,该男子的父亲告他卖妻,但他妻子和老鸨都出庭作证说她只是被典当而非被卖。那女人并无利用这一机会从老鸨处脱身的意思。而由于她丈夫的确就在隔壁干活,因而她也不能算是与家庭断了联系。⑫

妓女仍与家庭保持联系,这种情况不仅是低等妓女的一个特点——该层次中许多人是结了婚的,或要担负抚养其娘家人的责任;而且,在20世纪的前二十多年出版的关于高等妓女的详细报道中,这种情况也有所提及。正如我们在第六章中所看到的,一些高等妓女事略中一个常见的主题,就是讲上等人家出身的女子如何因家道中落而沦落风尘,并将自己所受到的良好家教和待人接物的本领带到了妓馆中。⑬落魄的高等妓女这一主题,对于日益消亡并对往昔充满怀念的士大夫阶层,对于日益增长且对上述士大夫阶层怀有这样那样好奇的大众读者,无疑都具有极大的吸引力。然而,经常提到的有关这些女人的家庭背景,(在某些情况下)仍不断出现在她们生活中的父母,⑭以及有些父母省吃俭用、带着做高等妓女的女儿回乡嫁给体面人家⑮的决心等等,所有这些都表明,高等妓女与身处下层的那些随时卖身的妓女一样,并不因为她们从事了娼妓业就"与家庭断绝了关系"。

政治秩序的社会性别化

新闻报道、妓女改造文字、警署档案以及福利组织文件中关于上海妓女的故事,往往都说她们与家庭(娘家或婆家)断绝了关系,说妓女及其家庭都想方设法要救她们出火坑,并设法重新建立联系。但妓女们实际上则是处在各种各样的家庭关系之中,甚至一些极普通的家庭,也常常会把她们的女儿或妻子送进妓院,但同时又并不放弃对她们本人及她们的收入所拥有的权利。一些受骗者被拐卖的故事应该说只是多种情况中的一种,但它们被凸显出来、甚至被说成是最主要的情况,这就需要做一点解释。

需要说明的第一点或许是关于对妓女劳动的控制问题。家庭和妓院业主都通过控制妓女的劳动,包括她们的性服务,而坐收物质上的好处。当妓女的家里人想重新要回这些女人的时候,拐卖的指控就会变得异常突出,因为承认是他们自己卖掉了妻女会对他们大为不利。相反,按照民国的法律,妇女如果坚持说自己是被卖进娼门的良家女子,她则有权获得法律的保护而脱离妓院。如若离开妓院对于一个女人来说是一种物质或精神状况的改善,那么为了实现这个目的,她就一定会把自己描述成一个受害者,这样才能与家人团聚。因此,尽管有相当多的证据表明,拐卖在人口买卖案件中仅仅是少数,大多数涉及妇女买卖和典当的案件都是事者家庭所同意的,然而,被拐骗和变卖仍是妓女们在为争取自由而提起法律诉讼时的一个常见的故事。

20世纪40年代警方收到的公民投诉信件中,关于人口贩卖或绑票事件的指控非常突出。这些信件都特别提到居民区中存在着一种无照经营的妓院,1946年一案例中曾有这样一段评说:"……共有妓女十余人,该妓女均是从乡下骗来,有许多不愿做妓女拉客,均遭妓院主毒辣殴打,是日夜间听见啼哭之声。"⑩有时,控告信指控某罪犯是绑票者:"其股中最可恶者名杨二,曾派伊胞妹至乡下,拐骗年少女孩三口至上海迫令卖淫。若不顺从即遭毒打。"⑪战后,市政府曾致力于扫除无照卖淫,因而警方照章对这些投诉进行调查,但他们从来不对贩卖人口的指控予以关注。其实,真正令妓院附近住户恼怒的并不是买卖人口问题,而是妓院中的喧闹声和引起的街头争吵,而警方所关注的也多是无照卖淫,而不是人口买卖。只由于人口买卖**属于**非法,因而任何人若想给邻近的一家妓院定罪,即可指控人口贩卖,而这就造成了一个印象,好像人口贩卖在上海娼妓业中是如何如何的普遍。

造成对人口贩卖问题加以强调、而对其他因素则比较忽视的,当然还不仅仅是法律体系方面的原因。改造妓女的话语也特别涉及人口贩卖问题。例如在20世纪20年代时,在公共租界区就娼妓业是加强管制(实行有照营业)还是径直取缔的问题曾发生争论。⑫主张管制者认为娼妓业是一种"社会罪恶",但它的出现又不可避免。他们或以人性使然或以中国的经济状况恶劣来支撑他们的论点,认为老百姓为了糊口而不得不把女儿送出去干活或把她们卖掉。传教士们的观点则相反,他们竭力主张取缔,其理由则是基于自我的自主选择。他们争辩说,没有一个基督徒能够允许违背妇女的意愿将她们贩卖,无论这种贩卖出于什么样的原因。后者的论点多少是基于妇女沦为妓女都是被迫的假设,对此传教士们振振有词。⑲一位居住在中国内地的人氏以"Honor"(名誉)为笔名在上海一家报纸上撰文论及长江流域的妇女贩卖问题,"这条河流为中国那些拉皮条的提供了一种便利,他们可以一船一船地把妇女运送进张着饥饿大口的沿河各个口岸。"在各个口岸,被拐骗来的女子在秘密拍卖点上被卖出。Honor 认为,"各口岸妓院中的大多数妓女都属这类被绑架来的女子",她们当妓女并不是因为自己选择或经济上的原因,而都是被迫的。一旦当了妓女,她们就无法回家了,"她现在已成了发泄兽欲的工具,成了可怕的灾病之源——这时谁还会再要她",而只有在这时,经济方面的需要才成为问题。Honor 接着又断言,当妓女并不是女人出于"秉性的选择",而是因为男人创造了对这些女人的需要:

> 说这些女人中的大多数都已经铁石心肠,说怜悯她们根本没用,说她们即使能离开这样的生活,她们也不肯离开,那显然是无稽之谈。但一旦在里面待惯了,她们又毫无疑问不再会离开。那张将她们裹挟于其中的经济大网,更不用说她们后天所**习得**的心态和变态的心理,就好像是钢筋铁链似的。但是,**她们并不是自觉自愿地这么做的**。(黑体部分表示的强调是原文所有的。)⑳

其他取缔派的代表也支持这一观点,宣称:

> 妓女在这问题上出于自己选择的可能不足百分之一:这并非是什么过于轻信的爱情——如常常看到的导致外国姑娘失足的那样,也不是什么两性相悦,使得她们多少能够忍受那样的境况。那完全是一种最低等的肮脏交易,最终导致绑架,父母卖女,丈夫卖妻,以及野蛮的威逼,而且往往还伴随着毒打和饿饭。㉑

就这样，选择和它的反面——绑架成了关于对娼妓业实行监管以及它与公德、私德的关系的争论中一个重要的话题。于是在这一讨论中，在一些极端环境下被迫进入娼妓业的妓女就成了所有从事性服务行当妓女的代表，其目的是一举取缔整个卖淫业。在20世纪三四十年代的争论中，以及在伴随着20世纪50年代的取缔妓院运动的大讨论中，也出现过类似的话语形象，所有这些，我们在第四部还要讨论。

民国时期援救和改造妓女的许多工作中必须做的，是把女人送回娘家或婆家，或者是帮她们找一个合适的对象，建立起自己的家庭。中国反拐骗救济会（前面讨论过该组织的工作）、"希望之门"（第十章将详细讨论）以及其他一些福利机构，它们都下了很大的力气，为从良妓女和被拐卖的受害者寻找合适的配偶。⑫承认这些妓女**既**与家庭有千丝万缕的关系，**又**受雇从事性服务，便会破坏原先判别所谓秩序与混乱的一项主要指标。该指标本来在政治和社会各个层面得到一致公认，不仅传教士、民族主义的现代化论者接受，而且通俗故事的作者也信奉；后者不断地把上海描写成一个危险之地，天真未凿的乡下妇女在这里接触到了中国那张既有吸引力、又十分危险的现代面孔。（这些故事中的许多危险源也是女性，这说明让女人离家的危险具有两面性：她们既是猎物，又可能成为捕食其他动物的猛禽。）与娘家失去联系的受害者于是就成了关于中国妓女的最普遍的故事，成为表达20世纪中国的危机这个大叙述中的一部分，其具体的表述形式则各有不同——或者是关于改革的辩论，或者是国家关于法律、财政、公共卫生体系的条规，或者是通俗小说等等。从事性工作的人作为从家庭中裂变出去的受害者这个形象告诉了我们许多，使我们懂得了民国时期表达政治危机的语言：一种含有极其丰富的"女人处于危境"的象征的语言。

第八章　法律与混乱

在20世纪初的上海,妇女被人贩子绑架并卖入娼门的故事真是多不胜数。妇女和儿童从家中被拐走,在人肉市场上受到非人的虐待,这一印象成为社会混乱的突出表征,它大大削弱了中国在国内外批评家心目中的国家形象。正如我们所看到的,他们在讨论中总是把妇女放在一个受害者的地位,尽管有大量证据说明,实际的情况要远为复杂。

在法律话语中,也存在着类似简单化的情况。妓女被送上法庭或被带到警署后,她们有时被描述为被老鸨强迫从事性服务或被虐待的受害者;可是在另一些时候,在涉及违反街头拉客的条规或以色相为诱饵从事欺骗或抢劫的记录中,她们又被描述为危险的作案者。在面向大众的有关娼妓业的报道中,更是充满了这种两极化的描述。尽管这样的描述比那些关于拐卖受害者的故事层次丰富一些,但仍不足以显示出妓女与司法、管理体制之间复杂的互动关系。

妓女也为她们的财产及劳动回报之事来到法庭,并对提出争议的一方提出反诉和指责。她们的表现往往既不是处于不利地位的受害者,也不是受到指责的破坏风化者,而就是受到冤屈的平民,出庭来争取各自的目标。老鸨也一样。若无照经营,她们即被指控为扰乱社会秩序。若被指控毒打或威逼妓女，她们就被划入黑幕小说和改造派文字中常见的那种恶老鸨的定型。然而她们与法庭或警署打交道的实际情况，却并不能简单地纳入这些类别。即使老鸨的行为超越法律所允许的规定而受到法庭责罚，法庭往往还是承认并强化了她对"她的"妓女的劳动所拥有的合法权益。

这一章将考察民国时期有关上海娼妓业的一套法律话语的成型过程，这套话语是由上海各市政当局有所重叠的警务章程和司法条规磨合而成的。我们将在第十一章里集中讨论对娼妓业的全面整肃，而在这一章里，则主要考察管理制度的日常运行，追溯法律如何力图控制住娼妓业，以及妓女和老鸨们作为诉讼当事人和被告当庭对立的状况。这一章要检讨受害人和施害人这一双重形象（而后者既包括老鸨也包括妓女），但同时还要将注意力引向妓女的能力，看她们在日常活动中如何做到既运用这些话语表述，又超越了这些话语表述的限制。

条规构架

刑　法

清朝的刑法尽管对产生卖淫现象的种种条件加以禁止，但对娼妓业本身却无明令禁止。官员及其子嗣若经常出入妓院，则要受到责罚。刑法还试图将体面人家与妓女、艺人、歌伶等（在清朝初期均为下九流）分开，不允许后者购买、收养或迎娶体面人家子女，禁止文武官员娶妓女为妻妾。清朝与民国的刑法均视拉皮条和拐卖人口为非法，[①]正如前一章中所说，上海的许多人口贩卖案都以民国刑法为准进行审判。但民国时期的法律也未明令禁娼（及禁嫖）。[②]

虽说在曝露恶行的警世性文学中，妓女和老鸨总是与许多诈骗抢劫活动联系在一起，然而妓女老鸨们真的犯了事的却也很少蹲大狱。1932年对上海三个监狱（公共租界的海宁路监狱、法租界中薛华立路监狱和中方管辖区的江苏 2 号监狱)的调查发现共有 359 名女犯。其中没有一个是妓女;有两名是老鸨,但分别是因绑票和危害家庭罪服刑。调查报告的作者说,在上海,有许多妓院经营者犯罪、被捕,但有钱有势的老鸨会以贿赂或其他方式将事情摆平,很少有真的坐牢的。女犯中有 34 名因性犯罪而服刑:通奸(奸非),色诱(和诱),侵犯性引诱(略诱;这似乎是女对女的罪行,一女性受骗被囚禁并可能被逼为娼),危害婚姻,有伤风化,以及逃跑(从哪里或从谁那里逃跑未具体说明)。尽管报告认定妓院和烟馆毒化空气,毒害当地居民,造成犯罪率的上升,但这种联系却没有进一步作具体的陈述,也没有调查数据的旁证。③

发照和抽税

在上海历届政府管辖下,娼妓业一向是按照地方政府而不是按照国家一级的规定注册发照并征税。④直到 20 世纪 20 年代,公共租界和法租界官方对待娼妓业仍持颁照经营和征税的态度,而不是禁止取缔。在 1877 年,公共租界和法租界政府都同意对妓女颁发执照,对妓院和妓女进行登记,对向外国人提供服务的妓院实行每周体检制。虽然这一点主要是为控制性病的蔓延,其实也有一部分是为保护妓女的需要:如果妓女认为受到妓院主的不公对待,会审公廨有权关闭妓院。⑤

1898 年,公共租界的妓院又被一道注册登记法管了起来,这条法令详尽之至,无所不包,简直可以和后来军阀时期企图对一切活动的东西都征税的做法媲美:

> 若事先未得到工部局颁发的执照——对于外国人来说,执照还必须得到相关国家领事的确认——任何人都不得在规定范围内开设街市、市场、中国俱乐部、住宿店、乐厅、剧场、马戏场、电影摄影棚、吃食店,或其他消遣休闲场所、旅馆、小酒店、台球或保龄球房或舞厅、妓院、当铺、中国货币交易所或现钞零售店、中国金银首饰店、

牛奶房、洗衣房、面包房、屠宰铺、车马出租所、公共停车场、牛马猪羊牲畜棚;也不得出售或经营店铺、摊位或场所,用以买卖衣物、红酒、烈性酒、啤酒及其他含酒精饮料,或买卖任何有害的药品、毒药、专利药和成药、新鲜肉、家禽、野味、鱼类、水果、冰激凌、蔬菜及其他食品、烟草、彩票或其他中奖机会,或沿街叫卖物品;不得为公用或私用保留、不得行驶、不得供出租用任何汽艇、舢板、渡船或其他船只、马、矮种马、骡子或驴、任何汽车、机器脚踏车或其他机动车辆,或马车、板车、手推车、黄包车、轿子、两轮手推车或其他车辆,或驾驶任何电车、汽车、马拉车;或拉任何黄包车,不得蓄养或拥有任何的狗。⑥

违反此法规的则要罚款 100 元,如继续违反则每日追加 25 元。⑦很明显,上海工部局不得不有选择地实行这一法规,因此实际上一直到 1920 年,妓院也没有实行登记,虽说"对某些当地妓女(为外国人提供服务的)实行登记和体检制度一直持续到 1920 年"。⑧

1920 年以后,卖淫在公共租界成为非法,但由工部局和江苏省双重抽税的高级妓院则全然是例外。不过尽管如此,各色各样的妓女仍比比皆是。20 年代初,当上海工部局正逐步把公共租界中各种妓女和妓院的执照全部收回的时候,有报道说卖淫女不仅公然违反禁止拉客的规定,而且都干起了无照经营。⑨警方于是定期对无照经营的野鸡妓院进行凌晨突击搜查,把老鸨和妓女统统抓捕。⑩无照妓女被认定为违法乱纪者,无论她们上街与否。而与此同时,持照的高等妓馆的数目则不断上升;工部局 1936 年颁发的妓院执照共 697 份,而 1940 年则上升到 1 325 份。每一妓院每季度需交税 48 元,工部局 1939 年的纯收入为 68 865 元,而 1940 年为 77 092 元。该项收入成为仅次于饭店和餐馆的第二大税收款项。⑪

相对而言,在法租界,持照娼妓业于 20 世纪 20 年代到 30 年代期间一直是合法的。妓女也都要求进行体检。⑫1928 年,法租界的机构组织统计表将歌妓馆和妓院都划归为"C 类：为大众开设的场馆"，而不是 A 类，即"不适宜、不利健康或危险的场馆"，也未划归 B 类，所谓"有时可能成为不适宜、不健康的场馆"。如需申请 C 类执照，申请者必须说明场所所在位置、从业细节、人员构成、防火措施、卫生措施、场所建筑物平面图，并取得法国总领事和公董局的批准。[13]至少到 20 世纪 30 年代中期为止，申请开业的妓院业主（大多为中国人和女性）一般都是得到批准的。[14]妓院如果没有这样的执照，则时不时会受到查抄并责令关门。[15]在上述两个租界中，则由巡捕房和会审公廨来查处这类违反执照规定的事情。[16]法庭处理的有关执照案例中的大部分都是涉及中国妓院和妓女的。[17]

在日本占领时期，上海伪政府仍继续为娼妓业颁发执照。[18]1938 年，政府修订了关于向舞厅和职业舞女发放执照的规定，尽管按规定是明文禁止"不当活动"的。[19]1942 年 11 月，据报道市政府对娼妓业解禁，警方收集到的统计数据表明，5 253 名妇女得到书寓说书人、导游、妓女和按摩师执照。[20]战后国民党政府也对妓院和妓女发放执照和征税（见第十一章）。在 1949 年以前的上海，这种采用记录在案的办法来控制娼妓业并以这些记录作为征税的根据的做法，大大遮盖了废娼的冲动。

警方的规定

对娼妓业的日常监管一般是警方的任务：由公共租界、法租界的上海巡捕房以及在中方控制区的公安局负责。[21]公共租界警方 1926 年颁布的规定第 23 条为："如有妓女敢在路上拉客取厌行人，一经查出，即由巡捕拘送公廨照例罚办。"[22]法租界条例中与此对应的也是第 23 条，该条规定，妓女不得结伙调笑，不得表示出轻佻淫荡的姿态。凡以过分暴露的穿着引诱路人者将被吊销执照。[23]这些规定都化入具体的案例，1864 年至 1927 年公共租界和法租界的会审公廨在办案和审判时均参照执行。[24]

在上海的中方控制区内，涉及妓女的好几项行为都为全国性警察条规所禁止。[25]这些条规均由公安局而不是由法院来执行。[26]违反警方管理条例的惩罚规定至少是从1915年起开始实行,条规于1928年修订并公布。第43条规定,妓女"秘密地"(无照)拉客、出于不道德的目的怂恿或为妓女提供场所进行卖淫者,将被处以15日以下拘役或课以15元以下的罚款。第45条补充说,"在马路上或在公共场所语言淫秽、行为猥亵者"(以及裸身行走、赌博或"穿着奇装异服、有伤风化者"),将被处以5日拘役或课以5元罚款。拘役地点为公安局的禁闭室;罚款必须在判决后5日内交纳。㉗判决通常是在犯罪后一天之内完全由公安局作出。公安局还颁布了关于旅店管理的规定,包括禁止妓女去陪酒或住宿,也不准客人在客房里招待妓女。㉘随着娼妓业发展出新的形式,市政当局也相应制定了新的规定。例如,在1936年,社会事务局颁布了一项查禁向导社、舞伴协会以及其他"变相组织"的规定,如有违反则由公安局惩处。㉙

公安局在多大程度上实行了这些法规是一个比较复杂的事情。一方面,上海的警力不足;公安局在20世纪30年代初雇佣了约4000名警察,而北京的面积为上海的三分之一,人口相当,但警察人数却大约是上海的一倍。㉚再者,如果考虑到这样一个事实,即上海市公安局这一时期的大部分警察都来自河北、河南和山东等北方省份,他们说的方言与他们所巡视地区人们的方言有很大的不同,事情恐怕就更加复杂了。㉛在南京政权十年中,警察的频频调防和大规模的腐败已成定式。㉜所有这些因素都意味着,妓女街头拉客这样一些轻微的违法行为很可能根本无人过问。㉝而另一方面,在30年代,上海市政府一直感到税收严重不足,每一个局都必须通过某种额外的税收来支付自己的行政开支。公安局于是就靠违法罚款,这对他们执行条例的积极性起了一点刺激作用。㉞

拉客与不满之声

尽管有许多违反警方法规的事很可能没有得到处理或追究,但街头妓女却仍然被视为违反了禁止拉客的规定而每天都要受到稽查。㉟被指控街头拉客的妓女有野鸡、花烟间妓女、广州人和俄国人。㊱妓女往往被罚款一至十元后释放,广州人因对外国人拉客,罚款数稍高。偶尔会有妓女在保释期逃跑,不到法庭露面;她们若付不出罚款就被拘禁一周,这样的事情相对更少见。㊲老鸨与妓院的男店主由于允许妓女拉客或为他们做这样的事情也被罚款,通常是罚款20元或服役几周,尤其是累犯。㊳

即使把警察都调动起来去抓捕街头的妓女,事情也不那么容易。野鸡一见巡逻的过来就会躲到暗处,令法租界的警务处长十分沮丧,1917年时,他曾亲自上街去抓了十多个妓女。㊴1930年,在公共租界禁娼十年之后,中国纳税人协会仍向上海工部局抱怨说街头拉客现象随处可见。工部局对此无可奈何,答称警方对这一问题是知晓的,"对于拉客行为,对于将公共设施作为交际场所的现象,是一直采取打击行动的,而所有起诉案例只要有足够证据,均得到处理。"㊵

随着世界经济萧条的影响在上海的扩大,许多人都报道了无照妓女街头拉客增加这一现象。㊶20世纪30年代初期,公共租界和法租界曾组织过几次打击街头拉客卖淫的行动,接到特殊任务后,巡逻队和便衣侦探横扫野鸡出没的地区,并用一辆黑色警车把妓女一个一个地押解到各捕房,以示警告。可是,据一本指南书称,特别巡逻队一放松,妓女就又露头,不过这一次,她们会聚集到离大街稍远一点的茶馆或比较偏僻一点的地方。㊷1941年,一份新闻报道称,尽管在公共租界每个月要抓捕500名妓女,但她们中的大多数仍逍遥法外:

> 成千之巡警,不能从街上肃清她们,有时巡捕光临到娼妓之街时,则此街上即无女子。彼等俱已逃至另一街上,或躲在低暗处暂避,直至巡警离去此街,始见彼等重行出来。㊸

二战结束,上海成立了由国民党控制的市政府,市长办公室和警方又发动禁止街头拉客的行动。警方一次次的内部通报表明,警察署长并不能说服其属下各派出所和巡逻队的头头去镇压街头拉客者。这些部属因镇压不力而挨骂后就呈递上他们抓捕的拉客妓女的名单。这些名单上尽是重犯者,这表明她们一获释放,就又返回街头。㊹直到1948年,警方的记录表明他们还在主要大街和百货公司楼顶花园抓捕妓女,而警署长官也一再要求巡警们认真对待此事。㊺

根据报告中所列举违法活动发生地点的不同,这些妓女被划入各不同类别,或被列入未加区别的统计数字,或被当作不服从当局的犯事者,或被当作值得同情的社会不公、法律不公现象的受害者。即便是最充分的新闻报道,所提供的信息也微乎其微:妓女的姓名(我们从中可得知其中许多人是结了婚的)、㊻籍贯、妓院地址,被发现"强行拉客"时的街名,抓捕她的警探的警徽号,以及被罚款数。有些写野鸡为拉客相互争斗、贿赂警察而遭到拒绝的故事,也有细节的渲染。㊼

除了在那些干巴巴的关于抓捕罚款的新闻报道或在警方内部备忘录那种官样文章中提及以外,拉客野鸡还是一些回忆录作者和世风改造的倡导者的话题。这些作者能把大体相同的情节编成大相径庭的叙述。E. W. 彼得斯是1929年至1935年期间在公共租界服役的一名警察,他回忆了当时每晚在大街小巷都要上演的那种猫捉老鼠(更确切说是猎人打野鸡)的游戏:

> 由几名中国警察和一些当班的外国人组成的便衣特别行动队,每天晚上都受命对这些妓女和她们的阿妈进行围捕,他们乘坐一辆警车,从晚上9点到凌晨2点,随时都会出发。

中国的便衣警察等野鸡上前来拉他们,然后就把她们及其娘姨一并抓获,一车车拉到捕房,将这里挤得满满的。有的人喊冤叫屈,有的则大骂警察,或开他们的玩笑,装出对他们很亲昵的样子。在捕房待了一夜,到第二天上午10点时,她们被带上法庭,排成12人一行的队伍,每人罚款10元(妓女和随从一样)后遣散。有时,一上午要审数百人,然后,"这欢闹的人群便回家再为当天晚上梳妆打扮起来。"㊽

彼得斯笔下的野鸡孟浪无礼，压也压不住，极其善于卖弄风骚，动辄要捉弄抓她们的警察，并重返她们的老地方。小报记者在描写这些女人时则不那么花花哨哨，他们注意到，这个罚款的旋转门系统使警察和妓女都能从妓女每夜的收入中获得各自的好处。㊾倡导社会改革的作家则利用这些拉客故事来谴责他们所看到的警方和法庭规定中的种种不公现象。1922年《星期》杂志刊登的一则故事道出了妓女小说的一些典型特征：年轻、无经验的野鸡，为了不让凶暴的主人发火，在寒夜的大街上追寻客人。一个好心的巡逻人把她抓住，他认为送她到监牢中也比在大街上受冻要好。这个年轻女人这一夜忽而想到死，忽而又想起她的初恋，那是一个店铺的学徒，他除了给了她应付的买性钱以外，还多给了她几个子儿。第二天，她同那些因醉酒滋事或偷盗而被捕的一道被送上法庭。她暗自思忖，我究竟犯了什么法？如若两人发生肉体交易，何以卖肉的一方成了罪犯，而花钱买肉的一方却无事呢？法官们就座，一名中国人，一名西方人，以便让读者了解此案是由会审公廨受理。野鸡从未见过官。她决意在轮到她讲话时将事情的原委和盘托出。可真轮到她陈述时，她只觉得面红耳赤，说不出话来。中国法官问她为何当街拉客，可未等她回答，她已被罚款10元。从法庭出来，她见到她的妓院老板（男）正递给警察一卷钞票（究竟是罚款还是贿赂，不得而知），警察仿佛像交还一只"逃亡的狗"一样，将她交还给老板。那天晚上，她又到街上去拉客了。㊿

这种虚构式的处理创造出妓女的一种声音，但它是以改革者极其洪亮的声音说出来的。这些故事除了隐含有对当局与妓院老板之间合谋的谴责之外，还有两种主题是过去的其他文字中所没有的：浪漫爱情和性别平等。野鸡被写成是年轻纯洁的，"情爱之花意识之苗正在发荣滋长的时候"，但却被打入了"脂粉地狱"之中。对她来说，浪漫的爱情只有在白日梦中才能找到，她在她的小鸽子笼里等待着。对她向往而不得的感情世界的这样一瞥，有助于加深读者对她的命运所产生的一种悲剧感,这种悲剧感是因为她得不到爱,而不是因为她被拐卖或经济上的窘迫所致。第二个主题,即女人因从事男人同样参与其中的经济交易而受到不公正的处罚,它预示了20世纪末出现在许多国家的妓女要求非罪化的声音。[51]然而即使承认卖淫使妇女低贱(见第十章),中国改革者的著述(无论虚构的还是非虚构的)却不大可能对非罪化抱支持的态度——他们的作品确实丝毫没有这种支持的意思——但他们的确看到,在男人不受惩罚的淫欲面前,女人是受害者。

如前所述,20世纪40年代末国民党政府对娼妓业的加强管制,是其为重新控制上海所作的一项努力。在这一过程中,警察局长宣铁吾收到许多市民抱怨法规失效的来信。与警方备忘录和社会改革作家的文字一样,这些信件也起到了一种有意识表述的作用,将妓女和嫖客都视为造成社会混乱的一个缘由。一位署名为"云南南路一市民"的写信人写道:

> 迳启者:窃谓抗战胜利以还,本市对于市政设施力求整饬不遗余力。更能改良风化,严禁娼妓,成绩斐然,口碑载道,殊堪钦佩。然亦有藐视法纪、故违禁令者。缘民住居云南南路,开张营业历有年。所因该地段较为幽僻,目击每晚私娼林立,沿途拉客。附近各小旅馆暂作幽会之所。狎客大半下流,毫无知识。辄以一言不合,勃溪时生,甚至聚众打架,屡有所闻。民日间工作,精神委顿。欲于此际安睡竟不可得。附近邻居同受影响。啧有烦言。长此以往,非特有违钧局禁令,抑且恐有宵小乘机滋扰。爰特据情具报,务希鉴察,迅予饬员查究。借以嘉惠人群,为民造福。不胜感德之至。[52]

警局便衣侦探就街头非法拉客现象所呈递的内部报告也反映出这样的无奈。一名侦探在列数了发现妓女的主要街道名称后说,"自西藏路至云南路(大世界对面)妓女比肩林立,且有'马王'兜揽行人。该处虽有岗警视若无睹。"报告作出结论说:

查上述各娼妓活动地点绝少巡逻警士,致使该辈妓女搔首弄姿,强拉行人,毫无忌惮,殊碍市容观瞻,且背善良风俗。拟交各该管分局切实取缔。㉝

妓女与嫖客、警方的双向接触,其本身可有多种阐释的可能。作者们利用妓女把上海描写成一个无法治理的城市,妓女以及别的方方面面均处于失控状况(彼得斯和国民党警方侦探的经验即如此)。他们利用她们来对年轻女子被盗的青春、被毁的纯真表示哀叹,如果在一个稍稍善良温柔一点的世界里,她们的贞操原本是能够得到保护的(《星期》杂志上的故事)。他们利用她们来激励警方改善风化,在毁坏性的外国占领后重建自己的国家(写信抱怨的居民)。然而,尽管妓女在这些文字中被赋予了某种"声音",可她们说的却是被这些作者们的意图所塑造出来的话,受到大的讨论语境的生硬限制,而娼妓问题正被纳入这一大语境。

在极少数情况下,妓女们自己的言说也会被直接记录下来,例如上一章中提到的警方讯问笔录。以为我们有可能在这种情况下得到一种真正属于妓女自己的、没有被加工过的"声音",这种想法是很诱人的。然而,当妓女因拉客而被拘押的时候,她们立即发现自己落入了一种特殊的权力关系,她们必须对它作出某种反应。她们对官方讯问的回答于是带上了一种公式化的特点,而其中对某些字眼的重复则尤其值得重视。1935 年的一份小报关于无照妓女的报道称,"每一个被抓进去的妓女都要回答她为什么要当妓女,而每一个妓女的回答都是生活所迫。"㉞ 而 12 年后,正如前章所述,女人们依然用这同样的语言来描述她们的动机。这里可能同时存在着好几个因素。女人们或许觉得这是在描述她们自己的情况,于是就把经济必需论的话拿过来用(经济必需是改革与社会科学话语的产物,对此妓女中的大多数至多只有间接的了解),因为这种语言似乎表达了她们的境况。她们或许在有意识地用这样一套策略,她们觉得这样可以早点结束讯问,可以得到某种例行公事的宽大,让她们罚个款就完事走人——事实上是进入了妓女与警方打交道的熟悉套路。也可能是因为警方的速记员对这种拉客罚款老一套早就烦透了,他们径自填上"生活所迫",就免除了对她们逐一进行过细鉴别的必要,而那些个别的故事对于警方存档的目的没有任何用处。无论是哪种情况造成了这些历史记录,妓女留在记录中的"自己的声音"只是一声沉闷的咕哝,你说它是真正因为感受到了生活的艰难,还是一种表现自我的狡猾伎俩,或是警方某种不耐烦的表示,其实都无所谓。但即使加上了妓女自己的声音,这类拉客故事中上场表演的人物仍只有两种:受害人和施害人。

孩童必须远离妓院

公共租界当局限制卖淫活动影响的一项措施是让妓院远离孩童,让孩童远离妓院。禁止在学校附近开设妓院,以免纯真的孩子受到腐蚀。⑤另一方面,在外国租界和中国城区中,又规定16岁以下的孩子不准在妓院留宿。⑥但许多高等妓女都是在年龄很小的时候就开始学艺——往往以养女的身份,还有许多人年纪轻轻则已被典当或变卖当了妓女,在这种情况下,违反年龄规定的事当然就屡屡发生。民国初期,会审公廨每年要审理十几起指控父母让不足16岁的孩子到妓院去的案例,⑤这些孩子通常被送进去当雏妓或使唤丫头。这种情况往往是因姑娘的某个亲戚或某个匿名者向警方密报才得以审理。法庭要么判决将女孩送还其亲人收养,要么则把她送交给希望之门。⑥老鸨和男的妓院业主一般会被罚款10至15元,有时则会被判监禁几个星期至几个月不等。⑥

然而,要想真正切断妓院与上海青少年千丝万缕的社会联系则并不那么简单。老鸨、姑娘的亲属或姑娘本人经常会来申诉自己可以谅宥的特殊情况。一名老鸨向法庭解释说,她妓院中的一群姑娘是在进行音乐培训,她因此而被判无罪,法官只要求她以后别让她们待在那里就算了。⑥另一个老鸨(在她的律师的帮助下)也成功地论证了她收养的那个女孩已经年满 16 岁,所以已不在规定限制的范围之内。(在此类诉讼中,聘请律师的老鸨一般比不聘律师的境况要好)[61]有些女孩是母亲陪着去妓院的,她们有熟人在那里干活。[62]在许多情况下,女孩来妓院看望或与之同住的原来就是她们最亲的亲人:其中有些是妓院仆佣的女儿;[63]还有些是老鸨的女儿。法庭审理这些案子时,判决也不统一。有时是要求女孩脱离其母亲的监护,有时则要求母亲将妓院关闭,还有的时候,法庭干脆把女孩交还,仍由她母亲养育。[64]

在一些法庭判决将女孩送交希望之门的案例中,女孩的家人会前来要求得到监护权。有这样两个不同的案例,在一个案例中,女孩的家人说他们的女儿只是去走访她们当妓女的婶子;而另一案例是一名 14 岁的女孩被发现卖身,但她母亲和她本人则都要求母女团聚。法庭拒绝了他们的请求,显然是因为觉得这些当父母的完全没有负起监护的责任。可是在另一案例中,法庭却又让两位母亲把她们的女儿带回家去,因为她们聘请了律师为她们辩护,并保证女孩再也不到妓院去。[65]有时,警方在要求孩子断绝与家庭/妓院联系时表现得非常坚决,根本不管当事各方的愿望和想法。例如,1917 年时,警方发现一糊灯笼工匠的女儿被送进一家妓院去学唱戏。她显然不愿获得救援,她被发送到希望之门后就逃跑了,警方逮捕了她的母亲,要她交出女儿。[66]在这些案例中,法庭显然成了家庭与国家就哪里是孩子合适的处所而展开一场拔河的场所。

规定不准小孩进妓院,目的就是要让一个界定清晰的童年与卖身买性这件事完全隔绝。在法规制定者的眼中,任何违规越界的行为不仅伴随对孩子的摧残(殴打或强迫卖身),而且它本身就是一种摧残。然而,这些案例中的种种细节表明,女孩子**确实**出现在妓院里——并不一定正在做满足邪恶嫖客的性需要的那些事情,但她们或许正在那里学习表演的技巧,她们在走访她们的亲戚,或就住在那个她们所认识的唯一的家中。而老鸨们进了法庭,根本不是一副做了错事服服帖帖的样子并很好说话地放弃了对这些孩子的控制,而是要起劲地辩解,认为孩子们在那里出现是完全正当的。

老鸨的是与非

作为原告的老鸨

只要所从事的生意不违反某些规定,经营一爿妓院是不算非法的。当老鸨也一样,而且这些女人在对付妓女和嫖客时,还会理直气壮地运用法律来保护自己的利益。老鸨会上法庭控告妓女欠了她们的房钱、膳食费,或借债不还。[67]

妓院是公认的做生意场所,因此,警方有责任像对待其他生意场所一样维持这里的秩序。当有流氓闯入,要抢劫妓女房中喝酒赌博的客人或偷窃妓女的珠宝首饰时,公共租界的巡捕会逮捕这些流氓。当客人发火将妓院某男佣的头打破,租界的警探会把肇事者带上法庭,课以罚款。老鸨们——即使是下等花烟间的老鸨——并不在行为举止上表现得好像犯了什么过错或要偷偷摸摸似的:客人如滋事喧闹,不满意而摔盆打碗,她们就会告官报警。[68]

如客人企图拐走"她们的"妓女,或帮助她们逃跑,那老鸨们更会毫不犹豫地诉诸法律或报警。1880年,一老鸨就将一客人告上租界法庭,因为她怀疑他帮助她的一个妓女逃离妓院。该客人予以否认,但法官并没有因此而认为老鸨的指控不合法,反而还要妓院老鸨继续提供证据。[69]当武汉、南京等城市里有妓女与她们的客人一起逃到上海时,她们的老鸨当即会尾随而来,并以拐卖罪向上海的警方报告。[70]有的老鸨在被指控犯拐卖人口罪时甚至还诉诸法律寻求保护。1936年,法租界有这样一个案例,一老鸨向警方投诉,称几名男子说她的一名妓女是他们被拐卖的亲戚,要她赔付300元作为当初被拐卖的补偿。警方尽责地将几个男子逮捕。[71]这些故事对我们第七章中讨论的某些人口拐卖案提出了疑问,它们很可能就是一些精心编织出的骗局。另一方面,新闻报道表明,妓女被拐卖进妓院,但同时也会被拐卖出妓院,而在后者情况下,法租界法庭则往往要把拐骗者拘押,后者有时是来妓院的嫖客,法庭还努力设法找到失踪的妓女,把她们归还给"她们的"老鸨。[72]新闻报道虽没有说明法庭和警方在这种场合是否是在保护老鸨的合同权益或妓女本人的人身安全,但有一点很清楚,即当局觉得要求维护治安和娼妓业的秩序并没有什么不妥。

老鸨们不害怕诉诸法律和执法者,但她们也并不完全依赖他们。1920年,一名姓戴的老鸨为了要找到一名从她的野鸡妓院中外逃的妓女,动用了她的亲戚将逃跑妓女的兄弟关起来严刑拷打,他们怀疑是他将她藏匿。[73]1936年,一老鸨雇用两个强人开车在各条街上巡查,寻找两名逃跑的野鸡,结果他们发现她俩在一家商店购物,于是把她们强行塞进车内。[74]正如第三章中所指出的,老鸨们(个别妓女也一样)经常与所谓的妓院保护势力——流氓或有势力的大佬——联手。在野鸡妓院里,这又被称为"戤牌头"(撑一个假的旗号)。[75]据说有了这样有势力的"牌头",就能让警察对"他的"野鸡窝睁一眼闭一眼,妓女上街拉客也不至于被抓被罚。[76]

到了20世纪20年代中期,有报道暗示一些妓院主和妓女加入了"青帮",并效忠大佬们以获得支持。[77]老鸨还和某些私家侦探建立联系,[78]他们在保护妓院利益方面会做得相当辣手。1929年有一个案例,法租界一家咸肉庄一名17岁的妓女与一客人私奔。老鸨认定她被一名叫陈阿炎的篾匠带走,于是带了两个侦探去抓他,他们把他关在清江旅馆严刑逼供,要他交出她的地址。为尽早获释,陈佯称把那女人带到了浦东,可是当侦探带他到南码头准备渡江时,他跳河自杀了。结果,两名私家侦探被抓了起来。[79]老鸨使用的另一种保护性策略是对前来妓院的警察或小官员给予特殊的关照,给他们额外的茶点和性服务。[80]民国时期的上海,黑帮与警方相互勾结,它们之间的联系由于共同的帮派、利益和经济收入而愈加牢固。成功的老鸨都跻身于这样一张关系网中。

被指控的老鸨

对妓院经营者的民事起诉与刑事诉讼相比更是家常便饭。一位从20世纪10年代到20年代一直观察会审公廨庭审的外国记者这样写道:"无数所谓的中国'歌女'和妓女为获得自由而诉诸法律、控告她们的主人和老鸨,这是经常发生的事情。"㉒但是,当妓女或她们的客人递上控告老鸨的诉状时,问题不在于老鸨对她的妓女**是否**拥有所有权这一点是被认定的,而是在**多大程度**上拥有这种所有权。

诉讼中很重要的一项涉及妓女要同老鸨终止关系,这往往是(但并不都是)因为妓女要从良结婚引起的。19世纪末时,妓女如想离开那坚持不让的老鸨,则可以告官求准,只要她偿还了老鸨当初买她或赎她的那笔出资即可。㉓老鸨有权获得这笔钱财是没有问题的,然而,如果老鸨被发现有违反法规之事,那就给了妓女一个获得自由的机会。例如1917年有这样一个案例,妓女王月英与其客人吴锦堂结为相好,从此不愿与他人同床。她的老鸨逼她就范,这就违反了不得强行逼迫卖淫的规定,王自己进了希望之门,老鸨被罚款30元。㉔1921年,就在公共租界发起要妓院领取营业执照的运动后不久,有一个老鸨不让一警察为一花烟间妓女赎身,将她转到另一家没有执照的妓院干活,等于将她藏了起来。那妓女不干,她于是就以这家妓院没有执照为由,自己去了希望之门。㉕(该案例中的警察出资赎人显然是件很普通的事,所以没有引起什么评论。)

高等级的妓女如需终止与老鸨的归属或典当关系,往往会聘请律师来增强自己的谈判地位。她们还会利用现有法规所规定的不许从事这样那样的卖淫来胁迫老鸨放她们走人。记者兼小说家的包天笑曾描写了一位名叫朱榜生的"护花律师",此人在20世纪初异常活跃。一名15岁的高级妓女找他帮忙,因为她的老鸨逼她与她不喜欢的客人发生性关系。朱对她盘问后发现他的一个姓郑的老朋友曾对她表示过好感。于是朱说服郑在他诉讼期间替这个女人付她的生活费。朱把这个女人转移到一家旅店,嘱咐她离开妓院时千万别带贵重的衣物和首饰,以免被人指控说她偷盗。老鸨发现姑娘不见后,却不敢报警,因为她怕给妓院带来麻烦。不久,朱捎信给她说姑娘已控告她虐待她,逼迫她。他邀请老鸨前来谈判,说她犯了两大罪过:一是将良家女子卖入娼门,二是让一名幼女出卖童贞。他威胁说警方会干预,她会坐牢;她说她为抚养这个女孩已经花了一大笔钱,她还指望着她以后能给她挣回她的"棺材钱"。最后,朱让姓郑的追求者付给老鸨 400 元,赎回了那姑娘的自由。朱的名气因此而大增,许多想离开妓院的高等妓女都来找他帮忙。⑧

1929 年小报上报道的三个案例也表明高等妓女打官司的类似模式。在第一个案例中,一高级妓女先被典押给一个老鸨,后老鸨将她买下,并偷偷地把她的童贞卖给了一名嫖客,这使她大为恼火。因此当嫖客把她带到一家旅馆并要她留宿时,她拒绝了他的要求,并请来了一名律师。老鸨眼看要失去对该妓女的控制,便从妓女的抽屉中偷了 700 块钱。此时,律师在报上登出一份公开声明,宣布该妓女与老鸨一刀两断,因为老鸨为了赚钱而诱使她与另一方发生不正当的性关系。看来,律师提出指控使老鸨受罚,目的是要她不再向妓女提出进一步的要求。

第二个案例也涉及一名被典押妓女的开苞权。一老鸨说服一雏妓与一嫖客上床,答应给她多少多少首饰和现金。然而老鸨瞒着该妓女向嫖客要了相当大一笔钱,她自己占有了绝大部分,妓女欠债时,就连她要付给裁缝的车衣钱也不肯给她。妓女一怒之下逃出妓院,请了一个名律师为她打官司讨回自由。这律师名气极大,引得数家大报都报道了他应聘一事。该诉讼也是控告老鸨逼迫妓女违背自己意志接受嫖客的开苞,如果老鸨不放该妓女,他们就要采取进一步的法律措施。与此同时,他们又表示愿意与老鸨谈判私了。该妓女还非常新潮,她宣布一旦得到自由就将到一所女子学校去念书。

在第三个案例中,一名受雇于老鸨、生意非常红火的高级妓女,聘用一名律师告她的养母,要求脱离滥用权力的养母,因为正是后者同老鸨谈聘用条件的。妓女答应给她养母一笔钱作为补偿,这钱是一个喜欢她的客人给的。结果,律师达成以下的调解:她母亲同意以后不再干涉她的日常生活,但在她从良结婚时,必须告诉她并给她足够的钱,以保证她安度晚年。她母亲同意了这些条件。但是,那妓女却没有立即结婚,她母亲显然是等不及了,竟跑到那妓女家中偷了她的首饰。在这一案例中,法庭的判决并没有指控母亲违法,而是承认她因为养育了那个妓女而有权在那妓女从良结婚的时候获得经济补偿。⑧

在这些案例中,所有的争讼并不是因为老鸨雇佣妓女为嫖客提供性服务,而是老鸨究竟在什么时候才能要求妓女提供性服务,以及从中能得到多少好处。律师在这种情况下所起的作用与在其他涉及合同的谈判中没什么两样,聘请他们的妓女在法律面前并不像是做了什么亏心事似的抬不起头来,相反,她们运用法律来提高自己的地位。当律师们指控老鸨违背了某某法规,他们并非认为当老鸨完全违法,而是要迫使她们或引诱她们作出某种让步。总之,妓女和老鸨的行为举止都好像这法律就该听任她们去用,而不是限制她们的行动的。

聘请律师控告老鸨违法并不限于妓女所为。在1929年被广为报道的一案中,事主赵秀英出身破落官宦家庭,其母为贫困所迫,将她典入绍兴的一家高级妓院。根据该新闻报道,她后来又被土匪绑架,再一次被典卖到了上海的一家野鸡妓院中。赵不仅屡遭毒打,而且在典押期满后仍被她的老鸨非法扣留,又签了一个"卖身契",使她永远归老鸨所有。(故事暗示尽管赵出身书香门第,但她本人却因为不识字而受骗。)她与一个相好的客人逃跑,但一直怕老鸨用那个合法的合同来找她,于是就请了一个律师,状告老鸨无照经营妓院,买卖人口,逼迫良家女子为娼——而所有这些都是违反刑法的。据新闻报道,该老鸨亦聘请一律师,对簿公堂,但最终结果如何,报道未再提及。⑧

妓院的嫖客对老鸨拥有妓女的权利也是认可的。但当某个嫖客想买某个妓女做妻妾而老鸨不允时，那就要对簿公堂了，而这样的冲突在各个等级的妓女中都会发生。例如，在 1875 年，一个卖劈柴的小贩花了 50 元定金从一个老鸨那里买下一个妓女，这女人是他在一家花烟间遇到的。按法庭证词记录说，那老鸨拿了钱却不让他与那妓女立刻结婚。法官听了他的申诉后，让一个警察去告诉那老鸨，她要么让他们立刻成婚，要么退钱，否则就得吃官司。（那男人的要求不作数，因为老鸨和那妓女都说劈柴小贩从来没给她们任何钱。）⑧ 在这个案例中，法官的警告强调了这样一个事实，即如果老鸨是拿了钱，那么她必须让那个女人走——但如果她没有接受那笔钱，那她就对妓女继续拥有控制权。其他的一些庭审案例包括有的老鸨想从妓女身上多要一点"卖身钱"，而客人则想尽量少付；或有的客人想把某妓女买走，而老鸨则非要那妓女保证，决不另立门户、与她竞争。⑧ 会审公廨当即同意开庭审理这些案例；其作用显然只是从量上对老鸨的要求加以限制，但并不对她们的合法性提出挑战。

妓女只要能证明自己是被迫进入娼门的，即能得到法律的援手而逃出娼妓圈。民国时期的许多庭审案例都是围绕着这样的争论，一般都是由妓女或她的亲戚提出，说她并不是自愿投身妓院，或他们并不是自愿将她卖到那里的。而老鸨们则一般都对上述说法提出反驳，说这些女人都是当作寄养女卖给她们，或典当给她们当妓女的。因为典当和买卖是契约交易，所以老鸨们往往都能在法庭上拿出签字画押过的契约，证明那原本是各方都同意的安排。以不规矩手段获得妓女的妓院主也会干一些炮制假合同或在事后骗那些女人签字的勾当，但妓女们往往也会说这些契约合同都是被胁迫而签的。⑨

受罚的恶老鸨

从 20 世纪 10 年代起，恶老鸨在描写妓院的多种文类中变成了一种固定形象。（参见图 19）其识别特征就是虐待她的妓女：她们被锁在房内,如不能令客人尽兴、不愿伺候客人、因病不能与客人发生性关系或被怀疑偷了鸨母的东西时,会挨打甚至要遭毒打。如第二章所述,动辄受到这样虐待的是那些被典押或变卖给了鸨母的妓女。有时候,毒打是鸨母授意,动手的则是妓院的男主人或仆役。相关的新闻报道多涉及一些低等的妓院,如雉鸡堂子或花烟间。它们引起公共租界当局的关注,一般是因为警方发现了这类事情,或被虐待的妓女自己逃进了希望之门。在公共租界,过分的虐待会被课以罚款或被判监禁,法庭或许还会终止典押合同。被毒打妓女往往被送到希望之门或其他的福利组织。[91]

在一些更加恐怖的黑幕小说中,鸨母虐待妓女的事情被绘声绘色地描写成拷打上刑,以逼迫那些桀骜不驯的妓女就范。1937年有一则很惨的故事,说的是一个约十七八岁名叫阿金的女人,她被一个男人骗了,以100元的价钱卖给了一个叫阿母的老鸨。阿母让三个男人给阿金开苞,他们用一根铁钻挑进她的屁股,用绳子捆住她的双脚,把她吊在房梁上,下面点上香熏她,直到她同意与客人发生性关系为止。如果这天晚上她招不到生意,阿母就会让她赤身裸体站在庭院的雪地上(深夜吊打的场面都会说到雪,而上海是很少下雪的,但这是这类叙述的一个典型特征)。在无情的鸨母阿母的虐待下,阿金越来越瘦,人也变得不好看了,赚的钱也越来越少,她因此而愈加受到虐待。[92]这些故事公开的目的是要揭露卖淫业的"真面目",但它往往堆砌了许多性施虐的细节,近乎一种色情书刊的写法。

恶老鸨还出现在另一类故事中:妓女逃出妓院,来到大街上或是找客人寻求庇护,最后引起警方关注。报上曾讲述了一个艺名叫红云的17岁姑娘的故事。1928年,她母亲以400元的价格把她典当到法租界的一家咸肉庄里,但这家妓院的老板嫌她太瘦弱,就把她又典当到另一家妓院。报道说,红云的新鸨母残忍得出奇。红云被逼迫上街拉客直至凌晨4点,如找不到生意,就罚她跪在碎瓦片上,不准睡觉,头上还要顶上一碗水,如果水洒了,就要挨皮鞭抽打。红云实在忍受不了,一天清晨,她逃出妓院,跳上一辆停在弄堂口的黄包车。慌忙之中,她连自己要上哪里也说不清楚,只一个劲地跟车夫挥手比画着往前跑。跑了九个小时,穿过上海好多个街区,车夫最后不耐烦了,问她到底要到哪里去。她不好说自己没钱付他,便离车走进路边的一间房子,求人家收留。可人家哪里肯收,她只好回头求车夫娶她为妻。车夫大喜,对她说自己年纪过大(他36岁),但家里还有三个兄弟,都未成家。他把她带回位于中方管辖的闸北区家中。可一回到家,三兄弟就为究竟由谁来娶她争吵起来。吵闹声让好事的邻居听到,他们怀疑这女人是被绑架的,于是一群人进来讹诈这几兄弟。最后,警方来调查,把红云和三兄弟都带到了公安局。[63]报道未提及此案的控方是鸨母还是三兄弟,而红云的命运也始终是个谜。但在与此类似的故事中,[64]妓女的苦难都被归咎于一个恶老鸨的虐待,而不是娼妓业本身所具有的危险和耻辱。

妓女的是与非

易受伤害的妓女

妓女所受苦难其实并不能全部归咎于恶老鸨的折磨;有些是因为极度扭曲的爱情导致了自杀,偶尔还引发凶杀。1918年,一名妓女自杀,原因是有客人偷了她的衣物,可她的情人却反而责备她。另有一妓女因情人无力将她赎出而两人一起吞食吗啡鸦片殉情自杀。但这样的自杀究竟能否反映妓女自己的意愿却不清楚:至少有过这样一个案例,一个警察被指控谋杀一花烟间的妓女,因为她不想跟他而跟了另一个警察,而他则声称他俩是约好了双双自杀的,只是他没能死成。[65]

这一类故事都把妓女描写成非常纯情、动辄为爱情而不顾一切的尤物。然而,这些故事同时又加深了这样一种理念,即妓院之所以是个危险的地方,正因为那里人与人之间的关系没有受到正常的社会约束。

受指控的妓女

　　正如第五章中所述,高等妓院有时也被描写成危险的所在,男人在这里弄得不好就要受到那些目空一切的女人的羞辱,被小骗子和那些靠骗取信任而骗取财物的家伙耍弄。对于高等妓院中的危险的温和批评,到了写低等卖淫业的文字中被大大地放大了,据说这里的妓女被绝望所驱使,在算计她们的客人时无所不用其极。1929年,一名叫小玲珑的20岁的上海妓女,逃到了该市的南火车站,在她准备搭车去杭州时被警察擒获。报道说她小时候在杭州被绑架,后被卖到了一家雉鸡堂子里。她逃跑过一次,但被抓了回来。成年后,她在上海干上了妓女营生。一个客人看上了她,他每月付给妓院50元,要把她包下来,并把她弄到野鸡妓院外的一间房子里。他不知道小玲珑是铁了心要回杭州。在后来一个来月的时间内,她"骗"他(报道如是说)给她买了许多的衣物,而她把这些东西一卷,跑到了火车站。她的计划之所以没有成功,是因为她路上撞上了一个流氓,他想讹诈她,而他们的争吵引起了警察的注意。㊻从表面上看,这故事讲的是妓女偷客人的东西(或许还违背了与妓院签订的契约),然而故事中丰富的细节描述却足以让读者可以有另外一种理解:即这个女人是为了返回老家,为了摆脱被绑架、被人控制的妓女地位,才落到偷窃和逃跑的地步。

　　妓院往往还被描写成这样一种地方:男人们来到这里,他们原先所受到的尊重和亲人熟人的保护,一时间都不存在了,他们个人就很容易遭遇到危险。报上常看到这样的报道,某男人与一名野鸡或其他什么低等妓女在旅店里过夜,早晨起来,他发现自己的钱财和衣物统统不见了。㊼另一常见的话题是客人死在妓女的床上,其家属伤心欲绝。1916年即有这样一个案例,事主为黄又鹏,他与妓女陈连宝过夜,突然(报道如是说)发出一声呻吟。陈大惊,连忙用黄包车把他送到红十字医院,但黄的情况已非常危急,医院又将他送回妓院,结果他死在那里。尸检称他是吞鸦片自杀,但他的小舅子觉得有诈,说黄的皮夹中少了100元。⑱1929年另有一案,也是说事主在嫖宿危险妓女时自杀,但故事稍有不同。一名叫王阿三的侍者用包月方式"租"了一名叫老三的妓女,两人情投意合,准备结婚,但王的经济非常拮据。他父亲不许他结婚,因为他没有工作,老三又是一个妓女,而且鸦片还抽得很凶。王请舅舅帮忙,但他舅舅一口回绝。老三这时还一个劲地催他结婚。走投无路之下,王偷偷吞了毒药,于凌晨4点来到老三的妓院。老三晌午醒来发现他睡在身边,脸色苍白,不停地呻吟。她赶忙喊鸨母,鸨母叫来警察,用车把王送到仁济医院,可是想尽办法也无济于事。王的父亲要求不要尸体解剖,警长同意了。老三来到遗体前,被死者的亲属团团围住,他们对她说,"阿三为你而死,你应披麻戴孝。"她起初不允,后受到那些亲属的斥责终于同意。具有讽刺意味的是,这些亲属在阿三生前并不同意他们之间的关系,而在他死后,他们的关系却得到了承认。但这故事的真正含义却是要说明,像他们那样的一种关系对那些脱离大家庭的男人来说实在太危险。⑲

被谴责的法庭

改革作家除事无巨细地刻画妓女所遭受的种种苦难外,还对法律体制不能妥善保护妓女的状况给予强烈的谴责。在这类叙述中,妓女被描写成了最纯粹的受害者。1938年,上海的一篇妇女杂志文章中,记者记录了一名叫马瑞珍的妓女的"自述"。故事完全按照改革派的写作惯例,一开始的题目就叫作"跳出火坑以后",给人以妓院是一个地狱的印象。而整个故事的要点,就是各种合法的和非法的强制手段如何交织在一起,把妓女们控制在鸨母的手中,特别是对那些被典当进来、合同还没有到期的妓女。按马瑞珍自己的说法,她是在20世纪30年代末在妓女改造组织中待过一小段时间的妓女。她母亲上诉法庭,法庭下令将她从改造学校释放。她们离开法院时,母亲告诉她,老鸨曾威胁她,如果不立即把她女儿弄出来,就要她的命。她们走在大街上时,发现老鸨带了几个男的随从正等着要把她弄回妓院。老鸨还要她立刻交出她在收容期间因未能接客而欠下的份子钱,否则就要揍她。老鸨威胁说,如不马上交出,就要把她交给"老板"处置,马说,此人是"妓院中的最高执刑官",他说不定会把她杀了,或把她卖到其他城市。此时,老鸨的几个随从出来打圆场。他们要马和她母亲给老鸨下跪,求她让马继续在妓院干下去,挣钱抵债。这样,在妓院随从的监视下,马又到马路上去拉客了。

据马自述,她一连两天都故意找不到客人。老鸨断了她的饭,并威胁说如果她午夜前再找不到生意,就要叫人把她吊起来鞭笞。马于是逃到当地的派出所,一名好心的警官对她实行了保护性监管,并下令去捉拿那老鸨。可是,当地的巡逻警和侦探都同老鸨有串联,因为他们都定期从妓女上缴的份子钱中分到自己的好处(巡逻每人每天有两毛钱的"站街捐",派出所的侦探每个星期有六块钱的"和气捐")。24小时后,审问马的警官把她释放,可她一出门就又被老鸨的一个手下人抓了回去,而此刻,老鸨早已派人把她母亲也抓来了。母女二人于是一并遭到痛打。直到此时,一个路人才帮助马拖着老鸨和她的手下到了警察局。此案被移送法庭,可是法官认为马和她母亲按照合同是应该为老鸨干活的;他裁定马母给妓院当女佣,而马则被允许到外面去当帮工,挣钱还债。这样,她就可以不当妓女了。只有等她们还清了欠债,马和母亲才能回她们的老家。按照这篇革新派文章的指控,是国家政权的干预使得妓院中的一套奴役体制合法化、永久化,将这套体制压在妓女及其家人头上,使得她们无法逃脱。[100]

日常管理

在整个民国时代,妓女与老鸨的争端一般都是以法庭诉讼、新闻报道以及革新派的文字形式公诸世,它们都把妓女描写成受害者。而街头拉客妓女的活动与上海当局逐步采取的管理措施之间的冲突,又形成了另一条文字通道，一条把妓女描写成产生危险和混乱的文字通道——尽管妓女们的活动是老鸨们强迫的。然而，有关老鸨和妓女日常生活的报道所占的篇幅，则比上述两者中的任何一项，甚至比两项相加的总和还要大。民国法律和社会通行准则都不对老鸨和妓女加以非难，即使她们的某些行为受到指责或被认为有罪，也不把她们择出视为另类。妓女的身影出现在争取自由的戏剧性诉讼中，出现在要求改革的呼声中，出现在整肃城市秩序的运动中，但在绝大多数情况下，老鸨和妓女们其实仍同其他城市居民一样过着她们自己的日子。妓院与其他公用事业的用户一样，也会因为拨弄电表偷电而被抓住。[101]因客人在房间里抽烟或因烧纸钱讨好财神乞求生意兴隆，结果酿成火灾，则她们也会被罚款。[102]妓女和妓院女佣也经常到捕房报案，说她们的首饰和衣物被人偷了。[103]妓女也有因殴打女佣、借女佣的钱不还或因没有给自己的宠物狗买执照等而被指控的。[104]与上海棚户区的其他居民一样，碰上锅炉爆炸、房屋倒塌一类的灾祸，她们的名字也会上受灾者的名单；她们的亲属也会加入诉讼中，参与决定这些死亡事故的责任问题。[105]当她们积攒了一定的私房钱自己却死了，她们仍会出现在亲属们为分她们的财产而打官司的庭审报道中。[106]总之，妓女们并不总是被描写成有罪的，也不总是被描写成需要救援的对象。所谓受害人形象的妓女及其反面——危险的妓女，是一种非常强大、然而说到底却又非常贫乏无力的文字表述形式。法律话语和改革派话语就在力求管理她们和援救她们的时候，构造出了这样两种形象。但实际情况是，妓女总是越出某一种或多种试图再现她的话语或话语群。

第九章 性　病

在指南书和警方记录文字中,妓女被斥责为法律和秩序的颠覆力量,她们从男人的腰包里掏钱,并让他们显示城市大男人能耐的种种努力告吹。而在有关性传播疾病(花柳病,性病)①的讨论中,她们甚至变得更加邪恶。性病是在19世纪和20世纪中国许多相互交叉的讨论中的一个话题。欧美国家在上海等城市中的代表机构,都设法使他们的国民避免在"肮脏的"中国人口环境中受到卫生方面的威胁。教会医院中的西方医生和中国医生也一道致力于确立西医的权威和体制,并对中国的传统医学竭尽打压之能事,使之不得抬头。指南书上就有这样的告诫,要人们在危险的城市活动和交往中注意防范,不要得病。中国形形色色的革新派作家——基督教的、民族主义的、女权主义的——都把花柳病视为对于中华"民族"和对妇女的一种威胁。在所有这些讨论中,妓女被描述为引发这种疾病的最致命的渠道。但是,这一渠道所指的方向却因讨论的不同而不同,正如花柳病作为一种征兆,它所反映出的更大的社会问题也是不断变化的。

殖民权威和体检问题

早在19世纪70年代,在上海的一些外国人文书中就已经有对于性病的警告,到了20世纪20年代,西方信息资源中这样的警告已很常见,它是殖民主义总体关怀的一个有机组成部分,即对于被管辖地区和民众所谓的"文化卫生状况"的关注。爱德华·亨德森是1870年至1898年期间派驻上海的医务卫生官员和警医,[2]他承认,性病或许并不始于中国妓女,而是与上海这样一个"繁忙的商埠"的地位有关。花柳病往往来自日本,而一旦登陆上海,它就会侵入外籍人口,"这些人大部分是没有结婚的年轻人,他们很容易被传染上这样的恶疾"。但是,即使说妓女不是这些传染病的根源,那么,在亨德森看来,她们却是主要的传播途径。[3]

与其他外国人一样,亨德森把性服务的买卖也划入了会对外国殖民者产生威胁的本地污垢疾病类,它是政府有责任予以荡涤的一股浊水:"对于妓女的监管问题……需要分管旅居上海外国人的利益和健康的官员们认真地加以考虑。"他反复提到本地的妓女中卫生条件的匮乏;他的评语与外国人对中国和中国人的描述是一致的——肮脏,疾病缠身,对于欧洲人来说是一种潜在的危险。在他看来,由于中国人的医药知识十分低下,因此这个问题还会恶化:

> 麇集于租界的当地女人,她们是外国人的主要危险,她们几乎完全在中医郎中的照管之下,而中医对于传染病的认识是非常模糊的,他们对于疾病的诊断和治疗根本就不能让人相信。

而且,他继续说道,极少数的中国妓女倒是懂得要到外国医生那里求诊,但即使是这些人,她们"一般都不按时就诊,还没等到疾病痊愈,她们往往就不再继续就诊了"。总之,中医和中国人的个人卫生习惯都缺乏科学性、精确性,缺乏一个现代国家和国民所应有的决断。

亨德森关于脏的说法不仅限于中国人,而且延及其他有色人种;他谴责上海那些"主要由马来人、黑人等等光顾的妓院",认为它们在"所有各个方面都是最糟糕的"。亨德森在一定程度上是受了1866年英国传染病法的启发,因此他提议妓女应该定期体检,并颁发健康证书。[4]但是,试图说服妓女自愿去做体检的努力却失败了,因为整个计划缺少资助,而妓女们也反对这样做。⑤

1877年,一所性病医院(具备了对性病进行检查和治疗条件的医院)开业,对为外国水手服务的广州妓女("咸水妹")进行体检和颁发健康证明。⑥(亨德森建议,他的体检计划仅限于为外国人服务的62家妓院中的223名妓女,因为他觉得,要把另外1 385名接中国客人的在册妓女也包括进来是"不可能的,因为这样做不明智"。)有效的体检需要一套复杂的程序,妓女需要在上海工部局登记注册,要发给她们带有自己照片的名卡,还要每个星期去体检,并由医生在她们的名卡上盖章认可。妓女需要自己付名卡和照片的工本费。染病妓女的名卡要注销,直至她们被医治痊愈才许重新工作。治疗是自愿的,但如果妓女不报到,警方则要上门与其所在的妓院联系。如果妓女拒绝治疗,会审公廨将关闭该妓院。外国妓女可以豁免,因为她们被认为在询医问诊方面比较自觉,因此比她们的中国姐妹们要干净一些。⑦

妓女们一开始不太愿意体检,但后来她们反而把注册登记卡当作招揽生意的招牌去获得商业上的好处,这就略微越出了这样一种新的注册控制办法的本意。⑧亨德森于1886年称性病医院是个失败,因为医院根本不能满足日益增多的本地妓女的需要,他建议要么扩大改进,要么干脆关门大吉。1900年,医院果然关门,体检转到一所新的性病医院,但体检的内容大减。⑨尽管医院运作的费用一部分是由从妓院老板们那里征收的捐税和罚款支付,⑩但这笔钱仅占医院开销总数的三分之一,其余部分在1920年就让工部局开销了近5 000两银子。⑪对一部分妓女的注册和体检一直延续到20年代,⑫而有关体检能否帮助消灭性病的争论也一直在继续。

但这并不是殖民当局对花柳病关注的结束。1921年,设在伦敦的国家消除性病委员会东方总部向上海工部局提交了一份报告,促请工部局提供"对性病进行免费诊断和治疗的设施"。主要出于实用的目的,所建议的一些设施都是特别针对中国病人的：

> 考虑到外国人与中国人的联系日益密切,如果能保证外国人和水手中感染花柳病的人数持续下降,那么对中国人中感染者的治疗则也可以尽量地扩大。

报告还提倡进一步加强对全民的教育,包括在公共场所张贴告示,在报纸上刊登广告,放映《被毁的货品》《路的尽头》以及《生的能力》等电影,还要在外国人中散发《如何战胜花柳病》一类的小册子。水手被认为是高危人群,他们应得到免费的治疗,应教他们在上岸期间如何健康地生活。委员会说,要警告他们"城里花柳病的感染率很高,即使有执照的妓女也丝毫不能保证他们就能完全免于感染上性病"。最后,该报告建议,应完全废止娼妓业的存在。⑬

此时的工部局正为颁发执照和禁娼运动的难以推行而一筹莫展,因此它对上述有关公共卫生方面的诸项建议,也只能就涉及外国人的部分作出回应。它回复说无法对每一个人都实施免费治疗,只能指派一名在性病领域有资历的医生作为卫生局长的助手,并开办了一个为已经感染性病的外国水手和穷外国人服务的免费诊所。⑭至少是到1940年为止,工部局在总医院里一直设立了一个性病诊室,为外国水手和穷俄国人免费治疗,以使欧洲人避免在中国妓女那里受到传染。⑮而这些措施均不涉及被中国嫖客包下的中国妓女。

医学权威和专业性问题

对于在中国城市的传教团医院中工作的少量外国医生和在外国培训过的中国医生来说,花柳病是涉及公共卫生的一个主要问题。在这些医生中,许多人都在《中华医学杂志》上发表关于他们的工作的文章,该杂志的读者有医学方面的传教士、在华其他西方人以及在西方国家中资助这些医院的教会的成员。⑯在通常情况下,该刊物每年都要刊登好几篇关于性病的文章,但在 20 世纪 20 年代和 1929 至 1930 年期间,由于禁娼运动的呼声较高而给了这个话题以较多的关注。[17]尽管许多作者都是传教士,但作为专业医生,他们的主要兴趣并不在于谴责造成性病流行的社会道德环境。相反,他们所关注的是梅毒病例的数量(淋病较少)和描述治疗的进步。

晚清和民国时期在上海医院中进行的研究表明,入院病人中梅毒患者的比例较低,但在做梅毒血清检查的人中比例却较高。[18]据《中华医学杂志》的材料,C. 安克强估计中国城市居民中的 10% 至 15% 患有梅毒,淋病患者的比例更高,但具体的百分比不清楚。[19](1935 年,一医生说,淋病患者一般都不太当回事,往往不去医院,尤其在当时还没有特效药的情况下。女性病人往往还意识不到自己得病。[20])安克强的结论与战后的估计是吻合的,后者估计上海梅毒患者占人口的比例为 10% 到 15%,患淋病人口比例为 50%。这就意味着,约 50 万的上海居民患有梅毒,另有 200 万患有其他种类的花柳病。[21]

有些行业的感染率还要高。1927 年在苏州、北京和上海进行的一项调查发现,军队和警察中的性病感染率超过了 35%,商人的感染率为 31.8%,而一般人中感染率为 19.5%。军人和商人中性病感染率高,据说与他们直接同妓女接触有关。[22]在女性病人中,这些研究报告中涉及的大多为已婚妇女,她们都是被丈夫传染,而她们的丈夫则是从妓女那里传染上的。[23]

妓女据说是所有人中感染率最高的人群,她们在传染链上起着最为邪恶的作用。[24]1920 年,王吉民在《中华医学杂志》发表了一篇题为《中国社会的罪恶》的文章。他在文章中指出,"所有的医生都知道,这一类(花柳病)病人人数多得惊人,而且还在迅速增长。"他以一种医学杂志中罕见的道德化语言补充道,"家长和监护人不仅不知道他们的女儿和监护区域正被道德风化方面的危险所包围,而且往往还不以为然地为这种危险开脱。"[25]妓女不仅被认为发病率很高,而且她们的性病据说还比其他人群都更加顽固。有一份材料说，对 52 名患有淋病的妇女进行某种特别的治疗，只有两人无效，而其中一人是妓女。㉖实际上，到 1941 年为止，《申报》上曾有一系列的文章提到，按当地专家的说法，上海至少有一半人口患有性病；其中的 90% 最初都是由妓女传染的；而 90% 的中国下等妓女和 80% 的外国妓女都患有性病。新形式的变相卖淫方式据说也不安全：向导社中 80% 的向导据说都染了病，而按摩小姐不仅有病，她们穿的衣服也很脏。只有在极少数的高等妓院里，那里的中外妓女据说是采用了某些"现代卫生措施"，或一旦染病就停止接客。（该文的作者或许是想起了上海某英文报纸上发表的一系列文章，因而对高等妓院中外国妓女的清洁程度显得很乐观："她们的卫生知识非常充分，因此传染给客人的可能性很小。"）㉗医生们写道，大多数的妓女，无论她们的地位高低，在她们开始卖淫的一两年内都将会染上性病。低等妓女据说是最危险的，因为她们的性伙伴更多，分布也广，而她们和她们的嫖客都缺乏抵御性病的知识和经济能力。㉘

关于治疗，西方医生也往往会提到古老的中医治疗方法。有的还强调中西医互补——例如，关于汞的使用。㉙但是，大多数文章都贬斥这种土办法，并把它视为异域的无稽之谈：

> 治疗梅毒溃疡贴上一块碾碎了的蝎子制成的膏药，或者用一些蛇蜕，和上一种黏土。癞蛤蟆干剁碎了，浸泡在开水里熬成蛤蟆汤，据说对溃疡和久治不愈的疮口也十分有效。梅毒造成的新生儿眼疾则用有毒性的膏药糊上，本来是单一的虹膜炎，由于误诊和忽视，结果造成了多例全眼炎症和完全失明。扎针是一种更为常见的治疗角膜炎的办法（"让光进来"），并用于各种各样眼的炎症。……江湖郎中经常与妓院配合，向妓女建议她的淋病包能治好。除了用这种办法或用膏药来"吸干分泌物"以外，淋病一般都不被重视，认为患淋病是不可避免的，过一段时间自己就会好。㉚

《中华医学杂志》上发表的文章也讨论西医的治疗办法。民国时期,西医对于梅毒的标准治疗方案是注射洒尔佛散(人们一般都只知道它的商标名六〇六),其中的有效成分为砷。另一种做法是汞的肌肉注射。后来,新洒尔佛散(九一四)取代了老的制剂,成为治疗的首选药,但六〇六和九一四都非常昂贵,因而仍然普遍用汞。㉛这种治疗的过程很长,病人也非常痛苦。㉜甚至到二战以后,用青霉素和磺胺类药物已能迅速有效地治愈梅毒了,㉝但由于它们价格昂贵,大多数中国人还是用不起这些药品;上海市政府在其20世纪40年代末的禁娼运动中当然也不能用它们来为妓女治病。㉞西医对于淋病的治疗方法较多一些:把脱脂奶煮了以后作臀部注射来治淋病造成的眼疾,或每天一次用红汞水或吖啶黄素搽洗阴道和子宫颈,搽上一个月。㉟这些在现代人看来,其奇特程度比起蝎子膏药和癞蛤蟆汤来,恐也相差无几。

关于花柳病的"传统的"和西医的疗法,都是通过主流媒体上的广告传播给读者大众的。有时候,某种疗法还被涂上一点西方现代色彩,如下面这一则20世纪初的广告即是这样:

新到外洋保险小衣

此真花柳中保身要物。妓家每多湿毒,兼之常服泻药,染之受累非浅,悔之莫及。此衣系外洋机器制造,用之胜常,一切秽毒之气不能渗入,价亦颇廉,每副售洋一元五角,远处信力自给。贵客欲办,至英大马路新衙门西转弯北逢吉里一衖第三石库门内,至晚不售。㊱

黄克武在他1988年的一项研究中发现,从1912年到1926年,医药广告占了《申报》全部广告篇幅的三分之一以上。而有关西医医院和诊所以及传统中医医院的广告中,花柳病被置于非常显著的位置。兜售具体药物的广告也很常见。黄指出,由于性病是一大禁忌,日常谈话中多不涉及,因此自行通过商业途径购药,通过邮政渠道隐名投递者非常普遍。

正如医学杂志上的文章一样,许多广告也都提到这些疾病是因宿娼嫖妓而染。而值得注意的是,这些广告往往用一种哀戚的口吻写成,某人初来上海,因一时失控,去了一趟妓院,回到家中发现自己已经染病。㊲在1931年的一本导游册子上,印有要你当心卖野药的江湖郎中、切莫上当的警告,在这样的大标题之下,它又生怕你不糊涂地补充说,不仅嫖妓会染病,睡陌生人的床,坐在不熟悉人的板凳上,使用公共的毛巾洗浴用具,剃头后不用药水肥皂洗头,把衣服送到洗衣店去洗,与染病者合用一个马桶或合居一室等,都会感染上花柳病。㊳这些警告使得城市的读者大众对性病愈发增加了一种恐惧心理。㊴

这些告示和秘药在新医学兴起之后受到激烈的抨击。正如冯客所指出的:

> 医界人士以公共健康和国力之卫士的姿态,大声疾呼个人自律和以提供医学咨询的方式加大国家干预的力度。性既是医学领域,又是一个文化领域,具有现代意识的精英应驾御引导之,以期在民国初期实现一种全面的社会提升和专业化。㊵

然而在20年代的上海,医生与国家权威之间,并不是一种简单联手的关系。医生在自己的专业领域中忌讳政府的干预。1920年,公共租界的行政当局实行颁发执照,后又禁娼,结果铩羽而归,上海医学学会于是提出应把性病主要当作一个公共卫生问题,而不要当作一个道德问题来处理。学会成员虽然并不主张对卖淫业采取颁发执照的办法,但他们却也没有走到要求警方实施禁娼的地步。他们主张的,是在公共卫生署之下设立一个性病科来对诊所实行监管,训练一些女性监管人员,并向从事预防和救援工作的单位提供帮助。这样安排就能够"使正规警察从他们所不愿意做的维持风化的工作中脱身出来,而他们所处的这个非常世界化的都市环境对这些道德理想根本就没有多少同情和好感"。

最重要的是,上海医学学会的医生们一心要在性病控制问题上确定医学的权威。这不仅意味着要对那些"药师""江湖郎中"的秘药偏方实行取缔,而且政府官员也应该停止干预:"在疾病防治问题上应该由医学专业人士而不是行政管理人士来负责。"总之,医生们提出,现在是把公共健康问题与道德问题分开的时候了,应该把疾病重新界定为最好由他们这些专业人士来处理的问题。㊶

但是,医生中的这种专业性的共识,却因外国医生与中国医生之间微妙的紧张关系而出现了裂痕。这种紧张关系从双方对中国性病史的隐秘的意见分歧上表现出来。粗略地说,外国医生认为中国应对其性病的流行负责,而中国医生则指责是由于外国人的进入而造成的。例如,1918年《中华医学杂志》上的一篇社评就推断说,中国古代即存在梅毒,因为娼妓现象那时候就有——总之,花柳病是中国人自己不检点这一本土缺陷的产物(即便西方人在这方面有同样的不检点)。㊷另一些外国作者则联系到他们自己的时代,说"相当多的人……结婚以后仍光顾妓院",这本身就很能说明当下的"道德状况"。㊸北京一名叫弗朗西斯·希思的医生于1925年对于淫业在中国家庭习俗中的重要作用做了较为详尽的评述。她写道,"对性欲的赞颂,淫业的合法化,纳妾以及使唤奴婢奴仆等,所有这些都是祖先崇拜的符合逻辑的最终产物,尽管这里面还有愚昧和贫穷的原因。"按她的说法,由于普遍要求生儿子以传宗接代,这就造成了早婚习俗,造成了对于性的极大关注,于是男人们发现一个女性性伙伴不够。男人经常去找妓女,造成了性病的流行,而这反过来又影响到家庭的繁衍,因为淋病而导致不孕,而梅毒则造成"习惯性流产,或先天性梅毒感染的后代"。希思说,在几年没有男孩出生的情况下,丈夫就会纳妾,这样反复地循环下去。㊹卖淫,性病,妇女的低贱化,以及性泛滥等加在一起,这对于那些被围困在海外的欧美人来说,就构成了一道异域风味的毒餐。

相比之下,中国医生在《中华医学杂志》上讨论性病史,则体现了不同议项的混合。一方面,他们很想展示,中国的传统医学中早就包含着有关这些疾病的知识。一位作者称,他在公元前2736年据说是黄帝时期的一份材料中,发现了有关淋病的记载,而黄帝是神话传说中中华民族的最初始祖。中国作者自豪地指出,早在7世纪时的医学文献中就有关于下疳的描述。而另一方面,还是这些作者,他们又断言梅毒是从外国传入的,是葡萄牙人于16世纪初从印度带到广州的。(故而"广州疮"就是中文医学文献中有关梅毒一类疾病的许多称呼中的一个。)他们反对外国学者所谓中国古代就存在梅毒的说法。[45]冯客注意到,"关于梅毒的照片也进一步加深了关于外国人性活动的定见",而且,他补充说,"作者们通常都不忘提及外国水手经常出入的港口是传染病蔓延最厉害的地方。"[46]这样一套程式化的认识,便造成在描写像上海这样外国人数量相当多的城市时,往往把它描写成传染病的温床或社会充满了腐败等等。王吉民详细描写了上海龟鸨妓女到处泛滥、性病蔓延流行的状况,他后又补充说,"这样的描写只适用于城市,尤其是通商口岸。在乡下,道德状况要好一些。不道德的女人在那里往往不被人容忍,一旦发现立即就会解决。"[47]中国医生利用关于梅毒的讨论来证明是外国人造成了现代中国的窘境。

在20世纪20年代的一个比较短的时期内,《中华医学杂志》曾强调过卖淫与性病的关系,强调过医学传教士不能仅仅局限于医疗事务的特殊责任:

> 作为一个基督教的传教士,他是无法真诚地赞同那些似乎在准许或宽恕社会罪恶的种种行为的,诸如由市政或警署给妓院发放执照,这样做实际上是在牺牲公共利益,男人们因此就可以纵欲,可以逃避实际的惩罚。……而他的使命是同时治疗身体和心灵的疾病。[48]

但是到了20世纪20年代中期,传教士医生开始把他们的注意力主要集中在疾病预防、公共卫生教育和疾病的治疗上。[49]1927年,满洲里传染病防治所的一位德高望重的医生伍连德在一篇文章中写道:

> 我希望劝说中国的医务界加入到这场反对愚昧的运动中来,不仅要在家里,在大专院校和医院里大张旗鼓地提倡节欲,而且要开展行之有效的疾病预防工作。㊿

1937年,北平协和医学院的切斯特·弗雷泽(Chester Frazier)得出结论说,预防和教育都已失败;梅毒的控制只能通过治疗。㉛此时关于治疗的文章,即使提到卖淫是一种传染源,仍具有一种将妓女非罪化的效应,因为它们同时把嫖妓者也看成是需要医疗关注的对象。

指南书及性病对于个人的威胁

指南书除了详细描述高级妓院的种种乐趣之外,也多少谈到了一些经常嫖妓的危险,其中最致命的就是花柳病问题。但通常这种关于性病的警告带有等级的意思。高级妓院是很少提及性病问题的,而专门介绍高等妓院的指南书有时甚至根本不提。间或提及,也往往夹杂在"礼仪与怀旧"这些本书第二部所探讨的名妓文字的共同主题中。例如,1891年的一份材料中描写了所谓的"趁热被头",即嫖客为不让家人发现,一清早来到一家妓院,钻进一刚离去嫖客的热被窝。他不遵守复杂的求欢行为准则和性约束,这就有传染性病的危险。同一材料还追怀某种想象的过去,谈到那些高级妓女既是枕边良伴,又个个精通音律。作者感慨道,这样的女人今日已极其罕见,而现在的摩登女郎,云雨交欢之时便是毒疾上身之刻。㉜在这里,性病成为得不偿失的一大特征。

到了20世纪30年代,指南书上也称,即使是嫖高级妓女,性病也难以幸免。对于性病的一些警告,往往掺杂在讲述乡巴佬到上海后在街头遇险的警世故事中。例如,在第三章中提到当时的一部指南书中有一幅漫画,上面画了一个妓女和阿姐坐在一辆黄包车里,由一个妓院的龟奴拉着。车背上倒挂着的两颗心是黑色的,而不像那些清纯良家女子那样是白色的。车牌照号码是606,一看就知道指的是洒尔佛散。旁边的文字警告说:"瘟生阿木林"傻乎乎地把心献给一个漂亮的妓女,却没有注意到她的黑心和病体;"结果这班妓女未免做了六〇六的介绍所,瘟生阿木林一定要打上几针六〇六。"㊾同样地,在一些黑幕小说中,被妓女传染上性病的倒霉蛋也往往是那些外地人,他被哪个妓女迷上,把他的钱财和身体都挥霍一空,直到他母亲来到上海把他领回家,最后死于花柳病。㊾在1939年的一本指南书中,高级妓院被说成是肉体、经济和社会危险的集中地,一个"或害及身体,或虚损金钱,或妨及名誉"的地方。此时,在经过了二十来年公开的医学讨论之后,警告变得直言不讳:"堂子为梅毒的发源地,传染地,倘与她肉体接触而被传染,不独一身受其害,还要辗转传染与妻子。"该指南书以一种很少见的恐怖口吻描写道,"妓女的身体是粉面骷髅,有危险,有毒害的。"然而,即使这样,作者却很快就转而描述无性病的场合,妓女和狎客双双坠入爱河,希望发生肉体的关系,以"达到性欲的满足"。㊾这番话抵消了刚才说的与妓女发生性关系的危险。无爱之性,而不是性本身,才被描写成花柳病的传染根源。

指南书在写到等第稍低的幺二妓女时,对于传染病的警告便明显变得绘声绘色起来:"她的肉身,今天被张去要,明日为李去玩,天天如是,夜夜不空,不免有毒。"1939年的一作者写道,"如果要嫖,再是长三靠得住些。"㊾这些关于性病的警告显然都与妓女的等级有密切的关系,但它们也可以被解读为对狎客的指点,即上等的男人只应该光顾上等的妓院;它们并不是一般的关于光顾妓院有何危险或罪愆的报应之类的议论。

高等妓女以下的等级中的妓女都被描写成具有双重身份:既是受害者,同时又是施害人。那些被典当或变卖的妓女,由于受控于老鸨,通常都被说成是被迫不断地发生性关系,直至染病,甚至在染病后还得这样。由于无钱医治,她们本人也就成了"传染的工具"。㊾这种受害者的声音在《申报》这样的报纸上一天天得到放大。染病的妓女往往都被写成是被拐卖的,都是被迫与嫖客发生性关系,这样才得了杨梅疮;她们都受到鸨母的虐待,甚至拷打(虽然也有个鸨母将她手下生病的妓女送到医院),于是她逃跑或被亲属援救,最后被送到了希望之门——在这样的救赎故事中,性病成了低等妓女受到的一切肉体的和社会的折磨中一个可触及的标识。⑱

虽然这些女人是受害者,但对于那些莽撞地追求她们的男人来说,她们仍然是一种危险,这一特点并不因此而有丝毫的改变。作者们警告说,低级妓院中由于性病泛滥而被人称作"水果行",因为在这里很容易得到"草莓"(梅毒病)。⑲初到上海的人都被告知,他们如去逛野鸡妓院,他们的鼻子就会烂掉,浑身都会腐烂。⑳许多指南书不是叫人们完全不去狎妓,而是教读者如何去发现和避免危险。如读者执意要去逛低等窑子,那么指南书会告诉他一系列的预防措施:例如登门找某个妓女时,捏一捏她的手,小心地检查一下,看它是否红肿发炎;上床后,先要检查她的肘关节,看有没有微核,如果有,那就要"悬崖勒马"。1932年出的一部指南书中有这样一段极其露骨的描述:"在两军接触前线紧张的时候,可试按对手方的肚间和下部。倘在下手时彼呼痛,定必有毒。也应立刻倒戈,勿顾惜军饷尚向前进攻。"㉑这本书还说,选择妓女时,不要选"身倭颈短"的,因为这种现象表明她是"早堕风尘,以致发育未全,久经战阵,难免蕴毒"。作者称,"身体修长而苗条的最为相宜。"选好身段苗条的妓女后,嫖客应去摸她的手心热不热,看她的眼睛红不红,口嗅臭不臭,腋下是否有小核。该段文字以一种非同寻常的露骨笔调说,"再察……(原文省略)有否红肿。若战区糜烂,便须停止进攻。"除这些详尽的检查要领外,读者还被告知什么样的医生是江湖郎中,不能去找。指南书建议,要在下雨天去找那些街头妓,因为她生意清淡;并应"在战后饮多量的白开水"。书中还特别提醒读者要小心那些正在服药的妓女,她们把病传染给客人,而自己却治好了。㉒

对"花烟间"(鸦片妓馆)妓女的描写中有关于性病的最绘声绘色的描写。这种地方买性便宜,因而染病就难以避免。据一份措辞比较温和的警告说,"大概费洋七角就可巴黎至伦敦,实行水上交通,不过碰着暗礁立即要开天窗[指杨梅疮生到了脸上],终身受其损害。"㊾在这里"中状元"不是指高级妓女"及第"上了花榜,而是指长上了杨梅疮。㊿染病妓女的痛苦有非常详细的描述:

> 十日后,下身开始溃烂。再过数日,皮肉剥落。这时,她才被允许休息,但她愈加痛苦……她得用浓盐水去洗她的溃烂处。在她还没有痊愈时,她就又被逼着去接客了。于是,她又将皮开肉绽,然后她再休息。如此反复七八次,直至无肉可烂为止。她一天被迫接客十至百次之多。然后她就再也没有任何的感觉了。㊿

嫖客当然也不能逃脱相同的命运;读者们被告知,街上那些"瞎眼缺鼻折足烂腿的乞丐,都是从前花烟间里的床上客",他们是在那里染上花柳病的。㊿

有关外国妓女及那些为外国人服务的妓女的警告,其语言多有按国力排列的味道。欧洲和美国女人一般被划为比较卫生的一类,相对来说染病的较少;但白俄是个例外,她们在上海的地位要低得多,被说成"臃肿如蠢猪,骚臭不堪响迩,消毒的设备也不若西洋妓的考究"。相比之下,日本日益增长的国力既为人羡,又遭人恨,据说在上海就有不染病的日本妓女。而且有一本指南书上说,在日本妓院中,嫖客必须先洗浴,并接受妓女的检查,以确保无病。如果通不过这一粗略的检查,即使付再多的钱,妓女也拒绝为他们服务。㊿这种妓女与狎客之间关系的颠倒,反映了日中两国之间关系的颠倒,这一颠倒令许多知识分子深感痛心。至于广州"咸水妹",亨德森和其他人都认为她们是对白人的一种威胁。中文中的警告主要集中在她们的性病都来自外国人这一点上。因为她们每天要同好多外国人上床,中国人如果找上她们,"染起外国杨梅疮来,那也不是玩的"。㊿

指南书上说,正是因为这些妓女接外国人,所以对她们实行了详细的检查。[69]但有病者吊销执照的手续"并不普遍",因而意欲光顾妓院的中国客人都被告知在同妓女行事之前应看一眼她的体检证明。[70]某些外国人(水手)被认定是传染源,而另一些人(政府当局)则因保护其公民而受到赞扬。这后一特点导致了某些指南书的作者也要求中国当局采取措施保护国民,对中国人光顾的妓女实行体检。[71]其言下之意是,一个强大的国家的妓女应该是干净的,她的人民应该是健康的。

那些附带从事卖淫活动的行当在上海的娱乐界一露头,也立刻被这些指南书列入了受到谴责的危险名单。一位指南书的作者写道,"性行业"的方方面面,包括妓女、按摩女、色情表演、黄色画片,以及向导女等,都虎视眈眈地盯上了

> 生机勃勃或意志薄弱的年轻人。你一旦落入他们的魔爪,你的整个道德就会分崩离析。幸运的话也会染上梅毒,乃至成为残废,到时候后悔也来不及……(那些)被她们迷上的,要么整个地中毒,要么变成瘸子,然后死掉。[72]

而另一本指南书则调皮地补充说,客人上按摩房,肌肉的酸痛是解了,但不当心却染上了一身"风流病"。[73]

指南书通常都把这些病说成是由于个人性格弱点而造成的不幸。如果一个男人能远离妓女,或只结交高等妓女而不发生性的关系,那么他的健康就能毫发无损。倘若他不能约束自己,那就会被疾病感染腐蚀。在这里,妓女是一个渠道,但她们传染疾病是通过个人道德防卫体系上的缺陷,而不是民族的弱点或公共卫生政策弱点这样一些口子。[74]许多指南书都含蓄地指出,一个人并不是生来就有这样的缺陷,而是在狎妓过程中逐步滋长的。妓女不仅仅是道德颓败的场所,而且是其根源,性病是其不可避免的外在的标识。

改革家及性病对民族的威胁

到了20世纪20年代,性病问题成为中国关于娼妓业文字的最主要

话题。正如第十章和第十一章所要指出的,20 世纪的多次管制和改造娼妓业的运动都直接与对性病的恐惧有关。冯客在讨论民国时期关于性病的文字时指出,中国的知识分子在谈及性病时,都是用讨论军事冲突的语言来表达他们的一种对于"民族"和国家的双重关怀。他写道,"在讨论疾病的医学文字中,充满了诸如'进攻'、'对有机体的入侵',以及'身体抵抗力'这样的军事术语。"

> ……通俗作家们详细地描画了性病对于个人、家庭以及"民族"造成的种种令人毛骨悚然的后果。……关于社会腐败堕落的文字再现,与在一个民族主义高涨的时代里正在崛起的所谓"民族"的思想同步增长。……关于梅毒的文化表述,表达了中国受到了外来资本主义和致命病毒这双重势力的入侵。帝国主义侵犯了中国的领土主权,而病菌"侵犯"了它的尿道。⑮

性病与中国的复兴联系在一起,而这一切采用的又是一套社会达尔文主义的话语。在这里,妓女虽然是受害者,但她成了中国国防的缺口。通过与妓女的接触,男人们把性病带回家,传染给他们的妻子、孩子,使"国家健康受损,进而危及民族"。⑯到 20 世纪 30 年代,妇女杂志上的文章劝其读者在结婚前不要忘了向配偶索要无感染的体检证明,以保证日后孩子的健康。⑰1936 年,林崇武这样写道:

> 且娼妓之害,匪特为播病之场,其于民族之强弱,关系尤重。盖民族之强,赖乎优秀分子之多。据遗传定义,莠不能为苗。⑱

在适者生存的竞争中,卖淫和性病抵消了成功机会,它们成了中国在更强大、更健康的国家面前沦为被奴役的地位的标志。⑲

改革者们相信性病是对中华民族的威胁,妓女是这一外国威胁的温床和传染源,这使得他们中的许多人都提出了禁娼的要求。⑳他们经常提倡教育和治疗,视其为重要的健康措施,而对用发放执照和推行体检的办法来控制性病则表示深深的怀疑。对妓女实行体检被说成是保护公众健康、免受得病妓女传染的一项措施,但这么做却并没有什么实际的效果,因而改革者们更为实用的一个论点就是断然否定医检的作用。1933年,一妇女杂志上有一篇文章把医检说成是保护上等人的措施。该文作者说,梅毒是由妓女和嫖客两方面传染的,而体检只查妓女。一名持照妓女如染病则被禁止从业,但她还要吃饭,还要生活,她会跑到一个不要执照的地区,在那里,她会把她的病传染给黄包车夫、当兵的、工人及其他付不起进有照妓院的下层阶级的人。⑧¹1941年,一篇关于娼妓业的报道也抨击这种体检所造成的虚假安全感。作者说,法租界当局给患病妓女打上几针,而这根本不足以治好她们。若想痊愈就必须歇业数周或数月,而这是老鸨们不允许的。该作者补充说,即便法租界当局愿意或能够承担起这一笔治疗开支,性病仍然会通过公共租界无照的、非法的妓女继续传入。最后,公共卫生问题的复杂性还有一个表现,即越来越多持有执照、被认定为"干净的"妓女,对吗啡一类的毒品日益上瘾。当毒瘾使她们无法再为老鸨们赚钱时,老鸨就把她们一脚踢开,或把她们卖到下等妓院,而到了那里就根本没有执照或体检一说了。该作者还说,还有一种可能就是老鸨把她们送回乡下,她们在那里结婚,于是把疾病传染给她们的孩子。⑧²1936年的一篇抨击持照卖淫的文章说:这"正适合圣经上所说'你的罪恶将要传到你三代四代的子孙'的意义"。⑧³该作者最后说道,关于性病的这种虚假的安全感,将增加性的买卖,并会"增加男子的性的浮薄",这显然不是一种理想的社会习惯。⑧⁴

在民国时期,妓女是有关性病的讨论中一个反复涉及的话题。对于殖民医政当局来说,她们是愚昧无知又充满危险的感染渠道,威胁到白人的健康。对于外国医生和受过外国训练的医生来说,她们构成了一个极其复杂的公共卫生难题,尽管难医治,但是,训练有素的医生采用科学的办法或许就能将它制服。对于指南书和小报的作者来说,妓女是带来形形色色危险和愉悦之场所,既要小心应付,又可适当享受,只要有节制、有知识、明智地行动即可。而对于改革者,她们也是一条通道,但这一次,是从侵略性的外部世界直接通向中国这个集合体的体内,甚至通向中国政体里的一条通道。

对于所有这些参与言说者来说,妓女的性活动之所以重要,乃因为它是一种传递媒介。但妓女是女人这个事实却没有引发妇女在中国社会中处于从属地位这样一个更为一般的问题。妓女就是妓女;她们传染疾病。妻子就是妻子,她们因为狎游妓院的丈夫而容易受到感染。这两类女人感染同一种疾病,所受的痛苦也相似,人们或许因此会猜测两者在社会或情感方面有什么共性,然而所有这些,却都淹没在"危险的女人与良家受害者"这样一种对立的两分法之中。可是在关于改革的其他谈话中情况却不是这样的,在其他场合下罗列妇女所受的压迫时,卖淫问题会被提出来讨论。

在有关卖淫和性病的每一种对话中,都会出现一个受害者的音符,但它是个哑音。妓女或许是一个不自愿的、被强迫的危险源,但她们怎么说也是危险的。正如我们在下一章中将要看到的,究竟通过对娼妓业加强管制检验,还是完全将它取缔,才能最理想地控制这种危险,这是一个引起激烈争论的问题。民国当局最终也无法完成这两项任务中的任何一项,这是一系列令人失望之举中的一项,它导致许多中国的改革家不再支持那个政权,而支持了另一个担保说更能成功地保障民族和国家健康的政权。

第四部

干 预

第十章　改革者

从清末几十年到 20 世纪上半叶，接受了多种意识形态的中国仁人志士都在考虑一个问题，那就是如何使中国强大，但他们批判的矛头所向却因时、因人而异：有的集中于中国的政体，有的则突出文化或社会的安排。（所谓"政体"和"文化"的内容在半个多世纪的讨论中也变了又变。）而他们中的许多人都发现，从孔夫子的论语到缠足、文盲等问题中反映出的中国妇女的地位，恰是中国之贫弱的一个集中表现。

在这些批评家中，有些人直接论及国力问题。他们指出，中国虐待"自己的妇女"（这是一种把中国比作男性的提法），而反过来，中国又被世界上更强大的国家当作女人：从属于人，受到屈辱，一块块领土被人强占，其使用权被任意买卖。这些批评家置身于中国文化和政治的对立面，时而提出一些激进的政治改革方案，时而又借用英美等国社会净化运动中的某些话语。而另一些批评家的著述则围绕着对后资本主义社会的憧憬，到那时，中国妇女无须依靠男人生存；到那时，社会性别的平等将成为中国进入发达社会的一个标识（尽管社会性别的劳动分工依然存在）。在改革者的文字中，社会性别、现代性和国家三者相连相扣，就像一个未解方程中的各项。这些作者希望做直面社会的调查研究和仔细分析,将想象中的"现代"中国与它的(同样是想象中的)过去作比较,与世界其他国家作比较;他们希望通过这样的方式从这个方程式中得到某种解答。

在这些讨论中,娼妓问题作为妇女地位低下的一个重要例证而屡屡出现。从20世纪20年代到30年代,国民政府和地方政府时断时续地发动取缔无照卖淫的运动,随之人们对娼妓问题也越来越关注。每一次这样的运动(将在第十一章中讨论),都引得那些与女权主义、马克思主义或与两者均有联系的知识分子抛出一系列愤怒的评论。本章拟讨论这些知识分子赋予娼妓的不断变动的意义(或价值,倘若我们继续使用那个方程式隐喻的话),探讨其作为民族软弱、但偶尔也作为民族现代性的一个指标符号的强大影响。这里的重点是中国人的讨论,但并不直接涉及国家管理者,尽管这些讨论有时是由政府发起的管制娼妓业运动所引起的。

这一章结束时将对救援和改造妓女的机构做一简略的考察,并指出,在知识分子宏大的乌托邦设想与在上海街头细细密密开展的实际社会改造之间,存在着非常有趣的断裂。改革的理论家们批评中国的家庭是压迫妇女的一个重要(若不是惟一)的根源,并期望有朝一日妇女们能获得独立。但改革的实践者们则不然,甚至就在他们实施改造计划、教过去的妓女学会某种劳动技能的时候,他们工作的重心仍是让妇女重返家庭,所用的主要办法是为她们找到配偶。在改造机构中,一种特殊的家庭观与救国的计划设想——为实现基督教的教义或为了国家民族的健康——联系了起来。

政治改革者与国家的健康

中国的社会批评家往往把娼妓问题视为中国文化贫弱的一个标志,而这又关系到社会性别关系与国力问题相重叠的更大的争论,其论点是,如果一个制度竟允许将妇女当成下等人,那这个制度必然只能产生弱国。

正如许多学者都注意到的,从清末以来关于妇女地位的讨论,向来都与国家富强的急迫要求联系在一起。改革者们把妇女的地位低下,既看成是国家贫弱的原因,又看成是它的结果;女权主义通常都从属于为数众多的、各式各样的民族主义的政治议程。①在这一点上,晚清的作者亦间或把娼妓问题列入妇女问题,作为中国危机深重的一个标志。康有为关于妇女问题的乌托邦论述被许多学者讨论过,他主要讨论的是妇女的放足、教育以及改革中国的婚姻制度等问题,娼妓问题只是偶尔提及。②他那年轻一点的同事梁启超关注的也是妇女的教育和就业,用夏洛特·比翰的话说,梁心目中的妇女是"这个国家十分重要、但却危险地遭到忽视的一项资源"。③与他们对妇女从属地位的分析相一致,清代思想家在他们策划的戊戌变法中,列入了消灭缠足和建立女校等内容。④

但这种常见的女权主义思想与民族主义思想的联系,却在中国的无政府主义运动中出现了例外。无政府主义起初兴盛于20世纪初在东京的旅日华人中。无政府主义者宣布,"性别间的绝对平等"是他们的一个奋斗目标,除此之外,他们还要废除国与国之间的界线,打倒专制主义。⑤对于有些无政府主义者,尤其是无政府主义—女权主义者何震来说,对妇女的性压迫根源在经济方面。⑥她指出,所有的妇女都因依附于男人而受压迫,但三种人尤甚:一是女佣,因为她们依附于主人;二是工厂的工人,她们得依靠工厂老板;三是妓女,她们挨打、受污辱,她们得依靠嫖客的钱生活。(妻妾也依靠男人,但她们的痛苦不及以上三种人那么剧烈,那三种人是"必须立即在屈从与挨饿之间作出选择的"。)这种对于妇女从属地位的控诉被包容进一个更大的对于资本主义的批判之中,是资本主义逼迫妇女卖掉自身当工人或当妓女。⑦但在无政府主义者那里,如同在民族主义者那里一样,娼妓问题一般都只是被当作妇女受压迫问题一带而过,认为它将随着革命的胜利而被消灭。⑧

在民国初期,各种倾向的知识分子——民族主义的、女权主义的以及无政府主义的——不仅从改善妇女地位,而且从更大的政治目标出发,要求男人们改善自己的行为,而好行为有一个方面就是心甘情愿不再嫖妓。主流报刊和一些小报的讽刺评论家对高官政客们发表评论说,他们原本应该在国际舞台上为中国的国家利益进行谈判,然而他们却终日与妓女们嬉戏调笑。⑨由陆绍芬(音)等妇女发起、名叫"改造民国家庭会"的一个女权主义协会主张,要通过给女性以同等受教育权、婚姻自由权来提高妇女在家庭结构中的地位,然该会十条纲领的最后一条是:"消灭赌博、嫖妓、看戏、喝酒和吸鸦片之恶习。"⑩1912年,无政府主义社团"进德会"(Society to Advance Morality)在上海和北京成立,该会要求其成员弃绝狎妓、赌博和纳妾。其他一些带有无政府主义倾向的组织也提出类似要求。女权主义和民族主义作家将此类恶习与中国国力贫弱联系在一起,然而无政府主义者则拒绝强调国家的作用,主张强调个人改善各自的道德行为。⑪但奇怪的是,中国无政府主义者的主张与中国基督教教徒是重合的,后者为其"德福会"(Moral Welfare League)起的中文名字也是"进德会",稍许不同的是这个进德会基本上是一个外国人的社团,它为在上海取缔娼妓业所作的努力,我们将在下一章中讨论。⑫

基督教改革者与精神健康

娼妓为国家之耻辱,它进一步导致国家的贫弱,这一思想很早就在中国的基督教精英中得到广泛的认同。1913年出的一本用中文撰写的上海指南附有颇具训诲意义的英文标题——"在上海的中国人须知"(What the Chinese in Shanghai Ought to Know),作者黄人镜对中国男人有在高等妓院中谈论生意和政治的倾向作了如下的评论:

> 试观今日南北负盛名者大半皆莫不游玩妓院,夫此类负盛名之人,乃吾民之领袖也。领袖如斯,况无智之工商乎。……试观泰西之振兴,由于在手工者日精其工,经商者日勤于商,筹谋各种良式,

及销运之法，事事皆正大光明。非若吾国之败类，假妓院而达贪缘之目的也。著者希各界同胞，效西人不晋妓院，实行禁止妓业。若是将来与西人并驾齐驱，亦意中事也。西人所以由野蛮而文明，进步若是之速者，实由于多数之人，不晋妓院，具有道德所致。吾华人其勉之。⑬

中国基督教徒也把娼妓问题与中国在国际政治舞台上的软弱相联系。一位中国基督教徒讽刺道，"上海半年来花在妓女身上的钱，已足以赎回典押给日本人的铁路。"⑭另一位评论者说，日本在中国国土东北打的那场日俄战争中所以取胜，原因就在于百分之八九十的日本兵没有沾妓女。⑮这是在观念形态上"摆放"层层相叠的从属地位，这时，中国的娼妓业被当作了社会衰败的标识，而唤起的这种衰败的形象又被用来解释中国在面对各殖民大国时处于什么样的地位。

中国的基督教徒从外国传教士那里接过了他们使用的概念分类，也把妓业之根源归之于个体的道德弱点。男女之性欲、经济需求、社会习俗等虽然力量强大，但只是第二位的因素。进德会是1920年发起公共租界禁娼运动的组织，它的一位中国教友于这次禁娼运动前夕在《申报》上发表了一篇文章。文章称，女人之成为妓女并不仅仅是因为家里穷，而是因为她们的父母重钱财而轻道德，是他们愿意把她们卖入娼门。人贩子所拐卖的，是那些穷而缺乏道德教养的女人："凡有柔弱无助贫穷庸愚邪淫女子可弋获者皆娼妓营业之代办人所乐从者也。"商业化的性服务业由那些为赢利而牺牲道德操守的"地方上的恶劣分子"促成，其中有人贩子和老鸨，但显然也包括了

> 高价租给妓馆房屋之地主，自贬身价给妓女开发无病证书之医生，施用巧辩保护此业之律师，卖给妓女违禁药品之药房，收受贿赂之地方官警士，因有特许买卖女子身体之牌照税而得减少纳税之纳税人，以及贸易运输上所用之他项机关，皆是故取得此业之金钱上

利益者,皆地方上之恶劣分子也。

该作者称,吸引狎客前往妓院的主要驱动力是纵饮,故后者也受到直截了当的谴责。文章引用法国和美国医学权威人士关于男人没有性生活也可以过得很好的论点,说男人们光顾妓院并非是因为不可遏制的性欲;因此,那种把娼妓业看成是以牺牲少数女人为代价而使广大女性免受男性无法控制的性欲的侵犯、进而认为娼妓业是正当的说法,是不能成立的。嫖客上妓院乃因为他们道德低下,而这样做的最终结果又使他们成为受害者:道德更加堕落,经济受损失,染上性病,而他们还将使这些灾祸延及自己的家庭。大多数的妓女是不能上升到老鸨地位的,她们最终的下场是贫病交加地被钉上耻辱架。这一分析并不限于中国:作者在文中穿插引用了伦敦、芝加哥等地妓业的统计数字,用来对上海作出评论。中国国情之关键在人性之羸弱,而别无他哉。⑯

他们对于个人道德行为的关注,使得中国一些信基督教的作者着手去利用中国的传统伦理道德,而不是像许多外国传教士那样对它进行彻底的谴责。例如,王吉民在写到中国的"社会罪恶"时,是承认中国早在周代的历史文献中就有关于娼妓业的记载的。但是,尽管过去个别的妓女能占据很高的社会地位,但嫖妓在中国向来被认为是四恶之首而受到谴责(其他三恶为纵饮、赌博和吸鸦片)。孔子曾告诫年轻人远离娼门,孟子则教诲他们应"清心寡欲"。⑰这样,中国的伦理信仰与基督教妇人矫风会等组织的宗旨就显得完全吻合了,后者在上海曾大力推行对妓业的改造。

对于王吉民以及其他基督教徒作者来说,问题还不在于中国在伦理道德方面的欠缺,而是在于贫穷、低工资、缺乏使年轻妇女得以谋生的其他办法,在于"童奴、纳妾、父母有卖掉子女的权利、绑架、工厂招募女工而工作条件极差,以及其他的社会问题等等"。⑱王仔细地把中国对于娼妓的谴责与日本的态度相区别,据说日本人相信为了赡养父母而过不道德的生活是一种德行。⑲他还暗示,中国在社会行为方面是有些问题,但与那个岛国邻居相比,她则具有更大的进入更高层次道德秩序的潜力。

中国基督教徒的文章,一般不把由殖民列强形成的国际通行的做法作为娼妓业的根源。对于传教士和中国信众来说,娼妓业的持续存在意味着中国文化的贫弱,而这些弱点,或许可以通过传布社会福音而得到缓解,但只有通过能改善个人道德选择的大环境的基督教道德规范才能得到根治。[20]而对基督教的需要,反过来又使帝国主义支持的传教会的整个利益网获得尊重。

五四批评家与社会健康

1919年,凡尔赛会议上中国所受的不公正待遇引发了中国民众的"五四"示威游行,酿成了中国知识分子在很大范围内的一场运动,这场文化上和政治上的批判运动,通常被中国许多历史学家当作是中国进入"现代"时期的肇始。[21]在中国五四时期知识分子的文章中,娼妓、纳妾以及奴婢买卖等恶俗均在扫荡之列。[22]五四时期著名作家、后成为中国共产党创始人之一的李大钊,在1919年号召正直的男人和有觉悟的女人联合起来,彻底铲除这三大恶习。他将娼妓问题与国力的贫弱联系在一起,上海一家报纸就妇女地位问题征询读者看法竟无人应答,他谈及此事时感到非常恶心,因为它证明了"中国人一般的心理,都不认为妇女有个人格"。他列举了必须消灭娼妓业的五条理由:娼妓业是对人类价值的亵渎,因为它逼迫妇女从事最卑贱的生活方式,饱受种种侮辱和虐待。它降低了人生最重要的爱的价值。由于无法控制性病的蔓延,它危及大众的健康;医生们还说,妓女长此以往会"变性",将危害到民族的繁衍生息。它也违反了人在法律之下的自由,这是所有实行民众自主的国家所不允许的事情。最后,它降低了妇女的地位,因此废止娼妓业应是中国妇女解放运动要做的第一件事情。李具体提倡的改革措施,后来变成了奋斗目标:禁止人口买卖,限制妓女的数量,送她们进公费赞助的慈善机构学习工作技能,帮她们结婚成家。更为重要的是,为所有的妇女提供免费教育;而"根本解决的办法,还是要把这个逼着一部分妇女不卖淫就不能生活的社会组织改造过来才行"。㉓李将卖淫业与妇女的地位、民族健康、根本改革和现代国家行为联系起来,在这种联系以及他对中国社会态度的抨击中,他清楚地论证了娼妓业是落后的表现,而要进入现代社会,必须义无反顾地将它抛弃。他强调工作技能和婚姻,认为这样才能从根本上使妇女摆脱卖淫;在这几个重要的方面,他为后来共产党所选择的社会性别的现代性指明了具体道路。

在"五四"示威以后的十年里,上海发行的《妇女杂志》一直是讨论娼妓问题的一个论坛。女权主义倾向的男女批评家,都坚持把中国的"娼妓问题"置于人类共同的历史长河中来进行考察,并用它来展开对资本主义制度的进一步批判。然而,当他们在理论上论述中国并非唯一处于受害或落后地位的国家时,这种理论同时也把娼妓(以及更普遍意义上的妇女)确定为男权经济、性和道德统治的牺牲品。

许多文章都沿用了这样一种文体程式。它们首先来一番对娼妓制度的谴责,称"娼妓制度,完全是女子被征服的纪念碑";是对"妇女人格最重的打击,是妇女被侮辱的表示",是"世界人类的耻辱",这是一种对伦理、社会和民族都很坏的习俗。㉔娼妓制度本身是社会弊病之产物,反过来,它又进一步孳生出种种社会罪恶——性病使民族衰弱,使国家染疾;国民性和国民道德滑坡;男女关系混乱;妇女人格受辱;以及纳妾等。㉕为了社会的进化和人类的尊严,这种制度必须取缔。㉖

这些文章的作者在明确了娼妓制度的危害之后,又进一步列数其"根源"。他们描述了一部并不仅仅局限于中国的两性关系史,其最突出的一点就是女性地位相对于男性的下降。这种说法认为,在人类历史的早期,女性与男性开始产生劳动分工,女性的活动多局限于农业和家务。男人则从事狩猎、征战以及其他"人生重要的活动"。他们很快就把女人当作了财产,把自己的妻子和女儿送给别人以换得物质利益或政治结盟。当男人们把女人完全置于从属地位之后,他们开始从家庭以外寻求

性方面的满足。㉗

有些作者认为,娼妓制度既有生物性方面的原因,又有经济方面的原因。他们断言,男人本质上就有多占配偶的倾向;从生物学角度说,男人的欲望高于女人。㉘有的作者还进一步追问为什么:"大概男子多富于淫欲的冲动,不过是否属于本能,却是个问题。"㉙但他们都认为,男人还是喜欢去寻求多个性伴侣——经济和道德标准允许时,即通过一夫多妻制,不允许时则通过娼妓制度。㉚男人多半把性交看成是一种游戏,而非爱的行为。反过来,这些作者又认为,爱应该与女人的平等地位联系在一起。㉛

这些作者援引古希腊、罗马、埃及、巴比伦、古以色列以及早期基督教社会的各种例子,来描述古代文明中的娼妓制度,以证明他们的论点。㉜这些关于西方娼妓制度的叙述都有外国学者和社会活动家的著述作为佐证。㉝而在这些关于西方的讨论之后,往往接着就是起始于春秋时期(公元前770—前476年)的中国娼妓制度的叙述。㉞《妇女杂志》上还刊登了一些日本和英国学者撰写的有关娼妓制度的文章的译文,这种把中外文章并置在一起的做法,使得中国参与到世界范围的讨论之中。㉟

这些作者在保持对本土文化进行批判的同时,也把注意力投向中国妇女具体所受的种种压迫。一位作者冷峻地评论说,中国的伦理体制是为上层人而定、为男人而定,不是为受压抑的阶级,不是为女人而定。因为女人被认为比男人低下,于是中国人对一些妓女横加羞辱,骂她们是女魔鬼、是贼,但他们又接受娼妓制度,把它作为一种消遣,并对另一些妓女的才华大加赞赏。中国历史上的绅士阶层自己狎妓嫖娼,但同时则又要求自己的妻子女儿坚守贞洁。㊱这种"可怪可笑"的做法一直延续到20世纪20年代,当时中国的行政当局仍继续允许娼妓的存在,并向她们抽税,而另一方面则给予守节的寡妇以一定的奖赏。㊲

可是,如果说娼妓制度在中外历史上一向存在,那么在资本主义愈加拉大了贫富差距的条件下,它则获得了新的保护。在这种情况下,穷人家的女儿沦为娼妓，而穷人的儿子则去嫖妓，因为他们结不起婚。㊳在欧洲和美国，男人们结婚比较晚，因为他们在婚后必须要使家庭维持一个较高的生活水准。于是他们在等待结婚的时候，就不得不去嫖妓，因为他们无法克制自己的性欲。㊴（但是在中国，早婚的习俗却并未能阻碍男人去嫖妓，因为“玩”女人是一种社会习俗。）㊵这些分析所能找到的娼
253 妓制度的最常见根源是经济困难：女人沦为妓女，为的是活下去。㊶在这方面，作者们列举的仍是一些外国的例子，包括巴朗-杜夏特莱笔下19世纪初的巴黎，㊷包括A. 舍韦尔和W. 阿克顿描述的伦敦，㊸还有柏林㊹、日本㊺和瑞典㊻。奥古斯特·倍倍尔（August Bebel）经常被征引，用以证明娼妓制度是资本主义不可避免的产物。㊼这些中国作者们的结论是，进入现代后，“娼妓问题是一个全世界都普遍存在的问题，并不只局限于一个国家或一种社会。”㊽

但是，又有些作者提醒说，娼妓制度并非贫穷所致。陈德征即争辩说，在繁荣时期，妓女的数量是增加的，她们的工资也增加。他相信，这是因为大多数女工的收入无法满足她们所期望的消费水准，而在繁荣时期，对于妓女的需求量也增加了。㊾这些作者援引布鲁塞尔、伦敦、纽约以及意大利、俄国的研究材料，这些材料表明，妓女卖淫的动因远不止限于经济方面的需求，其中也包括满足性欲、追求享乐或她们过去受到过引诱而失身等各种各样的原因。㊿有一位作者指出，中国的妓女都称经济所逼是她们从业于娼门的原因，这只是因为家丑外扬在中国的文化氛围中是不能被接受的，而说家境贫困则比任何其他的解释都更能得到尊重。(51)

有些分析者尽管也承认经济因素起了很重要的作用，但他们仍把自己的论述进一步地扩大，试图找出现代娼妓制度与现代文明之间“紧密而直接的关系”。除了所谓贫困所逼这样的陈说外，他们还指出，欧美在很大程度上陷入了伦理方面的危机。中产阶级在一味追求物质生活的改善的同时，忽视了精神方面和身体方面的代价，这就造成了精神疾病、伦理的混乱以及“性欲病”。新兴的中产阶级是现代文明的一个特征，因

此,在事情发生根本变革之前,中产阶级对娼妓制度的追求也成为现代生活的特征之一。㊾

1924年,北京的中国政府提出要在全国范围内给妓院颁发营业执照,从而引发了一次大争论,民国时期围绕着究竟是颁照还是取缔曾有过多次这样的争论。㊿有女权主义倾向的作者一般都嘲笑颁照的办法,然而他们的理由却越发将女性描写成了受害者。反对颁照者中最关键的一点就是女人从来不是自愿当妓女的,而是被迫的,要么是经济所迫,要么是由于道德方面受到制裁(比方说,一个妇女失身后,被性伴侣抛弃,她无法体面地嫁人而沦为妓女)。一位批评者挖苦说,哪个女人也不愿意充当男人性欲的奴隶,正像哪个男人也不愿意自己跑到某个实行奴隶制的社会去当奴隶一样。㊶在承认女人是娼妓制度的受害者这一基础之上,㊷一位作者又进一步援引艾达·塔贝尔(Ida Tarbell)的话说,"娼妓制度是嫖娼者的过错",另一位批评家也说,"创造娼妓制度的是男子,维持娼妓制度的也是男子,女子不过是被动的罢了。"男人是不需要贞操的,他们可以把女人当作私有财产,并把娼妓制度的耻辱和重责统统推到所牵涉的女人身上。㊸还有一位作者在援引欧洲的研究后指出,娼妓制度也把女人沦为受害者,使她们更像男人,粗脖子,哑嗓门——她们被剥夺了自己的女性特征之后变成了不自然的生物。㊹

五四时期的许多评论家都把消灭娼妓制度与整个社会改革的构想结合起来,在改革中,强大起来的中国政府和对社会问题有敏锐意识的上层人士都应该发挥重要的作用。他们要求政府振兴工商业,使贫苦的大众有吃有穿,不需要再出卖他们的女儿;政府应该禁止赌博和豪饮,取缔烟馆,这样男人们就不再会染上这些恶习(就是这些恶习使他们把自己的妻女逼入娼门);应该取缔人口买卖;应给妇女以完完全全的政治权利。改革家们还提出了一些让国家和个人实施的措施:就娼妓制度的危险性作公开的讲演,扩大慈善机构和组织;对妇女进行职业培训;保证妇女平等的经济权益;以及性教育等。另有一些人似乎更觉得应依靠非政府性的举措：提倡健康的娱乐活动，男女都应有一种对于贞操的新的尊重，改革婚姻体制，以使人们不再因为家庭生活的不愉快而去找妓女，以及让妇女有性的选择的自由。[58]在这些雄心勃勃的计划中，一般都有一个隐含的、但有时也是公开的新文化目标，这新的文化将支持一个强有力的国体（或者说，强有力的国体将支持这种新文化），而消灭娼妓现象将是一项指标，表明国家从落后走向了现代。

这一社会改革计划看上去似乎非常的全面，但某些五四批评家仍认为不够彻底，因为对他们来说，娼妓制度与复杂的社会体制有着内在的联系，不能孤立地看待。[59]这些批评者要求必须整个地消灭土地私有制和资本主义。李三无想象中国古代实行的井田制是自给自足自然经济的典型，那时人人生活得无忧无虑，而娼妓制度更是闻所未闻。李称，到了春秋时期，经济不平等现象开始出现，女人则处于一个特别不利的地位，在官方的倡导下，她们被迫充当妓女，因为她们再也无法活下去了。他从当代北京、南京以及日本和欧洲许多国家找了大量例证，将它们分为两类社会，一类是允许持照妓女卖淫的社会，另一类是各种无照妓女各显其能；他说，在这样两种制度下，社会道德和公众健康其实都一样地受损。他说，如果娼妓制度确是带根本性的经济制度的产物，那么使用道德压力或行政命令的办法来消灭它，就是毫无意义的："在这样情形下面说起来，像那基督教妇人矫风会的娼妓全废运动，或者救世军的不买卖娼妓的誓约等等，实在是愚极了。"他说这样的办法是治标不治本，而那些糊里糊涂地信奉这些办法的人，完全不明白这其中的哲学缘由。在这一点以及在他的全部论证过程中，李把弄懂娼妓制度的"真正"本质看成是表现出某种"现代"知性技能和社会科学资质的一种方式。

李让他的读者想象一个"娼妓阶级"已然消灭的未来世界，但这又并不是他所能充分阐述清楚的一个社会。与他为之感到遗憾的那些半途而废的改革者一样，他最终还是回到了许多五四批评家所鼓吹的同样的措施，即妇女教育：教育能让妇女获得经济独立，从而使取缔"商业化的性交易"、消灭以营利为目的的婚姻的目标有可能实现。李三无把娼妓问题看成世界性的问题,而不是仅仅局限于中国,他引述恩格斯和英国哲学家爱德华·卡彭特(Edward Carpenter)来支撑自己的论点,他声言自己是个探讨全球性问题的知识分子,而并不只局限于分析中国一国男权主义的痼疾。但他也信奉五四时期的从落后走向现代的理想,他相信,如果中国掌握了社会发展科学规律的知识分子能起来领导这场运动,那中国是一定能够后来居上的。[60]

五四知识精英们对娼妓问题的讨论在社会民众中的归宿,我们不太清楚。改革派杂志《新人》在1919年就娼妓问题出了一期特刊,其销量从原先的3 000份猛增到2万多份,这足以反映出社会公众对这一问题的兴趣。但这究竟是一种什么样的兴趣呢?有作者指出,许多读者并不是把这份刊物当作中国社会问题的缩影,而是把它当作了上海的妓院指南。[61]这一评论试图对民国时期严肃的社会改革抹黑,但它却表明了公众对娼妓问题所感兴趣的多个交叉重叠的层面,表明了五四时期议论娼妓问题的普遍程度,娼妓问题既是一个议题,也成了一种象征。

用五四时期的概念讨论娼妓问题,把妇女的地位与社会的健康联系在一起,并不完全是那些高品位的改革杂志独有的保留主题。它又漫溢到主流媒体中。即使娼妓问题不被列举为国力贫弱的直接原因,简单的类比或贴近也使人们要往这上面去想。1920年《申报》上刊载了这样一篇题为《恶鸨之恶》的社论:

> 然而中国之今日,多纵人为恶之人,而纵人为恶之人又每逃其罪。武官纵军队骚扰地方,文官纵差役施害人民,一旦发觉,罪其军队差役,而官自身则安然无恙,非仅自身安然无恙,且庇护其军队差役,代为掩饰,以同脱于罪恶,此为恶人之所以恶也。……推而广之,恶鸨之为妓拉客,亦犹是罪,而迫妓以为恶,又使人受其恶之毒害。[62]

如果把这一段仅理解成为把"恶鸨"戏剧化而作的修辞铺陈,那就遗漏了文中很重要的一层意思。在这里,与娼妓制度相关的一套做法被视为一种文化弊病,它表现在一切掌权者的剥削和自我保护的活动之中。在这样一种表述中,娼妓问题与其说是原因,不如说是弊病本身;妓女与所有受到民政或军事当局侵扰的人都处于同一地位,而老鸨则是到处存在的层层叠叠的权力机构的一部分,后者对于"大众"和国家来说显然是坏的。

尽管小报以很大的篇幅刊登那些高等妓女的风流韵事和发迹经历,但它也把娼妓制度看成是一个关系到社会和政治健康的问题。《晶报》的一位作者对娼妓制度的存在有以下三点解释:妇女们没有其他就业机会;妓女是鸨母和男性妓院老板的牺牲品;娼门往往还是社会晋升之阶梯,一贫穷女子或可有机会成为某富人的小老婆。这些解释中每一种都必须有一个不同的解决办法,首先是要让妇女有更多的就业机会,其次是要取缔老鸨,第三是妓女终生不许结婚。但该作者指出,这三条解决办法有一共同的主题,即娼妓制度是社会制度的产物,若不从涉及妇女地位的根本制度上进行变革,所谓消除这一现象的一切措施都是隔靴搔痒。63

五四时期的众多高头讲章主张以国家干预手段来消灭娼妓制度,但有些报刊文章则不同,提出了当妓女是否真那么可怕的质疑。《晶报》一位作者尖刻地讽刺说,每当政府当局提出要消灭娼妓制度,妓女们便抗议说她们是"因为生活所逼"才进入这一行当的。但他接着说,这样的被压迫的故事只是她们众多言说方式的一种。当她们还有能力工作的时候,那些高等妓女的社会地位是相当优越的,她们陪伴在政客左右,既赢得她们父母的尊重,又为她们的子女赚得财富。任何政府若想废止持照经营的娼妓制度,它就必须考虑如何为失业后的高等妓女们提供相当舒适的工作,因为她们根本不想去当工人或农民。64《申报》的一篇文章也谈及同样的主题,该文章称娼妓制度并非经济私有制和男人淫欲的产物,而是因为女人有虚荣心、想在社会阶梯上往上爬所致:

> 然鲜车巨厦盛饰华裾,非社会所崇尚之虚荣哉!以篷台之子,毕生梦想不及此者,一为妓,则凡是种种可立致,一或得当,且上行于名媛贵妇之林,享用之豪侈,超乎宫掖之上,而社会心理,亦且震其豪侈,而相与崇尚之,莫问其所以来。妓之不辱而荣至于此,又无其他途径可以达此虚荣之目的,彼何所惮而不为妓,妓又安得而少哉?我故曰,女为妓,非女之罪也。排斥妓女,权操于男子手。盖勿使女有所羡,则妓自然日少。此固非法律权力上事,是在我人之自为媒已。⑥

然而,对于这些报章评论者来说,女人的虚荣心并不是一个孤立的性格缺陷。按照五四时期的想法,它与更大的社会弊病相连。《晶报》的一位评者责骂上海人普遍具有的懒惰、虚荣、无耻等缺点,列数如下:

1. 早晨晚起。
2. 女人不干活。
3. 男人只关心找自己的性伴侣。
4. 女人用在化妆上的心思太多。
5. (大家)玩的时间太多。
6. 害怕陌生人。
7. 男青年太轻佻。
8. 女青年太傲气。
9. 男人当外国人的奴仆也不感到羞耻。
10. 女人当娼妓也不感到羞耻。⑥

在上述这个男女对应得非常整齐的表格中,女人当娼妓,其下贱程度其实也就相当于男人在殖民者那里当奴仆;两者都意味着一定程度的社会腐败,对国家来说是个不太好的征兆。

通俗小说与家庭健康

五四时期对娼妓制度的讨论在城市里新出现的小说杂志上均有表

现。这些小说杂志繁荣于 20 年代,它们大多以城市男性读者为主要受众,如富商、知识分子、学生以及商店的雇员和职工等。[67]诸如毕倚虹[68]这样的作者将自己的故事定位在妓院,正如林培瑞所说,他们"对妓院场景几乎有一种社会学的兴趣",他们援引"所需要的理论来揭示社会的痼疾的一面,目的是为了治愈它"。林说:

> 妓院故事有时也有它合理性的一面,那就是它们对狎客中的那些名流、有势力者的揭露。但更多的时候是,这些故事对妓女们也表现了某种同情,她们每天被迫去拉生意,她们要受妓院主的虐待,而且她们的家庭生活又充满了各式各样的痛苦,等等。[69]

小说杂志中有一份叫《半月》的,专门刊登妓院故事,它于 1921 年 9 月创刊。第二年,它刊登了系列故事,标题为:"北里婴儿","倡门之子","倡门之女","倡门之母","倡门之父",所有的故事都发生在高等妓院。[70]林培瑞评论说,这些故事都是按家庭关系分类结集重版("妓女之母","妓女之女"),表明了娼妓制度对每一种家庭关系的破坏。[71]例如在毕倚虹的《北里婴儿》中,一妓女被迫把她的新生儿子交给鸨母,结果孩子染天花死去,而那妓女却被要求擦干眼泪,止住悲伤,继续陪客人饮酒作乐。[72]

《倡门之子》的作者是一位前革命军的将军,他转业后当了作家,以"求幸福斋主"作为笔名。他的故事有大体相仿的模式,着重描写一些看似养尊处优的高等妓女的苦难。[73]阿珍是一名高等妓女,一个叫王一庸的阔少大摆排场为她开苞,并答应要为她赎身。她安慰自己说,"点这么大蜡烛"简直同婚礼差不多了,而这样与王发生性关系,与作为妻子行房也没有什么区别。可是,过了没多久,这个用情不专的王少爷就跑到别人那里去点大蜡烛了;他见风使舵地应付她,当阿珍告诉他自己已怀孕时,他人却不见了。阿珍硬是拒绝了鸨母要她打胎的要求。身怀六甲的她第一次感到,当妓女就是一个被人玩弄的贱货:

> 可怜她,未失身以前身体是干净的,虽说有娼之名,并无当娼之

实。自从被王一庸玷污了、抛弃了以后，才实行去卖娼接客。这不明明是王一庸害了她当娼的吗？

儿子出生后，阿珍又重新当了妓女，但她一直拒绝王来认子。当她听说王要来抢人，就躲了起来。书中有一处说到阿珍遇到了王，作者笔下描写的妓院，通常即使在白天也不让光线照入，空气也不流通，"可见娼门景物是永远没有丝毫更改"。在这里，妓院成了中国社会一切陈腐不变的东西的象征。

故事结束时，王遭到了报应，事情发生在20年后。此时的王已当上了一个小官吏，他判了一个小偷死刑，谁知临行刑时分，却发现这死囚竟是他自己的儿子。此时判决已不能更改。阿珍当初逃跑后，在一家妓院当上了仆佣，她一直不肯结婚，因为怕丈夫不愿接纳她的儿子。此时的阿珍痛不欲生，她一头撞在城墙上自尽了。王自己也精神失常了。因为他膝下无子，所以他最后的结局是既无人来看他，也无人照料他。[74]

故事的情节带有明显夸张的成分，但它的社会批判寓意也是很明显的。妓女向往一个稳定的家庭，但因失去家庭而饱受苦难，无人过问；妓院是一个黑暗的、一成不变的环境；官吏们在公开场合司法执法，而私下里则嫖妓不误，到头来他们要为自己的虚伪付出代价。这样一种基本上属于保守的寓意，旨在吁求官吏的清廉和女人的贞洁，其实与五四的目标并无多少联系。但它对社会弊病的谴责，对正义的诉求，则与五四运动要求的家庭改革目标是吻合的。

通俗小说与五四关怀有某种相似，这一点或许在《倡门之女》中表现得最为明显。尽管这篇小说刊登在小说杂志《半月》上，它却被看作是高等妓女林碧瑶本人的口述史。林说她5岁时被卖给一名叫阿珠的老鸨，阿珠每次赌博输了钱就打她，她雇了一个臭烘烘的男人，那男人一边教她唱曲子，一边也打她。阿珠对她盯得很紧，林抱怨说，她"简直比吁天录小说里头的黑奴更不自由"，但作这样的比较并非出自通俗小说的套路，而是来源于20世纪初的一些政治改革家。在阿珠的培养下，林先是在上海当了高等妓女,后又到了天津,在那里,一位司令看上了她。作者在详细列数一个高等妓女的客人们如何在她身上一掷千金之后,又反过来以妓女的口吻谴责这样做会带来怎样的坏处:

> 人说"北京红姑娘的房间就是中华民国小模型"。我说,这句话稍有些不伦,因为当姑娘的和总统比较,总统不如姑娘适意。其实红姑娘可以算是债团的代表,所以间接能够使财部受挤。换一句说,就是加重国民负担。你们想,我辈"倡门之女"的罪恶,岂是"卑贱"两个字就可以断定。一切还含着祸国殃民的霉菌哩。

这里批判的对象并不是妓女,而是嫖娼狎妓的男人。

阿珠答应把林卖给司令当小妾,尽管林很讨厌他丑陋的长相,不想跟他来往。所幸的是,司令自己中断了与她的来往,跑到另一个妓女那里去了。林在自己的故事结束前,发出了要求自由的呐喊,不仅是为了妓女们,而且是为全体中国妇女:

> 希望二万万女同胞从自身觉悟力自解放,不劳他们男子来解放我们。"倡门之女"四个字,可以望无形消灭了。若是,偏面的废倡运动,公倡没有废尽,凭空添了无数私倡,把罪名移到经济压迫上头去,我们"倡门之女"就永远没有超升的日子。女同胞呀,快快自己救自己啊。⑦

这里,通俗小说与五四时期典型的政治话语融合到了一起。妓女与所有的中国人一样,必须自己解放自己;中国妇女与所有的中国人一样,必须自己站起来,自己行动起来,不能靠别人来拯救她们。《倡门之女》作为小说有其明显的价值,但作为妓女生平自述,它的真实性则有点可疑。不过,无论怎么说,它还是可以被读作是呼唤改革的一声呐喊。⑦

20世纪30年代:娼妓制度、帝国主义和农村危机

1928年,当整个国家名义上统一于南京国民政府之下以后,知识分

子对于娼妓制度的争论仍在继续。从 20 年代到 30 年代,一些重要话题把讨论联系起来。娼妓制度仍被看作是一种破坏社会秩序、妇女权益和民族进步的罪恶。[77]唐国桢认为,娼妓制度对社会的危害比偷盗更大,但政府对偷盗的处罚远甚于前者,只因为它的危害来得更加直接。[78]

娼妓现象的无时无处不在,被进一步看作是中国加入了人类共同历史的一个标识。[79]例如,在 1936 年由木华发起的关于反对公娼的争论中,他先是引证了五四对娼妓制度的解释:经济困难、人口拐卖、道德价值观的衰落、婚姻制度以及教育的不发达等。但文章很快将问题一般化,把倍倍尔调查巴黎妓女的统计数字与他调查来的苏州申请执照的妓女数并置。木华在这一部分的结论中强调经济上的原因,而忽略了地理方面的因素:"'总言之:穷而已!'娼寮的门为穷人的妻女开着。"[80]

下面这番叙述与 20 年代时一样,借用的是一种超文化的生物学概念:

> 人类中的男子,他们性欲的旺盛,并不比野兽降减,而女子生理上对于性交的担负,其能力已和野兽大异。[81]

关于女子性欲与野兽的区别,文中未具体提及,因为作者举出倍倍尔、呼应恩格斯,为的是简要地描述私有财产的确立、男人地位的上升、对妻子的限制以及将娼妓作为享用物这一制度的确立等。接着,木华又回到中国的具体环境:

> 又因为工业幼稚和商业萧条,一般家庭经济困难,工商业中的妇女和家庭的佣妇,所得菲薄的待遇不能够担负家庭生活的需要,便只有以卖淫为副业,应付工资的不足。因此,娼妓的供给正与男子的性的需要相适合,促成人肉市场的更大膨胀。[82]

这段话应和了萧条时期对中国经济的一些典型的描述,而它特别值得人们注意的是,它在地理上和历史上都没有具体的所指。它是直接从倍倍尔和恩格斯就婚姻制度的一般演化的讨论中摘引下来的,因此,即使它是在描述中国的问题,却完全离开了中国的具体特指。中国被塞进了把(普遍的)经济问题看得比(落后的、地方性的)文化问题更重要的这样一个天衣无缝的世界性两难窘境。

与早先五四时期的一些评论家一样,木华指出,需要一种国家的综合性的努力来整治这种局面。⑱他这篇文章也表现出五四时期的那种对于身受封建主义、资本主义摧残蹂躏的妇女的关怀:

> 在目前,中国女子一方面受到资本主义种种的剥削,另一方面又被封建势力紧紧地束缚;容许女子以出卖肉体为谋生之道,则多妻制度一类性的掠夺与放纵,当然也加以无条件的承认,但女子确无强被掠夺而出卖身体的义务与必要。在公娼制度成立之下,贩卖妇女的勾当是永远不会灭除或减少的。

他号召来一个彻底的社会变革,以结束这种娼妓制度对妇女、人类、社会和民族带来的危害。⑭木的叙述策略说出了这样一层意思,即上海的确与巴黎一样(郭崇阶写的一篇类似的文章把上海称为"东方的巴黎");两者都深陷于资本主义的泥淖之中,中国已经完全吸纳了资本主义的种种弊端。⑮

正如在20世纪20年代时一样,论娼妓制度的文章中到处可见主张合法化的外国人名和他们的用语。⑯郭崇阶在1936年引用了霭理士(Havelock Ellis)的所谓娼妓制度是婚姻制度的一个必要组成部分的说法,倘若废止,整个婚姻体系都将随之崩塌。她又引用瑞典女权主义者爱伦·凯(Ellen Key)所谓妓女不同于妻子的论点,说她们对自己的自由和个人权益仍有某种有限的控制,而妻子在签署婚姻契约时就把自己给卖了。在《妇女与卖淫的命运》一书中,郭还引用了某个叫格罗斯-霍芬格(Gross-Hoffinger)的,据说他说过如果不对婚姻制度改造就不能消灭娼妓制度一类的话。马克斯·鲁布纳(Max Rubner)和弗朗兹·休格尔(Franz Hugel)也都被提及,因为他们相信卖淫倾向植根于人的本性(鲁布纳说经济是根源,而休格尔为生物性辩护),唯有到世界的末日才会消失。这里所诉求的标准无论是政治经济学的还是性学的,其普适化的倾向性是相似的。⑧⑦

经济压力仍被引述为娼妓制度最重要的根源,由于世界经济萧条,其影响更为加剧。⑧⑧批评家们又进一步提出了一些救济措施,从让妇女学会适当的生产技能到允许她们有完全的性自由,不一而足。⑧⑨对于许多作家来说,解决娼妓问题必须是一个将婚姻改革和女性就业等加以综合考虑的全面现代化的问题。林崇武提出,男人和女人都应该用同一个行为标准来要求:

> 若负贞操之责,则男女共之,若放弃贞操,亦当男女共之。……今置女性于地狱,而供男性享乐,谓为公平,其可得乎?⑨⓪

同样,郭崇阶也认为,妇女如无独立生活之能力,"她们生活的方式,不是为娼,做零沽式的卖淫,就是出嫁,做批发式的卖淫。"郭称,只要妇女没有其他的生活出路,妓女就永远存在。⑨①

30年代反对卖淫业的精英观点并不是没有文化上的具体所指。例如在林崇武的一篇文章中,他先是引述了雅典立法官索隆的例子和巴朗-杜夏特莱、雨果、弗莱克斯纳、卢梭和林肯的权威论述,然后话锋一转,开始劝说人们应该对妇女多提倡传统的孔孟之道,如诚信自尊、礼义廉耻一类,以抵制西方生活方式的引诱:

> 欧风东袭,女惹虚荣,美服华饰,溥粉薰香,苟安贪逸,乐乐畏劳,其用既繁,所入复寡,既不能俭,何以能廉,拜金之余,多方谄媚,贞操羞耻,予以尽抛,上忤翁姑,下弃嗣子,云礼云义,于此全无,久而久之,遂以卖淫为业,"上有好者,下必有甚焉。"故提倡道德,始自当局之家,若全国要人之家眷弃其珠玉,恶其金钻,粗衣简饰,而勤俭是务,则"草上之风必偃",而女德亦修矣。⑨②

林文尽管带有儒教的意味,但他的讨论仍牢牢建立在两个基础之上,一是20世纪的特点,此时的中国正从诸多国家中奋力崛起,尚未成为无争议的文明之源;二是一种普适性的道德话语,其中援引了卢梭、林肯等,这些人都相信文明社会不能允许人口贩卖现象。当孔孟之道与圣奥古斯丁、查理大帝、巴朗-杜夏特莱和鲁布纳⑬的论述一段一段并置的时候,对独特价值观的诉求便走向它自己的反面,成了要求加入人类向文明、道德社会进发的洪流之中的一份申请,而娼妓现象和消灭这种现象的愿望则是申请加入这一社会的凭证。

正如十年前一样,政府是否应该对妓女颁发执照、实施体检,这在女权主义者中又引发了异常激烈的争论。1933—1934年间,自1928年以来就在城市中实行禁娼的南京国民政府(见第十一章)提议开禁,改行允许持照妓女做生意。政府官员觉得,公娼制可以控制性病的传播和无照卖淫,从而使受到世界经济萧条影响的城市恢复繁荣。

南京妇女协会的代表向市长请愿不要开禁,但市长却回答说,对妓女救济的问题比她们所说的要复杂得多。他说,许多妇女成为妓女并不是出于经济上的需要,而是因为她们生性放荡,愿意同嫖客上床。这位市长在女权主义作家自己所建立的有关娼妓业为何普遍存在的假设基础之上,又补充说,娼妓现象是所有文明社会都存在的一种很自然的社会现象,而伦敦就是这样的一个典型。⑭

开禁的提议和市长的这一番话,在南京的《妇女共鸣》杂志上激起一连串愤怒的反诘。一位作者说,颁发执照并不能消灭性病,因为被勒令停业的患病妓女仍会继续偷偷地卖淫。⑮另一位说,颁发执照并不能阻止无执照卖淫:上海的例子即表明,即使实行公娼制,无照卖淫仍很火爆。⑯还有一位说,鼓励淫业并不能给南京带来繁荣;真正的繁荣必须依靠工商业的发展。⑰总之,允许持照卖淫的城市,如上海、天津、北平和太原,经济也一样不景气。⑱一位批评者针对市长的卖淫普遍存在论尖锐地指出:

> 至娼妓为社会自然之产物,文明国家莫不有娼妓存在之说,似为主张开禁者主要认为娼妓开禁之理由,亦应世界潮流之一端,殆

以为文明国家,非有娼妓不足点缀也。呜呼。有此观念,公娼安得禁绝!? 私娼安得不发达哉!?⑨

最后,一位署名为"所非"的伶牙俐齿的批评者以更为极端的语言对政府的提议狠狠来了一番讽刺。他说,中国军队丢失了满洲里(1931年被日本所占),原因是他们没能像他们的长官那样,胳臂上挎着舞女。而日本兵作战英勇,因为他们提供了军妓服务。针对这一问题,所非称南京政府的复娼之举,实乃"救国大计"。因此,政府大员就不再需要乘火车从南京去上海狎妓嫖娼了。这样,他们就可以安心地待在首都,料理国家大事。所非还补充说,事实上,为不使供需脱节,不仅可以让私娼变成公娼,还可让良家妇女变为妓女,最好牺牲自己为国家服务嘛。"三民主义不能救国,救国的原来还是花姑娘。"所非最后说,"让我们同声喊道,幸矣哉花姑娘! 大矣哉花姑娘!"⑩

尽管20年代流行的那些解释和论点仍在继续,30年代关于娼妓问题的讨论又出现了一些新的主题。作者们就性以及它在人类生活中的重要性提出了更为复杂的理论。房龙鼓吹一种对两性都适用的贞操观,他说,

> 性的享受对于两性间所具的作用,正像原子对于化学、电子对于物理所具的作用一样,所以求两性生活的和谐,第一的要义,是在于做丈夫的男子,不事他的妻子以外的第二个女子之爱的分润的嫖。⑩

虽说性欲是生命的自然特征,然而一般的讨论却只涉及男子的性欲问题。例如,罗天文表示担忧说,男人若结不起婚,又无钱嫖妓,就会诉诸强奸、手淫或同性恋,或者会造成性错乱或精神上的疾病。⑫另一个新的主题是把娼妓制度看成是只消耗不生产,造成社会资源浪费的制度。1933年,乙枫吸收了日本的一项研究说,上海的居民仅耗费在公娼身上的钱就达到每天166 400元之多,每年将超过6 000万元。⑬

随着中国经济在30年代的恶化和日本对中国入侵的加剧,批评者

开始把娼妓问题与这一新形势相联系。唐国桢说,娼妓问题也许是一个世界性的问题,但由于中国在经济上比其他地区更落后、更脆弱,因而它在中国呈现为一种特别复杂的形式。[104]朱美予则把娼妓问题与政治危机相联系,断言中国每逢政治局面混乱时,娼妓问题就变得愈加严重。娼妓问题与一个贫弱的国家总是互为因果。[105]曹公奇则追问道,如果娼妓问题不仅仅是中国的问题,那么为什么它在中国显得格外严重呢?他回答说:"原因就在于,中国的娼妓问题不仅是局部的社会问题,而是由局部问题表现为整个中国社会的问题。"[106]他的这一回答愈加显示出娼妓问题是民国时期的知识分子所考虑的一个中心问题。

20世纪30年代的一些作者认为,之所以造成这一局部问题和整个问题,关键在于中国的乡村经济被帝国主义、国内的战乱以及自然灾害推到了崩溃的边缘。一些农村妇女被迫离乡背井来到城市,为了很低的工资进入工厂,她们又改当妓女,因为这样收入更多。[107]就农村的危机而言,女权主义的作者们有比较广泛的共识,然而涉及解决问题的办法时,她们又分道扬镳了。有的人相信娼妓问题可通过乡村救济和为农村妇女找到新的工种来解决。[108]有的则反对说,这样做是不够的。中国的半殖民地地位,世界的经济大萧条,以及岌岌可危的中国经济,是无法仅通过设立几个农村救济点就能解决的。相反,要解决问题就需要建立一个新的社会、一个新的中国农村和一个新的中国城市,这就需要与帝国主义及其代理人进行斗争。[109]30年代的作者越来越以肯定的口吻来谈论苏联发生的消灭卖淫的运动。[110]妇女杂志上充满了要求实行全面社会改革的呼声,以及对没有压迫、没有剥削、没有阶级分野的社会的憧憬。[111]有些讨论娼妓问题的作者甚至援引马克思的话,诸如迄今为止的人类社会仍处于史前状况,而人类历史的真正的第一页马上就要正式书写了等等。[112]

就在这样一种对即将到来的国家灾难和救赎的高谈阔论的话语气氛中,一位名叫周时贤的作者则采取了一种相对比较低调的话语立场,对妇女进入娼妓业是否真的应该归因于乡村经济的崩溃提出了质疑。

此人是苏州本地人,他注意到在附近的一个村庄里,每一个女孩子都向往当妓女。八九岁的小女孩就去上海,寄养在当妓女的亲戚家中。她一般是先当婢女,然后混到房侍的位置,再大起来以后成为雏妓。周断言说,许多人都知道这是千真万确的,而那些说娼妓现象是农村经济破产所致的人,其实是不熟悉这一行当的情况。周补充道,我们不能仅仅依靠理论,实际情况往往让学者们目瞪口呆。⑬

但是,在那样一种把娼妓现象与民族危机和追求现代性联系起来的大合唱中,周时贤只是一个微弱的音符。无论是那些把娼妓现象看成是国力贫弱的标志的,还是那些认为它是现代社会的一个特征的,总之改革派的作者都试图将自己与那些当妓女的、嫖妓的或以赞赏态度书写妓女的人加以严格区别。这些改革者要确立的是这样一个自我形象,即他们在道德习惯和看问题的敏感性方面高人一等、对现代国家所必须具备的条件有明确的意识、对西方历史和社会科学探索十分熟悉;一旦确立了这样的形象,他们便声称自己具备了大家所追求的现代性的素养和品质,并希望自己就此能摆脱令其感到彻骨之寒的下属群体地位。

占领时期:性的堕落和民族耻辱

随着日本占领威胁的临近和到来,作者们越发将娼妓现象与国家贫弱联系起来。1936 年,敬芷指出,日本在东北和华北所形成的对我整个国家的威胁绝不仅限于军事方面的进攻和走私;它还"要用娼妓政策,毒化政策,赌博政策,来毒杀我们民族的生存和生机"。敬芷指出,对于所有关注娼妓问题的人来说,迫在眉睫的任务便是为争取"民族的独立和自由"而抵抗日本。⑭

1937—1938 年间,日本占领了中国大片土地,使得上海的租界地成了敌占区汪洋大海中的"孤岛"。据傅葆石的记录,"孤岛"上的作家们在如何支援中国利益的问题上面临一系列道德上的两难,而在 1941 年 12 月日本占领了外国租界之后,这一窘境愈加厉害了。他们中的许多人发表文章,对上海占领区乃至对全国敌占区的社会政治健康状况进行评论。碧瑶在1938年的一篇评论中说,"孤岛"上海是一个道德上衰朽的地区,这里住的人沉溺于写作和阅读黄色小说、购买春药即为明证。在民族危亡之时,这些东西都起着麻痹人民而非唤醒人民的作用。上海自开埠以来就一直是一个"淫窟",⑮而今日的"孤岛"上海,由于大量难民的涌入——作者在这里沉重地附上一笔,包括许多妇女的涌入——变得比以往任何时候都更加淫荡。碧瑶称,黄色书刊和社会混乱,再加上毒品,所有这些都是敌人用来瓦解我们的人民、使之服服帖帖的伎俩。他以一句数年来一直流传很广的话作结:"大英帝国扩张势力的先锋是军旗,法兰西的先锋是教士,××(指日本,由于新闻检查而未予明指)帝国的先锋则是娼妓。"⑯

虽然有作者将娼妓视为道德衰败的象征、日寇的工具,但另有一些人却把她们看成是英勇举动的化身。傅葆石在其对于沦陷区上海知识分子的研究中,专门讨论了王统照的战时小说《双清》,该小说描写了军阀时期华北的一个雏妓,曲折地反映了对于日本侵华的"象征性的反抗者":

> 这一选择有其明显的用意。五四之后的文学塑造的妇女形象贫弱、无助、贞洁,在社会和性的方面受到男人的摧残。这种做法在象征意义上表现了日本人统治下的消极抵抗那样一种黯淡的形势。通过塑造一个"贞女型"的妓女形象,王表达了爱国者如何在极度危险的时刻全力保持他们的名节这样一层意思。⑰

在民族危亡时刻把妓女塑造成女性贞操的象征,这并不是沦陷时期知识分子的发明:明朝的时候这就是很常见的做法。⑱一些沦陷区的作家有时还故意要引发这样的历史联想,写一些晚明时期忠诚于前朝的妓女的戏剧,那时候中国正面临满族入侵的威胁。⑲但反过来,一些比较亲日的作家则又攻击贞洁妓女的形象,认为这在"贫困交加"的困境中是根本不可能的。正如作家何直所说,"让一个饥肠辘辘的人想着廉正,或与妓女去讨论什么贞操,那完全是胡扯。"⑫⓪尽管战时关于娼妓现象的社会机制的讨论陷于沉寂,要想追溯其社会历史的根源非常困难,但是妓女作为一个灵活的象征符号,则被反复使用着,既代表民族衰亡的根源,又体现了抵抗的可能性。

实施改革:挽救妓女

在那些言之凿凿要发动大规模社会改革运动以消灭娼妓现象的改革家中,许多人又提出了对于妓女应立即采取挽救措施的呼吁。他们写的文章,几乎在所有的具体细节上,都预示了共产党政府于20世纪50年代消灭娼妓制度的改革计划。例如在1936年,林崇武提出要建立一种机构,把妓女管起来,对她们进行教育,教她们劳动技能,引导她们懂得道理,"使恢复其固有之羞恶心"。在这样一个机构中,生了病的妓女能得到医治,并帮她们找到合适的婚配对象。林建议说,妓女的病不好治,她们的思想即使在受教育后也不稳定,有的不愿意回到社会上,对这样一些人,应该允许她们待在机构中,自食其力地生活。林的计划中也有不少强迫的成分,如对屡教不改者,就要将她们送回该机构,永远剥夺其公民权和返回社会的希望。⑫①

20世纪前半叶在上海建立的拯救机构吸纳了上述设想中的大部分:管制、教育、治疗、工作培训以及婚配。这些机构由国家部门和私人(往往是外国)部门奇特的结合体主办,而关于妓女如何通过劳动改造和婚配重新被社会吸纳的构想则反映了一种兼收并蓄的状况,吸纳了当年传教士、五四运动、维多利亚时代以及重新阐释的儒学等各家各派的社会理念。⑫②

这些机构中最主要的就是希望之门。⑫③它于1900年由一批外国女传教士创立,该机构包括坐落在南京路一条弄堂里的一个收容所,另外有一处大一点的带宿舍的设施坐落在郊外,即玛丽·宁德·格姆维尔

(Mary Ninde Gamewell)说的"离开妓女们非常熟悉的既拥挤又危险的区域很远很远的地方"。[124]逃离妓院的妓女先被送到收容所去。1917年,加德纳·哈定(Gardner Harding)对他亲眼所见到的一例这样的逃亡事件有以下的描述:

> 我现在仍然好像能看见那天晚上在我眼前狂奔而过的一群人。在他们前面是一个飞奔的女孩,她身上那件纺绸小褂扯破了,一只袖子耷拉在肩上。她从我身边跑过时大概离追她的人群十步开外的样子,由于恐惧和虚脱,她那张小脸紧绷着,脸色惨白。
>
> 幸运的是,追她的那些人不太灵活。一个身躯肥胖的老鸨一瘸一拐地挪动着她的小脚;两个蓝衣衫农民装束的壮汉气喘吁吁地奔跑在她的左右,显然是妓家的奴仆。不用说,在前面飞奔的小丫头是不久前刚从妓家跑出来的,她不顾一切地拼命跑,是为了自己的自由。
>
> 人群像羊群似地散开。有几个出于好奇,还回头张望着,但没有一个人表示同情。追的人一闪而过。突然,那女孩在一盏明亮的路灯下转回头,用两个拳头捶打着一道木板门廊。一个身材高大的锡克人警察从对面路口的交通岗亭向她这边跑来。顿时,人群聚拢过来,眼前变成模模糊糊的一团,什么也看不清楚了。
>
> 当我奔到路灯下那松松垮垮的门廊时,女孩已经不见了,警察正在驱散人群。大家纷纷离去,只剩下那个胖女人和她手下的两个壮汉。那女人在破口大骂,并对着刚才女孩跑进去的门廊上方挂着的一块牌子愤怒地挥舞着拳头。随后,警察以一种典型的西方式的手势和动作"赶着她离去",整个事件似乎就这么结束了。[125]

这份殖民主义戏剧文本中所生动描写的那个女孩或许听说过希望之门,因为市政府曾有明文规定,每一个妓院都必须在明显位置张贴收容所的地址,同时还有一张告示称,任何人如果对寻求保护的妓女加以阻挠将

318

受到法律的惩处。会审公廨审理了某个妓女的案子后,她将被送到那个寄宿机构,在那里,她早晨要学习,下午做一些手工活计,自己做衣服,另外做一些洋娃娃的小衣服出售。[126]

到了民国时期,希望之门的开支一部分由工部局提供,因为警方要依靠它,会审公廨也要用它,这样它"几乎被看成了一个公共机构"。[127]被拐卖到妓院,或与鸨母发生了冲突的妇女,都由警方或会审公廨送到这里来,或被希望之门的工作人员"拯救"。还有的人是自愿投身到这里。(最后一类妓女通常要通过一轮会审公廨的审议,然后再正式移送到这个机构中。)[128]希望之门为求助者提供了一个安全的住处,教她们识字读书和手工活计,最后还为大多数人安排婚姻。玛丽·格姆维尔在1916年满意地报道说,她们大多数人在进来几个月以后都成了基督教徒,后来又与基督教徒结了婚。[129]从1901年到1918年,送入希望之门的妓女达2 200人以上。[130]甚至在1927年会审公廨寿终正寝以后,中国法庭还继续把妓女送往那里。[131]

要让妓女相信离开妓院后仍能过上幸福生活是很困难的,这一点在改革文章中也有非常坦诚的讨论。与那些自愿来到希望之门一类机构的妓女不同,在被遣送进来的那些妓女中,动因的确是一个非常尖锐的问题。例如,女权主义者胡怀琛写道,在1920年公共租界的取缔娼妓的运动中,希望之门在教育前持照妓女学习掌握工作技能方面似乎并不那么成功。她们怎么可能在一个很短的时期内学会一门手艺呢?谁来付费?那些过去在高等妓院吃香喝辣的妓女就真的愿意学习织袜子吗?说到为这些女人找配偶,胡警告说,她们向往优裕的生活,对一般收入的丈夫是不满意的。而对她们的丈夫来说,他们对可能没有生育能力、对自己的命运总感到左右不是的妻子也不会满意。[132]外国的一些对1920年运动持批评意见的人也有同感,他们也注意到拯救工作未必成功,因为"救助之家的环境呆滞得让人难以忍受"。[133]妓女被圈在希望之门或其他类似机构中,有时她们过于烦闷,情绪敌对,就会采取各种反抗手段,如故意违反规章制度、偷窃、向法庭申诉要求释放、无缘无故地喊叫、纵火，或挖掘逃遁的地道。⑬

整个民国时期都持续进行着关于妓女不服管教的讨论。1929年时廖国芳在《妇女杂志》上撰文警告说：

> 这类的妇女堕落已久，"积重难返"，若向她们说什么解放，不但不得她们的同情，甚至反受其讥笑。她们对于本身现在的生活，认为很自由，并不觉得有什么压迫，所以她们一点不了解什么叫解放。⑬

在1937年至1941年日本占领的"孤岛"时期，公共租界中上街拉客的野鸡妓女数量之多开始引起当局的警觉。警方开始是想把被拘押的妓女遣送回原籍，但很快发现这些女人都非常狡猾，她们不肯透露任何关于自己身世的信息。气急败坏的租界工部局官员于是让各个妇女组织配合，审讯这些被拘押的妓女。而审讯者发现，这些女人"已经失足而至麻醉，并不希望另外一种生存的方法。……她们……全已成了身染毒病和灵魂麻醉的害物了"。审讯者们说，把她们遣送回原籍，为她们找对象，是为了让她们过上一种新的生活，而这样首先就要对她们进行教育，给她们治病。为此目的才建立了工部局临时妇孺救济所。

救济所负责教育管理的人这样描述对妓女进行教育所遇到的困难："妓女不是普通的女人，她们有根深蒂固的陋习，举止不知廉耻，装腔作势，懒惰多病，好睡好哭，特长欺骗。"她们有一个作息时间表，要求早上6时起床出操，洗漱打扫，做家务，然后是一下午的学习，开会，晚上有一小会儿的健康娱乐时间，等等，然而许多妓女却把她们的书扯得粉碎，问道："谁要在这儿嚼黄豆芽，我们在'本家'处，还有娘姨呼声'小姐'呢。"这篇文章与后来共产党广泛实行的成功地改造妓女的套路相符合：妓女们在充满理解、循循善诱的教员的帮教下，学会了自己做衣服，重新认识到她们过去的生活是充满苦难、受尽剥削的生活，并愿意当工厂的工人、做服务员或给部队当炊事员,来为抗战服务。与 20 世纪 50 年代接受改造的姐妹们一样,她们说自己是"跳出了火坑"。㉟然而,尽管这篇报道是在一种欢欣鼓舞的进行曲中结束的,可是在 40 年代时,要让妓女心悦诚服地接受改造却非常困难。这些困难同样也是共产党在 50 年代的改造运动中所普遍遇到的困难。1949 年革命前后由政府发起的改造运动将在下两章中讨论。

第十一章　管理者

在上海作为一个通商口岸的历史上,外国和中国的社群中曾多次发起对城市娼妓业实行管理、限制的运动。①政府官员们采纳这些运动的意见,来实现他们对于一个现代国家的憧憬:娼妓业干净、道德、有井然不紊的管理检验制度。公共租界的卫生长官最关心的问题是外国人中性病的传播。外国传教士和妇女改革家们哀叹这种"商业化卖淫"的传播及其对妓女、嫖客以及在上海长大的外国儿童的影响。在20世纪的20至30年代,一批又一批的中国社会活动家都把禁娼作为使中国现代化和提高中国妇女地位计划的一部分。最后,到40年代后半期,上海的国民党政府实行了妓女登记的公娼制,以最终废止娼妓制度。

尽管一批批改革家和主张管制者的目的和方法都有所不同,其中有一点却是共同的:他们都没有能对上海的娼妓制度施以行之有效的影响。直到中华人民共和国成立,任何一任市政府都没能成功地关闭妓院、惩处人贩子、对妓女实行再教育。这些运动的一次次失败都被联系到"国家"的不稳定和贫弱,而所谓的"国家",其实从来就没有成为一个稳定的实体。发起1920年运动的上海工部局(SMC),尽管与强大的外国势力有密切联系,其实仍只是一个地方当局。七八年后在沿江而上的民国首都南京,又颁布了一系列禁娼的禁令。它们在上海所得到的隐隐约约的回响,在一定程度上也反映出国民政府的号令与地方权力格局之间隔着多大的鸿沟。20 世纪 40 年代上海市政府兴师动众地要制定一套娼妓管理的政策,可是由于地方经济上的压力和国家的内战,这一努力又不了了之。不过尽管如此,这些努力却表明了国家把娼妓问题与道德、政治、全民卫生健康等联系在一起的幅度。对这一规范化努力所作的考察也说明民国时期的政府对这些有争议的社会领域只有有限的权威。

禁娼者的梦想:1920—1937

禁娼的论点

公共租界的公共卫生官员们几乎从他们在上海任职的一开始,就都会对这里娼妓业的发展状况及其对此地的欧洲居民健康的影响表示出强烈的关注。[②]1869 年,当埃利克斯·杰米逊医生对公共租界的公共卫生状况做普查时,他的分类计划中将脏土、污染、疾病、性买卖放在一起,指出城市的污水系统、河流状况、供水系统、免疫接种以及妓院等是对健康的最大的威胁。[③]有些外国人发现,他们是生活在一个白人数量为少数的环境之中,他们把娼妓现象看成是威胁到自身身体健康和生活的诸多危险中的一种。第九章中谈到的 19 世纪末出现的性病医院就是他们这样一种关注的反映。

公用款项拨到性病医院,像捕房法庭这样的市政机构都忙着对妓女进行注册和体检,这些引起了公共租界一些居民的极大不满。有一位不满意的纳税者在 1877 年提出反对意见说,政府的娼妓检验制度是对不道德行为的宽恕,他诘问道:

> 对一个基督徒来说,他总可以通过一项测验来搞清楚他是否应

该支持某一项决定;那就是看他能否请求上帝保佑将做的那一件事。……究竟谁又能为容忍和保护男女通奸——事实上做好准备让通奸的肉体满足淫欲——而向上帝祈求保佑呢?④

然而,尽管妓女体检引起了问题,但在一战以前,工部局显然拒绝了另一个废止娼妓制度的方案。杰米逊一方面谴责娼妓制度对家庭、妇女以及公众健康的"致命性"的影响,但他同时又觉得,只要人性"就像现在一样",这一制度就会永远继续下去。他说,"废止这种罪恶的努力是永远不可能成功的,因此,理智的人们应该把他们的能量施放到压缩这些不可避免的罪恶的发生范围和减轻它们的影响上。"⑤

半个世纪之后,当第一次世界大战接近结束的时候,上海的娼妓问题成为外国人和一部分中国上层人士持续争论的一个话题。战争期间,伴随着军队在全世界范围内的调动的,是性病的广泛传播,这成为中国的医学杂志以及《字林西报》所说的"最高层次的报刊"⑥所经常讨论的一个问题。许多文章都明确地把性病与娼妓卖淫联系起来。⑦特别是在上海的公共租界,当人们惊呼娼妓卖淫现象极度扩张的时候,性病的威胁也越发加剧了。⑧

对于日益增长的性病和商业卖淫活动的关注,与外国基督教徒们的社改构想正好契合,他们当中的许多人是职业传教士,他们把注意力越来越多地投向中国的医疗、教育和工业改造上。⑨1916年,对于在南京路和福州路的茶馆里每天晚上所发生的贩卖妇女的现象,玛丽·格姆维尔曾有以下充满感情的描述:

在这些灯光明亮的房间里,一排排的年轻女孩们缓缓地被带到那一张张的方桌前,然后又被带离。几乎所有的人都长得很漂亮,很年轻。她们身穿绸缎,戴着珠宝首饰,脸上因为涂脂抹粉而有点不太自然,她们跟着一个负责那一组的领头女人。她不时停下来,满脸堆笑地向人家介绍她领来的女孩,喋喋不休地列数她们这样那样的优点。当某一个被选中,她就让她听天由命去了,接着再继续推销其他的。一群又一群的受害者,对这种蓄意的恶行一无所知,她们还这么年轻,没有任何抵御的能力,她们往往还只是孩子,可就这样被卖掉当奴隶去了。她们被关在闷热的茶馆房间里,一个小时又一个小时,等待着将要出现的勾引者们,给他们提供快乐。在外面的街上,女人们乘着黄包车或步行,继续匆匆地带着她们的活商品来到茶馆,她们一批批地来,直到夜深人静、停业打烊的时刻。⑩

或许是因为这些社会改革举措的背后有宗教方面的动因,上海的外国社团都用一种道德语言来讨论娼妓问题。妓女被看成既是不道德行为的代表,同时又是不道德行为的受害者,对于良家妇女来说,她是一种危险,是恶俗之源。1916年末,基督教妇人矫风会(WCTU)吁请上海工部局采取严厉措施打击街头拉客现象。但工部局犹豫不决,说妓院"通常都是限制在固定的区域的",《字林西报》于是不无讽刺地质问说:

> 比方说,市政厅周围的南京路地区属于应该容忍的一个"固定的区域"吗?傍晚刚到,下流女人就在我们这一主要街道上公开出没。老闸捕房隔壁有一条弄堂,这里每天晚上都要出来一批这样的人……如果社区居民欢喜他们的女儿到市政厅去跳舞的时候,总是要推开这些挡路的女人,那就没什么可说的了。⑪

一位以"Pride's Purge"("普赖德清洗")为笔名的读者于1917年写信给《字林西报》说,只要"骄奢淫逸的宫殿"在上海继续存在,它就没有权利称自己是模范租界。"本应该给受灾国家的家庭提供食品或应该捐献给我们的保卫者的钱,现在却去帮着让一个不道德的女人的钱包鼓起来,让她去获得汽车,让她去用珠宝把她那不幸的皮囊装扮起来。"⑫这位作者营造了一个清洁小巧的社区受到扑面而来的浊浪威胁的形象,一周以后,他又补充写道:

> 当然,如果市政当局和这里的民众对这类院落建在哪里完全无

动于衷——究竟是与教堂相距咫尺,或是与体面人家的住宅或市政办公厅正好相对,或是在学童的必经之路,都可以不加考虑,那也就没有什么可说的了。但是,如果情况相反,如果认为在一个城市的中心地带建这样的房子是一种耻辱,这是一个搅起烂污泥的问题,那么,就应该有这样的公众舆论出来,逼着把这堆烂污泥从他们的面前挪走。⑬

玛格丽特·珀尔克(Margaret Polk)医师在烂污泥之上又加了一层关于性病的警告,她在给基督教妇女矫风会当地分会的一次讲演中提出,"妓女本人在对性病具有免疫力的时候仍然会成为传染源。"她在对妇女没有选举权进行讽刺的同时又指出,如果她们有选举权的话,她们就应该利用它把嫖娼活动定为双方都有罪的一件事情。⑭

然而,在许多传教士和女性基督教活动家看来,妓女与其说是不道德和性病的象征,倒不如说是那无法接受的男人欲望的一种排遣。他们把道德说教与争取妇女权利结合在一起。例如,伊萨克·梅森(Isaac Mason)牧师即指出,"商业化的卖淫"必须废止,"以使妇女得到解放,让她们得到一个自己选择道德的途径,不能让她们完全无视自己的意愿,沦为男人和贪婪之徒的奴隶。"⑮劳拉·怀特小姐是一个活动家,据说她曾说过,"问题已到了要全上海的妇女都来关注的地步……妇女比男人更善于处理事情。"⑯E. 摩根(Evan Morgan)夫人告诉基督教妇女矫风会说:"没有工作、没有朋友的女孩,走上卖淫的道路不仅是很容易的,而且是必然的。应该有某种机构,让这些人可以去找它,她们或许就能避免受到诱惑。"⑰

尽管娼妓制度与道德、性欲以及社会性别平等之间有着如此广泛的联系,但产生于这一讨论的、基本上属于外国人的运动,则主张采取一种相对集中的做法来处理这一问题。1918年5月,代表17个宗教慈善组织的教士、医生和妇女界活动家集会,成立了一个"道德促进委员会"(Committee on Moral Improvements),即后来的"上海道德促进委员会"

(Shanghai Moral Welfare Committee)和再后来的"道德促进会"(Moral Welfare League)。该会的目的就是要想办法在公共租界中清除卖淫活动。⑱

新成立的委员会批评上海工部局在控制和整肃卖淫问题上的打补丁态度,于是很快与后者发生了争执。道德促进会反对政府已实行了数十年的对妓女实行体检的办法,因为这给嫖客一种虚假的安全感,它鼓励罪恶,也把纳税人拉进了一个得到承认的卖淫体系之中。而且,该委员会批评体检仅限于为外国人服务的妓女:"难道我们社区的中国人不应该得到同样的关心吗?在防止其他传染病的问题上,整个社区是得到同样关注的,为什么在这些……就例外了呢?"⑲委员会要求工部局将执照登记法第34条中的"妓院"一词删除,这样妓院就不能再通过由政府颁发的执照来获得合法性。⑳委员会指出,监督"意味着官方的默许",㉑而政府对卖淫颁发执照则是"对为了上海的道德建设而提出的积极措施的一种莫大的阻碍"㉒。委员会对所谓租界中被取缔的娼妓会流到上海别的地方的说法又大加挖苦地说:

> 真奇怪,我们从未听说租界外有偷盗,因而在租界中要消灭偷盗便不可能了;也从未听说因为租界那边不卫生,因而我们这边也就不要讲卫生了!㉓

该委员会的妇女委员开了一个会,提出了一份有关妇女权益的决议,该决议宣布说,"因为妓院的存在就意味着妇女的堕落和被剥削,所以我们上海的妇女号召纳税人起来铲除租界中的所有的妓院。"㉔最后,委员会还指控工部局是愿意"维持现状,掩盖事实,保留那种与治理租界的务实派绅士不相配的假正经做派。"㉕

工部局则反对道德促进委员会公开发起的运动,对执照法第34条持捍卫立场。它争辩说,该细则被"证明是一种比其他办法更好的办法,能把这些场所限于某些地段,置于较好的控制之下"。㉖但是,有一个事实

使工部局的论点受到了削弱,即对妓院从来没有按此条例颁发过执照,因为当局认为警方根本就没有办法执行这一条例。㉗

在道德促进会鼓动了一年以后,1919年的纳税人会议投票确定了一个委员会来调查公共租界的"淫风状况"。㉘《字林西报》一署名"中维多利亚"(Mid-Victorian)的读者来信表示担心委员会中的两名女委员将妨碍畅所欲言的讨论,建议由辅助性的妇女委员会另行准备一个报告。一署名"后维多利亚"(Post-Victorian)的读者则称上述建议"太神经过敏",并讲述了一个老故事,说有一个女人落水后宁愿被淹死也不肯脱去衣服。"'中维多利亚'是否赞赏这样的事情?我想这一代的有理智的妇女……肯定愿意扔掉一些多余的衣服而不愿被淹死。"该作者说,女人可以"与男人讨论她们中许多人所受的痛苦和屈辱,这并不因此就令她们失去自己的娇羞和尊严"。但是,这位作者仍然同意另行设立一个妇女委员会,因为男人对这个问题更容易

> 完全从男性的角度去考量……为什么不给女性快捷的直觉、更敏锐的同情心一个机会去处理这些罪恶?这些社会罪恶主要要靠妇女来解决,因为这些罪恶的后果更多地落到她们的身上,而不是落到另一性别身上。她们或许不能完全清除这些罪恶,但为了改善数以千计的苦难妇女的命运,有许多许多的事情可以去做,或许这样就能使相当多的人得到拯救。㉙

这个淫风调查会于1920年3月呈递的最后一份报告,比它最初在道德促进会推动下所采取的废娼立场已有相当大的缓和,比妇女活动家们的崇高设想也温和得多。虽然它最终也主张要取缔妓院,但这个淫风调查会的结论是:立即取缔是不可能的。不仅如此,它还主张应严格执行第34条法规,使每一个妓院都要有一份工部局的执照。然而,公娼制度将是一个过渡性的措施。每一份执照应该签署一个号码,每年任意抽出其中的五分之一,令其执照作废。这样,在五年之内,卖淫即可在公共

租界中消灭。在这五年当中,妓院要严格受到限制:它们必须向警方汇报,进行体检,禁止它们销售鸦片和烈性酒,它们绝不能允许妓女到街上去拉客。㉚每一个妓院都必须公布离自己最近的派出所的地址以及妓女可得到帮助、得到免费治疗的机构,而且要张贴告示,告知不得违背妇女本人的意志进行扣押。妓女的体检将不再实行。除此之外,淫风调查会建议加强希望之门一类的机构。㉛

尽管这一报告比道德促进会原先的设想要缓和一些,但对于市政当局来说它仍属于相当激进的干预措施。工部局仍赞成注册检验制,而不肯彻底取缔妓院。其官员争辩说,如果撤销妓院执照,妓院老板便肯定会迁移到租界之外规定够不到的地方;租界中的无照妓院将遽增,这就需要更多的警力去镇压;街头拉客的现象也将增加。尽管如此,工部局除了上述这一主要警告之外,对报告中的许多建议都表示认可,并增加了不少自己的东西。㉜但淫风调查会没有被工部局的抵制所吓倒,它不顾工部局官员的反对,在4月份纳税人会议之前通过了一项接受这一报告的决议。㉝

颁发执照及实施情况

决议一旦通过,工部局就必须执行。1920年5月,从高等妓院到廉价的窑子,各等级的妓院都必须到公共租界的税务局进行注册,付款领取执照。警方亦被告知哪些地方有妓院,每一个妓院有多少妓女。㉞执照捐每半年一缴,数量不多。学校附近的妓院不得注册颁发执照,该规定使城里数家最有名的高等妓院不合格而未能注册。倘若某妓院违反了淫风调查会报告中的任何规定(街头拉客、售酒等),其执照可能被吊销。㉟无论怎么说,所有的执照在五年之内都将吊销。

尽管这一措施比工部局最初所赞同的要严厉得多,但与彻底废止的设想相比仍属于一个妥协性的解决办法。它旨在通过逐步吊销妓院执照使商业化的性服务隐去,而不是用一种综合治理的办法来消灭人口买卖、为被吊销执照的妓女提供出路或对嫖客进行惩罚。

废娼计划得到了一部分中国上层人士的支持。一些个人、教育和学生组织以及中国基督教团体来信,对淫风调查会的调查结果表示认可,并纷纷要求取缔娼妓业。⑱但是,那些给该市新露头的小报的信则更多地表示了怀疑。《晶报》一文章作者揶揄道,市政当局废止公娼,将使他们的财政岁入减少,这简直可算作社会慈善之举。作者暗示,如果失了业的妓女得不到社会救济,那么这种自我牺牲的行为将白白浪费。他在对社会等级作发人深省的评论时指出,这些妓女显然不会愿意去当工人或农民,而即使她们还愿意高高兴兴地去给人当小老婆,可新的社会规范又要求实行一夫一妻制。⑲《晶报》的另一篇评论则要人们注意禁令中的社会性别权力之区分。作者说,禁娼而不禁嫖,结果就是废止了卖却仍然允许买。中国人抵制日货的运动是禁止买的行为,现在却颠倒了一个个儿。他说,禁止卖淫,这反映了男人比女人更有权,就像日本比中国更有权。⑳

公娼制规定即将实行时,在上海的中国居民中又出现了一个反应:在那些依靠为高级妓院提供服务为生的商户中出现了恐慌。一群商店店主写信给中国总商会说,

> 一流妓馆乃著名商家豪绅聚会游乐场所,此类场馆与二流或下等污浊去处迥然有别;一流妓馆在促进本地的商业繁荣和发展方面大有可为。

这些商人称,倘若此类妓馆被封,"(此信的)笔者将损失惨重。"他们要求对一流妓馆不要实行颁发执照的规定,可以采取其他的措施。中国总商会对此信表示认可支持后又转交给了工部局。㉑

与此同时,歌姬或高等妓女也联合起来,异口同声地反对颁发执照。虽然她们没有直接与工部局交涉,但她们找来了当地的一个法国居民 J. E. 勒米埃(J. E. Lemière)为她们说话。勒米埃在他 6 月 23 日向工部

局呈递的一封函件中解释说,歌姬不是妓女:

> 这些歌女是真正的艺术家;她们依靠为客人提供娱乐而生活,从每场演出中获得正规的报酬。她们就像女演员一样。……她们从来不把自己当作妓女,实际上,许多人从来也没有偏离道德一步。⑩

在另一篇关于高等妓女的文章中,勒米埃表示他相信那些关于她们是妓女的话纯属诽谤,他还重申了她们常说的一句话:"我们只卖歌(原意嘴巴),不卖身体!"㊶

与中国商人一样,勒米埃也把歌姬馆及其与城市经济的联系说成是一个很大的问题:

> 中国精英阶层人士每日到这样的消遣场所来会朋友、谈生意,这已成为一种习俗。要这些歌女以妓女的身份注册,要让这样的场所以妓院的名义注册,这势必使之关门歇业,或者就是迁移他处,这不仅将引起中国精英人士的强烈反感,而且将造成一大批店主,如裁缝、制鞋匠、刺绣业主、珠宝首饰店主、零售业主、乐器商、饭店餐馆老板等等,纷纷跟随着这些歌女迁移到她们的新的去处,这就将造成财政方面的很大的损失,而我觉得,这样的财政损失和给中国纳税人造成的反感是可以、也应该避免的。㊷

甚至道德促进会(即先前的道德促进委员会)也通过了一项决议,称"歌姬馆"无须注册为妓院。在 1923 年 4 月的一次促进会会议上,考尔德(S. J. Calder)发言说,歌女无须监管,因为她们"并不是谁上门来都卖身的,而且因为歌女的历史与中国本身的历史联系如此密切……歌女们属于提供娱乐者而非腐化堕落之人"。考尔德说,虽然许多青楼女子被说服或被迫注册为妓女,歌姬馆与别的国家中的绅士俱乐部其实是差不多的。㊸这一立场得到了工部局中国顾问委员会主席贾先生(Y. S. Ziar)的支持,并被加上了一点民族主义的曲解。他表示担心,日本的歌妓馆受到与中国歌妓馆不同的对待,他觉得这样一种不平等将被中国人看成是对他们整个民众的一种歧视,将会产生不满和反感,尤其考虑到当下中国民众的心态,就更是如此。⑭

面对这样一些担心的呼声,工部局只好回答说,是纳税人会议作出的决议要他们对妓院颁发执照。不过,工部局确实开了一个口子:对于不按妓院运营的歌姬馆,不要求其执行那些规定。⑮在这里,司法上的需要也强化了鼓励高等妓女对出售性服务一事轻描淡写的一贯做法。⑯

公娼制实行过程中又产生了妓院与警方之间的一系列冲突。一个由一名中国人和一名外国人组成的刑侦队对妓院进行巡查,看每一个妓院是否都有执照,是否张贴在醒目处。无照经营者将被带到会审公廨,他们很可能要被罚款 50 元,或监禁 6 周;执照未挂在醒目处者也会受到稍轻一点的惩罚。执照不得转让,妓院主如以非法途径获取执照,将被课以罚款,执照吊销。院主如雇佣无照妓女,院主和被雇佣人员都要受罚。如多项违规,院主将被处以长达一年的监禁。有些院主非常害怕,于是就千方百计地隐瞒私藏少女或鸦片烟具一类的违章证据。⑰还有的人则设法托人疏通,提供保护,而这样做很容易受骗上当。《申报》报道了好几起中国人因装扮政府官员而被判刑一年的案例。这些行骗者出面"帮助"妓女去讨回她们的执照,或是去向警方行贿,以从她们那里得到一大笔保护费。⑱

更有一批院主迁移到了法租界或华界闸北区,在那里,他们知会各方要人。只要允许营业,他们愿意照章纳税。⑲个别妓女的妓院关了门,她们则自己另寻逃避的办法,正如1922年的一份中国妓院指南书所说:

> 故近日各书寓,其目前虽悬一牌,而内幕中实不止一妓。执照已被摇去,而照常营业者正大有其人。每日傍晚,时以红帖书明某妓姓名,张贴门首,以便问津者按图索骥。至夜深后乃揭去。明日复张贴如故。且若辈皆租有小房子,并非住宿寓中。虽捕房严行查察,终不易得其破绽也。⑳

最后,公共租界的许多妓院都转入了地下,继续从事着无照营业的勾当。上海的宁波妓女开始在旅馆活动。㉛有一群高等妓女在无照的"咸肉庄"秘密地结帮卖淫。㉜无照妓院开始利用男性拉皮条人或黄包车夫为它们拉客,以避免引起注意。㉝

1920年12月,当所有的妓院都照章注册之后,按分步骤关闭妓院的计划开始吊销第一批执照。首批共174家,通过摇珠抽签的方式确定下来,必须在1921年3月底以前关闭停业。㉞以后每年进行一次摇珠抽签,直到1923年。㉟1924年4月,公布了最后一批定于1924年12月31日前必须关闭的注册妓院的名单。㊱

这样,禁娼派获得了胜利,但争论并没有就此结束。在整个运动中,道德促进会继续扮演着自封的看家狗角色,监督决议的落实,㊲并与工部局在如何表述新政策的成功问题上进行公开的争吵。例如,在1921年的市政报告中,警署总长陈述说工部局对该政策会失败的预计已成事实:"虽说218家妓院已正式关闭,卖淫及相关的罪恶活动却丝毫未见减少,甚至还蔓延到一个更广泛的区域,结果反而使警方完全不可能实行有效的控制。"当道德促进会的弗兰克·罗林森(Frank Rawlinson)愤怒地向工部局提出质询时,一官员有气无力地回答说,"警方报告显示,尽管妓院已正式关闭,至今依然关闭,但原先的业主因没有任何别的生活出路,仍然在私家房内从事卖淫,而在那里,她们根本不受警方的控制。"㊳

这一交锋揭开了下一轮公开而激烈的争论的序幕。罗林森一再地逼问,警方在落实严管和废止政策方面究竟干了些什么?工部局的一位官员最后竟公开叱责起他来。他说,无照妓女除非是在一个无照营业的妓院里卖淫,否则警方无法对她们采取行动,因为卖淫本身并不违法。"正如工部局对贵会的宗旨非常地同情,对每一项促进租界社区道德建设的措施都非常地同情",他火冒三丈地接下去说道,

……道德促进会等提倡一种严厉禁止的政策,说说倒容易,可

> 真正实行起来,要想做到比现在所做的更多一点,根本就不可能。在本局看来,贵会之所以会站在对立面,认为更有效的禁娼可行,主要是因为贵会不能正视现实,因为贵会的成员分不清经营妓院与卖淫的区别,不懂得妓院若无照经营是违反了市政法,而卖淫本身却不违法。(59)

1922 年,愤怒交锋的文字持续了整整一个夏天,有的居民对道德促进会在娼妓问题上的立场表示支持,另一些居民则批评它的某些欠缺。《字林西报》总的来说对促进会的方法不予同情,认为其成员对殖民影响的有限性认识不足:

> 罗林森主张让妓院统统关门,把里面的人都赶到租界之外,他究竟能达到什么目的?……必须牢记,上海是一个主要由亚洲人构成的城市,他们在这些问题上的看法与我们有很大的不同,现在,一大批不幸的俄国姑娘涌了进来,她们不卖淫就要挨饿,这就使问题更加复杂了……在我们对她们采取法律震慑措施之前,看来必须制定一套综合的、宽松的、充满慈善心的援救办法。(60)

该报在另一篇社论中又补充说,促进会的立场除了狭隘、不人道以外,也是无效的:

> 事情其实很简单,妓女出现在她们以往从来不去的各条街道上。……这些妓女完全不是无从寻得一见,相反却比过去更容易地找到了。在任何一个居民区,无须走多远即可找到她们。(61)

或许是作为对这些批评意见的回应,道德促进会在 1922 年搞了一个直
282 接的社会工作计划。但是,该计划却更属于劝诫性的而非实施性的。它鼓励无照妓女投身希望之门,去找一份工作,与基督教徒家庭住在一起,并最终结婚成家。它还散发了一份针对性服务的消费者的传单,劝他们要远离妓院,不要再召妓,克制自己不要与不道德的女人接触,不要把自

己的房子出租给妓院或从事其他不道德事宜。这些活动的效果如何未见报道。[52]

促进会及其盟友在把自己的劝诫范围扩大到公共租界之外后，又就北四川路一带所谓"壕沟区"的妓院向淞沪镇守使何丰林递交了请愿书。请愿书在称赞他"对租界以外许多城区的妓院和下等酒馆采取官方行动"后，又要求他将所有这些由外国老板开设的堂馆永远关闭。请愿书说，许多中国的学童天天要经过这一地区，"这些堂馆颠覆道德，刺激邪恶生活方式，对这一大批正在成长的年轻人来说起着非常大的示范影响作用。"传教士们以一种极其罕见的联盟姿态向这个军阀示意说，光顾这些场所的坏名声的外国人给中国民众树立了一个无法无天的"危险的榜样"："妓女们时常公开上街来拉生意。总之，这些污窟破坏安宁，威胁良好的秩序、道德和生活。"[53]请愿书还指出，要建设一个健康的中国社会秩序，就必须彻底废止商业化的性交易。然而，这一要求改革的呼声并没有被何丰林接受，废娼的实施仅限于公共租界的范围之内。

虽然促进会的一些成员开始对这一政策的有效性表示怀疑，但促进会的领导仍坚持其一贯的态度，批驳那种因为有经济需要，因为要满足男性的欲求，所以娼妓制度是一种必要的罪恶的说法。《字林西报》的一名记者作如此辩解后，伊萨克·梅森（Isaac Mason）牧师反驳说：

> 你们的记者真的相信仁慈的上帝非得让这么多的女子沦落风尘，为男人们无法控制的欲望而牺牲，从而换取一点钱财来维持她们的生计吗？这些女子并非由于她们自身的缺陷，却诞生到这个命运之轮下，而她们的牺牲，就因为男人们的欲望而成为必需吗？……如果这样的事情是可行的，那么对这些女子——这份少女贡物——该作怎样的安排呢？……把情欲称为"不可征服的"身体需要，这是忘记了大量的男人和女人每天都在征服自己，他们过着一种贞洁的生活；而上述语言只能使那些巴不得有个无须检点借口的人得到鼓舞。……这些疾病都是以往恶行的后果，不能让那些愿

意保持道德良知、愿意遵守文明教养的人去负责任。⑭

梅森的话充满激情,但同他的一位在九江的支持者相比却又差得远了(九江是往长江上游方向去的城市)。他写道:

> 为了一个善良而正义的事业,造物主在犯下性罪恶的整个社群的四周围上可憎的疾病蒺藜,固定得严严实实,以致没有任何的法规、注册、体检和医疗措施能够将这些柱桩拔除,让敢于偷越者不受惩处。贵报记者所谓娼妓制度乃必要的罪恶之主张,实在是对一切体面男女的公然侮辱;从事此举之男人对于不列颠在东方的名誉来说是一大耻辱,是一块臭不可闻的癌疽。这一说法是一种**传染恶疾**,应该像瘟疫一样被扑灭。⑮

尽管这些人士反映出激烈的情绪,然而在娼妓制度被正式宣布废止之后很长一个时期内,公娼和私娼两种卖淫方式都一直存在着。中文的指南书和回忆录都证实了这一点,而且正如批评者所预料的那样,许多妓院都迁移到了法租界⑯,或与公共租界接壤的中方控制区。⑰

15年后,一位中国作者回顾起20年代的这一幕深为感慨。她指出,"抽签或驱逐,只是'以邻为壑'",而当上海的公共租界抽签禁娼时,法租界则"倒屣相迎,以致英租界浙江路以西,西藏路以东,入晚来,由'车如流水马如龙',一变而为'门前冷落车马稀',而法租界南阻桥一带,则由'沙漠'而为'膏腴'"。作者最后挖苦道,"到底道德先生斗不过孔方兄。"⑱

但当时道德促进会的伊萨克·梅森对妓女迁移出租界颇不以为然,说受到影响的中国人应设法改善他们那边的环境。他认为根本没有足够的证据证明相邻的中方地界情况恶化,因此他得出结论说:"上海百分之九十以上的妓女是中国人,而几乎所有跑到华界的妓女及其嫖客,都是属于中国法律管制的,所以那里才是他们的自然之地。"⑲

在别的场合,梅森也坚持说这一运动在禁止拉客方面已获得部分的

成功,但此时他基本上已无人应和。1924 年,他写道:

> 与五年前相比,现在的街上已不怎么看到卖淫现象。南京路和福州路已发生根本的变化……我们的问题,百分之九十五以上是中国人的问题,而在这些人当中,恶行已不像过去那么嚣张;妓院也比过去少了;在马路上抛头露面的女人也少了,实际上,现在的坏事情是你不去查就看不到了,而不像过去,你晚上到街上走一走,满眼看去都是干坏事的。我觉得这说明"公共道德"有所好转,即使私下里的恶行与过去一样。⑦

然而,根据其他外国人的描述,废娼运动也根本未能阻止街头拉客现象的发生。野鸡妓女继续在公共租界非法营业,她们每天都可以在法租界得到庇护:

> 这些中国女子,浓妆艳抹,衣着光鲜,数以百计地涌上街头。她们并不全然依靠自己的美色和魅力,甚或也不依靠高高开衩的旗袍露出的修长而泛着丝光的秀腿。她们三五成群地聚集在一起,竟会用一种相当于美式足球的抱摔那样的姿势扑上前来抓住客人。被抓到的上床伴侣即被带到拐角处的小旅馆里。当巡捕出现在他们最常去逮人的靠公共租界一侧的爱多亚路时,那些妓女便跑过大街到了比较开放的法租界里,直到做样子值勤的巡警离开。⑦

警务副总监约翰逊(A. Hilton Johnson)对这项发放执照与废止娼妓制度的计划提出了直截了当的批评。他说,"严格意义上的妓院"正在很快地消失,"但是,如果工部局的目的是要彻底清除**妓女**或**卖淫现象**,或改善**公共道德**状况,那么,毫无疑问,他们应纳税人要求而采取的措施则是一个失败。"他的 20 位高级警官报告说,卖淫现象从原先的妓院集中区蔓延到了公共租界的大片地区。公园和公共娱乐场所里的拉客现象大增,勾引的方式也从过去"一些直别别的手段"转变为"飞媚眼"。旅馆、客店以及一些秘密招租的房屋,基本上代替了原来的妓院,而"司机,黄包车夫,旅馆服务生,客店的店主,职业拉皮条的以及其他人",现在正享用着过去由妓院老板获取的那份利润。他最后说,从警方的角度看,情况是既好又糟:好指的是妓院集中区缩小了,"街头流氓滋事事件"减少了;而要说更糟,那是因为没有了妓院,则意味着警方可以获得信息的中心区没有了。⑫

上海的居民也加入了这一批评,他们注意到,妓院的消失和无照卖淫现象的增加给警方和居民都带来了麻烦。《字林西报》上的一篇读者来信抱怨说,"今日上海公共租界的情况真是令人哭笑不得,街头卖淫现象根本无法绝迹,因为警察害怕搞错,侮辱了良家妇女,而良家妇女天黑以后也根本不敢出门,因为怕被误认为是妓女。"⑬另一位不满的作者把卖淫现象比作污泥浊水,他对促进会发出抱怨说:

> 以前被圈起来而得到较好控制的不道德邪恶,现在经他们一搞,反而失去了控制,把整个环境都污染了。他们就好像在用一把脏笤帚扫地,其实他们应该改换为最新的科学发明,用吸尘器才对。⑭

还有一位读者抱怨促进会是"想用筛子把沟里的水淘干",而另一位中国观察者则用上海地理打比方,称道德促进会"成功的可能性犹如想用洗澡的海绵把黄浦江的水吸干"。⑮

到了1924年,显然是因为迫于当地商人们的压力,公共租界的高等妓院又恢复了合法地位。在流言蜚语传了几个月之后,工部局终于在6月份正式宣布高等妓院获准营业,而正如一份妇女杂志以否定的口吻所评论的,此举"宣告了租界中惊天动地的禁娼运动的结束"。⑯ 1924年公共租界税收和颁发执照规定的补充条款列出了租界中的高等妓院如何获得执照的程序。这些地方表面上是禁止充当性买卖活动、吸食毒品、赌博或政治聚会的场所的,所允许开展的活动仅限于演唱、说书和餐饮。甚至照明灯光的瓦数也有明确的规定,以清除可能发生不适当行为的昏暗角落。侑酒女的姓名必须登记在从工部局获得的执照上。该条例还重申禁止 15 岁以下的女子留在任何形式的妓院中的规定。这些场所一律按每人每季 10 元的税率抽税。⑦这样,尽管政府于 1924 年宣布最后一份妓院执照已吊销,妓院已经绝迹,它却又从"歌姬馆"这样一个新的分类名下重新开始征收税款。⑱便衣侦探定期到这些地方,对那些与客人过夜的高等妓女实施罚款。⑲

就这样,高等妓院实际上已不再列入被禁之目标。同时,许多性买卖活动也从妓院移到了旅馆之内。但相应的法规又随之出台。在公共租界和法租界,旅馆中如允许无照妓女使用其设施,客人的姓名如没有登记,或真的雇佣妓女拉客并把他们带到旅馆来,那么旅馆的老板就要被课以罚款。⑳1923 年,会审公廨审理了一个这样的案子,《字林西报》上也报道了。摩尔副探长称发现一群男女在一家旅馆聚赌,但被告的外国律师争辩说旅馆老板无法控制这样的行为。中方法官回答说:

> 这是一种坏习俗,必须制止……无须查出实际上的卖淫——因为那么晚了,超过了晚上 10 点,男男女女聚在一个旅馆里就不可能干什么好事。这样一种行为,既违反中国人的道德习俗,也违反外国人的道德习俗。法庭对此必须予以制止。

涉嫌此案的旅馆老板于是被罚款 30 元。㉑在中方控制区,1927 年的一份警方规定说,旅馆如允许"紊乱风俗行为"将被吊扣营业执照,而且明令禁止旅店客人邀妓女陪酒过夜、与妓女嬉戏、吸食鸦片和赌博。㉒

对于街头拉客者的抓捕每年都不一样,而 1920 年以后未见有减少的趋势。(但也不见某些批评者所预言的大量增加的迹象,这种情况至少一直延续到 30 年代大萧条的开始。)除了单个的妓女被抓捕以外,还有就是一些没有获得执照或执照吊销以后的妓院仍然照常营业而被处置的案件。㉓强化有照经营的规定又造成了新的违法者;无照妓院、无照妓女、留宿卖淫的旅店老板等。运动取缔了合法的持照妓女,违法人群却随之增加了。

道德促进会和关于公娼的争论终于都退出人们的视线,后来的评论家们则都认为促进会的办法既没有控制住性病,也未能消灭卖淫。医生们也不认为政府的规定是解决问题的有效办法,转而把重点放在治疗和公共卫生措施上。在此过程中,他们提倡中立的科学权威(他们自己)高于道德的宗教的权威。尽管上海医学会的医生们在1923年说,他们更喜欢有规矩的社区,而不喜欢"不分青红皂白的混杂",但对于当地情况的一份调查报告使他们相信,所定的法规失败了,"尽管有了一个比以往任何时候都要庞大的组织,花的钱也比过去多得多,可因为当地的条件根本不具备成功的可能,因而对于卖淫业的监管没有收到任何值得赞许的成效。"他们断言,对卖淫要实行一种综合性的治理,必须防治兼顾,要增加妇女的就业机会和改善她们的工作条件,要使卖淫没有什么钱可赚。⑭一位中国评论者响应这一看法并劝谏立法者应该现实一点,把注意力放在一个"真正能有实效的"医务部门上,"而不要再把那些妓女逼得走投无路;由于对她们的追赶、无情的迫害,这些不幸的女子过去已经吃了促进会很多苦头。"他提议要把重点转移到性传播疾病上来,而他最后的结论是:"如果我们无法有一个道德的社区,那么让我们有一个清洁的社区吧。"⑮可以肯定的是,道德促进会的活动家们没有被说服,并不相信这一措施的优越性。伊萨克·梅森评价说,"耶稣当年所说的'去吧,不要再犯罪了',在今天那声音似乎变成了'去吧,下次要更讲卫生一点,找一个管理好一点的地方去嫖'。"⑯

　　最后,这一次废娼运动就像1949年以前的历次运动一样,沦为各种因素合力的牺牲品;司法能力有限的、软弱的市政府,拒绝承认娼妓业是一个方方面面都从中得到利益的行当,无法提供一套能够根本解决卖淫问题的综合性的社会保障。此外,外国人之间对究竟什么措施是最有效、最道德的也是意见分歧,莫衷一是,因此阻遏了1920年的运动。虽然争论在外国报刊上弄得热热闹闹,然而对于妓女及其嫖客们的影响却是微乎其微。尽管道德促进会表达了对于妇女地位的关注,然而那场运动对提高上海妓女把握自己生活的能力却毫无助益。实际上,中国的妓女在 20 世纪 20 年代的改革话语中几乎是踪影不见;那场争论其实并不关乎她们,它所关心的是"商业化卖淫"与殖民地的"不洁"这两者之间的一个交会点,而这才是威胁到维多利亚海外子民的一个真正要紧的问题。

重弹废娼调:1928 年的禁娼

1928 年,新成立的蒋介石南京国民政府对江苏、浙江、安徽三省的城市实行禁娼。在南京,1928 年的一纸市长令结束了对卖淫业的征税,命令所有的妓女立即改行,违者一律赶出城市。好几个组织接到指示,要它们从事对改行妓女的收容和社保事宜。镇江市也响应了,到 1929 年的春天,苏州也禁止卖淫。但这些由各地市政府采取的禁娼行动并不非常有效,妓女们仍然进行着非法的卖淫。[87]但是,有报告说在南京和镇江有妓女和嫖客被捕的情况。镇江拘押妓女的条件据说特别残酷,食物供应极少,有妓女死于营养不良。[88]在这样一种变化不定的情况下,这些城市的各种等级的妓女都选择迁往上海,特别是迁往公共租界去。[89]在改行的妓女中,有南京的一些最著名的高等妓女,她们与上海一些达官显贵的浪漫传奇,曾在小报的流短飞长栏目中报道过。[90]

1929 年初,上海高等妓女很可能仍对 1928 年内地城市的禁娼运动记忆犹新。这时有小报报道说,江苏印花税务局在南京财政部的领导下准备对娱乐消遣场所征收一种新的税种。租界中的高等妓院不受省政府的管辖,而每一个持照高等妓女已经向工部局交纳每个节度 20 元的执照费。但是,省里的有关当局却找到了一个征收税款的机会,它要高等妓女每收一张局票就要上缴一角。因为当红妓女每一节度要接待大约几百到上千的客人,每年工作三个节度,因而她们上缴的税金要大大高于她们上缴给租界当局的税款。

起初,省印花税务局采用劝说的办法,并没有强征。印花税务局在一所佛教寺庙内设了一个售票房，官员们宣布，每一个高等妓女都必须到税务局来，每月缴付三至五元，以换回加盖了印花税章的局票。高等妓女又划分成长三书寓、幺二或外国人。前来售票房的鸨母和高等妓女们往往是先在庙里烧香，然后来见一个满脸堆笑的印花税务官，此人会教训她们一通，应该如此这般地支持政府、履行公民的义务等等。

征税的办法也不是没有缺陷。租界警方先是起了疑心，有好几个收税官在会乐里高等妓院收税时真的被抓了起来。后来，有一位被称为关副局长的人得到了租界当局的合作，但这样征税最终成功与否则未见报道。不过，有小报曾暗示，高等妓女们都愿意配合，即使没有有效的督促也愿意，因为她们毕竟不愿意自己在上海的生意像在其他城市那样被禁。[91]征税计划仍是无效的反常表现，是中方试图对这一外国人管辖区中的商业行使权威的一种非常软弱的表示，它之所以多少还被妓院的老板们当回事，那只是因为中国政府的另一派系是要完全禁娼。至于往长江上游去的禁娼活动，那也是一个失败。到30年代中期，南京、苏州的娼妓业终于在妇女团体的一片强烈反对声中开禁了。[92]

管制检验派的噩梦：1945—1948

从1945年8月到1949年5月，上海全市在一个多世纪以来第一次由中国人控制的惟一市政府治理。[93]新政府采用一种国家重建和振新的话语，表达了要荡涤多年来外国占领和战乱留下的污泥浊水的决心。但是，对于这些城市计划者来说，一个充满理性、健康的城市并不意味着要让娼妓业立即消除。一方面他们认为取缔卖淫是一个理想的目标，但另一方面，他们又把自己描述成非常务实的人，他们相信战后的经济状况还需要妓女和妓院的继续存在。他们不想把精力用在劳而无功、吃力不讨好的禁娼问题上，他们采取了一个注册、领取执照、对妓女体检的办法，同时把她们严格限制在允许她们开业的一个区域内。他们把妓院的雇佣安排正式纳入了劳资关系,对妓院的工资和工作条件等都作了具体的规定,就像对其他的工作部门一样。最后,他们又通过加强对上街拉客者的抓捕,加强对伴舞、按摩、导游等边缘性、辅助性行业的管理等,对无照卖淫者加以控制。这种解决娼妓问题的办法反映管制的意见占了上风——但经过三年多的实施,它又成了管制检验派失败的最明显标志。

管制派的理由

在上海回到中方控制后最初几个月的有关报道中,有不少关于警察局长宣铁吾对如何恢复上海社会秩序发表的谈话。他把对于卖淫、吸食鸦片和赌博活动的取缔视为仅次于追查汉奸和镇压反革命的第二位重要的任务,比防止偷盗和改善交通状况还要重要。与其他许多中国的分析家一样,宣指控日本人占领时期的政府积极支持吸食鸦片、赌博和卖淫,认为这是其"采行毒化腐化政策"的一部分。他也采用把被打倒的政权与不道德行为相联系的这样一种历来惯用的手法,指控前市政府自1942年11月对卖淫开禁以来,"腐败风气甚嚣尘上",无照卖淫及各种变相卖淫层出不穷。他虽然没有提出具体的数字,但断言说在日本占领时期妓女的人数大增。他说,"本市既已光复,整理娼妓端肃民风实为当务之急。"

宣在当即禁赌的同时,又计划于1946年6月以前取缔一切鸦片买卖和吸食,然而他对于彻底禁娼的问题却没有那么乐观。"虽然全国都实行了彻底取缔卖淫业的政策",然而上海却由于是一个港口城市,人口密集,因而"情况有点例外"。警方没有立即宣布禁娼,而是建议实行在警方指定并统一管理的红灯区内允许有执照妓女从事卖淫的政策,但与此同时,则又严格禁止任何形式的变相卖淫。⁶⁴

宣局长将这一设想扩展为"整理上海市娼妓计划",于1945年10月呈报给上海市长,同时还呈报了一份管理妓女的省颁条例。该条例建立

343

290 在三项原则之上:“化私为公”“化繁为简”和“化零为整”。妓院和妓女都要领取执照,无照卖淫者严令禁止。[95]妓院主需出示其租房或财产税收证明、保人的证明信以及一张照片,向警方申请执照。申请书上要注明妓院中所有妓女的人数、姓名、年龄、籍贯和住址。妓院执照不得转让。为防止性病的传播,每一个房间都必须备有消毒设施,嫖客必须使用安全套,否则妓女可以拒绝与其同床。18 岁以下的女子及 20 岁以下的男子禁止在妓院出现。条例甚至具体规定了妓院门口悬挂灯的式样。妓院老板还被告知不许虐待妓女,不许在她们生病时、在怀孕四个月以上和产后三个月内逼迫她们工作。拉客是禁止的,妓女本人或雇佣的专职拉皮条者均不得拉客。每一个妓女也需申请一张单独的执照(申请执照时需交六张照片),此前需进行体检。执照的有效期为一年。在此期间,妓女需定期进行体检。[96]1945 年底规定的执照申请费很贵(尽管通货膨胀很快就使它无足轻重了);每个妓院是 5 000 元,每一名妓女是 500 元。[97]实行登记注册也使警方有了推行工资制的手段。提供房间、食宿和穿衣的妓院老板可提取妓女收入的 30%。[98]

“化繁为简”的原则表达了宣的信念,即只要控制卖淫形式的扩展就可达到对其的限制。宣在一份带有厌恶情绪的对娼妓业等级的回顾中,列举了各种卖淫形式的称谓:书寓和长三妓馆,幺二妓院;宁波妓院,广东妓院;咸肉庄,野鸡堂子,淌白以及洋妓——每种情况又进一步划分为有照和无照经营——更不要说还有那些向导社、按摩浴房、“玻璃杯”以及其他各种改头换面的卖淫形式了。他说,娼妓业的形式多样,造成难以管理的局面。他还令人称奇地表示相信,“整顿名分”可以使社会生活有序。他宣布,所有这些形式都必须以妓院这一种形式的淫业取代。妓院的数目应限定在一千,妓女数目限定在一万,为便于官方的统计,每个妓院规定为十名妓女。(警察局长建议,如果申请开业者多于一千,则由抓阄决定。)宣承认,这样做将超过日本占领时期的 902 家持照妓院数和
291 4 982 名雇佣妓女数,但是,他强调说,这一增加将因无照经营、患有性病

和在其他方面未达标准的妓女数字的减少而得到平衡,而政府是必须为这后一部分人提供救济和培训的。⁹⁹

"化零为整"也一样,为的是使妓院遍布全市、妓女任意上街拉客的混乱局面得到整治。为了把卖淫活动逐出中心市区,宣提议指定提篮桥和另外两个区域为专门的娼业区。他的建议还包括妓女只能在妓院内从业,不许到外面来拉客,不许怂恿客人到餐馆饮酒或与他们到旅馆过夜等。¹⁰⁰

居民的抱怨

如果说程序上的复杂能说明上海有一个非常严密的控制网,那么上海的妓女就果真能被这张细密的大网罩上了。然而对娼妓业进行管理限制的运动很快就因为官僚体制的推诿和财政上的疏忽而陷入了泥淖。最初,妓女们被要求在1946年底以前注册完毕。¹⁰¹可是直到1946年的4月,即警察局宣局长的提议过了几个月以后,当局才召集了一个由警方、公共卫生、社会保障及工程等各方代表参加的会议,讨论这一条例。他们指定北四川路及其他几个区域为红灯区,并作了责任分工:工程方面要建造妓院;卫生局负责对妓女进行体检;警方发放许可证和执行条例;社会局对抽签放弃卖淫的妓女提供社保救济。¹⁰² 1946年6月,市政府宣布,工作的重点将是对无照者发放执照,妓女的数目暂时不限。¹⁰³

计划实施之慢使宣局长大为恼火,他吁请市长召集一个全市性会议,把各有关部门、上海的妇女组织、女议员以及救济组织的代表都召集来讨论娼妓问题。但市政府拒绝了他的建议,认为禁娼行动可分三步走:对无照的发放执照,化零为整,分批禁娼。市政府不想兴师动众地大搞,它指示警察局执行这个小一点的计划。¹⁰⁴

到了1946年的夏末,该计划中的重要部分均已搁浅。宣局长在差不多一年前提出的计划草案甚至都没有公布出去;对草案的修改在警察局长和市长之间来来回回地进行。¹⁰⁵社会局宣布待建立的一个救济妓女

345

的组织还有一些麻烦没有解决。⑯此期间,警方同妓女天天打遭遇战,这倒不是因为受到警察局长远大目光的驱使,而是由于愤怒的居民对无照妓院造成混乱的秘密告状信所致。许多来信控告妓院主——大多数好像是男的——行为专横粗暴,并与当地的地痞流氓势力沆瀣一气。⑰在这样的案例中,警方典型的做法是将妓院封了,或者要它购买一份执照,有的时候,警方将院主和妓女拘押一周或数天不等。⑱

其中有些来信是直接批评警方在查封妓院方面行动不力。有一群居民这样写道:

> 窃市民等居住本市新闻路三十五弄及五十七弄(即鸿祥里),各安生业,向不干预外事,兹以本弄下等公私娼妓逐渐增多,采此生涯者,有六七家,计近百人之多。每日下午六时起至午夜三时止,沿途拉客,甚至打骂相寻,喧嚣终夜,廉耻丧尽,秩序紊乱,使左近居民不能相安,撞门敲户,误良为娼,尤属屡见不鲜。似此妨害风化影响治安,该管长沙路警察派出所,竟然视若无睹。⑲

在另一指控警方渎职的案例中,居民"吹口哨者"巧妙地把无权无势的妓女与妓院主加警方的联盟相对比:

> 为报告同居楼下开设私娼招接盟军。……尤觉可恨者,我警局警员屡来受贿。因而(妓女)时被侮辱,跪地哀求,始得释放。……一辈无知少女,更不敢抗拒,惟有度此地狱生活,永无天日。窃所见所闻,全系实事。

一周后,同一居民又写信给警察局宣局长,称当地巡警慢吞吞地把妓院主从床底下拖出,与他的小老婆及三名妓女一并押解到派出所,可不知是院主获得了保释还是通过贿赂,仅一小时工夫他就出来了,还和邻居吹嘘此事。⑳

许多居民不但关注当地的秩序,而且关注国家的健康和道德状况。他们要求警方捍卫中国的价值观,反对那些给中国国格抹黑的人。1946

年11月,一居民激情满怀地写信给市长说:

> 卖淫系社会之蠹木、罪恶之源也。娼妓不禁,城区罪恶日甚。
> 但今日于民主上人道上言之,亦不能允许有娼妓之存在,盖个人有
> 人身之自由也。妓女大都出身良家,有的被卖,有的被拐。彼等一
> 入于妓院,则永沦于苦海,日受蹂躏而不能自拔。呜呼,天下事之惨
> 无有过于此者。希钧座能以慈悲为怀,毅然解放之,如美国总统林
> 肯对黑奴的解放,使之自立自存入于正规。⑪

有的来信把卖淫现象与威胁国民健康相联系,谴责妓院主与日本人相勾结:

> 窃查虬江支路三十八号流氓曾国柱等开设私娼,且该院老板于
> 敌伪时期曾认敌作父,出卖祖国,为虎作伥,鱼肉市民,并拜伪警局
> 闸北分局敌宪翻译盛某为师(即俗称老头子),狐假虎威,依势欺人,
> 无恶不作。自国家胜利敌寇投降后,彼等曾一度潜身匿迹。后来彼
> 等又出头露面。不但关照会私设娼院,且目下又照敌伪时期一样,
> 态度近更变本加厉……值斯国家多事之秋,似应速予取缔。⑫

然而,居民来信中更为普遍的抱怨是无照经营的妓院在为驻在上海的美军士兵服务时所造成的喧嚣。街头的喧闹狂笑在每一封来信中都提到:

> 胜利后,盟军先后莅沪,该汤姓忽异想天开,将渠所租房屋私改
> 为小型妓院,专诱盟军前往取乐,藉图厚利。所雇妓女亦系私娼,并
> 雇佣大批流氓分别往各马路引诱盟军,因之淫业鼎盛,有时所雇妓
> 女不敷,临时向他处招来,借以充数。深夜扰人睡眠。全弄为之吵
> 闹。况所引盟军大半均系醉汉,在寻欢出屋后复又敲打其他住户之
> 门,邻居被扰惊骇备觉愤恨,且声达户外,窗门亦不遮盖,致弄内野
> 孩皆偷视苟且状态,风纪为之败伤,国家体统社会安宁均被破坏。⑬

信中还涉及一些性蹂躏现象和民族耻辱问题。"一女接客八人,实违背人道主义,"某作者如此哀叹道,而另一位作者则表示了这样的担心:

> 该处逐日至美舰勾引美兵卖淫和跳舞。种种卖淫奇怪形像实令左右良女难观。除妨害吾国风化外,尤碍及邻佑安宁。想伊等只图勾引美军卖淫渔利肥己,不顾吾一等国家风化及贻笑友邦。……若不密函请求当局严行取缔制止,将来何以端正吾国风化?[114]

有时,写信人甚而有理由担心,贪得无厌的美国大兵灌醉了酒,会从妓女那里再祸害到他们的妻子女儿身上。"美兵醉后不顾其他人家妇女在弄内前来抱住狂吻",一场所的邻居便看到过这样的情况。还有一人报告说:

> 小民居在康定路西康路中……在附近设有堂子一间,门牌是480号,楼上是美国兵。但时常在夜半有打人开枪流弹声。唉,岂不有生命危险吗?在此数日间,美国兵没有给钱,那些妓女皆逃藏了。美国兵到我家来要妓女。我的妻女听说要女人,怕得无处可安身,连忙地走。我说此处不开堂子,没有妓女,那美国兵就打我们,我家的锅、凳、台都打坏了,一定要妓女交给他,那日一夜怕得不安。[115]

有一案例涉及一家美国大兵喧闹的妓院,每次警察一到它就关门,而过几天后它又重新开张,居民不断控告,后新城派出所的巡警在美国军警的协助下,把这幢房子给拆了。[116] 在以上所有案例中,市民们都把他们眼下的生活环境与中华民族的健康和国力联系起来,要求警方担负起国民卫队的责任。对于娼妓业的控制至少在有发言权的一部分公众的心目中,成了对一个胜任职守的政府的考验。但是,警方对该市性交易所实施的控制却是三天打鱼两天晒网,时紧时松。

实施条例搁浅

就在警方力图实施那雄心勃勃的公娼制计划时,他们看来又在玩味着另一种管理办法。1945年底,以一个名叫惠根泉的为首的一批人向警方请愿,要求成立一个上海市花女联谊会。请愿者都是中年白领职员或国民党的下层工作人员,他们说他们在日伪时期也有类似的组织。他们还把该会的章程呈交给警方,说这样一个协会性的组织可以帮助那些妓院主们履行各项事宜,如医疗、丧葬、平息争执、财务补助以及与警方合作等。1946年初,他们又要求市政府对其开销给予资助,在这以后,他们好像是得到了(该政府的)批准正式成立了似的,索性向会员征收起会费来。

警方对该会的请愿未予理睬,半年之后,惠根泉又一次上书,可怜兮兮地说是他自己掏钱支撑着这个组织,并诚恳地提出愿意承担"协助当局清查不良分子之义务,纠正院主妓女一切改进事宜"。警察局中显然有人觉得,有这样一个妓院主行会还是有帮助的,所以到了8月份,警方给社会局写信支持惠的组织。一个多月后,社会局严厉驳回了这一请求,并批评警察局说:

> 妓女卖淫为不正当之营业,政府取缔未尽,实非得已,倘若准其组织法团,无异保障其合法地位。如以顾全事实改善妓女生活起见,似应由贵局主持其事,召集本市各有关机关团体如市党部、市政府、市卫生局、市社会局及妇女会等,共同协商成立上海市妓女生活改善辅助机构,其下依妓女等级分别设组,由该业中人负责,一俟环境改善,无此项组织之必要时,即行撤销。

警方只好召集此信中提及的各个单位开会。1946年10月1日,上述各单位作出决定说,成立妓女组织缺乏基础,甚至会使日后废除娼妓制度更加困难。它们提议可允许妓女成立互帮互助的小组,因为国家法律不允许妓女成立长期性的组织。惠根泉于1946年11月接到拒绝公函,但信中所谓互助组一事,以后却再也没有了下文。[119]管制检验的同时考虑日后的彻底取缔,这一直是政府的设想,即使是在实施中受挫时也依然如此。

对妓女实行体检的计划进展也不平衡。自从1946年对妓女实行注册以来,她们中的一部分即开始接受体检;第一批中85%的妓女被查出患有梅毒或淋病。有一则新闻报道引用体检主任的话说,因为有的妓女不顾一切地要想得到执照,她们在体检前又是打针,又是用药水冲洗,使得症状不明显了,否则的话,实际的比例恐怕还要高。报道说,青霉素在一周内即可治愈,但由于价格昂贵,根本得不到,而即使是新洒尔佛散("九一四"),也贵得让人用不起。⑱警察局长宣铁吾曾建议卫生局设立流动检疫站到各个妓院去强行体检,但这一建议因为人员和资金的匮乏而搁置下来。⑲到了12月,卫生局官员对性病防治工作作了一个比较清醒的估计。有一份卫生检疫报告说,全市60%以上的妓女患有梅毒,要全部治愈尚需一年至一年半的时间,因此他们还不能停止这项工作。该报告建议放宽对患病妓女的限制,允许那些症状较轻或已经注射了十六针汞针的妓女暂时恢复从业。报告人称,这样可以使妓女更加愿意体检和治疗。报告最后说,在将来的某一天,当监管、社会条件和治疗办法等都得到改善的时候,就可以不再采用这样的办法了。⑳

与此同时,表示关切的市民则要市政府对患病妓女对公共卫生的威胁负责。一位名叫黎平的市民于1946年给《大公报》投书说,估计至少有一万名公娼和私娼患有梅毒,他说:

> 这些女子把病菌传给男子,再由男子传给她们的妻子和子女,这简直是不堪设想的危险现象!我们现在要问,像这样断送民族生机的严重疾病,本市治安当局正在设法消灭么?……这对全体市民的威胁,实在是太严重了。我们极希望市政当局从事实际的防治工作……切不可装点门面,敷衍了事,徒然把人民的钱给浪费了。㉑

到1946年末,市长决定设立一个性病防治所,而该所的成功与否则取决于政府若干个部门之间来来回回、纷乱无序的一套公文程序。警察局负责调查、注册和对妓女的管理,把注册妓女的名单送交卫生局。防治所则选定日子到指定的诊所去给妓女检查,并要警方把妓女传唤到诊所来。诊所保留着所有受检妓女的记录材料,并给每个妓女发放证明书,妓女凭此证明到警察局去领取执照。警察局有权将患病妓女的执照吊销,并命令她们歇业和治疗。治愈后的妓女还要接受再检查,当卫生局通知她们确实治愈后,警察局将重新给她们颁发执照。除了政府各部门之间每天如此的文书交往之外,卫生局每个月要向警察局报告,警察局每个月又要向卫生局报告娼妓业的动向,卫生局再派一个公共卫生医师,由警察局的一名警官陪着,去对妓院进行巡视,接受采访,做宣传工作以及核对准许营业证书。[12]

如此复杂的一套程序与实际的检查和治疗工作并不是一回事。从1946年的3月到12月这10个月内,市政当局对3 550名妓女施行了一次性的体检。尽管按照规定每月要检查一次,然而全市只有3名妓女勉强达到了这个要求。[13]体检不通过的妓女往往是无照营业,这样她们就从国家规定的有限空间中消失了。在1946年全市接受治疗的1 310名妓女中,只有312人得到健康证明;她们中的233人在治疗第一种性病期间又感染上了第二种性病。[14]医务人员抱怨检测程序不当,因为她们对于梅毒的检测依靠的是卡氏法(Kahn),而不是瓦色尔曼氏梅毒检测法,对淋病的检测用的是子宫颈液涂片,而不是用细菌培养的方法。有一位医生指出,实际的发病率可能要高于现在记录的梅毒60%和淋病14%的发病率。至于警方提出的所谓要嫖客戴安全套、妓女在每接待一个客人之后要消毒的要求,几乎根本未予落实。在1948年的一份调查报告中,在接受政府卫生部门检查的500名妓女中,94%的妓女所在妓院没有这样的设施,或者是妓女们根本就不用。[15]徐崇礼是一位主修社会学的大学生,毕业后到性病防治所工作,曾对每月前来检查的妓女作过调查。徐在1986年回忆说当时的公共卫生设施非常落后:

> 她们对这样的一两次谈话没有什么印象,只知道若是不好就来

打两针,再检查时,若好了,就是好了。

……

有的老鸨也跟她们一起来,有时老鸨就是带着妓院所有的妓女一起来。我们一般不跟老鸨接触,她们对我们的态度还可以。我们检查时,是个别把人叫进小屋子里,随便跟她们谈谈,有的人不懂为何要问这些问题,有的人不太肯讲。

……

有性病的妓女是否按照医生指示不接客?

不一定。

这件事有人负责吗?

我们只出证明,按照规则来讲,她是不可营业的,因为会传染。假如她还要做,被警察局查到……但是他们可能与妓院的老板勾结,只要塞些钞票,有病妓女还是照样营业。

我们卫生单位写的是"性病防治所",但防也防不彻底,治也治不彻底。门诊病人来时,我们都说你们应如何如何,何时来打针,若她不来,我们也不去找她。[126]

警方欲增加妓女中接受体检者比例的努力并不太成功。1948年的警局记录表明,总局命令各分局将持照妓女中未来接受体检的和不许妓女前来体检的老鸨都拘押起来。各分局接到这通知后,必须照章执行,填写表格,并上交到总局。一般说来,拘押期限为一至两天;现存记录表明,在三个月的期限内,有11名妓女和30名老鸨或男性妓院主受罚,这在参与娼妓业的人群中只占一个很小的比例。[127]

对妓院实行"化零为整"、将它们纳入指定的红灯区的运动也遇到了一些羁绊。以1946年12月为例,遍布上海各区的妓院注册数为809家。[128]1947年1月,一些怒不可遏的居民写信给市长,描述在他们"清洁的居民区中,就在一所小学和一所中学的旁边"的一家妓院的情况:

……莺莺燕燕,妖媚不堪,卿卿我我,丑态毕呈,甚且排立门首,诱迷路人,招揽座上之客,期为入幕之宾,似此人尽可夫,遑计老幼,只求衣袋常满,何惜耻羞。于是狂蜂浪蝶,群趋若鹜,谑浪嬉笑,声闻四邻,匪唯全里。居民为此不得安宁,学童出入,尤为之眼迷心乱。于是父诫其子,师诰其弟,诚恐青年意志不定,易受诱惑,堕落其中实意中事。因之兢兢业业,大有不能一日安居之势。伏以悉为住宅而兼设有学校之区域,竟准此妨害风化之妓院杂设其中,既贻居民无穷之害,亦为市政甚大之玷。

市长于是作出指示,命妓院搬迁,然而宣局长却报告说,该妓院是在指定的红灯区内,注册手续完备,妓院另开一门,离学校相当远。市长于是又收回成命,这使得居民们大为不快。⑫在第一次综合规划的实行过程中,警方回应居民的抱怨,定期介入查封那些过分喧闹的妓院。⑬这一民告官纠的政策,同宣局长那雄心勃勃的红灯区设想已是大相径庭了。

对妓女实行再教育

检索警方迄止 1946 年 8 月的工作,市议会赞许其在控制娼妓业方面的进展,但也指出还有好几项重要工作尚未完成。市议员们认为,除了进一步对妓女加强体检和改善妓院的卫生设施以及严厉禁止上街拉客之外,最紧迫的任务就是要建立救济机构。他们说,昔日的妓女可以在这里学习缝纫、编织、刺绣、排字和烹饪,学习维持生计的手艺和技术。同时,议员们还把这样的机构看成是让这些女子学习成为"贤妻良母"的地方,使她们不再当那种只知道消费不知道生产、游手好闲的人。这种做法其实就是后来共产党对妓女进行改造,使她们重新返回家庭的那个计划的雏形。⑬而它缺乏的是实施计划的组织能力。

长期得不到落实的对妓女实行救济的机构终于由警方负责设立,该机构依靠从市里得到的很少一点钱而开业了。到 1947 年 9 月,它收容了64人。㉜但是，在1947年10月，警察局新任局长俞叔平向市长报告说，该计划出了麻烦。他气急败坏地在一封信中说到妓女对管制措施是如何的反感抵制，说许多私娼或是逃逸拘押，或是由冒充她们眷属的无赖流氓势力保释出去。他说，在当前情况下，

> 为避免麻烦起见，故于私娼送往之先，严格限制，以杜后患，查该所设备，颇为简陋，四周环境，尤属不良，所内妇女时有与附近莠民相互串通伺机脱逃之可能，该所所以拒绝一律收留，亦自有其理由。㉝

警察局和社会局共同提议设立一个能容纳2 000人的新的庞大的收容所，然而记录显示，这一计划从来就没有得到批准，更不要说开始执行了。而直到1948年后，警官们还在那里抱怨公娼计划由于容纳和改造妓女的场地不足而举步维艰。㉞

在新的管理制度运作几年之后，高等妓女与政府之间的冲突爆发了，情形与1920年时出现的抗议有点相似。在1948年的年中，上海书寓协会的一位代表写信给市长，要求书寓妓女免除体检，因为她们"卖嘴不卖身"。他说，现在这样做，是把她们与低等妓女混为一谈，无异于间接地鼓励她们卖性。但市长听从了警察局长的建议而拒绝了这一请愿，后者认为，书寓妓女尽管叫屈，其实照样从事性服务交易。1920年禁娼运动中竭力维持的把高等妓女与一般妓女相区别的界限终于消失了。㉟

人们企盼未来的某一天能实现有效的规范，然而这一天却不断地向后隐退。实现公娼化的最后期限一延再延，先延长至1947年的年中，然后又延期到年底。㊱到1948年1月，共有804家妓院和5 638名妓女注册登记。㊲显然，娼妓业并未衰退萎缩；仅在虹口一个区，妓院的数量就从过去的12家左右增加到60家，注册妓女数为401人。此外，该区的警察分局报告说，在指定范围外拉客卖淫，或因无照经营而被抓住的私娼超过了100人次。㊳1948年《上海警察》上发表了一篇文章，其浮夸的标题为"我们要做社会的医生"，文章将娼妓现象列为社会最大的痼疾之一。作

者认为,要彻底予以根治,则有待于根本解决国计民生和这些妇女的就业问题;而在目前条件下,这是办不到的。[139]

1948 年 3 月,警察局长终于等到了注册完成,现在可以集中精力来"化零为整"了。他提出了一项大大缩小的构想,把一等妓院严格限制在福州路的会乐里和汕头路的春玉坊。与此同时,那些"数量大、又分散、难以纳入一条街中"的二等、三等妓院,则可按自然减员的办法使其消灭。市议会表决通过了把注册期再次延长的决定,这一次延长到了 1948 年底。[140]1949 年初,警察局的俞局长提出请求并得到市长的同意,又延长了一年,理由是因为

> 上海情况特殊,人口多,社会和经济环境尚未得到恢复,市民生活还比较困难,社会救济组织机构也不够,倘若停止注册,私娼的数目必将大增,那就更难把她们消灭了。[141]

到了 5 月底,还远未到这次延期的最后时限时,上海就被共产党占领了。根据共产党政权所保留下的国民党政府的材料,当时已注册了 518 家妓院和 3 505 名妓女,但这只是上海从事性交易的人当中的很小一部分。[142]

相关行业的骚动

警方对妓院实行规范管理的同时,也企图对新出现的卖淫活动场所进行管制。1945 年有关公娼制的措施一公布,警察局同时也颁布了旨在对舞女、歌女、餐馆、咖啡屋、酒吧、茶馆以及理发厅的女招待等相关行业进行管制的条例。1945 年 11 月颁布的一项政府指令,禁止注册新开的舞厅、酒吧和娱乐厅。[143]1946 年 1 月,新的规定又称舞女须由她们的雇主陪着到警察局领取执照(中国伴舞女需交三张本人照片;外国伴舞女四张)。舞女与雇主对舞票收入实行七三分成。注册费为每半年 1 000 元。16 岁以下、身体不健康、被拐卖、被强迫充当舞女或居住手续不全的女子,均不得领取执照。舞女工作时必须带好自己的执照,佩带证章,不得

离开舞厅,不得有"妨害风化之行为"。对于歌女和女招待的规定大致相仿。[144]然而,并不是所有相关行业都得到规定的保护;1945年12月,市长批准了一份报告,查封按摩院和向导社,警察局长说这些场所"均为社会败类操纵,他们妨害风俗"。[145]而采取这一措施的另一动因似为来自美军的压力,据称美军每星期有六十多名士兵感染上性病。[146]

这一禁令立刻引起了导游行业约3 000雇员的愤怒反响,他们准备于1946年1月4日到市政府门前举行示威。一听说此事,当局立刻将向导社经理统统召集到一起,说允许他们作为妓院重新注册,并继续营业。按摩女也作同样处理。[147]政府同意这样的要求,显然是因为可以对这些女人进行健康检查,这其实也就是承认了向导社和按摩院都是提供性服务的,故而应该加以管制检验。然而,这样一种在分类上的障眼法却不能满足所有人的需要。当向导社被正式关闭后,导游们仍继续在酒吧、旅馆进行活动。[148]按摩洗浴房老板继而又向市政府请愿,要求更名为土耳其浴,并继续营业;向导社则要求改名为音乐书店。这两项要求都被否定。[149]然而,许多导游和按摩女非但没有正式按妓女名义注册,反而注册成了舞女;到了1946年2月初,1759名伴舞女被正式认可注册。[150]但是,当有报道说舞厅老板们仍继续剥削舞女,要她们每天买3 000元的舞票,而且得定期向老板送礼,市政府紧跟着就扬言要全面禁止伴舞业。[151]

1947年9月,国民政府的行政部门为落实财政紧缩政策,下令取缔商业性舞厅,勒令其于该月底之前全部关门。[152](当时正值内战高潮,城市民众还从事这样的活动被认为是不适宜的。)雇佣舞女的酒吧和咖啡屋也在查禁范围内。上海市政府不甚积极地开始实行这一指令,因为它担心如果全市29家舞厅统统关门,那将造成许多人的失业。[153]市政府虽然将新开业的舞厅关闭了,对于原有的舞厅则决定采取一向所惯用的抽签的办法,每月抽签一次,在六个月的期限内把所有的执照吊销完毕。它还建议,舞厅可改为快餐厅,仍雇佣原来的伴舞女作为餐厅侍女。可以想见,舞厅老板和舞女都对此建议表示不满,接下来政府所面对的是这些行业协会发来的潮水一般的抗议信和请愿书。

后来,社会局的头头向南京政府报告情况,获准将取缔舞厅的禁令实施期限延长一年。抽签确定的半数舞厅须在1948年3月底之前关闭,剩余部分于9月底前关闭。与此同时,社会局下大力气为舞女们提供职业培训,并帮助她们在商店、餐馆、茶馆、工厂和其他行业寻找工作机会。这一措施则是从剩余舞厅所交纳税收中至少抽出50%以上来资助的。然而,《现代妇女》杂志上的一篇文章却说,在这样一个物价飞涨、到处是失业甚至连大学毕业生都很难找到工作的时候,要让那些几乎是半文盲的舞女去改换一个行当,那可能吗? 文章的作者哀叹道,在这样的情势下,舞女们实在是被"打入了十八层地狱"。⑬

舞女们呐喊,抗议说禁令剥夺了她们惟一的谋生手段,但在有些地方却没有引起同情的反响。一位作者在妇女杂志《家》上撰文说,尽管跳舞本身并没有什么不好,但在中国目前的形势下,它是一种糟蹋婚姻、毁坏家庭的腐蚀性活动。文章作者以一种女权主义者通常用在老鸨或人贩子身上的尖刻语言,谴责这些舞女贪图钱财,根本不问这些钱是否沾了"穷人的鲜血"。文章最后要求舞女把禁令当作改弦更张、重新做人的机会,与那些放荡无耻的人决裂,加入到为妇女创造合适工作的行列中来。⑭

伴舞女与舞厅其他就业人员、老板们、经理们,当然都不情愿响应这样的挑战。1948年1月底的抽签结果正好与社会局长私下所承诺的相反,在被选中立即关闭的14家舞厅中包括了两家最大的舞厅。舞厅从业人员决定游行抗议,由行会的男首领带头,结果游行在市政府门口演化为一场骚乱。社会局的办公室被砸:门窗玻璃统统砸碎,室内的家具也砸得稀巴烂。政府又作出决定,解散舞厅行会、舞厅行业人员协会和职业音乐人联合会,尽管当地的官员对这一国家政策以及它给上海的社会安宁所带来的问题并不高兴。但是后来,舞厅还是按计划关闭了。⑮

如果说妓院注册运动是因为缺乏财力、人员、长官意志不坚等原因而受挫,那么乍看之下,取缔变相卖淫的运动在禁按摩院和伴舞业方面还是成功得多。不过这种成效是虚幻的。在一个通货膨胀日甚、政治动乱、腐败现象横生的环境中,从舞厅和按摩院出去的女子很快以私娼的身份又露头了。到了1949年,警方已完全没有能力对娼妓业进行注册和控制。那一阵风似的计划设想过去后,剩下的只是一个资源无多、无力铲除社会邪恶的政府,而城市的民众也越来越将社会罪恶的延续视为政府无能的标记。在20世纪50年代,共产党政府一再标举有效的政府与控制娼妓业的关系,来把自己与它的前任区别开来。它压根就不采用废娼派和管理派都使用过的登记注册办法,而是以民族复兴的名义直接地、强有力地将妓院统统给取缔了。

第十二章　革命者

尽管妓女们用尽心计,为她们自己和她们的家庭采用了各种各样的办法,然而从20世纪的20年代到50年代,上海的历届政权都把她们看作危险地漂离了正当的社会位置,既是一个纷乱无序的社会的受害者,同时又是造成这种社会纷乱的成因。对于娼妓业的管理检验制度,向来就是一个国家政权将其管辖范围延伸到城市生活新疆界的大工程的一部分。国民党政权及其20世纪的市政当局,既应合了传统的孔孟之道,又对欧美现代政权进行仿效,试图把自己的管辖范围扩大到家庭。按照他们的观点——体现于对人口买卖和娼妓业实行管制的观点,家庭中的女人是一个井然有序的社会的标识。拐卖人口和性服务造成的家庭关系网的分裂则预示了社会秩序方面很大的危机,作为解决这一危机的一部分,就必须使女人重新被纳入家庭之中。

这种对于妇女应有其正当位置的信念在1949年并未受到挑战。在中华人民共和国政府的领导下,1951年娼妓业改造运动的执行者们也同意这样的认识假设,认为有必要"重新恢复"妇女在家庭秩序中的"自然地位",进而使得整个社会恢复秩序。1949年革命以后,人民政府开始了在中国清除娼妓业的一场运动,它强大的组织能力使之成功地把它的国家管辖力伸向以往市政当局曾经失败的领域。在上海,这一运动从1951年开始,以逐步递减的力度一直延续着,直到1958年政府宣布娼妓业的彻底消灭。这一运动的一个突出特点就是把妓女都拘留在一个妇女劳动教养所中。她们虽然不许任意地离开,但她们在那里并没有受到惩罚性的待遇:市政府公开宣布的政策是给她们治疗性病及其他疾病,让她们掌握一定的工作技能,与家人团聚或给她们找一个合适的丈夫。

对于共产党这个新领导来说,消灭娼妓业象征着中国变成了一个强大、健康、现代的国家。共产党描述这一运动的语言是一种再教育的语言,从帝国主义那里得到拯救,创造新的妇女,从过去那可耻的历史中得到解放,就像中国从其自身的民族耻辱中解放出来一样。同过去的改革者一样,共产党领导的政府机构也把娼妓制度看成一种社会痼疾。然而与过去改革者所不同的是,他们有比以往任何时候都更大的对于国家的控制权;什么样的活动对这个政权算是恰当的,他们有一个可以不断扩大的定义。他们吸纳了过去关于娼妓问题话语中的某些部分——如性病是对公共健康状况的威胁,但却淹没了别的声音。政府运用公共媒体,让人不要相信以前谈论愉悦和消遣的那些话。它关闭了妓院,并着力把妓院在其中得以繁荣的那个社会环境也改变了。通过行政命令而导致的劳动力市场、法律、警察、报刊、妓院甚至婚姻家庭等各方面所发生的变化,迅速有力地改变了娼妓问题原先在公众讨论中所呈现的那样一种方式。

在政府官员们看来,这一整套计划之所以获得成功,关键就在于更加深入的思想干预工作:教育这些过去的妓女作为新近获得解放的下属群体进行思考,然后进行诉说。通过鼓励她们使用国家所提供的语言诉说自己的过去——她们并不说一模一样的话,但相互间却又是协调和谐的——她们对自己过去的认识与国家的认识相一致起来。她们的话常常在报刊上发表,因为这些话被认为对广大的城市居民具有某种训诲的价值,而这些居民中的大多数都多少参与某种类似的对过去的重新阐释。

在把这一次运动与以往管制检验派努力的效果作对比时,必须牢记一点:这里所谓的"国家"并不是一个稳定的实体。在第十一章中讨论的1920年那次对上海娼妓业实行注册并试图最终取缔的上海工部局,尽管它与强大的外国势力有联系,但它只是一个地方行政权力机构。20世纪20年代和30年代的南京政府,其实基本上也无法将自己的权力伸展到首都以外的管区。而40年代的上海市政官员,则又受到种种带根本性的经济问题的困扰。与以上各政权相比,50年代的上海市人民政府与中央政府保持了密切的联系,它所执行的政策在一定程度上是与中国的其他城市配合一致的。在20年代,从事改革的是外国人,但他们的行政机构并未打算改变中国的体制,除非它影响到了外国人在上海的生活。在后来几十年中,改革者发现中国全国范围内发生了根本性的社会变化,对此他们完全无能为力。而到了50年代,改革者是中国人,他们公开宣布自己是要净化中国的社会体制以实现民族复兴的一支力量。1920年时,上海工部局迫于处于国家权力外围的改革者的压力而勉强实行禁娼,而50年代的政府却牢牢控制着这场改革的时机、性质和幅度,看不出有任何非政府团体的参与和投入。

除了这些重要的区别外,以上的各个政权都试图深入到地方社会中,去管理、限制并改变妓女的工作条件,各自都采取一些以往政府所没有采用过的办法来对商业化的性交易进行规范。所有这些运动都体现出某种相似的关怀,这种关怀往往是隐含的却又是可以辨察的,那就是关注妓女——这些置身于家庭控制之外、道德放荡因而也就无法管束的女人——对公共健康和道德所产生的恶劣影响。50年代革命的改革者是在他们前辈管理派的分析和实践基础之上来进行改革的,虽然他们从来没有正式承认过前人的影响,或许甚至都没有意识到这一点。

准 备

曹漫之曾担任过上海市民政局的局长,其实他在跟随人民解放军进驻上海之前就已知道,取缔卖淫是他作为民政局长所要承担的任务之一。①他第一次与妓女打交道是在17年前,那时他还很年轻,是山东地下党组织的一个县委书记。他当时看见老鸨和妓女们到工商局去上税;他看见住在岸上的一些人家,靠把他们的妻女送到停在码头的船上、向水手们出卖肉体来得到一些收入。曹出生于20世纪10年代,属于五四运动后成长起来的一代,五四时期有关中国社会中妇女受到压迫的许多文章使他深受感动。但是,是中国共产党使他真正认清了这一娼妓制度的性质。他阅读了克拉拉·蔡特金与列宁的谈话;他回忆说,蔡特金曾想办一份解放妓女的杂志,但列宁教导她说,只有全世界的无产阶级得到解放,妓女才能得到解放。对于曹来说,娼妓制度与封建主义、帝国主义这一大的社会背景是分不开的。虽说他在谈到这一联系时,所用的具体措辞都从马克思主义、列宁主义中引来,但这种联系对于清末和民国的改革者来说却也是耳熟能详的。他觉得,如果普通妇女受到的是社会制度的压迫,那么对于妓女来说则是摧残。他在1986年的一次采访中说,"妓女不仅受到中国不良的社会关系对妇女的摧残",

> 还受到帝国主义的摧残,而且相当普遍。……如果中国是一个自强的国家,民族是一个很有国际地位的民族,如果我们没有那么些外来势力的侵略,那么我们的妇女受的摧残不会那么厉害。

曹也同意许多非共产党改革者的看法,即认为娼妓制度在一个资本主义社会中是不可避免的,它是

> 随着商业资本,也就是随着资本主义社会当中的自由平等博爱而来的,因为所谓的自由,就是商业自由,要经商就得有许多的商人在各个码头跑来跑去,今天在新加坡,明天到泰国,后天又到纽约;今天在上海,明天到天津——三年五年都不回家。按照生理来讲(衣、食、住、行、性),性的需要,那么就形成了妓院,妓院才变成了合法,而且议会都通过的……

对于曹和他的共产党同事来说,问题难就难在如何把中国从一个贫弱的境地中拯救出来——如何使它富强,使它现代化——然而同时又不要接受看似是现代社会必然组成部分的那样一些社会问题。把娼妓制度与资本主义制度视为同一,进而把**社会主义的**现代性确定为奋斗目标,他们就这样重新界定了 20 世纪 30 年代争论的总体框架;在原来的框架中,娼妓制度是现代性的一个令人哀叹却又是不可避免的标识。

自 1938 年以来,曹多次参加了在山东开展的禁娼运动。他知道,上海之所以不能有效地禁娼,乃是因为社会环境没有根本改变的缘故。他所指的是"青帮"和"红帮"势力,这些组织的成员经营着那些大的妓院;这意味着必须清除这些帮派势力。而他的另一层意思是,如果政府禁止妓女从事其交易,那就得给她们提供其他的生活来源。在城市被接管以后的两年内,曹一直耐心等待这一时刻的到来:

> 由于我们刚进上海的时候,没有准备好,如果马上取消(卖淫业),谁给她们饭吃?她们到哪里去呢?无家可归。所以不得不忍心,在解放以后,妓女还在街上,所以我们的干部有意见,民主党派有意见。他们以为,想不到共产党解放的上海还允许受压迫那么厉害的、受摧残那么厉害的妇女还在苦难当中。我们当时确实没办法,你要强迫,首先得有个地方给她。得有吃饭的地方,下一步还得准备给她们治病的问题。而治病我们的手段、医药条件究竟怎么样,这些都得准备好。

> 还得准备一批干部,而我带进来的干部很有限。接管整个全上海,我接管市政府,接管法院,接管监狱,接管区公所,接管国民党行政院在上海所有的办事机构。我这个摊子一共接管五百多个单位,给我的干部只有二十八个人,我们怎么能干得了这么多的事呢?那么公安局比我带的干部还要少,而所有治安都得它管……所以,当时心里也难过。

> 那时,我躺下睡觉时,有的干部就批评我,为什么还允许妓女?

> 为什么领导上不赶快解决妓女问题？他们首先注意这个问题，为什么不抓流氓？为什么不解决妓女？我说："你睡觉睡好了，是不是？我连觉还没睡呢。你给我房子？我现在房子还没准备好了，我怎么把她们收容起来？收容起来，确实当天就没饭吃，把妓女再变成马路上的乞丐呀？那么这算什么政策？"所以，这一段还允许它存在一段时间，而这段时间完全是不得已的，<u>决不是我们的心愿</u>。我们是忍着心里的痛苦，维持了这么一段，以后就收容了。

在改造运动开始之前的两年中，公安局继续给妓院和妓女发执照，与国民党政府在20世纪40年代末时所做的一样。但尽管官方仍允许营业，从事这一行当的人数却在减少。1949年8月新政府作出新的规定，对妓院老板的经营自由作了严厉的限制。妓院严禁接待政府雇员及其下属，严禁贩卖毒品、赌博、摆设大型酒宴，严禁安排妓女与嫖客在妓院以外的地方幽会，严禁患病妓女接客，严禁逼迫妓女违背自己的意愿与人发生性关系，或将她扣留在妓院中。政府在其控制的报纸上公布，妓女可以控告那些不许她们离开、不许她们从良结婚、逼要她们的钱财或扣押她们个人财物的妓院主。② 如若妓院主对世道已变——已变得对娼妓制度不利——还有什么怀疑的话，那么他们可以看一看别的城市中他们同行的命运：从1947到1951年，石家庄、吉林、北京、天津、南京、苏州、扬州、镇江和杭州等城市都已成功地取缔了娼妓业。③

面对这样一些措施，上海的许多妓院纷纷关门。一些与帮会有联系、报上称为"妓院巨头"的最大妓院的老板，在1949年解放时就逃到了境外；另外一些在1951年4月镇压反革命的运动中被抓了起来，并判处了死刑。④ 同时，由于农村经济逐步从内战萧条中得到恢复，许多妓女回到了她们的老家，或在上海找到了别的工作。《大公报》报道说，到1950年上半年，城市中的注册持照妓女数从（1949年初）1 897人减少到662人，而妓院数从518家递减到158家。⑤ 到1951年11月，该数字又进一步减少到了180名注册妓女和72家妓院。⑥ 当然，注册妓女仅是卖淫妇女中的很小一部分,这个数字不断被她们那些从事秘密卖淫的姐妹和无照经营的妓女数所超过。而到了 1951 年底,当市政府终于把注意力放到关闭妓院和清理街道的时候,它所面对的已是一个大大缩小了的妓女群体。

1951 年 11 月 13 日,警方给妓院主们最后一个机会,让他们自动放弃他们的行当,以免受刑法制裁。公安局把全市剩下的妓院的老板召集到一起,通知他们马上关闭,并要他们自己对所有的雇员作出生活上的安排。大多数老板对这一命令置若罔闻,一周以后,警方又召集那些持照妓女开了一个会,告诉她们妓院很快就要关门。公安局的官员决定上报市政府作出一个正式关闭妓院的决定,该决定于 11 月 23 日颁布。⑦

就在上海闹市区的警察准备抓捕那些妓院主和开始收容妓女之前,在城市的另一端另一出戏也开场了。11 月初,被召集来充当教员、社会工作者和妇联工作人员的一批妇女,正悄悄地被她们的领导带到一边,通知她们到提篮桥区通州路 48 号的一所大房子里去报到。被选中的人必须符合以下条件:高中或大专学历,有做思想工作的经验。可是当她们听说,这幢大房子将成为以前的妓女从事劳动和对她们进行教育的场所,而她们的工作将是对这些妓女进行改造的时候,她们中有一些人拒绝服从分配。杨秀琴回忆说:

> 我不愿意去。我当时只十八岁,我觉得这个工作我不能做。大家印象当中妓女是下等人,下流的事情,叫我们去跟这种人打交道思想上不容易接受,不想去。我哭了,我坐在楼梯上面大哭不去。……后来领导跟我讲了好多好多。他们讲:这些人也是受压迫的,不是自己愿意的,我们解放以后,新中国不允许娼妓存在,我们要做的工作是前人没有做过的事情,这个意义比较深远。……给我讲了一些道理,最后说服我,就去了。⑧

对某些培训人员来说,要她们下决心从事这一改造,则需要克服过去对于妓女身上阶级污点的种种看法,而代之以一种新型的性别团结意识。正如杨洁曾所回忆的,"她们走上这条路是不得已的,生活受迫。就女同志的身份而言应该拯救她。"⑨

招聘来的有五十多人,上面给这些思想不通的人三个星期进行培训。在这一段时间里,她们不可以回家、写信、打电话,因为政府不想让原定的发起攻击的计划受到影响。⑩培训班由民政局的一个干部当教员,主要谈政府如何看待妓女的两重性。参加培训的人被告知,妓女们都受到残酷摧残,她们应该受到改革者的同情:

> 她们本身是不愿意过这种卖淫的生活。她们是受苦的。我们第一要同情她们,第二要给她们温暖,因为她们本人得不到什么温暖,她没有父母,到妓院里老鸨就是她的"妈妈",还有嫖客。这些都以经济为主,没有什么人际的温暖。所以我们要给她们人与人之间的温暖,这是主要的。我们不是采取改造的打骂的手段,而是要说服她们,教育她们,启发她们的觉悟。⑪

但是,另一方面,受训的工作人员又被告知,妓女是一种孳生寄生虫的社会环境的产物,改造的目的就是要她们与那些旧的生活习惯决裂:

> 她们好多人在妓院里过了好多年的奢侈生活(我们讲不劳而获),过花天酒地的生活,你一下子叫她劳动,她不习惯。我们教育她们要劳动,靠双手的劳动来生活,不能这样靠卖淫生活。⑫

改造计划将采用三种方法,兼顾到妓女问题的这两个方面:各方面的教育,从识字到提高阶级觉悟;医治性病和其他的疾病;培养劳动的习惯和技能。⑬这些工作都在通州路大院中进行,它过去就被叫作妇女劳动教养所。(见图20)

从11月25日晚上8时开始到第二天上午10时,警方迅速行动,将妓院业主们抓获,把妓女们也一并围住,把妓院的大门封了。总共抓了324名妓院主,后来分别将他们判刑入狱或送去劳动改造。而与院主加以严格区分、被警方遣送到妇女劳动教养所的一共是181名持照妓女和320名街头野鸡,总共是501名妓女。⑭

改造的内容:相互交锋的话语

当警方的大卡车载着妓女到达妇女劳动教养所的大门口时,工作人员们列队对她们表示欢迎。对于没有经验的改造人员来说,集中在一起的妓女们给她们的第一眼印象是震惊:

> 我们以前也没见到过妓女,总想妓女大概蛮漂亮的,很好看的,或者脸长得好看,或者打扮得好看。结果来了以后,这些人一点也不好看,她们来的时候,因为这天她们不做生意了,铺盖行李装好以后,有些人就不打扮了,有些人在哭,样子不好看,脸也不好看,这些人好像比一般人好像难看一些。⑮

由于警方强行让她们脱离了熟悉的环境、社会关系网和收入来源,这些女人那副邋遢消沉的样子,其实也没有什么好惊诧的。但围捕时的报纸文章,却把这些新近拘押起来的妓女都描写为如何地渴望获得国家的解放。在供大众消费的故事中,妓女们在她们的卖淫生涯中都受到残酷的虐待。几乎每一个故事都讲到,她们在家里是如何忍受贫穷的煎熬,许多妇女如何被绑架和拐卖到妓院,妓院的老板和老鸨又如何虐待折磨她们,她们生病不能再接客时又如何受到打骂甚至被杀害。⑯这些妇女被描写成真正觉悟到了她们是被压迫的,认识到了受压迫的原因,并非常地向往解放。围捕行动的第二天,报上发表的许多报道都引述了两名妓女的反应,一个叫吴彩凤,另一个叫王阿彩,据说她们是在公安局等候处理时作的即兴讲话。据说吴彩凤站在老闸分局的一张凳子上宣布说:"姐妹们,我们解放了,我们新生了!姐妹们,我们清白的身体,为什么要任人家糟蹋呢?我们,都是受过父母疼爱的,我们为什么要堕落到如此地步呢!这都是国民党反动派害的我们!今天,我们兴奋,我们快活,在毛主席领导下的人民政府,帮助我们大翻身,今天,是我们最可纪念,最感到光荣的一天。"在驶向妇女劳动教养所的路上,当有一名妇女不当心用了"妓女"一词时,据说另一个妇女这样回答说:"谁再说'妓女'这个丑恶的名字,我可不回应!"[17]

这就是当时报纸上对她们心态的再现——这种叙述认定,在所受痛苦和阶级觉悟之间,在压迫和愿意接受改造之间,有一种直接的因果关系。虽然读起来激励人心,但这样的故事不仅把妓女世界的社会关系搞得简单化了,而且使改革者所要面对的种种问题也变得无足轻重似的。1948年,也就是在革命性变化来临的前夕,一项对上海市500名妓女的调查则提供了一种不那么清晰和乐观的读解。访问者调查了所有各个等级的妓女,他们非常吃惊地发现,56%的妓女对她们的职业表示满意,主要是因为这一职业比起她们所能从事的其他职业来,收入更加丰润一些。有一半人表示无意改换职业,而有略微超过四分之一的人还表示想找一个有钱的丈夫。她们最主要的担心是如果她们去参加性病体检,那就会被报告警方,被勒令改换职业。[18]调查者同时还注意到,

> 她们中的一小部分(178例)对生活抱无所谓的态度,大部分人(211例)只关心"吃喝玩乐"。……(另外的)108例则在人生观方面比较悲观。总的来说,她们对别人根本不相信。[19]

相对比较满意的收入,对国家权威的害怕,漠然、压抑的心理和对外人的怀疑,所有这些混合在一起的心态,是无法说明这个群体渴望改造的。

再者,围捕行动切断了妓女们认为唯一可靠的关系,即她们与鸨母及鸨母的情夫之间的联系,而后者对于妓女们来说,往往既是过房爷娘,又是雇主。妓院生活也许可以说是剥削性的,但它对这些女人却既提供了工作机会,又是一种家的形式。在妓院关闭的前夕,各种谣言不胫而走,诸如妓女们要被剃光头,要把她们分配给解放军当共妻,在解放台湾的战役中把她们送去滚地雷阵等等,当然这更加重了她们的恐惧。[20]在这

样的情况下,围捕场面不可能出现报刊报道的那样图像清晰的阶级觉悟。曹漫之在许多年之后承认说:

> 用汽车把她们装上,这些人都哭了,都不上车,每一个人都管老鸨子叫妈妈,叫爸爸呀,共产党要杀我们呀,我们不愿意去等,又要卖我们了,我们愿意跟着妈妈爸爸呀,又哭又叫,叽叽哇哇。
>
> ……
>
> (她们)不愿意接受改造,也并不都是愿意从良的。什么玉堂春呀,也都是极个别的,属于这类的问题的,我所接触的,一百个当中找一个还不大有呢。愿意自愿不干这一行,生活特别好的少。……一般地讲,一个妓女在妓院有半年之后,心里就转向。
>
> ……
>
> 我们叫游民成性,就像一个小偷偷东西一样,偷惯了,有利可图。这种生活非常习惯,特别是年轻时,这段生活,除了人格及肉体受摧残以外,其他的生活,比工厂的工人生活得好,因为妓院必须把她养好,养好了才有颜色,这种生活离开妓院还享受不了呢。所以决定一个人的性质,她的性质变了,心理状态整个都变了,不能单纯地讲破坏了她的贞操,或叫破罐破摔,不能这样理解,这个理解不是我所接触的工作的实际情况。我们还是叫作"游民成性"。㉑

吴彩凤和王阿彩或许的确对她们那些被抓起来的姐妹们发表了鼓舞人心的讲话,可是,即使她们讲了,那一番教诲也是落到了受到惊吓而充满怀疑的耳朵里。当妇女劳动教养所的女干部看着她们所负责的教育对象满面泪痕、神色阴沉的样子时,她们知道要赢得这些女人的信任非常的困难,而要改变她们的行为或许还需要强迫。

改造的过程起步就不顺利。是的,这些女人所得到的生活条件比许多上海居民要好。每人有自己的床铺,被子,一条毛毯,床单,两个脸盆(洗脸和洗脚用),牙膏牙刷,筷子,还有两只碗。㉒她们可以穿自己的衣服,工作人员待她们也很有礼貌。㉓她们的伙食不错,屋子里面也暖暖和和。但是,当曹漫之给她们做动员报告时,他发现自己成了一次很有创意的抗议行动的靶子——哭声示威:

> 我到她们住的地方,有一个比较高的台子,我站到上面要给她们讲讲话。我刚开始要讲,有一个妓女喊了一声:"姐姐妹妹,哭!"很灵,她这么一喊,三百多人一齐哭,没一个不哭的。她们哭得确实很伤心,开始是假的,越哭越伤心。这下弄到共产党手里,本来的日子还过得下去,这下子死活还不知道呢。越想越难过。有的叫:妈妈呀,你在哪里呀?孩子在这里连通信给你都不行啊!什么话都有。当时她们一直在哭,哭了两个钟头。
>
> 我坐在那里,叫警卫营的营长搬来了一个凳子,坐在那,看她们哭。……她们在几乎哭完了的时候,正是送饭给她们吃,她们都出来盛饭,盛完了把饭泼在地上,没有一个不泼的,没有一个吃的。
>
> 我知道哭的这种心理状态。以后我找几个人谈话,她们说:"开始我们哭的时候,是给你们施加压力。最后不是了,我们真哭了以后,一切都是伤心的事。我们不知道把我们弄到哪里,也可能把我们枪毙,也可能抽我们的血,军队打仗不得输血吗?"等等,思想混乱得不得了。但是没有一个以为共产党是来救她的。㉔

改造的过程

妇女劳动教养所的头头杨洁曾有点出人意料地使用了污泥和清洁这样的半殖民主义语汇,把改造的过程比喻为"扫垃圾"。㉕对她来说,垃圾并不是妓女们,而是她们身上的疾病,她们在文化上的愚昧,种种错误的感情联系,以及对待工作的错误态度。改造计划就是要对这些逐一进行改造。

取得这些"姐妹们"(围捕行动之后她们就再也没有被叫作妓女)信

任的第一步是给她们医治性病和其他的疾病。㉖(见图 21)但这个问题本身又有点问题,因为这些女人中的许多人都相信,抽她们的血是为了到市场上去卖。她们进所的第三天就开始体检,这群人的总体状况非常不好:501 人中一半人患有性病,90%的人都有健康问题,从心脏病和肺病到斑秃癣不等。㉗此外,大多数人都有吸食鸦片或海洛因的毒瘾,强行戒毒过程使她们一会儿无力,一会儿狂躁。㉘

市政府不惜一切代价地给这些"姐妹们"治疗,仅用于治疗性病一项的花费就高达 18 万元。㉙医生们来自上海性病诊所,她们在劳动教养所内安装了设备的地点为这些女人治疗;需要更复杂处理的病人被送到当地医院去,而她们的费用也是由政府支付的。㉚非常稀罕的青霉素是从人民解放军那边调拨来的,逐步取代了洒尔佛散,后者的疗程比较长。㉛或许正是有了治疗性病这一条,它比改造计划中的任何其他措施都更有效地使这些女人相信了改造人员真的没有恶意,如果政府认为值得花钱把她们的病治好,那或许在新社会中还真有她们的位置。㉜

第二步是给这些妇女上一系列的课程,她们每天要花半天的时间学习。(见图 22)鉴于她们中的大多数人都是文盲,而不识字往往正是她们"受骗"而干上这等营生的一个原因,她们的一些课程主要集中在帮助她们掌握基本的读写技能上。㉝当然最重要的课程仍是向她们灌输阶级觉悟,让她们接受政府关于妓女的两重性的认识:她们必须仇恨旧社会,必须认识到她们在那个社会中所受到的压迫,必须认识到她们过去的所作所为是不光彩的,在现在则是违法的,绝不能再犯。㉞许多课程都针对着参加学习的妇女们的心理状况,正如她们的队长所说的:

> 上课的内容也根据我们班长向他们汇报,当时她们有什么思想情况,根据她们的思想情况再对她们进行教育。
>
> 她们各种各样的思想都有,有的认为在外面一天到晚不做事,到我们这里来要爱劳动,要生产要劳动,她们不愿意做。根据这个情况我们给她们上课,进行教育。对她们讲那样对自己身体不好,

对社会也妨碍。⑤

小组讨论一般是集中解决个别妇女的思想问题,而大型的集体活动则主要使这个妓女群体加深对她们过去的认识。在这些女人被关进来一个月之后,他们采用一种生活模仿艺术的做法,让她们看一部电影《姐姐妹妹站起来》,讲的就是经历改造的妓女的故事。与当地剧团给她们演的一出名叫《姊妹》的戏一样,这部电影据说也是让她们回忆起自己过去的境况而热泪盈眶。㊱

教育妇女把自己想成是某一个被压迫群体的成员,这意味着缩小了将她们区别开来的因素。与大多数上海居民一样,娼妓也可以认同她们的出生地,与那些从同一地方来的、讲着与她们一样方言的人有一种特殊的亲近感。㊲在上海的许多劳动部门中,同乡好感伴随着对外乡人的敌意和排斥。㊳尽管娼妓业结构中籍贯很重要,但对于个体的妓女来说,她们之间相互认同的基础显然更多的还是所在妓院而不是自己的籍贯地;她们都说上海话,因而籍贯地已并不是建立认同感的一个不可逾越的障碍。这些女人还因她们早先服务过的客人的不同阶层而划分为不同的群体;高等妓女的生活与属于工人阶级的街头拉客妓女的生活就很少有共同之处。但是,这些来自各个层次的妓女统统被关进妇女劳动教养所以后,比起禁闭和改造这一共同面对的现实来说,她们原先的等级显然就不那么重要了。㊴

切断她们与鸨母的情感联系是改造这些妇女的一个关键因素。围捕行动过去几周后,劳教所组织了一场大型控诉会,让妇女们与从前的老板公开对阵;在有些情形中,老板曾对她们握有人身所有权。㊵在这场控诉会上,老鸨和妓院业主们种种极端行为受到戏剧化的控诉。㊶杨洁曾描述了这场大型控诉会的精心准备过程,其中最主要的就是教育妓女们要认识到自己是被压迫的:

(我们)利用控诉大会启发她们憎恨妓院、憎恨这种生活、憎恨压迫她们的人。最终的目的就是憎恨旧社会。我们要达到目的,必须有材料,但是我们只知道一些皮毛,不够生动,所以要她们自己来讲,也算是一种自我教育。我们就像交知心朋友一样,她们能把自己的苦水向你谈,心里的话都倒出来了。……开会前,先找好几个典型的、最受痛苦的,做好工作。……大会上,我们布置了许多标语,像"旧社会把人变成鬼,新社会把鬼变成人"。……当时的气氛是很愤怒的,有人叫口号,妓女控诉时,一方面掉泪,一方面气极了。㊷

这一工作还并不能完全瓦解她们与鸨母的联系。围捕行动七个月以后,劳教所对妇女的进步情况作一次正式的评估,每一位妇女都被告知要作一次自我批评。有个人坦白说她与过去的老鸨一直还保持着联系,甚至还把自己的孩子留给她看管。而经过这一次运动,她与老鸨断绝了联系,把孩子接了回来。㊸

在帮助她们切断与老鸨母亲之间这种"母女"关系的同时,劳教所的工作人员又千方百计地设法增进做了母亲的妓女与她们的亲生子女之间的关系。有17名妇女把她们的孩子带进了劳教所,加上后来出生的,到1952年8月,在所孩子的总数达到了49名。哺乳期的妇女被允许在最初几个星期里把孩子带在身边;然后孩子与母亲可一起住到劳教所内的一个托儿所里,与其他的妓女分开住。改造人员回忆说,当工作人员确认这些妓女可以当母亲,而不是像过去的老鸨们那样要她们吃蝌蚪打胎的时候,妓女们的满腹疑虑终于打消了。㊹

改造之道的第三个重要特点是参加生产劳动。(见图23)妇女们每天在劳教所的某个车间参加半天的劳动,生产袜子和毛巾。在改造者们的思想中,传授实际工作技能是第二位的,最主要的是养成劳动的习惯。㊺这并不容易:

> 她在外面连洗自己的衣服都不肯洗。到这里来,上百斤的东西也得要举起来。她们思想不通,我们要做工作,要她们自觉地接受

我们对她们的指点。⑯

妇女们这样工作还有一定的工资;对某些人来说,这是她们第一次得到自己能够支配的收入。⑰在这一点上,劳教所的章程是直接建立在以前那种不甚全面的改造措施之上的,从 1900 年设立希望之门开始,到后来的上海社会福利机构都曾这样做过。

要使所有这些改造措施——医疗、教育和劳动——得到保证和加强,必须有一个有规律的、集体的作息制度和习惯。⑱妇女们每天 6:30 起床,大多数时间都是从事有组织的活动。她们被分成队、分队和小组,每个小组都有组长以及另外几名妇女负责学习和日常生活。小组长是妇女们自己选举的。⑲虽然妇女们不能随意离开这个大院,但她们被允许定期与亲属见面,后来有了请假制度,可以请假回家探望。被允许回家一方面是一种奖励,另一方面,也可以用来衡量她们是否取得进步:

> [请假]是经由姐妹小组评审通过让谁出去,另一方面也请家里做工作,还请周围的群众也做些工作,帮我们考查她们请假出去以后到底如何。请假前,先讲好何时回来,有的出去过夜,有的早上出去晚上回来,绝大部分出去后都准时回来,主动地向工作人员报告一天的情况。在家里帮忙洗衣服、打扫卫生、烧饭……等。我们听了以后也要考查是否真实,所以我们跟她的家属联系,问她回家后做些什么,另外也从周围群众中去进行了解,她是否回来后没有出去,有没有什么行动。这样一来,我们就知道她是不是好。所以这个请假制度可以起很大的作用。⑳

这样一种制度在过去的改造措施中从未听说,它依靠的是在国家权威之下城市各个阶层被动员起来所形成的一种力量。它对在家承担了家庭责任的妇女给予褒奖,在家表现好,以后就还允许外出。通过这些例行的程序,在一个被改造了的城市环境中,妇女的行为,显然还有她们的思想,都被逐渐地改变了。㉑

1952年9月,改造成果受到一次非常戏剧性的检验。第二批妓女被收容了进来,人数比第一批将近翻了一番。这些人都是无照妓女,她们在禁娼令正式颁布后仍继续在街上拉客,或者当酒吧女、按摩女等,经常卖淫。㉜在警方的一次周密安排的围捕行动中,她们给抓了进来:

> 我们弄了几百人,化装嫖客。马路上一个电线杆子下面一两个,到处都是。大卡车提前都隐蔽在弄堂里面,这个手段有点野蛮了。有一个挂上钩了,男的带到了,我们的便衣上去把毛巾就塞在嘴里,否则她大叫,叫的声音非常难听。而且还得把她们捆起来,她跳车。有一个跳下去,快死了,抢救了两天才抢救过来。㉝

自打强行逮捕开始,这些女人对劳教所的工作人员来说就要比第一批进来的难对付得多了:

> 第二批进来的时候吵得厉害。这些人小流氓很多的,有一些年纪很轻,不像第一批好像是被人家卖到妓院里面去的,她们在社会上搞流氓活动,有些人家里情况还可以,甚至于有一些是学生,她愿意这样搞。所以你叫她进来她跟你的情绪是对抗的。㉞

这一批使通州路418号大院的入住人数扩大了三倍。新进来的许多人都习惯于争吵。工作人员于是让原先在组里的妇女去管新来者,后来第三批被抓进来了——这一批有500人,大多数是舞女——他们又再一次如法炮制,以老带新。㉟(后来是单个地带进来的,不再是一大批进来了。)这项办法是一种市井智慧,让早先的妓女对她们的姐妹们施加改造的压力;它同时又给早进来的人一个机会,来展示一下她们自己的改造达到了什么程度。

释 放

1953年,妇女劳动教养所开始释放那些改造好的收容人员。(见图24)这些女人有三条出路。乡下有亲戚的一般都送交她们的家庭带回。

劳教所与某个女子的籍贯所在地的地方政府联系，确认其家人能将她领回后，还要同家人见面。有时，还会出现该女子被拐卖以后第一次与家人重新团聚的情况；有时，被送回的妇女的丈夫也完全知道她们曾经是妓女，当初是他们把她们送到上海去谋生的。在这种情况下，劳教所的工作人员还要批评她们家人的疏忽大意：

> 上海没有亲戚，没有熟人，怎么放心妇女到上海来呢？有困难应该在农村自己克服，而不是叫她到上海来，靠她来解决。[56]

无论是什么情况，劳教所的工作人员都设法保证回去的妇女不受歧视，不再被她的家庭回绝或重新卖淫。[57]这一番重返家庭和社会的努力，应和了二三十年代当地政府处理被拐卖妇女的程序，且比前者做得更加全面。但它究竟是否保证了这些妇女完全被所在农村接受，则不得而知；但看来只有很少数人又重新卖淫。[58]

第二类是态度和表现最好的或上海有亲人的，她们被分配到城镇工厂里工作，如果可能则送她们回家。第三类是无家可归的，她们由劳教所的一些工作人员陪着（显然是永久性的），被送到甘肃、宁夏或新疆的国营农场中。对她们中的许多人来说，同意去是因为有结婚从良的机会：

> 新疆没有女的，大部分人找不到老婆……我们这儿的妓女无家可归，妓女出身找对象也不大容易，我们就介绍她们到那里（新疆）。去甘肃的人是由于那里缺少劳动力，她们可以带家人去。我们向她们说明那里的情况，到那儿做什么，愿意去的报名，不愿意的可以不报。1955年到新疆有500多人。[59]

不管这些妇女被送到哪里，工作人员们都把已经结婚的妇女与家人团聚、没有结婚的能够嫁人看成是她们分内的工作。在后一种工作中，一些未婚男人帮了忙。他们听说劳教所有一些没有结婚的女人，便写信来要求娶一个妻子：

> 有的未婚男子知道妇女教养所的情形，他们就自动来信说他们未婚，也受过旧社会的痛苦，所以同情这些人的遭遇，愿意找这样的伴侣。这些人有的是工人，有的是商人。来信的人并不是都被接受，我们也先做调查，了解他的工作、家庭情况，了解清楚以后，再给他们找年纪相仿，而且本人愿意的，就给他们介绍。⁶⁰

当一个在所妇女被释放时，工作人员媒人的责任并没有结束。正如劳教所的前所长回忆的那样：

> 以后若跟厂里男工谈恋爱，我们就找那个男工来谈，让他知道女方的过去，以免婚后反悔，发生问题。我们也要求女方自己向男方说明，有的人在知道女方的过去后，明白她们是旧社会的受害者，反而更加爱她。⁶¹

把前妓女们安顿在一个安全的、在意识形态上能够接受的家庭关系中，使她们有一个稳定的生活，这样的一种关怀与20世纪初的希望之门所采取的政策相比，就不只是表面的相似了。但是这种介入的广度和深度超过了1949年以前的任何私营的救济组织。

但不清楚的是，政府在防止她们受人歧视和被人嚼舌头方面究竟收到了怎样的成效。我虽然访问了1950年改造妓女运动中的许多当事人，但未能有机会与先前的妓女谈话，即便是在当时的运动中已经公开了身份的，也未能见到。他们的理由是，尽管她们的配偶知道她们过去的历史，但她们的孩子不知道。许多人在上海市内搬迁了多次，为的就是与过去知道她们曾当过妓女的邻居们离得远一点。如果一个外国人突如其来地上门，他们担心会引起邻居们的猜疑。这种担心被看见与外国人接触，或许还有与娼妓问题并不相关的多种含义，但它仍可说明一点，即她们个人的被压迫的历史，无论从国家意识形态来说多么容易被接受，却仍然具有颠覆她们眼下平静生活的力量。⁶²

1953年以后，被妇女劳动教养所收容的越来越多的是一些年轻的失足犯罪者,而不再是过去的妓女。1958年,该所原先的使命已经完成,因而关门撤销了。总的算来,一共有 7 000 多名妇女曾经在这里接受过改造。⑱

对历次改革者的比较

共产党改造妓女的计划在很大程度上并不是全新的:每天的作息安排,对工作和婚姻的强调,都与希望之门的做法相似,而治病和警察监管与公共租界当局及后来的国民党政权所采用的措施也差不多。但是,同与之最接近的 20 世纪 20 年代公共租界的禁娼运动相比,50 年代的运动有显著的不同。在 20 年代,上海工部局的改革是犹豫不决的,是被道德促进会中的激进派逼上马的。上海工部局的成员更希望搞的是检验管理,通过对妓女的体检和对妓院的注册,要他们达到,一定的卫生标准,并遵守秩序,从而使公众健康得到保障。道德促进会的活动分子相信,娼妓业是一种"商业性的罪恶",必须镇压取缔,不能对它发放执照,从而使它得到(由市政府所体现的)国家政权的宽容。但作为公共租界的行政管理机构,上海工部局必须经过纳税人大会的决议才行;在 20 年代的那次运动中,尽管工部局中有许多人深思熟虑,反对取缔,但它被要求实施对妓院的注册和取缔。工部局虽掌握着租界的行政管理权,但它却必须得到被管理者们的同意才行。由于道德促进会的成员是有组织的,有代言人,而且持之以恒地努力,因而他们有效地控制了不情愿的行政当局,并将之纳入了他们自己的道德改革议程。

在 50 年代改革者的队伍中,则不存在这样明显的分裂。取缔娼妓制度的运动是由市政府机构实施的,在实施过程中体现了高度的统一和协调。政府的各个部门——公安局、民政管理局、卫生局、民主妇女联合会以及居民委员会等等,按照上海市各界人民协商会议通过的决议行动,分头执行所分配的任务。警方逮捕妓院业主,收容妓女。民政局设办妇女劳动教养所,对这些妇女进行收容、治病和再教育。卫生局安排对她们进行治疗的人力物力。妇女联合会提供劳教所的工作人员,而里弄干部则配合对她们及其家庭进行监管。居民委员会运用群众监督的方式防止娼妓现象重新抬头。

共产党在方方面面起着协调的作用,而这在整个取缔娼妓制度运动的公开记录中基本上是看不到的。中国共产党对待娼妓问题的态度,在它还在解放区的农村时就已经形成;在进入上海之前,北方一些城市就已经在它的控制之下,在处理娼妓问题上它又积累了一些经验。民政局局长曹漫之在山东等地就从事过取缔卖淫的工作,在这方面很有经验。他对中国共产党的立场和它的理论基础都理解,有制定有效的计划的组织能力和魄力。与20年代那一次不同,1951年的运动是由一个统一的权力机构指挥的,对娼妓问题有全面的把握——这个政府不受任何外来压力的影响(即使有人想赞成另一种方式的话),它看上去受到民众广泛而巨大的支持。⑭

尽管1920年时上海工部局的代表都来自世界上最强大的一些国度,但是在上海,他们却不是万能的。他们的权威在广度和深度上都受到限制,他们改革努力的深度、广度也都有限——只要在公共租界中取缔妓院,而不是要消灭一切形式的卖淫和改造妓女。而且,即使是这种有限的努力也失败了,部分的原因是他们在公共租界范围之外是没有任何权威的,而许多妓院则以迁移到公共租界之外的法租界和中方控制区的办法来对抗运动。它之所以失败,还因为在上海的外国势力无法改变那个把娼妓制度作为自身一部分的社会体制。上海工部局不能够或没有向失业的妓女提供广泛的社会福利保障;它没有去惩罚那些人贩子,没有去阻止嫖客;有那么多的商业场所间接地从娼妓业中获利,但工部局没有做任何事情去化解它们的恐惧,平息它们的抗议。它把妓院,而且仅仅是妓院,作为一个需要管制的单位。妓院墙外发生的任何事情,包括无照营业的妓女,买卖妇女和儿童,以及与淫业交织在一起的那部分城市经济，统统都在国家的管理范围之外。

与之形成对照，50年代中国共产党领导下的政府不仅控制了上海，而且控制了农村，而妓女们正是从那里出来的。它能够把改造好的妓女送回她们的老家，或把她们派遣到遥远的边陲去开始她们的新生活。政府大力地重振经济，这就使之有可能为那些改造好的妓女提供就业的门路。它甚至担当起媒人的角色，为的是使这些妇女能被安置到稳定的家庭中。在上海的里弄里，它建立起一整套得到群众广泛支持并积极参与的相互监督网，与国家的权力机构相连，这使得妓女、老鸨和人贩子们根本别想再操旧业。50年代时国家的权力所及，至深至广，成为上海民众日常生活中一个强大的存在实体，远比它所痛斥的帝国主义势力要大得多。⑥

虽然20年代的改革者们在对待娼妓卖淫问题上究竟是应该管制、检验还是取缔意见不一，但是他们却都同意维多利亚时代的一种看法，即把它看成是人类本性的产物——尤其是男人性欲的产物。他们的分歧大多只是在控制人性的可能性和可行性上。主张管制者争辩说，既然娼妓现象是自然的，它就不可能被消灭，国家就应该把自己限定在如何保证将娼妓业限制在得到营业许可的地点，并保证从业人员符合卫生标准。而主张取缔者，则希望男人在宗教的帮助下超越其本性，把他们的性欲置于虔信宗教的男人以及所有人品端正的女人所赞同的道德法则之下。他们争辩说，在通过法律的方式来推行一种道德准则的同时，政府也能够帮助妇女挣脱男人们毫无节制的性蹂躏，从而为妇女们争取自己的权益出一重拳。

但对于50年代的改革者来说，娼妓卖淫现象的背后则不存在任何自然的原因；它完全是一个社会的产物。他们认为，娼妓和卖淫产生于帝国主义和中国反动政府统治下的一个混乱不堪的社会制度，它与农村的地主阶级和城市中的帮会势力联系在一起。帝国主义侵略中国，破坏了中国的经济，使农村萧条。支持地主阶级势力的国民党和军阀更加深了这一危机。流离失所的农民中许多人是妇女,她们被自己的亲属变卖,被迫沦为娼妓或以此作为养活家人的手段。城市的买办势力掌握着帮会网络,通过充当中间人或直接开设妓院赚钱,在此过程中,它们又支付给警方一定的好处。无论是外国势力控制的政府还是中国当地政府,都从娼妓业的营业税中大获其利。按这样的说法,这个政治和社会势力体系是一个毒瘤,中国人民要想有一条活路,就必须将它切除。娼妓制度是这个毒瘤上一个小小的、却又是不可分割的一部分;对它的取缔,是纯洁中国的社会制度所必须做的一件事。这样,中国才能开始社会主义的现代化,而作为半殖民地和资本主义制度之构成成分的娼妓和卖淫,在社会主义的现代化中是绝对不能有它的位置的。

20 年代和 50 年代的改革者都认识到妓女的两重性:她们既是受害者,但有时她们又从自己被害者的境遇中得到好处。前一批人承认妇女是经济压力的牺牲品、是被迫沦为娼妓的,但更强调她们在性的方面所受到的伤害,她们要反反复复地满足男性的欲望,而她们本人想必并没有这样的欲望。有些道德促进会成员的文章还暗示,妓女都是一些虚荣贪婪的女人,她们将本应该用来行善的钱财转用到了个人的妆饰上。然而,在 20 年代关于娼妓问题的话语中,最值得注意的一点是,妓女本身并不在那个话语的中心。很少有时间或注意力放在她们的境况上,更不要说她们的欲望了。相反,讨论总是集中在"商业化卖淫"对外国人社群的危害和影响上。造成这样的原因或许是因为大多数的妓女是中国人,而改革者心目中所关心的嫖客是白人。种族歧视和文化沙文主义使这些女人在这些改革者面前变得模糊不清了,他们更关注的是从娼妓业中拯救出那些白人(还有女人和孩子),而不是把妓女从她们那个环境中拯救出来。尽管外国人开办了希望之门一类的社会福利机构——这与把妓女视为受害者一点是吻合的,但是与他们在谈论所谓"社会罪恶"上花的时间相比,他们对妓女本身的谈论则太少了。

相反,50 年代的改革者们把作为受害者的妓女放在了他们改革话语的中心。她是"旧社会"许多不幸者中的一个,但她在50年代关于社会改造的文字中,则属于受到了多重压迫的受害者:经济剥削,性迫害,绑架,强迫劳动,看不了病,肉体的摧残。无论是妓女一方还是嫖客二方,性和性欲在这一话语中都没有位置。改革者的描述和妓女的描述都是一样的,性要么被描写成强奸(被地主,被人贩子,被妓院主),要么被描写成一种强迫性的劳动(在经期,在流产后,被毒打)。但就像在20年代的运动中一样,妓女作为受害者(当然不会是性行为者)的说法被阴郁地影射她们性格缺陷的说法冲淡了些。警告的说法是,女人很容易习惯于一种奢侈的生活,但她们这种吃得好、穿得好、闲适轻松的日子,却不是她们通过劳动挣来的。改革的过程不仅意味着要让妓女远离剥削她们的人,给她们医治生理的和心理的创伤,而且还要让她们习惯于劳动,使她们以后能走上生产岗位,纠正过去那种生活给她们造成的性格缺陷。这两种描述同时存在,有点不伦不类:如果说一个女人是通过她被迫从事的下贱的性劳动来养活一个妓院主——如果她反反复复这样地被剥削着,成为它的受害者,而且实际情况也正是这样——那么,她如何又同时能成为一个社会寄生虫呢?然而,这样的双重形象——受害者和寄生虫——却有某种重要的共同之处,即都不承认女人在决定自己解放前的处境问题上有任何的能动性。相反,她们被给予另一种能动性,即通过全身心投入改造过程获得重塑自我的机会。

于是,这两种改造话语都把妓女描写成基本上是被动的,从而把妓女部分地遮掩起来了。这样一种典型的表述,一方面无疑反映了20世纪上海的妓女无法掌握自己的身体、劳动和性事。另一方面,它也反映了这两批改革者在面对摆脱了家庭所代表的良好社会控制的妇女时所感到的一种尴尬。20年代的改革者未能消灭娼妓业,因为他们无法改造那个让妇女们脱离她们的家庭的社会制度。而50年代的改革者们则成功了,他们让上海的妓女重返贤妻良母的行列,而这又是一个更宏大的计划的一部分:重新建构家庭体制⑯,并使妇女"重归"家庭。

毛泽东的国家消灭了娼妓业以及中国城市人心目中代表性耻辱和民族弱点的许多别的习俗;与此同时,它又大力宣传能起社会稳定作用的一夫一妻婚姻制,认为这才是发生性活动的唯一正确的地方。这种对社会主义的性的看法不仅体现在取缔娼妓业的过程中,也通过改革婚姻法的工作⑰以及50年代讨论婚内性生活的著述⑱得以表达,这种看法很有力地将社会性别和性的问题从需要进行现代化改造的中国习俗的单子上一笔勾销了。城市知识分子不再为现代性的理想而苦恼,而在过去,现代性似乎永远受到威胁、永远是那么可望而不可及、却又需要在一切领域——包括性的领域——中去奋力追求的。在毛泽东的中国,衡量现代化的标准不是街上没有了妓女或一夫一妻的婚姻关系(这两项已经写进了法律),而是不断增长的生产数字和在世界革命中的领导地位。民国时期的一些通过性的话语表述的问题,现在被转移到了其他的方面——拖拉机的生产、公共卫生的改善以及合作化步伐的加快;正是这些东西,而不是性的卫生和管理完善的娼妓业,成了现代性的标记。⑲然而,与先前那种想确定娼妓问题同中国现代性的关系的企图一样,这一次也不是一劳永逸的。20世纪80年代,随着国家提出要建立社会主义的市场经济,娼妓问题及其与现代性的关系所引起的公众争议又一次重新浮出了水面。

第五部
当代的对话

第十三章 命 名

从 1978 年起,中国开始搞经济改革。这个阶段中,在华的外国记者、游人和商户报道说娼妓在城市中已卷土重来。这类报道开始还只是间或见到,但后来变得越来越频繁。在整个改革阶段,卖淫已形成有利可图的网状系统,为各色各样的人带来收入,其中有以不同形式从事性劳务的、当淫媒的、在旅店服务的、开按摩院和美容院的,路边摆摊的、地下团伙、警察等等;这里提到的还仅仅是和发展中的性买卖行当直接有关的部分。20 世纪 80 年代中期,中国官方的广播书刊上也开始断断续续地讨论起娼妓问题来,那通常发生在扫黄运动不顺的时候。同一时期,社会学和性学等刚刚恢复起来的学科,以及妇女研究等新建的学科领域,也对娼妓和嫖客的情况进行了调查研究,这类调查将娼妓问题命名为社会问题,同时着手提出解决问题的办法。娼妓也以主人公的身份出现在报告文学这种得到官方认可的社会主义体裁和小报文学等新兴的体裁中。

同 20 世纪初期的情形一样,当娼妓问题再一次成为中国社会中得到公认的现象时,它便被吸纳进了一场更大范围的、有关现代性问题的公开讨论:中国应寻求什么样的现代性?这种现代性在性和社会性别安排方面应具有什么特征?这场讨论并不只是简单地重申了早年的信条和安排。被列入"卖淫嫖娼"类的活动在某些方面和民国时期的类似活动有所不同,讨论中所谈的"现代性"与民国时期知识阶层日夜考虑却感到难以解决的现代性问题也并不一致。毛泽东时代过去后,国家搞了一套管理体制,对性行业中的劳动者和消费者进行控制、教育和惩罚;这套体制并没有如法炮制 20 世纪 40 年代不成功的做法,也并不直接复制 50 年代的更为有效的做法。因此,在勾勒最近娼妓问题在话语层面中的爆发这种现象时,必须注意三件事情:一是改革阶段对现代性有自己的看法;二是历史上的经验教训对于对话者形成自己的表述方式具有重要意义;三是对话者对性、社会性别和现代性这三方面相互关系的认识并不是一成不变的。

和本书的其他部分一样,这个部分的头两章也在两个方向之间迂回行进:一头是我们所了解的当代性劳务状况,另一头则探讨我们是怎样获得有关知识的。同前面的章节所说的一样,我们无法在注视"事实"和注视"事实"的生产过程之间划出一道截然的界线。尽管常规的阅读习惯要求我们作线性的描述,但还是将这两章看作一场对话的两个部分为好。两方面合起来传递出一种互动关系,正是这种互动使叙述得以进行。本章谈"命名"问题,首先要考量的是一种常识性的提法——中国的娼妓现象销声匿迹几十年后,在 80 年代又"死灰复燃";接着概括地描述性行业的状况,提出的问题有性服务是以什么方式出售的,在何处、由何人、向何人出售性服务等等。此外,妇女为何以及如何成为性服务人员?这一章要探索我们在这方面所了解的知识,并勾勒出她们理解自身的经验时所使用的范畴。第十四章"解释"则要审视官方和非官方在 20 世纪后期对娼妓问题的提法,这里将回到有关性劳务的知识被创造出来的过程。国家对改革时期的娼妓作了哪些分类?又是怎样找到管理娼妓问题的办法的?国家的提法主导了中国公众的讨论;这些提法如何影响社会大众对娼妓问题的理解?在非官方的材料中又提出了哪些与国家话语矛盾、抵触抑或强化了国家提法的认识？出售性劳务的人、购买性服务的人、新生的社会科学学者、妇联干部、妇女研究学者、报刊从业人员、小说家和纪实作家等各种人群为性交易赋予了什么样的意义？这一堆看似不协调的提法下面是否有共同的认识预设——例如，将性与现代性挂钩？这些提法同当代北美、欧洲的娼妓和女性主义社会评论家所发明的说法有什么不同——例如，究竟将娼妓业视为女性的性奴役还是性工作？

关于"提法"需要做一些解释。迈克尔·舍恩哈尔在《中国政治中词语的作用》一书中提出，"形成一定的语言表述和一定的言语行为参与构造了中国政治体制内的权力结构。"他说，除了书刊注册制度和控制复印设备等措施外，国家还用控制问题的提法这种手段"直接控制了政治话语"。①所谓"提法"是关于某个问题的固定说法。党的领导人认为，偏离对问题的正确、科学的提法会导致群众中的混乱。②虽然舍恩哈尔看到改革时期"提法"的重要性在下降，但国家并没有放弃这种做法。不过，形成提法的过程不再由官方垄断。学者、新闻工作者和其他方面的人士都积极参与意见，国家的提法既回应了也吸收了非官方的提法。本节对舍恩哈尔所用的"提法"这个术语略加改造，使它不仅指选择确切的词汇、用语，而且能涵盖更宽泛的分类行为。

注意一件事形成提法的过程不仅关系到是否重视语言的问题，也是我们理解语言、管理和社会变动之间复杂关系的途径。在20世纪末的中国，政府在命名娼妓业的同时也对之进行了管理。80年代后期和90年代，出卖性服务的妇女人数在增加。行政当局起先将问题定性为道德败坏、罪恶或危害，认为那是受到了资产阶级自由化广泛传播的坏影响。90年代初，又增加了两种提法：卖淫侵犯了妇女权益，卖淫是危害社会秩序的罪行。这些"成形了的言语行为"及其推论（道德败坏是资产阶级的，侵犯权益是封建的）立即影响到政策的意向，并对那些被列入娼妓类者的日常生活造成了显见的后果。管理语言不只描绘了先已存在的"卖淫"现象,这种语言就构成了现象本身;一旦现象被创构出来,管理语言便立即着手改变这种现象。

中国当然不是分类策略具有重大意义的唯一国家。在英国,"卖淫"(prostitution)这个词已获得多重内涵,其中大多数涉及道德败坏、丧失贞操、失去肉体和精神尊严等。美国和欧洲的许多争取妓女权益的人士认定这个词已不可改造了,所以转而采用"性工作"。这个用语使人们注意到在性服务的交易过程中所付出的劳动。虽说"性工作"的说法在当代跨国讨论中已被接受,我在此仍保留了"娼妓业"(prostitution)一词,这倒不是因为我喜欢其中的维多利亚时代的感觉,而是因为同"性工作"相比,"娼妓业"更接近中国话语中对性钱交易的命名。

在20世纪80年代,行政当局经常用的词不是"妓女",而是"卖淫妇女",后者强调的是行动,而不是一种本体的或职业的身份。据说用"卖淫妇女"的说法是想表明这些女人并不是专门从事性买卖的。③著名的妇女问题研究者王行娟提供了另外一种解释。她认为"妓女"指持有从业执照的女人,其卖性活动是得到政府承认的合法行为。④"妓女"的这一用法多少有些偏离1949年前的习惯,那时有照卖性和无照卖性的都是"妓女"。⑤王行娟说"卖淫妇女"意味着非法活动;20世纪90年代头几年出版的各类资料中都保留了这个词,其使用频率大大高于"妓女"。

然而,虽说"卖淫妇女"的说法强调了交换行为,但性行为是不能叫作工作的,不能将性当作挣工资的工种进行分析。这就意味着,在探讨娼妓问题时,有一系列的研究方法和认识角度是不予考虑的。所以提出一种说法不只是在命名,也是在压制、排斥其他种种可能性。下面这个部分就要审视压制行为的含义。

这最后一部分仍会专门讨论上海的情况,但整个检查范围扩大了,除了上海,还会考虑全国的和其他地方的论争。审视范围的变化在一定程度上反映了新兴性行业的地缘分布状况。搞经济改革最早、变化最剧烈的是广东和福建等沿海地区,性买卖也是从那些地区开始出现的。

(相比之下,上海被有意地排除在头十年的许多改革实验之外,显然因为邓小平认为失败的风险太大。)⑥最后部分将重点放在国家层面,在一定程度上也反映了改革阶段有关娼妓问题论争的新特点。早先的娼妓管理无论从时机和规模上说,基本上是地方性的,但 20 世纪末,往往是中央政府一有新的指令,紧跟着就是国家性的干预行动。党和政府应怎样对待卖淫嫖娼这个问题,已成为国内有关改革之代价的大辩论的组成部分。同样,非官方的知识分子在地方上对性劳务展开研究,也是为了解决全国性的社会问题。要确切理解对卖淫现象的分类和管理,地方和国家两个系统都要关注。

几乎所有评论 20 世纪末娼妓问题的人都会提到中国历史上的情况,人们通常谈到那不堪回首的日子里半殖民地社会的软弱和罪恶,或是同 50 年代政府成功取缔妓院的光明日子进行比较。性劳务问题已被视为有历史渊源的问题,而不再是学者不宜关注的尴尬的、引起哗然的话题。尽管如此,历史比较的启迪主要不在重构了过去,而在于对过去进行翻新整理以适应今天更为复杂的需要和趣味。

常识性提法:卖淫嫖娼死灰复燃

首先进行历史比较并展开评论的,是 20 世纪 80 年代的在华外国记者。他们对中国政府所说的社会主义社会同他们在生活中所观察到的社会之间的差距始终保持高度的警觉;他们注意到,在外国人经常光顾的酒店和咖啡馆里,娼妓变得越来越公开了。他们的文章千篇一律地将娼妓活动定为死灰复燃现象,其标题有《娼妓问题重新抬头,北京感到不快》(约翰·伯恩斯,《纽约时报》,1985 年),《娼妓问题卷土重来,中国官员如是说》(丹尼尔·萨瑟兰,《华盛顿邮报》,1985 年),《最新的经济振兴了最古老的职业》(爱德华·加根,《纽约时报》,1988 年),《中国改革捡回了革命革掉的东西》(阿迪·伊格内修斯和朱莉娅·梁,《华尔街日报》,

1989年),《娼妓业在中国再度繁荣》(莉娜·孙,《华盛顿邮报》,1992年),等等。⑦记者们在交代背景时通常会用如下行文:

> 1949年以前,在社会主义道德观还未成为信条之前,娼妓淹没了从天津到广州的各口岸城市……当时新的地方政府首要的目标之一就是根治社会的腐败堕落……数万名娼妓被送往再教育中心……此后数十年中,中国的官员自豪地说卖淫嫖娼……已从大陆消失了。⑧

在外国人的中国报道背后都有一种认识预设,即在没有国家政府坚持不懈地、强力推行限制措施的情况下,娼妓业是社会"自然的"成分,永远会存在下去。还有一种说法,即在外国作者笔下,娼妓业成了市场经济的必然产物,他们举出国家对社会和经济的管制放松、官方鼓励发财、"性道德观念发生变化、同外国和港台的接触增多"⑨等等作为证明。

对于娼妓业先消失、后又重现的说法,中国官方也是认同的。国家长期以来的宣传始终将20世纪50年代初取缔娼妓业说成是新中国战胜帝国主义的一大伟业。但是,一些官员绝不认为娼妓业复苏是必然趋势,他们认为,卖淫现象抬头证明同发达工业国家交往的代价可能过于昂贵。1985年,外国记者猜测说,保守的国家领导人就娼妓问题发表意见,是想对改革施加压力,使经济改革的步伐放慢。⑩到了90年代,整个争论的基础发生了变化。那时可以听到一些官员私下抱怨(当然你无法具体引证是谁说的),娼妓业是社会中必然的存在,国家与其浪费时间和资源、徒劳无益地去压制,不如抽税得了。不过,无论在政策倾向上有多大分歧,绝大多数的官员以及许多社会科学学者说到娼妓业的重现,几乎一概会用"死灰复燃"这个成语。

从表面上看,说娼妓过去有、后来没有了、然后又出现了,这似乎是无可否认的常识。但是,和许多常识性的认识一样,这种假设也压制了提问,使我们不能问及某些问题。例如,娼妓业真的消失过吗?20世纪末娼妓现象的凸现有什么历史的特殊性,使之不仅仅在重复过去、而与共产党接管前中国的娼妓业或毛泽东时代的娼妓现象有所区别?中国娼妓业的抬头有什么地方性特征,使之与东南亚、拉丁美洲或美国的娼妓业有所不同?诸如此类的问题在非官方评论中提出过,但是政府部门的文件中一般不会提及。

20世纪60年代末和70年代,香港发表了一些来自广东的政治避难人士的叙述,引起我们的好奇。⑪

"文化大革命"后,香港发表的这类报道无论从数量还是种类来说都大大增加了。有一篇根据一群知青的口述整理的详细报道,这些知青在70年代似乎因政治问题被关押,在同牢犯人中就有娼妓。在押娼妓中大多是城里的年轻妇女,她们的父母在"文革"期间下放到穷苦的农村地区或去了"五七干校",正在青春发育期的女儿留在城市,无人养活、无人照管。年轻女人同"乡下佬"睡觉,或同住在广州好房子里的有钱华侨睡觉。有一篇报道说,一个已婚的农村妇女得到丈夫的赞同和默许,为男村民提供性服务,以换取咸鱼和肉。她的儿子们利用她的部分所得获取了令人羡慕的参军机会。⑫

这些故事同"文化大革命"前有关娼妓情况的叙述一样,也描绘出官方的说法和社会实际情形之间的差距。它们表达了"长在红旗下"、怀有理想主义的一代人的幻灭情绪:"文化大革命"中断了他们的学业,将他们推出课堂,让他们接触到以前从未学到过的社会问题。一个年轻人讲到,他在监禁期间听说有个漂亮女人是因卖淫被收容的时候,是多么吃惊。他问同狱的人,"现在还有那种事?"那些人"显出不屑回答的神气。'四眼仔,老师没有教过你吗?回去问老师吧!'"(这里,年轻人的"眼镜"被就手拿来说明他受过教育的身份,也表明他和普通罪犯之间的隔阂,但"文化大革命""牵强"地填平了这道裂缝。)后来,那女人被拉出来示众,当着全体囚犯的面被斥责为"臭名远扬的淫妇",说"经她书面承认跟她睡过觉的男人,就有六十多个",还指责她"腐蚀革命队伍",常常"以色诱狱卒,取得种种行动上的方便"。⑬这些故事的叙述者从狱中了解到,卖淫是如此普遍,以致当地已有一连串的切口来指称这种事情。做妓女的叫"马达",拘留营中的女仓叫"马房",那里关满了妓女。在广州的闹市区,妓女用暗号拉客。如果一个女人走近一个男人,问他有没有南窗,她就是借用这句通常问对方有无港澳关系的话,向他询问能否找个方便的地方发生性关系。

这样的小故事很多。以前不了解社会的年轻囚犯就是听着人们议论妓女的生活情况,才意识到有些女人"只要男人给一碗云吞面,就愿意献身一晚";有的家里穷得揭不开锅,只好用性换回些吃的东西,填饱家人的肚子;有的痴恋男人,不仅为之行窃,还做些性色之事;有的十分精明,从华侨那里要了钱,未及提供性服务,便使出"金蝉脱壳"之计,溜之大吉;有的不要脸面,在看守所打架时居然就脱衣服。妓女的故事被镶嵌进两类大的叙述之内,一是红卫兵这一代人失去了政治纯真,二是批评政府的政策延续了贫困,制造出新的社会分裂和混乱。这些作者和他们所批评的行政当局一样,也将娼妓的存在视为道德堕落和政治腐败的征象。

形形色色的性行业

虽说在毛泽东时代娼妓业似乎并未彻底消失,但在邓小平的经济改革下,以性换钱的交易在范围和公开性方面都呈指数级上升趋势。⑭性交易的场所、价格和流动形式的极其多样化,已成为20世纪末中国娼妓业最显著的特点。与1949年前的情况不同的是,专营的妓院极少,即使有也绝不称作妓院;然而,一篇文章中所谓"各种身份的烟花女",却在旅馆、电影院、戏院、舞厅、酒吧、发廊、咖啡店、租来的房间、公路边的小店、出租车、火车站、广场、公园、私家住宅等各种地方兜售性服务。⑮到了80年代中期,中国的城镇已形成复杂的、分割的性服务市场,吸收本地和外省的妇女进入性劳务队伍。

性服务的激增也带来了信息爆炸,有关妓女的工作条件、社会特性和心理等的消息大大增多。和 20 世纪早年的资料中留下的文字印迹一样,这些当代的材料是由记者、警察、社会科学家和小说家收集起来的。要理解娼妓业怎样构成,还必须同时注意材料所属体裁的程式,作者正是通过不同的文类程式对这些材料进行筛选、再现和阐释的。所幸的是,这些特点不难辨认,因为几乎每个作者都在明确地表明对娼妓业的观点。

在涉及非法活动时,统计数字总是特别不可靠。对娼妓业的统计方面,政府典型的做法是记录每年被拘留的妓女和嫖客的总人数(下一章会谈到,对这两类人的惩罚是不同的)。政府公布这些数字通常是为了证明应该马上进行严打,或为了宣布已经成功地进行了严打。有时数字中包括拉皮条的,但累犯的数字却根本不加说明。有些类型的娼妓更容易受到拘捕。国家和地方两级政府在追击性犯罪方面时热时冷,往往在一阵严厉的行动之后,会有相当长一段时间基本不闻不问。可以说,统计数字不只告诉我们有关娼妓的情况,同样也使我们了解到政府对性劳务的政策。但不管怎么说,被拘留的人数逐年上升确实值得注意。(附录表 2 概括了所能搞到的数字。)据公安部的数字,从 1981 年至 1991 年,当局总共拘留 58 万名妓女和嫖客(英译者为嫖客取了个古怪的名字,叫"婊子贩子")。[16] 仅 1992 年一年拘捕的卖淫嫖娼人数就达前 11 年拘捕总数的 42%。

我们无法得知被拘留的人中究竟多少可能在从事卖淫,因为当局从来不说拘捕的人中属于双方从事性活动时被当场抓获的情形有多少;即使没有嫖客在场,妓女也完全可能被捕。然而 1994 年初,政府公布 1993 年光是抓到的妓女总数就将近 25 万。[17] 由于严厉打击显然具有间歇性和不均衡性,这个数字可能只反映出实际从事淫业人数的一小部分。

如前所说,政府官员认为娼妓问题是随着 80 年代中期沿海地区外国思想和投资的大量涌入而出现的。社会科学研究者也认为淫业呈现出从沿海向内地、从城市向农村扩展的模式。王行娟在1990年的文章中说,"卖淫的热点仍然是南方沿海的大城市。如福建的厦门、上海、广州、珠海、海口、三亚等市。它以沿海城市为中心,呈扇面形的态势向西、向北发展。一些小城镇,以至偏僻的乡村路边店,都有卖淫活动。"[18]

然而,说出几个外国投资最多的地方,就将它们描述为娼妓活动的发端,这未免过于简单化。中国研究者在更早的时候就已发现,改革之初,在政府放宽了对人口流动的限制后,内地的城市里就有农村来的妇女从事卖淫活动。在20世纪80年代初,中国人已开始谋求改变职业、去其他地区谋生等,这在50年代后期以来一向是不允许的。妇女进入性服务行业与劳务市场大格局的变化有密切关系:城里人晚上兼职赚外快,或辞了分配的工作干起了个体生意;农民离开了土地,从贫困地区向经济繁荣的地区迁徙;小城镇人口流向较大的城市居民区。[19]妇女约占流动人口的三分之一,流动人口作为群体来说,一般比较年轻。[20]早在1982年,妇联在不属于沿海发展区域的西安做过一项调查研究。该项未发表的研究从警察部门的案卷和访谈中发现来自农村地区的妇女利用小旅馆卖淫,客源是当地人。卖淫的有许多是已婚妇女,被自己的丈夫打发到城里当妓女,有的丈夫还充当拉皮条的。有的因在家不顺心逃出来的。还有的白天在火车站替人补衣服,晚上就当妓女。这些女人一次只收几元钱。[21]到了80年代末,通货膨胀加上做女人生意的"奢侈品市场"在发展壮大,将价格抬高到几百几千元;回过头去看,那时的几元是很低的要价。

到了80年代后期,沿海城市和经济特区出现了一种新型的娼妓业,先是在深圳和广州,后来蔓延到上海和北方的城市。[22]以酒店为主要活动场所的高价妓女专找洋客源,其中有短期来访的,也有港澳台长驻内地的客商。有些女人就住在大饭店里,有一批常客,她通过后者的呼机与之联系。留意名牌品质的《华尔街日报》记者形容一个叫阿红的广州女人,说她在酒店活动,穿着"皮尔·卡丹套衫,别致的丝绸裤子,细高跟鞋"。她就在酒店的大厅里随意地招呼客人,提议交个朋友。阿红上过大学,每个客人收费 50 至 100 美元,据说每月可挣 2 700 美元,而当时中国人平均月收入只相当于 40 美元。㉓挣钱少一点的妓女与别的妓女合住在酒店的包房,或者租住私房,但仍在旅馆酒店接客。㉔

广东虎门位于香港以北 90 英里,1989 年警方对虎门的一家宾馆开展了调查,摸清了等级低一些的妓女如何利用酒店旅馆进行活动。警方发现有 30 名妓女是宾馆的长住客。这些被称为"北方姑娘"的妓女来自各省市,有湖南、广西、四川、上海、沈阳、黑龙江、湖北和贵州(但是没有广东人,显然妓女通常都在本省以外的地方活动)。她们大多 20 岁左右,一般是跟着客人到房间后直接提出,或是给客人的房间打电话。有的妓女是拉皮条的人搞来的,要听他们的吩咐,后者也住在宾馆;有的妓女雇用保镖。一次收费 100 元,如果过夜则要 500 元。她们的收入要养活拉皮条的和保镖,还要塞钱给宾馆的侍应和保安人员。一个女人告诉暗中调查的人说,每接客一次,宾馆当班的侍应收 10 元小费。侍应通常与妓女串通,客人在房间就通知妓女。女人们还声称宾馆经理很欢迎妓女,那样有利于吸引客源。嫖客除了国内各公司的管理、销售人员、干部、工人,还有来自香港和澳门的旅游者。妓女还说宾馆经理给公安局适当地送了礼,他们很少来这里检查。㉕从许多事例看来,纵容卖淫似乎已经不止执法部门一家。福建省在一家军方的酒店中发现了娼妓,广州一家省妇联所属的宾馆中也发现了类似的卖淫活动。1994 年上海发现公安部门和解放军都深深卷入了卡拉 OK 夜总会和妓院的经营活动。㉖

娼妓除了在酒店的房间直接向外来客人兜售性服务外,还在酒店内或酒店附近的迪斯科舞厅、卡拉 OK 厅、咖啡馆等处拉生意。1993 年,我在上海虹桥饭店三十层楼的迪厅和酒吧里观察着高价妓女。她们不像其他的迪厅客人那样,进门时付 85 元服务费(平日是 75 元);有的俨然贵宾派头,长期进进出出,从不交费;另一些人押了某种形式的身份证明,得到一个牌子,表明她们会在离开酒店的时候付账。她们同迪厅的其他客人跳舞,客人有来自香港和亚洲国家的,也有本地人。有的陪客人去了后面的卡拉OK房,那里一共有十来个单间,按小时计费。(单间有私密性,但从外面仍能看到,因为临走廊的一边都有大窗户。)妓女同歌舞厅里的其他女人并不能一眼区分出来,需要观察一段时间才能看出名堂。妓女同男人跳了一会儿舞,就会和他走出舞场,离开那震耳欲聋的音乐,走到卡拉OK房附近的小休息室,坐下来或站着同那可能成为嫖客的男人谈话;她们会使用好几国语言,谈价钱时中间常有长时间的静默。很值得注意的是整个过程中并没有调情或明显的色情行为,女人如雕像似的毫无生气,但她们在盥洗室和自己人扎堆聊天或同服务员开玩笑的时候就不一样了。看来她们同穿着迷彩服和短裤的女招待关系也很友好。有的妓女别着呼机,其他的则挤在休息厅边上的一排电话旁,显然在一连串地拨打酒店内的房间号码。有个陪着两个韩国客商的香港人解释说,女人陪男人跳舞、说话,收85元(即进门的服务费价格)。三个男人抱怨说,这里与日本和韩国不同,付了钱但时间根本没有保证;常常是说着话,女人突然起身就走了,使客人很不高兴。女人可以一个晚上根本不离开迪厅或不谈性交易,而就是陪聊天,几场下来收入不菲。男人想同她发生性关系,那么所付的钱就必须超过她在迪厅内的所得。⑦

熟悉这种情景的外国人评论说,这些女人兜售自己的时候十分厉害。改革开放时期的报道一般都很扣人心弦,记者们便用这样的笔调,将妓女的咄咄逼人置入了毛时代之后为金钱奔忙的中国这个大环境中:

> 在上海,在中国色彩最丰富、最激动人心的城市中,企业家们一手拿筷子,一手执移动电话,正一心一意地追逐金钱——外国的金钱。上海正在追名逐利,寻求欢快……在革命前的黄金时代,上海的娼妓业很发达,有著名的歌姬院,除了性以外,还提供吃喝娱乐和鸦片。这种综合的服务尚待恢复,但是数千名美丽的年轻妇女已经振兴了性行业和陪伴行业,只是做生意有时缺少了一点含蓄。最

近,一位见过大世面的西方外交官竟然被一个年轻妇女搞得说不出话来。这个女人从人群中走出来,到他跟前,愣头愣脑地谈起生意来。她用英语问道:"你想买我吗?"一个自称 Jane(简)的女人说她在虹桥一带以北的卡萨布兰卡迪厅和歌房工作,她也很急切地进入正题,嗲声嗲气地问一个侨商,"给我买张票好吗?"那人觉得莫名其妙,问"什么票?""只要 100 块钱。"这回答就算是解释了。他不肯,她脸一沉,拉起他的衣袖,露出了手腕上的劳力士表。"你买得起票的。"这次语气强硬得多。他再次拒绝买票,但说可以给她买杯饮料,她虽一副不屑的样子,倒也答应了。但是当饮料端上来时,简立即说要上盥洗室。她是不会回来了,不过,很快就有一个同样漂亮的女人走过来,于是那一问一答又开始了。㉘

在"回到将来"的中国式追求的版本中,应召女混迹于其他行业的企事业家中间,所有的人都在狂热地活动。就在上海走向 21 世纪、走向已经露头的现代社会时,此情此景却不由让人想起了 1949 年以前的上海。

1949 年前娼妓制度的组织形式主要是妓院,但在 20 世纪末,妓院形式甚为罕见。㉙ 正因妓院仍是非法的,所以远为普遍的情形是女人去酒吧、歌厅、饭店、咖啡店等处,改变拉客的方式,以躲避警方断断续续的注视。例如,当警察已习惯于深夜突击检查旅馆房间时,妓女就不再与客人过夜,而将时间定在傍晚或是凌晨。她们自己不亲自出马拉生意,而是通过男性的中间人作安排,并事先收费。㉚

另一种逃避警察干预的办法是同外国人不进行随意的、短期行为的性接触,而是作出租用安排。一年在大陆住几个月的港台男子往往会挑选一个美貌、有文化的女子做伴侣。男人提供住房和生活开支,有的还在当地政府那里完成了结婚登记的一应手续(当然他在原住地很可能已经有配偶)。这种安排通常不受警方干扰。男人能保证得到经常性的社交、家庭和性的服务。女人得到可观的物质利益,男人不在大陆期间,她还能自由安排时间和活动,甚至可能回到迪厅和歌房找短期客人。㉛

到80年代后期,中国国内已出现了可观的嫖客群,主要是先富起来的人和改革中有特权的官员。警方告诉在广州的记者:"就在几年前,在广州嫖妓的大多是外国人,而现在则主要是中国人。"㉜1985年的头9个月中,300名因嫖妓被广州警方拘留的男子中,只有四分之一是香港、澳门人或外国人,有三分之二是广东省人,其余来自别的省份。个体户、司机、包工头、企业业务员和干部等——事实上有赚钱和旅行机会的所有行业的人员成了新闻报道和调查中最经常提到的嫖妓者;当然,故事中也会出现大学生、教师和离退休人员。㉝为国内的嫖客服务的妓女与接外国客人的,看来并非同一拨人。曾与一些上海娼妓谈话的作者发现她们很不愿意同中国男人睡觉,说到他们开不起饭店房间、怕在自己的家乡被人看到、怕被捕的时候,流露出鄙夷不屑的神情。有钱的上海人跑深圳和广东找妓女,她们一次交往收费数百元。㉞1993年,据说有些酒吧雇佣了俄国和东欧女子为阔绰的中国嫖客提供性服务。到1994年,上海报道十几岁少女卖淫的现象重新露头。㉟

离开老家长期在外的中国男子也采用境外商人包租妓女的做法。从沿海发达地区来的男子发现在西安这样的内地城市包个女人很方便。㊱这样的关系有时打乱了传统的社会等级。例如,在上海,从乡下来的包工头包了城里的下层女子做伴,这些女人得到房子和钱财,日子过得比嫁给工人强多了;上海人看不起乡下人是天下共知的,但看来物质上的好处显然足以战胜这种心理。㊲

在卖淫嫖娼等级下方的嫖客被一项社会调查称作"劳改、劳教释放分子,生活在社会的底层"。调查的作者对这些人的描述呼应了民国时期改革者的说法:"他们既无结婚成家的经济力量,也不想受家室之累,用嫖妓满足性的需要。"㊳然而,一大批下层嫖客是司机和乘客,他们驾驶和乘坐的各式车辆拉满货物奔走在中国正发展起来的长途运输网上。在浙江东部所作的一项调查中,在个体经营的货站饭店和旅店里发现了34名妓女。来自全国各地的消息都会说到女人站在路边,跳上过路货车的踏板,请司机去路边的饭店吃饭。司机吃完饭,准备在隔壁的旅店歇脚的话,可能会发现女招待已经在床上等他了。㊴这类服务往往是货车站老板安排的。1992年,在山东省政府的一次会议上,官员们指出:

> 省内道路边有 25 000 多个站点,在发展地方经济、活跃流通方面起了积极作用。然而,有的站点业主为了获取巨额利润,竟然引诱、允许、强迫女劳动者卖淫,或雇佣、要求女劳动者用色情方式拉客。㊵

有一篇报告文学(事情并不见得是虚构的)写太行山里的一个路边店,从中可看出这些店家简直无法无天,除了偶尔有派出所的警察来巡视之外,完全没有附近城镇中的社会规矩。故事从一段山间公路讲起,说那环城路原先是"偷情的男女扔私生子和居民们倒垃圾的地方"。故事接着说:

> 在这里停歇的绝大部分是司机、货主,光顾这里的多是工商税务上的"大盖帽"们。余下的则是西方社会称为"崩克"(英文 PUNK,无价值的东西)的本城闲散主儿们。好人家的母亲们嘱咐儿子:别到环城路去!女人们严厉地对丈夫说:不许到环城路去!似乎环城路是一个大染缸,好男人到那里走一遭也要带一身黑青出来。
>
> 神秘化了的环城路!
> 带着诱惑、淫荡色彩的野花儿们!㊶

下面的文字想象性地勾勒出一个名叫二兰子的货站女招待的生活。二兰子是环城路放荡风气活生生的体现。一天,她"带着一身女人的野性和女人的希望",来到了路边店。……据她自己回忆说,"当时我把小餐馆的老板吓得目瞪口呆,继而又欣喜若狂",可能因为老板看到了生意兴隆的前景。二兰子以分得月盈利的三分之一为条件,将自己抵押给了餐馆老板。即使在晚上,在寒气逼人的山里,她也穿着单薄的艳红色连衣裙,只要客人点了饭菜,买了烟,便可以亲她摸她。虽然她不陪客人睡觉,但看来她与饭店老板串通一气,讹诈那些想同她睡觉的男人。作者写道,1993年3月25日这天,"二兰子百般挑逗万般勾引",将一个山西阳泉的业务员引到后面的屋内。接着故事原封不动地引述了(或重构了)公安派出所的一段审问记录:

问:你到这里做什么?

答:办货。

问:说说经过。

答:进到屋里后,门是我叉上的。她冲着我笑笑就把衣裳脱了,剩下乳罩、短裤。乳罩是黑色的,短裤是红色的。

公安人员:谁让你讲这些呢,讲经过!

答:我也就把裤子脱了,我往她身边走的时候她大喊起来:救命啊! 耍流氓呢,强奸人啦! 这时,老板就冲了进来。

问:门是怎么被弄开的? 你不是叉死了吗?

答:是她打开的。完了他们就问是公了私了? 公了告我强奸妇女,私了拿出1 000块来。我好说歹说,600块才算了事。这不,我就报案了。

问:你知道这么干是违法的吗?

答:知道。嫖女人犯法。

问:知道还这么干?

答:以后坚决不干了。

问:按治安处罚条例,罚款200元。你有什么话要说的?

答:行。㊷

这个故事将二兰子写得又诱人又危险,起了法制教育和警世作用,还暗中嘲弄了公安。但是,叙述最终还是要确保将她那"女人的野性"包容在失去贞操的道德寓意故事之内。二兰子爱上了一个贫穷但本分的当地民工,每天晚上都叫他"到店里来吃,吃完记在她的账上"。当着他的面,也不怎么同别的客人调情。他俩终于上床了,男人将她"白嫩的膀子咬出一块青紫疤子",她哭着说自己已经是他的人了,说她爱他。但是当她将怀孕的消息告诉他时,他却骂她"不定是和谁弄出来的",然后扬长而去。㊸

城市的火车站和码头附近的咖啡店是又一个常常吸引出差在外的中国嫖客的地点。据1993年《西安法制报》的报道,一个浓妆艳抹、穿着"迷你"短裙的年轻女子在街上游来荡去,拉住倒霉的旅客,劝他们进店里来喝杯酒、咖啡、汽水或是热牛奶。报道描绘说,在咖啡店里,女招待服侍一群男人喝茶吸烟并抚摸他们,"有时女人不免触及到男人的敏感部位,幸好灯光很暗,使大家都不致难堪。"结账时,竟然要1 860元,而不是他们认为应付的200元,于是这几个男人就到派出所报了案。咖啡店的经理还想贿赂派出所的头头,正直的头头怒不可遏,封了咖啡店,拘留了经理,按犯有"色情行为"对客人进行了罚款,但那些女招待却早就不见了踪影。㊹虽说这类店里的服务一般不走到发生性关系的地步,但女招待的服务项目仍被当作越来越扩大的色情服务范畴,提供服务的女性诡计多端,她们毫不留情地下套,狠宰无辜的旅客。然而,法制报等官方报纸一方面强调要加强对咖啡馆等场所的管制,详尽说明上这种地方去的危险,但同时却写出刺激性场面的细节,讨好城市的读者群。

女人不论在酒店门厅的一排电话前还是踩着过路货车的踏脚板,总之,在大部分写娼妓活动的叙述中,她们都是自己做生意。然而,在20世纪80年代后期,有些地方出现了拉皮条客。爱德华·加根报道了福州酒店酒吧中的娼妓活动。他写道,年轻女子在一边喝可口可乐,而"身上佩戴着惹眼的首饰的青年男子在搜寻着可作为女人服务对象的顾客"。㊺有些出租车司机利用与外地旅客接触的机会寻找可能愿意嫖的客人。社会科学工作者评论说,如果年轻妇女想当娼妓又不想被捕的话,就不得不依靠拉皮条客。于是,警方干预的后果就是男性对女性性服务的合法、非法的控制都增强了。拉皮条客同客人接触,谨慎地派出妓女,掩护其行踪,向客人收费并充当保镖。㊻

“拉皮条的”这个词和“妓女”一样,其中包含各种类型的安排。拉皮条的可以是朋友、亲属或有生意关系的人,可以单纯做个中间人,但也可能是同正在发展的黑社会勾结起来的人口贩子,他们用就业作为诱饵,绑架或诱骗妇女,并以人身胁迫等手段,使妇女进入卖淫行当。㊼1991 年的头七个月中政府公布已破获 3 300 个与地下黑帮组织有关系的卖淫团伙。到了 1994 年,外国记者已经在描述上海的黑帮、卖淫集团和政府部门之间的复杂关系了。㊽拉皮条客远非普遍的现象,有的作家甚至声称上海根本没有拉皮条人(“上海女人都很要强,根本不可能受人控制”)。㊾但是,妇女需要保护自己、不受警方干预,再者色情行业的收入越来越丰厚;这两个因素吸引了越来越多的男人去做拉皮条的生意,哪怕这意味着犯罪,有时甚至会判死罪。㊿有关拉皮条客与妓女如何分配收入的报道很少,但有人在对妓女、鸨主、拉皮条客组成的卖淫团伙的研究中发现,卖淫者将 30%的收入给鸨主,20%给拉皮条的。另一种组织方式是女人之间“以同省、同地区为单位,结成团伙卖淫”,团伙可以发展到几十人的规模。(51)中国报刊还报道了妇女因当老鸨而被捕的案例,她们安排色情服务并提供场所(往往是饭店或租住的房间)。(52)

随着地点、客源、拉皮条安排的不同,价格也有相应的差别,但因通货膨胀率,加上高价妓女一般都收外币或外汇券,所以这方面的情况格外难以摸清。1985 年,中国的研究人员发现福建的妓女收费在 1—8 元之间(相当于 0.35—2.75 美元)。1986 年,一家报纸报道说下等妓女一次挣 20—30
343 元。(53)到了 90 年代,据说北京妓女的价格是 50—500 元不等。(54)这里还没有考虑妓女与饭店、咖啡店、酒吧老板合作并从利润中提成的安排。但有一点是很清楚的,那就是当娼妓显然已是赚钱的好路子,以致可以替代各地区、各阶层妇女的其他就业选择,或作为就业选择的补充。

再教育及其不满

娼妓队伍不断扩大,其内部的复杂程度正迅速赶上解放前上海的娼妓业,在这种情况下,政府又拿出了收容和再教育的老办法。20世纪80年代后期到90年代,越来越多的娼妓被送往教养所。在此之前,娼妓一般在短期拘留后被送回原籍。[55]当局转向娼妓改造,是因为认识到许多妇女就在自己的家乡行此业,遣返外来人口只能暂时地、部分地解决问题。妇女有时被送往专门改造妓女的营所,[56]但更常见的是与其他各类需要接受教养的女犯放在同一场所。在"混编"的教养所里,娼妓在被押人中的比例呈上升趋势。[57]

到1991年,全国有56 000名妓女分别在103所再教育中心接受过教育。[58]1992年,中国有113个这样的中心,收容的妓女约5万名。大多数大城市都有教养所,广州有好几家,北京和广州还号称拥有全国仅有的两家嫖客再教育机构。教养所或收容教养所通常归公安局管,一个所收容数百名判刑6个月至两年的人员。所内工作人员称"老师",劳教人员称"学生",同再教育的架构一致。在教养所的大部分妓女属于初犯,累犯则被送往司法部属下的劳动教养所,进行1—3年的劳动改造。[59]

对这个新制造出来的犯罪类别应怎么办,人们心中无数。一个教养所在工作报告中评论说,"解放初期,经过党和政府的努力,卖淫嫖娼现象就已在中国大地绝迹。因此,对如何教育改造卖淫的劳教人员,对我们来说这是一个新的课题。"[60]他们的对策就是回到50年代使用的分析范畴,特别强调劳动在教育改造中的重要作用:

> 由于卖淫女劳教人员或从小受父母溺爱娇惯,或受剥削阶级不劳而获、享乐至上思想的毒害,普遍养成了好逸恶劳、贪图享受的恶习。所以,组织她们参加劳动,就具有特殊重要的意义。通过劳动和劳动教育,使她们正确认识劳动的意义,摒弃鄙视劳动、害怕艰苦和轻视劳动人民的坏思想,进一步端正劳动态度,增进对劳动人民的思想感情,培养集体主义协作精神、纪律性和吃苦耐劳的品德,从而为彻底转化思想、矫正恶习、巩固教育改造成果、重塑自我打下基础。通过参加劳动,使其学会一技之长,将来能够自食其力,有利于

她们克服对男人的依赖性。

除了让劳教人员参加劳动,还"组织一些生动活泼的文体活动",如读书会、演讲比赛、体育活动等,"培养健康有益的志趣和爱好"。[61]

然而,劳教所的工作报告也表明,劳动改造的过程很复杂,绝不只是树立热爱劳动的思想、培养健康的兴趣爱好等等那么简单。20世纪50年代,改造工作者可以期望让妓女回到新近很讲社会主义道德品行的环境中去,在这种环境中,重犯会被邻居举报;再说,政府部门也很助人为乐,已经为妓女安排了工作,甚至安排了婚姻。而90年代则相反,社会不再是有组织有秩序的环境,妓女回到这样的环境中,她们干什么,她们的性活动,都是自己的事情。如北京的劳教工作报告所说,必须教育卖淫妇女"增强对社会环境中性污染的抵御能力,树立正确的荣辱观、道德观、法制观"。尽管工作报告使用了"阶级""劳动"等修辞,但是当它讲到具体的娼妓教育过程时,焦点则集中到个人身上,语言也很像西方自助运动的用语。报告唱着自尊的调子:

> 要使她们重新树立起女人的自尊,管教干部无论在什么情况下,也不要伤害她们的自尊心,要千方百计地启发和保护她们的自尊心。因为"自尊心是一个人品德的基础,若失去了自尊心,一个人的品德就会瓦解"。

报告也十分坦率地说到这些女人无节制的、甚至是很堕落的性欲,这在管教人员看来是她们品行中最成问题的地方。管教方感到,妓女们"由于长时间卖淫或参与淫乱活动,性生活欲求难以控制,在劳教所内常以异常的方式表现出来,如搞同性恋,谈论、炫耀过去的荒诞性生活,开低级下流的玩笑,手淫等"。不管社会调查如何分析大多数娼妓的经济动机,也不管调查中所谈到的娼妓对性活动的矛盾态度,在管教所的报告中,娼妓成了放任性活动的女人,事实上她们的品行只围绕着一个字,就是性。于是,教育改造就需要重新塑造她们的欲望,而重塑则必须"对她

们的这些不良性行为……进行强制的严格控制","必须组织她们学好《性罪错矫治》课本"。㉒

　　许多中国的观察者感到,这样的管教方法确实没有成效。教养所本来又小又挤,每一次严打卖淫嫖娼,所里都会变得拥挤不堪。㉓政府围捕娼妓的热情高涨,尽管如此,管教场所仍是资金严重不足:管教人员拿的是国家工资,但除此以外,水电煤及一应周转经费却要从劳教人员的劳动所得中支出。㉔为了应付开支,许多教养所要求劳教人员加班加点,甚至一天要干12个小时。强制劳动、完成枯燥乏味的任务取代了包括教育学习和职业技能培训在内的一切其他活动。原先希望妓女通过学习和培训学会端正欲望,为以后能在性行业以外找到有益的工作作好准备,现在连这些都被挤掉了。管教单位人手紧缺,更使问题雪上加霜。一些教养所平均8人要管100名女劳教者,因此根本不可能开展深入的教育。如有劳教人员逃跑,管教所甚至没有车辆可派出去追回她们。㉕这样的条件使管教所的干部和工作人员情绪低落:她们的工作地点离家很远(教养所一般都远离市中心),待遇低,周围都是不听话的劳教人员,弄不好会染上性传播疾病;㉖凡此种种,使许多管教人员觉得自己的任务几乎不可能完成。至于妓女,她们认为比较清贫、工作又繁重的管教者们没有去过豪华的旅馆,没有穿过像样的衣服,实在不懂生活。一天到晚劳动,干的活那么没意思,实在不能让她们相信劳动是光荣的。一些观察者得出结论说,劳动教养的主要后果是让一大批初犯接触了一小撮累犯,并从后者那里学会了新的招数。㉗分散的研究提到重犯率为25％左右㉘,但认为自己的工作无效的一些管教干部则估计有80％的人出去后仍会卖淫。㉙

分类调查状况

　　因卖淫而被收容的,多半是像二兰子那样在货车站一类的地方从事性工作的人,而不会是阿红那样的应召女郎。高档妓女基本上在公众的视线之外从事活动,她们有能力打点酒店工作人员和警察。即使在下等妓女中,那些有经验的、在当地人头熟的也更有办法不让警察抓住。1992年,北京一个管教中心对100名娼妓做了调查,其中90%是初犯者。[70]因此,年纪小的、比较穷的、缺乏经验的以及新近刚从农村来的妇女在被管教人中比例偏高。[71]

然而,管教干部和社会科学工作者却只能接触到被收容的那部分娼妓,而且是从这些人处了解到大部分有关娼妓的信息,如年龄、婚姻家庭状况、籍贯、受教育程度、职业、动机等等。和拘留人数统计一样,这些资料不但表明受调查对象的情况,而且同样透露出调查研究者所关心、担忧的事情以及他们的政策取向。有时这些材料也曲折地暗示了娼妓对接受调查的感觉。有一个社会科学学者很激烈地批评以问卷方式对待社会问题的做法,她在报告中指出,被管制的妓女为了让当局的努力失败,为了让领导难堪,在调查中从头到尾都在编瞎话;在广州进行的一项调查中,几乎每个娼妓都交代自己主要的嫖客是警察和企事业经理。[72](当然,这些女人也可能是在确切地描述她们的客源。中国的报纸上有的是共产党官员嫖妓或是为外国人介绍妓女而被拿获的消息。)[73]

尽管从被管制的妇女中搜集到的信息很模糊,无法清晰地看出其意义,但那毕竟使我们对接受国家改造教育的娼妓有所了解。附录的表3是关于被收容娼妓的年龄概况。北京有100个娼妓接受调查,其中30%在17岁之前就开始卖淫。1989—1990年的全国调查中,接受调查的368名妓女中差不多三分之二在19岁之前开始卖淫。[74]这些人在开始卖淫前大多有青春期性行为史,这一事实被社会科学研究者用来强调必须进行"正确的性知识教育与指导"[75]。这些研究者往往对妓女进行过深入的访谈,他们的报告还说到,许多卖淫妇女家庭都不幸福或不管她们,不是父母离异,就是曾遭父亲、兄弟或邻居的奸污。[76]北京样本中的70%和全国样本中的63.1%从未有过婚姻。[77]然而,并非进了劳教所的卖淫者

第十三章 命 名

都属于走上歧途的青少年。在全国调查中,132 名自诉 20 岁后开始卖淫的妇女中有一半多一点是结了婚的,另有 9% 是寡妇或离婚妇女。[78]已婚女子卖淫的轨迹各不相同,有的人丈夫知道或与之合作,有的是逃离不幸的婚姻(作家陆星儿听到女人说:"我不得已同自己不爱的丈夫睡觉——现在这样又有什么不同?"),有的因同丈夫离异,或丈夫死了、不在家等,所以必须靠自己挣出丈夫的那份收入来。[79]

有些妓女受过高等教育,特别是活跃在合资酒店的那些人。北京、上海等大城市中的高档性工作者中有大学生、研究生、大学教师、工程师、研究人员等。她们的客人大多是外国人:驻华外交人员、经营者、旅游者以及来自港澳台地区的华人。[80]但是各地收容所的娼妓文化程度低得多。(见附录,表 4)调查对象中约一半多一点至四分之三上过初中或初中毕业;除了北京,上过高中的人很少,而中等教育后还继续上学的更是凤毛麟角。学历的长短也不怎么能说明她们所受教育的质量或效果。1992 年北京的管教人员搞的一项调查未加评论地记录道:"小学和初中没毕业的共占 65%,而她们的实际文化程度还远远低于她们的学历。"[81]话里的意思是,有智慧的、受过良好教育的妇女不会成为娼妓;但只要看看整个淫业的情形,这种假设是没有道理的。

虽说像阿红那样的高等妓女完全靠性工作生活,但许多娼妓也有其他的工作。有的本来是农民,后来流入城市,成为暂住人口。她们白天整天在街上卖报纸或其他东西,到了晚上,据说在公园里能用一盒盒饭或一双丝袜买到她们的服务。[82]附录的表 5 是若干城市教养所收容的娼妓的职业分布情况。调查对象中有四分之一以上是农村人口,这个数字令人震惊,因为教养所大多设在城市(拘捕地点也应在城市)。另有 1/4是无业人员。如刨去进城的农民(有些在城里打工)、无业人员以及没有明确回答职业一栏的人,则调查对象中有 45.6% 在城市中有稳定的职业,其中大多数是工人、服务行业的人员和个体工商业者。[83]还有少数女性从事专业技术工作,小报和警世文学中对这类人的描写很充分。一部有关兼职卖淫妇女的实录集中,有个县里的图书馆员早上接到呼机,抓起一包东西(想来是性感的衣服)匆匆走了,过了一个小时回到岗位,平静地办理借书手续。⑭

被收容的妓女的原籍分布以及引导她们走向特定城市的格局十分复杂,一点不亚于1949年前的劳力流动网络。王行娟在研究中发现,20世纪80年代初期,广州的妓女大多来自广东省各地,但是到了80年代末,妓女中除了没有西藏人和台湾人外,各省籍的都有。1988年1月至11月在广州被拘捕的妓女中有72%是外省市人。⑮王行娟指出,一些城市已形成由相同地区来的人组成的帮派,并说某个城市的成都帮势力很大,已经霸占了一方卖淫市场。⑯另一些资料暗示,在地区分割中还掺杂了一些色欲的成分:据说香港嫖客想换味道,喜欢来自北方的高个子辽宁女人,有人愿意为新疆少数民族女人出的价钱是上海或北京女人的五倍。⑰

对收容教养所的娼妓进行定性、分类的工作不仅揭示了所列出的问题,它们最终也使我们注意到被隐去而没有提出的问题。本章所引的官方和学者所有有关娼妓问题的著作中,没有一例提到娼妓怀孕或避孕的情况,只有一个研究者在个人访谈时说起,她认识的许多娼妓曾多次流产。⑱(对上海第二劳教所中122名嫖客的调查表明,87.7%的从来不用安全套,只有4.1%的人经常使用,显然女人必须承担避孕的责任。)⑲唯一一次提到怀孕的文章是《亚洲华尔街日报》上的阿红特写,就是那个在广州的大饭店活动的、穿皮尔·卡丹牌衣服的高等妓女。阿红在一个"友善而且谨慎的女医生"的帮助下,曾几次终止妊娠。记者还说:"她很怕再次怀孕,但觉得这也许不是她所能控制的。"⑳现在的中国大谈计划生育问题,但说到娼妓,居然也像民国时期一样,闭口不提怀孕和避孕,这是很奇怪的。一个为推行计划生育而到处免费提供节育措施的国家里,在谈到其性劳动者时却只字不提避孕手段,这种对比清晰无误地表明节育仅仅针对婚姻内为生育进行的性生活,在其他场合使用节育措施均被视为不妥当——既然不合法,政府当然不会提倡。

性传播疾病卷土重来

20 世纪 80 年代后期到 90 年代早期,中国的公共卫生部门越来越关注性传播疾病问题。和民国时期一样,性传播疾病被说成为同外国人在华有关联的现象。1991 年的一篇文章说:

> 艾滋病是性病家族中的新成员,而性病就像苍蝇一样,无处不在。所以说,16 世纪初,当葡萄牙商人到中国的沿海重镇广州进行贸易活动时,他们不只将欧洲文明、也将梅毒带进了中国。当我们今天享受着空气和阳光的时候,我们不可避免地要面对性病正在蔓延的现实。
>
> 1949 年 10 月 1 日,当新中国从废墟上站起来的时候,我们也开始了解到旧中国为我们留下了什么;1 000 万性病病人、散布各地的妓院、以及数万名娼妓。
>
> 经过 15 年艰苦的努力,在 1964 年,中国医学科学研究院皮肤病研究所主任胡传揆代表中国政府向世界宣布,中国已经基本消灭性病。
>
> 然而,也许当时谁都没有料到,差不多 15 年后,性病又一次传到中国来了。它们往往从沿海地区朝内地传播,从城市向农村地区传播。据 1982 年到 1987 年的不完全统计,中国性病的发病率平均每年以 3.13 倍的速度递增。[51]

1989 年,据卫生部提供的数据,国内有 204 077 个性传播疾病病例,其中三分之一是妇女。[52]卫生部的官员说,仅 1991 年就报告了 44 100 个新病例,比 1990 年多了 47%。[53]1993 年,公安部援引专家的估计,认为全国性传播疾病病例超过 300 万。[54]公众对性传播疾病的担忧已到处可见:许多城市充斥着中西医结合治疗性传播疾病的小广告,使人想起民国时期报纸上的广告。有一张招贴很典型,上面解释说性病由性交传染,并列出症状和后果,吹嘘自己的诊所对性病的治愈率达98%,男女都治,如果治不好保证退钱,病人可到诊所指定的医院继续就医,全部费用由诊所包下。⑮最常见的性传播疾病是淋病,通报的病例中也有梅毒和尖锐湿疣(湿疮)。⑯但官方和报纸对艾滋病的关注显然加强了。1992年末,中国记录了932例HIV(人体免疫缺损病毒)呈阳性者和11个艾滋病患者,其中两个是妓女;1993年11月,HIV阳性1 159人,艾滋病发病19人;1994年9月,HIV阳性1 535人,艾滋病发病40人。1994年12月,据流行病学家建立的中国艾滋病性病防治网估计,实际携带艾滋病病毒者多达15 000人。⑰

公众讨论性传播疾病传播问题时,较早提到了卖淫嫖娼问题,而且往往将卖淫列为性传播疾病蔓延的原因之一。1990年关于北京性传播疾病病例的一份报告中说,这些病是从境外或是从沿海开放城市传进来的,并通过少数卖淫活动频繁的地区流传开来。外国人被命名为最初的携带病毒者:北京卫生检疫局根据调查样本的数据分析说,来华的每1万名外国人中有2.5个携带性传播疾病病毒者,但是去其他城市出差并嫖妓宿娼的中国人(暗含的意思是在北京也嫖妓的人)被命名为主要的传播源。⑱一份法学刊物上的文章干巴巴地陈述说:"艾滋病疯狂传播的主要原因是卖淫嫖娼。"⑲

虽说任何一项研究都未证实娼妓确是性传播疾病的主要传播源,但许多娼妓却染上了性传播疾病。上海的高等妓女说她们用安全套,也有办法搞到"进口药"⑳,所以她们的感染率也许相对低一些,但下等娼妓的情况则不同。1986年的报道估计被收容的妓女(多为下等妓女)中10%患有性传播疾病,但此后的调查数字高得多:全国40%,北京的两组被收容的妓女中分别是84%和65%,广州娼妓估计有80%。㉑劳教场所经费短缺,因此对从事性劳务的人并无常规的HIV检验(一套HIV检验用品要花40美元,或150—200元人民币,其他性传播疾病的测试用品每套10美元),有些管教所即使知道有人感染了艾滋病病毒,也没有钱为她们治病。[102]到90年代中期,政府对性病的关注仍停留在谴责和收集统计数字的阶段,还没有转而制订新的公共卫生政策,以对付中国社会新的、大大增多了的性病传播途径。[103]

动机问题

尽管"死灰复燃"的提法很普遍,但20世纪末的娼妓问题分析家仍在过去和现状之间作了重要区分。他们说,1949年前的妓女是因生活所迫才卖淫,而现在的妓女是自觉自愿干这行。[104]和所谓"死灰复燃"之类的说法一样,这种前后有别的说法在一切细节上都很值得怀疑。"被迫"是个很复杂的概念构成。如前几章所示,1949年前的妓女尽管在受到警方盘问的时候通常使用"生活所迫"的说法,但她们是否真的这样看待自己的工作,是根本不清楚的。然而,50年代对过去的经验进行了重新阐释,如我们已看到的,很多群体学会了通过压迫与被压迫的范畴来理解自己以往的经历。这样一来,涉及用选择、协商或做计划等字眼来解释早先行为的做法就不合时宜了,甚至根本就行不通了。具体到妓女个人,"动机"已是无关紧要的问题。说到从前的娼妓时,"生活所迫"的说法不只是在描述经济状况,而已成为对她们一切行为、一切情感的概括性说明。对1949年前的记忆不只对个人、也对大众的话语产生影响。记忆活动用"诉苦"形式进行了编码,倒出的苦水被用作对年轻人进行阶级斗争史教育的素材,官方则用来对妇女的地位进行理论描述。于是,1949年以前的娼妓是"被迫"进入娼妓业的这种说法成了社会上共享的、经常被重复的真理性认识;千变万化的个人和社会处境都被纳入了那单一的公式。与此同时,新的社会主义社会也获得了区别于旧社会的特征:这是使妇女不会再被迫出卖性服务的社会。

在改革开放时期,虽然人们对毛式社会主义社会的许多方面进行了质疑和批判,但是上述说法却几乎未受触动。妇女"被迫"卖淫仍是对旧社会的控诉,妇女不再"被迫"卖淫仍是新社会的一项成就。改革时期的评论者将20世纪末的娼妓归入"出于自愿"卖淫的类别,这一用语表现了他们的沮丧情绪:这些妇女显然心甘情愿地在做一个"好"社会不会要求她们做的事情。她们的行为也偏离了女人应做什么和不应做什么的公认标准,代表同过去(无论是最近的还是较远的过去)女性社会行为规范的决裂。调查者将现在的娼妓归入"自愿"卖淫之列后,接下去便要问为什么会出现这样的情形。以动机为聚焦点的做法将个体确立为社会科学调查的主要对象,也就是将个人看作为有欲望、有感情、能进行审慎选择的主体。这和当时不再以阶级作为唯一合法的分析范畴的大趋势是一致的。

调查妇女卖淫动机所用的手段同摸清她们的年龄、籍贯、婚姻状况等的办法是一样的:让收容所里的妓女填写问卷。有时研究人员和记者也会同妓女(通常是在押妓女)面谈,然后她们的故事被塑造成学术文章或警世故事,再印行出来供学术界或社会受众消费。因此,可以说关于"动机"的叙述其实是经过许多中介干预的。例如,至少在一项大的全国性调查中,答卷者只能从事先规定的几类有限的动机中选填一个。⑯调查者通常会报道下列动机:追求金钱、物质利益、提高社会地位;为了报复,通常夹杂着自卑心理;追求快乐。

1989年对收容妓女所作的两份调查的概况见附录的表6。每份调查都有半数以上的妇女将金钱列为主要动因,但第二种调查接着论述说,想挣钱并不是因为经济窘迫。有四分之三的卖淫妇女家境属中等以上,但是样本中有52%的人觉得家里的经济条件不能满足她们的需求。⑯这种回答使社会科学学者开始论证相对贫困的感觉:在改革时代的中国,当人们越来越了解到富有国家的生活状况而且国内的贫富差距越来越大的时候,人们普遍感到自己相对贫穷。妇女虽然有工作,有收入,有吃有穿,但是农村妇女认为自己和城里的女人比是穷人,而城里的妇女认为她们的日子比不上外国女人。在零售、酒店、饭店等服务行业工作、有固定工薪的妇女,以及做财会、护理等白领工作的妇女,都认为在一套时装价值上千元的环境中,一个月 200 元薪水实在不够用。靠工薪过日子的妇女同那些卖淫赚外快的人相比,越来越觉得自己的日子太穷。

1992 年北京对 100 名收容妓女的调查表明,有 93 人走上卖淫道路是因为看到自己原先的同学、朋友阔起来了,吃香的喝辣的,日子过得开开心心,相比之下,自己过得太可怜太寒酸了。管教干部的报告中说,这些妇女失去了心理平衡,她们的价值观念扭曲了,开始信奉"金钱至上、享乐第一"。她们对自己的生活条件感到不满足了,希望在短时间内也能过上吃喝玩乐的生活。管教干部说,这些女人相信卖淫是年轻漂亮的女人致富的捷径。调查报告举了原王府饭店某服务员的例子(初犯,判两年)。她刚来工作的时候,觉得一切都新鲜有趣,感到很满足,工作也很热情。后来看到工作不如她的同事个个"穿着华丽的时装,戴着耀眼的首饰",感到"既羡慕又迷惑",后来懂得了其中的道理,便决心要超过她们。"在强烈的嫉妒心和虚荣心的驱使下,她开始筹划生财之道,从违反规定收小费到索要小费,最后发展到陪客人睡觉,出卖肉体。"这个故事中,嫉妒和虚荣心拖人下水,不可阻挡地将人引向道德的毁灭,这与 20 世纪初无数的警世故事何其相似。

这个时期,党的口号是"发家致富光荣",这一提法助长了或甚至是直接创造了坦然追求物质享受的风气;对此,不只是社会上有头有脸的人,妓女也都积极响应。有个判三年徒刑的劳教人员对管教人员说,她"为了满足吃喝玩乐的欲望,11 岁便浪迹于社会,开始卖淫"。她还说:

> 钱是最好的、最实惠的东西,为了钱我可以不顾人格,付出一切代价,人活一辈子,就是吃喝玩乐。我经常夸耀自己每天的生活费不少于 300 元,北京的大饭店没有没去过的。

调查报告似乎为了证明她说的是真心话,特地指出:"她的化妆品花费和穿戴价值一万元。"⑪对于人民希望过富足的生活这个思想,政府官员当然是赞同的,但他们却将娼妓打入另册,认为这些女人太懒惰或是太没有本事,不以劳动获得物质利益,而视卖淫为达到致富目的的捷径。⑫

有时做性工作的人寻求的不是物质而是机遇:换工作、不再干活领工资、嫁个有钱的丈夫、出国签证、为日后做生意积攒资金等,总之是过一种不同的生活。改革时期,好工作的竞争越来越激烈,就业市场上层的女性向往月薪上千元的合资企业工作,但这样的事情太难找,而当高档妓女收入比合资企业还丰厚。⑬在城市中下层职业群落中,当国有企业为提高效益实行精简时,女工下岗的特别多,刚出来找工作的女性发现很多企业根本不愿意招收女工。⑭农村妇女到了深圳这样的地方,进了制衣、酒店、电子工业等行业打工,其中有些人发现卖淫赚钱更多。⑮对许多人来说,不卖淫并不是就没饭吃了,而是要长时间四处碰壁地寻找没出路的低薪工作。教养所的妓女对作家陆星儿说:"叫我们上哪儿干活?给那么点儿钱,干吗呢?"⑯

高档妓女一旦合法地嫁给中外商人或与之同居而形成事实婚姻,便能摆脱找工作难的窘境。⑰这时,她们也就进入了一个很小的却正在扩大的女人圈子,其中很多人嫁给了新富,不再劳动挣钱,而是过上了从前被说成是腐化堕落的资产阶级家庭主妇的生活。一些分析者发现妓女对社会的宽容反应迅速:现在的社会允许女人"傍大款",即依靠阔佬养活自己。⑱当然,有些进入长期安排的性工作者自己仍有收入:当与之同居的人或丈夫不在国内的时候,她们仍会继续接客。据报道一些女人和从前养小白脸的高等妓女一样,用自己的钱"养"年轻的俊男。⑲对她们来说,性行为就是性行为,既不同于浪漫的爱情(对同居者而言),也不同于志同道合的婚姻(对情夫而言),在这样做的时候她们将好几种社会规范踩在脚下。

找外国嫖客的女性有时是为了嫁个外国人,可以永远离开中国。王行娟在某劳改机构做调研时,女劳教人员中有5%的人报告说,她们的动机是出国或嫁外国人。还有一群大学毕业生告诉陆星儿,去美国留学必须通过托福考试,相比之下,同外国人睡觉的办法更容易拿到出国签证。⑫⁰陆星儿采访的上海女人中有一个因涉外关系并间接致使她人卖淫被判两年刑期。(见图25)她是一家大饭店的接待员,看到自己的同学嫁了洋人或出国留学,纷纷离开中国,她也动了心。终于,她同中国男友吹了,结交了一连串的台商港商,这些人送钱给她父母,答应给她哥哥买一套公寓,同意给她各种别的好处。故事中的反面角色有两类:一是女朋友,她们教会她跟着老外会有财有特权;另外就是大饭店的环境,人们成天谈论的就是金钱、时装、洋男友和经济特权。当她和一帮专门去广州、深圳卖淫的人关在一起时,还觉得自己和她们毫无共同之处。她始终说自己不过是计划嫁个外国人、出国去,不承认自己犯了什么罪。⑫¹

女人说到她们决定从事性工作时,往往使用市场的语言。她们说,青春和美貌是自己的资本;这是不宜久藏、过期作废的资产,所以她们打算现在充分使用,用以积攒耐用的资本。有的打算买出租车执照,雇佣几个司机,这样可以取得稳定的收入;高档妓女的目标是买护照或买楼。⑫²许多没有被收容的妓女表达了攒钱的愿望,希望找到体贴人的丈夫,做点小生意,舒舒服服地过日子。⑫³这些计划并不只是迟迟不能实现的梦想:有个女人带了很多钱回到村里,盖了一幢精巧的房子,让邻居们羡慕不已;文章还暗示,村里许多人受到激励,也想出来卖淫。⑫⁴

一些分析家解释说,性工作是有限的机会中一种理性的经济选择,但另一些分析家则生动地描绘了感情受到伤害的女性因为被人拒绝、想报复而走上卖淫道路的过程。1992年北京的调查中,100名正在劳教的妓女中有20人在婚姻恋爱中受到挫折。她们或被男人"玩弄"后抛弃,或丈夫不轨,或自己被人奸污、但怕丢人没去告发。管教干部说,这些女人不懂得如何运用法律手段保护自身的正当权益,却选择了报复来减轻内心的痛苦,她们乱搞两性关系,玩弄男性以取得心理上的平衡,就这样走上了卖淫之路。㉕公众讨论对娼妓的流产问题只字不提,但却经常提到年轻女子因被所爱的人引诱后抛弃,发现怀孕只好做人流,然后走上了卖淫之路。㉖(见图26)这样的故事再一次灌输了所谓贞洁是"天然的"、并由社会加固的安全区的观念,女人偏离这个地带是自冒风险,可能失去自尊,不断下滑,深陷犯罪的泥坑。然而,即使从收容所的调查看,妓女本人对贞洁的态度却不那么单一。一项全国性调查发现40%的人认为贞操"很重要",但另有36%的人认为只要两个人之间有感情,就不必非得维持贞洁。(只有2.8%的人说,想满足性欲的话可以不管贞洁问题,这或许表明绝大多数妓女并不认为卖淫和自己的性欲有多大关系。)㉗

用被抛弃/报复来解释动机突出了受伤害的妇女形象,她用性作为报复手段时,没有任何肉体上的快感。有时,无感官愉快的形象和狂热追求享乐、坦言愿意进行性体验的形象会出现在同一讨论中。一个河南的妓女告诉王行娟说,"我愿採俊男一百。"㉘奇怪的是,大多数资料在报道女性如何追求享乐后,几乎立即就会说女人无节制的欲望严重影响了国家的稳定。一份华侨报纸评论说:"无知、空虚而又醉心于金钱和物质享受,使她们沦落欢乐场而不觉羞耻。"报纸接着说,应将卖淫嫖娼视作关系到中华民族文化素质的问题。㉙还有一些文章将追求享乐的风气归结为受到西方性自由思想的影响,认为妇女因此抛弃了中国女性的传统美德。北京的一个接受劳教的妇女坦白说她同丈夫离婚前常看黄色录像:

> 从西方电影、录像、小说中,可以了解到,人家西方人在家感到不幸福,便可随意在外边找情人和性伙伴,我很欣赏这样的生活方式。夫妻之间不应在性关系上为对方负什么责任……离婚后,在西方"性自由,性解放"观念的引导下,好奇心驱使我专找外国人进行性体验,寻求精神上和肉体上的刺激,并幻想找一个外国丈夫出国,以实现过幸福生活的愿望。㉚

资料中将这样的女人刻画为迷醉于美国的流行口号"如果觉得好就干"的人。一个男性调查者在讲述路边卖淫女的故事时,在不加掩饰的性描写和不着边际的道德说教之间激烈地摇摆。他写了自己同"小四川"的争论,这个女人"直到被公安局收审的那一刻,她一直在笑"。提起自己的工作,她常说,"又找乐子又挣钱。"当作者到牢里采访她时,她还同他调情,说很乐意不收钱陪着他这样的男人。他为了让她严肃起来,好好回答他的问题,便说:"你肯定特别苦,要不你不会走上这条路的。"这时她笑着回答:"我知道你想听什么,可实在对不起,真的没什么悲惨的故事。"他教训她人活着要讲廉耻,她粗暴地打断他的话,问:"廉耻,也就是脸皮吧?脸皮值多少钱一斤?"他说,"妇女为求解放争自由付出了多少惨痛的代价",今天的地位来之不易,可她却很愚蠢,不懂得珍惜,甘愿让别人当作玩物。她却冷静地回答说:"我不这么认为。我给男人身子,男人给我钱,平等交换。"他被激怒了,最后只好抬出了国家:"我们国家明令禁止卖淫。卖淫对妇女身心是一种严重摧残,是社会的不安定因素。卖淫会使性传播疾病再度泛起,给个人和社会带来深重的灾难!"她则说:"什么社会不社会的,这我不管,反正公安局抓我我就不服。身子是我自己的,我愿咋的就咋着,我卖我的身子,碍着别人啥子了?抓我,哼,狗拿耗子,管得宽!"看她根本不想将自己的行为同国家命运联系起来,他认为没必要谈下去了,否则只能"让人的肺腑发炸"。[31]

因为被人抛弃想报复的女人也好,抛弃民族的美德换取享受的女人也好,必须看到,对她们的描写和刻画其实深深卷入了有关中国前途的大对话。她们的故事不能仅仅读作个人动机的报道。出于不同的理由,我们也不能将收容所的妓女所说的性自由和享乐等话简单地当作是她们的个人动机;身在看守所的妓女本来有充分的理由否认自己喜欢性自由或享受的。或许可以想见,当这批妇女样本被问及对性自由的态度时,有四分之一的人声明反对性自由,有58%的人小心翼翼地采取中立的立场。同一组女人被问及人生应追求什么的时候,29%的人说应追求享乐,44%举出受人尊敬的"贤妻良母"角色,而另有25%的人认为事业很重要。[132]

有关动机问题的公开讨论最终回到了支配着当代娼妓问题对话的不同社群,指向了**他们的**动机和欲望。无论妓女卖淫有什么具体的动机,当她们出现在其他人的文字作品中的时候,她们已成为普遍的不满和渴望的强大化身了。因作品坦率写性而经常引起争议的女小说家王安忆曾争辩说,很多女人都有娼妓那样的企图心。20世纪80年代末,她对采访人说:

> 我接触的女人主要有两类:一类是知识妇女,另一类是所谓不正经的女人——没有正当工作、在酒店前晃来晃去、和男人鬼混的女人,或干脆就是妓女。不要看不起她们。她们大多数有人生理想,梦想得到比天还高的东西。上个月,我去了一个女犯的劳改农场。那里的大多数女人都是因为卖淫而进来的。许多人卖淫是为了能过上幸福的生活。[采访者问:不是为了金钱?]金钱是一个因素。没有钱就过不了那种日子。这很复杂。她们就是不想落到普通的工厂女工的地步,天天挤公共汽车,每个月领那么一点点工资,更糟糕的是,还要养小孩,搞得不堪重负。她们不希望自己的人生落到那种地步,我觉得这么想很正常。她们有许多人是我们女人里最有野心的人。[133]

娼妓们无论被当作当代社会"信任危机"[134]的典型,还是被当作灵敏的晴雨表、用以测量新的经济社会压力,总之,在她们的选择以及别人赋予这些选择的意义中,显然都回荡着20世纪末中国社会更广泛的忧虑。下面我们就来谈司法界、学术界和娱乐界关于娼妓问题的讨论中那几乎无法掩盖的忧虑。

第十四章　解　释

上一章勾画了改革时期娼妓问题的轮廓,但是对形成这方面认识的预设和范畴却只是一带而过。本章将重点谈"提法"问题,先审视政府管理制度,接着讨论非官方领域中发出的、越来越具有权威性的各种声音。

1949年中华人民共和国成立以后,国家是唯一有权命名和解决社会问题的声音;在20世纪80年代和90年代,官方对卖淫嫖娼问题的声明和意见仍然很有分量,而且也有明显的效果。但是,到了改革时期,国家的声音已不像从前听上去那么统一了。官方在卖淫嫖娼问题上的发言暴露出许多矛盾之处。应该沿用50年代的提法,将娼妓视为受害者呢,还是应将她们视作破坏社会秩序的人?卖淫嫖娼的问题应该通过加强司法制度(这是20世纪末的一项现代化工程)来解决呢,还是用熟悉的、但已越来越不起作用的搞政治运动的老办法?当政府部门决定收容妓女和部分嫖客并送她/他们去劳动教养的时候,这种国家的行为在多大程度上受到记忆中过去取缔娼妓业的成功经验的影响和限制?

改革时期不同于毛泽东时代,现在非官方的声音也很响,很不一致。非官方评论者的出现和改革时期卖淫嫖娼重新露头,这两者背后的社会条件是相同的:国家控制有所放松,各方关系由市场调节,人们追求能想象到的享受。国家对学术界的干预放松,使社会学等学科得以重建,法制研究加强了,学界和政府的妇女研究队伍发展起来了。这些学者想做的题目已经不再由工作单位指派,驱动他/她们的是各种欲望的合力:希望对政府的政策产生重要影响,希望所写的文章和书被广泛阅读,希望卖文以贴补越来越缩水的实际收入,希望充当社会改良之声,希望帮助妇女等等。国家对出版的控制虽时松时紧,但控制一放开,像小报和杂志这样的通俗媒体品种激增,而大众对这类消遣读物的青睐也使它们得以继续生存。大学出版社为了赚钱也出版通俗杂志类读物,所以在卖淫嫖娼的问题上,学者的意见和社会大众的意见之间的界线模糊了,虚构文学和新闻报道之间的界限也模糊了。结果是众口纷纭话娼妓,声音混杂而不协调;这不像毛泽东时代的众口一词,倒更接近20世纪初的情景。然而,在五花八门的意见背后,人们仍有共享的信念,即认为某些性和社会性别安排既是现代性的标志也是实现现代性的手段,尽管论者对那些安排应有什么样的面貌、应由谁来决定这些安排等问题仍存在分歧。

国家的提法

性工作的法律地位

20世纪80年代初,面对卷土重来的卖淫嫖娼问题,政府部门的应对办法就是出公告通知加上地方性法规。1981年6月10日,公安部发布了《关于坚决制止卖淫活动的通知》,接着一连十年,几乎年年发布类似的文件。① 地方政府,尤其是娼妓活动最明显的沿海地区也纷纷推出自己的禁令,它们往往将卖淫嫖娼和赌博等其他活动放在一起处理。②

在国家这一级,1979年颁布、1983年修订的《刑法》并未禁止卖淫,但确实禁止强迫妇女卖淫(第140条)、引诱或容留妇女卖淫(第169条)。也可运用比照的办法将卖淫当作犯罪惩处(第79条),但实际上从未使用过这条刑法。③卖淫嫖娼主要不是通过刑法来处理,而是属于《治安管理处罚条例》管辖的范围,该条例于 1987 年 1 月 1 日起施行,同时废止 1957 年版的条例。1987 年的《治安管理处罚条例》第三章第 30 条规定:"严厉禁止卖淫、嫖宿暗娼以及介绍或者容留卖淫、嫖宿暗娼。"对违者可处五千元以下罚款,十五日以下拘留,责令具结悔过或者送去劳动教养。被罚劳动教养的违者在一个类似监狱的机构中关押一至四年。④ 虽然 1987 年的条例并未对卖淫作出确切的法律界定,但是公安部对条例的解释中将卖淫嫖宿定义为"男女之间发生的不正当性关系并涉及一方转让另一方收受的钱物关系"。⑤

接下来的几年中,各省人民代表大会陆续颁布了本省禁止卖淫嫖宿的条例法规,重申了公安部的条例并对条文作了一些补充,但总的并没有超过公安部规定的处罚框架,如最多 15 日拘留、5 000 元罚款、劳动教养,对拉皮条、拐卖人口等可追究刑事责任等。一般说来,对初犯处以短暂的拘留和罚款,累犯则更可能被罚款并送交劳动教养。虽然妓女及其嫖客属于同一类条款的适用对象,但通常的情况是女人被判几年劳教,而男人则处以罚款后就放人。国家和省的管理处罚条例都将旅馆酒店和交通车辆列为卖淫嫖宿的重要场所,于是,旅店经理和司机被警告说如果他们提供卖淫嫖宿条件,将被吊销营业许可证并处以罚款等。各级地方政府被授权批准建设卖淫嫖娼人员的教育、治疗场所,可以规定性传播疾病患者必须接受治疗,费用有时由病人承担。⑥在实施中,这部分法律和治安处罚条例意味着绝大多数娼妓、拉皮条客、嫖客都归公安机关而非司法机关处理,只有在涉及贩卖人口、侵犯人身或其他情节严重的情形时才交法庭审理。

20 世纪 80 年代末,国家权力部门对卖淫嫖娼活动的关注加强了,随之也出现了两种相互冲突的司法表述方式,呼应了民国时期的矛盾表述:一种说娼妓是人身权利受到侵犯的受害者,一种认为娼妓是扰乱社会秩序和危害公众健康者。同 20 世纪初的情形相仿,妓女受害的描写总是和贩卖妇女的故事有关,这个问题在改革时期越来越引起公众的关注。⑦尽管从这方面的文章报道可看出,被贩卖的妇女一般被卖作人妻而非娼妓,但在一些广泛报道的案例中,强迫妇女卖淫的人贩子被判处了死刑;⑧还有一些情况下,当局直接将严厉打击拐卖人口与卖淫嫖娼联系起来。⑨到了20世纪90年代,拐卖人口与卖淫的联系变得更为常见,报刊文章开始提到普遍的卖淫为拐卖人口者创造了有利可图的市场。当出现了妇女被引诱或绑架并运往我国香港、台湾地区和泰国的妓院的事件后,政府部门对涉及跨省、跨国的黑社会帮派的活动也表示出密切的关注。⑩

受害说最终被写进了1992年的《中华人民共和国妇女权益保障法》,其中第六章"人身权利"包括下列条款:

> 第三十六条 禁止拐卖、绑架妇女;禁止收买被拐卖、绑架的妇女……
>
> 第三十七条 禁止卖淫、嫖娼。禁止组织、强迫、引诱、容留、介绍妇女或雇佣、容留妇女与他人进行猥亵活动。⑪

因此,在国家的一类法律思想中,卖淫嫖娼首先是侵犯了妇女的人身权益。依照官方对保障法的解释,最常见的侵犯妇女人身权益的行为有虐待妇女、性犯罪、性骚扰、绑架妇女、卖淫嫖娼、限制妇女人身自由、侵犯妇女的人格和名誉等。⑫以上除了卖淫都可理解为没有得到妇女本人同意而施加的行为,"禁止卖淫"在这样的框架中显得不怎么协调,而保障法对此也未作进一步说明。这一条放在保障妇女权益法内,可能是为了同《治安管理处罚条例》和其他几个条例保持一致。本章将会讨论这个问题。

第二种表述——娼妓危害了社会秩序和公众健康——到1990年末已清晰可见。有些文章持卖淫是犯罪的观点,认为不但对拐卖妇女和拉皮条,而且对卖淫的惩处条款都应由刑法提供,而不是由地方法规条例或行政法来提供。最详尽地陈述这一立场的是陈业宏于 1990 年在《华中师范大学学报》上发表的一篇论文。[13]陈赞同政府对卖淫问题的主要表述方式,即卖淫是再度抬头的"丑恶的社会现象",是在"西方资产阶级腐朽的思想和生活方式的影响下"产生的,但接着论述说卖淫应通过立法而不是通过时不时搞运动的方式来解决。文章说,现行的刑法虽规定强迫或引诱妇女卖淫者应判徒刑,但是"通过惩罚相关行为的方式来制约卖淫活动"是不可能的。陈对《治安管理处罚条例》对卖淫的处罚很不满意:

> 对于自甘堕落的卖淫妇女来说,拘留几日,批评教育一下,是不会有什么作用的……至于处以五千元以下罚款,那也根本算不上什么。正如一个姓王的年轻卖淫妇女所说,"今天给他们罚掉的,明天我就把每个子儿都挣回来了。"

陈接着论述说,引诱妇女卖淫只是外在因素,而"卖淫妇女自己的意愿"才是"决定其行为性质的基础"。陈强调说,法律的惩治仅针对拉皮条的和鸨母的做法是"本末倒置"。如前一章中讨论过的"动机"研究一样,陈的论点以心理动因复杂的个体、而不是以经济力量或社会阶级作为因果关系和解释的基本单位。

在陈的论述中,卖淫并不是无受害人的犯罪活动,受害人也并非卖淫者本人。受害的是"中国的社会主义社会道德和人民的身心健康",或更抽象地说,牺牲的是"社会管理的正常秩序"。"妨害社会管理秩序罪"就已属于刑法第六章的刑罚范畴,陈提议这个类别的罪行中应正式加上卖淫。

这个意见隐含的观点是取缔卖淫嫖娼应同加强法制这个现代化大工程联系起来,而不是依靠教育和群众运动的老办法。为了法律的准确性起见,陈业宏对卖淫作了如下五方面的界定:

1. 卖淫者有性交行为,而不只是携客人的钱逃跑(后者构成欺骗罪）；

  2. 卖淫者出卖的是自己的而非他人的身体（后者构成介绍或容留妇女卖淫罪）；

  3. 卖淫者出于自愿出卖自己的身体（如不是出于自愿，则强迫她卖身的人将承担法律责任）；

  4. 卖淫者积极主动拉客；

  5. 卖淫者是为钱或别的财物、而不是为了其他原因而经营自身。

所有这些条件可以读作对经营自己的女性的描写，她出于自愿做出某些行为，积极计划下一步生意，力争获取尽可能多的收益。然而，尽管这些都是企业经营的特点而且备受政府赞扬，但是当陈业宏描述卖淫动机的犯罪性质时，他将卖淫与其他的经营活动区分开来：

  卖淫者知道自己的行为会妨害社会管理秩序并腐化社会的道德规范，但是因为她们好逸恶劳、贪恋物质享受，所以为了得到金钱便有意从事卖淫活动……卖淫罪行背后的动机纯粹就是懒惰、贪婪以及追求奢侈堕落的生活方式。

1991年9月，全国人民代表大会通过了《关于严禁卖淫嫖娼的决定》，作为对刑法有关规定的补充和修改。该决定所处理的正是陈业宏所批评的问题。新的法律对组织、协助或强迫他人卖淫的行为加强了惩罚力度，对犯法者的罚款增加到1万元以下，有期徒刑的刑期也延长了，涉及强迫卖淫、情节特别严重的还有可能判处死刑。《决定》重申卖淫和嫖宿暗娼均按《治安管理处罚条例》第30条执行处罚（即陈业宏认为过轻的处罚——15日以下拘留、5 000元以下罚款、具结悔过等），但增加了一条：对卖淫、嫖娼者可以"强制集中进行法律、道德教育和生产劳动……期限为六个月至二年"。卖淫嫖娼的累犯实行劳动教养并处5 000元以下罚款。对性传播疾病的检查和治疗成为强制性的，对明知自己患有性传播疾病却仍进行商业性卖淫、嫖娼活动者,"处五年以下有期徒刑、拘役或者管制,并处五千元以下罚金。"新的法律对放任在本单位发生卖淫嫖娼活动的旅馆业、文化娱乐业等作了严厉的罚款规定。⑭

新的禁娼法等于警告卖淫者应对自己的行为负责,卖淫不再被习惯性地当作轻罪或是受他人之害。就这样,卖淫嫖娼开始缓慢地移向刑事范畴,有更多的妇女被判六个月至两年的"强制教育"。但是这部法却没怎么改变国家当局实施法的方式:每隔一段时期就宣布来一次严打和扫黄运动(1992年,广东省和山东省特别积极地进行严打),接下来宣布拘捕人数(紧跟着性工作人员和嫖娼者又渐渐重新出现),再下来官方严肃宣称严禁卖淫嫖娼的斗争是个长期的任务。

卖淫嫖娼是罪恶:毛泽东方法的重演

尽管政府部门在打击卖淫嫖娼时开始运用法制这个"现代"武器,但它们仍然依靠更加熟悉的整顿社会的模式——搞运动。毛泽东晚年特别喜欢的运动指一段起止时间明确的、伴有激烈的公众行动的时期;搞运动时,党和政府先动员自己的各级组织、再通过它们发动社会上广大的群众来实现某项具体的目标,而不是依靠警察和法庭这样的常设机构的日常运作达到目的。改革时期的运动的效果往往不如毛泽东去世前的运动,这一方面因为中国领导人对具体运动的评价有分歧,另一方面也是因为"文化大革命"以来中国老百姓对大规模发动群众的运动越来越感到厌倦和怀疑。1983年秋季,一场"清除精神污染运动"以黄色读物和其他西方进口的文化产品为靶子,但不久后便在高层领导的一系列解释性讲话中退潮,草草收场,不过它留下的"污染"用语的丰富遗产却已渗入到日常的政治话语中。⑮反资产阶级自由化的运动持续时间长得多,运动于1987年开始,到20世纪90年代还时不时地再来一下,然其目标模糊,效果也可作多种解释。⑯尽管后来不大搞运动了,但运动仍不失为中国的党和政府的法宝,是它们所熟悉的造就社会变革的手段。于是就有了一连串针对卖淫嫖娼的运动，它们同毛泽东时代的运动在修辞上、手段上有很多相似的特点，只是没有从政治上大规模地发动群众。

从20世纪80年代中期以后，各省市政府一方面通过决议、公开谴责卖淫嫖娼活动，另一方面对旅馆、饭店等性工作人员活跃的场所不时进行突击性的清查整顿。受到公安机关拘留的妓女要进妇联办的再教育班，还要接受公共卫生机构对她们的体检。一些观察者对这些举措的成效表示怀疑。一家华侨的报纸评论说，"这个50年代禁绝娼妓的验方，是否能再奏其效，有待今后事实证明。"报纸还说，每次清扫运动过后，娼妓会销声匿迹一小段时间，然后迅速反弹，回到了原来的状况。⑰

到了1989年末，全国性的联手协同努力代替了地区性的运动。在不同的地点进行了一系列试验后，1989年11月中旬，中央政府宣布开始进行"除六害"的综合治理联合行动。被命名为"六害"的罪行分别是：卖淫嫖娼、制作贩卖传播淫秽物品、拐卖妇女儿童、私种吸食贩运毒品、聚众赌博以及利用封建迷信活动骗财害人。⑱以前全国上下万众一心，可以发动广大群众来实现共同的社会目标；政府可能是想利用人们对淳朴时代的怀念之情，但也许这次动员只是重振互相监督机制的大局的一个步骤。不管怎么说，运动所用的语言和方法都是毛时代的中国居民所耳熟能详的。⑲

国务院通过对各省领导的电话会议部署了行动。公安部部长王芳谴责六大害"严重污染了我们的社会，扰乱了公众秩序，损害了广大人民、特别是青年人的身心健康"。国务院号召各级政府"在资金、场所、医务人员、医药、设备等方面提供必要的支持，以收容和教育卖淫嫖娼者和吸毒人员，采取有力的措施帮助吸毒成瘾者戒毒，并对性病进行检查和治疗"。⑳

运动开展后，政治评论家强调清除六害是打击外国势力对党和人民的毒害的关键行动。《人民日报》的一篇评论就将"六害"的重新抬头和党的领导不力联系起来：

在资产阶级自由化意识倾向的影响下，一些共产党员的革命意志削弱了。他们不敢批评、抵制丑恶的社会现象，不敢对坏人坏事进行斗争。这正是那些想颠覆、破坏我国的人所愿意看到的。这也是那些心怀叵测的人用来腐蚀我党、我们的干部和社会主义制度的恶毒手段。㉑

上海市公安局局长的指责更加直截了当："扫除六害是加强社会主义精神文明建设的重要措施，是一场反对腐朽的资本主义意识形态与和平演变观念在我国的侵入和渗透的严肃斗争。"㉒

于是，卖淫嫖娼被坚决定性为许多罪恶之中的一种，这些罪恶中除了封建迷信活动外，全都被归结为受到了外国的、资本主义的、资产阶级的、腐蚀革命的势力的影响。那个时期《人民日报》的一篇专栏故事说学生运动领袖吾尔凯西曾嫖妓并大肆吹嘘，此事恐怕并非偶然。㉓总之，六四之后，那种要通过毛式群众运动拯救中国、不遭资本主义毁灭的说法大行其道，卖淫嫖娼又被扯进了这一话语中。

中央政府宣布要开展除六害运动，几乎与此同时，各地省政府也开始宣传自己的清扫行动。江西省委和省政府宣布要进行四个月的除害运动，并敦促违犯者向公安机关自首。㉔省委副书记回到了神圣的毛泽东思想，强调群众路线的重要性（依靠群众提出并执行党的政策，党是最终的权威），号召"发动群众对社会六大害展开全面的战争"。㉕上海和江西的做法不同，上海市公安局决定采用分别解决的方针，在1月1日以前先集中对付卖淫嫖娼和制售淫秽物品问题，元月到春节前后集中打击赌博和封建迷信活动。㉖广东提出了除七害而不是六害的超标口号。㉗有些省份举行记者招待会将除害行动公之于众，还有些省份建立了专门的办公室监督行动的进程。㉘甚至解放军也动员起来了。广州军区副政委宣布要查禁部队单位的宾馆和招待所中的卖淫嫖娼，这等于承认在部队办的企业中也有性工作人员在活动。㉙几周之内，大多数省市纷纷宣布行动告捷，抓获数百甚至数千名犯罪分子。因为"六害"并论，所以究竟有多少人因卖淫嫖娼被捕并不清楚。㉚在许多地区,特别是内地,看来因聚众赌博和其他过失被捕的人数远远超过因卖淫嫖娼被捕的人数。㉛行动搞了两个月后,中国的报刊上就基本没有这方面的消息了。㉜不到一年后,又出现各地政府的声明,表示卖淫嫖娼和其他几害及严重罪行正在继续蔓延,并且这些都不是能从速解决的问题。㉝

然而,20世纪90年代,运动的方式和用语仍不时地造成声势。1991年5月,负责公安、商贸、公共卫生、文化和旅游的政府部门开始联手努力打击卖淫嫖娼,全国共拘捕29 315人(其中10 655人为卖淫者)。㉞1992年4月,深圳又一次发动除"七害"运动,由市公安局下设的"除七害"办公室协调指挥。到6月中,该办公室主任周理强在报告中说已经拘留卖淫者935人、嫖宿者707人、拉皮条客105人,有28个卖淫团伙被曝光。周提到有四成嫖客是香港、澳门人,并宣布自那时起包括外国人在内的所有嫖娼者至少拘留半年,进行强制教育;拘留期间要学习法律和政府关于除七害的决议,安排一般的劳动,伙食费自理。㉟1992年秋天,北京也进行了类似的围捕;12月,广东省重申将境外嫖娼者遣送劳改营的决定;1993年春夏,上海又进行了一次严打。㊱1993年7月,中共中央社会治安综合治理委员会在北京举行了严厉打击卖淫嫖娼活动座谈会,重申将卖淫嫖娼者送进监狱而不仅仅是处罚款的严厉规定。㊲1993年10月底,政府宣布再次进行严打,并将禁赌黄嫖的范围扩大到非法进行赌博、卖淫嫖娼活动的舞厅和卡拉OK厅。㊳1995年,在北京召开联合国世界妇女大会前的几个月内,政府部门拘捕了数百名涉及卖淫嫖娼活动的人;大会前夕,北京市委宣传部的负责人号召狠狠打击卖淫嫖娼。㊴看来,卖淫嫖娼迅速增殖,名目繁多,而谴责卖淫嫖娼的会议也越来越多,越来越频繁,需要进行始终不懈的严打行动。一种资料不点名地引用一位公安人员的话说,卖淫女人"像韭菜,割了一茬又一茬,硬是断不了根"。㊵

和立法讨论的情形一样,除六害及其后续行动的综合治理报告对卖淫妇女的提法举棋不定,有时将她们说成是(人贩子的)受害者,有时则说成是(社会秩序的)危害者,但总的说来,运动的重点并不是卖淫者本身,而是将卖淫嫖娼当作社会腐败堕落的许多征候中的一种。运动将卖淫嫖娼列为罪害,这意味着权力部门视之为一种恶习,以为可以通过学习教育加上高压根除这种恶习。但是早在 1986 年,政府官员就在私下里表示过对围捕行动、罚款、拘留和收容教养的保留态度,而且 90 年代中这种怀疑越来越普遍。有些执法部门表示,既然无法根除卖淫嫖娼,中国还不如仿效一些西欧国家的做法,设立红灯区,也好控制卖淫活动和性传播疾病的蔓延。㊶虽说舆论从未公开说是哪些官员的意思,但诸如此类的提议还是引发了反对卖淫合法化的人士的阵阵反击。例如,1993年 2 月,海南省公安厅的一位官员指责"一小撮人"阴谋以卖淫嫖娼合法化作为吸引外资、改善经济形势的手段。他气愤地说,中国有足以吸引外国人的特色和品质,如"引人入胜的自然景观和辉煌的人文景观",他表示外国人是为了经营或旅游来中国的,他们不是"来寻找肉体享受、从事淫秽活动的"。㊷1993 年 7 月,由中共中央召集的北京会议也谴责了那种认为发展色情行业有利于第三产业的发展和改善投资环境的论调。㊸一个多月后,北京市的官员批评一些党和国家的干部口头说要取缔卖淫嫖娼,实际上却不闻不问。会议提到有些干部甚至认为禁娼会破坏投资环境。作为对这种论调的回答,与会者猛烈抨击了"无娼不兴、无娼不富"的言论——看来这种思想在官场中挥之不去,相当有市场。㊹1995年,这一论调继续受到抨击,一个妇联的高层领导批评了那些"对卖淫嫖娼问题采取放任态度"的干部。㊺

20 世纪末参与娼妓问题论辩的人似乎完全没有意识到 1949 年以前中国在管制、发放执照和禁娼方面所作的各种尝试。各方提到的不是自己的国家历史上的事情,而是"现代化"的西方城市的做法。在 80 和 90 年代唯一被提及的在管制卖淫业方面的本地历史就是 50 年代的禁娼行动。80 年代末,尽管在许多做法上已经不再是社会主义了,但那时出版的大量的回忆录和其他类型的叙述仍对50年代的禁娼成就大加赞扬。[46]正如许多人在私下所说,50年代那种国家全面介入、群众一心支持所获得的禁娼成功已不可能再现了。

学者与性工作

改革时期,随着娼妓问题的日益显化,社会上也涌现出一批以系统地表述社会问题和解决问题为己任的专业人士;甚至可以说,部分地是因为有了这些人,卖淫嫖娼才作为问题凸现出来。这个专业群体中有社会学、法学、犯罪学、妇女研究等领域的专家学者、社会工作者和性学学者。他/她们虽然隶属不同的单位,如各所大学和妇联等,但现在却在全新的条件下界定自己的身份和工作性质。有些人从事的学科长期以来受压制,被政府扣上"资产阶级"的帽子;他/她们是在学科重建和对本专业的重新界定中,形成了自己对娼妓问题的分析论述。另一些人,尤其是重点研究社会性别关系的妇女学学者和社会工作者,则认为自己在从事新兴的专业工作,其合法性和功能在中国尚未得到界定。他/她们在各种学术刊物和普及型刊物上发表自己对娼妓问题的分析研究。尽管上述专业人士并没有统一的切入点和方法,但作为一个群体来看,他/她们已从几个方面背离了政府对卖淫嫖娼问题的提法。他/她们更倾向于研究因果关系,既注意作为个体的妓女的动机,也关注社会大语境。国家当局将卖淫嫖娼定为"问题",几乎所有的学者在这点上与国家的立场一致。他/她们花了很大的精力提出解决问题的办法。他/她们在将妓女确立为社会科学研究的合法对象的同时,也造就了自己作为社会评论者的合法身份。这么说的意思并不是将他/她们的著作仅看作是自我的放大,而是希望将注意力引向各种关系的交会处,关于娼妓问题的知识就是在这种关系网络中产生的。学术评论者不是中立的观察者;他/她们自身就处于具体的权力与依存的关系之中。

寻找根本原因

改革时期有关卖淫嫖娼问题的讨论和民国时期一样，基本上是在寻找根本原因的框架内进行；原因分为心理、社会性关系和经济等几个方面。不论评论者偏重于哪一种解释（他/她们往往采用一种以上解释），几乎所有的分析都指向社会性别问题，认为社会性别是要害，它决定了个人的心理、性行为以及经济变化引起的分化效应。社会性别问题的重要性已经成为评论、研究人员共享的认识预设，即使对于并不专门从事社会性别研究的人也一样。这表明社会分析的根据已经大大偏离了毛泽东的阶级论。

第十三章审视了收容所的妓女说出来的种种欲望：金钱、物质、社会地位、报复、追求享乐等。有些学者从分析这类陈述得出结论说，卖淫至少部分地可以"归因于"妓女本身的心理结构。对女性卖淫动机的这种描述常见于女性犯罪问题的研究分析；这种话语的论点是，女性因物质欲望和对爱的渴求受到挫折而走上犯罪道路。对中国女犯人的心理研究认为过分的物质欲是病态的表现：

> 信奉享乐主义的妇女，她们由于种种因素，没有受到良好的家庭、学校教育和社会环境的影响，形成了一套不良的个体心理需要结构，她们吃喝玩乐的欲望大大超过了正常需要的限度，脱离社会现实和个人的实际条件，一味地追求享乐。她们不满足目前一般人的生活水平，对社会上流行的时髦派头非常羡慕，极力效仿，她们对金钱、物质产生了特殊的贪欲。靠正常渠道、靠劳动收入得来的金钱远远满足不了这种特殊的贪欲，于是，犯罪的动机便逐渐孕育在心头，一旦有了适宜的条件，犯罪行为便会出现……有的不惜以身卖钱。⑰

心理学教科书还说，有的女人一开始可能是被迫或受到勾引与男人发生了性关系，后遭抛弃，这样的人会觉得没脸面对社会，破罐破摔，因而继续进行非法的性活动。这样的犯罪轨迹有明确的前提：

> 正常的女性,对于男女性的关系有一道天然的心理防线,靠着这条心理防线作屏障,妇女有强烈的自尊心和做人的尊严,但当这条防线被突破后,她们就会失掉自尊心和羞耻感,失掉女性的心理平衡。

心理学者论述说,比突破妇女的"天然心理防线"更糟的是"性解放"、"性自由"等西方思想的影响。许多妇女相信了"杯水主义",将发生性关系看得像喝一杯水那么随便。[48]（但这个用语并不包含性饥渴的动因,关于抛弃和报复的话语不讨论女性的性欲。）20世纪80年代,卖淫嫖娼被当作社会问题提出,并归入女性犯罪的领域;妓女被视为失去女性特有的心理平衡的一群人。

从个体心理层面分析因果关系的著作在娼妓能否改造好的问题上表现出很奇怪的矛盾态度。例如,1990年一篇题为《在卖淫妇女的心灵深处》的文章中,社会学者宁东分析了羁押在成都市和德阳市劳教所中的妓女的心态。[49]她的研究对象共139人,她们相互之间在年龄、受教育程度、相貌和收费等方面存在着巨大差异。宁东在描述这些差异时强调指出,任何女人,只要她想当娼妓,就会成为娼妓。她实际上认为这些女人是有选择权的。宁东感兴趣的问题是女人为什么当娼妓。她提到调查对象中有许多人才17岁左右,据此她认为,她们作出这样的选择在一定程度上是因为不懂事,缺乏经验使她们"很容易滑到错误的道路上去"。[50]宁东还注意到,除了一个人,所有其他的调查对象在卖淫前都同男人发生过性关系。她评论说:"发生性关系如此随便,那么走上卖淫之路也就不难了。"[51]

宁东认为还有另外的卖淫动因:"她们都爱吃喝,不爱劳动,怕苦怕累……即使有工作的人,也不去上班。她们白天泡茶馆或上饭店,晚上跑舞厅,过着骄奢淫逸的生活。"[52]虽说宁东的表述假定她们好逸恶劳,但她举的例子却说明这些女人在经济上很精明,会估算自己挣钱的可能性。一个女人不肯在砖厂干活(太苦),而宁可给人看孩子,一次就挣二三十元。还有一个放着电报员的轻松工作不做(不过挣钱也许不多),却为了图钱去同男人睡觉,一次拿50元。她说这钱"好挣,比上班容易多了"㉝(1988年对成都商业和制造业女工的调查表明她们的月平均工资为138元。)㉞宁东认为,这些做了娼妓的女人看到了男人最坏的一面:

> 她们看到整个世界就是一帮好色纵欲之徒,男人无时无处不在暗地里候着她们。他们会用一切手段——撒谎、强迫,或用钱买,或耍诡计——并不惜费所有的力气来占有她们。㉟

世道既然如此,这些女人就想为什么不靠性交易赚钱、自己掌握主动权呢?

宁东列举的卖淫动机有缺乏经验、对发生性关系随随便便、不爱劳动、有金钱欲和控制欲等等。在40年前的改革斗士看来,所有这些都是可以矫正的思想习惯,但是宁东却强调指出,这些女人陷得很深,用拯救和再教育的办法很难令其改变。她在此提供的仍主要是心理学的而不是经济学的解释。她论述道,这种女人的特点就是缺乏羞耻心。她在收容所里亲眼见到了下述情景:

> 女人们刚坐下要开始学习,这时有个人突然站起来往外跑。管教问她干什么,她居然无耻地大声说:"我那……痒痒了。"屋里所有的卖淫妇女都大笑起来。[原文就有省略号。]㊱

宁东的结论是,妇女从教养所的劳动和学习中得到的那么一点"正面的结果",只要她们一闲扯起来就全都抵消了。她们凑到一起,就是聊"嫖她们的男人怎样不要脸,男人怎样虚伪,交流卖淫的感觉,总结她们被抓的教训"。她认为,在这些女人身上,卖淫的标记打得那么深,她们已经不大可能不卖淫了。她的分析中虽未明说,然而从她所举的例子能明显看到当娼妓的妇女在经济上的打算。正如一项性学调查的作者所说(该调查按金西博士报告设计):"如果教育改造她们,她们还认为是打破了她们的'淘金梦',使她们享乐无门了。"

但是这些性学学者和宁东一样,其隐含的论点仍然是人心中顽固不化的、与社会性别相关的一面。他/她们写道,卖淫妇女的

> 心理已经被严重地扭曲了,有些人的性观念已腐朽到了十分可怕的程度,道德沦丧,廉耻丢尽。有的卖淫女子认为"他给钱,我给身,两厢情愿,公平合理";有的认为"裤子松一松,顶得上做一个月工",很占便宜;有的认为"不趁年轻漂亮时捞一把,对不起这青春年华";有的女子勾搭外国人,怀了孕,还以这是"进口种"而自豪;等等。这些畸形心态的形成非一朝一夕,改变它也要花大力气,下大功夫。[57]

结语的调子虽然勉强还算乐观,但是对人的极其有限的可塑性已有清醒的、迥异于毛泽东时代的估计。

另一些分析将个体心理与社会群体的性行为结合起来,将卖淫嫖娼的泛滥归为改革引起的性道德观念失控。社会学学者张一全(音)认为1949年前的娼妓业和改革时期的卖淫嫖娼有很大的不同:早年的妓女"被迫进入了这一行……而今天,大部分的卖淫女子却是自愿卖淫的"。[58]张在文章的开头认为有两个因素导致了现在自愿卖淫的情况:一是卖淫妇女挣钱的欲望,二是对性的态度在变化,人们不再像以前那样看重女性的贞洁了。但是张的整个分析更复杂些,甚至与他开始提出的意见相左。一方面,中国社会正在"破除性的禁区",这就使"人们的原始性欲"浮现出来。但与之矛盾的是,这种"原始的"性欲却又是被诸多现代因素所塑造出来的东西,如"教会人们什么是性的新潮理论、电影、电视、杂志及其他媒体",还有"改进了计划生育药品和方法的现代技术"。心理学者将卖淫女子刻画为失去心理平衡的个体;同样,张认为在"对传统观念矫枉过正的思潮"的冲击下,整个中国社会失去了平衡,结果出现了"贪得无厌的肉欲",而"妇女一旦克服了心理阴影,不再顾虑社会后果,便会无所畏惧或担忧地追求性的享乐"。[59]同20世纪初描写现代城市中险象

的文章一样,张也将城市中心定位为激起情欲的枢纽:

> 城市中不仅有现代文明的辉煌,而且也有龌龊的角落和夹缝。城市欣欣向荣的文明和经济繁荣的表面之下是鱼龙混杂的局面。对于离开家乡来到城市的人,城里的一切无疑都那么富有"性刺激"。从性感的衣服到黄色书刊,从在大庭广众中接吻的情侣到一切淫秽事物的走俏,从欢快的酒吧到腐朽的夜生活,所有的一切都在刺激人们的性欲,增加他们的性渴求。这一切如雪上加霜般进一步逼迫着离开家乡、本来就已经忍受着"性饥渴"的人,卖淫嫖娼的泛滥几乎是不可避免的。[60]

其他评论者也谈到越来越庞大的男性流动人口之"匿名性和边缘性",这些长期离家又身处刺激中枢的男人很可能成为嫖妓宿娼者。[61]

虽说城市有助于生成性行为变化的氛围,张一全(音)却相信男人和女人对这种氛围的感受是有区别的。妇女仍深受传统的双重道德标准的影响,在这种标准下,男人有性特权,可以去找妓女,而"女人一步不慎就可能踏上不归路,一举不当就可能毁了终身"。[62]

据估计中国有60%的婚姻是出于经济考虑而不是爱情,张所说的这种中国婚姻制度中持续的缺陷对男人和女人都有影响。张的论点是,没有爱情的婚姻是不可能给人以性满足的,因此性生活受挫折的男人会去嫖妓。[63]另一些分析者走得更远,他/她们说随着社会的发展,性生活的首要目的已从传宗接代转为追求感情和肉体的愉快。他/她们指出婚姻内因只限于一个性伙伴而造成性兴趣的丧失,并假定婚姻外的性关系是一夫一妻制的产物。他/她们说,结果就是对性生活不满意的男人转而嫖妓,而至少有些对婚姻丧失希望的妇女会通过卖淫寻求性的满足。[64]作家陆星儿分析说,"许多男人都喜欢卖淫女。他们要找的是女人,不是好工人。很多男人的性生活很糟糕。"[65]1989—1990年,按照金西博士报告的模式设计的一项全国的性调查发现,在128个已婚的卖淫妇女中,不到四分之一的人说她们的婚姻"融洽和谐"(虽然有38％的人在"过得去"一栏打了钩)。105人回答了婚内性生活满意程度的问题,只有6.7％答"很满意"(虽然另有42％的人答"满意")。事实上,这些数字低于已婚的其他女性性罪错分子自诉的对婚姻和性生活的满意度。⑯隐含在张和其他人的分析论述中的意思是,男人和女人倾向性钱交易并不全是因为受到了外国的影响,而是两种力量相互作用的结果:一种是点燃原始情欲的"现代"风气,另一种是挫伤原始情欲的"传统"婚姻。⑰

虽然很多作者以批评的眼光,使用"腐化"、"腐蚀"等字眼描述西方性观念的影响,⑱但也有一些分析家认为应该用历史的眼光,仔细地辨别和理解西方的性观念及其在中国产生的影响。王行娟说,在西方,"性解放"这个词起初是在欧洲文艺复兴时期出现的,那时是对封建神学和禁欲主义的挑战,"对社会进步有积极影响"。在20世纪60、70年代,西方国家的"性解放"运动提高了妇女的社会地位,抨击了传统的男权社会。但是西方的"性解放"也带有"消极的一面":

> 它片面强调个人情欲的充分满足和绝对自由行为准则的极端个人主义与虚无主义,并导致了资本主义社会腐朽性表现的派生物:试婚、暂时婚、连续多偶制、婚姻俱乐部以及大量婚外性关系。在我国,由于旧文化传统与习惯势力的影响,长期以来对性问题讳莫如深,视为万恶之首。事实上回避绝对自然的东西就意味着加强,而且以最病态最愚蠢的形式加强对它的兴趣。⑲

因此,性解放的观念并非本质上就是坏的,只是在它与中国特殊的历史语境相互作用下产生了危害性,那就是"动摇人的性观念",致使"淫秽宣传品"大量产生。这些淫秽品

> 强调性满足的极端性,将婚姻、生育、情爱与性行为彻底割裂开,把性享乐视为性行为的最高目的,宣传性问题方面的无社会性、无责任性,将性欲的满足超越社会规范的约束。这些淫秽宣传品提

供了各种不良行为模式,并激活、强化了个体的性欲求。由于受到淫秽宣传而导致性越轨的案例是很多的。

对于王行娟这样的观察者来说,问题并不在于西方的性解放观念,或甚至也不是能否"向人提供具有科学性、美学欣赏性或专业研究作用的性知识"。⑩研究性学的人员也很乐于见到人们"从传统思想的束缚中"解脱出来,能去寻找"真正的爱情、满意的婚姻和健康和谐的性生活"。然而随着这些欲望而来的是一系列问题,如中学生的"早恋",婚前和婚外性行为的上升,性犯罪,卖淫嫖娼,性传播疾病,黄色流毒,计划生育工作中的问题,性观念混乱,封建的、资产阶级的和"健康合理"的成分混杂在一起。⑪

学者专家除了用心理学和社会群体性行为理论解释卖淫嫖娼问题外,还对经济学的解释投以相当的关注,他/她们使用了一套经济学的语汇,如供应、需求、商品化等等。许多分析者认为,在就业、住房、教育等诸多领域的性别歧视,是造成卖淫妇女人数激增的一个重要原因。虽然经济改革为妇女提供了致富的新机遇,但很多工作单位不愿雇用妇女,企业亏损时,首先下岗的也是妇女。⑫卖淫妇女告诉社会工作者陈一筠说,除了在性行业,妇女在哪儿都受歧视。⑬另一些观察者对问题的提法有所不同,他/她们认为女性的性吸引力已商品化、进入了商品交易,而卖淫嫖娼是这个进程的一部分。在越来越多的情况下,美貌已成为女人找工作的必要条件,成为招徕生意的手段。工作场所的女性已成为"供人们视觉欣赏的装饰品"。一份华侨的报纸转引《纽约时报》的故事说,在1993年的上海交易会上,一家企业在宴请后雇了50名化妆得漂漂亮亮的年轻女人陪客人跳舞。文章提到,在北方的洛阳,包年轻女人一个月花一千元,当地人管一千元叫"一槽"。⑭("槽"与"操"谐音,这可能说明问题,也可能不说明什么。)有些著述指出,在非色情行业中,发生性关系也是女性工作中必须做的事。"一些集体、个体服务行业的老板,招收年轻美貌的女青年做招待员、服务员,以招徕客人。他们以解雇作威胁,逼迫这些女子卖淫。"⑤一个深圳女秘书在谈到中国最令人羡慕的女性职业时,口气平平地描述职业文化说:"在深圳,如果哪个女秘书没跟她的经理睡过觉,那经理一定是阳痿或同性恋。"⑥

从事社会学和妇女研究的学者也担负起解释的任务,对改革时期有社会性别特征的、情欲化了的新职业环境作出解释。他/她们中有的人论证说,中国的生产力发展水平低下,这意味着国内劳动力资源虽然丰富,但个人的"素质"却比较低,"在以男性为主体的社会中,存在着事实上的男女不平等,在职业活动中存在着性别歧视。"在"素质低"的人口中有许多农村青年妇女,"她们大多数文化程度低,缺乏现代科技知识和一技之长。"她们来到城市激烈的竞争环境中找工作,"大多只能干些帮工、保姆之类的辅助性工作。"论者视她们为"涉世未深"、"最易受到欺侮、最易堕落的社会群体"。对于那些"想挣大钱,厌恶农村的物质贫困、精神贫困"的人来说,"卖淫是实现这个梦想的捷径"。一些城市妇女也一样,她们受到更为隐蔽的经济压力的驱使,也将卖淫当作捷径。⑦张一全指出,改革时期人们的生活水平总的来说虽然有所改善,但有些地区先富裕起来了。现在的妇女并不像1949年以前,因为绝对贫穷,被逼无奈去卖淫,而是想通过卖淫摆脱**相对**贫穷:

> 人们通过不同的途径摆脱这种相对贫穷的状况。有的人靠劳动,有的依靠科学技术。但有些妇女好逸恶劳,一心想发财,在一定条件下,她们就去卖淫,以实现自己的目标。⑧

在这类论述中,卖淫既不是罪恶也不是犯罪,而是妇女为达到一定的经济和心理目标所采取的策略。王行娟相信,"这也就是现在我们低收入的国家既有发展中国家'为了糊口'那种类型的卖淫,又有发达国家'为了生活得更好'的那种卖淫的原因。"⑨

上述评论者还认为,对卖淫的需求同样是经济改革和性权力商品化的产物。王行娟写道:"从总体上讲,嫖客群体代表了非生活必要资金的占有者,他们将可能用于其他消费的金钱通过嫖娼转移到卖淫者手中,成为后者赡养家庭、储蓄、出嫁、出国或享乐的费用。"她很失望地指出,卖淫者根本不觉得自己被当成了商品是一种屈辱,反而热情地参与到这一市场行为中来:

> 商品意识的这种错位移植在一部分卖淫者中被认为你嫖我卖,是公平合理的原则。在沿海省市多次发生因嫖客未付足钱,被卖淫者拉到派出所打官司的事件,企图借助法律来解决"经济纠纷"。⑧

社会科学工作者强烈反对将卖淫者与嫖客的关系说成是公平交易。他/她们在著作中反复提到,妇女是因为缺损才卖淫的——她们缺乏金钱、缺乏教育、缺乏机会或失去了心理平衡。卖淫人员因为"素质低"(体力弱、脑力差、道德观念不牢固),无法适应改革阶段的新挑战。从这些著述中可看到,卖淫者缺这缺那,唯一不缺的是爱慕虚荣、好逸恶劳。学者们虽然承认劳动力市场的条件使大多数妇女只能得到"低薪的待遇、清苦的岗位",但他/她们仍用贬斥的词语谈卖淫问题。他/她们认为,"在很短时期内不付出劳动而获得大量财富的卖淫,对少数虚荣心强的女性有吸引力。"⑧谈到嫖客则相反,嫖客的特点不是缺损而是富有:他们有钱,有走动的机会,有艳遇的条件。王行娟论道,卖淫者和嫖客之间地位的差异最明显地表现在卖淫女在社会上永远被当作卖淫女,而且也只当作卖淫女,也就是说,她们只是用商业化的性行为加以界定的人,然而嫖客一旦结束了商品性交易,就回到了别的社会位置上,不可能只单独分出来作为一种人对待。⑧许多学者解释说,卖淫者和嫖娼者之间的不对称性是性别歧视的后果,但他/她们提出的解决办法不是消灭性别歧视,而是通过持续的社会改造来提高"主体的素质"。

寻求彻底整治的办法

学者和其他的社会评论者希望在改革时期成为受过良好训练的、有真知灼见的专业人士,能指出社会问题并提出有权威性的解决方案。即便像妇联的研究人员这样的处于国家机器边缘部位的人士,也多少认为自己独立于党和政府,可以通过公众讨论的方式对国家政策的制定产生影响。这些新生的专业人士虽然觉得卖淫嫖娼是特定历史阶段必不可免的产物,[83]但仍然和政府部门一样,将卖淫嫖娼定性为社会问题,是需要改造的病态现象。当然,他/她们和制定国家政策的人不同,主张进行长期的、昂贵的、宏观的改造工作,而不是采用短期性的突击扫荡的办法。

这些评论者论证道,只有在中国达到高度发达、能为人民提供丰富的经济和社会选择的时候,卖淫嫖娼才会最终消失。王行娟在重申那个被批判的"文革"时期的平均主义口号时,描绘出消灭了卖淫嫖娼现象后的未来景象:

> 只有当社会消灭了城乡差别、工农差别、体脑差别,社会的物质财富达到了极大的丰富,人们的文化素养与认识水平有了很大的提高,妇女不必为了金钱而去出卖自己。特别是人们在与异性的关系上,有了更大的选择余地,他们可以在同阶层的异性中,得到情爱的满足,也就没有人会再光顾妓女,也没有妇女愿意为娼了。这是我们的社会理想。[84]

具体说来,王行娟认为目前"性交的经济价值和劳动严重地不相等。在这种情况下,有些妇女不可避免地会以自己的身体作为商品去换取较高的经济价值"。她认为最根本的是发展经济,只有经济上去了,妇女的劳动价值才会提高。[85]

学者提出,在中国达到高度发展的经济水平之前,国家和社会工作者都应努力缩小卖淫活动的范围,限制其危害程度。[86]他/她们建议,管教单位在对大多数卖淫者进行短期的收容教育后即可释放,以便集中力量改造重点卖淫人员,即"屡教不改、几进宫者","自己卖淫同时介绍卖淫或容留卖淫者",以及"涉外的卖淫者"。最后一类是重中之重,因为"向国外人员卖淫,有损国家形象,导致各种性病包括艾滋病的传入,而且不利国家机密的保守"。⑰娼妓就这样和国家有着两重关联:中国经济的高度发达会带领她们脱离卖淫生涯,但是在达到这一目标之前的危险阶段内,对娼妓肉体的蹂躏则危及国家的肌体健康和政治安全。

分析者所提出的机构改造方案大部分都很昂贵,规模很大。有的希望由国家税收和司法罚款中出资建立一个常设机构,负责协调公安、司法、卫生、妇联、共青团等各有关部门的收容教育和性病防治行动。他/她们提议,应允许公安和司法部门留下所收缴的卖淫嫖娼的罚款,而不是如数上交到别的政府部门,这样"专款专用",可以用来添置和改进设备,改善改造人员的工作环境。⑱检查和治疗性传播疾病也急需资金。研究人员建议对广大的人群进行检查:不只检查抓获的卖淫嫖娼人员,而且"要严格对入境、招工、招干人员及结婚登记者、孕妇进行性病检查"。⑲他/她们还提议对青少年实行"隔离保护",不让他/她们接触不适当的性知识,这里包括对出版物进行分级处理和实施青少年保护法。⑳

这些社会评论家和五四时期的改革者一样,他/她们都寄希望于教育。教育既是促使经济发展的手段,也是人们从经济的发展中能得到的好处。教育能使家庭稳定,使个人能选到更理想的配偶,使家长能更严格更恰当地教育自己的女儿;教育能使妓女学会自尊自爱,调节自身。㉑教育会改善整个社会环境,性行为也会为性科学所规范。1989—1990年进行全国性调查的研究者将科学的性知识和国家命运联系起来,为自己所从事的工作树立了令人肃然起敬的谱系:

> 马克思说过,一门学科的发展程度,取决于社会对它的需要程度。如今,人们日益深切地认识到,社会需要性科学。由此看来,一切都是历史的必然:中国的社会发展是历史的必然;在发展前进的过程中出现了那么多性问题是历史的必然;在这种情况下开展性科学研究是历史的必然;为了更好地进行性科学研究而进行这么大规

模的性调查,也是历史的必然。⑫

当然,只有在性教育的形式下流通的性知识才是有用的知识。这时,金西教授的中国后裔来了诗兴,他们引了一段女作家伊妮写娼妓问题的文字:

> 哦,太阳在哪里?在有思想的地方;寒冷在哪里?在愚昧长驻的地方。在苍白的土地上,野蛮和愚昧的种子最容易发芽。我们的社会忽视了性教育,于是,时间报复了我们,还将继续报复我们!因为人类向文明前进的每一次疏忽,都不可避免地伴随着一场历史性的报应。这不是危言耸听,更不是宿命论。不讲性,不启迪人类的性感情,不正确引导人们去追求精神和肉体的统一,不去引导和调节已婚夫妻间的性生活的平衡,便会更促进人们去追求原始的性欲,使他们只玩着生活的玩具,尤其是性爱的玩具,因而迷失了作为文明的人的自身。⑬

学者和社会科学工作者都声称担负着文明化的使命。他/她们要以教育和科学分析为武器,去铲除使卖淫嫖娼得以产生和延续的条件。他/她们要在同卖淫嫖娼作斗争的过程中保存和发扬中华文明,改造古老的文明使之适应现代社会的要求。虽然学者花了很大的精力解释当代环境中产生卖淫嫖娼的原因,但最终说来,他/她们并不将卖淫嫖娼定位为现代性的一部分;相反,那是旧习气,是拖后腿,不让中国加入文明世界之林。他/她们和从前的学者一样,将卖淫嫖娼刻画为中国孱弱的症候,而他/她们手中握着医治的药方。

报告文学、通俗书刊中的性描写和色情想象

比学术论文流传范围大得多的是写给一般受众看的有关卖淫嫖娼的叙述报道。它们出现在两大类出版物中:一类是报告文学(出书或登

在杂志上),另一类是通俗小报文章(登在杂志和报纸上)。改革时期,政府的管制比较宽松,同时政府的补贴也缩减了,这使面向刚露头的大众书报市场的报刊大量涌现。我称这个新出现的品种为"小报"文学,因为这个用语最贴切地传达出它推出罪与性的故事的方式:配有大量插画,虚构与非虚构的界线模糊。两种类型中,报告文学似乎瞄准了文化、知识水平高一些的受众,但也可能两种文类的读者群是重合的。它们各有自己的程式,就卖淫嫖娼问题而言,各有具体的主题。不更多地了解这些出版物的流通和消费方式,就不可能描绘出它们如何影响了公众,使之对卖淫嫖娼问题有了共同的认识。我们所能说的是,报告文学和小报中对卖淫嫖娼的表述在一些重要的方面与政府和学者著作中的说法很不一样;两种类型都以卖淫嫖娼为新的、重要的题材,如此它们大大增加了卖淫嫖娼的曝光度,并且在形成人们对卖淫嫖娼问题的认识方面起了自己的作用。

掺杂了好几种文类特征的报告文学中,作为受害者的娼妓形象得到了最充分的体现。报告文学最初是共产党根据地内的一种说教性的报告,其特点是将新闻调查、小说笔法和社论式的评论结合起来。报告文学的程式允许生活中的真人出现,但却让他们的嘴里说着经过想象性重构的话,同时作者随时插入自己的反应和发表见解。在中华人民共和国,报告文学一方面用来歌颂在"正确"的路线方针的鼓舞下工人们的英勇奋斗,另一方面用来对政策实施中的问题作有限度的批评。改革时期,报告文学的应用范围扩大了,常用以调查、揭露社会上的丑恶现象,政策问题只是其中的一小部分。1989 年庞瑞垠写的关于卖淫嫖娼的报告文学就属于这一类。[94]

庞瑞垠是江苏省官办文化团体中的专职作家。1986 年,他在一个劳改农场对 7 名被判劳改(比劳教更重的惩处)、正在服刑的娼妓进行了很长的访谈。庞瑞垠报告说,这些女人都来自穷苦的或破碎的家庭,没有一个曾接过外国人或中国的高档嫖客,不过其中有一个是在随同香港黑社会人口贩子企图逃亡澳门的时候被捕的。庞在前言中非常明确地将这些妇女定位为受害人。他提出,她们在沉重的经济压力和社会压力下开始卖淫,在卖淫生涯中又受到更大的摧残:"从繁难的考察中我发现,从卖笑生涯的第一天起,她们即已失去了笑的权利……这是怎样一种人生?!啊,读者,你能理解她们吗?……"⑮就这样,庞瑞垠邀请他认为离如此困苦境地十分遥远的读者,与他一道踏上旅途,去探索中国那混沌凌乱的角落。

在庞瑞垠调查的7名女子中,有好几个被描写为贫困不堪者。36岁的奚兰个子至多9岁女孩那么高,"文革"期间她同守寡的母亲、三兄妹及自己的孩子一起下放到农村。(曾经劳改过的丈夫在做临时工,没有随她们下放,趁他高兴有时会寄些钱给她。)1974年她回城后(可能是南京),"在江堤上搭了个芦席棚子存身",加入了半明半暗的临时劳工大军,拾垃圾、卖菜、替街头魔术师收费、拉板车、赌博、替人洗衣服等等,什么都干过,甚至还卖血,100cc得16元,直到后来皮包骨头没血卖了为止。不久,她同一个叫她洗衣的顾客好上了,开始了以性易物的生涯:

> 别人说我以色相勾引人,其实,我长得并不漂亮,男人要想沾你,他才不管什么色相不色相,他只有公狗的要求,而我也不再风里雨里去苦去累了,钱来得蛮容易。我轧了一个男人又一个男人,有市政公司的,公路局的,车队的,房管所的,缝衣铺的,苗圃的,卖菜的……他们大多是夫妻分居两地或单身汉,喜欢拈花惹草,我便跟他们厮混,从他们那儿不断得到好处。你已经知道了,我是下放的,黑户[指没有正式的城市居住许可]。我拿他们的粮证买米,拿记账单看病,我得到钞票、肥皂、洗衣粉、棕绷床……我陪他们看电影、听书、打牌,深夜把他或他带进我那永远是漆黑的棚子。⑯

尽管奚兰已被当局多次拘留,她的话仍表现出她所感受到的生活和政府管制机构要她们过的生活差之千里。她将所有的政府机构都叫"庙里"

或"宫里"。她说,放了她后想要让她不再犯事,就必须给她两样东西:营业执照和住房;"否则,难保晚上我不跑到姘头家去。"㊿几乎所有这些故事中都会说到经济窘迫的问题。即使没有真正冻馁之虞的女人也在工厂干着沉重的体力活,而工资很低,或者第一次被拘留释放后找不到工作,就这样落入了卖淫行当。

庞瑞垠采访的女人中除一人外,都诉说自己在有问题的家庭中长大,父母或死亡、或失踪,有的有严重道德缺陷,或对子女过度纵容。奚兰的母亲是寡妇;晓晓的父亲同母亲离异后再婚,后母对她很不好;大秀的母亲替她介绍嫖客;淑红的父母对她太溺爱,没有管束她不让去咖啡馆等危险的地方;喜妹从母亲和外婆那里学到了依赖丈夫生存的梦想;阿屏则阴郁地暗示,她那病恹恹的父亲在遭到母亲遗弃后,曾对自己的女儿动手动脚:

> 不能冤枉父亲,他从没带过女人到棚子里来,事实上,也不会有哪个女人沾他的边。可他总是个男人啊,渐渐地,在我们小小的年纪,也知道了一些男人的事……大姐后来劳教三年,跟着我又出事,不知有没有这方面的原因,说不清,我也不想去说了……㊽

这些女子的婚姻关系也有各种各样的问题,有的无幸福可言,有的不正统,有的没得到正式许可。奚兰那曾坐过牢的丈夫最后同她离了婚。晓晓还没到合法结婚的年龄,就住到男朋友家去了(家里的活都是她干),怀孕后做了人流,眼看着男朋友找了别的女人,最后将她赶出家门。大秀让妹妹小秀分享她的丈夫,后来她母亲介绍她卖淫,那男人就起诉离婚,这样他可以正式娶小秀。淑红把积蓄和贞操都给了一个没能耐的赌徒,甚至为他去偷窃,因此坐了牢。后来她开了服装店,生意虽然还可以,但觉得感情空虚,终于在一个女介绍人的诱使下,开始卖淫赚钱。阿屏卖淫至16岁后,洗手不干,跟了个泥瓦匠,后来又跟了另一个泥瓦匠,后来的那个给前面的500元了结(都是不领结婚证的)。喜妹的丈夫因病丢了工作,又不能种地,她便同一连串男人睡觉,换回钱和东西。她丈夫不愿意了,她便想打离婚;奇怪的是,虽然他俩根本没有领过结婚证,当地政府却不准他们离婚。后来他看到这样挺来钱,也就当了"叉杆"(靠妓女卖淫收入生活),甚至还出面同嫖客谈价钱。一个个故事中层层堆砌着这样的细节,给人的印象是中国的农村和城市的贫困地段在很大程度上一派混沌,法制和道德规范根本管不到那里。

然而,官方一旦来管,也不见得总是什么好事。曾经做过卖淫女的吴明洗手后开了个饭馆,但没有卫生许可证。她提着烟酒水果去见管发卫生许可证的干部孔某,孔感兴趣的是她这个人而不是她进贡的东西。只要他要,她便同他睡觉,就这样她可以不受干扰地经营饭馆,只是他仍然不肯给她发许可证,也许是为了保证能继续占有她。当她发现不但个体老板和做生意的喜欢性,就连国家干部也不例外的时候,便决定去找税务局的头头,但还没来得及找,就因先前卖淫事发被抓了。孔企图阻止她被捕,气急败坏地给她带信,警告她不准暴露他俩的关系,并说如她定罪判刑,他一定会给她补偿经济损失。吴明进来后不知那姓孔的怎样了,但庞瑞垠的叙述明白无误地说明,贪官们是经常享用妓女性服务的嫖客。他采访的好几个人都自称我们"这号人",入了另册的还不是做官的想把她们怎么办就怎么办。

在庞瑞垠的作品中,娼妓是政治混乱、个人悲剧、经济动荡以及不稳定的、往往很腐败的官场的受害者。他提出了一种可能的救赎:妓女和自己的子女的关系。被关押的好几个女人都表示后悔,说自己没有给孩子做好样子,现在不能天天见到孩子心里很难过。庞瑞垠以吴明母子见面的令人心碎的场面结束了她的故事。喜妹则因做了母亲而高兴,当她生下孩子后,"像每一个做母亲的,她感到难以言喻的欢欣和满足。"⑲庞的意思是,这些女人与她们的孩子之间的"天然"感情联系有可能使她们脱离受害的境地。相信家庭纽带具有救赎的力量,这同过去的年代里改革者的提法是一致的:从"希望之门"的志士到50年代的共产党,都提倡通过家庭拯救妓女。

庞瑞垠在他的叙述中穿插了不少高调的文绉绉的语言，表达了他的希望。他说，正如维纳斯在漫长的岁月中从色情女神转化为邪恶精神、最后转化为爱神一样，卖淫业最后也会变的。⑩但是，小报却不同。小报像报告文学一样兼有新闻报道和虚构文学的特征，但小报文章的作者却没有说教的口气。

小报文字在意想不到的地方冒了出来。例如，法制报在讲述同罪犯斗争的说教故事时，塞进了侵犯和报复的血腥描写；学院和政府办的出版社拼命想赚钱，也印行绘声绘色描写卖淫嫖娼和暗中卖淫行业的书籍。⑩因此，我们很想下断语说，出版社是什么好卖出什么，在这个过程中，性及其载体女人被商品化了。然而，承认色情文字有经济意义，却也引发了有关色情经济的更为复杂的问题。什么类型的写卖淫嫖娼问题的作品有色情吸引力？这些故事怎样吸引人？下面的分析主要取自商欣仁在1993年以通俗杂志开本发表的《来自扫黄前线的报告》。这是个厚实的例子，典型地代表了刚出现的"小报"品种如何把握通行的露骨描写的限度，并偶尔又会超出限度。⑩

商欣仁使用的是"色情"或"黄色"出版物一词（pornography），但我很少在本书的讨论中使用，即便用，也只限于中文中出现该词的情况。虽然在希腊语中，pornography的本意是"写妓女的作品"，但是中文里的几个对应的词，如"黄色""淫书"等，却并不含有这层意思（其实现代英语中pornography也没有这层意思）。在改革时代的中国，制售"黄色"物品和卖淫嫖娼同属"六害"，而"黄色"的含义仍很模糊，就像美国联邦最高法院大法官波特·斯图尔特也不清楚它到底指什么一样。（斯图尔特说，"我不知道那是什么，但我看到的时候会认出它来。"）但是，我们毕竟在一个完全不同的文化传统中谈问题。在中国，表现性欲和性行为的书文、图片和物品等大多已被编码为"外国"的（通常指西方的）东西，而且与中国前途的讨论密不可分，它们关系到中国向现代性转型的过程中应向外部世界吸收什么的问题。政府斥之为"淫秽"物品的,通常是非法制售的西方和香港的录像带,私下流传的描写性行为的书籍,还有一些在西方归入"色情作品"类(erotica)或甚至是"艺术"类而不会产生任何问题的书刊物品,当然这些是否遭禁要视具体的政治时机而定。改革开放的第二个十年中,"黄色"物品的范围扩大了,指一切包含露骨的性描写的东西,而不一定要和外国有什么关系;但同时,性描写的容许度仍不断受到强烈的质疑,而现代性论辩的调门高低对性描写的讨论有很大影响。例如,1993年来,围绕着贾平凹那部粗制滥造的小说《废都》,中国的文学界爆发了一场大争论。小说的中年男主人公有一长串的床上女伴(其中至少有一个是妓女)。政府禁了此书,但却反而使它在越来越管不住的文学市场上销量见涨。⑩在北美,有许多问题带动了关于色情出版物的争论,使之跌宕起伏或令人感到困惑,诸如权力、欲念、社会性别定位问题,又如色情艺术还是淫秽品,平淡无奇的性行为还是受虐施虐的性行为、针对女性的暴行、性幻想与行动的关系等等。⑩但是,有关《废都》的争论以及其他的争论并未触及这些争端。其他问题,例如在中国十分重要的书报审查制度,也因中国不曾经历过第一修正案那样的辩论,所以其操作环境也迥然不同。考虑到北美和中国的语境差异甚大,值得专门作比较研究,故在分析有关娼妓问题的文本时,为谨慎起见,还是不采用不严格的或常识性意义上的"色情"(或"淫秽")一词为好。不管怎样,正如下面的讨论所指出的,卖淫嫖娼题材的通俗读物一般都不含有露骨的性描写。

384　　从叙事结构看,通俗故事都有一定的套路。如商欣仁的标题所示,通俗出版物起的名字往往就表明其遵纪守法、同罪恶势不两立的立场;在叙述故事的过程中不断插入表态性言论,如走向现代化、建设国家、加强法制等等。商欣仁那篇《来自打击卖淫嫖娼前线的实录》开头一段就说,随着改革开放的进程,"西方社会的丑恶现象——卖淫嫖娼也从国门外悄无声息地溜了进来,"腐化着"五千年文明古国"的体魄。在结尾的段落中,他引用了中共中央政治局常委乔石关于打击卖淫嫖娼的声明,并号召全民动员起来,更好地加强法制。⑮这类书的结语提供了应怎样读书内故事的语境,至少说明决意在公众领域扫除黄毒的政府官员希望人们怎样看待这些故事。商欣仁在故事的开头结尾加上警世劝善的话,可能是一种自我保护,这样人家就不能指责他打着扫黄的旗号贩黄毒了。

然而夹在一头一尾之间的故事,却通过详细描述对妓女的施暴行为传达出另一种警世意味。商欣仁在开始时简短地讲了三则故事。某县城关的杨小姐有非同寻常的旺盛性欲(作者有时说这是生理上的超常,有时说是心理或精神的疾病),后来为满足性欲当了娼妓。有一次,她嫌某嫖客不"过瘾",发了几句牢骚,没想他"乘着酒性,竟将半斤装的酒瓶塞入其下体,顿时血流如注"。她经手术处理后,被收容管教,丈夫也同她离了婚。接着是一个姓魏的女人的故事。一天夜里,两个男人将她丢在医院的急诊室门口后逃逸。魏公开地、毫不知耻地"操卖皮肉",竟对朋友说一年之内要挣10万元。一天夜里,她遇到的两个"性虐狂",坚持要对她"前后夹攻",她禁不住加价的诱惑就答应了,结果"肛门撕裂、鲜血殷殷"。第三个故事讲一个姓邱的上海无业女子,因长相平平,做妓女后拉不到什么客人。别的妓女告诉她应"扬长避短"。于是她"敲掉了本就残缺不全的门牙,专门为某些出高价寻求变态享受的男人进行特殊服务",甚至得了性病、"尖锐湿疣长在了嘴角上",仍继续接客。⑯

这些故事中没有性行为本身的露骨描写,而是直白地写出性行为造成的损害,前两例是性虐待,后一例是性病的传播。杨被写成腐化堕落的女人,因为她的性欲太强,旺盛的性要求又导致她的惨剧。魏被写成腐化堕落的女人,因为她要钱不要脸,最后落得悲惨下场。邱则没等嫖客伤害她就先敲掉了自己的门牙,于是读者看到了一个丑陋的、令人厌恶的妖婆,她极其活跃地从事性工作,用她那张染了性病的嘴巴无情地吸吮着毫无警觉的男人的精力。这些故事吸引读者不是因为唤起了愉悦之情,而是因为描写了女人支离破碎的身体:女人的肉体被亵渎、被冒犯了（三个故事讲了三种伤残的口子），尽管她们本身在做着亵渎、冒犯行为规范的事情。第三个故事中还含有对中国男子颇为明显的警告意味：如果沉迷于花钱买性，那他们的活力很可能被抽干、被毒化。

商欣仁在开头时讲到了打开国门后的情况，现在回过去看看那段话很有意义。这不只是装门面、应付书报检查的话。这段文章还突出了一条已经守不住疆土的疆界：

> 大开国门，引进外国的资金、技术和先进的管理方法，加快我国现代化建设的进程，已成为全党全国人民的共识和行动。但西方社会的丑恶现象——卖淫嫖娼也从国门外悄无声息地溜了进来，已被消灭的性病又重新渗进人们的生活。沉渣残孽的泛起，给人们的正常生活蒙上了一层可怕的阴影，传统的美德从这里开始沦丧、堕落。⑩

商欣仁的文字制造出肉体受侵扰和国界受侵扰两者之间的共振效应。外国的东西通过非正规途径进来了，带来了痛苦和疾病；被破门而入者（女人、国家）却被欲望迷了眼，心甘情愿地合作共谋，让自己受到侵犯。同时，女人也被表现为危险的形象，女人威胁到男人/国家的肌体完整和生命力。包装在浓缩形式中的（tabloid［通俗小报］原本的意思就是浓缩的东西）是一帖双重配制：妓女/国家作为受到（西方）侵害的受害者；妓女作为男性/国家的危害者。双重的忧虑通过在文字层面调度妓女的身体得以表达。⑱

放在开头的这几则小故事显然为了刺激、撩拨、警告读者（或许还能让在报摊上随便翻看的路人心动，买下这本书）。但接下去商欣仁就不再提作为受害者的女人了，而专讲第二种情形，即男人（以及国家的现代化）如何受到性堕落女人的腐蚀、污染和欺骗。如果女人成了暴力的牺牲品，那也是自找的。下面的故事中，男人的情形各有不同，但他们都成了软弱可欺的人，没一个精明能干的。其中有民国时期阿木林故事的老调重弹；一些以前没有嫖过的男人，不懂得找妓女有哪些规矩。姓牟的到了舞厅,出了好多洋相后才明白了"操作程序和规矩":客人必须先到柜台付 10 元介绍费,才能挑中意的服务员伴舞;下舞池后,必须给 10 元,女的才同男的贴胸跳舞,照此一个个 10 元加上去,她才逐步升级,从贴脸、贴腹到贴胯。经理告诉牟,如果合乎手续,想要另外的服务,女人是愿意的;事实上,没有生意的服务员还找经理闹,因为不赚外快的话,她们干一个晚上还不够买一杯咖啡。[⑩]看来,从民国到现在,舞厅业没有多少变化,但是作者并没有多说服务员的低报酬。她们的经济需要不是主要的,要害在于她们自愿卖淫。

除了缺乏嫖娼经验的土包子,另一类经常出现的男性形象是受到骚扰的、正派的政府官员或企业的管理人员。这种人在为现代化而工作,或者在捍卫国家的纯洁,但他在执行任务的时候,却受到了妓女的滋扰。一个工厂的厂长带着助手到沿海某地谈生意,妓女整夜打电话进来,还自己上门,拿了他们的烟就抽,还声称她们的服务很便宜,厂长给闹得一夜不得睡觉,第二天只能换旅馆。还有一位纪委书记赵某到南方某市出差,走进了一家发廊,洗完头被叫到后面去冲洗,没想到洗头小姐居然抚摸起他来,还问他要不要"特殊服务"。赵猛然觉悟,原来这地方不是发廊,他

> 当即双手捂住羞处,正色道:"我是国家干部!"谁知洗头小姐反倒来了劲:"领导干部好啊,我们优惠一点的啦。"说着竟扑上了身子。

赵起身想走,小姐拉住他,非要他交 100 元"贴身费",而且店里顿时出现了"几个凶神恶煞的小伙子",不容他不给钱。[⑪]我们从中了解到,妓女对社会等级制度或做官的根本没有敬意。新生的管理阶层手中的权力和金钱招引来妓女,而不是令她们怀着尊敬保持距离。

商欣仁写的故事中,并非所有有权的男人都像那厂长或姓赵的干部一样讲道德。经不住妓女的诱惑的人既毁了自己也害了国家。有个厂

长因想在公园里同一女子发生性关系而在广州被捕。(那女的是浙江人,这一点更加深了广州作为四海妓女麇集之地的形象。)另一个"长"因嫖娼被罚款 5 000 元,但他申报差旅费的时候做了手脚,居然将这笔罚款用别的名义报销了。工人们发现后气坏了,厂里的生产下降,他却稳坐厂长位置。⑪

商欣仁的作品很不寻常地让我们看到执法部门想限制卖淫嫖娼活动时所面临的困难。他解释说,每个单位都同公安机关签了协议,在条款中就有保证自己的单位没有娼妓和嫖客一条。凡签了协议的单位,公安机关就不专门来巡查了,而将责任交给了单位的保卫部门。单位想要得到公共秩序治理奖,就必须是干净的,或看上去是干净的。奖金虽然不多,却关系到单位领导的"面子"和职工的收入,因此有的单位就充当了妓女和嫖客的"防空洞",而不肯承认自己那里有问题、丢了奖金。为说明这方面的问题,商欣仁讲了一件事:一个工人的儿子将妓女带到父亲的办公室。卖淫嫖娼活动玷污了"父亲的办公室"——即国家,造成经济损失,危及现代化的进程。⑫在极端的例子中,卖淫嫖娼活动使嫖客的肉体遭殃。有一则故事讲到,有一对老夫妻下南方去收儿子的骨灰;37岁的儿子被黑帮凌辱后残害,因为他睡的一个俄国女子正好是被黑帮成员包身的。⑬这里,国家衰亡的幽灵与卖淫嫖娼紧密相关,体现在俄国卖性女子的身体上;苏联解体后,这些女人被迫到海外寻找生路。同时,外国影响也被赋予了负面的意义;那个男人遭到杀害,就因为他想"尝尝洋果子的味道"。

商欣仁故事中的男性角色地位各有不同,有性色方面的新手,也有倒霉的、好色的或腐败的官员,然而妓女不论在淫业中地位的高低,却一律被描写成进行污染或欺诈的人。例如,在一辆农民和打工的人搭乘的长途汽车上,有那么个矮胖的女人,耳朵上垂着玻璃珠子耳环,涂抹着廉价香水。"此女子姓梅,这是一个很美、很富有诗意的姓,但她从一登上车就在污染这个姓氏,不!很久前就开始了。"梅在一个瘦瘦的中年男子边上坐下,"像猫儿一样"在他身边"扭动挨擦",并告诉他 10 元就行。她开始抚摩他,但显然是没有结果,因为人们"听见她怒气冲冲地责问:'你才回家探了亲?'"另一些性工作人员则和这个在拥挤的汽车上工作的、其貌不扬的女人完全不同,她们穿着靓丽,手持现代化的通信工具,坐着出租车来到路边店,分散进入各房间,完了事就飞快离开。作者称这些人"污染着社会的空气"。[114]还有"火锅"店的女招待也是骗子,一顿"基本上是豆芽加葱姜蒜末"的简单饭菜加上按摩服务,就开出天价来。[115]

商欣仁报告的结尾和开头一样,讲了好几则血肉模糊的故事。除了上面提到的嫖客受到凌辱残害的事情,还讲到一个女人因怂恿几个有暴力倾向的嫖客相互竞争、看谁能得到她,最后被戳了十几刀后死去。我们还得知一个女赌徒同男人睡觉抵赌债,最后一次她同三个男人日夜不休地赌了好几天,终于输了,男人说太累了,搞不动她了,拿了个胡萝卜塞进她的阴道就睡过去了。女人昏了过去,终因失血过多而死亡。[116]

这些故事不是呆板地讲述干部怎样背离职守,就是乱动刀子,充满血腥气。我们会问,这样的故事有什么情欲上令人愉悦之处?故事里最多有一句话会提到抚摩,至于性交则根本不写。也许暴力就是为了引起性欲,或者说暴行的描写激起了一些读者的性欲,但这并非商欣仁的本意。但是这类故事的叙述语气却是冷静的、分析性的,似乎意在震惊而不是唤起欲望。这里的色情经济不是围绕着露骨描写开展,而是一种言外之意。这些故事具有撩拨性,因为它们都要写一宗性色事件,但是故事中的关键性行为只有暗示而没有正面描写。对于刚刚经历过关于淫秽之争的西方读者来说,这些故事无论看来多么平庸或令人厌恶,但考虑到在改革开放之前,中国作品中甚至不允许提到性活动,连伴随发生的暴力行为也不能描写,因此,打破这一禁令本身可能就负载着强大的色情意蕴。究竟何谓色情,就像何谓女性一样,总是根据本地的具体语境而被赋予意义的。然而说来也奇怪,这里仍有些东西能让北美的读者一眼就认出来,那就是铺天盖地的、色彩鲜艳的通俗杂志,封面和封底是大面积暴露的吹萨克斯管的白皙女郎和穿着比基尼泳装、撅屁股斜躺着的黑美人,而封面封底之间就夹着放不开手脚的色情故事。具有讽刺意味的是,虽然像商欣仁这样的作者警告说,卖淫嫖娼转移了人们的目标,不让我们努力实现现代化,但是写卖淫嫖娼的媚俗作品却做着刺激性的事情,滔滔不绝地说着性,这正是福柯所谓的现代所特有的强迫症。[117]

无声的提法:卖淫嫖娼与女性劳动市场

20世纪70、80年代,欧洲和北美的女权主义开展了关于娼妓问题的大辩论,争论的焦点是应将娼妓业理解为对女性的性奴役(女性被迫做性奴隶)还是一种性劳动(妇女在有限的可能性中所选择的并为她们随时能使用的、能带来最大利润或最具有解放性的挣钱工作)。[118]但是在20世纪末的中国,这两种立场都没怎么得到认可。我们已经看到,20世纪末的中国妓女有时被说成是受害者,但总的来说,和民国时期的妓女相比,舆论认为现在的妓女是主动为妓的意味大大加强了。然而在所有的公开讨论中,不论国家、学者的意见还是大众的舆论中,几乎从不将卖淫视为工作,或认为劳务市场的状况是造成这种现象的原因之一,尽管他/她们自己提出的证据就有可能作出那种分析。

举例说,在海南岛的首府海口市作为"邪恶之都"的形象出现的时候,一位香港记者说到人口大量涌入海南新经济特区已造成严重的失业问题。特区设立后,海口的人口已从31万激增到40万,每日有三四万人在大陆和海南岛之间穿行。其中多数是做小买卖的,一个月收入150元左右,但是做舞女的(文章强烈暗示她们也卖淫)一个月能挣到4 000元,那是她们在大陆工资收入的20倍。文章没有说明这4 000元是否包括了对客人进行性服务的收入,但显然性工作比女人能得到的任何其他工作都更能来钱,而且也比男人的许多工作挣钱更多。[119]

但是,四个月后,当海南省委书记许士杰谈到同一问题时,他却将卖淫嫖娼和赌博等都说成是"丑恶的社会现象",认为这是由于人口大量涌入、警方控管不严和"腐朽的生活方式侵蚀本省"所造成的。他提到失业是造成犯罪的大问题,但认为这不是诱使妇女卖淫的因素。至于卖淫对妇女来说是特别能赚钱的行当,他更是只字不提。他指出的解决办法和他对问题的界定是一致的:"打击严重的犯罪活动,坚决消灭各种丑恶现象……限制人口盲目流入,对进入本省的外来人口要严格地管起来。"⑫

学界的情况也差不多,如我们所看到的,学者的分析评论承认吸引女性从事卖淫的主要是高收入和物质利益。但是在他/她们的文章中,卖淫乃是女人为了得到物质的好处而做的事情,**而不是工作**,这主要是由于妇女在职业、智力和感情方面都缺乏技能,不大能适应改革时期对劳动力的要求。⑫ 报告文学和通俗书刊的作者则忙于写出作为悲剧、堕落、对民族的威胁等等的妓女形象,哪里顾得上将娼妓当作一种工作类别加以分析。

为什么中国的国家部门和社会科学工作者基本上都不认可劳动市场的分析框架? 20 世纪 90 年代,在飞速变化的改革经济中,管理层面的讨论仍集中于规划新的、"现代"的却仍然是稳定的工作和家庭环境。政府认为,这样做中国既能实现现代化、又能抵制由"资产阶级自由化"所造成的混乱。无论现代化还是自由化,现代性都是这样一种力量,它既使妇女失去了原来的位置(她们受到损害,但却也挣脱了束缚),同时又要求必须在国家政权强有力的支持下,重新安置妇女(使妇女得到保护,使她们受到控制)。这里,问题的所在不仅是"女人"是什么样的和应是什么样的,而且还在于如何把握现代性的面貌和意义。按这种阐述,正如在民国阶段一样,卖淫看来是扰乱了稳定的工作和家庭,而不是一种工作形式,但事实上这种工作可能正帮助养活了许多中国的家庭。

我们已看到,党和国家的领导坚决地认定卖淫嫖娼是罪恶和犯法的分析框架,他们认为这种罪恶是随着外国影响的渗透而猖獗起来的。20世纪 50 年代时,他们的前辈已经定下了对付卖淫嫖娼的路线,那就是先指认它为外国的罪恶加上国内政府的软弱无能造成的现象,接着赶走了外国人,强化了政权,消灭了卖淫嫖娼。到了80、90年代,党和政府的政策又欢迎外国人来华,并宣传说政府要放宽对中国很多领域的控制。原先的路线中只剩下了一条,那就是卖淫嫖娼仍是罪恶;如是,信奉这条路线的领导们就一遍又一遍、没完没了地搞清扫打击运动,接着一段时间充耳不闻,卖淫嫖娼又局部反弹。在这个分析框架中,妓女被看成是受骗的、堕落的或是贪婪的人,也就是说,她们不是受害者就是为恶者。但是,只要早先关于卖淫是"罪恶"的认识还有一丝影响,那么国家就不可能将做妓女看作为一种工作,或者制定适当的政策,使得其他类型的工作与性工作相比更具有竞争力。

中国新型的社会科学工作者做了许多工作,大大活跃了改革时期对中国社会方方面面的调查研究。对他/她们而言,问题显得更复杂些。和国家政府部门不同的是,这些研究者并不死抱着一个已在瓦解的分析体系不放(虽说他/她们也不见得多么属意西方的社会科学理论,后者对他/她们的意图或许仍有用,或许没用)。"罪行"对许多人来说都是特别有吸引力的调查题目,这不仅因为条件变了,出现了新的更高明的犯罪活动,使犯罪成为不断扩大的领域,而且因为长期以来一直禁止公开讨论社会问题,所以现在做这方面的研究,的确具有开拓性的意义。可劳工问题就不同了,那是个老掉牙的题目,在改革之前就搞得底朝天了(搞得都麻木了)。

那些将关注的目光投向社会性别问题的,尤其是随时准备同正越来越厉害的性别不平等现象作斗争的社会科学工作者,对研究妇女劳工问题也同样持矛盾的态度。一方面,女性在报酬和地位较高的工作领域越来越受到排斥,这使他/她们感到极端不安;有些妇女决定回到家庭,不再就业和靠工资生活,更是令他/她们沮丧。(当时在天津地区新富裕起来的大邱庄,围绕庄里的妇女大批退出劳动大军的争论,成了妇女回家的倾向所引发的一起最激烈的论辩。)这种忧思产生了相当多的谈论妇女就业问题的著述。⑫但另一方面,这些学者大多已不再囿于毛泽东所定

的框框,不会以就业作为妇女解放的唯一标准。正如社会学学者陈一筠在 1989 年的妇女理论讨论会上所说:

> 解放初期,由于教育基础比较薄弱,当时的重点放在妇女就业上。这样做不仅超出了生产力发展的水平,也超出了妇女本人的认识和能力。⑫

人民大学的李蔷(音)对一味强调妇女就业的缺陷做了最激烈的批评,并最终提倡大邱庄的做法:

> 在中国,当文明达到一定的水准之前,人们往往以为大批妇女就业并发挥着男人的作用就是妇女解放了。其实这是摧残妇女的另一种形式。从事高知识水平工作的妇女人数很少,多数妇女都在干艰苦的体力劳动。这正是中国妇女比发达国家的同龄妇女看上去老得多的原因。因此,我们认为各行各业的普通劳动妇女在家庭需要她们回去养育孩子的时候,有权回家照顾孩子。⑫

参加研讨会的许多理论工作者提出,妇女解放的关键是教育,而不是就业。⑫民政部的李明(音)表达得最为简练:"如果说五四运动主要解放了'足',中华人民共和国成立之初主要解放了'手',那么今天的妇女解放目标应是解放'头脑'。"⑫

因不满于只从妇女就业状况分析妇女地位的方法,所以也出现了好几种新的看待社会性别不平等现象的方法,这些新的认识不只关注女性教育问题,也探讨女性心理、婚姻、性爱和犯罪问题。然而,新的学术观点在"妇女问题"上的立场也使得卖淫不可能被纳入劳动范畴加以探讨。熟悉西方争论的妇女学研究人员还有另一个不接受"性工作"说法的理由:按她/他们(并非总是确切)的理解,西方的"性工作者"是合法的、有执照的提供性服务的人员,她/他们还(准确地)指出,中国的情况不同。⑫

学者虽然没有将卖淫本身看作是在劳动,而且很可能认为卖淫正是妇女没有平等的社会地位、中国缺乏现代性的表现,但不管怎么说,有些学者相信只有新的劳动技能培训政策才能有助于制约卖淫活动的蔓延。(培训计划当然是很昂贵的,地方政府也不大会心甘情愿做任何增加管教所支出的事情。)至于新出现的社会工作人员则还要假以时日才可能认识到,卖淫活动即使不是一种工作,至少也是带来收益的活动,而且比从业者能得到的其他选择看上去更有吸引力。

我在这里提出了中国分析家认为不适宜的说法,并不是想论证做娼妓"确实"是一种劳动,而中国的评论者还都笼罩在虚幻的意识中。我的意图其实是看看人们选择了哪些说法,又排斥了哪些说法,并要问为什么人们会作出如此选择?当代西方有关娼妓问题的论争同样是由诸如此类的选择所产生的,对它们同样值得作历史的分析。西方的争论并非判断中国的争论的标准。正如中国的评论者清楚表明的,他/她们对卖淫嫖娼问题的表述涵盖了许多问题,不仅有劳工问题,也有性(男性和女性)、疾病、婚姻市场、拐卖人口和本地的"现代性"建设等等。

但无论如何,假如我们在收容教养所以外的地方能够更清晰地听到中国妓女这个下属群体的声音的话,那么她们有可能比管教她们和研究她们的人更会使劳动的说法凸现出来。上海虹桥饭店30层楼迪厅中的女人,当她们冷静地同顾客接洽并交涉价钱的时候,是那么专心致志,那么严肃,人们完全可以将她们的表现和工作联系起来。再者,如果性学专家潘绥铭是对的话,那么娼妓们自诉她们的职业挺没意思,甚至心离得很远,这也是人们在工作中常有的心态。潘绥铭评论说:

> 同卖淫妇女的谈话……发现大多数人形容自己的经历时说"厌烦""无所谓""没别的办法""只好忍着"……现在有个笑话,说有个妓女叫她的客人"头别过去点,我在看电视呢"。[13]

潘绥铭比任何其他中国学者都更接近于对卖淫作出劳动市场的分析,而这仍是通过一则笑话传达的:

>一家三口正在谈论卖淫嫖娼问题。丈夫说,"某菜市的一个妓女做一次就拿到我三年的工资!"妻子立即说,"那就绝对不找妓女。"没想到女儿说:"我去干这事吧。"⑲

第十五章　历史、回忆与怀旧

在卖淫嫖娼的问题上,20世纪末所创构出来的"可用的过去"有几个层面。最合乎国家利益的做法是出版回忆录和讲述历史的文字,谈从前娼妓业造成的破坏和20世纪50年代取缔娼妓业的成就。① 这些主要是歌颂政府成绩的著述重点写出改造的过程,即使谈到1949年前的娼妓业,也只是为了谴责其压迫和可耻的性质。但过了不久,官方的另一项出版计划既充实了也部分地损害了这些对往事的叙述。许多地方组织同时承担了这个新的项目,全面写出本地城市在民国时期的旧习和罪恶,成果一律加上类别标题《旧[地名]的烟赌娼》。② 虽说编书者毫不动摇地反对这些罪恶的习气,但书中却用很大的篇幅描写这些习俗本身,而不是详述取缔和改造的过程,反倒使现在的人更容易想象从前的情景了。③

学者开始着手研究在中国有漫长历史的娼妓业,重点放在更为久远的过去。1988年,孙国群发表了《旧上海娼妓秘史》,重点描述1919年以前的娼妓业,书中大量引用19世纪和20世纪初赞赏高等妓女的文学作品和其他资料。她本人写的序言也表现出对论题的矛盾态度:她称写这本书的目的是"为了揭露这一罪恶制度",并引用了恩格斯论娼妓与私有制关系的话,但是她以从前福州路上淫业的一景开头,这景象色彩鲜艳、生动活泼,写得引人入胜,甚具诱惑力。④1990年武舟的《中国妓女生活史》涵盖面更广,从古代开始一直写到毛泽东之后改革的头十年。武舟的兴趣在于"传统女性文化"史中的娼妓话题,这个观念的形成反映了改革时期妇女研究在中国的发展,表明已有越来越多的妇女学研究者认为,历史和现时一样,是具有社会性别特征和指向的。历史对目前存在的问题有重大影响,武舟以高昂的激情,强调理解这一点的重要性。她论述说,现在在中国出现的卖淫嫖娼现象不应视为"洋货"或改革后的"新产品",而应看作是过去时代"娼妓文化残余"在特殊历史条件下的再兴盛。⑤

这种说法乍一看很陈腐,好像在重复共产党一再所说的中国的许多社会问题都是"封建残余",而到了20世纪末,这一陈述本身似乎已显得越来越荒谬了。但如果变通一下,我们就能读出不同的意思来。武舟要强调的是历史的重要性,只有对过去进行严肃的调查研究,才能使人们认出(并消灭——如果想这么做的话)过去在今天留下的痕迹。为武舟的书作序的前辈学者马积高特别强调了娼妓在中国文化史上的重要性。他承认古代的娼妓对"我国古代的文化艺术"做出了贡献,并哀叹清初废官妓后以卖淫为主的私妓的扩张,但仍断言"中国妓女这种形成和发展的历史,显然是同中国社会发展的特点相联系的,也与中国文化,特别是中国文学、艺术的发展有一定的联系"。他还指出,妓女的历史同城市的发展也有密切关系。当然,历史上娼妓的这些积极方面不能同现状混为一谈。他指出,"到现代,妓女则已成了腐蚀社会的毒瘤。"⑥就这样,历史上的娼妓挽救出来,发现还有些价值,但历史和危险的堕落的现在截然有别——凡是读过民国时期怀旧文字的人对此举动是十分熟悉的了。1995年单光鼐写的《中国娼妓——过去与现在》在武舟的综合研究基础上作了更新和扩充。该书的写作得到中国社会科学院以及公安机关和妇联的支持和协助。⑦这部厚实的书头200页梳理历史资料,另用150页很尽职地写了香港和台湾的娼妓业,并将下限拉至现在(就这样在"中国"之构成的问题上表明了必须表明的民族主义立场),但书的核心乃是其第二部分,即 80 年代中国大陆的娼妓问题。单光鼐说这种方法是"马克思主义指导下的社会学";他认为"娼妓既然是私有制的产物",那么社会主义制度本身是不会产生娼妓的,原因在于大陆有其存在的"种子、土壤和气候"。⑧"种子"包括社会流行观念,其中不少观念和民国时期的改革者所谈的问题差不多,如"笑贫不笑娼"、"饱暖思淫欲";又如将童贞的价值抬得如此之高,乃至女人一旦失去童贞就认为自己一钱不值了,会破罐破摔、成为娼妓;还有视女性为玩物的思想等等。"土壤"的成分有城乡差别、持续的贫困、贫困文化的绵延和以男性为中心的社会结构等。"气候"包括农村劳动力进入城市、国际环境的刺激、改革开放前形成的社会控制体系不能有效起作用,以及中国人这十几年中性观念的改变。⑨单光鼐的著作在运用社会科学的方法、探讨根本原因等方面,使我们想起 20 世纪 20、30 年代改革者的著述。这部著作也使用了 20 世纪末性学研究的程式,对人们的性行为方式提供了详尽的技术性的说明。⑩

　　第三种类型的文字即直接翻印的 1949 年以前的娼妓业史料。这属于一个大的出版计划,重新刊印"文化大革命"中及更早的时候被禁、被焚或已停止流通的书籍。其中就有王书奴那部学者型的《中国娼妓史》,它最初发表于 1935 年,1988 年重印。⑪负责重印该书的上海出版社在简短的前言中解释说,社里将重新出版发表于晚清至 1949 年间的专著,这些书受到了西方传统的影响,都致力于做专门研究。于是,(在此前言中根本未提及的)娼妓问题找到了位置,成了专项研究中的合法对象。虚构作品也重新印行。到了 1991 年,上海古籍出版社已开始重印清末民初写高等妓女及(或)揭露妓院状况的经典小说,如《海上繁华梦》和毕倚虹的《人间地狱》等。⑫按广告的说法,重印这些是为了让一些在写作技巧上没有受过西方现代小说理论影响的作者的作品得到流传。在这个重印系列中的小说原是清末民初报纸上的连载,重印目的如《海上繁华梦》

之序所言,"是为了使读者了解那时的上海滩[Bund,巍峨的外国大厦林立的外滩,在此意指整个半殖民地氛围]与上海人,并为学者与有关[政府]部门提供一种研究旧上海的有用资料。"⑬丛书的序赞扬作品中对旧上海的典型人物所作的现实主义的描写:政客、赌徒、洋人、革命人——还有妓女和嫖客。就在序言痛斥上海这个"半封建、半殖民地"社会的时候,这种谈问题的方式就已经将娼妓以及用小说笔法记录她们生活的人当作了历史上严肃的演员了。⑭

有些人不会去读那些辞藻华丽、半文半白的长篇小说,那么通俗杂志也开始重新创造出高等妓女的世界。她们从历史的垃圾箱中冒了出来,居然美德如旧、伎俩如旧。有个故事讲一名叫尹喜的高等妓女同一个最后做到清朝巡抚的男人之间的关系。男的原本是混吃混喝的浪荡子,女的是破落官僚出身,家里被盗,一贫如洗,不得已入了娼门。她从做妓女的积蓄中拿出一些,让男的替她赎了身;故事还含蓄地表明她存钱主要为了给男人捐个官。就在他去了北京后,她却突然死去,给他留下一满箱值钱的珠宝首饰,激起了他往上爬的决心,后来果然一路官运亨通。⑮这个故事中,忠实、能干、充满爱意又有钱的高等妓女被赞誉为成功获得高位的男人背后的女人。同一份杂志中还有一个骗过老鸨的狡猾嫖客的故事。他睡遍了妓院里所有的漂亮女人(每人睡两次),把所有的开销都记在自己的账上,然后便销声匿迹了。当警察将他留给一个妓女保管的厚厚的钱夹打开时,发现里面塞满了白纸,却根本没有钞票。从故事中还可清楚地看到,妓女将花销都记到那骗子的头上,用这样的办法来中饱私囊。⑯故事并不是要说妓女都很蠢,而是说需要特别高超的计谋才能骗过她们。作者沉迷于大肆铺陈高等妓院里挥金如土的生活,故事中对此没有任何谴责的意思,这点倒是格外引人注目。

著名女导演李少红拍的电影《红粉》⑰进入了政治上有更大变数的领域。这部1994年的电影间接地评论了50年代改造娼妓运动的有限成绩。开头的场景是两个苏州的高等妓女秋仪和小萼被抓后送去改造。

秋仪蔑视整个事情的过程,她停下来买甜薯,说"判了死罪的还给最后一顿饭呢"。她刚到教养所就逃了出来,和一个从前的嫖客、名叫老浦的浪荡子住在一起。小萼仍被收容,在劳改所的工厂弹棉花,因吃不了这份苦,企图上吊自杀未遂。

在影片最有意思的一个场景中,政治教导员一定让小萼对她的"同学们"讲讲,过去做妓女受到的压迫剥削如何摧残她,使她想一死了之。小萼虽没有直接驳回教导员的话,但是她的意思很清楚,让她受不了的不是过去,而是担忧将来怎么办,干活那么辛苦,满手起了泡,那么痛。小萼的话虽然根本没有引导到正确的政治观点上去,但教导员没有被难倒,她接着泪流满面地讲起自己的故事来。她是妓女所生,母亲牺牲了自己,将她培养到大学毕业,可她却迟迟不能消除对母亲职业的羞耻感,没法感激母亲为她做的一切。这个情节并没有公开嘲笑或讽刺共产党的改革者;事实上,影片对改造行动的处理还是抱着同情态度的。但是,那种想让一群成分复杂的女人全都接受单一的压迫话语的做法,显然是行不通的。

其余的情节(影片根据很受欢迎的青年作家苏童的小说改编)完全像个一流的肥皂剧。《红粉》和另一部根据苏童的故事改编、由张艺谋导演的获奖影片《大红灯笼高高挂》一样,存在着许多矛盾之处和问题,女权主义者、历史学家和各类观看者都会很不满意。秋仪在老浦家躲着的一段时间,两人的关系好好坏坏。他们无情地互相利用,互换人身保护和性的快乐,后来,在两人断了关系很长时间以后,突然莫名其妙地发现各自都爱着对方。这时秋仪已离开老浦家,她是一怒之下出走的,当了尼姑,发现自己怀着老浦的孩子,流产后,嫁了她并不爱的开茶庄的老头。这段时间里,小萼从教养所放出来了,在工厂干过几天,同一个话里话外骂她还是娼妓的女人吵了一架,后来嫁给了老浦。这个期间她来回地变,开始是个任性的妓女,后来变成了甜美的小女工,然后又变回了坏脾气女人。小萼和老浦过得一点都不好,成天为钱打架。小萼总要讨东西,并经常发脾气,管教人员一定会说这是没有改造过来的妓女习性。

老浦为着秋仪的流产心里一直过意不去,也为了少听小萼的数叨,于是从工厂盗用了一大笔公款,其中大部分给了秋仪,又让小萼过了一个星期挥霍的日子。他被抓了,枪毙了,但死前秋仪来看他,哭作一团。这似乎表明,是贪得无厌的女人和对于同女人性关系的负疚感驱使男人去偷盗。

具有反讽意味的是,故事衡量女性品德的尺度正是共产党改造人员所熟悉的标准:好女人是好妻子、好母亲。影片的最后,两个女人又续上了友情。经过改造的妓女小萼没有成为好妻子,现在又丢下了做妈妈的责任,把孩子扔给秋仪,自己跟一个北方人跑了。没有经过娼妓改造的秋仪却满身是母性。她给孩子取名"新华",将他抚养成人。秋仪的好品德不是共产党的功劳,她这样做是出于对老浦的爱,而根本不是教养中反复灌输的价值使然,再说她完全逃避了改造阶段。小萼的故事也不说明共产党的成功,她虽然参加了教养改造计划的整个过程,却仍是一如既往地好逸恶劳。

归根说来,《红粉》并不是写妓女改造的故事。其实,小说作者和电影制作者都将50年代的妓女改造看成是老早以前埋下的一笔财富,因为年代久远,现在已经可以很安全地挖掘出来,用作很有意思的戏剧素材,而不是要拿它来做什么政治文章。影片获得了1995年柏林电影节的银熊奖,这一成功表明国际艺术领域内也会有愿意接受这个题材的受众。

20世纪末进行的对过去的再构活动在几重意义上使用了娼妓。娼妓是表现民国时期各种相互有关联的社会弊病的喻体;娼妓是对中国的文化传统做出贡献的重要历史人物;娼妓是值得男性精英人士关注和大书特书的对象;娼妓是女性传统美德的典范,是借以抒发怀旧情绪、提供大众娱乐的对象,也是没有彻底被国家改造好的臣民。但是,恐怕还会有其他的东西出现。正如《人间地狱》重印本的编者序中所说:"通过本书,老上海可以引起童年的回忆,青年人可以看旧上海的光怪陆离,感到新上海的健康繁荣,社会历史工作者可以找到需要的资料,心理学者可以凭此研究那些活动在这一层圈子中人的特有心态,语言学者则可以藉以考察上海地方语言的变迁。"⑬重新发行高等妓女小说,其意图不只是为研究提供方便,也是为了重新激发个人对往事的回忆,否则那些记忆很可能就一直埋葬在国家关于20世纪历史的叙述主线之下了。同时,序言尽管虔诚地希望年轻人能看到今昔对比,懂得过去的丑恶、赞赏今天的健康,然而重印的书却是为了让他们得到有质感的、色彩丰富的过去,了解其方方面面。年轻人完全可以利用这样的一套知识来形成自己对旧上海的认识,理解他们所继承的传统和他们自己的中国特质。在对过去形成新的、改善的认识过程中,娼妓成为重要的符码;看来,在中国,就像在世界上的其他地方一样,娼妓问题的意义很可能还会继续被重构着,继续被谈论着。

附录：表格

表1 118名高等妓女的籍贯

籍 贯	妓女人数	占总数百分比
苏州（姑苏）	49*	41.5
琴川（常熟）	10	8.5
扬州	7	5.9
维扬（扬州）	3	2.5
四明（宁波）	5	4.2
江西	3（南昌1）	2.5
吴江	2	1.7
湖北	2	1.7
天津	1	0.8
其他	18	15.3
不详	18	15.3
总数	118	100.0

* 这49人中，有一个说只有"她母亲是苏州人氏"。应注意妓女都想靠苏州籍的现象。有半数是苏州或常熟人，那一带是高等妓女的家乡。

资料来源：《花雨小筑主人》1892：散见各处。

表2 卖淫嫖娼拘捕者总数
（妓女和嫖客，有时有拉皮条客）*

时　　间	拘捕人数	占总拘捕人数百分比	资料类型
1981—1991	580 000	100	1
1982	20 000＋	3.4	2
1986	25 021	4.3	5
1987	68 091	11.7	5
1988	50 822	8.8	5
1989	110 000		
1989	115 289	19.9	5
1990	146 000		3
1990	137 894	23.8	4
1991	210 000		2
1991	201 420	34.7	4
1992	242 428	—	4
1993(1—6月)	104 624	—	4

＊对有明显冲突的统计数字只并列、不加甄别选择。

资料类型：1.《公安部严惩卖淫嫖娼》（文稿）。北京新华社英文通讯(1991年9月6日，格林尼治时间8:47)。《外国广播监听局外国媒体每日摘要——中国》，1991年9月10日(PrEx 7.10:FBIS‑CHI‑91‑175)，第31页。

2. 潘绥铭1993年之二（未注页码）。

3.《顾林方(音)谈吸毒和扫黄》（正文）。香港《紫荆》第14期(1991年11月5日)，第10—12页。《外国广播监听局外国媒体每日摘要——中国》，1991年11月25日(PrEx 7.10:FBIS‑CHI‑91‑227)，第29页。

4.《世界日报》1993年10月18日。

5.《关于调查和取缔卖淫嫖娼活动的情况》，提交第七届人大常委会第20次会议的报告，1991年6月18日印发。《文件研究现状》中引用，香港《九十年代》（中文，1991年10月1日），第216期，第19—21页。《外国广播监听局外国媒体每日摘要——中国》，1991年10月9日(PrEx 7.10:FBIS‑CHI‑91‑196)，第28—30页。

表3　部分教养所收容妓女的年龄
1989—1992年

年份	地点	女生人数	20以下百分比	21—25百分比	26—30百分比	31—35百分比	36以上百分比
1989	不详	341	68	12.3	7.33	9.97*	2.3**
1989—1990	9处♯	368	39.94	38.85	14.13	4.61	2.44
1992	北京	100	15***	56****	17	10	2
共计		809	48.70	29.78	11.61	7.54	2.34

♯苏州、上海、成都、米山、北京、青岛、南京、厦门和深圳。调查对象为2,136名因性罪错被管制的男女,其中49％是上海的。这些人中女性630人,其中385人为卖淫妇女,她们中有368人填报了年龄。

* 30—40岁
** 41岁以上
*** 18岁以下
**** 19—25岁

资料来源：1989年资料,叶坡1989：第8页；王行娟1990：第3页。
　　　　　1989—1990年资料,根据刘达临等1992：第716页。
　　　　　1992年资料,北京市天堂河劳教所1992？：第1—2页。

表4　部分教养所收容妓女的受教育程度
1988—1992年

年份	地点	女性人数	文盲百分比	小学百分比	初中百分比	高中百分比	大专百分比*
1988	不详	不详	5	25	56	10	3
1989—1990	9处	385	1.6	22.6	61	6	0.3
1992(1)	深圳	800	10	不详	75	12—13	2—3
1992(2)	北京	100	10	10	55	30	5

* "大专"指大学以及中等教育后的专业训练(专科)。

资料来源：1988年资料,王行娟1990：第2页。百分比指上过某一程度的学校但不一定毕业。
1989—1990年资料,刘达临等1992：第717页。9处地点见表3的说明。百分比指已完成某一程度学业者。调查对象中有8.6％文化程度不详。
1992年资料(1),陈一筠1992。百分比指上过或已完成某一程度学业。
1992年资料(2),北京市天堂河劳教所1992？：第2页。百分比指上过某一程度的学校但不一定毕业。

表 5 部分教养所收容妓女的职业分布
1989—1992 年

职业	调查一 人数	(385人) 百分比	调查二 人数	(100人) 百分比	总数 人数	总数 百分比
工人	56	14.5	14	14	70	14.43
农民	112	29.1	23	23	135	27.83
服务行业	28	7.3	31	31	59	12.16
商业	11	2.9	—	—	11	2.27
教师	3	0.9	3	3	6	1.24
医务	3	0.9	3	3	6	1.24
文艺	2	0.5	—	—	2	0.41
干部	1	0.3	—	—	1	0.21
职员财会	3	0.8	1	1	4	0.82
军人	1	0.3	—	—	1	0.21
学生	4	1.0	—	—	4	0.82
工商业者	35	9.1	7	7	42	8.66
无业	102	26.5	18	18	120	24.74
其他	15	3.9	—	—	15	3.09
不详	9	2.3	—	—	9	1.85
总数	385	100.0	100	100	485	99.98

资料来源：
调查一：刘达临等 1992：第 717 页。调查的 9 个地区见表 3 的说明。
调查二：北京市天堂河劳教所 1992?：第 2—3 页。

表6 收容妓女自诉动机

调查一	广州(200人)	
动机		百分比
为挣钱		53
做生意被偷,没有生活来源了		12
生活困难		2
家庭不幸福		10
被强迫		1.5
为图快活		7
受淫秽出版物影响		1.5
有明确的目标		4.5
其他原因(如为自己)		8.5

调查二	全国(385人)	
动机		百分比
为挣钱		50.1
追求幸福		11.9
出于好奇		11.4
出于报复心		16.4
其他原因		3.9
原因不详		6.2

资料来源:
调查一:王行娟1990:第1—2页。
调查二:刘达临等1992:第719页。

注　释

第一章　导言：认识与记忆

① 本章中所谈的许多思想散见于贺萧曾发表过的多篇文章，参见贺萧1989年，1991年，1992年之一、之二，1993年，1994年等文。
② 曾迭1935：第711页。
③ 例如王书奴(1988)的著作十分有用，但作为理解、解释却很有局限。
④ 罗森(Rosen)1982：第12页。
⑤ 怀特(White)1990：第10页；亦见伯恩海默(Bernheimer)1989：第3页。
⑥ 考尔班(Corbin)1990：第xvii页；亦见考尔班1986。
⑦ 阿尔桑(Harsin)1985：第xxiii页。
⑧ 伯恩海默(Bernheimer)1989：第2页。谈到法国19世纪文学艺术中的妓女形象时，伯恩海默写道："这个阶段的小说和绘画作品中，妓女的形象无所不在。我的论点是，这不仅因为妓女在当时是个突出的社会现象，而且更重要的是妓女所起的作用：她刺激了艺术策略的发展，这些策略被用来控制和驱散妓女那威胁男性统治的幻影。"
⑨ 罗森(Rosen)1982：第xiii页；亦见第39—43页。关于19世纪纽约市的类似看法还可见斯坦塞尔(Stansell)1987：第171页。
⑩ 关于做娼妓是劳动的意见可参见怀特(White)1990：第12页；斯坦塞尔(Stansell)1987：第172页；沃科维茨(Walkowitz)1980：第9、31页等。
⑪ 例如罗森(Rosen)1982：第xiv页。
⑫ 斯坦塞尔(Stansell)1987：第186页；怀特(White)1990：第2、10—12页并散见各处。

⑬ 见下面将引证的材料以及马胡德(Mahood)1990:第5—6页。

⑭ 例如怀特(White)1990:第17—18页。

⑮ 罗森(Rosen)1982:第47页。

⑯ 沃科维茨(Walkowitz)1992。

⑰ 罗森(Rosen)1982:第137页。贩卖妇女问题见第112—135页。

⑱ 斯坦塞尔(Stansell)1987:第192页。

⑲ 沃科维茨(Walkowitz)1980:第31页。

⑳ 关于法国、尤其是公共卫生官员亚历山大·巴朗-杜夏特莱(Alexandre Parent-Duchâtelet)的著作,见阿尔桑(Harsin)1985;考尔班(Corbin)1990:第3—111页;格雷1992。关于英格兰的传染病法(1866年通过,20年后撤销)和约瑟芬·巴特勒(Josephine Butler)领导的要求取消法案的斗争,见沃科维茨(Walkowitz)1980。苏格兰的情况见马胡德(Mahood)1990,意大利的情况见吉布森(Gibson)1986,俄国的情况见伯恩斯坦(Bernstein)1995和恩格斯坦(Engelstein)1992:第74—75、94、84—92页。恩格斯坦(Engelstein)1992:第128—152页解释了俄国的女性性行为异常现象,对欧洲的生物性成因性行为异常模式的一些方面采取既拿来为我所用又有所拒斥的态度。

㉑ 莱文(Levine)1994。北苏丹殖民地的情况有所不同,见斯波尔丁和贝斯威克(Spaulding and Beswick)1995。

㉒ 关于管理的效果,见沃科维茨(Walkowitz)1980和阿尔桑(Harsin)1985等。

㉓ 罗森(Rosen)1982:第xii、16、33、51—68页并散见其他多处。最近研究娼妓问题的重要著作还有奥蒂斯(Otis)1985;巴特勒(Butler)1985;罗森和戴维森(Rosen and Davidson)1977;吉尔福伊尔(Gilfoyle)1992。

㉔ 本书直接或间接地援引许多学者新近有关上海历史的著述,例如科布尔(Coble)1980;傅士卓(Fewsmith)1985;傅葆石(P. Fu)1993;古德曼(Goodman)1995;韩起澜(Honig)1986;韩起澜(Honig)1992;塔希里·李(Tahirih Lee)1995;卢汉超(Lu Hanchao)1995;裴宜理(Perry)1993;魏斐德和叶文心(Wakeman and Wen-hsin Yeh)1992年文集中的论文;魏斐德(Wakeman)1995a;魏斐德(Wakeman)1995b;华志坚(Wasserstrom)1991等等。还援引了不完全是学术讨论的文字,如米勒(Miller)1937;潘(Pan)1984;萨金特(Sergeant)1991;以及散见全书的回忆录片段。

㉕ 关于社会性别身份的意识形态作用,见普菲(Poovey)1988。

㉖ 本书用"upper-class prostitute"或"courtesan"表示上等或高等妓女,与之相对的是下等或低等妓女(lower-class prostitute)或街头拉客女(streetwalker)。第二章会谈到更细致的分类法。但是按阶级划分的等级总是不能全部涵盖与之交叉的社会性别等级。此处的"阶级"部分指妓女所服务的男客的阶级地位,也用以说明高等妓女比下等妓女有更多的收入,有时(但并非总是)对自己的收入和工作条件

有较多的控制权。然而,"上等阶级"妓女和她的"上等阶级"客人不能等同,干她那一行特别容易受到剥削、欺凌、流言的中伤,常落得人财两空。见第二部"愉悦"。

㉗ "蚊虫报"(mosquito press)是英语中的说法,中文用"小报"。见林培瑞(Perry Link)1981:第118—124页。本书中我一般用"tabloid press"表示通俗小报,但读者不应将上海的小报与《全国百事通》(*National Enquirer*)这样的报纸等同起来。如下文所示,这些小报很讲究文学风格,聘请了许多小说家为其经常撰稿。

㉘ 萨金特(Sergeant 1991:第3页)提到外国旅游者中流行着上海是"东方婊子"的说法。这一名称很贴切地表明外国人如何情欲化地表现了在中国土地上体验到的愉悦、危险、神秘、堕落和征服。就我所知,中国改革者并未用这一名称,但他们的文字也同样将卖淫、现代性和国家三者联系起来,只是这种联系不那么令人愉快。

㉙ 林培瑞(Perry Link)1981:第79—124页讨论了小说报的兴起。郑绪雷(Stephen Cheng)注意到对高等妓女的再现有变化,先前作品中刻画妓女如何痴心、忠诚,后来小说中的高等妓女则邪恶、贪婪、淫荡、竭尽敲诈勒索之事。他认为这种转变同当时出现了瞄准大众市场的商业型作者群有关:"真实世界里的妓女是不是不几年就发生了如此大的变化,是很有疑问的。实际上对妓女的刻画所发生的变化更可能是因为读者作者群的变化引起。旧时有学养的文人墨客已让位于以营利为目的的作家,后者对新的读者市场有强烈的兴趣。早年爱听缠绵悱恻的恋爱故事的文人读者也被新的追求感官快活的中产阶级读者替代,后者喜欢的是耸人听闻的刺激。"见郑绪雷1979:第254—255页。

㉚ 叶文心(Yeh 1992:第191页)对小市民的定义:"商贸、制造、专业性行业以及公私服务部门中有文化的职员和学徒。"她还提到与小市民有密切关系但也有区别的初级、中级师范学校的教师。

㉛ 晚清时期"妓女"为中性词,用以指一切等级的娼妓。见罗浦洛(Ropp)1996。"名妓"指有声望的高等妓女。"娼妓"一词在16世纪至19世纪的医学文献中与"梅毒"一起出现。但是到了20世纪20年代,"妓女"已成为一种社会问题。在这方面,泰德·休特士(Ted Huters)、史淑梅(音,Shu-mei Shih)、冯客(Frank Dikötter)等在历史语言学方面的专业知识对我有很大帮助。亦见高彦颐(Ko)1994:第253页;汉语大辞典编辑委员会1989:第4卷,第295—296、370页。

㉜ 关于历史学者应关注社会性别身份在话语中的建构及其历史影响的雄辩论证,见斯科特(Scott)1988。

㉝ 当然,这些对于历史学者并非都是全新的忧虑,但提出这些问题的方式是特别的,罗伯特·伯考弗(Robert Berkhofer)称之为"最近对传统史学通行做法的挑战"。见伯考弗(Berkhofer)1995:散见各处,但尤其是第1章概述了晚近的辩论。

㉞ 卡法拉斯讨论了中国帝王时代文字记载中的怀旧情绪(nostalgia),并考据出欧美著作中"怀旧情绪"的谱系,见卡法拉斯(Kafalas)1995:第2章。他写道:"怀旧与

其说是让过去鲜活地存留下来的方法,不如说是一种生活方式,即沉浸在对不可挽回地失去了的东西的记忆之中。"周蕾(Rey Chow)这样写1987年的香港电影《胭脂扣》对妓女的再现:"回忆揪心扯肺,回忆并非真的想回到过去,而是显现了时间错位的结果,好像什么东西被误置在了错误的时间……即使忆旧中高度压缩的形象总是传达一种失却和忧郁的情绪,但忆旧却也是通过隐匿、剔除社会苦难中的肮脏的、令人难堪的成分而达到这样的效果的。"周(Chow)1993:第74—75页。

明末文士所写的名妓,见利维(Levy)1966;罗浦洛(Ropp)1996;李惠仪(Wai-yee Li)1993。利维翻译了17世纪余怀所写的回忆南京名妓馆所的书;他在前言中提出,余怀对自己已逝去的青年时代和明朝灭亡的怀念之情通过书写秦楼楚馆得以抒发(第5页)。罗浦洛则认为"中国的名妓可以、而且确实经常成为道义和美德的有力象征",但是她们仍然"不能逃脱被玷污的名声"(第2—3页,因该书当时正在印刷,故引文的页码均为打字稿页码)。他又说,"清初士卿对体现在明末名妓身上的、现已逝去了的魅力的怀念,是他们表达对亡明的思念与哀悼的一个组成部分。"(第3页)17世纪的秦楼文化见高彦颐(Ko)1994:第251—293页。

㉟ 关于"种族语境"(ethnocontext),见伯考弗(Robert Berkhofer)1995:第20—21页。

㊱ 池志澄1893:第6、8页。池志澄系浙江瑞安人,台湾巡抚的文书。

㊲ 黄人镜1913;汪了翁1922;新世界报社1918;詹垲1917;半痴生1891。

㊳ 以"北里"称妓院区的不计其数,仅举一例:周瘦鹃1928:第1卷,第38页。

㊴ 例如忏情侍1884:序。

㊵ 忏情侍1884:序。

㊶ 栖霞和澹路1917:第1卷,[第34页](所有方括号内的页码均为本书作者所加)。

㊷ 忏情侍1884:序。按林培瑞(Perry Link)(1981:第170页)所说,20世纪一二十年代时邀约数家为书作序是很时兴的做法。

㊸ "讨鸨母檄"见黎床卧读生1905:卷八,第3页。规劝嫖客和妓女,见周瘦鹃1928:第2卷,第183—184页"劝上海嫖客还家序"及"劝上海校书从良序";同卷第168—169页还有化名"绿意斋主"者列数马路雏妓愁苦的段落,写得像诗一般。

㊹ 指杨贵妃,唐明皇的贵妃,著名的美女;据说因皇帝日日与之相守、不理朝政,还由着她的意思安插了许多心怀叵测的高官,因而引发动乱。

㊺ 周瘦鹃1928:第1卷,第36—37页。《随园诗话》系清朝作品,作者袁枚,号随园。"黛玉兰芬"指林黛玉和陆兰芬这两位晚清时期的上海名妓。

㊻ 周瘦鹃1928:第1卷,第48页。

㊼ 有些指南书最初就是在小报上连载的,如汪仲贤(未注明出版日期)的书起先是在《社会日报》上的连载。见汪仲贤(未注明出版日期):序(未注明页码)。

㊽ 《游戏报》于1896年或1897年间创刊,延至1910年;《笑报》创办于1897年;见孙国群1988之一:第73页;林培瑞(Perry Link)1981:第141—142页。《游戏报》创

办之初曾载文云，通过游戏说笑的文章让读者了解国家面临的危机，这是很有效的方法。关于此文的讨论见孟悦 1994：第 155 页起。对上海小报的全面综述，见姚吉光和俞逸芬 1981；祝均宙 1988；平襟亚 1986。简要的讨论见布里顿(Britton) 1966：第 96 页；李欧梵和黎安友(Lee and Nathan)1985：第 374 页。祝均宙(1988：第二部分，第 138—139 页)扼要地讨论了 20 年代专门报道名妓消息的小报。在李伯元的经历中可以看到消遣小说、书写名妓以及对国家改革的关心之间的紧密联系。1903 年时李伯元主编了上海的一份小说杂志，写于 1901—1905 年的小 413
说《官场现形记》批评中国官员抵御西方不力；见林培瑞 1981：第 134、138—139、143 页。“谴责小说”的提法出自鲁迅，由林培瑞译成 Castigatory novel。

林培瑞(1981：第 142 页)不同意将《游戏报》这样的娱乐小报同(可能更有分量一点的)《晶报》混为一谈(后者下面将会谈到)。不过，报人、翻译家包天笑在回忆小报的文中却正是这样做的。50 年后，包在议论《游戏报》及同类的其他报纸时，批评十分激烈：

> 这些娱乐小报的内容都是些什么呢？有趣，那当然是最要紧的。首要的原则就是莫谈政治，根本不要听“国家大事”之类的事情。刊登的只是闲话和谣传，趣闻和秘闻，没一样是有分量的东西。……后来更是每况愈下，只写娼妓戏子不及其他。有时甚至以自己的号召力同妓院作对，凭空勒索财物。例如，上海的高档妓院摆酒席宴请，一年收三次账。假如娱乐报同哪家堂子不对头，就会散布说某某名花快结婚啦。这一来，从前所有因与那女子有情分而一直来喝酒的男人便都赖了账。
>
> 包天笑 1971：第 445 页，译文见林培瑞 1981：第 142 页。

㊾ 关于这些年的选举活动及新增的小报名单，见孙国群 1988 之一：第 73—74、77 页。

㊿ 上海《晶报》，1919—1940 年。林培瑞(Perry Link)(1981：第 119 页)称《晶报》为“20 年间蚊虫报之第一块牌子”。据他说 20 年代《晶报》流通量超过一万份，至于内容，“除了连载小说和非正规的消息，《晶报》也刊登诗词和诗歌游戏，歌舞专栏，戏剧评论，读者来信，一个叫‘趣谈’的专栏，书法，广告等”(第 120 页)。祝均宙(1988：第一部分，第 172 页)说《晶报》鼎盛时期发行达五万份，超过其他小报，而超过它的也只有主流大报如《新闻报》《申报》《时报》等。关于《晶报》的历史及其与其他报纸的竞争，亦参见包天笑 1971：第 444—451 页；卢大方 1980：第 63—67 页；姚吉光和俞逸芬 1981：第 225—233 页；祝均宙 1988：第一部分，第 171—172 页。

(51) 如《晶报》1919 年 4 月 9 日、15 日、18 日和 24 日就分别在第三版连载妓院名册，第一期有批注说，上海电话号码簿只列妓院却没有妓女的名字，甚是不便。

(52) 《申报》1919 年 5 月 10 日；《晶报》1919 年 6 月 3 日，第 3 页，6 月 12 日，第 3 页。亦见第六章。

(53) 黎床卧读生 1905：卷七，第 6 页；周瘦鹃 1928：第 2 卷，第 234 页；汪仲贤（未注明出版日期）：第 92 页；春明书局 1937 汇编中的《雉妓》类，第 1 页。

414 (54)《上海娼妓》1923：第 785—786 页。黎床卧读生 1905（卷六，第 13—14 页）说"野鸡"是"一种似妓非妓、或缠足或大脚、搽脂抹粉、艳服夜游，往来于四马路（今福州路）各茶馆烟间者"。郁慕侠（1935：上集，第 13 页）解释说，野鸡自由自在地生活在野地里，其羽毛比家鸡的漂亮；野鸡四处觅食，就像那些不停地在街上和茶馆附近游来荡去的妓女。

(55)《申报》1919 年 11 月 12 日。《申报》和《时报》那样的主流报纸同《晶报》之类的小报也有一点相似之处：两者都刊登通俗小说。见林培瑞（Perry Link）1981：第 150—151 页并散见各处。孟悦 1994 文中讨论了 20 世纪头 10 年中《申报》的文学栏，其中常在社会讽刺的语境中提到妓院。

在一二十年代，街头拉客通常被课以 5 元罚款。对于其他工种的妇女来说，5 元绝不是个小数目。1919 年时，棉纺厂女工一天才挣 0.2—0.25 元；见裴宜理（Perry）1993：第 49 页。1925 年对八家棉纺厂女工所做的调查显示，她们每日挣 0.2—0.4 元；见韩起澜（Honig）1986：第 179 页，表 6。从 1910 年至 1934 年，上海棉纺业女工微薄的工资极为缓慢地从每日 0.26 元攀升至每日 0.46 元；见罗斯基（Rawski）1989：第 301—302 页。1933 年时中国货币 1 元相当于 26 美分；见罗斯基（Rawski）1980：第 157 页。

(56) 见《申报》1920 年 5 月 11 日、5 月 13 日；《时报》1929 年 4 月 8 日、4 月 12 日、7 月 15 日、11 月 16 日，均为第 7 页。

(57)"好管事、爱扮演监护人的角色"（intrusive and tutelary）是戴维·史谦德（David Strand）的提法。见史谦德（Strand）1989：第 66 页。

(58) 考尔班（Corbin）1990：第 viii 页也就法国 1850 年以来的情况提出了相似的看法。

(59) 汪了翁 1922：作者自序，第 1—4 页。

(60) 仅举几例：花雨小筑主人 1892 实际是重印了半痴生 1891 之卷六；黎床卧读生 1905 中卷六第 6—7 页也使用了葛元煦 1876 之卷二，第 34—36 页。裴锡彬 1905 看上去同黎床卧读生 1905 一模一样。孙玉声 1939 也大量使用王后哲 1925（有时是逐字照搬）以及王定九 1932。

(61) 詹垲 1917："自序"（该文系 1907 年写）。

(62) 汪了翁 1922："自序"，第 1—4 页。

(63) 张春帆 1919：3 月 3 日、3 月 24 日、4 月 6 日、5 月 6 日，均载第 3 页。

(64) 列文森（Joseph Levenson）1972。

(65) 西式标准有时还是有所表现的。在汪了翁那部面面俱到的上海名妓史话中，集中印有名花照片的那部分首页的对页上，就刊登了一则德国的药品广告，说是该药片能治愈由怀孕、分娩、流产和难产引起的各种病痛。广告上画了一个身穿西洋裙子、短上衣、脚蹬高跟鞋的女人，显然并非名妓。既然广告词大半都在说女人的病痛,这不由人不想到究竟什么人会读此书。女人但非名妓? 名妓? 可能会向妻子推荐这种药品的男人?

照片部分后,即四十多页之后,又有一则文具和办公用品商店的广告,显然是针对通文墨的读者,可能还是生意人。此外还有肖像画、运输公司、进口的尼龙和毛织品商店等的广告。有一家商店好像是说每配一副"科学眼镜"便赠送进口钻石(或许指仿钻石的莱茵石?)。以促销西式货物或进口货为主的广告出现在名妓礼赞的边上,十分扎眼。见汪了翁 1922(未注页码)。

⑥⑥ 古哈(Guha)1988:第 35 页。研究下属群体的方法有许多种,古哈所用的只是其中的一种,因此不应被当作整个研究中的代表。但是我在此只提出古哈是基于两个原因,一来因他对界定和发展这一支学派起了至关重要的作用,二来是他对这个问题的表述激发了特别的问题。最近,基于后殖民批评、拉美历史、非洲史等视角的研究也在运用和改造"下属群体"研究工程,分别见普拉卡什(Prakash)1994、马伦(Mallon)1994 以及库珀(Cooper)1994。

⑥⑦ 阿内诺斯特(Anagnost)1996:第 1 章论述了这一过程。

⑥⑧ 欣顿和戈登(Hinton and Gordon)1984。

⑥⑨ 尽管不应认为颠覆之声总能找到,也不应将颠覆之声当作一切历史情景中的必需成分,但下属群体研究组织还是在捕捉并再现颠覆之声的工作中取得很大的成效。

⑦⑩ 这种情况下,想成为人民史学家的人该怎么办? 如果有幸采访到革命前符合下属群体身份的人,那就可以试着用不厌其详地询问当地的具体事件和习俗的办法,去打断常规的"诉苦"故事(这是正式的政治活动中经常听到的故事)。我在对 1949 年前的天津工人阶级做调查研究时,就有这样的机会(见贺萧 1986)。我就是这样提问的,并了解到食物、友情、女人行经等等大量有关生活方方面面的情况,而这些通常被认为是无关政治的次要问题。我的目的并不是要发掘先于话语的实在,而是力图重新捕捉工人们当时理解自己的经验时所用的范畴。但是当提问越逼近有意的或集体的反抗行为时,他们的言谈便不知不觉地越来越回到了官方的用语。我的问题也并非必然有助于找到卑贱者不受点拨便能自发讲述的故事,毕竟我提问的思路也和我试图打破的话语范畴一样,各自都受制于一定的情景。

⑦① 曹漫之 1986。

⑦② 斯皮瓦克(Spivak)1988b:第 11 页。

⑦③ 斯皮瓦克(Spivak)1988a:第 294、308 页。斯皮瓦克同下属群体研究组织的关系比较复杂。她并非历史学者,也非下属群体研究组织的成员,并不代表他们发言,但要说到使并不从事地区研究的听众广泛了解下属群体研究组织的研究计划(尽管是用她自己的话所描述的计划),那么没有什么人比她做得更多了。斯皮瓦克称赞他们对下属群体的建构和关注,温和地批评他们坚持下属群体有"坚定的

力量和充分的自主"的观点,还第一次提出了有社会性别指向的殖民地主体之双重下属群体地位的看法。其实,即使下属群体研究组织中最积极的发掘者也没有提出他们从历史记载中发现了下属群体对"所发生的事件"作独立、无干扰描述的版本。如斯皮瓦克本人也承认的,在这个组织的许多著述中都有一股潜流,那就是意识到不可能将下属群体成员从一大群上层集团的发言人中完全分离出来。

㊆ 斯皮瓦克(Spivak)1988a:第287页。

㊄ 斯皮瓦克(Spivak)1988a:第295页。

㊅ 斯皮瓦克(Spivak)1988a:第296页。斯皮瓦克以寡妇自焚殉夫习俗为例。英国人错误地称之为sati(梵文原意为"贞妇")。英国19世纪的文献中有数次动议反对这种习俗的记载,至于如今的白人女性主义者将此列为自古以来残害妇女的暴行更是不必多说;但是,我们从中听到的,却不是在丈夫的葬礼上扑向火堆的妇女自己的"声音",而是对这些妇女的创构,这建构活动是为了使"作为保护**对象**的妇女不受其同族的侵害"(第299页)。或者如斯皮瓦克用十分尖刻的口气所说的那样,"白种男人从褐色皮肤男人手中救出褐色皮肤的女人"(第296页)。"在男性统治和帝国主义之间,在主体的建构和对象的形成之间,女人的形象消失了,女人并非化为原初的乌有,而是进入了激烈的穿梭往返状态,其实那是以置换了的比喻表现夹在传统与现代化之间的'第三世界妇女'"(第303页)。

㊆ 阿卜-卢格霍德(Abu-Lughod)(1990:第42页)将此浪漫传奇定义为一种倾向,即"将一切形式的反抗抵制都读成是权力体制无能的迹象,读成不肯受奴役的人的精神复苏和创造力的标志"。她提议"我们应将抵制反抗读作权力的征候",读作一种"产生于权力关系、不能独立于权力关系而存在的"东西(第42、47页)。

㊇ 关于"雄赳赳气昂昂"的大规模农民造反运动,参见奥汉隆(O'Hanlon)1988:第223页。

㊈ 其他包括上海或以上海为主的娼妓问题研究见彭阿木(Hō Aboku[Peng Amu])1928;波梅兰兹(Pomerantz)1978;格朗沃尔德(Gronewold)1984;谢勒(Scherer)1981;谢勒(Scherer)1986;许布纳(Huebner)1988;安克强(Henriot)1995;安克强(Henriot)1996a;安克强(Henriot)1996b;安克强(Henriot)1997。沃尔夫(Wolfe)1980概括地提供了与娼妓业和性行为有关的术语解释。这些著作各有长处。波梅兰兹着重谈知识分子改革家所关心的娼妓问题;格朗沃尔德对西方语言中的资料做了广泛的检查;主要使用在台湾找到的资料的谢勒试图在单一的分析框架中谈婚姻和娼妓问题,将娼妓问题同儒家和道家的思想联系起来。安克强(1997)是这些著作中对上海娼妓的研究最全面的。他和我差不多在同一时期进行的研究,现在他的书正在法国付印,以我的理解,他的书对19世纪著作的讨论远比我的全面翔实。我希望他的书会讨论王韬(1828—1897)的文章和图文杂志《点石斋画报》上的文章。关于王韬,见王韬1934;王韬1929;黄式权[王韬]1975;

柯文(Cohen)1974 详论王韬但并未涉及他大量书写名妓的书文。关于《点石斋画报》，见叶晓青 1991。

⑧ 研究 19 世纪法国的著作也有类似的关于越界问题的讨论，见伯恩海默(Bernheimer)1989：第 2 页及散见各处。

⑧ 根据郑绪雷(Stephen Cheng)的一项研究，写上海名妓最早、最有名的一部小说可能是韩邦庆(1856—1894)所著的《海上花列传》，于 1892 年出现在清朝的一份文学刊物上。韩系官家子弟，科举未能及第，在沪上发表诗文，常年有一名妓相好，四十不到辞世。见郑绪雷(Cheng)1979：第 24—30 页。郑绪雷(1979：第 176—177 页)翻译了小说的序言，其中的警世语气与本书第四章所论的文章很接近。郑的译文部分如下：

> 毁于寻花问柳之旅的年轻人不计其数；父兄的严禁、师长友人的劝阻概莫能挡……然一旦以真示之，他们必为自己的过失捶胸顿足、懊丧不已，于是乎幡然悔悟，回归正道……故读者遇美貌赛西施者，便会想到背过身去，那后面是凶狠赛母夜叉的一群；不看今日甜甜蜜蜜赛娇妻，但见明日毒辣赛蛇蝎。小说于他是警钟，促其反省；由是而作《海上花列传》。

最近该小说重印(韩邦庆 1985)，有些章节译成英语，载 1982 年的《译丛》(Renditions)(韩邦庆 1982)。小说全面的情节概要见陈思和 1990：第 151—184 页。从文学史角度对该小说的广泛讨论，见郑绪雷(Stephen Cheng)1979：散见各处；郑绪雷(Cheng)1982；柳存仁 1982：第 11—18 页；陈思和 1990：第 140—150 页。扼要的评价见陈定山 1967：第 123 页。本书以下章节经常援引这些作者的非虚构性文字，在此也对他们的虚构作品作一不完全的介绍。

张春帆曾作《九尾龟》，系以他本人为主人公的名妓小说，初次发表于 1910 年。见张春帆 1917。陈定山(1967：第 123 页)毫不留情地评论了张对自己小说技法的自吹自擂。郑绪雷(1979：第 232 页)称该小说"好耸人听闻，形象刻板"。1919 年时，张春帆在《晶报》上发表系列文章，怀旧地回忆 20 年前的高等妓院，文中的妓女没有低于"幺二"等级的。见张春帆 1919 各文。对张及其作品的进一步讨论，见卢大方 1980：第 229—231 页。

毕倚虹的几个短篇小说将在第十章中作简要讨论，此外他还写过名妓小说《人间地狱》。晚清时期毕曾在北京做官，民国初期是浙江税务局的一个小官吏，在上海度过余生，与包天笑过从甚密。他的部分通俗小说作品发表在《时报》上。包对毕的回忆录见包天笑 1990：第 3 卷，第 591—617 页。亦见毕倚虹 1922；婆婆生与包天笑 1991；柳存仁 1982：第 34 页，林培瑞(Link)1981：第 148、157 页；以及第十章中的引文。

孙玉声(1862 或 1863—1939?)是 1939 年以"海上觉悟生"为笔名发表的一部指南书的作者。他还写过《海上繁华梦》(1903 年出版)及续集(1916 年出版)。与上述许多作者相仿，孙玉声也是个报人，1891 年主编《新闻报》，也是《申报》和其他报纸的编辑。后来他独立发行《采风报》《笑林报》和《新世界报》三份报纸,显然都属通俗小报。他还写过其他几部小说。孙的生平传略见李盛平 1989:第 202 页;柳存仁 1982:第 12 页。相比《海上繁华梦》的文学品质而言,郑绪雷(Cheng)(1979:第 231—250 页)对该作品细致地记录了价格这一点评价较高(价格详细也是孙 1939 年指南书的特点)。

周瘦鹃(1894—1968),苏州人氏,除了做小说、写文章、教书、翻译(如柯南道尔的作品等)之外,还担任《申报》《新闻报》和《礼拜六》杂志的编辑。1920—1932 年间主编《申报》文学副刊《自由谈》。还编月刊《紫罗兰》,并为小报《晶报》和主流大报《时报》撰稿。周与包天笑一样,都是清末一种类型的翻译的主将,用林培瑞的话来说,这种翻译就是"拿了日本翻译的西人著作再翻成中文,文言文体。使用这种方法的人通常不懂西文,而且往往也不通日文或仅略知一二……所求只是拾得基本的故事情节,以此作底来讲自己的故事罢了。要达到这个目的,只消读读日文中使用的汉字也就够了"(1981:第 136 页)。周瘦鹃写过小说《新秋海棠》,见周瘦鹃(日期不详)。1928 年时,他发表了两卷《老上海三十年见闻录》。在书的"序"中,周腼腆地否认自己是作者:

> 无奈我这个老上海一向是闭门家里坐,不大管闲事的。所以别地方的人初到上海,来问我上海如何如何,我竟瞠目无以对。至于以前陈年宿古董的上海故事,更是一无所知。老友陈无我君[字面意思是"陈非我"],他比我早出世十多年,在报界吃饭,也足足有三十年了。他对于上海的情形,真是了如指掌,收藏的报章书籍,也着实不少。近来他在兴头上,特地编成了一部老上海三十年见闻录,分门别类,竟有三十项之多。一个千奇百怪无所不有的上海,都在这一部四百六十多页的书中了。此书一出,便可见得陈君确是一个真正的老上海,而我们欲为老上海而不可得的。
>
> 周瘦鹃 1928:第 1 卷,序。

不涉及周瘦鹃写名妓的文字的周氏小传见李盛平 1989:第 472—473 页;亦见柳存仁 1982:第 31—32 页;姚吉光和俞逸芬 1981:第 227 页;林培瑞(Link)1981:第 136、138、157 页及其他各处;孟悦 1994:第 29 页。

包天笑(1876—1973)本是苏州人,1906 年后大部分时间都在上海,任《时报》及其他四份报纸的编辑。著作中包括谴责小说《上海春秋》。见包天笑 1987。他的两卷回忆录于 20 世纪 70 年代在香港出版,其中有丰富的有关报业和名妓生活的资料。见包天笑 1971、1973 和 1990。关于包天笑,见柳存仁 1982:第 32—35 页;林培瑞(Link)1981:多处;包天笑 1987:第 1—18 页。据傅葆石(Poshek Fu,1993:第 138 页)说,1941 年包天笑在沦陷的上海为了养家糊口曾给通敌的报刊写稿。

林培瑞(Link)(1981:第 164—165 页)认为这组作家相互间有紧密联系。周瘦鹃结婚时包天笑当男傧相;毕倚虹死得早,包过继了毕的一个孩子。

其他名妓小说的编目见郑绪雷（Stephen Cheng）1979：第251—252页。将名妓小说归入"中产趣味"（middlebrow）文学之列的讨论见柳存仁1982。郑（1979：第251页）这样评述19世纪末至20世纪20年代名妓小说读者群的变化："早先的小说是写给文人士卿的，他们喜欢的是古代名妓传说那样哀婉的爱情故事；后来的小说则迎合店老板、商人和职员的趣味，这些人爱光顾欢场，或私下里对冶游有浓厚兴趣。读者群的变化从文风的变化上反映出来，文绉绉的书面体变成了口语体。而且，小说中诗词的数量质量都下降了。"他认为新生的中产阶级也是《晶报》等有闲话妓院专栏的通俗小报的主要读者，他们是将新小说当作嫖妓指南来读的，到了20世纪10年代，他们的注意转向了鸳鸯蝴蝶派。郑绪雷1979：第252—253页。

⑧² 关于上海的黑幕小说史话，见林培瑞（Link）1981：各处。我主要使用了钱生可1933和春明书局1937中的资料。这两种汇编一般的做法是将一系列短篇故事分门别类，每一类下面都有几则小故事；例如有一类是坑骗钱财的女"拆白党"，小故事有一学生怎样给搞得身败名裂，兼职卖淫的"半开门"遇到了"拆白党"，等等。其他的女性类别有学生、姨太太、医生、尼姑、童养媳、佣人、接生婆、兼职娼妓、女工、卖报的、卖花的、仙姑、"长三"妓女、"幺二"妓女、野鸡等等。在这些有警世意味的故事中，妇女大多被写成危险人物。

⑧³ 除了本书其他地方所引用的讨论外，又见叶凯蒂（Catherine Yeh）1990论知识分子对名妓的转义运用；柳存仁1982对"中产趣味"小说的论述；林培瑞（Link）1981论述鸳鸯蝴蝶派的故事；周蕾（Rey Chow）1991论鸳鸯蝴蝶派及其对柳、林的分析的评论。

⑧⁴ 论北京娼妓的著述见莫拉锡（Morache）1869：第123—132页；阿林顿和卢因森（Arlington and Lewisohn）1967：第272—274页；《晶报》1919年5月9日第3页；陈莲痕1925：散见各处；中野江汉（Nakano Kōkan）1926；《生活周刊》1930：第5卷第40期（9月14日），第671—672页；北平社会调查所编制1931：第8、19页；麦倩曾1931；吴拓（音，Woo Toh）1982：第6、10—11页；金文华1933：第60—64页；何其英1934之一：第292—293页；何其英1934之二：第216—217页；《女声》1934：第2卷第9期（2月10日），第3页；《市政评论》1934：第1期（6月），107—108页；1935：第3卷第18期（9月16日），第16页；第3卷第19期（10月1日），第11—14页；北平市政府秘书处1936：第25、73、83页；马芷庠1935：第24—28页；李家瑞1937：第2卷，第331、334、362、364—365、372—378、381—382、385—388页；德·波伏瓦（de Beauvoir）1958：第41—42页；李景武1967：第84—87、123—125页。

⑧⁵ 论广州娼妓的著述见施莱格尔（Schlegel）1866；施莱格尔（Schlegel）1894；琼斯（Jones）1922；弥弼1922；奥尔德（Oldt）1923；《生活周刊》1933：第8卷第47期（11月25日），第965、967—968页；劳心1934；《人言周刊》1934：第1卷第16期（5月

26日),第325—326页;《妇女月报》1935:第1卷第3期(4月1日),第40—41页;《妇女共鸣》1935:第4卷第11期(11月20日),第86—87页;李(Edward Bing-shuey Lee)1936:第95—96页;刘付靖和王明坤1992。

㊻ 论天津娼妓的著述见张寿1884:"卷中",第47—48页;《妇女杂志》1923:第9卷第7期(7月1日),第125—127页;《天津妇女日报》1924:3月1、2、3、4、6日(这条是柯临清发现的);[天津]《大公报》1929:12月4、5、7日;[天津]《大公报》1930:8月26日、10月2日(这条是关曼本[Manbun Kwan音译]发现的);天津特别市公署社会局1929:(无页码);天津市社会局1930;《社会月刊》1930(无页码);宋蕴璞1931:第356页;吴瓯等人1931(无页码);吴瓯1931:第123、156、345页;王达(Wang Da音译)1936:第118页;天津特别市公署1939:第48页;天津特别市公署1940:第50页;《天津市周刊》1947:第1卷第8期(2月1日),第9页;第2卷第1期(3月8日),第6页;第2卷第4期(3月29日),第4页;第2卷第6期(4月12日),第10—11页;第4卷第9期(10月18日),第14页;李然犀1963:第205—206页。

㊼ 论苏州娼妓的著述见《晶报》1929年5月27日,第3页;《人言周刊》1935:第2卷第42期(12月28日),第838—839页;《市政评论》1936:4月16日,第31页。西安的情况见《市政评论》1935:第3卷第21期(11月1日),第18—20页。成都的情况见文枢1981。昆明的情况见萧苏(Xiao Su音译)1946。哈尔滨的情况见宋石生(Song Shisheng音译)1995。

第二章 分类与统计

① 本章部分内容的节略版首次见于贺萧1989年文。

② 卖掉的妓女俗称"讨人"(亦作"套人"),也有一改革者称之为"杜艳的"。参见乙枫1933之一:第40页。关于贩卖、典押和其他的做法将在第三章和第七章中讨论。有关"野鸡"分布的简述可见黄人镜1913:第131页;吴汉痴1924:第10—11页;汪了翁1922:第24页;孙玉声1939:第165页。

③ "自由妓女",俗称"自家身体"。王定九写到"咸肉"门径的娼妓时认为"当然以自家身体为上。因为养女包账,处处受老鸨的指挥,不能任自己的喜恶而定接客与否。天天应市,其危险和野鸡没有两样。自家身体的,因为肉体自由,所以比较干净些。"见王定九1932:《上海门径》中的"嫖的门径",第27页。钱生可在《上海黑幕汇编》(1933:第2卷,第1—2页)中解释说,野鸡中,雇来的女人一个月可以歇二至四夜,但是养女和典押女每夜要接客三四回,从不得歇,除非是得了大病。亦见汪了翁1922:第24页;张辛欣和桑晔1987:第33页。野鸡等的详情将在第三章和第七章中讨论。

④ 如池志澄1893:第29—30页;《申报》1916年7月8日和1924年3月21日;徐珂1920:第28—29页;吴汉痴1924:第12页;《时报》1929年7月18日,第7页;春

明书局 1937 汇编中的《雉妓》类,第 2—6 页;孙玉声 1939:第 173 页。

⑤ 野鸡放在了第 17 层地狱,花烟则在 18 层或还要往下。见孙玉声 1939:第 172 页;第 169 页对咸肉庄卖淫女也有类似评论。这些类型下面都有详述。

⑥ 郁维 1948:第 12—13 页。

⑦ 陈露薇 1938:第 21 页。

⑧ 王定九 1932:"嫖的门径",第 51 页。

⑨ 地名单子十分翔实,不可能一一列上,可参看黄式权(王韬笔名)1975:第 199 页;池志澄 1893:第 25 页;《晶报》1919 年 9 月 30 日,第 3 页;徐珂 1920:第 18—20 页;汪了翁 1922:第 1—6 页;胡寄凡 1930:第 8 卷(无页码);吴趼人 1935:第 126—127 页;柳培潜 1936:第 136—137 页;孙玉声 1939:第 2—4。董德伦在搜集大量的资料后绘制了妓院地理分布图(1991:第 76 和第 77 页之间的插页);图中可看到不同等次的妓院在地理位置上也是分得一清二楚的。

⑩ 《晶报》1919 年 9 月 30 日,第 3 页;徐珂 1920:第 20—21 页;柳培潜 1936:第 136—137 页;孙玉声 1939:第 3 页。

⑪ 《晶报》1919 年 9 月 30 日,第 3 页;徐珂 1920:第 17—18 页;汪了翁 1922:第 141—142 页;柳培潜 1936:第 136—137 页;孙玉声 1939:第 3 页。

⑫ 徐珂 1920:第 19 页;又薛理勇 1988:第 154—155 页。

⑬ 汪了翁 1922:第 141—142 页。

⑭ 栖霞和澹路 1917:第 1 卷[第 71 页],第 2 卷[第 6 页]。

⑮ 汪了翁 1922:第 141—142 页。

⑯ 徐珂 1920:第 19 页。

⑰ 胡寄凡 1930:第 8 卷(无页码);亦见唐振常 1989:第 748 页。

⑱ 上海信托 1932:第 8 页;亦见甘布尔(Gamble)1921:第 5 章;威利(Wiley)1929:第 46—47 页。

⑲ 指"幺二"妓院,下面有详述。参见黄人镜 1913:第 130 页;徐珂 1920:第 25 页;汪了翁 1922:第 20—21 页;威利(Wiley)1929:第 48、65 页;胡寄凡 1930:第 8 卷(未注页码)。

⑳ 关于"幺二"妓院的迁徙,见胡寄凡 1930:第 8 卷(无页码);郁慕侠 1935:续集,第 35 页;孙玉声 1939:第 148 页;屠诗聘 1968:下,第 77 页。关于"长三"妓院,见唐振常 1989:第 748 页。讨论中提到的路名和现用名的对应,采用唐振常 1989:第 1028—1073 页。

㉑ 徐珂 1920:第 18 页;亦见薛理勇 1988:第 153 页。

㉒ 徐珂 1920:第 20 页。

㉓ 上海信托 1932:第 10 页。

㉔ 魏斐德(Frederic Wakeman)1995b:第 33 页;上海信托 1932:第 62 页。

㉕ 孙玉声 1939:第 3 页。

㉖ 上海信托 1932：第 8 页。

㉗ 孙玉声 1939：第 4 页；亦见《晶报》1935 年 9 月 22 日，第 3 页。

㉘ 亨德森（Henderson）1871：第 11—12 页。法国的统计为 1869 年的数字，也被亨德森列入此书。

㉙ 公益书社 1908：散见各处。

㉚ 平襟亚 1988：第 159 页。平提到了上海工部局的正俗科，但那很可能是警署的一个部门，同 40 年代上海国民党政府控制下的机构类似（见第八章和第十一章的"正俗股"）。按等级区分的统计数字如下：长三 1 229 人，幺二 505 人，雉妓 4 727 人，花烟间 1 050 人，广东妓女 250 人，钉棚 30 人，总数为 7 791。此外，还发现有 2 000 名长三陪伴、娘姨和大姐。（各个类别的介绍说明见下一节和第三章）。

统计并未包括变相的、无执照的或在法租界做的妓女。陈荣广 1924：第 122—123 页以及《上海娼妓》（1923：第 785 页）中也引用了这组统计资料，具体数字稍有出入。

㉛ 淫风调查会（或审查淫业会）（Special Vice Committee）1920：第 84 页。悉尼·甘布尔（Sidney Gamble）在 1921 年研究北京情况的书中指出，北京居民中每 258 人有一人是有执照的妓女，上海则是每 137 个居民中有一人。见甘布尔 1921：第 247 页。

㉜ 威利（Wiley）1929：第 45 页。

㉝ 乙枫（1933 之一：第 39 页）提供了下列分类数字，据说来自 1920 年公共租界禁娼前不久的调查：长三 1 200 人，幺二 490 人，公共租界的野鸡 24 850 人，法租界的野鸡 12 311 人，（两租界地的）花烟间和钉棚 21 315 人。

㉞ 唐幼峰 1931：第 154 页；郁维 1948：第 11 页。

㉟ 北京市公安局 1988（第 207 页）的材料中曾援引 1927 年的数字，未提供资料来源。后来的数字见郁慕侠 1935：上集，第 30 页；罗琼 1935：第 37 页。（文中数字为原文提供，据作者说 1988 年的数字未说明 1927 年数字的出处，但说明数字中应包括附带卖淫者和各类暗娼。——译注）

㊱ 见《娼妓问题》1937：第 7—8 页；若闻（音）（1938：第 8—9 页）所给的数字也与之不相上下。两文均称法租界妓女不足 1 800 名，显然是大大缩小的数字。

㊲ 郁维 1948：第 10 页。1946 年 12 月，警察署司令致市长的内部备忘录中称市内约有四万名妓女。见上海市档案馆 1946—1949：卷宗号 1－10－246，第 60 页。

㊳ 可将最高估计数字 100 000 名妓女与 1929 年上海 173 432 名女工的数字作一比较。女工中受雇于棉纺业的人数最众，有 84 270 人。1946 年的统计数字中，54 508 名女工中，棉纺工人为 35 306 人。见韩起澜（Honig）1986：第 24—25 页。

㊴ 20 世纪 30 年代中期，几重市政机构统计报告了以下女性居民数字：租界以外的市区不分年龄段的女性总数为 863 585 人（1935），公共租界内成年女性 336 565 人（1936），法租界内成年女性 135 785 人（1936）。见邹依仁 1980：第 122—123

页。如此,并不确切的女性总数应为 1 335 935 人。如果其中 100 000 人为妓女,那就是大约每 13 人中就有一个妓女,假如不计老人与小孩,则比例还要高。

1945—1947 年间,上海人口中女性总人口为:1945 年 1 532 985 人;1946 年 1 680 461人;1947 年 2 006 795 人。见上海市文献委员会 1948:第 14、16、18 页。

㊵ 1910 年至 1947 年大上海(包括租界在内)人口总数异动情况:

  1910 1 185 859
  1930 3 112 250
  1945 3 370 230
  1946 3 830 039
  1947 4 494 390

  资料来源:1910—1930 年:罗志如 1932:第 21 页,表 29。
  1945—1947 年:上海市文献委员会 1948:第 14、16、18 页。
  关于上海变迁的概览,见韩起澜(Honig)1986:第 9—40 页。

㊶ 罗志如 1932:第 27 页,表 43。

㊷ 关于上海行业结构的现有资料不足以描画性劳务部门的全貌。根据大上海市政府(即不包括租界在内)的统计资料,上海人口 1930 年为 170 万,1931 年为 180 万,1932 年为 160 万左右。居民中约有 1/5 从事工业劳动,另有 1/5 从事家务,17%—18%的人无业,农民占 11%,商人占 10%,其他劳工占 6%。剩余部分中,约 10%为学徒、用人或各类杂差人员,其他的在教育、政府、军队、通讯、警察等各种专业部门就职。妓女就业登记在哪一栏中或是否登记了情况不详,公共租界和法租界的行业构造有何不同亦不详。

参见上海市地方协会(Shanghai Civic Association)编辑 1933:《人口》,第 5 页,表 6。

  只有工业部门一栏有关于妇女情况的综合信息。绝大部分从事工业劳动的妇女受雇于纺织工业。参见上海市地方协会 1933:《劳工》,第 1 页,表 1;上海社会局 1929;上海社会局 1946,转引自韩起澜(Honig)1986:第 24—25 页。

㊸ 上海市地方协会 1933:《人口》,第 2 页,表 3;上海市文献委员会 1948:第 14、16、18 页。

㊹ 罗志如 1932:第 30 页。

㊺ 公共租界的男女性别比呈稳步下降趋势:1870 年为 290∶100,1935 年为 156∶100。法租界的情况是 1910 年为 217∶100,1936 年为 155∶100,中间年份有起伏,但幅度不大。1945 年、1946 年和 1947 年这三年中,城市总人口(包括儿童在内的)男女性别比分别是 119.8∶100,127.9∶100,123.9∶100。见罗志如 1932:第 30 页,表 49、51;上海市地方协会 1933:《人口》,第 11 页,表 13;邹依仁 1980:第 122—125 页。但是一份 1948 年的研究指出,在商业中心地区比例出现很大偏差,在黄埔区高达 250.7,老闸区 201.1,闸北区 153.2。见陈仁炳 1948:第 10 页。

此外,亨里克(Henriques)1962:第 268 页概述了人口比例失调导致卖淫的争论。

㊻ 半痴生 1891:卷一,第 5 页。关于官妓,见王书奴 1988:第 71—259 页;武舟 1990:第 74—184 页。“倌人”前还常有“红”或“清”等形容词。“红倌人”指出名,走红,社会上的“热门货”。见吴汉痴 1924:第 8 页。有时“倌人”冠以“浑”字,专指与客人发生性关系的高等妓女。与此对照,“清倌人”便是只献艺不卖身的青年女子。半痴生 1891:卷一,第 5 页;薛理勇 1988:第 154—155 页。

㊼《上海娼妓》1923:第 783 页;张春帆 1919:3 月 6 日,第 3 页;王定九 1932:《嫖》,第 1—2 页;平襟亚 1988:第 159—160 页;薛理勇 1988:第 153 页。薛理勇(1988:第 151 页)解释说这些女子也称“校书”,因其表演类似旧时校对书籍的动作而得名。印刷术发明前,书籍多为手抄本。因错误甚多,故有一人“唱”原本,另一人对照抄本。妓女的主要工作也是做戏、演唱和讲故事,颇似二位校勘者,故以“校书”名之。

㊽ 汪仲贤(未注日期):第 30 页。

㊾ 黎床卧读生 1905:卷六,第 6 页说“先生”也用于指唱花鼓戏的戏子。

㊿《上海娼妓》1923:第 783 页;勒米埃(Lemière)1923:第 127 页;威利(Wiley)1929:第 64 页。关于书寓说唱的曲牌及点唱的礼仪等,见半痴生 1891:卷四,第 11—14
424 页;黎床卧读生 1905:卷六,第 6 页;张春帆 1919:3 月 9 日,第 3 页,3 月 18 日,第 3 页。

(51) 勒米埃(Lemière)1923:第 127 页。

(52) 池志澄 1893:第 9—11 页;胡寄凡 1930:第 8 卷(无页码);孙玉声 1939:第 5—6 页;屠诗聘 1968:下,第 76 页。

(53) 张春帆 1932:4 月 16 日,第 2 页;胡寄凡 1930:第 8 卷(无页码);孙玉声 1939:第 5 页。

(54)《上海娼妓》1923:第 783 页;张春帆 1919:3 月 6 日,第 3 页;王定九 1932:《嫖》,第 1—2 页。

(55)《晶报》1919 年 10 月 3 日,第 3 页;孙玉声 1939:第 7 页。

(56) 阿林顿(Arlington)1923:第 317 页。长三艺名亦然,见第三章。

(57) 柳培潜 1936:第 136 页;孙玉声 1939:第 11 页也重述了这个故事。关于卖嘴不卖身,也见王定九 1932:《嫖》,第 1—2 页。

(58) 张春帆 1919:3 月 6 日,第 3 页;《上海娼妓》1923:第 783 页;张春帆 1932:4 月 16 日,第 2 页;屠诗聘 1968:下,第 76 页;平襟亚 1988:第 160 页;薛理勇 1988:第 152 页。

(59) 王定九 1932:《嫖》,第 1—2 页。

(60) 张春帆 1919:3 月 6 日,第 3 页;徐珂 1920:第 22 页;郁维 1948:第 11 页。评论其容易到手的文字,见《上海娼妓》1923:第 784 页;威利(Wiley)1929:第 71 页。

(61) 柳培潜 1936:第 136 页;屠诗聘 1968:下,第 76 页。

(62) 孙玉声 1939:第 11 页。

(63) 张春帆 1932:4 月 16 日,第 2 页。

(64) 屠诗聘 1968:下,第 76 页;薛理勇 1988:第 155—156 页。

(65) 亨德森(Henderson)1871:第 14 页;屠诗聘 1968:下,第 76 页。

(66) 除此处和下面 4 章所提到的资料外,可参看大通图书社:第 1—22 页。

(67) 孙玉声 1939:第 151 页。

(68)《上海娼妓》1923:第 783—785 页;屠诗聘 1968:下,第 76 页;王定九 1932:《嫖》,第 1—2 页;郁维 1948:第 11 页;柳培潜 1936:第 136 页;乙枫 1933 之一:第 39 页。

(69) 张春帆 1932:4 月 16 日,第 2 页;孙玉声 1939:第 8 页。

(70)《申报》1941 年 11 月 2 日。

(71) 孙玉声 1939:第 5 页。1905 年时,二三招待一盘点心二元,外出公共场所陪客三元。到了 1919 年,据说侑酒二元,夜度三元。有的史料说 19 世纪末二三已销声匿迹。见黎床卧读生 1905:卷六,第 6 页;张春帆 1919:3 月 9 日,第 3 页;徐珂 1920:第 24—25 页;胡寄凡 1930:第 8 卷(无页码);柳培潜 1936:第 136 页;屠诗聘 1968:下,第 76—77 页。

(72) 郁维 1948:第 11 页;屠诗聘 1968:下,第 76—77 页;《上海娼妓》1923:第 785 页;威利(Wiley)1929:第 65 页;唐幼峰 1931:第 152 页;张春帆 1919:3 月 9 日,第 3 页;张春帆 1932:4 月 16 日,第 2—4 页;乙枫 1933 之一:第 39 页;孙玉声 1939:第 149 页;大通图书社:第 23—29 页。郁慕侠(1935:续集,第 34—35 页)称 30 年代中期第一次的夜度资费涨到 8 元,此后每夜 5 元。

(73) 屠诗聘 1968:下,第 77 页。

(74) 汪仲贤(未注日期):第 388 页。 425

(75) 孙玉声 1939:第 150—151 页。关于长三落到幺二,见王定九 1932:《嫖》,第 22 页。

(76) 汪了翁 1922:第 23 页。

(77) 韩庄(幽会所)据说由一名叫白沙枇杷的女子首创。她在美租界内租了一所房子,挂着私人寓所的牌子,招揽做官人的姨太太与其他男子幽会。后来清朝官员薛福成的后人薛文华接过了这一生意方式。传说薛文华因行为不轨被一著名女校开除,后来她建立十余处幽会所,装潢奢丽。有一则报道还暗示有政治丑闻,谓民国早年袁世凯曾有意派她出任北京女子师范的校长,后为教育部长劝阻。韩庄史话见陈荣广 1924:第 89—90 页;张恂九 1934:第 2 卷,第 64—73 页。

(78) 韩庄的营业情况见马庸生 1930:第 2 卷,第 9 页;《申报》1880 年 10 月 28 日;黄式权(王韬笔名)1975:第 178 页;黄人镜 1913:第 127—128、132—133 页;《申报》1915 年 2 月 7 日,5 月 15 日;《晶报》1920 年 4 月 27 日,第 2 页;《上海娼妓》1923:第 788—789 页;钱生可 1933:第 2 卷,第 11—12 页;大通图书社:第 45—50 页。

(79) 陈荣广 1924:第 89—90 页;钱生可 1933:第 2 卷,第 13—16 页。

⑧⓪ 陈荣广 1924:第 89—90 页;张恂九 1934:第 2 卷,第 64—73 页。郁慕侠(1935:上集,第 58—59 页)评论说大旅馆的生意主要靠当地人而不是观光旅游客。顾客开房间为的是设赌局、召妓、抽鸦片或与女人幽会。

⑧① 关于两类淫业场所的关系,见黄人镜 1913:第 132 页;吴汉痴 1924:第 17 页;汪了翁 1922:第 21—22 页;张恂九 1934:第 2 卷,第 64—73 页。有文章称韩庄为咸肉庄之"幼虫",见王定九 1932:《嫖》,第 25 页。

⑧② 王定九 1932:《嫖》,第 25 页;柳培潜 1936:第 136 页。

⑧③ 郁慕侠 1935:上集,第 14 页。

⑧④ 郁慕侠 1935:续集,第 36 页。

⑧⑤ 王定九 1932:《嫖》,第 26 页,其中不少地方被柳培潜(1936:第 136 页)照搬。

⑧⑥ 王定九 1932:《嫖》,第 27—28 页;郁慕侠 1935:上集,第 14 页,续集,第 40 页;孙玉声 1939:第 168 页。

⑧⑦ 郁慕侠 1935:上集,第 32 页。

⑧⑧ 汪仲贤(未注日期):第 23 页。

⑧⑨ 汪仲贤(未注日期):第 24 页。

⑨⓪ 屠诗聘 1968:下,第 77 页;乙枫 1933 之一:第 40 页。据说高官达贵经常光顾豪华的咸肉庄,而庄花是"什么脚色都有,就连公馆里的姨太太,大小姐,跳舞明星,交际明星,电影明星,小家碧玉,闺阁名媛,女学生等莫不齐备"(见乙枫 1933 之一:第 40 页)。不过,不够警觉的狎客也经常上当,被装成好人家女儿的女子骗了,拿大价钱来买。有指南书说现在良家妇女("人家人")已不去韩庄幽会,所以到了庄上,务必小心不要受欺,"人家人势必有翁姑丈夫,出外放浪的未尝没有,不过衣着决不过分怪异,以启家人猜疑,并且面上的脂粉,匆促的时间中,也决没有涂得浓密。"因此人家人和咸肉庄专做皮肉生意的人还是容易辨别的。见王定九 1932:《嫖》,第 26—27 页。

⑨① 孙礼启等 1986;张辛欣和桑晔 1987:第 32 页。

⑨② 乙枫 1933 之一:第 40 页。

⑨③ 乙枫(1933 之一:第 40 页)说咸肉庄始自 1920 年。

⑨④ 咸肉庄所在的街道里坊名单见王定九 1932:《嫖》,第 25 页;郁慕侠 1935:上集,第 14 页;孙玉声 1939:第 167—168 页;屠诗聘 1968:下,第 77 页。

⑨⑤ 汪仲贤(未注日期):第 24 页。

⑨⑥ 《上海娼妓》1923:第 786 页;大通图书社:第 31—37 页。

⑨⑦ 将狎客比猎手的,见黎床卧读生 1905:卷六,第 13—14 页,卷七,第 6 页。张春帆(1932:4 月 16 日,第 4 页)解释说"野鸡"原本是女人自己用来指她们的嫖客的,妓女看到马路上有人盯着她看,就会上前拉他,好比抓野鸡一样。张说,讽刺的是社会倒将妓女看成野鸡了,而狎客看自己则是打鸡的。

⑨⑧ 野鸡密集的主要街道有福州路,汉口路,云南路,广西路,浙江路,宁波路,贵州路

和劳合路(即六合路);褚家桥,偷鸡桥(现芝罘路——译注),东新桥,八仙桥,朱家桥;法租界的大世界游乐场一带,大马路先施公司后面。见黎床卧读生1905:卷六,第13—14页;徐珂1920:第27页;黄人镜1913:第131页;栖霞和澹如1917:第1卷[第2页];王定九1932:《嫖》,第48页;郁慕侠1935:上集,第24页;孙玉声1939:第165页。

⑨⑨ 黄人镜1913:第130—131页;王定九1932:《嫖》,第48页。晚清时期有诗这样描绘野鸡的疯狂举动:

  青莲阁(指茶楼)上野鸡窠
  飞去飞来似织梭
  最是扬帮真老脸
  做媒双手把衣拖
    黎床卧读生1905:卷七,第7页。

也见黄式权(王韬笔名)1975:第184—185页。

⑩⑩ 黎床卧读生1905:卷七,第6页。后来的规劝乡下人小心的文字见王定九1932:《嫖》,第49—50页;汪仲贤(未注日期):第60、93页。

⑩① 唐幼峰1931:第152—153页。

⑩② 汪仲贤(未注日期):第422页。也见郁慕侠1935:上集,第24页。

⑩③ 汪仲贤(未注日期):第595页。

⑩④ 王定九1932:《嫖》,第49页。早于他的文字中也提到类似价钱,如徐珂(1920:第28页)说后半夜和客人稀少的时候会落价。也见柳培潜1936:第136页;孙玉声1939:第164—165页。

⑩⑤ 郁慕侠1935:上集,第27页;钱生可1933:第2卷,第22—24页;吴汉痴1924:第11页;徐珂1920:第29页;汪了翁1922:第24页;《上海娼妓》1923:第786页。

⑩⑥ 钱生可1933:第2卷,第3页。

⑩⑦ 柳培潜1936:第136页。

⑩⑧ 威利(Wiley)1929:第66页。

⑩⑨ 1948年受调查的500名妓女中,几乎有半数从15—19岁起开始卖淫。调查时期最大的年龄组为20—24岁。郁维1948:第11页。对所有的妓女来说,年纪一大便一落千丈。写到幺二时,一位指南作者评道:"再大若过30以上,那么她的营业,谁肯去化钱顾问呢?原来操此种皮肉生涯的人,身体糟蹋,为事实上所难免。若使做过10年,已属色衰老颓,面黄多病了。"孙玉声1939:第149页。

⑩⑩ 徐珂1920:第27—28页;吴汉痴1924:第10页;郁慕侠1935:续集,第36页。

⑪⑪ 孙玉声1939:第164页。

⑪② 《时报》1936年2月27日,第5页;汪仲贤(未注日期):第93页;屠诗聘1968:下,第77页;陈定山1967:第20页。

⑪③ 豪泽(Hauser)1940:第268—269页。

⑭ 《上海娼妓》1923：第786页。又见鸿涯1933：第6页；孙玉声1939：第166页。
⑮ 汪仲贤（未注日期）：第93页。
⑯ 郁维1948：第13页。
⑰ 罗琼1935：第36页。最近的同类叙述见张辛欣和桑晔1987：第32页。这则故事的中文原文见张辛欣和桑晔1985：第13—17页。
⑱ 郁维1948：第13页；《上海娼妓》1923：第786页。
⑲ 例如《时报》1929年7月22日，第7页；本书第8章。
⑳ 唐幼峰1931：第152—153页。20世纪80年代学者对雉妓的讨论见薛理勇1988：第156—157页；平襟亚1988：第165页。
㉑ 孙玉声1939：第166页。
㉒ 郁慕侠1935：上集，第24页。
㉓ 花烟间的一般性描述见郁慕侠1935：续集，第49页；柳培潜1936：第136页；孙玉声1939：第169—170页。
㉔ 花烟间的地理分布见黄人镜1913：第131页；徐珂1920：第30页；王定九1932：《嫖》，第50页；汪仲贤（未注日期）：第115—116页；郁慕侠1935：续集，第49页；孙玉声1939：第171—172页。
㉕ 池志澂1893：第28页；黄式权（王韬笔名）1975：第178页；黎床卧读生1905：卷六，第6页。徐珂（1920：第29—30页）提到，19世纪末凡全夜留宿者价为1元。其他提到花烟间常客的有黄人镜1913：第131页；王定九1932：《嫖》，第50页；郁慕侠1935：续集，第50页。付得少的就给铜板，尤其是下层的嫖客；1两银子通常值1 000个铜板(10吊)。1889年中国开始铸造"圆"（1元硬币，10角为1元），但并没有立即取代铜板和银两。钱币制度的种种名堂和变化见金（King）1969：第31—33、40—42页。
㉖ 孙玉声1939：第173页。
㉗ 郁慕侠1935：续集，第50页。
㉘ 王定九1932：《嫖》，第50页；孙玉声1939：第169—174页。所形容的世纪之交时的情形出自汪仲贤（未注日期）：第116页。
㉙ 孙玉声1939：第173页。
㉚ 汪仲贤（未注日期）：第116页。
㉛ 《上海娼妓》1923：第787页；张春帆1932：4月16日，第4页。以下资料中所谈费用略有出入：徐珂1920：第30页；郁慕侠1935：续集，第49页；王定九1932：《嫖》，第51页；汪仲贤（未注日期）：第117页；孙玉声1939：第170—171页。
㉜ 1933年这个日期引自屠诗聘1968：下，第77页。1911年清朝灭亡前两年，清政府实行禁鸦片运动，1909年查封了所有的鸦片馆，1910年后袁世凯继续禁烟，但在外国人和军阀控制的区域内鸦片照样盛行。20世纪30年代，蒋介石政府也断断续续地在局部地区禁烟。见史景迁（Jonathan Spence）1990：第256—257、285、288

页;商务印书馆编辑所 1926:第 2 卷,第 43 页。这些运动在上海是否奏效不详。平襟亚(1988:第 162 页)说晚清时期花烟间从沪上的中国人控制区挪到租界,为的是躲过禁烟令。但黎床卧读生(1905:卷六,第 13—14 页)则说约 1904 年时英法巡捕房以有伤风化为名,禁止女招待点鸦片枪。徐珂(1920:第 30 页)提到 1920 年以前已禁烟并关闭花烟间,但《上海娼妓》(1923:第 787 页)却发现在 1918 年时上海在花烟间卖淫的女人超过 1 000。关于禁烟后花烟间名字继续使用的证据,见郁慕侠 1935:续集,第 50 页。平襟亚(1988:第 162—163 页)认为花烟间成为 20 世纪初期一种无照经营的妓院。至于公共租界内对别种妓院的妓女和老鸨的罚款,见第八章。

⑬ 平襟亚 1988:第 163 页。
⑭ 王定九 1932:《嫖》,第 51 页。
⑮ 徐珂 1920:第 30 页;《上海娼妓》1923:第 787 页;王定九 1932:《嫖》,第 51 页。
⑯ 徐珂 1920:第 30 页;王定九 1932:《嫖》,第 51 页。吴汉痴(1924:第 12 页)将"钉"定义为夜度资。20 世纪 30 年代中期的一部指南说上海已经找不到钉棚了。见汪仲贤(未注日期):第 115 页。
⑰ 国际联盟 1937 年 2 月在万隆召开的会议上讨论了印度、中国、日本和"满洲国"的拐卖妇女问题,会上也提到中国国内的妇女买卖。见上海巡捕房剪报 1937:第 63 盒,文件号 7779。有关俄国人口贩子买卖俄国妇女,见上海巡捕房剪报 1939:文件号 9577 之三,12 月 8 日。5 名 17 岁至 22 岁的俄国女子被一叫特里宁的俄国男人从哈尔滨贩运到上海,合同上写的是去做"新娘或其他"。这些女子进了一个俄国女人开的按摩院兼妓院。
⑱ 大量文献都涉及上海的洋妓,如唐幼峰 1931:第 153—154 页;乙枫 1933 之一:第 41 页;钱普利(Champly)1934:散见各处;德利乌(De Leeuw)1933:第 114—145 页;克拉德(Crad)1940:134—145 页(他的说法主要根据德利乌;豪泽(Hauser)1940:第 267 页;屠诗聘 1968:下,第 77 页;近期的概览见奥卡拉汉(O'Callaghan)1968:第 11—12 页;埃里克·周(Eric Chou)1971:第 104—105、112—113 页。
⑲ 关于"冒险家的乐园"这一说法,见米勒(Miller)1937:第 7—10 页。芬奇(Finch)1953:第 37 页生动地描写了 20 世纪初的美国鸨母格蕾西·盏尔(Gracie Gale)、她开的妓院和手下的妓女。芬奇评论说:"若瓷器以明器为上品,轿车以罗尔斯-罗伊斯为优,则美国女郎堪称上海淫业之最。是为欲望之精髓,夜幕下欢娱之极品,无怪乎有人不顾一切,会为此押上半年薪水。"
⑳ 德利乌(De Leeuw)1933:第 121 页。施高塔路在虹口区(现名山阴路——译注)。也见克拉德(Crad)1940:第 134—145 页,他几乎照搬德利乌,大写特写作者看到非白种男人好色地接近白种女人时的厌恶之情。
㉑ 德利乌(De Leeuw)1933:第 138 页。
㉒ 黎床卧读生 1905:卷二,第 10 页。黄式权(王韬笔名)1975:第 190 页也有同样的

描写。

⑭³ 王定九 1932:《嫖》,第 41 页;《申报》1941 年 11 月 3 日。

⑭⁴ 《中国记事录》(Chinese Recorder)1905:第 307—308 页。

⑭⁵ 芬奇(Finch,1953:第 48 页)评道,由于白俄大批到来,"美国妓馆竞争不过,美国女郎遂从这个行当中消失了,像野牛从西部大平原消失了一样。"帕尔(Pal)(1963:第 20—21 页)讨论了国际联盟有关此议题的一份报告(日期不详),其中说"白人妇女竟以娼妓这种丢人的身份混迹于最低贱的当地人中,**对西方列强在东方的威望造成深深的伤害**"(黑体部分原有着重号);第 85—86 页生动地描写了这个生意场上的喧闹情景以及警方的腐败。

⑭⁶ 钱普利(Champly)1934:第 188—189 页。

⑭⁷ 唐幼峰 1931:第 153 页;豪泽(Hauser)1940:第 267 页;奥卡拉汉(O'Callaghan,1968:第 12 页)援引 1932 年的国际联盟报告说,人贩子将许多妇女从哈尔滨弄到北京、天津、曲阜、上海、汉口等城市。报告接着说:

> 那些地方深深吸引着哈尔滨的姑娘,故人贩子连哄带骗很容易让她们上当。……然后说什么也没有了,人生地不熟,提不出办法偿还预支的钱,也根本没希望找到原先以为不费事就能有的好工作。再说,一切都交给人家包办了,身份证件,通行证,都在经纪人手中,没有这些证件俄国人在中国寸步难行。她又全然不懂得可以采取什么步骤违抗人贩子的要求,感到除了听命于他已无路可走。

⑭⁸ 《字林西报》1923 年 9 月 1 日,第 618 页。

⑭⁹ 这些人从嫖客手里收取小费,还在妓女那里提成。唐幼峰 1931:第 153 页;王定九 1932:《嫖》,第 40 页;郁慕侠 1935:续集,第 33—34 页。

⑮⁰ 王定九 1932:《嫖》,第 41 页;《申报》1941 年 11 月 3 日。其他涉及俄妓的讨论有基希(Kisch)1935:第 110—120 页;彼得斯(Peters)1937:第 210—211 页;大通图书社:第 42—43 页;徐迟等 1942:第 86—91 页;厉墨林 1973:第 37—39 页;萨金特(Sergeant)1991:第 51—54、60—66 页。卫护俄国在华妇女的名誉的激烈言辞见左翼杂志《中国周评》1935 年第 72 卷第 12 期(5 月 18 日)第 375—376 页,文章说在沪俄国女有做妓女的名声,因为她们"在酒吧间工作,比较显眼,于是就承受了另一职业的名声或不如说恶名。"

⑮¹ 日本妓馆的地点见郁慕侠 1935:上集,第 26、38—39 页,续集,第 46 页;屠诗聘 1968:下,第 77 页。

⑮² 该形容语出自管可寿斋版 1884:第 16 页。艺妓与长三的比较见《晶报》1919 年 12 月 12 日,第 2 页;王定九 1932:《嫖》,第 42 页;大通图书社:第 43—44 页。

⑮³ 关于日妓性服务的开放程度,见管可寿斋版 1884:第 16 页;郁慕侠 1935:上集,第 26 页。关于第二职业,见唐幼峰 1931:第 153 页;郁慕侠 1935:上集,第 26 页。街头拉皮条人,见郁慕侠 1935:续集,第 47 页。

⑭ 《晶报》1919年12月12日,第2页。
⑮ 郁慕侠1935:续集,第46页。
⑯ 王定九1932:《嫖》,第42—43页。
⑰ 花雨小筑主人1892列了118位名妓的出生地。详见附录的表1。
⑱ 威利(Wiley)1929:第52—53页。
⑲ 威利(Wiley)1929:第66—67页。
⑳ 勒米埃(Lemière)1923:第133页。
㉑ 黄人镜1913:第127页;莫里斯(Morris)1916:第756页;勒米埃(Lemière)1923:第133页;乙枫1933之一:第:39—40页;威利(Wiley)1929:第53页;郁慕侠1935:上集,第12页。在上层妓女中又有进一步的地区摩擦,如常熟和无锡的娼妓就互不相容。《晶报》1919年9月15日,第3页;张春帆1932年4月16日,第3页。
㉒ 唐振常1989:第748页。
㉓ 池志澄1893:第25页;黄人镜1913:第128页;周瘦鹃1928:第1卷,第35页;张春帆1932年4月16日,第3页;屠诗聘1968:下,第76—77页;郁维1948:第11页;薛理勇1988:第151页。
㉔ 孙礼启等1986。
㉕ 乙枫1933之一:第39—40页;郁慕侠1935:上集,第12页;唐振常1989:第748页。很快就淘汰了的"二三"据说多为本地土娼。
㉖ 徐珂1920:第30页;乙枫1933之一:第39页;郁慕侠1935:上集,第12页。
㉗ 《时报》1929年4月6日,第7页。
㉘ 韩起澜(Honig)1992:散见各处,第56、65、67页等处尤其提到沪上苏北籍娼妓。无论下等娼妓是否真的来自苏北,她们之所以普遍被认为是苏北人恰恰就因为地位低下。
㉙ 勒米埃(Lemière)1923:第133页。
㉚ 专门用语、装潢陈设、表演风格等的解释见半痴生1891:卷四,第15页;黎床卧读生1905:卷六,第7页;徐珂1920:第31页;吴汉痴1924:第13—14页;郁慕侠1935:上集,第23页。关于粤妓馆的地址以及它们从公共租界搬到北四川路的情况,见胡寄凡1930:第8卷(无页码);王定九1932:《嫖》,第36页;郁慕侠1935:上集,第23页;孙玉声1939:第160页。亦见大通图书社:第39—40。
㉛ 徐珂1920:第31页;王定九1932:《嫖》,第36页。
㉜ 王定九1932:《嫖》,第37页。
㉝ 王定九1932:《嫖》,第36页;郁慕侠1935:上集,第23页。
㉞ 《晶报》1919年10月30日,第3页;郁慕侠1935:续集,第44页;孙玉声1939:第161页;大通图书社:第40页。
㉟ 郁慕侠1935:续集,第45页;孙玉声1939:第162页。贬低菜肴和音乐的说法见

⑮ 王定九 1932：《嫖》，第 35、37 页。
⑯ 乙枫 1933 之一：第 39—40 页。
⑰ 池志澄 1893：第 27 页。
⑱ 黎床卧读生 1905：卷二，第 10—11 页；徐珂 1920：第 31 页。
⑲ 这些妓院的地址见徐珂 1920：第 32 页；《上海娼妓》1923：第 787 页；胡寄凡 1930：第 8 卷（无页码）；王定九 1932：《嫖》，第 37 页；郁慕侠 1935：上集，第 16 页；孙玉声 1939：第 160 页；大通图书社：第 40—42 页。
⑳ 郁慕侠 1935：上集，第 17 页。
㉑ 王定九 1932：《嫖》，第 38 页。
㉒ 徐珂 1920：第 31—32 页；屠诗聘 1968：下，第 77 页。
㉓ 黎床卧读生 1905：卷二，第 10—11 页；徐珂 1920：第 31 页。有指南书讲到 19 世纪中香港刚开辟商埠时，没有妓女愿意接洋人，因为她们对这些人的怪异相貌感到惊恐不安。摇舢板的女人因常渡洋人上下汽船，渐与他们熟悉起来，会讲几句洋文，洋人与她们调笑起来，她们也渐渐以此为业。郁慕侠 1935：上集，第 17 页。关于这些女子的外语能力，亦见唐幼峰 1931：第 153 页。后来上海发展，外国人多了，市面大了，这些广东东部的女子也就去了上海，专做水手生意。
㉔ 池志澄 1893：第 27 页。
㉕ 20 纪 30 年代的指南书指出因咸水妹人数多了，竞争激烈，因而她们就扩大了接客范围，也做华人生意了。王定九 1932：《嫖》，第 38 页；孙玉声 1939：第 157 页。
㉖ 亨德森（Henderson）1871：第 16 页。
㉗ 《上海娼妓》1923：第 788 页。
㉘ 关于咸水妹的卫生检验，见淫风调查会（SVC）1920：第 83—84 页；周瘦鹃 1928：第 1 卷，第 3 页；胡寄凡 1930：第 8 卷（无页码）；王定九 1932：《嫖》，第 39 页；郁慕侠 1935：上集，第 16 页。
㉙ 唐幼峰 1931：第 153 页。
㉚ 王定九 1932：《嫖》，第 38—39 页。
㉛ 至少有一个方面西洋人的方法被认为更高明。有的评论表示外国政府在沪官员比中国政府官员在保护自己的百姓方面做得好些，他们为妓女查验是否得了梅毒；评论认为应扩大检验范围，让接待国人的妓女也受体检。胡寄凡 1930：第 8 卷（无页码）。
㉜ 郑绪雷（Stephen Cheng）1979：第 199—203 页。文中（第 203 页）如此形容粤妓：

> 她们挺着脑袋，脑后挂着一缕散发，眼旁贴着绿色圆片，后脑勺红色毛线球颤悠颤悠的，尤为惊人的是双颊红得发亮，好像刚让人刮了耳光似的。她们腰板僵硬，好比给掰折过。宽大的袖子呼扇呼扇的，如猪耳朵一般。趿拉着的鞋子硬得像乌龟壳。

㉝ 陈定山 1967：第 20—21 页。

⑲ 例如郁慕侠 1935:上集,第 30 页。关于私娼,见大通图书社:第 51—56 页。
⑮ 唐幼峰 1931:第 154 页;春明书局 1937:第 1 页。
⑯ 《上海的特殊职业》1946:第 13 页。
⑰ 徐迟等 1942:第 57 页。
⑱ 郁慕侠 1935:上集,第 33 页。
⑲ 上海信托 1932:第 62 页;郁慕侠 1935:续集,第 53 页;沈敦 1938:第 25 页。
⑳ 绿荷 1934:第 99—107 页。
㉑ 徐迟等 1942:第 61 页。
㉒ 绿荷 1934:第 103、106—107 页;沈敦 1938:第 25 页;郁慕侠 1935:上集,第 52—53 页。
㉓ 绿荷 1934:第 90—96 页;《申报》1941 年 11 月 2 日。
㉔ 绿荷 1934:第 102 页;徐迟等 1942:第 60 页。
㉕ 沈敦 1938:第 24—25 页。
㉖ 莫若强 1930:第 1—4 页;王定九 1932:《玩的门径》,第 9—11、16 页;大通图书社:第 65—71 页。
㉗ 王定九 1932:《玩》,第 12 页;《晶报》1935 年 9 月 29 日,第 3 页;《晶报》1939 年 11 月 5 日,第 6 页。有的指南书将舞女与长三等高等妓女相提并论,教客人如何赢得红舞女或美人的青睐,还提到舞场老板打算仿照旧时选拔名妓的办法搞一个比赛,选出最红的舞女(见第六章)。王定九 1932:《玩》,第 11—17 页。关于日本占领期间的舞女,见民锋编辑所 1945:第 10—11 页。
㉘ 萧剑青 1937:第 88—89 页。关于有舞池的咖啡馆,1928 年公共租界的一名侦探奎尔(Quayle)先生在报告中评论道,"经常上这种地方消费的大多数是华人,干什么的都有,其中绝大多数是来此寻欢作乐的阔少。我曾亲自寻访,发现里面秩序井然,说实在优于许多外国人开的请俄国舞女伴舞的咖啡馆。"上海巡捕房档案 1928:卷宗号 4,文件号 1249。
㉙ 关于这类情形中的舞女,见《晶报》1935 年 9 月 26 日,第 2 页;《娼妓问题》1937:第 8—9 页;逸霄 1938:第 14—15 页;逸霄 1939:第 28 页;袁是克等 1949:第 22 页。1937—1938 年间舞女中的反日情绪见朱作同和梅益 1939:第三辑,第 188—189 页;关于日本入侵后自愿做救援工作的四位舞女,见第四辑,第 163—165 页。
㉚ 《晶报》1939 年 11 月 6 日,第 6 页。
㉛ 绿荷 1934:第 107 页。
㉜ 王定九 1932:《玩》,第 3—6 页。
㉝ 王定九 1932:《玩》,第 6—7 页。
㉞ 郁慕侠 1935:上集,第 34—35 页。亦见大通图书社:第 57—59 页;袁是克等 1949:第 2—3 页。
㉟ 王定九 1932:《玩》,第 8 页。

㉖ 萧剑青 1937：第 90 页。
㉗ 《申报》1941 年 11 月 2 日。
㉘ 钱毂成 1938：第 16 页。
㉙ 二战以前,法租界的按摩院有营业许可并由巡捕房管理,但公共租界不准营业。战后,国民党政府曾于 1946 年短暂地关闭按摩院,警察局对重开持反对态度,因为按摩院继续雇佣按摩女。见第十一章和《娼妓问题》1937：第 8 页；若闻（音）1938：第 9 页；及《上海》《大公报》1946 年 3 月 5 日,第 3 页。
㉚ 早期有关向导社的报道见《晶报》1935 年 9 月 23 日；《晶报》1935 年 10 月 11 日,第 3 页；《娼妓问题》1937：第 8 页；若闻（音）1938：第 9 页。陈定山（1967：第 2 卷,第 63 页）回忆说向导社是 1937 年前后出现的。
㉛ 徐迟等 1942：第 64 页。
㉜ 《晶报》1935 年 9 月 23 日,第 3 页；《晶报》1935 年 10 月 11 日,第 3 页；萧剑青 1937：第 91 页。《申报》1941 年 11 月 2 日的文章也发出类似的谴责。
㉝ 《娼妓问题》1937：第 8 页；若闻（音）1938：第 9 页。
㉞ 徐迟等 1942：第 61—65 页（引文出自第 63 页）；《上海的特殊职业》1946：第 13 页。
㉟ 汪仲贤（未注日期）：第 23 页。类似的定义见王定九 1932：《嫖》,第 30 页；郁慕侠 1935：上集,第 32 页。
㊱ 唐幼峰 1931：第 153 页。
㊲ 孙玉声 1939：第 162—163 页。
㊳ 王定九 1932：《嫖》,第 30 页。指点了识别淌白的招数后,作者立即又教人一刁钻的妙计,说是可摆脱讨厌的淌白："可在药房里买些荷兰粉"偷偷倒入她的饮料,"淌白吃了便不由自主,大放连环屁,使她无地藏身,避之不暇,再不会来钉住你了。"他接着又说,"倘然和她有仇的,便可暗使一个友人去和她的调。公众面前,吃了之后,大放特放,臭不可当。四周的人,不是要掩鼻不遑吗？这时她势必羞得无地自容,面部赤化,你便可在旁拍掌叫好,以消心头之恨了。"王定九 1932：《嫖》,第 33 页。
㊴ 郁慕侠 1935：续集,第 43、45—46 页。
㊵ 王定九 1932：《嫖》,第 47 页；郁慕侠 1935：续集,第 50—52 页。
㊶ 《上海的特殊职业》1946：第 13 页。
㊷ 上海巡捕房：第 116 盒,N-1366 及 Reel 25,D7042。
㊸ 上海巡捕房：Reel 25,D7042。
㊹ 1939 年 8 月 26 日《弹性画报》有文章报道珠宝店和旅行社的脱衣舞。1939 年 8 月 15 日夏威夷背景的那则舞剧在《大晚报》及许多小报上都刊登了广告,如《剧世界》《正报》《汇报》《好莱坞报》《声报》《画报》《晶报》等；次日在《戏报》《桃色新闻报》《舜报》《罗宾汉》等报上登广告（以上小报名称多为音译——译注）。详见上海巡捕房：第 116 盒,N-1366 及 Reel 25,D7042。

㉟ 例如,1940年4月23日,《晶报》发行人特奥多罗(A. L. Teodoro)因被控四度刊登"下流、猥亵、淫秽的文章"而在中国的美国法庭受审。他表示服罪,被赫尔米克法官(Milton J. Helmick)处以10美元的罚款,并判在马尼拉服刑10个月,缓刑5年作为假释。同日,《上海晚邮与信使报》刊文称1939年11月14日特奥多罗就得到警告,让他停止"刊行淫荡下流的文章",但他却仍在1940年2月17、18、22日刊登了这样的文字;另据巡捕房称,1940年4月15日他也刊载了"相对低俗"的文章,起初他们也想用这篇文章作为证据。1940年4月特奥多罗与报纸脱钩,由华籍报人周天来、吴奇慈、张江孙、吴聪驰等出面重新注册(以上名字均为音译——译注)。新的发行人得到警告说,一旦刊登有碍观瞻的文章就会取消执照。上海巡捕房:第71盒,D8149-C-484;第73盒,D-8149。1939年《汇报》也受到同样的控告,见上海巡捕房:第71盒,D8149-C-505。

㊱ 1949年有文章谈到夜总会表演中专门展示狗与十几岁女孩性交的流动剧团时,惊愕地评论说,看这样的表演竟然比逛长三娼寮还贵。袁是克等1949:第6页。有关上海沦陷区的赌场中变相卖淫活动猖獗的说法,见民锋编辑所1945:第6页。

㊲ 郁慕侠1935:上集,第42页,续集,第41—43页。有关男妓的情况,亦见王定九1932:《嫖》,第44—46页;钱生可1933:第3卷;郁慕侠1935:上集,第30页;马蒂依(Matignon)1936:第270—276页。1988年在中国出版的研究上海娼妓的著作这样评论男妓道:"他们完全被剥夺了男性的权利和人格。男不像男,女不像女,令人作呕。"见平襟亚1988:第165页。本书不谈男妓问题,一是因同妓女相比,资料中很少提到男妓;二是从对他们的描写中可看出,男妓引起一系列不同的娱乐与问题,故可另作专题研究。

㊳ 汪仲贤(未注日期):第253—254页。
㊴ 贺萧(Hershatter)1991中更充分地探讨了上海娼妓和商品化语言的问题。
㊵ 本书会提到20世纪城市上层人士自身变化的状况,但不作直接的研究。周锡瑞与兰金(Esherick and Rankin,1990)的书中对这一问题提出许多有用的研究方法;其中论及上海大商人与士绅阶级之融合的部分见第20页。

第三章 妓院规制

① 在很不同的语境中谈仪式化行为如何造就人的讨论,见齐托(Zito)1993。
② 上海的高等妓院由各种不同的投资人建立和管理。有时给名妓伴奏的乐师成了妓院的组织人,他们找到房子,办理必要的开业许可。这样的妓院可能雇佣自己的乐师,妓女演唱后,妓院从每桌客人那里收费,其中分一些给乐师作为报酬(史料中称乐师为"乌师",或操弦者——译注)。汪了翁1922:第12—13页就举了这样一个例子。当然,通常的情况下是女人开妓院。
③ 例如,上海巡捕房:第41盒,文件号5300就有1933年至1934年间法租界上有执

照的妓院的材料。其中大多是从法租界"市政通报"上简要摘录的领照申请,材料上给出了申请执照的妇女的姓名和地址。

④ 周(音,Eric Chou)1971:第 57 页。

⑤ 孙玉声 1939:第 23 页。关于称妓女为"铺房间者"的情形,见吴汉痴 1924:第 10 页。

⑥ 吴汉痴 1924:第 6 页。

⑦ 美化的说法见孙玉声 1939:第 19 页;挖苦的说法见郑绪雷(Stephen Cheng)1979:第 48 页。也有资料提出"本家"自己有房产,而"主政"则是租房开业。见《晶报》1919 年 11 月 15 日,第 3 页。

⑧ 孙玉声 1939:第 19 页;亦见威利(Wiley)1929:第 59 页。

⑨ 《晶报》1919 年 3 月 27 日,第 2 页。

⑩ 吴汉痴 1924:第 6 页;孙玉声 1939:第 31—32 页;朱子家 1964:第 82 页。

⑪ 春明书局 1937:《长三》类,第 34—36 页有一则半虚构的故事,写大妓院的老鸨同一旅馆经理的勾结。

⑫ 孙玉声 1939:第 19 页;亦见中华图书集成 1925:第 3 卷,第 81—85 页。

⑬ 威利(Wiley)1929:第 44 页。

⑭ 高等妓院通常规模比较小,即使"大场户"也一样。1925 年发表了 127 所妓院编目(指南书作者选择这些,是因为那里有电话),其中 86% 的妓院只有 4 名或不到 4 名高等妓女。所有的高等妓女中,有 68% 住在这样规模的妓院里,有 25% 住在只有 1—2 名妓女的妓院里(这两者相加就差不多占了妓院总数的一半了)。再大一点的妓院一般在法租界和华界,公共租界则少见。但编目中最大的妓院也只有 12 名高等妓女。不过,妓院里面实际干活的人则多得多了,其中包括老鸨、娘姨、女仆、男仆、账房和小孩。见王后哲 1925(无页码)。

⑮ 《晶报》1919 年 11 月 15 日,第 3 页。孙玉声 1939:第 20—21 页简要地描述了妓院租用的房子类型。

⑯ 见汪了翁 1922:第 13—14 页;孙玉声 1939:第 20—21 页。等级低一些的幺二妓院像是这种类型的变种。二房东邀老鸨们前来租房,一个老鸨带几名妓女加一个女仆租一间屋。妓院的房间多达 20—50 间。见孙玉声 1939:第 148—149 页。

⑰ 孙玉声 1939:第 20—21 页。最近有学术著作在谈妓院的财务安排时,把老鸨的控制权说得小了些,认为经济权主要捏在同黑社会有联系的业主("老板")手里。见平襟亚 1988:第 160 页。如 1949 年以后的资料中常见的那样,平襟亚将妓女与老鸨的关系说成剥削关系。交不出花酒份额的妓女必须同客人睡觉以完成规定的金额,不然就去借印子钱,受老鸨和地痞的羞辱打骂。

⑱ 汪了翁 1922:第 13—14 页。

⑲ 半痴生 1891:卷一,第 10—11 页;孙玉声 1939:第 21 页。

⑳ 王后哲 1925(无页码)。

㉑《晶报》1919年10月10日,第6页;10月18日,第3页;10月24日,第3页。第一则中包括这样的消息:"新近清和坊沿马路挂出了珊珊的牌子,这是和心坊二弄秋水的牌子。会乐里三弄妙莲从福致里调过来,电话号码3076。这位妓女最是热心国事。新清和一弄的钟情现在叫情娥,在新清和二弄挂牌,是自家身体。"
㉒《晶报》1919年4月9、15、18、24日,第3页;6月24日,第2页;6月27、30日,第3页;7月3日,第3页。
㉓《晶报》1929年5月3日,第3页;亦见柳培潜1936:第137页。
㉔ 威利(Wiley)1929:第50页。
㉕ 孙玉声1939:第22、31页。
㉖ 这笔费用叫"鞋袜钱"。1922年时给妓女当中人一般得10元,而鸨母的说客则拿1至2元。见汪了翁1922:第14页。晚清时期的习俗是聘人的老鸨给妓女开一桌饭,表示订立了本节的契约;到了20世纪30年代已不再这样做了。见孙玉声1939:第14页。
㉗ 孙玉声1939:第31页。
㉘ 半痴生1891:卷二,第17页。
㉙ 勒米埃(Lemière)1923:第131页。
㉚ 1891年的一部备览提到这类妓女时用尊称"客师"或中性的"伙计",见半痴生1891:卷一,第4页。有几种晚清的资料说老鸨会借几百金给新来的妓女作添置衣物首饰之用,妓女离开时应完璧归赵。这样的钱叫作"带挡"。有名的妓女可以掌握大数额的"带挡",但最厉害的妓女自身殷实,根本不需要"带挡"。见半痴生1891:卷二,第16—17页;黎床卧读生1905:卷六,第6页。
㉛ 孙玉声1939:第23页。孙说"亦有先生有稔客多者,兼拆份头一份或二份,得以照派利益。"这当然是指聘金照付,再按事先定好的比例提成,否则妓女从这样的安排中有何利可获。
㉜ 孙玉声1939:第30页;汪了翁1922:第15—16页。
㉝ 周瘦鹃1928:第1卷,第49页。《晶报》(1919年12月27日,第3页)有文章提到一老鸨与妓女在应办多少桌花酒的问题上发生口角,遂决定下一节度不再续聘该先生。
㉞ 吴汉痴1924:第6页。
㉟ 有一种资料称讨主为"父兄",并解释说"父兄"听上去像"务凶",等于是间接地说其凶狠。这个词也表明有的讨主是男人。关于"讨主"和"父兄",见半痴生1891:卷一,第4—5页。半痴生(1891:卷三,第12—13页)谈到专门养大讨人、将其卖入娟门的人。关于"讨人"(也称"讨人身体",即卖掉的身体),见半痴生1891:卷一,第6页;吴汉痴1924:第8页;勒米埃(Lemière)1923:第131页。本书第七章会谈到"父兄"和"务凶"另有人贩子的意思。
㊱ 黄人镜1913:第130页。

㊲ 1871年时亨德森写道,"开妓院的人几乎不停地花钱买女童,在妓院里将她们养大,为的是最终靠她们卖身赚钱。在一些大一点的妓馆里,我数到五六个这样的女孩,年纪从2岁、3岁到15岁不等,通常到了15岁,就被认为可以正常地在妓院接客了。"见亨德森(Henderson)1871:第5—6页。1892年一部冶游指南写了118位妓女,其中包括19名(占16%)15岁以下的少女。见花雨小筑主人1892:散见各处。20世纪初期,公共租界规定16岁以下少女住在妓院里算非法,但妓院对此往往不予理睬(见以下第八章、第十一章)。见勒米埃(Lemière)1923:第134页。1924年7月,上海工部局指定的童工调查会从"摆在面前的证据"中发现,"本地的妓馆里雇佣了许多受役使的儿童,她们接受训练从事淫业。买卖女童虽然无疑是违反了中国的法律,但看来并没有受到来自行使司法之责的部门任何形式的干预。但是,在查实有据的虐待案例中,上海的会审公廨确实会下令让儿童脱离涉案人员的监护。"《中华医学杂志》1924:第38卷第11期(11月),第925页。又见本书第七章比较全面地谈论人口买卖。

㊳ 亨德森(Henderson)1871:第6页。

㊴ 关于李珊珊戏剧性的人生和死,见汪了翁1922:第35—39页;陈荣广[陈伯熙]1924:第109—110页。添枝加叶地用历史演义笔法写的,见张㤱九1934:第2卷,第33—50页。

㊵ 马庸生1930:第3卷,第16页。引用同一首诗的见栖霞和澹如1917:第1卷[第5页]。马庸生1930很像是重印葛元煦1876,只是加了标点符号和日文注音而已。

㊶ 孙玉声1939:第24页。

㊷ 张春帆1919:3月21日,第3页;吴汉痴1924:第6页。

㊸ 徐珂1920:第22页。

㊹ 张春帆1919:3月21日,第3页。

㊺ 孙玉声1939:第24页。

㊻ 关于铁匠铺子的学徒工,见贺萧(Hershatter)1986:第101—109页。

㊼ 武雅士和黄(Wolf and Huang Chieh-shan)1980:第82—93、230—231页及其他各处。

㊽ 文章说宝琳对姆妈很好,叫客人都要尊敬她。几个星期后,骚姆妈给《晶报》写信纠正错误,说她只有34岁,不是38岁;她还咬定宝琳没有管教自己的客人,叫他们礼待她,再说,她也用不着宝琳来管。骚姆妈甚至抱怨说,自从《晶报》说她如何风骚的文章发表后,宝琳的许多客人在宝琳出局时一定叫她也陪着,搞得她精疲力竭。她骂报纸说,"你们要负责的。"《晶报》1924年6月24日,第3页;7月10日,第3页。

㊾ 《晶报》1919年12月21日,第3页。

㊿ 关于对"想象出来的关系"的评论,见韦斯顿(Weston)1991。

○51 关于对"大姐"的定义,见半痴生1891:卷一,第7页;黎床卧读生1905:卷六,第6

页;吴汉痴 1924:第 8 页。关于“阿姐”,见孙玉声 1939:第 23—26、119—121 页。关于“跟局”,见吴汉痴 1924:第 6 页;孙玉声 1939:第 23 页。“做手”见张春帆 1919 年 3 月 24 日,第 3 页;汪了翁 1922:第 14—15 页;郁慕侠 1935:续集,第 38 页。黄人镜(1913:第 129 页)说“做手”一词一般指在妓院参股投资的男女用人,汪了翁(1922:第 14—15 页)也提示说“做手”大多是投资者(亦见以下注 60)。

(52) 孙玉声 1939:第 22—23 页。

(53) 孙玉声 1939:第 25—26 页。

(54) 关于拆账,见春明书局 1937:《长三》类,第 21—22 页;先生阿姐与同一嫖客的事情,见第 26—28 页。

(55) 半痴生 1891:卷一,第 7 页。

(56) 孙玉声 1939:第 25—26 页。

(57) 黎床卧读生 1905:卷六,第 6 页;栖霞和澹如 1917:第 2 卷[第 34 页]。

(58) 半痴生 1891:卷一,第 6 页;卷二,第 10 页。

(59) 徐珂 1920:第 21 页。

(60) 对“带挡”的描述见黄人镜 1913:第 129 页;勒米埃(Lemière)1923:第 132 页;吴汉痴 1924:第 6 页;周瘦鹃 1928:第 1 卷,第 37—38 页。

(61)《晶报》1919 年 8 月 30 日,第 3 页。

(62) 孙玉声 1939:第 27 页。

(63) 周瘦鹃 1928:第 1 卷,第 37—38 页。

(64) 黄人镜 1913:第 129—130 页。

(65) 20 世纪初,有一帮妓院的用人自称“上海合众受害娘姨大姐”在一家当地报纸上登“告白”,说一钱庄“股东伙友,心怀不良”,竟致钱庄倒闭,庄主卷逃在外,她们的积蓄荡然无存。因公堂久不料理此事,故她们“惟有约定日期,俟道宪大人新衙门大老爷出辕时,我等跪道执香,叩求仁天做主”,云云。告白书说她们“存庄生息,原冀稍收子母之利,藉供仰事俯畜之资”,而现在家中断炊,亦有寻短见的,总之强调自己靠的就是这点积蓄。见周瘦鹃 1928:第 2 卷,第 79 页。这只是周瘦鹃重印的二十年前的几则启示之一。

(66) 春明书局 1937:《长三》类,第 16—17 页。

(67) 栖霞和澹如 1917:第 2 卷[第 34 页]。

(68) 将“大姐”刻画得比较可爱的,见栖霞和澹如 1917:第 2 卷[第 34 页];对语言的批评,见周瘦鹃 1928:第 2 卷,第 185 页。

(69) 徐珂 1920:第 22 页。

(70) 马庸生 1930:第 2 卷,第 8 页。

(71) 春明书局 1937:《长三》类,第 24—26 页。

(72) 半痴生 1891:卷一,第 7 页;汪了翁 1922:第 14 页。

(73) 半痴生 1891:卷一,第 7 页;黎床卧读生 1905:卷六,第 6 页;栖霞和澹路 1917:第

1卷[第66页];张春帆1919:3月21日,第3页;吴汉痴1924:第6页。

⑭ 张春帆1919:3月21日,第3页。

⑮ 栖霞和澹如1917:第1卷[第66页]。

⑯ 汪仲贤(未注日期):第30页。

⑰ 徐珂1920:第23页。

⑱ 屠诗聘1968:下,第76页。周瘦鹃讲了这样一个故事:"有客在四马路见一'相帮',肩掮一十余龄之雏鬟,摇摇而来。笑指之曰,此人上人也。旁一老者曰,此等小女子学习唱歌,大非易事。不知受了几许鞭笞逼迫,方能出而赚钱。所谓不吃苦中苦,难为人上人。可为有心世道者作一榜样。"周瘦鹃1928:第1卷,第43页。

⑲ "小先生夜夜摸龟头"见汪了翁1922:第150页。

⑳ 黎床卧读生1905,卷七,第7页。

㉑ 关于掮行的消失,资料中有不同的说法,有的说是被警察下令禁掉的,有的说后来"包车盛行,肩车才被打倒"。威利(Wiley)1929:第50页;屠诗聘1968:下,第76页。

㉒ 汪仲贤(未注日期):第34—35页。

㉓ 半痴生1891:卷一,第12页;黎床卧读生1905:卷六,第6页;张春帆1919:3月18日,第3页;吴汉痴1924:第8页;郁慕侠1935:续集,第38页;孙玉声1939:第54、65—66页。同新客人过夜的妓女也应给男女仆人发赏钱。1922年的一种资料说,小费已从12—16元涨至20—30元,如此高价逼得妓女只好到旅馆同客人过夜了。汪了翁1922:第15页。移向旅馆同政府的管理条例也有关系。

㉔ 孙玉声1939:第9、53—54、66页。

㉕ 吴汉痴1924:第8页。这种习俗叫"送银盆"。同一资料还讲到,娘姨、相帮仅是来道声贺就可净得二三元。

㉖ 周瘦鹃1928:第2卷,第78页。

㉗ 孙玉声1939:第53—55页。

㉘ 威利(Wiley)1929:第74页。

㉙ 半痴生1891:卷三,第11—12页;卷四,第9页。

㉚ 半痴生1891:卷四,第6页。

㉛ 勒米埃(Lemière)1923:第127页。

㉜ 半痴生1891:卷四,第5页。

㉝ 如《申报》1916年3月2日,3月5日;《申报》1918年3月13日,4月19日,9月20日等。

㉞ 《申报》1922年4月18日。

㉟ 偷衣服的案子见《申报》1917年5月9日,12月24日。

㊱ 《申报》1920年3月28日,4月11日。

㊲ 有一则黑幕故事就是描写这种窘境的,见春明书局1937:《长三》类,第23—

㉘ 《时报》1929年5月20日,第7页。1920年的一宗案子也牵扯到珠宝和自杀。上海名妓徐弟在汉口被盗,丢了钻石和其他珠宝。所有的报纸都报道说她已自杀,但数日后她的一个客人在上海一家裁缝店看见她。她解释说自己没有死,只是晕过去了。又说这个关头让大家当她死了也好,因为她被抢后曾对警方说怀疑是田先生所为,田先生被证实无辜,便要打官司告她损害名誉罪。为躲避麻烦,徐便利用她已自杀身死的谣传做掩护,偷偷返回上海。《晶报》1920年6月21日,第3页。显然,妓女被偷盗是公众的谈资。

㉙ 至少有一位作者哀叹妓女竟成了为普通妇女开创时尚新风的人,他疑心这是否说明社会道德标准已转向,竟赞同淫风蔓延了。见张春帆1919:3月24日,第3页;4月6日,第3页。张的系列文章描述了世纪之交时的状况。威利(Wiley)(1929:第74页)评论说:"妓女既以媚惑为业,服饰自然也就有别于其他女子。她身着鲜亮的绫罗绸缎,除非特别有钱的人家,哪是一般的妇女能比。她走在街上,成了注目的对象,那些想了解上海这样的大都市里女装新式样的人都盯着她看。"有一篇文章佯称要教育妓女,让她们懂得着装在引人注目方面的重要性。见中华图书集成1925:第3卷,第67—68页。

⑩⓪ 半痴生1891:卷三,第11页。据林培瑞(Perry Link)说,到了民国初年,用名妓的图片肖像点缀诸如《妇女时报》和《女子世界》一类的杂志已成常规做法。林在引述包天笑(1971:第360页)后评论说,"照相既是新时尚,娱乐界的女子便轻易就可拉来摆姿势拍照,不要报酬,只要答应给她们一张自己的照片就行。"林培瑞(Link)1981:第146页。

⑩① 栖霞和澹如1917:第1、2卷多处。该书的序所标日期为1915年,但书中许多名妓传略所述则是世纪之交时的事件。这些照片何时拍摄的不清楚。

⑩② 黎床卧读生1905:卷六,第14页。

⑩③ 《晶报》1919年3月5日,第3页。

⑩④ 栖霞和澹如1917:第1卷[第18页]。

⑩⑤ 栖霞和澹如1917:第1卷[第62页]。

⑩⑥ 《晶报》1929年3月24日,第3页。

⑩⑦ 阿林顿(Arlington)1923:第317—319页。

⑩⑧ 《晶报》1919年12月30日,第3页。

⑩⑨ 《晶报》1919年3月12日,第3页。

⑩⑩ 《晶报》1919年10月15日,第3页。

⑪① 《晶报》1929年4月18日,第3页;1935年10月10日,第3页。

⑪② 《晶报》1919年12月6日,第3页。

⑪③ 《晶报》1919年3月6日,第3页。

⑪④ 《晶报》1919年3月12日,第3页。

⑮ 栖霞和澹如 1917：第 2 卷 [第 73 页]。

⑯ 栖霞和澹如 1917：第 2 卷 [第 73 页]。

⑰ 亨德森（Henderson）1871：第 13 页；孙玉声 1939：第 29 页。孙说楼上的房间布置更讲究些，也较少受窥视或街上吵闹的打扰。

⑱ 亨德森（Henderson）1871：第 12 页。

⑲ 池志澄 1893：第 26 页。

⑳ 半痴生 1891：卷四，第 7—9 页。关于墙纸，见半痴生 1891：卷一，第：9—10 页；孙玉声 1939：第 13—14 页。

㉑ 半痴生 1891：卷一，第 10 页。

㉒ 半痴生 1891：卷一，第 10 页；《申报》1917 年 12 月 9 日，1918 年 10 月 30 日。据《申报》的报道，老鸨说她催促客人付清欠账，客人就发脾气了。

㉓ 半痴生 1891：卷一，第 7—11 页。

㉔ 孙玉声 1939：第 51—52 页。

㉕ 关于高等妓女每日的例行工作，见亨德森（Henderson）1871：第 14 页；栖霞和澹如 1917：第 1 卷 [第 42 页]；张春帆 1919：5 月 6 日，第 3 页；孙玉声 1939：第 144—145 页。

㉖ 麦卡利维（McAleavy）1959：第 193 页。

㉗ "局"直译为"聚会"或"场"，但英文中 call（召集、召唤）才更能传达出一次活动或盛会场面的意思。

㉘ 到 20 世纪 20 年代，印好的局票取代了手写的。下面所描述的关于叫局的程序，如不加说明，均根据以下资料：黎床卧读生 1905：卷六，第 6 页；徐珂 1920：第 23 页；汪了翁 1922：第 11 页；吴汉痴 1924：第 7 页；郁慕侠 1935：上集，第 16 页；柳培潜 1936：第 137 页；孙玉声 1939：第 22—23，29—30 页。

㉙ 半痴生 1891：卷三，第 9 页；池志澄 1893：第 12 页。

㉚ 半痴生 1891：卷四，第 9 页；汪仲贤（未注日期）：第 34 页。

㉛ 勒米埃（Lemière）1923：第 131 页；徐珂 1920：第 23 页。

㉜ 汪了翁 1922：第 131 页。

㉝ 黎床卧读生 1905：卷七，第 7 页。

㉞ 郁慕侠 1935：上集，第 22—23 页。

㉟ 帕尔（Pal）1963：第 118 页；亦见第 172—173 页。

㊱ 半痴生 1891：卷四，第 9 页；孙玉声 1939：第 29—30 页。

㊲ 1917 年的书中说雏妓出局只收一元局资。栖霞和澹如 1917：第 2 卷 [第 9 页]。

㊳ 勒米埃（Lemière）1923：第 131 页。关于跌价，见徐珂 1920：第 23 页；柳培潜 1936：第 137 页；孙玉声 1939：第 11 页。

㊴ 对"滥污长三板幺二"的讨论，见汪仲贤（未注日期）：第 32 页；郁慕侠 1935：上集，第 12 页。关于 20 世纪 30 年代的涨价，见郁慕侠 1935：续集，第 34—35 页。

⑭⓪ 孙玉声 1939:第 12、39 页。

⑭① 柳培潜 1936:第 137 页;孙玉声 1939:第 22—23 页。

⑭② 吴汉痴 1924:第 7 页。

⑭③ 孙玉声 1939:第 98 页。

⑭④ 王后哲 1925(未注页码)。这也叫"借局"。半痴生 1891:卷一,第 13 页。后面的引文见孙玉声 1939:第 39 页。

⑭⑤ 王定九 1932:《嫖的门径》,第 2 页;孙玉声 1939:第 40 页。

⑭⑥ 柳培潜 1936:第 137 页。

⑭⑦ 孙玉声 1939:第 99 页。

⑭⑧ 孙玉声 1939:第 98 页。

⑭⑨ 孙玉声 1939:第 35—37 页。

⑮⓪ 栖霞和澹如 1917:第 1 卷[第 47 页]。

⑮① 半痴生 1891:卷一,第 13—14 页。"天明局"亦见吴汉痴 1924:第 9 页。

⑮② 半痴生 1891:卷三,第 8—9 页;池志澄 1893:第 18 页。讨论非中式服饰的,见黎床卧读生 1905:卷六,第 14 页。20 世纪轿车出行代替了马车兜风,如郁慕侠 1935:上集,第 61—62 页。

⑮③ 半痴生 1891:卷二,第 5 页;吴汉痴 1924:第 7 页;王定九 1932:《嫖》,第 3 页;柳培潜 1936:第 137 页;孙玉声 1939:第 99 页。

⑮④ 孙玉声 1939:第 40 页。

⑮⑤ 孙玉声 1939:第 34 页。

⑮⑥ 在幺二妓院和其他等级低一些的妓院,服务显然比长三妓院更加商品化;它们也提供茶围,但要求当场付清一元茶资。王定九 1932:《嫖》,第 3 页;柳培潜 1936:第 137 页。

⑮⑦ 孙玉声 1939:第 100 页。

⑮⑧ 王定九 1932:《嫖》,第 3 页;孙玉声 1939:第 100 页。在此处和其他一些地方,孙玉声看上去几乎是原封不动地照搬了王定九的一些章节。

⑮⑨ 孙玉声 1939:第 101 页。

⑯⓪ 孙玉声 1939:第 40 页。

⑯① 吴汉痴 1924:第 7 页;王定九 1932:《嫖》,第 3 页;孙玉声 1939:第 101 页。

⑯② 栖霞和澹如 1917:第 2 卷[第 60 页]。

⑯③ 半痴生 1891:卷二,第 3—5 页。两个客人打茶围的情形见张春帆 1919:3 月 21 日,第 3 页;他说的是二十年前的事情。

⑯④ 汪仲贤(未注日期):第 32 页;郁慕侠 1935:续集,第 39 页;孙玉声 1939:第 153—155 页(引文出自第 154 页)。

⑯⑤ 各类资料所给的宴会费用如下:1908 年左右每桌 13 元(周瘦鹃 1928:第 2 卷,第 78 页);1917 年每桌 15 元(栖霞和澹如 1917:第 2 卷[第 58 页]);1920 年每桌 10

块银元,5 元赏钱(徐珂 1920:第 23 页);1925 年每桌 10 块洋元外加可观的赏钱(王后哲 1925[无页码]);1939 年光是赏钱就 12 元,节日还要加倍(孙玉声 1939:第 59 页)。"桌钱"是否包括了饭菜的费用在内是不清楚的。汪了翁评说从前(确切年代则不详)开一桌是 12 元,外加 8 元饭菜、4 元赏钱;到了 1922 年,他说饭菜费用计 10 元,赏钱 5—6 元(汪了翁 1922:第 17—18 页)。关于各类费用数字,可参看郑绪雷 1979:第 50—52 页。关于世纪之交时挥金如土的豪富的故事,见吴趼人 1935:第 127—128 页。

⑯ 半痴生 1891:卷二,第 7 页;黎床卧读生 1905:卷六,第 6 页;吴汉痴 1924:第 8 页。

⑰ 张春帆 1919:5 月 3 日,第 3 页;《晶报》1919:10 月 10 日,第 6 页;吴汉痴 1924:第 8 页。不设赌局的酒席叫作"赤脚酒",做东的通常是外地来的,请不到多少朋友,但妓女求他帮忙开酒席也就答应了。郁慕侠 1935:续集,第 39 页;孙玉声 1939:第 66 页。

⑱ 孙玉声 1939:第 42 页。

⑲ 吴汉痴 1924:第 7 页;郁慕侠 1935:上集,第 16 页,续集,第 38 页。

⑳ 孙玉声 1939:第 42—43 页。

㉑ 王定九 1932:《嫖》,第 3 页。

㉒ 半痴生 1891:卷一,第 12 页;孙玉声 1939:第 65 页。

㉓ 孙玉声 1939:第 12 页。柳培潜(1936:第 137 页)提出最低消费也要"十来个"花头,即超过 120 元。

㉔ 柳培潜 1936:第 137 页;孙玉声 1939:第 43、104—105 页。收益中一部分用来纳花税,抽税明显是针对赌博,而不是淫业本身。见孙玉声 1939:第 43 页。

㉕ 关于这种制度及其后来的变化,见吴汉痴 1924:第 8 页;郁慕侠 1935:上集,第 17—19 页;孙玉声 1939:第 12—13、44 页。郁慕侠解释说牌子的各面都刻着图案,中间标有芳名,可以在发牌的妓寮当二百文钱。后来有人专门搜集这样的铜牌,妓家只好一再铸牌,发牌子变成了累赘。到了 20 年代中期,一家妓院边上的烟纸店的老板印了一种纸牌子,比当时流通的纸币略大一些;妓院就以百分之五到七的折扣价买下,这样妓院得了折扣的便宜,又省了拿钱付轿饭票,可以说一举两得,十分便利。得了轿饭票的可到发行纸票的店里购物易钱。印纸票对烟纸店也有好处,因为妓院是大宗买进,但轿夫车夫只是零零散散地来兑换。

㉖ 半痴生 1891:卷二,第 15—16 页。

㉗ 乐师由乐师行会派出,行会在盛期多达 520 个会员。20 世纪 20 年代工部局开始禁娼,关闭妓院,乐师行业亦随之走下坡路。汪了翁 1922:第 174 页。

㉘ 半痴生 1891:卷二,第 15—16、8—9 页;卷三,第 5、7 页。

㉙ 王定九 1932:《嫖》,第 4 页;孙玉声 1939:第 58—59 页;汪了翁 1922:第 14 页。

㉚ 孙玉声 1939:第 103 页。

㉛ 柳培潜 1936:第 137 页。

⑱ 孙玉声 1939：第 105 页。
⑱ 孙玉声 1939：第 41—42 页。更早些年关于酒席越办越大、费用越来越高的评论，见汪了翁 1922：第 16 页。
⑱ 王定九 1932：《嫖》，第 4 页。
⑱ 孙玉声 1939：第 103 页。
⑱ 妓院有时会在堂差账上打点小折扣，但饭菜从不给打折，那是因为供货商等钱也已经等了好几个月了。徐珂 1920：第 22 页；王后哲 1925：（无页码）；孙玉声 1939：第 61—62 页。
⑱ 徐珂 1920：第 22 页。对"漂账"的其他解释见半痴生 1891：卷二，第 11 页；黎床卧读生 1905：卷六，第 6 页；吴汉痴 1924：第 9 页。栖霞和澹如 1917：第 1 卷［第 66 页］；张春帆 1919：3 月 21 日，第 3 页；吴汉痴 1924：第 6 页。
⑱ 栖霞和澹如 1917：第 1 卷［第 24 页］。
⑱ 半痴生 1891：卷二，第 11 页。
⑲ 周瘦鹃 1928：第 2 卷，第 77—78 页。两则启事署名不尽一致。
⑲ 周瘦鹃 1928：第 1 卷，第 50 页。
⑲ 孙玉声 1939：第 63 页。
⑲ 孙玉声 1939：第 66 页。
⑲ 汪了翁 1922：第 15 页；吴汉痴 1924：第 9 页。
⑲ 孙玉声 1939：第 63 页。
⑲ 孙玉声 1939：第 27—29 页长篇描述了妓院抽头的详情。
⑲ 孙玉声 1939：第 15 页。
⑲ 半痴生 1891：卷二，第 7 页。关于"烧路头"及有关的仪式，见半痴生 1891：卷二，第 5—7 页；黎床卧读生 1905：卷六，第 6 页；栖霞和澹如 1917：第 1 卷［第 36 页］；徐珂 1920：第 24 页；汪了翁 1922：第 16 页；吴汉痴 1924：第 10 页；陈荣广 1924：第 85—86 页。关于客人需要不间断地尽责，逢这样的场合应掏钱花销，见王后哲 1925：（无页码）和孙玉声 1939：第 118 页。
⑲ 半痴生 1891：卷三，第 1—2 页；汪了翁 1922：第 18—20 页；吴汉痴 1924：第 9 页；王后哲 1925：（无页码）；孙玉声 1939：第 56—57 页；柳培潜 1936：第 138 页。
⑳ 1924 年开果盘的费用是 10 元，到 1936 年时已涨至 40 元。有关此习俗的讨论见黎床卧读生 1905：卷六，第 6 页；张春帆 1919：3 月 12 日，第 3 页；吴汉痴 1924：第 9 页；王后哲 1925：（无页码）；孙玉声 1939：第 9—10、66 页；柳培潜 1936：第 138 页。有关"十六大少"，见柳培潜 1936：第 138 页。
㉑ 张春帆 1919：3 月 12 日，第 3 页；胡寄凡 1930：第 8 卷（无页码）；汪仲贤（未注日期）：第 31—32、387—390 页；孙玉声 1939：第 157—158 页。
㉒ 半痴生 1891：卷三，第 12 页。
㉓ 妓院迁往租界以前，妓女最喜欢去的庙宇有新北门内的五神堂和虹桥的施相公

庙。后来，公共租界内南京路上的虹庙成了香火最旺的地方。陈荣广 1924：第 85—86 页。1917 年的资料中提到南面的龙华寺，1939 年的指南书列了另外几处，有宝安寺、城隍庙、财神庙、姜少公所等。栖霞和澹如 1917：第 2 卷[第 31 页]；孙玉声 1939：第 16 页。

㉔ 栖霞和澹如 1917：第 2 卷[第 42 页]。

㉕ 郁慕侠 1935：上集，第 40—41 页。亦见陈荣广 1924：第 85—86 页；孙玉声 1939：第 16 页。雉妓堂子和长三幺二妓院那样，为生意有起色也自有一套礼仪。一个多日不见的客人（所谓"冷脚客人"）在堂子露面了，雉妓等他睡着后，要在他床前烧纸钱，熏其鞋袜，使其变成"热脚客人"。客人同妓女反目或拒绝付账时，她可在客人背后和头上摇动一把脏笤帚，在他离去时用菜刀剁门槛，当面背后烧白纸，或者点鞭炮吓唬他。这就叫"驱穷鬼"。还有一种办法是等他走后烧纸钱，来熏房间、床和他坐过的椅子。生意清淡时，据说雉妓会让堂子的男佣脱了裤子，举着点燃的佛像围着堂子转圈子。关于烧香的情况，见吴汉痴 1924：第 11 页；汪了翁 1922：第 25 页；钱生可 1933：第 2 卷，第 4 页。关于冷脚客人，见汪了翁 1922：第 24 页；钱生可 1933：第 2 卷，第 4 页。吴汉痴（1924：第 11 页）称之为冷头客人。关于当着寻衅的客人剁门槛的事，见钱生可 1933：第 2 卷，第 8 页。关于将客人熏出去的事，见汪了翁 1922：第 2 卷；钱生可 1933：第 2 卷，第 3 页。关于半裸的用人烧佛像的事，见吴汉痴 1924：第 11 页；汪了翁 1922：第 24—25 页。

㉖ 半痴生 1891：卷三，第 14—15 页。

㉗ 半痴生 1891：卷四，第 2—3 页；孙玉声 1939：第 70 页。

㉘ 孙玉声 1939：第 37 页。1919 年的资料却说了相反的情形：妓女来到另一妓院，必须立即便溺。见《晶报》1919 年 11 月 21 日第 3 页。孙玉声（第 70 页）还评论说客人也不可以一到妓院就去解手。

㉙ 《晶报》1919 年 11 月 21 日第 3 页；王后哲 1925（无页码）；孙玉声 1939：第 69—71 页。

第四章　情感事务

① 威利（Wiley）1929：第 61 页。

② 威利（Wiley）1929：第 31 页。

③ 甘尼特（L. S. Gannet），"中国青年的婚姻"，载《哈泼氏》1927 年 5 月号，引文见威利（Wiley）1929：第 31 页。

④ 魏（[音]，W. Lock Wei）1930：第 13、15 页。

⑤ 勒米埃（Lemière）1923：第 127 页。

⑥ 半痴生 1891：卷二，第 1 页。

⑦ 但有一部指南书注意到客人有时利用这样的机会同妓女交合，却赖掉了该付的下脚。随着旅馆业的兴起以及有关不准嫖客在公共租界的妓院里过夜的法规出台，

"干铺"也就不提了。孙玉声 1939：第 53 页。
⑧ 半痴生 1891：卷二，第 2 页。
⑨ 19 世纪末，娼妓又有"清倌人""浑倌人"之分（见第二章）。半痴生 1891：卷一，第 5 页。亦见吴汉痴 1924：第 7 页。吴还说，在北京，还是处女的雏妓叫"桌面儿"，不是处女的妓女叫"炕面儿"。
⑩ 孙礼启等 1986；亦见下面。
⑪ 半痴生 1891：卷二，第 2 页。
⑫ 半痴生 1891：卷三，第 13 页。
⑬ 勒米埃（Lemière）1923：第 133—134 页。
⑭ 孙礼启等 1986；《上海娼妓》1923：第 785 页。
⑮ 孙礼启等 1986。
⑯ 栖霞和澹如 1917：第 1 卷[第 5 页]。
⑰ 林碧瑶 1922：第一部分，第 5 页。
⑱ 半痴生 1891：卷一，第 5 页。
⑲ 威利（Wiley）1929：第 72 页。
⑳ 张春帆 1932：9 月 1 日，第 2—3 页。
㉑ 张春帆 1932：9 月 1 日，第 3 页；亦见吴汉痴 1924：第 6 页。
㉒ 孙玉声 1939：第 116 页。
㉓ 1919 年小报上一则闲话消息讲到某嫖客放弃了"点大蜡烛"的念头，因为老鸨告诉他事先要做 100 个花头的招待，也就是要花 1 200 元左右。见《晶报》1939 年 10 月 31 日第 5 页（这是重印 20 年前的旧文）。
㉔ 孙玉声 1939：第 48 页；亦见张春帆 1932：9 月 1 日，第 1—2 页。
㉕ 孙玉声 1939：第 48 页。
㉖ 郁慕侠 1935：上集，第 20 页；张春帆 1932：9 月 1 日，第 1—2 页。
㉗ 孙玉声 1939：第 48、111 页。这里所描述的精致的程序同等级稍低的幺二妓院形成鲜明的对比，在那里雏妓开苞要直截了当得多。讲到幺二妓院的时候，也比讲长三时更频繁地提到质押和卖绝的情况。有资料说幺二妓中只有不到一成是"自由身"。见孙玉声 1939：第 149 页。包身、讨人之普遍又关系到幺二妓院中老鸨和妓女的形象，前者凶残、剥削成性，后者脆弱好欺，卖淫一事也是唾手可得；凡此种种与对长三的描述有明显的不同。性活动之频繁成了娼门等级中地位相对低下的标记。幺二妓院的老鸨只要给苏杭一带的穷苦人家付几百元，便立即可包下这家的女儿一至四年。指南书用警示的口吻说，做家长的哪里知道女儿"已陷到地狱里去受那淫欲过度不乐而悲的凄惨生活了"。包到一个妓女后，老鸨做的头一件事情，"就是招那狂蜂浪蝶的嫖客，卖绝一个苞（俗称开苞），以后便逼令她不论生张熟魏的接客。"幺二堂子里包来的妓女"就算那老鸨的人了。一切都要听她指挥，要你卖笑就卖笑，要你接客就接客，若说半个不字，就要受她的敲打，种

种凌虐,要是姑娘肚里气,只好从屁股里出"。"所有的盈余,全是老鸨一人独享",而妓女连通常的小账都要不到,因为有的客人"已化了大账的夜厢,哪里再肯花费小账的需索呢"。一指南书的作者将"讨人身体的妓女"比作"犯了罪,判决了无期徒刑,没有出头的日子",将"做押账的妓女"比作判了"有期徒刑"。孙玉声1939:第151—152页。另一个使用监狱服刑比喻并指控老鸨进行人身摧残的,见黄人镜1913:第130页。黄人镜是基督徒,他写妓院的文字中掺杂着有声有色的告诫性语句。

㉘ 王定九1932:《嫖的门径》,第8页。

㉙ 汪仲贤(未注日期):第12、11页。

㉚ 汪仲贤(未注日期):第11页。

㉛ 孙玉声1939:第112页。

㉜ 郁慕侠1935:续集,第39—40页。上海历史上任何特定时期娼妓的实际年龄并无资料可资进行确切的社会学分析。1892年的一份高等妓女编目提到118位娼妓的年龄,其中16%为15岁及更小的,39%16—18岁,18%19—20岁,7%21—25岁,还有20%年龄不详。花雨小筑主人1892:散见各处。

㉝ 孙玉声1939:第111页;郁慕侠1935:上集,第20页;包天笑1973:第159页。

㉞ 孙玉声1939:第111页。关于这一信仰的古典表现,见费侠莉(Furth)1994:散见各处。

㉟ 关于教育妓女如何挡驾客人的要求以使对方更渴望得到自己,见中华图书集成1925:第3卷,第72—73页。(本段开头"刚开苞的"一语,原文直译是:"不久前还是处女",可能指史料中所说的"尖先生",即"处在小大之间,名义上说是小的,实际上确是大的",可能是被偷开苞了的小先生。见孙玉声1939:第117页并第五章。——译注)

㊱ 《晶报》1929年4月24日,第3页。

㊲ 半痴生1891:卷一,第15—16页。

㊳ 例子见《晶报》1919年12月21日,第3页。有一被称作"黑旋风"的狂人一连对两妓提出要求,第一位据说吓坏了,另一个十分恼怒,两人都拔腿就走,离开了他的房间。

㊴ 关于长三做双份工的报道只在1919年以后才出现,见《晶报》1919年12月9日,第3页;《晶报》1939年10月29日,第5页;《晶报》1939年10月31日,第5页。后两则是以怀旧之心重新刊印的20年前的闲话消息。

㊵ 栖霞和澹如1917:第1卷[第40页]。

㊶ 半痴生1891:卷二,第11页。

㊷ 下面还有一句:"此款已同落花流水,一笔勾销矣。""落花流水"可能一语双关,因为"落水"也有"同娼妓夜度"之意。

㊸ 徐珂1920:第92—93页。

㊹ 春明书局 1937:《长三》类,第 36—37 页。这句话出自一则丑闻的末尾,故事中老鸨强迫一雏妓同广东籍的丑老头睡觉,而不许她委身自己看中的苏州少年。地区也和长相一样,有高低之分。

㊺ 孙玉声 1939:第 106 页。

㊻ 孙玉声 1939:第 24—25 页。

㊼ 孙玉声 1939:第 118 页;亦见王后哲 1925:(无页码)。

㊽ 张春帆 1932:9 月 1 日,第 3 页。他所说的似乎是 40 年前的情景。

㊾ 屠诗聘 1968:下,第 76 页。柳培潜 1936:第 136 页用了几乎完全一样的字眼。

㊿ 王定九 1932:《嫖的门径》,第 5—6 页。

(51) 孙玉声 1939:第 88—89 页。

(52) 绿荷 1934:第 103—105 页。

(53) 如花雨小筑主人 1892:卷一。

(54) 半痴生 1891:卷三,第 16、13 页。

(55) 见《晶报》1919 年 9 月 30 日,第 3 页。

(56) 半痴生 1891:卷三,第 14 页;半痴生 1891:卷四,第 4 页。

(57) 郁慕侠 1935:续集,第 40—41 页。

(58) 参见李渔 1990;《金瓶梅》1994 等。这两部均为明代文学作品。关于清代作品,参见拜伦(Byron)1987。

(59) 半痴生 1891:卷三,第 14—15 页。这里用的是"房中妙诀"一语。少数技艺高超的女人被人赞誉为"好床面"。

(60) 栖霞和澹如 1917:第 2 卷[第 56 页]。耿精忠是康熙年间三藩王叛乱(1673—1681)的首领之一。

(61) 如栖霞和澹如 1917:第 1 卷[第 70 页],第 2 卷[第 2 页];王定九 1932:《嫖》,第 6 页;汪仲贤(未注日期):第 12 页;郁慕侠 1935:上集,第 15 页;孙玉声 1939:第 44—47、85—89、93—94、105—109 页。

(62) 规劝的例子见孙玉声 1939:第 87—88 页;亦见第 86 页。

(63) 郁慕侠 1935:上集,第 15 页。

(64) 孙玉声 1939:第 138 页。

(65) 孙玉声 1939:第 93—94 页。"眼高于顶"是比喻的说法;试比较第十四章中粗俗 448
得多的描写:当代的情绪厌烦的妓女对客人说,"头让开点,我在看电视。"

(66) 孙玉声 1939:第 94 页。关于江北(苏北)人在上海始终地位低下,见第二章及韩起澜(Honig)1992:散见各处。

(67) 孙玉声 1939:第 25—26、46—47、107、119—122 页。

(68) 孙玉声 1939:第 114—115 页。

(69)《晶报》1919 年 12 月 21 日,第 3 页;徐珂 1920:第 24 页;孙玉声 1939:第 45—46、105—106 页。

⑦ 孙玉声1939：第7—8、46、106—107页。

⑦ 汪仲贤（未注日期）：第28—29页。

⑦ 汪仲贤（未注日期）：第29页。

⑦ 周瘦鹃1928：第1卷，第35页。

⑦ 《晶报》1919年3月3日，第3页。

⑦ 半痴生1891：卷三，第8页；《晶报》1919年12月18日，第3页；栖霞和澹如1917：第1卷[第60页]。

⑦ 周瘦鹃1928：第1卷，第36页。

⑦ 《晶报》1919年12月18日，第3页。

⑦ 半痴生1891：卷三，第8页。

⑦ 栖霞和澹如1917：第2卷[第11页]；周瘦鹃1928：第1卷，第35页。

⑧ 汪了翁1922：第137—140页重印了这份名单。

⑧ 陈容广1924：第123—128页重印了这份名单。

⑧ 周瘦鹃1928：第1卷，第175页。

⑧ 孙玉声1939：第22、135页。"养小鬼"的意思见汪仲贤（未注日期）：第254—255页；郁慕侠1935：上集，第16页；孙玉声1939：第146—147页。关于名妓苹果（音）典当自己的财物为唱戏的宝莲（音）还赌债的事情，见《晶报》1919年10月6日，第3页。

⑧ 《晶报》1919年11月30日，第3页。

⑧ 周瘦鹃1928：第1卷，第156—157页。

⑧ 汪仲贤（未注日期）：第254页。

⑧ 汪仲贤（未注日期）：第254页；孙玉声1939：第146—147页。郁慕侠1935：上集，第96—98页对"小鬼"的说明略有不同。

⑧ 《晶报》1939年10月29日，第5页。

⑧ 汪仲贤（未注日期）：第148—150页。

⑨ 吴趼人1935：第109—110页。

⑨ 徐珂1920：第115页；陈荣广1924：第122页。

⑨ 关于忌妒争吵，见徐珂1920：第115页；陈荣广1924：第122页；中华图书集成1925：第4卷，第65—70页；郁慕侠1935：上集，第43页。郁的评论还用了一点面相术："她的面必青白，她的眼睛必深陷，善观气色者，一瞧就可以知道她们的所作所为。"

⑨ 陈荣广1924：第122页。

⑨ 汪仲贤（未注日期）：第148—150页。一部1935年的指南书在另一个与娼妓业无关的部分中，刊登了国产和进口的人造阳具的广告，通俗地称之为"角先生"或"女用愉快机"。政府禁卖后，转至寿衣店出售，只要说一句"乐举高升"便可购得。郁慕侠1935：上集，第67页。

㊽ 徐珂 1920：第 94 页。
㊾ 天笑 1922 之一：第 1—12 页。
㊿ 周瘦鹃 1928：第 1 卷，第 42—43 页。
⑱ 例如见栖霞和澹如 1917：第 2 卷［第 21 页］；周瘦鹃 1928：第 1 卷，第 41—42 页。
⑲ 威利（Wiley）1929：第 76 页。通用的词有"适人""嫁""娶"等。正因为此，下文讨论中仍用"结婚"一词表述纳妾的安排，并对大小老婆的地位差异给予应有的关注。关于香港的娼妓业和纳妾制度，见贾肖克（Jaschok）1988。
⑳ 亨德森（Henderson）1871：第 10 页。他又说高官的儿子如系庶出，则不准参加科举，然他怀疑此规定是否真的实行。考生须得出示证据，证明家庭三代无收纳娼妓的"污点"。尽管亨德森有此说法，但在 19 世纪晚期这种种禁令是否仍在实行却很不清楚。见曼（Mann）1997。
㉑ 勒米埃（Lemière）1923：第 132 页。
㉒ 魏（［音］，W. Lock Wei）1930：第 14 页；《时报》1929 年 7 月 31 日，第 6 页。1871 年时，爱德华·亨德森（Henderson）注意到在沪的许多洋人也按月从妓院租用情妇。他还傲慢地说："我以为这些女人同洋人有了亲密关系，会在某种程度上改善其精神低下的状况——她们所处的特殊地位当然不可能使其精神更加低下——然而就我个人的观察而言，还没有多少证据可以说明其状况经常有了显著的改善。"亨德森（Henderson）1871：第 16 页。
㉓ 例如《晶报》1919 年 12 月 9 日，第 3 页。
㉔ 见栖霞和澹如 1917：第 1 卷［第 70 页］的故事。一个商人娶了妓女谢丽娟，若不这样的话，她的日程排得满满的，根本没有时间陪他睡觉。
㉕ 关于付身价的故事，见《晶报》1919 年 3 月 6 日，第 3 页；10 月 18 日，第 3 页；10 月 24 日，第 3 页等。常光顾幺二妓院的中产阶级嫖客不如长三妓院的嫖客那么有钱，较少能付清身价将妓女纳作妾室的。孙玉声 1939：第 152—153 页。
㉖ 1871 年，公共租界的公共卫生官员爱德华·亨德森（Henderson）报告了两例官员花 7 000 两和 8 000 两银子买上海娼妓的事件。亨德森（Henderson）1871：第 10 页。
㉗ 半痴生 1891：卷二，第 13—14 页。
㉘ 例如，见春明书局 1937：《长三》类，第 31—33 页。
㉙ 原注解释此两句的出处为"寻花问柳"。——译注
㉚ 黎床卧读生 1905：卷八，第 2—3 页。这段文字的翻译要特别感谢王祥云（音）和黄克武的指点。错误之处均由作者本人负责。
㉛ 《晶报》1919 年 11 月 18 日，第 3 页。关于妓女欠债的其他报道，见《晶报》1919 年 12 月 24 日，第 3 页；周瘦鹃 1928：第 1 卷，第 38 页。
㉜ 《晶报》1919 年 8 月 9 日，第 2 页。
㉝ 吴汉痴 1924：第 9 页；中华图书集成 1925：第 3 卷，第 77—78 页。（"淴浴"系上海

⑭ 方言。——译注）

⑭ 例如《晶报》1919年3月6日,第3页。

⑮ 《晶报》1919年9月21日,第3页。《晶报》1919年10月18日,第3页又刊登了9则结婚启事。

⑯ 栖霞和澹如1917:第2卷[第22—23页];亦见《晶报》1919年10月24日,第3页;《晶报》1919年12月9日,第3页;中华图书集成1925:第3卷,第77—78页。

⑰ 勒米埃（Lemière）1923:第133页。中华图书集成1925:第3卷,第78页有一篇声称为妓女而写的文章,劝结了婚的妓女卷包逃走,或用种种办法让男人放她们走,如找碴吵架,同别的男人上床,教唆这家的儿子做越轨之事,使大太太和千金失去贞操等等。

⑱ 《晶报》1919年9月12日,第3页。关于她到了何处的其他谣传,见《晶报》1919年11月3日,第3页。关于葵青云老五强硬而诚实的个性,见新世界报社1918:（未注页码）。汪了翁（1922:第68—69页）在葵的传略中强调其极端特立独行的性格及其男装癖。汪以为她因与伶人相悦才同黄姓的商人分手。

⑲ 《晶报》1929年4月6日,第3页。其他离婚报道见栖霞和澹如1917:第1卷[第1,9页]、第2卷[第3页]中桂娣（音）、苗月阁（音）、花元春（音）的小传。亦见《晶报》1919年12月21日,第3页;汪了翁1922;第154—155页。有两篇小说围绕妓女出嫁后的生活,见U. U. 1922及桌呆1922。

⑳ 宝琴初次短暂的婚姻、大闹而分手及以后的数次结缡,见《晶报》1919年9月21日,第3页;9月27日,第3页;10月10日,第6页;10月18日,第3页;10月24日,第3页;11月3日,第3页;12月24日,第3页;《晶报》1929年2月24日,第3页;3月12日,第3页;以及汪了翁1922:第70页。

㉑ 汪了翁1922:第70页。

㉒ 《晶报》1929年2月3日,第3页;《晶报》1929年2月27日,第3页;《晶报》1929年3月30日,第3页。

㉓ 报道中常用的词不是"离婚"而是"下堂"。没有资料表明在这样的离异中涉及什么正式的法律手续,有关小老婆和男人之间讲价钱谈条件的故事也不会提及法庭或其他司法当局。卡思琳·白凯（Bernhardt）（1994:第210—212页）论证说,民国时期的法律越来越保护小老婆,她们想离开家容易了,但一家之主想赶走她们却难了。（法律并不将纳妾视同婚姻,因而不称中止关系为"离婚"。）不过高等妓女和下等妓女确实为其他的事情打官司（见第三部分）,因此,假如上海那些当了妾的妓女当初真的经常动用上述法律保护的话,似乎本会留下更多的卷宗。

㉔ 如《晶报》1919年10月24日,第3页;《晶报》1919年12月21日,第3页。

㉕ 《晶报》1929年2月21日,第3页。

第五章　花招与伎俩

① 半痴生1891:序。
② 孙玉声1939:第2页。
③ 孙玉声1939:封面。
④ 孙玉声1939:第3—4页。警告的话下面紧接着几页详细描写的另一个例子,见王定九1932:《嫖的门径》,第1—2页。
⑤ 1932年的指南书提到,在上海穿衣服是特别重要的事情,甚至比人品还要紧,尤其是在妓院这种地方。书中劝客人穿得漂亮挺括些,但不要讲究过头,否则妓女会当他们是骗子。西装被认为是很好的衣服。王定九1932:《嫖》,第17页。
⑥ 关于一厢情愿表示亲热的危险性,见孙玉声1939:第134—137页。
⑦ 耻笑乡下人的例子见王定九1932:《嫖》,第2页;孙玉声1939:第8、18、33页;《晶报》1919年11月30日,第3页。孙玉声将妓院里的乡下人比做清代小说《红楼梦》中的刘姥姥进了大观园。
⑧ "阿木林"源自苏州乡下给小孩起名的习俗。取名用生辰八字凑合金木水火土五行,命中缺的,就在名字中补上。如果孩子命中注定缺木缺得太多,他的名字就要多添些"木"。后来,呆头呆脑的乡下人就叫作"阿木林"。汪仲贤(未注日期):第583—584页。关于妓女瞧不起阿木林,见王定九1932:《嫖》,第6页。
⑨ 关于"瘟生"的定义和例子,见吴汉痴1924:第7页;中华图书集成1925:第3卷,第69页;《晶报》1929年5月9日,第3页;王定九1932:《嫖》,第11、13页;绿荷1934:第104页;孙玉声1939:第69、124、131、135页。
⑩ 王定九1932:《嫖》,第11页。
⑪ 王定九1932:《嫖》,第13页。
⑫ 孙玉声1939:第135页。
⑬ 《晶报》1919年12月27日,第3页。
⑭ 王定九1932:《嫖》,第11页;孙玉声1939:第135—136、139页;吴汉痴1924:第6、10页。
⑮ 王定九1932:《嫖》,第12—13页。黑幕故事中有更多以小说笔法写的嫖客中的骗子及其稀奇古怪的骗术,从欺骗到明火执仗的偷窃,无奇不有。见钱生可1933:第4卷,第1部分,第12、16页;第2部分,第4—5页。
⑯ 孙玉声1939:第131页。
⑰ 《晶报》1919年11月30日,第3页。
⑱ 王定九1932:《嫖》,第16—17、23页。
⑲ 孙玉声1939:第94—95页。《晶报》1919年12月12日第3页上就有文章写年轻的嫖客表现狂浪,年纪大的嫖客受牵连声名扫地。
⑳ 周瘦鹃1928:第2卷,第71—75页。

㉑ 王后哲 1925(未注页码);孙玉声 1939:第 50 页。

㉒ 张春帆 1932:9 月 1 日,第 2—3 页。

㉓ 孙玉声 1939:第 50 页。

㉔ 汪仲贤(未注日期):第 12 页。

㉕ 汪仲贤(未注日期):第 12 页;孙玉声 1939:第 113 页。

㉖ 孙玉声 1939:第 49 页。

㉗ 孙玉声 1939:第 49、113 页。

㉘ 张春帆 1932:9 月 1 日,第 2 页。

㉙ 孙玉声 1939:第 49、112 页。

㉚ 王后哲 1925(未注页码)。有些故事中刻画的妓女甚至雏妓在选择客人方面有些自由,她们还会利用法律制度保护自己的选择权,如见《时报》1929 年 7 月 10 日,第 7 页。

㉛ 《晶报》1919 年 12 月 30 日,第 3 页。

㉜ 怀旧的例子见王定九 1932:《嫖》,第 8 页;汪仲贤(未注日期):第 30—31 页;孙玉声 1939:第 48 页。

㉝ 郁慕侠 1935:上集,第 20—21 页;续集,第 30—32 页。

㉞ 王定九 1932:《嫖》,第 8 页。

㉟ 孙玉声 1939:第 47 页。

㊱ 春明书局 1937:《长三》类,第 6—8 页。

㊲ 孙礼启等 1986。

㊳ 张辛欣和桑晔 1987:第 32 页。

㊴ 中华图书集成 1925:第 3 卷,第 72 页的文字声称在教育妓女怎样从对手手中偷来称心的客人。

㊵ 孙玉声 1939:第 36—37 页。

㊶ 如《晶报》1919 年 9 月 27 日,第 3 页;10 月 24 日,第 3 页;12 月 24 日,第 3 页。

㊷ 半痴生 1891:卷二,第 11 页。

㊸ 郁慕侠 1935:上集,第 15 页;孙玉声 1939:第 36—37、60、147 页。

㊹ 孙玉声 1939:第 132—133 页。

㊺ 《晶报》1919 年 10 月 15 日,第 3 页。

㊻ 半痴生 1891:卷一,第 14—15 页。

㊼ 清末时的一个实例见汪了翁 1922:第 123—125 页。

㊽ 郁慕侠 1935:上集,第 16 页;续集,第 35 页;汪仲贤(未注日期):第 43—45 页。

㊾ 别的麻将牌也有下流诨号,如"大屁股""男生殖器""女生殖器"等。汪仲贤(未注日期):第 44 页。

㊿ 汪仲贤(未注日期):第 44 页。

㉛ 汪仲贤(未注日期):第 45 页。

㊺ 关于妓院中的"吃醋"现象,见孙玉声 1939:第 36、131—132 页。

㊻ 《申报》1875 年 1 月 23 日。

㊼ 关于有钱人和十分有钱的人,见《晶报》1919 年 8 月 12 日,第 3 页;8 月 15 日,第 3 页。花云玉的事见《晶报》1919 年 7 月 18 日,第 3 页;高雅云的事见《晶报》1919 年 9 月 9 日,第 3 页。

㊽ 汪仲贤(未注日期):第 45 页。

㊾ 半痴生 1891:卷三,第 15 页。

㊿ 吴汉痴 1924:第 9、13 页;王后哲 1925(未注页码);平襟亚 1988:第 160 页;张春帆[漱六山房]1919:3 月 18 日,第 3 页。

58 黎床卧读生 1905:卷六,第 6 页;张春帆 1919:3 月 18 日,第 3 页;徐珂 1920:第 22 页;中华图书集成 1925:第 3 卷,第 74—75 页;郁慕侠 1935:续集,第 39 页。

59 张春帆 1919:3 月 18 日,第 3 页;吴汉痴 1924:第 9、13 页;王后哲 1925(未注页码);郁慕侠 1935:续集,第 39 页;平襟亚 1988:第 160 页。

60 "灌米汤"的说法见中华图书集成 1925:第 3 卷,第 74 页;王后哲 1925(未注页码);《晶报》1939 年 10 月 29 日,第 5 页;孙玉声 1939:第 130—131 页;郁慕侠 1935:上集,第 16 页。

61 汪仲贤(未注日期):第 42 页。溜须拍马的重要性见中华图书集成 1925:第 3 卷,第 66—67、75 页。

62 栖霞和澹如 1917:第 1 卷[第 56 页]。

63 孙玉声 1939:第 68—69 页;王后哲 1925(未注页码)。

64 吴汉痴 1924:第 10 页。

65 汪了翁 1922:第 135 页。栖霞和澹如 1917:第 1 卷[第 55 页]所用的名词有些不同:试一次就得的叫橘子客人,试两次的叫胡桃客人,根本骗不了的叫石头客人。周瘦鹃 1928:第 1 卷,第 51—52 页重复了这些说法。

66 郁慕侠 1935:续集,第 48—49 页。20 世纪 30 年代之前,包客不能独占妓女的说法很普遍。徐珂的《清稗类钞》(1920 年)写的是 19 世纪中叶的情形,书上说,"昔为野鹜,耻作家鸡。烟花本质,往往然矣。故鲜有能谢客杜门,日不下楼者。"徐珂 1920:第 18 页。

67 《晶报》1935 年 10 月 25 日(第 3 页?)。

68 孙玉声 1939:第 130 页。

69 这类论证的例子见《晶报》1919 年 7 月 12 日,第 3 页;中华图书集成 1925:第 3 卷,第 70—72 页;孙玉声 1939:第 90—91 页。

70 绿荷 1934:第 103—104 页。

71 春明书局 1937:《长三》类,第 2—3、5—6、38—40 页。关于幺二妓的类似行径,见春明书局 1937:《幺二》类,第 4—5 页。

72 拆白党的勾当见马庸生 1930:第 2 卷,第 8 页;黄人镜 1913:第 176—177 页;《上海娼妓》1923:第787页。

⑦³ 汪仲贤(未注日期):第5—6、9页。

⑦⁴ "仙人跳"故事见钱生可1933:第1卷,第19—24页;春明书局1937:《半开门》类,第5—10页。

⑦⁵ 汪仲贤(未注日期):第5—6页。

⑦⁶ 春明书局1937:《半开门》类,第5—16页。如第二章所说,"半开门"是更一般化的用语,指那些并非一眼就能认出来的妓女。并非所有的"半开门"都行骗,而"半开门"所参与的骗局也不止于"仙人跳"。例如,春明书局(1937:第1—5页)就讲了一个女人装扮成上流社会年轻母亲的故事,这女人有婴儿、奶妈,还有个出门20天的丈夫,可谓一应俱全。她勾引了一个过路人,两人姘居,家用一应开支均由男人负担。一天他来了,却发现那女的已无影无踪,门上挂着招租的牌子。《淌排》类也有类似的故事,见春明书局1937:《淌排》类,第1—4页。

⑦⁷ 关于毛时代之后的头几年内中国的招摇撞骗事件,见阿内诺斯特(Anagnost)1996:第二章。

⑦⁸ 钱生可1933:第2卷,第7—8页。丑女人的事情引自春明书局1937:《雉妓》类,第13—15页。

⑦⁹ 钱生可1933:第1卷,第24—26页;春明书局1937:《半开门》类,第10—12页。

⑧⁰ 春明书局1937:《半开门》类,第5—6、10—12页。

⑧¹ 春明书局1937:《女拆白党》类,第8—10页。

第六章 职业生涯

① 汪了翁1922:第65页;陈荣广1924:第97—98页。

② 汪了翁1922:第74—76页;《晶报》1919年7月15日,第3页。

③ 1892年出版的指南书说林黛玉23岁,也就是说她生于1869年。1919年的《晶报》却说她54岁,那么她应生于1865年。见《晶报》1919年8月3日,第3页。

④ 云间的说法见花雨小筑主人1892:卷一[未注页码]。松江的说法,见栖霞和澹如1917:第1卷[第43页];徐珂1920:第105页。章练塘的说法见汪了翁1922:第50页。

⑤ 汪了翁1922:第50页。

⑥ 如不另加说明,以下叙述均根据汪了翁1922:第50—56页。陈定山1967:第9—10页更对一些事情添枝加叶、刻意渲染。

⑦ 从林黛玉到天津至她第二次来天津(见以下)之间的许多故事亦见吴趼人1935:第103—106页。

⑧ "布施"系佛教用语,通常指为宗教慈善事业施舍钱款。

⑨ 栖霞和澹如(1917:第2卷[第75页])埋怨道,包括妓女在内的许多人全然不顾小说中的警世之言,一味地沉溺在小说的情节和人物中。

⑩ 汪了翁 1922:第 51 页。
⑪ 徐珂 1920:第 106 页。妓女"淴浴"的说法据说就始于林黛玉。
⑫ 吴趼人 1935:第 104—105 页。这个版本还说黄与林分手是因为黄父威胁要将两人都逮捕。
⑬ 关于林黛玉与李春来的关系,陈定山(1967:第 1 卷,第 40 页)提供了另一种说法,说林已忘记李,在汪家享尽荣华富贵。
⑭ 根据夏征农 1979:第 2 卷,第 2901 页,李春来的生卒年为 1855—1925 年。有关他演艺生涯及几起桃色事件的详细情况,见陈定山 1967:第 1 卷,第 339—341 页。
⑮ 关于邱、林婚姻,也有强调媒人贪婪索贿,对两边都撒谎、隐瞒真情的。见周瘦鹃 1928:第 1 卷,第 177 页。
⑯ 汪了翁 1922:第 52—53 页。据陈定山(1967:第 2 卷,第 13—14 页)的版本,林靠计谋谒见军官,呈递的名片上表明其为翰林学士。
⑰ 徐珂 1920:第 105 页;陈荣广 1924:第 105—106 页。这段逸事的历史传奇版之一,见张恂九 1934:第 1 卷,第 65—66 页。
⑱ 周瘦鹃 1928:第 1 卷,第 77—78 页;亦见栖霞和澹如 1917:第 2 卷[第 44—45 页]。
⑲ 周瘦鹃 1928:第 1 卷,第 58—59 页。
⑳ 陆兰芬和林黛玉都属赫赫有名的四大金刚(见本章他处)。关于陆兰芬,见徐珂 1920:第 106 页;陈荣广 1924:第 107—108 页;周瘦鹃 1928:第 1 卷,第 177—178 页;张春帆 1934:第 1 卷,第 49—52 页;及平襟亚 1988:第 167 页。
㉑ 陈定山 1967:第 2 卷,第 10—11 页。
㉒ 周瘦鹃 1928:第 1 卷,第 149—152 页。
㉓ 林陆龃龉并非唯一有关林黛玉与别的名妓争执的报道。《晶报》1919 年 7 月 21 日第 3 页就报道过林黛玉同一取了怪名字的妓女"火炉老二"的争斗。亦见本章下面有关四大金刚的讨论。
㉔ 周瘦鹃 1928:第 1 卷,第 173—174 页。
㉕ 汪了翁 1922:第 53 页。林与龙小云的关系,另见陈定山 1967:第 2 卷,第 14 页。
㉖ 汤化龙的简历见夏征农 1979:第 2 卷,第 2042 页。
㉗ 《晶报》1919 年 7 月 21 日,第 3 页;《晶报》1920 年 1 月 27 日,第 2 页;《晶报》1919 年 8 月 27 日,第 3 页。
㉘ 汪了翁 1922:第 53 页;《晶报》1919 年 4 月 27 日,第 3 页。
㉙ 《晶报》1919 年 2 月 6 日,第 2 页。
㉚ 《晶报》1919 年 12 月 9 日,第 3 页;《晶报》1919 年 12 月 15 日,第 3 页。关于林在 1918 年的复出,见郁慕侠 1935:续集,第 5 页。日本游客写林在 58 岁时还应召出局,见芥川龙之介(Akutagawa)1977—1978。在此还要感谢翻译了芥川龙之介的傅佛果(Joshua Fogel)告诉我这条信息。
㉛ 《晶报》1919 年 9 月 21 日,第 3 页。

㉜ 汪了翁 1922：第 175—178 页。

㉝ 林的卒年应为 1925 年。见平襟亚 1988：第 167 页。

㉞ 例如，厝宗（音）是破产米商之女，范彩霞之父是破产的药材商。王小宝为筹父亲的丧葬费自卖自身于娼寮。父亲破产后鬻入勾栏的王秀兰据说一直守着童贞，就像好人家的女儿一样。关于厝宗（音），见栖霞和澹如 1917：第 1 卷[第 5 页]。范彩霞的情形见詹垲 1917：第 3 卷，第 33—34 页；栖霞和澹如 1917：第 1 卷[第 7 页]；汪了翁 1922：第 63—64 页。（范彩霞并没有被描写为美德的典范；栖霞和澹如[1917]说她曾因虐待婢女坐过牢。）王小宝的事迹见栖霞和澹如 1917：第 2 卷[第 68 页]。王秀兰的情形见花雨小筑主人 1892：卷一，第 2 页；詹垲 1917：第 2 卷，第 16—17 页。

㉟《晶报》1919 年 8 月 15 日，第 3 页。

㊱《晶报》1919 年 11 月 15 日，第 3 页。

㊲《晶报》1919 年 3 月 3 日，第 3 页；8 月 27 日，第 3 页。

㊳ 栖霞和澹如 1917：第 2 卷[第 12—13 页]。

㊴ 栖霞和澹如 1917：第 2 卷[第 12—13 页]；周瘦鹃 1928：第 1 卷，第 181 页。

456 ㊵ 勒米埃（Lemière）1923：第 130 页。

㊶ 周瘦鹃 1928：第 1 卷，第 182 页。

㊷ 周瘦鹃 1928：第 1 卷，第 183 页。

㊸ 勒米埃（Lemière）1923：第 130 页；周瘦鹃 1928：第 1 卷，第 182 页；吴趼人 1935：第 107 页。

㊹ 平襟亚 1988：第 168 页。

㊺ 栖霞和澹如 1917：第 2 卷[第 32 页]。这部 1917 年的史书说她 25 岁，那她应是 1892 年生。汪了翁（1922：第 62 页）却说她在为娼之后，于 1906 年结婚，那么说 1892 年出生又太晚了些。很可能因为栖霞和澹如的集子虽于 1917 年发表，却是 20 世纪初写的。李苹香事略见吴趼人 1935：第 101—102 页。

㊻ 栖霞和澹如 1917：第 2 卷[第 32 页]。

㊼ 吴趼人 1935：第 101 页。

㊽ 汪了翁 1922：第 61 页；吴趼人 1935：第 102 页。关于李苹香父亲的儒学学问，见栖霞和澹如 1917：第 2 卷[第 32 页]。陈定山（1967：第 2 卷，第 102—103 页）则说其父参加科举考试达十年，屡试不第，遂弃文从商。

㊾ 栖霞和澹如 1917：第 2 卷[第 33 页]。

㊿ 根据李苹香生平写的历史传奇中，李的丈夫名为刘子仁。张恂九 1934：第 2 卷，第 74 页。

(51) 这个名字也出现在张恂九的历史传奇中。张恂九 1934：第 2 卷，第 74 页。

(52) 汪了翁 1922：第 61 页。据陈定山（1967：第 2 卷，第 102—103 页）说，黄怀了潘的孩子，母亲吓坏了，带着她去杭州求神。到了杭州，母亲买了一口棺材，逼女儿自尽,但黄与潘则说服老人在棺内装上砖瓦石头,将棺木放在庙里。然后电告刘家静仪已殁。

㊽ 陈定山 1967:第 2 卷,第 102—103 页。
㊾ 栖霞和澹如 1917:第 2 卷[第 32—33 页];陈定山 1967:第 2 卷,第 102—104 页。
㊿ 陈定山 1967:第 2 卷,第 102—104 页。
㊽ 四首诗的行文见栖霞和澹如 1917:第 2 卷[第 33 页];汪了翁 1922:第 62 页。黄克武对下面的英译提供了宝贵的帮助,任何错漏欠妥之处均由我本人负责。
㊾ 作者将"东篱"英译为"陶渊明所喜爱的菊花",这里解释陶渊明为东晋诗人,生卒年 365[372? 376?]—427 年。——译注
㊿ 中文原诗见附录二。
㊾ 中文原诗见附录二。
㊿ 中文原诗见附录二。
㊽ 中文原诗见附录二。
㊾ 这则故事的历史传奇版称老人名曰宋静波。张恂九 1934:第 2 卷,第 78 页。
㊿ 据陈定山(1967:第 2 卷,第 102—104 页)说,宋氏家长是个翰林,实际上是他被李苹香与他孙儿的关系激怒了。别的本子说是老太太叫来了李。20 世纪 30 年代的黑幕小说中也流传过一个类似的故事,不过没提李苹香的名字。故事说的不是高等妓女,而是一个姓张的"半开门"。她同一大少有了关系,后来又与一个中年男人相好。一晚,大少将扇子放在桌上,忘记带走。张也没有留意桌上的扇子。年长的客人来了,见了扇子,认出那扇面是自己所画,问起来,张只说是她丈夫的东西。那人偷偷换了一把扇子。次日年轻的来了,认出了桌上他父亲的扇子。张也说扇子是她丈夫的。年轻人拿走了扇子,自此两个男人都不再上门。
㊽ 张恂九 1934:第 2 卷,第 79 页。
㊾ 陈定山(1967:第 2 卷,第 102—104 页)说,潘青园回去找李苹香先前的丈夫刘某,告诉他李并未死亡,现已成为娼妓。他说服刘与他一同告李,谋取她的钱财。据这个版本说裁判此案的人同情李,保护了她。他命她不准继续为娼,令人杖笞潘,并驳回了刘的申诉。
㊿ 汪了翁 1922:第 61—62 页。这个日期有出入。据陈定山(1967:第 2 卷,第 102 页)说,1908—1909 年她仍然在上海当妓女。
㊽ 《晶报》1929 年 4 月 3 日,第 3 页;4 月 30 日,第 3 页;5 月 3 日,第 3 页;5 月 6 日,第 3 页。
㊾ 沃科维茨(Walkowitz)1992。
㊿ 如不另加说明,有关莲英生平的叙述均根据新世界报社 1918:(未注页码);汪了翁 1922:第 67 页;《晶报》1919 年 10 月 21 日,第 3 页;12 月 6 日,第 3 页;《晶报》1920 年 8 月 18 日,第 3 页。
㊵ 莲英女儿的满月酒和她本人将重操旧业的声明刊布在"1919 年花界大事记"中。

⑦《晶报》1920年1月1日,第7页。

⑦ 如不另加说明,有关莲英被害以及后来的审理均根据汪了翁1922:第161—173页;《字林西报》1920年6月26日,第797页;8月14日,第437页;8月21日,第515页;9月18日,第751页;以及陈定山1967:第1卷,第65—69页。梁红英(1991)半虚构地讲述了这个故事,其中有许多根据回溯而编写的对话。梁文的重点是阎瑞生而非莲英。

⑦《申报》1920年6月28日。

⑦《晶报》1920年6月21日,第3页。

⑦《晶报》1920年6月21日,第3页。

⑦《申报》1920年6月21日,7月9日。

⑦ 陈定山1967:第1卷,第65—69页。1991年的一篇文章说行刑日是1920年11月23日。梁红英1991:第155页。

⑦ 汪了翁1922:第162页。

⑦《字林西报》1920年6月26日,第797页。

⑦《晶报》1929年3月30日,第3页。

⑧ 陈定山1967:第1卷,第65—69页。关于电影制作的详情,见梁红英1991:第183—184页;关于戏剧和电影,见郁慕侠1935:续集,第135—137页。

⑧ 有关选举活动的叙述见忏情侍1884:散见各处;平襟亚1988:第166—167页;陈荣广1924:第90—95页;花雨小筑主人1892:卷一,第2页;栖霞和澹如1917:第1卷[第69页],第2卷[第39页];郁慕侠1935:续集,第37—38页;周瘦鹃1928:第2卷,第2—4、38—51页;徐珂1920:第1—4页;及孙国群1988年之一:第71—78页。1888年,王韬评道,"海上乃繁华薮,昨游芙蓉城,见戊子夏季花榜,共列十六名。"王韬1934:第7卷,第125页。

⑧ 徐珂1920:第1页。

⑧ 关于选拔的综述,见孙国群1988年之一:第71—78页。

⑧ 从19、20世纪之交到1920年以前,高等妓女的人数通常为两三千,但有一家小报的编者说上海的妓女恒河沙数。同一编者还估计上花榜的人数为十分之一,这显然将获碍小头衔的人都算在内了。见周瘦鹃1928:第2卷,第2—4、15、20—23页。通过各级科举考试的比例,见宫崎(Miyazaki)1981:第121—122页。

⑧ 周瘦鹃1928:第2卷,第32—36、38—51页;平襟亚1988:第166页。

⑧ 周瘦鹃1928:第2卷,第1—2页。

⑧ 周瘦鹃1928:第2卷,第17—18页。

⑧ 徐珂1920:第2—4页;黎床卧读生1905:卷六,第4—5页;周瘦鹃1928:第2卷,第8—13页。最讲究的花榜是1917年的,见新世界报社1918,书中有33位女子的传略和照片。

⑧ 周瘦鹃(1928:第2卷,第5—7、25—27、36—37页)重印了七封这样的信。

⑩ 周瘦鹃 1928:第 2 卷,第 15—16 页。
㉑ 新世界报社 1918:第 2 页。
㉒ 栖霞和澹如 1917:第 1 卷[第 69 页]。周瘦鹃(1928:第 1 卷,第 50—51 页)重述了 1897 年选举中的一桩逸事:妓女们在焦急地等待选举结果,消息传来说四宝当选了状元,普庆里的王四宝、尚仁里的金四宝、百花里的洪四宝、清和里的左四宝就忙不迭地庆贺自己中选了,兴奋之际,报纸来了,中状元的是西惠坊的张四宝。
㉓ 例子见《晶报》1920 年 1 月 1 日,第 7 页。
㉔ 《晶报》1919 年 8 月 9 日,第 3 页;孙国群 1988 年之一:第 72 页。
㉕ 徐珂 1920:《娼妓类》,第 1 页;亦见栖霞和澹如 1917:第 2 卷[第 39 页]。
㉖ 周瘦鹃 1928:第 1 卷,第 72—74 页。
㉗ 《晶报》1919 年 10 月 15 日,第 3 页;12 月 27 日,第 3 页。
㉘ 周瘦鹃 1928:第 2 卷,第 27—28 页。
㉙ 汪了翁 1922:第 79—82 页;周瘦鹃 1928:第 2 卷,第 1 页;亦见孙国群 1988 年之一:第 74 页。开花榜的小报名单见平襟亚 1988:第 166—167 页。
⑩⓪ 周瘦鹃 1928:第 2 卷,第 3、8 页。明朝末年类似的比较见柯丽德(Carlitz)1994。
⑩① 新世界报社 1918:(未注页码)。
⑩② 关于新文化运动的著作很多,如周策纵(Chow Tse-tsung)1960;格里德(Grieder)1970;史华兹(Schwarcz)1986,戈德曼(Goldman)1977。
⑩③ 汪了翁 1922:第 98 页;重印见孙国群 1988 年之一:第 78 页。
⑩④ 1917 年的选举见新世界报社 1918:(未注页码);1918 年的选举,见孙国群 1988 年之一:第 75 页。1917 年,广州市长的公子买了两万多张选票,统统填了菊娣,不想他次日暴卒。选为副总统的菊娣悲悲切切,被人扶出来与大众见了一面,她的选举故事被天衣无缝地织入了关于真爱的故事。但是 1919 年初,据《晶报》报道菊娣已同一富绅之子私奔。《晶报》1919 年 3 月 6 日,第 3 页。
⑩⑤ 《晶报》1919 年 10 月 3、6、12、15 日;12 月 27 日;均为第 3 页。
⑩⑥ 孙国群 1988 年之一:第 76 页。
⑩⑦ 郁慕侠 1935:续集,第 37—38 页;汪了翁 1922:第 95 页;孙国群 1988 年之一:第 75 页。
⑩⑧ 孙国群 1988 年之一:第 76 页。
⑩⑨ 孙国群 1988 年之一:第 76 页。
⑩⑩ 如见徐珂 1920:《娼妓类》,第 2—4 页;汪了翁 1922:第 86—98 页;陈荣广 1924:第 90—95 页。
⑪⑪ 关于生意上的合作,见《晶报》1919 年 4 月 27 日,第 3 页;《晶报》1929 年 4 月 9 日,第 3 页;《晶报》1935 年 9 月 27 日,第 3 页。
⑪⑫ 结拜姐妹俗称"手帕交",见吴汉痴 1924:第 9 页。
⑪⑬ 汪了翁 1922:第 151—152 页;亦见栖霞和澹如 1917:第 2 卷[第 62 页]。

⑭ 栖霞和澹如 1917：第 1 卷［第 58 页］。

⑮ 张书玉有说是苏州人氏（最上品的妓女都自称苏州籍），但多数报道认为她出自品级较低的江北地区（扬子江以北）。据说她貌不出众，交际和说唱能力平平，喜交结伶人轿夫（包括被林黛玉抛弃的），愿意接有病的客人，总的说来放荡不羁。她生了个儿子，搞不清谁是生父，大家就将当时她两个情人的姓氏拼起来，叫那孩子小朱路。尽管有种种不名誉的事情，足以将她算作"坏女人"，她却得到了李鸿章的近亲李梅荪（音）的宠爱。（李为她办盛大奢靡的花酒，不想却帮了倒忙，常客以为她很快会被李讨去做小老婆，一个个都不再登门。）当李被叫到北京去后，张的生意就倒台了。清末的时候，张书玉嫁了个北京人，还曾随他游历美国。关于张书玉的籍贯，见忏情侍 1884：卷二，第 12 页；汪了翁 1922：第 57 页；周瘦鹃 1928：第 1 卷，第 180 页；平襟亚 1988：第 167 页。关于上海的江北人，见韩起澜（Honig）1992：散见各处。关于她的歌艺，见周瘦鹃 1928：第 1 卷，第 178—179 页。关于她同李梅荪（音）的关系，见汪了翁 1922：第 58 页；张恂九 1934：第 1 卷，第 49—64 页。陈定山 1967（第 2 卷，第 12—13 页）有另外的说法，认为李办华宴的目的是为了给张书玉难堪，因为她不够珍重客人。李离开时多数账目未清，回到南京后散布谣言说会回去娶她做妾，就这样毁了她的生意。关于张书玉的其他故事，见汪了翁 1922：第 57—58 页；周瘦鹃 1928：第 1 卷，第 156—157、178—180 页，第 2 卷，第 75—76 页；张恂九 1934：第 1 卷，第 52—53、55—61 页。

⑯ 陆兰芬籍贯苏州，偶尔成为林黛玉的情敌。有关娼妓的文集中一般会讲她的三则故事。第一则讲一位西方学者的书中以她作为中国美人的典例；第二则说客人们穿着官服来向她道贺生日，她那 5 岁的儿子居然花翎顶戴一身官袍出来回礼；三是她死时，一个情人在讣告上称她"先室陆宜人"。还有资料提到她用做妓女挣来的钱供养兄弟上学，后来还帮他找到差事，娶妻结婚。见徐珂 1920：第 106 页；陈荣广 1924：第 107—108 页；周瘦鹃 1928：第 1 卷，第 177—178 页；张恂九 1934：第 1 卷，第 49—52 页；平襟亚 1988：第 167 页；吴趼人 1935：第 107 页；陈定山 1967：第 2 卷，第 10—11 页。

⑰ 提到这四个名字的资料见《晶报》1920 年 5 月 27 日，第 3 页；汪了翁 1922：卷首插画；勒米埃（Lemière）1923：第 130 页；周瘦鹃 1928：第 1 卷，第 34 页。提到完全不同的一组名字的资料见詹垲 1917：第 3 卷，第 26—29 页。包天笑有文，说金小宝比其他几个都年轻十三四岁，不可能是四大金刚之一；对他的论证的概括性叙述见平襟亚 1988：第 167—168 页。四人中每个人的逸事秘闻，见陈定山 1967：第 2 卷，第 9—14 页。

⑱ 好几种资料表明，四大金刚和选花榜很像，是通过小报上仪式化的选举或任命而产生的。见汪了翁 1922：第 82—85 页；孙国群 1988 年之一：第 74—75 页；平襟亚 1988：第 166 页。

⑲ 有关集资活动的始末，见周瘦鹃 1928：第 1 卷，第 122—123、148—149 页。关于代

四大金刚所拟募捐花冢启事,见周瘦鹃 1928:第 1 卷,第 125—128 页。关于一群男子怀着对已故名妓的无限思念、倡议募捐购置花冢的启事全文,见周瘦鹃 1928:第 1 卷,第 123—124 页。

⑳ 周瘦鹃 1928:第 1 卷,第 137 页。

㉑ 清末民初妇女发起的改革和以妇女为目标的改革集中在反缠足和兴女学两点上。见比翰(Beahan)1976。比翰写道(第 364 页):"女权作家们论证改善妇女境遇与国家强大之利益之间的关联,正是这一点赢得公众对妇女教育和结束缠足习俗的支持。民族主义也促成妇女合法地在公共领域发挥作用。"

㉒ 关于蓝桥别墅,见詹垲 1917:第 1 卷,第 1—3 页;栖霞和澹如 1917:第 1 卷[第 19—20 页]。关于收复铁路权的运动,见史景迁(Jonathan Spence)1990:第 252—253 页。比翰(Charlotte Beahan)解释说,在 1907 年反对用英资建造沪甬铁路的运动中,妇女踊跃募集资金,购买铁路债券,妓女也被敦促参加。1907 年 11 月 29 日的《中国日报》刊登了一份妓女的传单,上面说:"大家注意了!苏杭铁路一事,外交部正加紧向列强借贷,但是丢了铁路权,等于断了命脉。姐姐妹妹们,我们必须团结一心,我们不可以出让自己的权利。在保护铁路权的事情上不积极、不诚心的,就不是个公民。即使为今日计,我们每个人只要好好用脑筋想想,坚决买进股份,19 日下午两点在苏庆庙开会售股,希望我们大家就要靠这个发财了。"比翰(Beahan)1976:第 283—286 页。传单的内容比翰从所引(1974:第 2 页)的文字译出。

㉓ 如不另加说明,这部分叙述均根据汪了翁 1922:第 43、156—157 页。

㉔ 汪了翁 1922:第 151 页。

㉕ 刻画祝如椿"淫荡"品性的传略见詹垲 1917:第 1 卷,第 10—11 页。

㉖ 汪了翁 1922:第 158 页;《晶报》1919 年 9 月 21 日,第 3 页。有人认为妓女发起建义冢、办学校等项目无非是哗众取宠,为自己的发展造声势,同穿着盛装去戏院看戏没什么两样。见中华图书集成 1925:第 3 卷,第 73—74 页。

㉗ 高等妓女卷入国家大事最著名的例子是赛金花。人们认为赛金花是拯救北京、使之在义和团之后免遭八国联军屠城的功臣。本书不谈赛金花有几方面的原因。首先,她虽是上海妓女,但一生中最著名的事却是发生在欧洲和北京,而非上海。很多小说、戏剧、诗歌以赛金花的事迹为题材,作品利用她娼妓身份的方式繁多而复杂,非此处寥寥数语所能说清,况且文学批评中对此已有细致、有趣的翔实研究,探讨赛金花在作品中怎样被再现和起表征作用。简而言之,她不仅值得作为专论的题目,而且事实上已经有好几部专论问世。下面我只根据娼妓主题的见闻杂忆录中所叙,简要勾勒她的生平,同时也介绍一些论赛金花的著作。
赛金花又名傅彩云、曹梦兰,苏州籍人氏,生于 1874 年。她幼年丧父,当了雏妓,13 岁便嫁给状元郎洪文卿做妾。曾随夫出使欧洲,传说曾谒见维多利亚女王,并与德国军官瓦德西伯爵有一段艳情。(还有说她同丈夫的仆役有私情的,这些都

符合"坏女人"的套式。）1893年，比她大好几轮的丈夫洪文卿去世，赛金花就在上海、天津、北京等地做妓女。在北京时开始同瓦德西有了恋情或是续上了旧情。八国联军镇压义和团后占领了北京，一般认为是赛金花说服了瓦德西，使他手下稍微留情，没有对北京市民采取过激的措施。1908年，她虐待手下一名年轻妓女，致使后者自尽，她因此被发回原籍。在此前后，她在京沪两地同戏子、铁道官吏及国民议会议员等传出多起绯闻。1935年，《晶报》报道她已身无分文。她于1936年去世，葬于北京。关于她生平的消息掌故很多，可参见徐珂1920：第118—119页；汪了翁1922：第59—61页；周瘦鹃1928：第1卷，第169—172页；吴趼人1935：第102—103页；近贤1935：第73—80页；《人言周刊》第1卷第50期（1935），第1028页；《晶报》1935年10月31日，第3页；碧壁1936：第12页；《妇女共鸣》1936：第5卷第12期（12月20日），第27页；《妇女月报》1937：1月10日，第19页；麦卡利维（McAleavy）1959a：第193—199页；麦卡利维（McAleavy）1959b：散见各处；陈定山1967：第79—80页。

曾朴的小说《孽海花》(1905年)写了赛金花的一生；见曾朴1979。叶凯蒂(Yeh,1990)提出一种看法，认为《孽海花》使用娼妓作为转喻，精深微妙地批评了晚清的知识分子；娼妓既像镜子，映照出士大夫的畏首畏尾和无能，又用自己的大胆行为嘲弄了士大夫阶层。文中还讨论了左翼作家夏衍的话剧《赛金花》(1936年)（见夏衍1984），称之为"又一幅毫不留情的自画像，严厉地刻画出道德品格低下、政治上愚笨无能的中国知识分子形象"。乔恩·科瓦利斯(Jon Kowallis, 1995)为文言散文诗《彩云曲》提供了上好的译本和精细的阐释。诗分为两个部分，分别作于1899年和1904年。对于赛金花在混乱的时世中所起的"跨文化娼妓"的作用，科瓦利斯表示了更多的肯定。他还提到台湾电影和电视连续剧，都是讲赛金花的。20世纪80年代和90年代出版的书籍和发表的文章中，赛金花都是作为爱国英雄的形象出现的，对她干预瓦德西计划的行为普遍持正面评价。见《中外妇女》第5卷(1985)，第20—22页；吴德铎1985；北海1991；霍必烈1991。

[128] 汪了翁1922：第158页；其他人的启事亦见第158—159页。

[129] 《晶报》1919年4月30日，第3页。

[130] 妓界在五四运动期间的活动，见《申报》1919年5月10日；《晶报》1919年5月12日，第3页；6月9日，第3页；6月12日，第3页；6月18日，第3页；7月15日，第3页。

[131] 《晶报》1919年6月3日，第3页。没有那个时期留下的、上海娼妓组织要求改善工作条件的记载。但在南京，妓女散发传单，号召同业姐妹拒绝去南京饭店应堂差，因为那里不准妓女从正门进入，还向她们收费，哪怕她们根本赚不到钱。《晶报》1919年9月30日，第2页。

[132] 《晶报》1919年11月18日，第3页。

[133] 《晶报》1919年12月15日，第3页。

㉞ 朱作同和梅益 1939：第 3 辑，第 61—62 页。
㉟ 对"诉苦"的实践和话语层面的探讨，见阿内诺斯特（Anagnost）1996。
㊱ 张欣欣和桑晔 1987：第 32 页；罗琼 1935：第 36 页。
㊲ 杨沽曾 1986；孙礼启等 1986。这种民间口口相传的避孕方法后来在官方实验中得到过肯定，中国政府曾对作为口服避孕药的蝌蚪之药效做过研究。1956 年全国人民代表大会听取了正在研究阶段的口服药配方的报告：

> 取春季孵化的新蝌蚪，用凉开水洗净，于经期后三四日吞服。第一日吞服 14 条活蝌蚪，第二日加服 10 条，将会 5 年内不孕。如果此后仍需避孕，照此办法重复两次，便可终身不孕。
>
> （引文见田[音，Tien]1973：第 249 页。）

但是研究结果却不乐观。在浙江的一项研究中，妇女于经期后不久连续两天吞服活蝌蚪，但四个月内，有 43％的妇女怀孕了，同时医疗部门也担心她们服用活蝌蚪会得寄生虫疾病。1958 年，官方"正式宣布"活蝌蚪"没有避孕价值"。田（音）1973：第 250 页。

男用节育方法从来没有出现在有关娼妓业的描写中。1935 年时，有人将男用避孕套（"龟头套"）说成是提高男人性快乐程度的用具，同《金瓶梅》中西门庆使用的阴茎圈（"银托子"）差不多。郁慕侠 1935：上集，第 66 页。

㊳ 明清的法律显然没有禁止堕胎，但是在 19 世纪最后几年和民国初期的刑法（第 332—338 条）中，女人堕胎或帮助女人堕胎都定为非法。见科特涅夫（Kotenev）1968：第 417—418 页，《中华医学杂志》（*CMJ*）1928：第 42 卷第 1 期（1 月），第 12—13 页。1926 年，在北京协和医学院担任产科和妇科教授的普雷斯顿·马克斯韦尔（J. Preston Maxwell）致函在华出版的传教团医学杂志，称"犯法的堕胎行为"在中国的大城市很普遍，往往导致骨盆炎症或因脓毒症死亡。他还写道："除了能买到的许多堕胎药外，据我所知人们还使用各种塞子进行人工流产，如筷子、一段根茎、沾了药的棉塞（药的性质不清楚）等等。再者，怀孕早期还可以通过腹部针灸，刺激子宫的一些穴位，达到堕胎的目的。……我恐怕非法堕胎正呈上升趋势。"《中华医学杂志》（*CMJ*）1926：第 40 卷第 2 期（2 月），第 182 页。

在 1928 年的一份报告中，马克斯韦尔（J. Preston Maxwell）罗列了 5 个月孕期内堕胎的三种方子。第一个方子取 14 只干斑蝥、2 只瓢虫、1.5 克本地产甘汞、5.6 克穿山甲鳞片、5.6 克马蛭、1.9 克马蝇、1.9 克蝉蜕，混合后碾成粉末，泡在小米酒里喝下去。第二个方子取芹根、红芍药根、藏红花、桃仁、苏木、风干漆树片等十一种药材各 11.2 克，用水煎煮，汤剂加麝香、黄酒调和，并加入少量大黄。第三种方子取 3.7 克麝香、11.2 克粉末状葫芦藤、11.2 克粉末状相思木刺，与一节大白藕一起碾碎，调成糊状，放入丝袋，拴在一根线上，塞进阴道，一个星期后取出。（马克斯韦尔见到一例使用这种塞子的女人果然流产了，但袋子的纤维阻塞了阴道，造成粘连和痛经。）见《中华医学杂志》1928：第 42 卷第 1 期（1 月），第 16—

19页。
⑬ 郁维和王 1949：第 235 页；郁维 1948：第 13 页。
⑭ 孙礼启等 1986。
⑭ 《晶报》1919 年 9 月 3 日，第 3 页。
⑭ 《晶报》1939 年 10 月 31 日，第 5 页（重印 1919 年的消息）。
⑭ 汪了翁 1922：第 35—39 页；陈荣广 1924：第 109—110 页；张恂九 1934：第 2 卷，第 34—48 页。
⑭ 《晶报》1919 年 4 月 24 日第 3 页登了一篇报道，一个年长妓女的儿子从中学毕业。
⑭ 汪了翁 1922：第 183—184 页；《时报》1929 年 9 月 4 日，第 7 页。
⑭ 关于翁梅倩早期的发达，见詹垲 1917：第 1 卷，第 16—19 页；关于 1899 年时她在歌坛的名气和大牌脾气，见周瘦鹃 1928：第 1 卷，第 58—59 页；关于晚年的流浪生活，见郁慕侠 1935：续集，第 56—57 页。

　　这些主题也进入了社会科学调查领域。30 年代时有个日本学者的调查被中国改革者频繁引证，他在对上海娼妓的研究中说，高等妓女一般有三种结果。运气好的做了有钱人的妻妾，或买个私生子，培养他（她），仰仗养子（女）生活；运气一般的成了鸭母或嫁给穷苦的农民工人，或当女工、女用人；运气最差的沦落到花烟间或钉棚，因性病并发症备受折磨或死去，或成了要饭花子。作者说他调查的人中 2.5%—3% 有好结果，45.5%—46% 的有中等结局，41.5%—42% 的落到坏结局。见乙枫 1933 之二：第 33—34 页所引阿木《支那研究》第 18 页。日文原文见彭阿木（Hō Aboku [Peng Amu]）1928：第 747—748 页。

⑭ 关于胡宝玉，见吴趼人 1935：第 120—126 页；陈荣广 1924：第 116—117、120 页；汪了翁 1922：第 31—35 页；张春帆 1919 年 5 月 6 日，第 3 页；《晶报》1919 年 10 月 3 日，第 3 页；徐珂 1920：第 123—126 页。
⑭ 围绕胡宝玉及她那一代名妓的怀旧文章，见张春帆 1919 年 5 月 6 日，第 3 页等；感叹韶光易逝和悲悼翁梅倩的，见郁慕侠 1935：续集，第 56 页。

第七章　人口买卖

① 贺萧（Hershatter）1992 年发表的《性工作和社会秩序：20 世纪上海的娼妓、娼妓的家庭与国家》中曾简略地提出这一论点。有关这方面的例子，可参见陈露薇 1938 年，第 21 页。
② 女人并非唯一的受害者。上海发生的许多绑架事件都是关于小孩的。例如可参见《申报》1875 年 1 月 14 日，4 月 7 日，4 月 6 日；《申报》1915 年 5 月 16 日；《申报》1916 年 3 月 18 日，7 月 28 日，8 月 16 日；《申报》1917 年 5 月 15 日，5 月 16 日，6 月 20 日，11 月 3 日；《申报》1918 年 3 月 14 日，4 月 20 日，9 月 18 日；《申报》1921 年 2 月 16 日；《申报》1925 年 12 月 30 日。小孩被拐事件的频频发生，产生大量警示家长的文字，但这些与那些提请注意女性被拐卖者的文字还不大一样。

上一种警示性的文字提请家长注意要让孩子牢记自己的家庭住址,在人多的闹市要看管好自己的孩子,不要买别人家的孩子当用人,如何通过救助机构来处理丢失孩子的事情(不让另一个拐骗者前来冒领),如何向警方报案,若小孩被拐卖者蒙骗上船如何到码头去搜寻,如何得到反拐骗组织(妇孺救济会)的服务等等。参见黄人镜之1913:第174—176页。

③ 参见王吉民(K. C. Wong)1920:第632页;黄人镜(1913:第179—180页)警告读者别让小孩和妻女独自上戏院或书场,如果家人有骚扰行为,也要向警方报告。

④ 《申报》1920年11月7日。

⑤ 黄人镜1913年:第171页。

⑥ 黄人镜1913年:第171页。有关苏北来的女佣与拐骗者合谋事,见许惠劳和刘庆玉1932年:第75、78页。如第二章所述,"苏北"对上海人来说是一个地域不确指、但在社会意义上却明确的字眼,指长江以北,淮河以南地区。苏北人在上海聚集于最脏、工资最低且最不受人尊敬的行当。又见韩起澜(Honig)1989:多处,韩起澜(Honig)1992:多处。

⑦ 《时报》1929年7月19日:第7页。

⑧ 《时报》1929年10月20日:第7页,8月21日:第7页。

⑨ 从上海拐来的女人卖到东北省份的例子见《申报》1916年3月23日,7月3日;《申报》1918年3月3日;《申报》1921年1月1日,4月4日,7月18日;《时报》1929年7月11日,第7页。在1910年代、1920年代和1930年代的新闻报道中提到的其他拐卖地点有广东(《申报》1916年3月22日);青岛(《申报》1916年3月26日);福建(《申报》1916年4月6日;《申报》1931年1月22日,1月30日);北京(《申报》1916年7月19日);天津(《申报》1931年3月24日);日本(《申报》1917年6月28日);香港(《申报》1917年11月15日)。

⑩ 黄人镜1913年:第171页;格姆维尔(Gamewell)1916年:第210页。

⑪ 豪泽(Hauser)1940年:第268页。

⑫ 有关已婚妇女被拐骗的案例,可参见《申报》1915年1月27日,2月2日;1916年4月7日;1918年3月13日(该报载母女二人双双被拐),4月30日,9月4日,10月9日,10月16日(又是母女双双被拐);以及《申报》1923年的5月18日。

⑬ 钱生可1933年编著《上海黑幕汇编》,第2卷,第1页。

⑭ 该会名称为:"中国救济妇孺总会",记录文件现存上海市档案馆,1920年代至1930年代,卷宗号:Q113-114。

指南书和报纸上都刊载有中国救济妇孺总会开展工作的报道。该会成立于1912年,约30人,至少是部分地受私人赞助,部分靠在上海上层人士中募捐(如举行茶会、菊展或抽签销售)。该会在泗泾路上设有一办公地点,并雇侦探追查那些乘火车或轮船外出的拐骗者。1918年,侦探们自备火轮以更好地追查那些在上海行船的拐骗者,经常让船舶停下搜寻拐骗者和受害者。该会还在当地报上撰文以扩大影响,文章描述那些诱拐者的惯用手法,它在中文报刊上宣传,刊登获救孩童的照片和文字描述,以便孩子的父母前来认领。随着该会影响的扩大,一些在妓院的妇女也纷纷写信给此会求援。倘若被救妇女和孩童的原籍无法确定,该会就让她们在一座改作收养所的旧庙中住下,他们还办了一所小学。到1916年时,该会共援救了1 000多名被拐妇女和儿童,把其中的60%送回他们家里,剩余的40%由救济会收养。1917年时,救济会的主任为朱葆三,此人的儿子与莲英被杀一案有染(参见第六章)。他1917年的年报列数了该年被救的230名妇女儿童,而自1912年以来,被救人数总数达1 349人(1917年获救的230人中,90名被家人领回,62名送回老家,15名病故,5名结了婚,12名儿童被人收养)。(1937年4月1日《中国批评家》刊登的报告中列举的数字更高,从1913年到1917年,该会共援救了10 233名妇女儿童。)该会还在那些人贩子的人口贩卖地城市建立了分会,如长春、沈阳、大连、天津和汉口等。1935年,《泛太平洋》上刊登的一份关于人口贩卖的报告中说,"中国救济妇孺总会的工作使得被拐儿童从上海出口到南方变得不那么顺当。"(见《妇女买卖》1935年:第16页)

关于中国救济妇孺总会的例行工作,参见黄人镜1913年:第175—176页;格姆维尔(Gamewell)1916年:第210—212页;《申报》1916年4月24日,8月15日;《申报》1917年5月25日,5月27日,6月11日,11月11日,12月3日,12月22日,12月24日;《申报》1918年9月7日,9月22日,10月3日;《妇女买卖》:第16页,见《中国批评家》1937年4月1日,第13页;以及参见陈定山1967年:第142页。

布里娜·古德曼(Bryna Goodman 1995:第254—255页)指出,上海的宁波人对该会的建立和运作发挥了积极的作用,出于不同籍贯的帮派之间的对立,宁波人经常去搜查载满广东人的返乡船只,名义上是搜寻被拐骗者,实际上则是借故搜刮旅行者的钱财。她引用的有关这些冲突的素材日期在1914年至1917年间。

关于该会间或在警方帮助下成功地捕获拐骗者的案例报告,可参见《申报》1916年7月12日,7月15日,7月20日,8月2日;《申报》1917年6月22日;《申报》1921年2月12日,5月6日,5月9日,5月14日;《申报》1922年7月11日;以及《申报》1925年4月6日,6月17日,11月1日,11月22日,12月12日。

关于妇女或她们的亲属和朋友向该会求援的报告,可参见《申报》1917年6月3日;《申报》1918年4月16日;《申报》1920年11月26日;《申报》1921年5月13日;《申报》1923年2月24日。

⑮ 该案例被收入上海救济妇孺总会的档案,乃因为位于汉口的绍兴七县帮会要求它的上海分会(或许人数更多,势力更大)解决此案。有关本地组织帮助确定被拐对象下落的其他案例,可参见《申报》1915年2月27日,《申报》1923年10月10日;另可见古德曼(Goodman)1995年:第249页。

⑯ 格姆维尔(Gamewell 1916年:第210页)称,绑票是上海最常见的犯罪活动之一,

而从事绑票的绝大多数是女人。提及绑票者和人贩子多为女人的报告,可见《申报》1915年2月2日;《申报》1916年3月6日,3月21日,4月10日,4月30日,7月11日;《申报》1917年5月22日,6月13日;《申报》1918年4月7日,4月20日,4月24日;《申报》1925年12月31日。

⑰ 严([音],Yen Ching-yueh)1934—1935年:第302—303页。

⑱ 葛元煦1876年:卷二,第34—36页;又重印于黎床卧读生1905年;卷六,第6页;又见于栖霞和澹如1917年:第1卷[第73页]。这些文本都称由于"父兄"经常虐待妇女和冒犯过他们的人,他们又被称作"务凶"。

⑲ 黄人镜1913年:第172—173页;又见《申报》1916年7月30日;《申报》1921年5月5日,5月7日,6月30日;《申报》1923年5月9日;《时报》1929年10月14日:第7页;唐幼峰1931年:第481页。

⑳ 例如,据《时报》1936年3月7日第7页刊登的报道称,王素贞(她的案例将在下面讨论)答应与她的两个邻居一起到杭州游西湖,而她们把她卖给了上海的一家妓院。《妇女买卖》(1935年:第15页)也称,年轻女子"有时被劝说到上海,说是在那里很容易找工作,而到了那里却发现根本没有活干,那些骗她们来的人就告诉她们先找一个方便的工作,谋个生路,等以后有工作空缺时再说"。

㉑ 《时报》1929年4月6日,第7页。苏北指上海以北经济上非常贫困的地区,那里的妇女似乎经常被绑架或拐卖给人贩子。参见《申报》1915年5月13日,5月21日。

㉒ 黄人镜1913年:第172—173页。

㉓ 《娼妓问题》1937年:第13页。

㉔ "青帮""红帮"成员与妓院有联系是毫无疑问的,但具体情况模糊不清。据胡珠生(1979年:第109页)称,晚清时期,无业船民就转向走私、经营妓院以及开设赌馆等行当。还有一些跑到租界去当巡警,成为警匪双方的中介。有关"青帮"帮主杜月笙在上海控制"赌场、娼门、敲诈勒索以及其他种种的恶行"的综述,参见伊洛纳·拉夫·苏伊斯(Ilona Ralf Sues,1944年:第69页);关于他与法租界警署之间的联系以及公共租界中警匪之间的其他关系,参见约翰·帕尔(John Pal 1963:第19页)。据说杜月笙为一老夫人收养,而且很有可能是她介绍他加入"青帮"中。参见朱子家1964年:第82页。他的小老婆中至少有两个来自妓院。关于他与高等妓女含香之间的关系,可参见陈定山1967年:第135—149页;范绍增1986年:第209页;郁咏馥1986年:第272页。有关出身妓门的一个青楼女子如何成为帮主张啸林老婆一事,参见俞云九1986年:第348页。有关青帮与法租界当局的关系,他们如何经营烟土生意,如何对付共产党,以及青帮如何控制法租界和公共租界的侦探组织,参见马丁(Martin)1995年。有关帮会的活动范围,见朱学范1986年,多处,特别是薛耕莘的一篇文章。薛耕莘在文中提出(第98页),法租界中有一个中国警察是杜月笙的徒弟,他深得法租界里一名叫瓦伦第的法国警察的青

睐,此人是管法租界中的人口买卖活动的,因为有法国人的支持,所以谁也不敢去管年轻妇女被买进卖出法租界妓院的事情。有关两个青帮成员涉嫌在上海拐卖妇女到哈尔滨的事,参见《申报》1922年7月5日,7月8日,7月16日。

㉕ 关于妇女在这样的市场上一次次被变卖的案例,可参见《申报》1916年3月29日,7月27日;《申报》1922年10月22日和《申报》1923年1月16日,5月12日,10月31日。

㉖ 黄人镜1913年:第171页。

㉗ 马庸生1930年:第2卷,第9页。此书为葛元煦《沪游杂记》(1876年)的重印本。

㉘ 汪了翁1922年:第23—24页。

㉙ 黄人镜1913年:第171页。

㉚ 钱生可1933年:第2卷,第1页。

㉛ 汪了翁1922年:第23—24页。

㉜ 《娼妓问题》1937年;第7页。

㉝ 春明书局1937年:《女拐子之黑幕》,第1—25页。

㉞ 春明书局1937年:《女拐子之黑幕》,第1—6,13—15,21—25页。

㉟ 如第八章中所讨论的,清朝刑律禁止的与卖淫有关的活动更多,但对卖淫本身却也没有明令禁止。在民国时期,个别的城市自行颁布条令禁止卖淫,结果往往是妓女迁移到邻近的城市。另见第十一章。

㊱ 科特涅夫(Kotenev)1968年:第413—414页。1912年临时刑法的第240条和242条也包括类似的内容。另见斯托夫(Stauffer)1922年;第397页;威利(Wiley)1929年:第81页;警方档案卷宗1946年,刑法第231条"妨害风化罪"称:"为赢利目的引诱或胁迫良家女子与他人发生性关系者,将判处三年以下有期徒刑并科以五百元以下罚金。""凡为赢利目的而唆使他人从事猥亵活动者,亦将被处以同样的处罚。凡犯有上述两项罪行者,通常将被处以五年以下有期徒刑并科以一千元以下罚金。"该刑律通过的年份不详。见上海市档案馆1946年卷宗011-4-162,案例9,第30页。

㊲ 上海工部局司法科1935年:第86—88页。《妇女买卖》1935年(第15页)提供了以下的解释:刑法第25章,第313—315条处理绑票问题,其中第313条将"奴役他人"者定为犯法;第315条把以下几例均定为犯法:(1)绑架、拐骗女性成婚者;(2)绑架、拐骗女性"以达到赢利目的,或违反事者意愿使其从事猥亵行为或与其发生性关系者"(将判处三至十年有期徒刑和上限达一千元的罚金);(3)将被拐骗者运送至中国境外者(五年有期徒刑至终身监禁)。也许是看到父母在这种交易中所起的主要作用(本章稍后处将讨论这个话题),中国最高法院对这一条款作了一点调整,它称"父母为他人收养的目的出卖自己的子女、对收养方可能将所买孩童用于不道德目的并不知晓者,不视为犯法"。

㊳ 英国外交部档案记录。伦敦:可供公众查阅的皇家档案室:FO671-500,6703/

30/46,转引自魏斐德 1995a:第 345 页,注 37。
㊴ 国际联盟 1924—1946 年:文件 C. 164. M. 40.,第 21 页。
㊵ 例如,公共租界的公共卫生署长官爱德华·亨德森在 1871 年写道:"尽管这些交易严格说来都是非法的,它们实际上却是天天发生的事情,它形成了一项涉及巨大资本的大买卖,除非在特殊的情况下,它从来不会受到当地政府的干涉。"亨德森(Henderson)1871 年:第 5 页。另见第三章。
㊶ 科特涅夫(Kotenev)1968 年:第 295 页。
㊷ 地方行政规定先于中国国家法和国际法。《娼妓问题》1937 年:第 7 页。
㊸ 其他犯罪包括勒索、谋杀和抢劫。已告破案件总数为 2 759 件;案犯总数为 5 189 人。见《上海特别市公安局业务报告》1929 年:图表,无页码。
㊹ 1912 年到 1924 年每年被指控的人数可参见科特涅夫(Kotenev)1968;第 315—316 页。1925 年情况见上海工部局(SMC)报告(1925)第 42—43,56—57 页;1926 年情况见该局报告(1926)第 41—42,55—56 页;所举数字为被控涉嫌贩卖妇女儿童者。有关 1934 年被控涉嫌拐卖妇女的数字,见《妇女买卖》1935 年:第 15 页。公共租界 1910 年中国人的人口大约为 488 055 人;1915 年为 620 401 人;1920 年为 759 839 人;1925 年为 810 279 人。见《字林西报》(NCH)1925 年 12 月 12 日,第 482 页:

  有关妓女的估计数,见第二章。
  在 1932 年的一次调查中,在上海三处监狱(公共租界、法租界和华界)的 359 名女犯人中,有 71 名(约占五分之一)是因拐骗罪而服刑,另有 29 名(8%)犯绑票罪。换言之,该市女犯中四分之一以上犯的是人口贩卖罪。见徐惠芳和刘清於 1932 年:第 76 页。

㊺ 《国际联盟(League of Nations)》1924—1946 年:第 5—6 页。
㊻ 据 1937 年的一份报告,公共租界与贩卖人口相关的法律为地方法第 36 条和警方处置有碍风化罪条令第 43 款。在法租界,相关法律为领事条令第 183 条和中国刑法第十六章(第 221 条及以后的条款),第十七章(第 237 条及以后的条款),中国法庭在租界施用后者。见《娼妓问题》1937:第 7 页。二战以后,上海市政府颁布条例禁止以营利为目的唆使他人卖淫,或以营利为目的与他人发生性关系。但这些条例与政府采取的向妓院和妓女发放执照的复杂计划如何衔接则不得而知。与其相关的警署规定为第 64 条和第 65 条。见上海市档案馆 1946—1948 年:卷宗号 011 - 4 - 163,《取缔妓院案》,第 4 例。
㊼ 格姆维尔(Gamewell 1916 年:第 25—26 页)注意到,在公共租界监狱中犯拐卖人口罪的女犯判刑最长的为 8 至 10 年。
㊽ 《申报》1916 年 3 月 6 日,3 月 10 日,4 月 1 日,7 月 20 日,8 月 1 日,8 月 8 日,8 月 11 日,8 月 23 日,8 月 24 日;《申报》1917 年 11 月 14 日,11 月 28 日;《申报》1918 年 4 月 19 日,9 月 7 日,10 月 24 日;《申报》1919 年 5 月 11 日,7 月 17 日;《申报》

1920 年 7 月 11 日,9 月 5 日,11 月 7 日;《申报》1921 年 2 月 17 日,2 月 19 日,5 月 28 日;《申报》1922 年 7 月 28 日,10 月 30 日;《申报》1923 年 1 月 13 日,1 月 15 日,2 月 4 日;《申报》1925 年 4 月 26 日,11 月 19 日,12 月 28 日。

㊾《申报》1920 年 5 月 11 日和 5 月 13 日。其他逃过人贩子的故事,见《申报》1916 年 7 月 2 日,7 月 9 日,以及 1919 年 2 月 25 日。

㊿《申报》1929 年 4 月 6 日,第 7 页。还有一案例,一上海女子被拐卖到奉天当妓女两年后获得自由,她回到上海,在街上看见当初拐卖她的人贩子,也使他被抓获。见《申报》1929 年 10 月 14 日,第 7 页。

470 (51) 例如,见《申报》1919 年 7 月 17 日;《申报》1920 年 9 月 5 日。

(52) 关于母亲,见《申报》1920 年 1 月 21 日;1922 年 10 月 19 日;1925 年 12 月 1 日。关于婶子姨妈,见《申报》1919 年 7 月 17 日;关于大娘,见《申报》1925 年 6 月 25 日。关于大叔,见《申报》1918 年 4 月 6 日和 1925 年 12 月 16 日;关于姐妹,见《申报》1916 年 4 月 27 日和 1920 年 6 月 1 日;关于兄弟,见《申报》1925 年 6 月 29 日;关于父亲,见《申报》1918 年 3 月 13 日,1920 年 11 月 20 日,1923 年 10 月 19 日,1925 年 11 月 10 日;关于丈夫,见《申报》1921 年 2 月 22 日,1923 年 5 月 4 日和 1925 年 6 月 18 日。

(53) 例如见《申报》1925 年 11 月 18 日,12 月 9 日。关于高邮县官员对一被拐人家的反应,见《申报》1920 年 11 月 22 日;关于海门县官员情况,见《申报》1925 年 4 月 3 日。

(54)《申报》上报道的案件中,绝大多数是由公共租界的会审公廨审理的。

(55)《申报》1880 年 10 月 29 日。

(56)《申报》1936 年 3 月 7 日,第 5 页;另有一案说一个父亲发现他女儿在一家戏院门前拉客,便报告了警察。见《申报》1929 年 6 月 10 日,第 7 页;还有一案前面提到过,说一个女人被僧人绑架,后来在街上拉客时被她的一个男亲戚发现并报告了警方。见《时报》1929 年 10 月 20 日,第 7 页。

(57)《时报》1929 年 11 月 25 日,第 7 页。

(58)《时报》1929 年 7 月 15 日,第 7 页。另一类似的案例涉及一花烟间的妓女,见《申报》1915 年 6 月 9 日。

(59) 例子多多,如《申报》1921 年 2 月 19 日。

(60) 例如,《申报》1918 年 4 月 2 日。

(61) 亨德森(Henderson)1871 年:第 9 页;黄人镜 1913 年:第 176—177 页。此处术语的解释出自《上海娼妓》1923 年:第 787 页。

(62) 例如《时报》1929 年 4 月 19 日第 7 页报道的孙凤英一案。另有一人口买卖案(没有绑架拐卖),一女子称她卖身是为了偿还母亲的殡葬费用。见《申报》1923 年 1 月 12 日。

(63) 关于拐卖在人口买卖中仅占一小部分的说法,见《娼妓问题》1937 年:第 7 页,又见《申报》1941年11月1日。

⑥④ 关于被父母所卖,见《申报》1918年3月3日;1920年2月11日。被父亲所卖,见《申报》1915年5月7日,1922年7月3日,以及《时报》1929年7月18日,第7页。被母亲所卖,见《申报》1915年5月20日,5月31日,6月12日,1916年4月29日,1917年5月22日,6月30日,1918年9月19日。被继父所卖,见《申报》1875年1月16日。被养母所卖,见《时报》1936年3月24日,第2页。被养父所卖,见《申报》1918年9月11日。被母亲情人所卖,见《申报》1915年1月1日,1916年4月11日,1917年12月27日,1922年7月11日。被姨婶所卖,见《申报》1920年11月25日。被叔伯所卖,见《申报》1916年7月12日,1917年11月7日,1919年1月8日。被未来的婆婆所卖,见《申报》1915年6月30日。被婆婆所卖,见《申报》1917年11月21日,1919年6月27日(此案也涉及其公公),1921年1月5日。丈夫卖大老婆,见《申报》1915年1月1日,1917年12月9日,12月24日,12月25日,1920年6月9日,1922年7月11日,《时报》1929年9月20日,第7页,以及《时报》1936年3月22日,第4页。丈夫卖小老婆,见《申报》1918年10月12日。被妯娌所卖,见《申报》1915年2月26日。被情人所卖,见《申报》1920年11月25日,1923年10月23日。被朋友所卖,见《申报》1917年3月31日。被老乡所卖,见《申报》1921年6月29日,以及《时报》1929年3月2日,第7页。

⑥⑤ 《申报》1916年4月11日,1915年2月26日,1920年1月21日,1921年6月19日,《时报》1929年3月2日,第7页。其余的案例(不一定涉及老乡)中,女人被允诺说给找当女佣或工厂工人的工作,然而却被卖到了妓院里。见《申报》1922年7月1日和1923年5月30日。

⑥⑥ 《申报》1917年12月27日。

⑥⑦ 例如,见《时报》1929年7月18日,第7页,《申报》1915年5月31日和1917年5月22日。

⑥⑧ 例如见《申报》1916年8月3日,1921年5月17日,1923年10月23日。在1916年那个案例中,那女人被卖到营口的一家妓院,后被一福利组织营救而回到了上海,可她丈夫却不要她了,要求离婚。

⑥⑨ 《申报》1917年6月30日。

⑦⓪ 《申报》1917年11月21日。

⑦① 《申报》1917年12月9日。

⑦② 在1880年的一个案例中,一女子在丈夫威胁说要把她卖到妓院后跑到她兄弟家暂住;该女子后与她兄弟到法租界法院,要求下令不许她丈夫继续骚扰她。见《申报》1880年7月4日。关于丈夫控告妻子将他们的女儿卖掉,见《申报》1917年12月17日。关于一女人的姐妹控告其姐夫的事,见《申报》1920年3月19日,3月26日。关于婆婆把童养媳卖掉,该童养媳的母亲提出控告一事,见《申报》1920年

5月7日。

⑬ 关于判决离婚的,见《申报》1920年3月19日,3月26日。会审公廨仍判决将女人交还其丈夫,尽管他把她卖给了野鸡妓院(他否认此控)的案例,见《申报》1919年12月25日。关于某男将其妻卖到妓院,法庭判决那女人仍回到丈夫身边,仅要其退回妓院所得钱款一案,见《申报》1921年6月15日。关于将被卖妇女送进希望之门(即"济良所")一案,见《申报》1920年5月7日。

⑭ 《申报》1923年1月11日。

⑮ 《时报》1929年6月17日,第7页。

⑯ 例如在1923年的一个案例中,一女人到法院来代她母亲把她的妹妹领回;法官说她母亲应亲自前来。娘家人来认人,法院并不一定就认可。见《申报》1923年1月17日。在另一个案例中一姓翁的报告警方说他从一商人处买来的女子逃跑了。警方发现她住在她父亲处,便将他们两人双双逮来。那姑娘的父亲说,他向翁借了30元钱,因还不起债而把女儿卖给了翁先生。但他又补充说,翁先生虐待他女儿,并要把她卖进窑子里,所以女儿才跑的。判决是:翁先生罚款50元,女儿则被送到希望之门。在这个案例中,法院显然一开始是准备捍卫翁对花钱买来的女子所享有的权利,可姑娘家里人强调了翁计划要把她卖进窑子。或许是因为第一次的卖女,法庭对是否要把姑娘还回娘家产生了犹豫。见《申报》1923年5月4日。

在《字林西报》报道的会审公廨于1923年审结的案例中,副探长摩尔在一妓院发现一名13岁的姑娘,于是将她和妓院老鸨一并逮捕。她在希望之门待了约一个月。一位声称是她母亲的55岁的妇女通过律师L. K. 肯威尔先生前来要求放还她的女儿。她说她女儿(新闻报道的作者显然从年龄差距上对她们之间的关系表示怀疑)被拐骗到上海,并被卖进了妓院,而她对此一无所知。母亲说她拟将女儿带回家,教她女红活计和制鞋。那姑娘则要求待在希望之门,但又能见到她的母亲;那里的常规是让家人每年探视一次,因为里面住了二百人。法庭判她母亲每季度探视一次。见《字林西报》1923年11月3日,第349页。

⑰ 转引自S. 奥卡拉汉(O'Callaghan)1968年:第13页。关于一中国妇女杂志报道该委员会的发现,见《世界贩卖妇女之调查》1933年。

⑱ 上海市档案馆1946—1948年:卷宗001-4-163,案例4,文件2-6。

⑲ 曹漫之是从事取缔娼妓业的中共官员,第十二章中有关于他的工作的讨论。他曾说,许多妇女都认为自己还必须对家中已故长辈尽孝:

> 还有一种观念特别厉害,几乎百分之八十的都有,就是所有的妓女等于在赎罪,赎前身犯的罪,同时给她已经死了的父母赎罪,所以有的妓女干了几年(也容许她们回家),就回家给她的父母扫墓,就叫爸爸妈妈,我已经十年了,大概再有五年我的罪就可以全部赎了。因为再有五年就不能接客了。意思说,我对得起老人家,你活着时我没能尽孝,你死了以后我再给全家赎罪。

见曹漫之 1986 年。
⑧⓪ 郁维 1948 年:第 12 页。
⑧① 郁维和王 1949 年:第 237 页。郁和王补充说:"我们的社会工作者在妓女中并未发现任何突出的心理不正常状况。尽管她们并不特别想离开她们目前所过的生活,但她们也并不是反社会的。她们中只有百分之十的人对她们的客人有某种感情相关心,而百分之六十七的人则无所谓,她们惟一的目的就是为她们自己、为家人和孩子挣钱。"
⑧② 这些数字出自杨洁曾和贺宛男 1988 年:第 61 页。
⑧③ 有关这一关系网在上海棉纺业中的运作情况,见韩起澜(Honig)1986 年:第 3、4 章。
⑧④ 上海市档案馆,无年份,卷宗号:011-4-162;黄韵秋和王定斐 1986 年。
⑧⑤ 《申报》1941 年 11 月 1 日。
⑧⑥ 乐嘉豫和徐崇礼 1986 年。
⑧⑦ 郁维 1948 年:第 11 页。
⑧⑧ 郁维和王 1949 年:第 237 页。
⑧⑨ 黄韵秋和王定斐 1986 年。
⑨⓪ 上海市档案馆 1946—1948 年:卷宗号:011-4-163,案例 19。
⑨① 上海市档案馆 1946—1948 年:卷宗号:011-4-163,案例 19。
⑨② 该契约来自广州,但作者称在上海也见过类似的契约。见亨德森(Henderson)1871 年:第 8—9 页。
⑨③ 《申报》1920 年 3 月 19 日,3 月 26 日。
⑨④ 这一点正是此前关于人口买卖问题的讨论中所引述案例的实质,家里人利用法庭将他们不知的情况下被卖掉的女儿或妻子领回。
⑨⑤ 《时报》1929 年 4 月 12 日,第 7 页。
⑨⑥ 《时报》1936 年 3 月 22 日,第 4 页。
⑨⑦ 《上海娼妓》(1923 年:第 785 页)称,20 世纪 20 年代"长三"等级的高等妓女中大多数是被典押的女子,但她们究竟是由她们自己还是由别人质押则不得而知。见第三章;其他大多数关于高等妓女的材料都经常提到典押问题。(一部通俗小说中称)据估计"幺二"等级妓女中一半是被典押的。见崇明书局 1937 年:《幺二》,第 2—3 页。下等钉棚和花烟间中的大多数妓女据说都是典押来的。见黄人镜 1913 年:第 132 页。
⑨⑧ 例如贺萧(Hershatter)1986 年:第 183—184 页。
⑨⑨ 亨德森(Henderson)1871 年:第 7 页。
⑩⓪ 乙枫 1933 年之一:第 40—41 页;黄人镜 1913 年:第 131 页。
⑩① 汪了翁 1922 年:第 24 页;亨德森(Henderson)1871 年:第 7 页。
⑩② 孙玉声 1939 年:第 165 页;《时报》1929 年 7 月 10 日,第 7 页。

⑬ 《申报》1920年11月3日；《时报》1929年5月29日,第7页；又见《娼妓问题》("The Prostitution Problem in Shanghai")1937年；第8页。

⑭ 该调查为公共租界的工业和社会部受上海工部局的委托所作,它包括对176名奴婢、72名"因卖或被抵押而成为妓女的"女子,以及27名工业企业中的合同劳工的研究。该报告发现所有这几种类型的情况大同小异。见辛德尔(Hinder)1944年：第117页。

⑮ 例如,见《申报》1920年6月17日,7月28日,12月14日。

⑯ 例如,见《申报》1920年12月14日,1922年10月19日,12月27日。

⑰ 孙玉声1939年：第165页。

⑱ 《申报》1917年11月29日。有关另一个案例,说的是一父亲将女儿典押给一个老妇,而后者又把她变卖给了一家妓院,后来那女孩的父亲把老妇告上了法庭,见《申报》1880年10月27日。

⑲ 《申报》1920年10月4日,10月10日。

⑳ 《晶报》1924年7月18日,第3页。

㉑ 露薇1938年：第14—15页。

㉒ 《时报》1929年9月20日,第7页。

㉓ 例如,可参见周瘦鹃1928年；第181—183页；汪了翁1922年：第63—64页；詹垲1917年：第2卷,第16—17页；以及《晶报》1919年8月27日,第3页。

㉔ 例如,可参见汪了翁1922年：第61—62页。另有一案例说到有一高等妓女被另一更有经验的高等妓女租用或收养,然而当有客人想买她为妾的时候,则必须与该妓女的父母商量价钱。见《晶报》1919年12月12日,第3页。

㉕ 《晶报》1919年8月27日,第3页。

㉖ 上海市档案馆,1946—1948年,卷宗号011-4-163,案12。

㉗ 上海市档案馆,1946—1948年,卷宗号011-4-163,案2。

㉘ 关于这一次行动的细节,参见第十一章及贺萧1992b。

㉙ 中国的基督教作家也采用同样的论点。黄人镜(1913年：第133页)称,在大多数妓院中,妇女们都是受骗或被绑架来的,所以,在所有文明国家中,妓院都是被禁止的。他主张中国也应加入禁娼的行列,把禁止卖淫与加入世界文明国家联系起来。关于更详细的讨论,参见第十章。

㉚ 《字林西报》1923年1月13日,第103页。

㉛ 《字林西报》1924年2月2日,第179页。

㉜ 有关反拐骗协会(即注14中的"中国救济妇孺总会"——译注)出面安排婚姻之事,见《申报》1917年12月24日；《申报》1925年12月7日。关于"希望之门",见《申报》1923年10月31日,以及本书第十章。关于中国警方对收养所中妇女寻找合适配偶的规定,见《上海特别市公安局业务报告》1929年：第105—106页,又见本书第十章。

第八章　法律与混乱

① 大清律例中包括以下用于人口贩卖和卖淫的条款。括弧中的文字系威廉·琼斯（William Jones）译本中字里行间的评语。与斯汤顿（Staunton）译本相对应的页码也一并给出。

"第 113 条。娶女乐为妻或妾：（文武）官（或）吏娶女乐为妻妾者，重笞六十。婚姻解除。（女乐将遣送娘家，不许再从事旧业，嫁礼充公。）官吏之子或孙（继承头衔者）娶（女乐）为妻者，杖罚数同上……"琼斯本（William Jones）1994 年：第 132 页（另见斯汤顿本[Staunton]，1966 年：第 118 页）。

"第 275 条。从事绑架与贩卖被绑架者。"此条规定了对从事绑架和贩卖良家女子作奴婢、以收养名义变卖良家女子、绑架另一家奴婢及绑架其亲戚者的处罚。而且，上述各项的中人和知情买方也要一并受罚。见琼斯本（Jones）1994 年：第 257—259 页（另见斯汤顿本[Staunton]，1966 年：第 290—293 页）。

"第 374 条。官吏中宿妓者。"

"1. 官吏中有宿妓者，重笞六十。（此条款亦适用于与妓女相拥或对饮者。）中人亦将受同样责罚，但递减一等。"

"2. 官吏之子或孙（具有继承头衔者）宿妓者责罚相同。"琼斯本（Jones）1994 年：第 352—353 页（另见斯汤顿本[Staunton]1966 年：第 410 页）。

"第 375 条。购良家女子为妓者。歌伶、艺人或乐师凡购良家子女充当歌伶或艺人、娶（良家女子）为妻妾、收养（良家）子女者，均重笞一百。知情仍卖女成婚者，（与购女者）处罚相同。中人受同样处罚，但递减一等。礼品充公。被卖男女将被遣送回各自家族。"琼斯本（Jones）1994 年：第 353 页（另见斯汤顿本[Staunton] 1966 年：第 410 页）。

据 1920 年一份妓女改造的文章，清律对蓄养家妓、靠淫业收入为生或在自己权限内允许妓院存在者均有惩罚条规。该文列数相关条规如下，遗憾的是未与清律的具体条款相对应。

"1. 任何文武官吏经常出入妓院者将被杖笞惩戒，杖笞数在六十以下。召女优侍宴者亦将按此款定罪。官吏之子违反此款者亦作相应处理。中人杖笞五十。

"2. 任何妓女、艺人或歌伶购入良家子女从事同样职业者，或收养良家子女为自己子嗣者，或娶良家女子为妻妾者，均判杖笞一百。如知情而仍将子女出卖给上述人等者，亦作同样责罚。嫁妆及成交金额一并没收，被卖子女遣送回家。中人杖笞九十。

"3. 以良家女子为妾，为养女或其他名分，然而怂恿或威逼其与他人发生性关系者，将被判在自家门口带枷示众一月。

"凡引诱良家女子为娼者，带枷示众三月，杖笞一百，并发配三年。

"虽知情而仍将女子变卖服务于不道德之目的者，判处同样责罚。中人亦要杖笞,该女将遭送还其父母家中。

"4. 政府部门的军差、衙役或其他人临时或短期蓄养娼妓者,带枷示众三月,杖笞一百;长期蓄养娼妓者,初犯杖笞一百,发配三年;再犯则杖笞一百,发配3 000里外。此类人中以淫业收入为生者,亦将作犯法处置,视其收得钱财多寡而加以责罚;如知情仍允许在其所在街区有淫业存在,杖笞八十。如执法者在其权限范围内失察上述违法行为,亦将受到惩罚。

"5. 凡襄助妓院经营者,将按照法律予以惩罚;土地所有者若允许在其地界上开设妓院,初犯杖笞八十,发配两年;再犯杖笞一百,发配三年,外加没收其房产;凡允许妓院老鸨为其邻居者,杖笞八十。"见王吉民(K. C. Wong)1920年:第633—634页。

第七章中引用的1912年的临时刑法,以入狱和罚款代替了杖笞。见斯托夫(Stauffer)1922年:第397页。

萨默(Sommer,1994年:第58—59页,第301页)指出,直到清朝雍正年间(1723—1736年),娼妓一直局限于法定贱民阶级:"清初的律法并不是要禁娼——相反,它对娼妓业加以管制并征税——而是要维持某种虚构的固定界线,以娼妓业作为界定的卑贱人等与普通人之间的界线……"(第301页)一般平民可以宿妓,但官吏宿妓则要受到责罚。当这些世代贱民被解放之后,"法律仍继续把从事此类职业的人视为卑贱人等"(第59页),把娼妓业视为犯罪行为(第326页)。有关元代至清代娼妓业的法定地位问题,参见萨默(Sommer)1994年:第292—357页。他提出,尽管法律从未明确指出娼妓业是合法还是非法,对实际案例的考察表明,"娼妓业与所有乱交行为一样,对平民妇女来说是非法的,构成所谓的'被禁止的性行为。'"(第294页)这里的问题不是"用钱买性",而在于不论什么形式的违禁性行为,它违反了"丈夫对性的垄断权,而这种垄断是维护父系稳定之关键"(第295页)。

有关清代和民国的律令法规,另可参见安克强(Henriot)1988年:第67—69页。

② 见王奇生1993年:第11、17页,在1912年的刑法中,"性犯罪"包括通奸、重婚、色诱以及猥亵。在1928年民国时期刑法中,"性犯罪"主要指有害的道德、婚姻和家庭。见王奇生1993年:第12页。王争辩说,1912年刑法在规范妇女性行为方面要比1927年的更严厉一些。例如,它能使年仅12岁的女孩也受通奸的指控,而在1928年的法律中,该年龄限制提高到16岁,而如果与16岁以下女孩发生性行为则会被指控为强奸。

③ 徐惠芳和刘清於1932年:第73—87页。该研究是对上海监狱女犯的访谈和对监狱记录的调查,按作者的估计,上海监狱中的女犯一直保持在300至400人之间。正如第七章中所说的,该调查中四分之一以上的女犯犯的是贩卖人口罪。在34名属性犯罪的女犯(占总数的9.5%)中,16名犯通奸罪(奸非),11名犯色诱罪

(和诱),3名侵犯性引诱(略诱),2名有害婚姻,有伤风化罪和逃跑罪各1名。一位律师告诉调查者说,在上海,女犯人中实际上都是性犯罪为主,但因大多数人都未经过法庭审判,因此看上去只占总数的一小部分。这也许可以说明妓女拉客一类的违法行为已由警察直接处理;关于这一点,见此章的后一部分。据调查者言,女性犯罪者中的绝大多数为苏北来的已婚妇女,她们离开了自己的丈夫从乡下来到上海,想到工厂找工作,然而因为受到物质和性方面的诱惑而犯下了这一类罪行。

④ 斯托夫(Stauffer)1922年:第396页。斯托夫的确指出(第397页),1915年12月的违警处罚条例规定了无照妓女是违规的,然而执照的范围及税率则显然由地方制定。有关1910年代北京的税率及程序,参见甘布尔(Gamble)1921年:第246—249页,第479—480页。

在1922年调查的71个中国城市中,49%的城市对娼妓业征收某种形式的税收,上海的妓女则需要交付五种类型的税。见斯托夫(Stauffer)1922年:第396页。郁慕侠(1935年:上集,第29页)具体列举了五种需要营业执照和课税的娼妓:长三、幺二、野鸡、咸肉庄和花烟间妓女。王定九(1932年:《嫖》,第25页)也谈到咸肉庄的持照经营和课税问题。乙枫(1933年之一:第40页)对咸肉庄领取执照的程序作如下的描述。当这样一家妓院开张时,它必须花45元买一通用执照(大照会)。有了这个大照会,它才可领取12张"小照会"。小照会不必另外加钱,但当妓院主再向妓女们颁发执照时,妓女们将每张照会付4元钱。妓女们必须跟妓院主一起到警署去做体检、拍照。每一个女人都将被问到为何要当妓女,然后才会发给准许证,准许营业。孙玉声(1939年:第26—27页)说长三娼寮的执照费是自妓院开业之日起每人每季度30至40元。咸肉庄及其他妓院的交费据说是每月30两银子(1斤16两制),其中包括12个月的"小照会"钱。

⑤《中华医学杂志》(CMJ)1924年:第38卷第1期(1月号),增刊,第11页。
⑥ 科特涅夫(Kotenev)1968年:第574页。
⑦ 科特涅夫(Kotenev)1968年:第574页。
⑧《中华医学杂志》(CMJ)1924年:第38卷第1期(1月号),增刊,第15页。
⑨ 关于对无照经营的妓女课以罚款事,见《申报》1919年11月28日;《申报》1921年5月16日;《申报》1922年4月10日、4月29日、7月4日、7月24日、7月31日;《申报》1923年1月8日、2月10日;《申报》1924年11月2日以及《申报》1925年4月12日、11月9日。

关于对无照经营的老鸨或其他妓院主课以罚款事,见《申报》1920年10月8日、10月16日、10月30日;《申报》1922年7月1日、7月3日、7月18日、7月31日、12月13日;《申报》1923年1月20日、2月22日、2月28日(一俄国籍老鸨);《申报》1924年4月4日、4月11日;《申报》1925年4月27日(一妓院的男业主)、6月8日(一名让租房人开设妓院的房主)。

关于对老鸨因允许无照妓女在自己妓院接客而被课以罚款事,见《申报》1920年12月12日;《申报》1921年5月27日;《申报》1923年2月2日,2月25日,5月5日,5月7日,5月31日;《申报》1925年12月18日。

关于对老鸨因更换本店持照妓女但未向警方报告(在这一期间,其中一部分妓女是持照的)而被课以罚款事,见《申报》1921年1月1日,5月15日,以及《申报》1923年10月21日。

关于对持照妓女(在这一期间,一部分妓女持照)雇用无照妓女顶替她们卖淫而被课以罚款事,见《申报》1922年12月3日。关于持照妓女允许无照妓女在她们的房间内卖淫而被课以罚款事,见《申报》1923年1月29日。

这一时期法租界的妓女也必须领取执照,所以无照卖淫在那里也是违法的。见《申报》1924年4月9日。

⑩ 1929年,《时报》报道说,戈登路派出所这天接到一封信,说福建路过去的一条弄堂里有一家无照经营的野鸡堂子。写信人提到,那里的妓女每晚出来拉客,骚扰邻舍,要求警方将她们抓捕审判。派出所的警察于是向老闸捕房的郭阿魁(音)探长求援,该探长在妓院侦察方面很有经验。早晨7点,外国巡捕和数名中国巡警冲进妓院,发现这两层楼房有二十多间房,其中的一些专供卖淫活动使用。他们把嫖客带出(不知是否将他们逮捕),把老鸨抓了起来,她是一江北女人,叫陈内申(音);一同抓起来的还有十名妓女,一个男仆——总共二十一人。临时法庭对老鸨罚款一百元,或拘押三十天;对每一个妓女罚款六十元,或拘押二十天;其他的人(究竟是什么人不清楚,也许有些人是嫖客)每人罚款二十元,或拘押七天。见《时报》1929年6月17日,第7页。又见《时报》1936年4月15日,第5页。到1940年代,这种邻居举报信已成为一种通行文类。参见第十一章。

⑪ 1936年至1940年颁发的营业执照数如下:

1936年:696份;1937年:558份;1938年:585份;1939年:1 155份;1940年:1 325份。

除了每季度向妓院课税以外,歌女每季度课税24元。见《上海工部局年度报告》1940年:第299、307、295页。转引自孙国群1988年之一:第112页。工部局如何算出全年度的数额则不清楚,因为1 325个妓院若每3个月交税48元的话,那总数应该高得多,达254 400元。

⑫ 《申报》1941年11月1日。1949年,法租界警方颁布一项规定,每一妓院必须花10两银子购买一份营业执照;而1923年的规定则要求所有的老鸨将她们的妓女带到警署拍照。见《申报》1919年9月19日《申报》1923年1月18日。

⑬ 申请在市政简报上刊出并经场馆所分类委员会审核后将被提交到公董局。公董局批准后,妓院即可交纳所规定的执照费和税费,并开始营业。妓院在任何时候都必须接受政府官员或警方的检查。关于这方面规定的全文以及C类场馆的名单,参见《上海巡捕房》1928年:D4165,8月28日。

⑭ 关于申请开业方面的详情,见《上海巡捕房》1933—1934 年:盒 41,D5300。
⑮ 《时报》1936 年 1 月 5 日,第 1、3 页。
⑯ 妓院禁止贩卖鸦片或提供烟具,这方面的违规现象也将同时被查处。有关这方面的情况,参见《申报》1919 年 12 月 12 日;《申报》1920 年 1 月 11 日;《申报》1921 年 1 月 4 日、5 月 4 日、6 月 26 日;《申报》1922 年 7 月 14 日、7 月 22 日、10 月 15 日;《申报》1923 年 10 月 1 日、10 月 11 日、10 月 20 日;《申报》1924 年 12 月 7 日,以及《申报》1925 年 4 月 1 日、11 月 12 日、12 月 7 日、12 月 30 日。

　　公共租界和法租界警方对可疑的外国妓女和老鸨严密监视,并保留对某些人跟踪监视的档案材料。1928 年,外国巡捕的侦探向上海市警方提供了一份他们对虹口区餐饮娱乐场所、咖啡馆、酒吧实行监控的报告,这些地方是日本及欧亚舞女经常出入的场所,她们将顾客带回住处从事性交易方面的活动。J. 哈拉诺夫侦探对一德国人开设的圣乔治咖啡馆评论说:"这家咖啡馆里雇用的舞女几乎全是妓女,虽说在咖啡馆内并不发生卖淫活动,但客人与店方做出安排,客人在舞女离开时来接她们,护送她们至霞飞路的住处,目的是在那里同后者性交。"见《上海巡捕房》1928 年:5 月 17 日,D1249;1928 年:6 月 12 日,D1249(引文摘自后者)。

　　有些材料透露出一些在上海开设妓院的欧洲女人的生活。例如 1935 年的档案中有一份关于一名叫波拉·格雷的波兰女人的材料,其中说到她手下有美国的、俄国的、德国的、葡萄牙的妓女为她服务。她先在法租界开了一家妓院,后又在公共租界开了一家。虽然档案材料中说妓院不接待中国嫖客,但里面有一份由一中国人从一中文报纸上选译的文章,文章说到他到这一家妓院来是如何如何的快活。文章开头一句就是:"许多中国人都喜欢尝一尝外国女人的滋味。"见《上海巡捕房》1935 年:盒 50,D6459。

　　1937 年,《上海晚邮信使报》上发布的以下一条消息吸引了公共租界警方的注意:"早先住在河滨大楼 617 号的波利特小姐希望通知她的朋友,她新的住址为跑马厅路 233 号 12 室,电话 37965。"而在她的档案材料里,一份特别组的备忘录说,"波利特·古贝尔(Paulette Goubert)小姐,法国人,约 30 岁,是一名道德可疑的女人;她大概于 18 个月以前来到上海。据我们掌握的情况,她来上海前曾在新加坡和香港住过几个月。此女人受过良好的教育,在多个场合曾吹嘘自己学过医术。她英语极好。"在上海,她与欧洲妓女和妓院老鸨过从甚密,把河滨大楼的房子作为"幽会场所",因为中日关系敌对而不得不离开该住所(所以才有改址一事),警方怀疑她在新的住址开设妓院。《上海巡捕房》,盒 79,D8245,此档案中文件的日期大多为 1937 年 12 月。

　　有关其他案例,见《上海巡捕房》1939 年:盒 97,D9466,10 月 9 日(关于尤金尼·雅科夫列娜·什科尔尼科夫娜[Eugenie Yakovlevna Shkolnikovna]);《上海巡捕房》,卷宗 4,D1249,11 月 29 日(关于维拉·戈尔斯卡娅[Vera Gorskaya],又名维拉·史密斯[Vera Smith]);以及《上海巡捕房》1939 年:盒 98,D9577(C),12

月 8 日（关于贩卖俄国人和一个名叫玛利亚·波鲁贺娃-莫罗申科［Maria Poluhova-Morosenko］的俄国老鸨）。

⑰ 从 1912 年到 1920 年，每年会审公廨审判的少则数百、多则上千个妓女都是违反工部局颁布的规定的，尽管她们违反了何种法规并未具体指明。1920 年起开始实行向妓院颁发执照并逐年收回执照的禁娼办法，于是妓院也开始受到违反工部局规定的指控。见第十一章。

⑱ 1932 年，闸北区暂时被日本控制，赌博、鸦片和妓女四处可见，曾有计划对妓院发执照，使其按月纳税。见《上海巡捕房》1932 年：D3445，4 月 27 日；D3445，5 月 2 日。

⑲ 督办上海市政公署秘书处 1938 年：7(8 月)，第 96—98 页。1941 年 12 月日本人占领了上海的外国人控制区以后，他们颁布了一份对 1898 年执照法的修正规定。法定允许颁发执照的场所中仍包括妓院，并增加了按摩院。见上海市警察局 1942 年；盒 71，D8149—F13，8 月 4 日。日本占领时期整个娼妓业发生的变化还需要做进一步的研究。傅葆石（Poshek Fu）在书中提到，1939—1941 年期间上海租界地区由于日本人的经济封锁和通货膨胀而导致严重的经济危机。他提出，这就造成"严重的社会分化"，以及"一种及时行乐情绪"，使得大众一股脑儿地涌到那些娱乐场所、妓院和赌场中。珍珠港事件后第二天，日本人占领了租界区，整个城市经历了将近四年的"政治上高压、经济上极度匮乏、政治腐化猖獗以及一种世纪末的颓废的日子"。见傅葆石（Poshek Fu）1993 年：第 46—48 页，第 56 页。关于珍珠港事件后每况愈下的通货膨胀及经济状况，参见傅葆石（Poshek Fu）1993 年：第 123—125 页。傅提到，在这一时期，"极少数靠投机倒把发财的暴发户过着一种花天酒地的奢靡生活。赌场，高档的酒楼，高等妓院以及鸦片馆等到处可见。"（第 125 页）

傅还谈到在王统照的文学作品中用歌女形象作为抵抗的象征。见傅葆石（Poshek Fu）1993 年：第 64—65 页；关于阿英在一战时剧本中把一个妓女写成是忠诚的缩影，见第 90—91 页；关于日本人提倡登载上海夜生活和色情文字的小报，而暗含的政治目的则是鼓吹与日停战一事的讨论，见第 114—115 页。

⑳ 上海市档案馆 1945 年。卷宗 1-62-44，第 3—4 页。有关解禁一事是国民党政府警察局长于 1945 年宣布的。此事我未能从日本占领时期的档案中证实。解禁与 1941 年之前采取的发放执照的办法究竟有什么差别尚不清楚。

同一位国民党警察局长在他的一份内部备忘录中记录了占领时期的一组数字（具体年份不明）：书寓 799 人，向导 2 742 人，妓女 1 327 人，按摩女 385 人，总共是 5 253 人。向导社的雇员人数与妓院妓女人数之比超过二比一，这是否反映了娼妓业构造的一个总的变化，还仅仅是对两个行业颁发执照规则的比例起了变化，则不得而知。见上海市档案馆 1945 年：卷宗 1-62-44，第 6 页。

㉑ 上海警方复杂多变的组织形式在魏斐德（Wakeman）1995a 一著中有描述。关于

清末中方警署的描述,见第 16—23 页。1913 年,此警察部队属于省管,1927 年后,归上海卫戍司令部管(第 23—24 页)。1920 年代末,公安局又兼管部分的公共卫生事业,如肺结核问题,垃圾筒的修理,公厕以及公共游泳池和浴池的卫生等。魏斐德指出(Wakeman 1995a:第 85 页),公安局"以医政术语"来构想其更广泛的社会责任,"仿佛警察变成了穿着白大褂、防治传染病的医生似的。鸦片和赌博常常被描述成'传染性'的,从公共租界散发出来,通过商业阶层传给大众。"警方的工作是"禁烟禁赌,不让鸦片和赌博进入管辖区,就好像公共卫生官员对传染病实行隔离一样"。在南京政府执政十年期间,警方制定了一个计划,对新生、死亡、结婚、家庭人口的进出以及旅馆客栈的客人都实行登记。

1931 年,理查德·菲瑟姆(R. C. Feetham)曾对三方警力之间缺乏配合表示不满:"由租界、法租界和中国警署控制的地区其实构成了一个没有自然分界的统一城区。边界只不过是街道,有时还要穿过住户家中。影响某一地的犯罪因素,或许根子在另一地,而这一地的警方对它无法控制。住在某地、或躲在某地的犯罪团伙,或许会到另一地犯事,然而警方的刑侦措施却也许鞭长莫及。尽管各方警察也的确是尽量互相配合,但完全协调则不可能,因为各警署在认识理念和执行方式上还是有根本的区别。一个地方流行的犯罪并不一定引起另一个地方警署的不安;实际上,这三个警局之间并不就治安状况互通情报。并没有一个警察中心局,因此无法互相协调,也没有共同的政策,对整个上海的犯罪势力也很少采取遏制措施。"菲瑟姆(Feetham) 1931 年:第 1 卷,第 159 页。

㉒ 商务印书馆编辑所 1926 年:第 2 卷,第 27 页。
㉓ 商务印书馆编辑所 1926 年:第 2 卷,第 35—36 页。
㉔ 本章以及第七章中提及的大多数案例都经过公共租界会审公廨的庭审。我未能查阅这些案例的庭审记录原件,而只是依照当地主流媒体的报道,这些报道有时(并不总是)会改写证词。会审公廨于 1864 年成立。它使一名中方法官进入公共租界,与一名外国陪审推事坐在一道,共同审理涉及中国人或外国人的案件。倘若案件只涉及中国人,那么中国法官就单独审理。外国人在这一体制中的控制权限在 1905 年会审公廨骚乱中曾引起激烈的争议,当时该法庭审理一名涉嫌贩卖人口的广东籍寡妇,在讨论该犯应收监在何处时中外两方的法官发生了意见分歧。这一意见分歧导致许多中国组织机构纷纷谴责外方的行为,认为是对中国主权的侮辱,并号召罢工。在接下来的骚乱中,愤怒的中国群众冲击了公共租界的市政厅和巡捕房。

1911 年辛亥革命以后,领事机构掌管了法庭,并将中方法官置于他们的控制之下,这就使该法庭完全独立于中国的司法体制。1927 年,这一局面被部分纠正,会审公廨被临时法庭代替,法官的任命和他们工资发放都由江苏省政府操办。中国法官又单独审理中国人的案件,甚至在一些涉及外国人的案件里,外国副职的作用被限定为顾问性的。法租界的会审公廨的情况也大体相仿。1930年，即使是这种副法官体制也被废止，临时法庭被一地区法庭和一上诉法庭取代。1931年，中国政府取消了这两个会审公廨一直赖以运作的新规定，将外国控制地区纳入中国的民法和刑法。

1927年以前，会审公廨要负责许多事务，其中包括实施政府颁发执照的规定，它正是在实施颁照规定过程中，与许多妓院、老鸨和妓女打交道的。它还要贯彻中华民国"土地管理条例及土地法、工部局和临时刑法颁发的相关条令、公示和通告等"，尽管执行推事有时会偏离这些法规，作出某些补充性的惩罚（参见斯蒂芬斯[Stephens]1992年：第86页）。私人诉讼案件也在这里审理。法庭的判决由上海巡捕房执行，后者受公共租界政府的管辖。

魏斐德（Wakeman）1995a的第70—71页、第340页、注释第72等归纳了会审公廨的历史。另可参见科特涅夫（Kotenev）1968年；何（Hoh Chieh-shiang），1928年：第162—164页；菲瑟姆（Feetham）1931年：第1卷，第45页、第47—49页、第99—100页、第171—180页，以及斯蒂芬斯（Stephens）1992年。关于1905年会审公廨骚乱，见科特涅夫（Kotenev）1968年：第26—131页；席涤称1933年，以及古德曼（Goodman）1995年：第187—195页。

㉕ 魏斐德写道："上海警察另有一套复杂的行政法规供其使用……还有被授权完全由他们全权处理的具体警配。"违反警方规定的处罚也属于行政法范围。见魏斐德（Wakeman）1995a：第91页。

㉖ 在公共租界，中方法庭有权审理这些条规适用范围之内的案件，但实施"卖淫业的管理和禁止"条规，则属于警察局二科正俗股的责任。而警方的外部巡视员的职责之一，是对那些从无照卖淫者那里索取贿赂的警方雇员进行惩罚。保护卖淫行为或知情不报的巡逻员会被开除。见上海特别市公安局业务纪要1928年：第18、29、53页。

㉗ 见上海巡捕房：盒106，D6810。违反警方条例的惩罚规定由国民政府于1928年7月21日公布，并由布赖恩（R. T. Bryan, Jr.）翻译成英语并加了注解。译文的日期为1934年12月17日。档案中还有一份先前的条规文本，日期为1915年11月7日，1925年11月30日翻译。其中的第43条和第45条内容都是一样的。该法规是全国适用的，而针对上海多国环境这一具体特点另作了一些特别的规定。

㉘ 见上海特别市公安局业务纪要1928年：第72页。1920年代，在外国租界区也有类似的规定。见第十一章中有关1920年在公共租界禁娼运动以后卖淫活动移入饭店的讨论。

㉙《妇女共鸣》1936年第5卷第11期（11月20日），第22页。20年代末和30年代，公安局每年都要处理数千起违反警方条规的案件。魏斐德认为，"这一准独立司法权给了上海的中方警署相当大的整肃社会风气的权力。"见魏斐德（Wakeman）1995a：第92页。在第91页上他写道："1927年7月至1928年6月之间，完全由

公安局处理的违反行政法规的案件达 4 652 起,通常都是在犯事 24 小时之内就得到判决。"参见上海特别市公安局业务纪要,民国十六年八月至十七年七月记事,第 50 页。引自魏斐德(Wakeman)1995a:第 350 页,注释第 114。在 1930 年至 1931 年间,警方处理的案件是 4 844 起。见魏斐德(Wakeman)1995a:第 350 页,注释第 114。然而在 1929 年至 1930 年间,该数字成了 38 147 例。见上海市公安局业务报告,第 3 卷(1929 年 7 月至 1930 年 6 月),第 107 页,引自魏斐德(Wakeman) 1995a:第 92、350 页,注释第 166。警方法规共有 45 条,大多数并不涉及卖淫问题。

㉚ 见魏斐德(Wakeman) 1995a:第 165 页,第 377 页,注释第 3。1930 年底,总数为 5 033,其中真正的警察为 4 286。见上海市公安局业务报告,第 4 卷,第 56 页后有表格,转引自魏斐德(Wakeman) 1995a:第 377 页。这一数字意味着每一个警察大概要负责中方控制区中的 390 个居民。根据罗志如人口数推算,见罗志如 1932 年:第 21 页,表 29。

但这并不是整个城市的警察数。公共租界还有 4 879 名警察,其中 3 477 名为中国人。这些中国人中,2 936 名是警察,另外的 227 名为刑侦警察。见菲瑟姆(Feetham)1931 年:第 157 页。这意味着每一名警察或侦探要负责 319 个居民。人口数引自罗志如 1932 年:第 21 页,表 29。理查德·菲瑟姆注意到,在 1931 年,公共租界的警务因为缺乏中方警官而受到影响:"在较高的阶层中方警官数量不足,是一个不利因素,因为要与中国公众建立较好的联系,对下层的中方警察能很好地控制,以及对案件能有效地侦破,外国警官都必须得到足够数量的出身背景良好、受过较好教育和训练有素的中方高级警官的帮助。"菲瑟姆(Feetham)1931 年:第 1 卷,第 158 页。

㉛ 安克强(Henriot,1993 年:第 120—121 页)注意到,在 1928 年,71％的上海警察是这些省份的人,当地人只占 18％。他解释说,造成这种情况的原因是北方各省份比较穷,再加上警察部队最早是由北方军阀执政时组建的,后来的国民政府又沿袭了这种从北方军中招募警察的做法。

㉜ 安克强(Henriot,1993 年:第 126 页)写道:"被委任为公安局局长位置上的人选都是嫡系部队的军官。因此每一任局长上任不仅要带上他的贴身部属,而且还要带上一大批军官、士兵,安插到上海警察部队的各个方面,而当他调任他职时,这些官兵也都随之撤走。"每一任公安局长还要到他自己的老家去招募警察(第 128 页)。安克强得出结论说(第 129 页),市局每一部门的人员对当地的情况都不清楚,对改革也不起劲,他说,"这种责任心在警察机关中尤其薄弱,它腐败之极,听任各级头头像走马灯似的换来换去。上至总局、下至各个派出所的头头,更不用说那些负责对警察实行监管的,都在不断换人;在这种情况下,谁也不能说自己率领了一支警察部队。"

㉝ 在某些时期,这种情况在外国租界也同样存在。豪泽(Hauser,1940 年:第 269

页)评论说:"租界警察并不认真对待她们(妓女)。她们被定期地围捕,上派出所里蹲上一夜,她们的主人替她们交上很少的一点罚金就走人,第二天晚上她们又接着出来。警察对分布在全城数以百计的'女向导社'也不加干涉,后者成了上海百万元罪恶产业不可分割的一部分。"

㉞ 魏斐德(Wakeman)1995a;第167页。安克强(Henriot,1993年;第144、148页)称,南京政府十年时期公安局的开支至少要占市政预算的百分之三十,而政府之所以如此慷慨乃因为公安局保证镇压一切政治暴乱。他注意到,"维持过高的警力支出"成为造成政府预算赤字的一个主要因素(第166—167页)。警方有如此众多的关注,妓女和妓院无照经营或拉客一类违法事件也就不太受到警方的重视了。关于1927年至1949年国民党政府试图整肃风化、规范休闲活动的调查,可参见魏斐德1995a。

㉟ 在中国的各个城市,街头拉客显然不算是主要的卖淫方式。在1922年由基督教会对71个城市进行的"商业卖淫"调查中,上海据说"在这方面尤其有并不值得羡慕的名声"。见斯托夫(Stauffer)1922年;第396页。

大多数的新闻报道都涉及公共租界和法租界中这方面的违法案件。1917年,会审公廨上被指控犯有这种违规行为的女性人数高达1 234人,但是从1912年到1924年,通常数字仅为这一数字的二分之一到三分之一。见科特涅夫(Kotenev)1968年;第315页。

㊱ 关于野鸡拉客的新闻报道,见《申报》1915年5月24日,6月3日,6月14日,6月18日;《申报》1916年3月20日,4月24日,4月25日,7月24日,7月31日;《申报》1917年6月7日,6月11日,11月12日,11月26日,12月11日,12月27日;《申报》1918年3月3日,3月7日,3月18日,4月1日,9月8日,9月16日,9月23日,9月28日,10月8日,10月12日;《申报》1919年3月14日,4月7日,4月12日,7月15日,7月18日,7月27日,7月29日,8月19日,9月1日,10月21日,11月10日,11月12日,12月24日,12月27日;《申报》1920年5月17日,7月26日,8月23日,11月29日;《申报》1921年2月21日,5月16日;《申报》1922年4月3日,4月24日,12月23日;《申报》1923年5月7日;《申报》1929年7月22日,第7页。

关于花烟间妓女拉客事,见《申报》1915年6月14日和《申报》1919年4月11日。

关于广州人的新闻报道,见《申报》1916年8月19日;《申报》1917年11月16日;《申报》1918年9月2日,9月18日,10月6日;《申报》1919年1月15日,3月20日,11月20日;《申报》1922年7月3日,7月31日。

关于俄国妓女事,见《申报》1925年4月12日。

㊲ 妓女在保释期逃跑案例,见《申报》1918年10月8日;《申报》1919年3月14日;《申报》1920年12月18日。关于以监代罚,见《申报》1919年11月18日。

㊳《申报》1915年3月14日,6月12日,6月14日;《申报》1917年6月22日,6月26日,11月24日;《申报》1918年3月22日,4月25日;《申报》1919年4月11日;《申报》1921年1月24日,6月17日;《申报》1922年12月16日,以及《申报》1923年2月24日。关于老鸨被羁押一至二周的报道,见《申报》1920年12月10日;关于某老鸨被羁押四个月一事,见《申报》1923年10月22日。

㊴ 见《申报》1917年11月12日。

㊵《工部局公报》1930年:3月21日,第80页。

㊶《人言周刊》1934年第1卷第4期(3月10日),第74页。关于发生在广州的同一现象的描述,见《生活周刊》1933年第8卷第47期(11月25日),第965、967—968页。此文的作者称,这一时期的无照妓女比有照妓女占先,因为她们为了糊口度日,可以削价,从事卖淫活动的地点和方式也可以比较灵活,而且,她们还能逃税。

㊷《妇女共鸣》1934年第3卷第12期(12月),第54页;又见郁慕侠1935年:上集,第24—25页。

㊸《申报》1941年10月31日。

㊹ 宣局长于1946年9月对下属四个最繁忙的派出所下达书面指示说:

> 兹查该分局执行禁令殊属不力,辖区热闹,街头入晚依旧娼妓满布,强拉行人,岗警视若无睹。似此情形非特观瞻不雅,抑且有损警誉。今再重申前令,务仰严饬所属切实取缔,毋得玩忽于咎。
>
> 见上海市档案馆1946—1948年:卷宗:001-4-170。

致下属备忘录的日期为1946年7月31日,8月7日和9月24日,引文从该年的档案中摘录;关于拘押妓女的报告日期为1946年8月13日。

㊺ 上海市档案馆1946—1948年:卷宗:001-4-170。例如,见1947年2月17日和1948年1月26日的备忘录。

㊻ 结了婚的妓女拉客事,见《申报》1919年11月17日;《时报》1929年8月26日,第7页。

㊼ 关于争吵打斗事,见《时报》1929年6月27日,第7页。关于贿赂事,见《申报》1925年4月29日。

㊽ 彼得斯(Peters)1937年:第205—208页。

㊾《晶报》1935年10月5日,第3页。

㊿ 天笑(包天笑?)1922年之一:第1—5页。

㈤ 关于这一声音和论点的综述,见斐特逊(Pheterson)1989年:多处;又见麦克林托克(McClintock)1993年。

㈥ 上海市档案馆1946—1948年:卷宗:001-4-170。该信的日期为1946年或1947年的4月20日。

㈦ 上海市档案馆1946—1948年:卷宗:001-4-170。报告的日期为1946年7月31日。

(54)《晶报》1935 年 10 月 5 日,第 3 页。有关苏州妓女填写申请执照时使用同样的语言一事,见《时政评论》1936 年 4 月 16 日,第 31 页。

(55) 斯托夫(Stauffer)1922 年:第 396 页。

(56) 在中国城市中,这显然是妓院获得营业执照而必须遵守的一个条件。孙玉声 1939 年:第 27 页。

486 (57) 1912 年至 1924 年,会审公廨每年审理指控父母让 16 岁以下孩子进妓院的案例数,见科特涅夫(Kotenev)1968 年:第 314 页。

(58) 送还亲属的女孩,见《申报》1916 年 3 月 5 日;《申报》1919 年 10 月 15 日;《申报》1920 年 10 月 20 日,12 月 8 日,12 月 31 日;《申报》1921 年 1 月 1 日,5 月 11 日;《申报》1923 年 2 月 7 日,10 月 3 日;《申报》1925 年 4 月 22 日。

送往希望之门的女孩,见《申报》1916 年 3 月 3 日,3 月 5 日,4 月 26 日;《申报》1919 年 4 月 30 日;《申报》1920 年 10 月 14 日,10 月 23 日,11 月 2 日,11 月 3 日,11 月 29 日,12 月 2 日,12 月 5 日,12 月 21 日,12 月 24 日;《申报》1921 年 5 月 10 日,《申报》1924 年 12 月 7 日;《申报》1925 年 4 月 17 日。

(59) 判罚款者,见《申报》1916 年 3 月 3 日,3 月 5 日,4 月 26 日;《申报》1918 年 10 月 18 日;《申报》1919 年 4 月 2 日,4 月 30 日,5 月 7 日,7 月 30 日,10 月 15 日;《申报》1920 年 10 月 20 日,11 月 3 日,12 月 5 日,12 月 21 日,12 月 31 日;《申报》1921 年 1 月 1 日,1 月 11 日,2 月 12 日,5 月 1 日,5 月 10 日,5 月 11 日,6 月 10 日,6 月 19 日;《申报》1923 年 2 月 7 日;《申报》1925 年 4 月 16 日,4 月 22 日,12 月 30 日。罚款一百元的(老鸨既收留小姑娘,又贩卖鸦片),见《申报》1925 年:4 月 1 日。

判监禁者,见《申报》1919 年 7 月 18 日;《申报》1920 年 10 月 14 日,10 月 23 日,11 月 2 日。在 1925 年,公共租界宣布妓院非法之后,一名叫张囡吾的老鸨因非法开设妓院、收留并常常毒打几名年轻妓女而被判 6 个月监禁。见《申报》1925 年 4 月 17 日。

(60) 见《申报》1915 年 1 月 6 日,1 月 13 日。关于另一案例,妓院让姑娘们学唱戏剧插曲一事,见《申报》1919 年 7 月 25 日,7 月 30 日;《申报》1920 年 12 月 31 日。

(61)《申报》1920 年 12 月 8 日。关于老鸨聘请律师的其他案例,见《申报》1919 年 5 月 7 日;《申报》1920 年 12 月 21 日。

(62)《申报》1919 年 10 月 15 日。

(63) 在一个案例中,一个在妓院干活的女佣让她 12 岁的女儿(她 3 岁时就已订婚,而且后来一直与她未来的公婆住)在那个野鸡妓院同她一起过夜。在法庭上,母亲要求放还她的女儿,让她回到其公婆家中。见《申报》1919 年 2 月 19 日。在另一案例中,一 10 岁女孩被一妓院女佣买去,并让她在她工作的地方过夜。《申报》1920 年 10 月 14 日。关于其他用人让其女儿在他们工作的妓院过夜事,见《申报》1920 年 10 月 24 日,12 月 2 日。

㉔《申报》1919年4月30日。在这一案例中,法庭把女孩以及同一妓院的其他三名女子交给了希望之门。关于一母亲被勒令关闭其妓院一事,见《申报》1920年10月1日。关于女儿走访其当老鸨的母亲、其母被判罚款但女儿仍还给母亲一事,见《申报》1925年4月16日。关于一老鸨称女孩为她母亲的养女、就住在隔壁一事,见《申报》1921年1月6日。

㉕关于要求监护不成功的例子,见《申报》1918年10月18日;《申报》1921年1月11日,6月10日。辩护成功的例子,见《申报》1921年6月19日,6月26日。

㉖《申报》1917年11月9日。

㉗《申报》1916年3月27日;《申报》1921年1月10日。

㉘《申报》1918年4月17日;《申报》1919年10月24日;《申报》1920年9月6日。又见《申报》1919年9月21日有一报道,称一男子因在上海一家广州人开的妓院殴打某妓女并偷窃其首饰而被判处9个月的监禁。关于嫖客在一花烟间滋事喧闹而被抓一事,见《申报》1917年11月23日。

㉙《申报》1880年11月23日。

㉚例如在1922年,一汉口的老鸨发现她的一名失踪的妓女在上海,警方将该妓女与她的客人陈先生一并逮捕,并指控后者拐卖人口。妓女告诉警方她不愿卖身,所以才同陈先生一起逃到上海,两人在上海一家烟厂找到了工作。见《申报》1922年12月17、18日。几个星期后,南京一老鸨在上海找到了与她客人一起逃跑的妓女,该妓女被其嫖客抛弃,她便又到上海的一家野鸡堂子干活。她拒绝与那老鸨返回南京,两人吵闹起来,警察将两人一起逮捕,把那妓女送交希望之门,并对她在上海的新的那家老鸨课以罚款,因为她雇佣了无照妓女。见《申报》1922年12月27日。

㉛《时报》1936年4月9日,第5页。

㉜例如,见《申报》1920年9月5日,10月8日。

㉝这并不是一种成功的干预办法:老鸨和她丈夫被拘押,那妓女却被宣布获得自由。见《申报》1920年11月27日。

㉞《时报》1936年3月25日,第5页。

㉟关于妓院的保护势力,见孙玉声1939年:第31—33页。孙说,这些势力把妓女变成他们的"垄断之物",并威胁其他的客人。关于野鸡妓院的保护势力和"戳牌头"事,见汪了翁1922年:第24页;吴汉痴1924年:第11页;以及钱生可1933年:第2卷,第3页。关于流氓变成老鸨的情人、然后来保护妓院一事,见黄人镜1913年:第180页。关于一广州人开的妓院雇佣流氓来保护一事,见《申报》1880年7月25日。

㊱见钱生可1933年:第2卷,第3页。

㊲《晶报》1924年4月24日,第3页。马丁(Martin 1922年:第273—277页)说,黄金荣既是一个帮主,同时又是法租界巡捕房的一个侦探,他"保护或控制了法租

界中所有的鸦片馆、赌场和妓院"。

⑱ 吴汉痴 1924 年:第 6 页。

⑲《时报》1929 年 9 月 30 日,第 7 页。

⑳ 关于茶点,见半痴生 1891 年:卷二,第 3—4 页。关于警察和侦探对约会地点进行保护一事,见吴汉痴 1924 年:第 17 页。关于公共租界中一中国警察当了老鸨的情夫、并因替那老鸨从乡下购得一年轻妇女而被逮捕一事,见《申报》1915 年 5 月 21 日。

㉑ 科特涅夫(Kotenev)1968 年:第 295 页。

㉒ 半痴生 1891 年:卷二,第 14 页;《申报》1880 年 7 月 4 日;黄式权[王韬]1975 年:第 198 页。1880 年案例中的妇女是为了得到允许从良嫁人。

㉓ 在这个案例中,在解除了老鸨对于王的控制权之后,法庭和社会工作者对他俩做了安置。希望之门的所长是位西方女性,她不许吴娶王月英,吴便委托一律师上告法庭,法官的判决为:吴可以娶王,条件是王必须在救济组织中过上一个月的禁闭生活。但他两人不愿再等,立即举行了婚礼,为此,法庭对吴课以 500 元的罚款,但允许他把新婚的女人留在身边。见《申报》1917 年 5 月 25 日,6 月 27 日,6 月 29 日。

㉔《申报》1921 年 2 月 3 日。

㉕ 包天笑 1973 年:第 105—110 页。

㉖《晶报》1929 年 2 月 18 日,第 3 页;3 月 15 日,第 3 页。这最后一个指控养母的案例并非特例。1929 年,另一女逃离逼她进入娼门的母亲,她请了一位律师向省法院上诉,要她母亲不要干涉她的自由。见《时报》1929 年 5 月 23 日,第 7 页。

㉗《时报》1929 年 4 月 8 日,第 7 页。

㉘《申报》1875 年 4 月 26 日,4 月 27 日。

㉙《申报》1916 年 3 月 19 日;《申报》1919 年 5 月 5 日。

㉚《申报》1917 年 11 月 7 日;《时报》1929 年 4 月 8 日,4 月 12 日,7 月 15 日,11 月 16 日;都是第 7 页。

㉛ 关于雉鸡堂子中发生的毒打事件,见《申报》1920 年 1 月 29 日,11 月 6 日;《申报》1923 年 1 月 31 日;《申报》1924 年 3 月 21 日;以及《时报》1936 年 2 月 10 日,第 4 页。关于花烟间,见《申报》1915 年 5 月 7 日,5 月 9 日;《申报》1916 年 7 月 8 日。关于一高等妓院(新闻报道中称"书寓")发生的事,见《申报》1929 年 11 月 16 日,第 7 页。关于等级不明的妓院中发生的一些案例,见《申报》1918 年 3 月 13 日,4 月 4 日,9 月 25 日;《申报》1922 年 4 月 24 日,12 月 4 日,12 月 6 日;《申报》1923 年 5 月 18 日,5 月 24 日;以及《时报》1929 年 7 月 6 日,第 7 页。关于一男妓院主或男仆动手毒打一事,见《申报》1918 年 3 月 26 日。

㉜ 崇明书局 1937 年;《雉鸡》,第 2—6 页。另一个类似的故事讲一妓女被竹条毒打、后被鸨母用一发笄戳死。见钱生可 1933 年:第 2 卷,第 10—11 页。

⑬《时报》1929年5月29日,第7页。

⑭ 例如,《申报》1917年5月11日和5月13日报道,一15岁女子被她公公卖到妓院,惨遭老鸨的虐待。她与一客人逃出妓院,两人被警方抓获。男方因诱拐罪被判刑一年监禁,女方则被遣送到某慈善机构,后来,她湖南家乡的家人据说被通知前去领人。

⑮《申报》1918年3月28日;《申报》1921年5月3日;《申报》1923年1月23日。关于涉嫌谋杀的案例,见《申报》1918年9月12日,9月13日,10月23日。

⑯《时报》1929年7月31日,第7页。

⑰《申报》1919年10月10日,11月10日,11月28日;《申报》1925年6月3日;《时报》1936年5月5日,第5页。关于某美国水兵在广州人妓院中被盗一事,见《申报》1923年5月8日。上海的外国妓女显然也干这种偷盗的事。上海巡捕房(盒69,D8059,"犯罪日记")报告说,曾抓到过一个俄国妓女玛丽·费奥克蒂斯托娃(Marie Feoktistova),她从一美国水兵身上偷了145美元。该报告(日期为1939年9月11日)评论说,"当问及报告中所说的偷窃145美元事,她予以否认,称此数字不准。但她的确承认,自失窃事件后,她买了一块价值55美元的手表,花了33美元从当铺赎回了她的东西,提前付了两个月的房租,另外还买了一些留声机的唱片。而这个女人对所有这些开销都无法证明用的是她自己的钱。"

⑱《申报》1916年4月7日。

⑲《时报》1929年2月23日。 489

⑳ 露薇1938年:第14—15页。

㉑《申报》1915年1月4日,1月29日;《申报》1916年7月6日;《申报》1919年9月11日。

㉒《申报》1920年11月16日;《申报》1922年12月3日,12月12日。

㉓ 见第三章中所举的案例。另见《申报》1875年4月29日;《申报》1917年5月10日;《申报》1918年9月14日,9月24日,9月28日,第6页;以及《时报》1929年12月10日,第7页。

㉔《申报》1919年5月18日;《申报》1916年4月22日;《申报》1918年3月4日;《申报》1920年8月9日。

㉕《时报》1929年12月27日,第7页。

㉖《申报》1917年12月9日。

第九章　性　病

① 虽然"花柳病"("Venereal" disease)的词义演变到最后是指通过性行为方式传播的疾病,但性病的这个名字却源于希腊女神维纳斯(Venus),而在维多利亚时代的用法中,它又带有淫欲和淫乱的意思。这也许就是为什么近年来这个词不再被使用,人们更喜欢用一个不带情绪的、更科学的术语"性传播疾病"(sexually transmitted disease,STD)。中文中的术语也有类似的麻烦:"花柳病"显然与妓女有关(表示经常到妓院去的一个词是"寻花问柳"),而与术语 STD 最接近的是"性病",该词在民国时期及最近的文字中都使用。王吉民(K. C. Wong)于 1918 年所列举的中文中具体性病的名称实在是花样繁多:梅毒叫"杨梅疮"、广州疮、天疱疮、水果疮、棉花疮、豆蔻疮、烂草莓疮、草莓豆、草莓疱疹、梅毒、风疹、恶疮、积毒、梅瘘、梅风、鹅网风、梅垢、足瘘风等。下疳也有许多名称:如下疳、开口疮、妒疮、烂疮、蜡烛疳、卷袖疳、烂疳、痒疮、螺槽疳等。腹股沟淋巴结炎叫鱼嘴、横腹疳、阴毒、癌疮、横肿。淋病也有多种称呼,例如淋巴液浑浊、白尿、滴白等。王吉民(K. C. Wong)《中国医学笔记》,见《中华医学杂志》(CMJ)1918 年第 32 卷第 4 期,第 351—353 页。在这一章中,我将分别使用"花柳病"和"性传播疾病"两个术语,尽管前者现在已经不太常用,但在我查询的英语材料中,这个词还是用得非常多的。

② 王吉民和伍连德 1936 年:第 255 页。

③ 亨德森(Henderson)1871 年:第 3—4 页。麦克弗森(MacPherson 1987 年:第 224 页)对亨德森有一个稍许不同的解读,他说亨德森认为传染性病的责任不在妓女,而把责任更多地推到了外国水手身上。

④ 亨德森(Henderson)1871 年:第 3、16、21、27—28 页等。在第 27 页上,他说到当外国人为他们的婴儿挑选的奶妈可能已感染了花柳病时,那么本地人中的性病便对外国人构成了威胁。

⑤ 戈登(Gordon)1884 年:第 146 页。1869 年,亨德森本人试图对虹口区的妓院进行检查。他写道,"这些房屋大都是暗乎乎、脏分分的,没有配备家具,所到之处都差不多,几乎连必要的洗涤用具都没有,而据许多人说,洗一洗就已是防止疾病的最好办法了。"但是,因为"女人们的偏见",在许多情况下连必要的光照都没有,而尤其做不到的是回避隐私",所以他没能展开彻底的体检。见《中华医学杂志》1924 年第 38 卷第 1 期(1 月)增刊,第 1—2 页;关于 1877 年之前未能彻底开展体检的讨论,见第 3—8 页;另见麦克弗森(MacPherson) 1987 年:第 219—235 页。关于这一时期开展体检的一个简短的讨论,还可见安克强(Henriot)1988 年:第 73—76 页。

⑥ 关于性病医院史的最详细的叙述可见麦克弗森(MacPherson)1987 年:第 213—258 页。麦克弗森把上海的关于性病医院的争论置于当时在英国和法国也正在进行的争论这样一个大背景之下,尤其是与英国在 1866 年通过的关于传染病的法案联系起来。麦克弗森强调,分到上海的医院的资源很匮乏,而英国海军的高层官员在促成该医院的建立方面发挥的作用也不够。麦克弗森的结论(第 250 页)是,体检制度"在规模上有限,只是部分地落实,而且带有很大的歧视性"。

⑦《中华医学杂志》1924 年第 38 卷第 1 期(1 月)增刊,第 8—11 页。法国议会同意在这方面进行合作。亨德森注意到,对外国妓女的体检比较困难,因为当局缺乏必要的权威。见亨德森(Henderson)1871 年;第 28 页。

在法租界中，警方负责对妓院的监管和对其人员的检查，但是，在19世纪70年代，法租界里并没有性病医院。法租界中的妓女也不去公共租界的性病医院。麦克弗森(MacPherson)1987年：第230、243页。

⑧ 淫风调查会(SVC)1920年：第83—84页。
⑨ 《中华医学杂志》1924年第38卷第1期(1月)增刊，第13—15页。麦克弗森(MacPher-son 1987年：第250—255页)称，亨德森作出的反应不仅是针对上海医院的实际运作情况，而且也是因为19世纪80年代英国传染病法的"名存实亡"和实际废止。麦克弗森补充说，在新的医院中，治疗仅限于"被捉进来后发现已感染上性病的妓女，以及自己上门来到性病医院的妓女"(第257页)。
⑩ 《中华医学杂志》1924年第38卷第1期(1月)增刊，第3页。
⑪ 淫风调查会(SVC)1920年：第83页。
⑫ 1920年，经由公共租界纳税人年度会议投票决定停止。见斯托夫(Stauffer)1922年：第397页。

在法租界中，妓院是一直颁发执照的(见第十一章)，警方可在任何时候要求妓女进行体检。1932年9月30日，法国总领事詹姆斯·梅希耶(James Meyrier)颁布了以下规定：

关于市政管理章程第XIII条，已有规定，现再次规定如下：
1. 妓院主禁止雇佣或接纳患有任何传染病的女性。
2. 警务总监可以在任何时候要求妓院中的女性接受医院体检。
3. 妓女发现患有传染病者，其执照立即吊销，妓院主管将为每一名染病妓女交付治安罚款$5.00到$50.00不等。如有再犯者，警方将根据法国总领事的决定勒令妓院停业。

见上海巡捕房1932年：9月30日，卷宗D4165。

⑬ 《工部局公报》1921年：2月3日，第35—36页。
⑭ 《工部局公报》1921年：5月26日，第196页；《中华医学杂志》1923年第37卷第3—4期(3—4月)，第343页；第37卷第9期(9月)，第794页。
⑮ 该诊室是1922年建立的。关于该室建立的报告，见《字林西报》1923年10月6日，第63页；10月20日，第151页。1926年前来就诊的467名病人就他们如何被感染提供陈述如下：

被中国妓女传染的	64%
被俄国妓女传染的	27%
被日本妓女传染的	5%
被其他国家妓女传染的	4%

据《上海工部局报告》1926年：第195—196页。
安克强(Henriot，1992年：第108页)对该诊室从1923年到1940年所诊治的病人数有一个逐年的统计。

⑯ 安克强(Henriot,1992年)对这份杂志上刊登的有关花柳病的文章做过一番详细的考察。他指出,该杂志创刊于1905年,刊名为《中国传教士医学杂志》(China Mission-ary Medical Journal),由在华传教团医学联合会出版,该会创建于1886年。1905年该刊创刊时为双月刊,1923年改为月刊,刊名也改为《中华医学杂志》(China Medical Journal)。同时,日渐增多的从国外回来的中国医生群于1915年也创立了一个全国医学会,出版了《中国国家医学杂志》(National Medical Journal of China)。这两份刊物于1932年合并,刊名定为《中国医学杂志》(Chinese Medical Journal)。

⑰ 安克强(Henriot)1992年:第104页。另见第十一章。1920年的禁娼运动由在上海的外国人发起,而1928年的运动则是南京国民政府发起的。两次运动均告失败。

⑱ 梅毒感染者百分比幅度:1933—1934年对2 367名妇女调查,感染者占1.18%;1916—1917年对120名病人进行瓦色尔曼检查(Wassermann test,即梅毒血清试验。——译注),感染者占53.3%。关于九个不同的研究报告,见《中华医学杂志》1917年第31卷第1期(1月),第48—50页;1917年第31卷第6期(11月),第567页;1924年第38卷第1期(1月),增刊,第19—20页;1924年第38卷第1期(1月),增刊,第21页(关于该研究的进一步评论,见《中华医学杂志》1927年第41卷第1期[1月],第29页);《中国医学杂志》1935年第49卷(10月),第1125页。

⑲ 大多数的研究都只限于某一个城市或省份;有的考察一个医院中所有的病人,有的则考察所有的进行血检者,还有的则是某一特定行业的人员。C.安克强对发表于1917年到1932年间的花柳病研究所作的调查称,研究发现梅毒的比例为所检验人数的3.3%到50.9%之间,具体视研究的种类和检验对象而定。安克强(Henriot) 1992年:第106—107页。

⑳ 《中国医学杂志》1935年第49卷(10月),第1126页。

㉑ 郁维1947年:第17页。

㉒ 《中华医学杂志》1927年第41卷第1期(1月),第30页。海姆伯格(L. F. Heimburger)医生在一份对上海2 000个梅毒病例所做的取样研究中说,"毫无疑问,梅毒正在中国快速蔓延。而战乱和军人的不断移动更加速了这种蔓延。"《中华医学杂志》1927年第41卷第6期(6月),第542页。1928年,丹尼尔·赖医生和赖王素诚医生对驻广东汕头的中国军人进行调查,在310名伤兵中,他们发现有22%的人患有梅毒,而这些梅毒患者都与妓女有关。他们描述说:"从1911年的革命以来,中国内战不断,而随着每一次新的内战爆发,都要募集一批新兵,并形成军队的调动。现在,在世界各国中,中国据说是军队最多的国家,达到200万。而在中国的城市中,卖淫是合法的,许多地方政府都从花捐局得到许多钱款,而并不对妓女实行身体检查。布朗宁在英国对104名妓女进行瓦色尔曼检查,发现100%呈阳性,如果中国也是这样的情况,那么卖淫就是梅毒在中国军人中蔓延的最主

要因素。"《中华医学杂志》1928年第42卷第8期(8月),第559页,第561页。另见安克强(Henriot)1992年:第109—110页。

　　高感染率从19世纪开始。1864年的一项报告在谈到警察健康状况时,说花柳病是警察中最普遍的疾病。1870年,警医亨德森发现,警察中的37名外国人中,病假天数为541天,其中205天是因为花柳病。1862年和1863年的部队健康状况报告(1862年为占领上海的欧洲军队)显示,每1000人(1862年)中有234.2例花柳病,在上海和大沽口(天津)的驻军中每1000人中(1864年)有221.1例花柳病。亨德森(Henderson)1871年:第22—23页。

㉓ 亨德森(Henderson)1871年:第26页;安克强(Henriot)1992年:第110页。
㉔ 有关各城市中妓女性病案例的研究,见《中华医学杂志》1927年第41卷第6期(6月),第544页;《中华医学杂志》1930年第44卷第6期(6月),第561页;麦倩曾1931年;[上海]《大公报》1946年3月7日;《中国医学杂志》1948年第64卷,第389—390页;《中国医学杂志》1948年第66卷,第312—318页;以及郁维1948年:第13页。
㉕ 王吉民(Wong)1920年:第632页。
㉖ 《中华医学杂志》1928年第42卷第7期(7月),第547页。
㉗ 《申报》1941年10月31日—11月3日。这些文章由柯春从上海的一份外文报纸《大陆报》(China Press)上翻译过来。原作者的姓名没有刊出。
㉘ 郁维1948年:第11页,第13页。
㉙ "中国本土医术几个世纪以来一直采用口服或吸入水银的方法,使用大剂量的金属汞或未提炼的甘汞。有一个病人说,他一次就服用了3益司(中国剂量单位)的金属汞……燃烧甘汞和金属汞以将汞吸入身体,也是常用的一种办法。"《中华医学杂志》1927年第41卷第6期(6月),第548页。另见戈登(Gordon)1884年(第144—145页),书中对这一使用了两千年的办法描述如下:使用甘汞、朱砂和雄黄;接着是祛除"汞毒"的处方;汞采用熏蒸法,或采用汞蒸汽浴;将铅和汞与肉豆蔻、朱砂以及其他药石一齐蒸。所有的成分都加以粉碎,用纸包上,制成蜡烛状,置于一灯内。病人一边喝着凉水,一边从这一蒸汽浴中吸入蒸汽。
㉚ 希思(Heath)1925年:第280页。
㉛ 《中华医学杂志》1919年第33卷第6期(11月),第551—552页。另见冯客(Dikötter)1995年:第135页。安克强(Henriot,1992年:第100页)解释说,洒尔佛散是1910年由一个德国医生发明的,而梅毒血检是1906年发明的。
㉜ 《中国医学杂志》1937年第51卷(6月),第1045页。
㉝ 安克强(Henriot)1992年:第100页。
㉞ 1946年,《大公报》报道说,要治好该市患梅毒的妓女,政府管辖的诊所需要100多万元才能买到足够的青霉素。使用新洒尔佛散的疗程达60周(而用青霉素只需一周),每个妓女需要花费6万元。[上海]《大公报》1946年3月7日;郁维

1947年:第18页。另见第十一章。必须注意,这一时期是物价飞涨的年头;如果上海1937年的生活指数定为100,那么在1946年1月,此时的生活指数为89 924;在1947年1月,它是1 145 000;而到了1948年1月,它是11 293 000。见金(King)1968年:第161页。

㉟《中华医学杂志》1926年第40卷第1期(1月),第131—135页;《中华医学杂志》1928年第42卷第7期(7月),第546—548页。

㊱ 周瘦鹃1928年:第2卷,第82页。

㊲ 黄克武1988年:多处。在第183页上,他列举了三个例子:《申报》1913年9月28日;《申报》1916年10月16日;以及《申报》1922年5月8日。关于医治淋病的广告,另见《时报》1936年多处。关于性病医院主要为赚钱的说法,见大通图书社(未注日期);第161—162页。

㊳ 唐幼峰1931年:第154—155页。

㊴ 休·夏皮罗在他对20世纪30年代北京的"梅毒恐惧症"研究中说,"到20世纪30年代时,对性病的忧虑恐惧已非常普遍,以致同房后去打预防'注射'已是常见的做法,即使在没有任何具体症候的情况下也是如此。"夏皮罗(Shapiro)1994年:第1页。

㊵ 冯客(Dikötter)1995年:第136—137页。

㊶《中华医学杂志》1924年第38卷第1期(1月),增刊,第16—17页,第26—29页;《工部局公报》1924年:1月17日,第15—16页。关于同一论点,还可见《字林西报》1932年1月13日,第102页;以及《工部局公报》1924年:3月27日,第114页。

㊷《中华医学杂志》1918年第32卷第5期,第450页。

㊸《中华医学杂志》1919年第33卷第4期,第333页。

㊹ 希思(Heath)1925年:第283页。希思的分析中隐含着对妇女低下地位的认识,而且还从许多方面论证必须抑制性欲:"在如此纵欲的地方,手淫成为男女青春期的一个大问题。男女寄宿学校中一个很严重的问题是大量存在的自体性发泄、手淫以及同性恋等陋习。家长从孩子小时候就教他们养成了这习惯(为了不让孩子哭),而要控制一种沉湎其中却毫无羞耻的恶习是非常困难的。"

㊺ 王吉民(K. C. Wong),《关于中国医学的笔记》,见《中华医学杂志》1918年第32卷第4期,第349—353页;王吉民和伍连德1936年:第109—112页。另见《中华医学杂志》1927年第41卷第1期(1月),第28页。

㊻ 冯客(Dikötter)1995年:第130—131页。

㊼ 王吉民(K. C. Wong)1920年:第633页。

㊽《中华医学杂志》1924年第38卷第6期(6月),第488—489页。

㊾ 安克强(Henriot,1992年:第115页)注意到,20世纪20年代初以前,西方及受西式训练的医生的文章"令人惊奇地根本不提卖淫的问题,他们都只满足于严格地

从医学角度讨论梅毒在人口中的蔓延流行”。在第 112 页上，他称 1924 年以后医生撰写的关于性病的文章“出现了一个日渐世俗化的过程”。 494

(50)《中华医学杂志》1927 年第 41 卷第 1 期(1 月)，第 35 页。

(51)《中华医学杂志》1937 年第 51 卷(6 月)第 1 044 页。

(52) 半痴生 1891 年：卷四，第 2 页；卷三，第 14—15 页。

(53) 汪仲贤(未注日期)：第 34—35 页。

(54) 例如，参见崇明书局 1937 年：《长三》，第 13—16 页。

(55) 孙玉声 1939 年：第 109—111 页。关于嫖妓有损身体、钱财和名誉的警告，几乎是一字不差地从王后哲(1925 年：未注页码)书中抄来。

(56) 孙玉声 1939 年：第 159 页。

(57) 例如，见王定九 1932 年：《嫖》，第 27 页；又见孙玉声 1939 年：第 165 页，169—171 页。

(58) 例如，《申报》1919 年 5 月 7 日；《申报》1920 年 1 月 29 日，4 月 26 日，5 月 17 日，9 月 5 日。

(59) 钱生可 1933 年：第 2 卷，第 8 页。

(60) 汪仲贤(未注日期)：第 60 页；又见崇明书局 1937 年：《雉妓》，第 1—2 页。

(61) 王定九 1932 年：第 25 页。

(62) 王定九 1932 年：《嫖》，第 31—32 页，第 50 页；亦见崇明书局 1937 年：《雉妓》，第 15—16 页。

(63) 孙玉声 1939 年：第 170—171 页。更早一点的警告，见半痴生 1891 年：第 3 卷，第 15 页；黎床卧读生 1905 年：第 6 卷，第 6 页；以及郁慕侠 1935 年：续集，第 49 页。

(64) 吴汉痴 1924 年：第 12 页。

(65)《晶报》1919 年 4 月 18 日，第 2 页。

(66) 王定九 1932 年：《嫖》，第 51 页。

(67) 王定九 1932 年：《嫖》，第 41—43 页。

(68) 王定九 1932 年：《嫖》，第 39 页。类似的警告可见孙玉声 1939 年：第 157 页。

(69) 周瘦鹃 1928 年：第 1 卷，第 3 页；郁慕侠 1935 年：上集，第 16 页。

(70) 王定九 1932 年：《嫖》，第 39 页。

(71) 胡寄凡 1930 年：无页码。

(72) 萧剑青 1977 年之二：第 89—90 页。

(73) 王定九 1932 年：《玩》，第 8 页。以外文出现的这种警告，见《中国周报》(*China Weekly Review*)1930 年：6 月 14 日，第 57 页。

(74) 报纸上的文章也有类似的判断。例如，1931 年《申报》上的一则讣告称，某银匠因为“性格上的缺陷”而频频狎妓，结果染上梅毒，导致死亡。见《申报》1931 年 3 月 4 日。

(75) 冯客(Dikötter) 1995 年：第 124 页，第 129—130 页。关于从 17 世纪 30 年代至 19

世纪 30 年代中国医学中关于性病问题的文字的概述,见冯客(Dikötter) 1995 年:第 127 页。中国的改革家们引用法国、德意志、普鲁士等国感染统计数字后指出,由妓女传染的性病也同样祸及欧洲国家。见蒋径三 1925 年:第 772—773 页。

⑦⑥ 范守元(Fan Shouyuan 音译),《青年卫生讲话》(上海:正中书局,1947 年),第 44 页,转引自冯客(Dikötter) 1995 年:第 134 页。

⑦⑦ 陈方之 1935 年:第 48—53 页。

⑦⑧ 林崇武 1936 年:第 221 页。关于该时期民族复兴作为一个突出的分析话题,见冯客(Dikötter) 1992 年。

⑦⑨ 当然,西方国家本身也被中国视为梅毒的发源地。冯客写道:"梅毒被看成是'民族衰亡'的一个原因;虽说在欧洲,包含在关于遗传性梅毒的神话中的所谓退化的观点在第一次世界大战之后就受到批驳,但是民族主义的修辞话语与社会卫生的概念结合在一起,却使得上述看法在中国一直延续到 20 世纪 40 年代。……梅毒是一种'现代'病,是沿海大都市所特有的文明衰落的象征。"冯客(Dikötter) 1995 年:第 130 页,第 132 页。

⑧⓪ 这是林崇武 1936 年著作的一个话题。关于其他的论点,见第十章和第十一章。

⑧① 山 1933 年:第 30 页。

⑧② 《申报》1941 年 11 月 1 日,第 3 页。

⑧③ 木华 1936 年:第 24 页。

⑧④ 木华 1936 年:第 26 页。

第十章　改革者

① 关于这一问题在许多方面不同的阐发,参见比翰(Beahan) 1975 年;比翰(Beahan) 1976 年;约翰逊(Johnson) 1983 年;斯泰西(Stacey) 1983 年;柯临清(Gilmartin) 1989 年;柯临清(Gilmartin) 1995 年;吉泼隆(Gipoulon) 1989—1990 年;以及李木兰(Edwards) 1994 年。

② 王树槐 1994 年:第 33 页及其他多处。康有为提及当婢女的苦难之一就是有被卖入娼门的危险;他没有把娼妓问题与所有的妇女联系在一起。关于康的这一乌托邦思想,参见史景迁(Spence) 1982 年:第 64—67 页;比翰(Beahan) 1976 年:第 86—95 页。

③ 比翰(Beahan) 1976 年:第 122 页。论及梁对于妇女的看法,他个人的婚史以及他在性别问题上越来越保守的立场,见张明园 1994 年:多处。关于他所谓妇女是"一支庞大而没有得到重视的人力资源,它可以被用来实现国家的目标"一说,关于他把缠足、低三下四的母职和国力的贫弱联系在一起,见威特克(Witke) 1970 年:第 8、26、31 页。

④ 比翰(Beahan) 1976 年:第 133—153 页。关于反缠足运动,另可见德鲁克(Drucker) 1981 年和陶鲍家麟(Tao,Chia-lin Pao) 1994 年。

应该注意的是,并不是所有具有改革思想的清末知识分子都把娼妓问题看成是国家贫弱的标记。例如在第一章中简单讨论过的李伯元,他是晚清针砭时弊的谴责小说的作者,但又主编了组织过一连串"花榜选举"的著名小报。对于他以及像他这样的人来说,高等妓女显然属于值得称颂的中国文化的一部分。关于李伯元,见林培瑞(Link)1981年:第134、138、139、143页。

⑤ 沙培德(Zarrow)1990年:第131—135页。
⑥ 沙培德(Zarrow)1988年;沙培德(Zarrow) 1990年:第133页。沙培德写道,"与梁启超一样,何震把依附看成是一个问题,但她认为这背后有不同的原因:不仅仅是男性主宰的问题,而且有财富分配的不平等。"沙培德(Zarrow) 1990年:第131页。关于对何震更粗略的分析,见德里克(Dirlik)1991年:第103—104页。
⑦ 沙培德(Zarrow) 1990年:第131—135页。
⑧ 关于这一主题的进一步展开,见沙培德(Zarrow) 1990年:第130—135页。
⑨ 例如,《申报》(1915年5月11日)刊出以下内容:"中日谈判迫在眉睫,但北京一些不自觉者依然狎妓赌博如故,实在可耻之极!"小报《晶报》在列举某政府密使在上海私访某高等妓女后称,"他们究竟在谈判上下了多少工夫,那是可想而知的了。"《晶报》1919年11月24日,第3页。
⑩ 比翰(Beahan)1976年:第318页。
⑪ 沙培德(Zarrow)1990年:第189—192页。
⑫ 关于进德会一事,见《申报》1919年4月9日。
⑬ 黄人镜1913年:第134—135页。
⑭ 《中国记事录》(*Chinese Recorder*)1920年8月:第579—580页。
⑮ 上海进德会卜明辉(Bu Minghui音译)医师于1919年5月9日在《申报》上撰文作如此评说。
⑯ 卜明辉,《申报》1919年5月17日、5月19日。
⑰ 王吉民(K. C. Wong) 1920年:第630页。
⑱ 王吉民(K. C. Wong) 1920年:第631页;《中华医学杂志》1924年第38卷第6期(6月),第488页。
⑲ 王吉民(K. C. Wong) 1920年:第631页。加隆(Garon,1993)提出一种看法,认为这一时期的日本把妓业看成是年轻女子行孝的一种形式。他发现一种按性别划分的分工,如维护孝行这样的传统的价值观是妇女的职责,而执行现代化的任务,如建立一支海军,则是男人的职责。
⑳ 正如在华传教团医学联合会在其刊物上发表的一篇社论中所说的,要消除娼妓业就必须认识"惟有基督教的救赎力量才能有效地应付形形色色的社会罪恶"。见《中华医学杂志》1920年:第635—636页。
㉑ 关于对五四运动的研究,见周策纵(Chow Tse-tsung)1960年;史华兹(Schwarcz)1986年;史景迁(Spence)1982年:第154—187页;以及德里克(Dirlik)1991年:第

148—196页。在中华人民共和国的历史上,1919年被当作是"近代"与"当代"的分界年。在文学史上,正如周蕾(Rey Chow,1991年:第35页)所说,它被视为"新旧中国的历史分水岭"。

㉒ 例如,见陆府秋新(Lu Qiuxin音译)1920年。此前,无政府主义者何震也曾把娼妓和纳妾联系起来,作为一种建立在阶级压迫基础之上的性剥削。见沙培德(Zarrow)1990年:第141页。

㉓ 李大钊1919年:第347—349页。

㉔ 瑟庐1920年:第1页;严敦易1923年:第29页;瑟庐1920年:第2页;乔峰1923年:第6页。

㉕ 严敦易1923年:第28页。

㉖ 《公娼是良制度么》,载《妇女杂志》1924年:第10卷第4期,第586页。

㉗ 瑟庐1920年:第1—2。读者从中可以听到摩尔根(Lewis Henry Morgan)、恩格斯(Friedrich Engels)以及其他许多人的声音,尽管他们并未经常被引用。

㉘ 瑟庐1920年:第1页;蒋径三1925年:第774页;乔峰1923年:第6页。

㉙ 蒋径三1925年:第774页。

㉚ 蒋径三1925年:第775页。

㉛ 瑟庐1923年:第3页。

㉜ 瑟庐1920年:第3—8页;朱枕薪1923年:第9页;储祎1927年:第13页;黄石1928年。

㉝ 朱枕薪1923年:第9页。

㉞ 瑟庐1923年:第3页;朱枕薪1923年:第9页。

㉟ 《妇女杂志》1923年:第9卷第3期(3月3日),第25—41页;1925年:第11卷第7期,第1 156—1 165页。

㊱ 瑟庐1923年:第3—4页。一位作者声言,假如中国历史上所有的贞妇都是在贫穷的环境中长大,那么她们中的许多人可能就当了娼妓了。屯民1923年:第20页。

㊲ 屯民1923年:第19页。

㊳ 瑟庐1920年:第8、2页。但陈德征(1923年:第16页)注意到,嫖妓的男人并不一定是最穷的。穷人首先必须满足自己吃饭穿衣的最低需要,然后才有可能去考虑满足自己的性欲。

㊴ 乔峰1923年:第8页;蒋径三1925年:第776页。

㊵ 乔峰1923年:第8页。

㊶ 朱枕薪1923年:第10页。

㊷ 陈德征1923年:第13页;储祎,1927年:第14页。

㊸ 陈德征1923年:第13—14页。

㊹ 陈德征1923年:第13页;蒋径三1925年:第777页。

注 释

㊺ 陈德征 1923 年:第 13 页。
㊻ 陈德征 1923 年:第 14 页;蒋径三 1925 年:第 777 页。
㊼ 朱枕薪 1923 年:第 9、11 页。朱对倍倍尔(Bebel)的观点归纳如下:在资本主义制度下,由于男女的不平等,妇女很难在经济上独立;妇女受不到教育,男人占据了绝大多数的工作机会。大多数的妇女只好依靠男人,而一旦失去保护,女人则不得不为经济所迫而沦为妓女、女佣或女工。在所有这些选择中,当妓女是"最安乐而舒服"的。朱枕薪 1923 年:第 11 页;关于类似的论述,见储裪 1927 年:第 14 页。关于妇女在经济上无法获得独立的说法,经常被引用的西方专家有哈夫洛克·霭理斯(Havelock Ellis)(见乔峰 1923 年:第 7 页;陈德征 1923 年:第 18 页;储裪 1927 年:第 13—14 页)和亚伯拉罕·弗莱克斯纳(Abraham Flexner)(见乔峰 1923 年:第 7 页;储裪 1927 年:第 14 页)。
㊽ 朱枕薪 1923 年:第 9 页。
㊾ 陈德征 1923 年:第 16 页;发表类似观点的,还可见蒋径三 1925 年:第 779 页。
㊿ 待秋 1923 年:第 22—24 页;亦见黄石 1927 年:第 800—801 页。
㉛ 黄石 1927 年:第 801 页。
㉜ 蒋径三 1925 年:第 773、775—776、779 页。
㉝《公娼是良制度么》1924 年:第 586—587 页。
㉞《公娼是良制度么》1924 年:第 586 页。
㉟ 储裪 1927 年:第 13 页。
㊱ 屯民,1923 年:第 20—21 页。认为娼妓制度的存在应怪女人、认为女人对制止娼妓业应负更大责任的意见不太多见。有一个论点说,女人更容易受到衣物首饰之类奢侈欲望的打动,这造成了她们的失身和沦入娼门。同一个作者还说道,中国当妻子的应该对她们的丈夫更体贴入微,这样他们就不会被驱赶到妓女的身边。忠言 1927 年:第 17—18 页。
㊲ 幼雄译,1923 年:第 44 页。关于反对颁照的进一步论述,见瑟庐 1923 年:第 4 页;朱枕薪 1923 年:第 12 页;《公娼》1924 年:第 586—587 页;以及天谛等 1924 年:第 1 264—1 272 页。
㊳ 胡怀琛 1920 年:第 9—10 页;瑟庐 1923 年:第 4 页;屯民 1923 年:第 21 页;乔峰 1923 年:第 8 页;严敦易 1923 年:第 29 页;储裪 1927 年:第 15—16 页;忠言 1927 年:第 18—19 页;黄石 1927 年:第 796—799、805 页。
㊴ 瑟庐 1920 年:第 2、8 页;乔峰 1923 年:第 8 页。
㊵ 李三无 1920 年:第 350—358 页。
㊶ 平襟亚 1988 年:第 170 页。此说为平襟亚在 1988 年的一篇文章中提出。平的这种尖刻的批评口吻是 20 世纪 80 年代讨论 1949 年前娼妓问题时很常见的一种语调,但平本人并不是为党做宣传的。相反,傅葆石(Poshek Fu)告诉我们说,他是 30 年代和 40 年代"很著名的小报作家和盗版书籍出版家"。见傅(Poshek Fu)

1993年:第62页。关于《新人》这一期特刊的完整目录(它确实有点像一本指南书),见中共中央马恩列斯编译局1978年:第2卷,第二部分,第869—870页。

⑥ 《申报》1920年11月10日。《晶报》上也有一篇类似的文章谈到军阀和妓女一样都很难取缔,因为两者都属于除了干这一行别的不会人。《晶报》1920年11月15日,第2页。

恶老鸨的主题在第八章中也有讨论,它并不是讨论娼妓问题的文章中的一个新的主题。1905年就有一篇以声讨女皇武则天檄文形式写成的遣责恶老鸨的文章,见黎床卧读生1905年:卷八,第2—3页。该檄文鼓吹通过取缔老鸨的办法消灭娼妓制度。19210年的社论文章的新意是问题所涉及的背景有所扩大,包括对整个民众的社会福利方面的考虑。

⑥ 《晶报》1920年3月27日,第2页。一位读者认为终身禁止妓女结婚的建议不太人道。他说,那些高等妓女并不是当太太,而是当小老婆,与大太太相比,她们在家里几乎没有什么权力。许多人发现当小老婆太苦,因此又回到了妓院。《晶报》1920年3月30日,第2页。另见《晶报》1921年1月1日,第2页。关于对这一点的进一步发挥,见第四章。

⑥ 《晶报》1920年3月27日,第2页。有关这一类称妓女"为生活所逼"以及遭受虐待的陈述,见《晶报》1920年11月20日,第2版。

这一阶段为《晶报》撰稿的作者并非人人都是支持取缔娼妓业的。1924年,一篇署名单老人的文章说,湖南的那些要取缔娼妓业的女权主义者都是些丑女人,她们自己从来无法享受化妆、说笑、乘轿车、上戏院、住大饭店的乐趣。他说,妓女都是一些气质高贵的女子,没有取缔她们的理由。《晶报》1924年6月21日,第2页。

⑥ 《申报》1919年4月9日。

⑥ 《晶报》1919年6月9日,第3页。另有一篇文章也嘲讽了上海的高等妓女,认为根本不值得把她们捧得那么高,她们实际上是社会秩序混乱的象征,见《晶报》1920年6月12日,第2页。

⑥ 对这一读者群的分析,见林培瑞(Perry Link)1981年:第189—195页。林称,尽管五四时期许多作者都抨击小说杂志上刊载的作品和文章,然而它们在1921—1922年的"繁荣","在一定意义上是五四文学运动在广泛的层面上声张小说创作的爱国主义和尊严的结果。"林培瑞(Perry Link)1981年:第91页。关于对"鸳鸯蝴蝶派"小说在五四文学中地位的进一步的讨论("五四"在这里是"现代"的一个标志),见周蕾(Rey Chow)1991年.:第34—83页。

⑥ 毕倚虹既是小说家,又是一个报纸编辑,说明当时跨文类的写作活动,因此研究娼妓史而不将小说当作史料,是不明智的。他在1910年代为《时报》写作,同一名妓的关系维持了很长时间,这也构成了他的《人间地狱》的基础,该小说于1923—1924年间在《申报》上连载。毕倚虹死后,小说由包天笑完成,其故事就发生在一

个长三妓院中。据陈定山说,毕倚虹是个爱恶作剧的人,有一次,他的一个朋友在妓女那里过夜,他把人家的衣服偷了,然后让人送去一张条子,说他的老婆从松江来了,逼得他只好穿着内衣坐黄包车回家。关于毕倚虹,见林培瑞(Perry Link)1981年:第115、117、174—175页;陈定山1967年:第123—126页;另见陈正书1990年在《人间地狱》重版发行时为该书撰写的序言(娑婆生和包天笑1991年:第1—4页)。

⑥⑨ 林培瑞(Perry Link)1981年:第174页。

⑦⑩ 毕倚虹1922年;求幸福斋主1922年之一;林碧瑶1922年;求幸福斋主1922年之二;许廑父1922年。

⑦① 林培瑞(Perry Link)1981年:第176页。

⑦② 林培瑞(Perry Link)1981年:第175—176页;关于故事原本,见毕倚虹,1922年。

⑦③ 作者名叫何海鸣,"一位革命军的将军,在讨伐袁世凯的运动中,他在独立的南京政府中获此头衔约一个月左右(1913年)。"见柳存仁(Liu Ts'un-yan)1982年:第31页。据林培瑞称,他"1911年前是一个革命的记者和军人",在1913年的"二次革命"失败以后,他逃到了日本。在他回国后,"他从政界和军界退下来,专心致志地撰写娱乐小说,特别是妓女的故事。"见林培瑞(Perry Link)1981年:第160页。

⑦④ 求幸福斋主1922年之一。

⑦⑤ 林碧瑶1922年。

⑦⑥ 关于1938年的另一篇自传性的自述,见朱作同和梅益1939年:第四辑,第165—167页。这一材料的作者是一个名叫玉玉凤剑(Yuyu Fengzian音译)的长三妓女,她的母亲也是一个长三妓女。她指责日本帝国主义和男人的背信弃义,说这两者都造成了她的苦难。她在评说妓女生涯时说,"我们虽不能说是出卖肉体,但无疑是出卖了灵魂。"她对一次妓院盛宴的描述尤其生动:在8月暑热的蒸烤下,房间里杯盘狼藉、臭气熏人,嫖客们一个个口中喷着酒气,凑上脸来想偷个亲吻。

⑦⑦ 徐亚生1930年(此文的相当一部分被钱一苇的1937年文章中引用,但没有注明出处);峙山1933年:第9—10页;朱美予1933年:第36页;乙枫1933年之二:第31页;孙昌树1933年:第30—31页。

⑦⑧ 唐国桢1932年:第17—18页。唐觉得,男人们嫖妓筋疲力尽后便诉诸鸦片、海洛因、酒精一类助兴,结果变得顽疾缠身、不可救药,或者就是沉湎于性事,对社会的发展不闻不问。

⑦⑨ 例如,关于希腊罗马时期、基督教社会和"十字军东征"时期的娼妓现象,见乙枫1933年之一:第32—33页;洪华1935年;叶德荣1936年:第32页。关于现代巴黎、布鲁塞尔、伦敦、美国、意大利、俄国、日本和德国的娼妓现象,见颂先1930年;乙枫1933年之一:第36—37页;洪华1935年;王以仁1935年;叶德荣1936年:第34页;唐国桢1932年:第17页;以及沈黎虹1932年:第二部分,第23—24页。关于中国古代的娼妓现象,见乙枫1933年之一:第34—35页;朱美予1933年:第

29—35页。

⑧⁰ 木华1936年:第22页。木华发起争论大致上的原因是因为苏州、无锡警方的公娼化的决定(第21页)。木没有说明贫困的出处,但看来是在引征倍倍尔(Bebel)。

⑧¹ 木华1936年:第22页。

⑧² 木华1936年:第23页。

⑧³ 木华1936年:第25页。

⑧⁴ 木华1936年:第24—26页。关于另一声呐喊,号召妇女觉悟起来,认识到自己的力量,并加入为解放自己和全人类的斗争中,见钱毅成1938年:第16页。木华关于娼妓制度造成社会衰落的论点,吸纳了王书奴的看法,见王书奴1935年:第340—342页。王引用清代的许多说法,诸如卖淫对于许多穷人来说是一种生活手段,然后又谴责了把这一论点用于20世纪的那些人。

⑧⁵ 郭崇阶1936年:第24页。王书奴也就娼妓制度与社会混乱的关系笼统地提出一个类似的观点。他说,伦敦和巴黎的小偷有时也声称,他们之所以行窃是因为嫖妓使他们把家产挥霍一空。见王书奴1935年:第341页。

⑧⁶ 或者是引用被砍得乱七八糟、面目全非的版本。例如在一篇这样的叙述中,"无照卖淫"("unlicensed prostitution")被排成了"Anu lice Dea Prastituion"(字母完全拼错,不知所云)。见叶德荣1936年:第33页。倍倍尔(Bebel)仍然非常突出:如沈黎虹1932年:第一部分,第31—35页;洪华1935年;以及李景禧1935年:第93页。

⑧⁷ 见郭崇阶1936年:第23—28页;林崇武1936年:第215—223页。十几年后,在1948年,郁维和阿莫斯·王(Amos Wong)对婚姻和卖淫也作了类似的联系,他们争辩说,应该通过一个更为宽容的法律,"以使不幸福的婚姻都能得到一个调整的机会,而不要去娼妓那里得到解脱。"郁维和王1949年:第248页。

与其他主张改革的作者不同,郭觉得所有的卖淫都应该执照化,而不是禁止,至少在妇女获得必要的独立谋生的知识和技能之前应该如此。关于类似的论点,见林崇武1936年:第221—223页。

关于爱伦·凯(Ellen Key)对五四时期一代作家的影响,罗克珊·威特克(Roxane Witke)写道:"1919年以后,主要由于瑞典女权主义者爱伦·凯的影响,五四时代的文字中关于爱情、罗曼蒂克的爱、两性关系等话题,多少变得非个人化了,体系化了,归入了当下欧陆术语'free love'的名目下,那个术语翻译成中文就是'恋爱自由'……如果将这个中文术语翻译过来,恐怕用'freedom to love'更贴切些。"作家秦路(Qin Lu音译)针对中国读者的情况对爱伦·凯的思想进行了选择和阐释。威特克说:"她在五四自由派那里得到最大支持的一个论点就是婚姻必须以爱情为基础(当然也就是一夫一妻制),只要有爱情就足以使婚姻成为道德的。"凯还争辩说,"男女能力是不一样的,因而必须在不同的场合使之得以表现",女人必须通过做母亲,才能变得完美。见威特克(Witke)1970年:第140—143页。她引用的文章为:秦路(音)1921年和秦路(音)1920年。爱伦·凯论婚姻举例,见爱伦·凯(Ellen key)1911年。

⑧⑧ 颂先1930年;乙枫1933年之一:第37页;孙昌树1933年:第30页;何骥巍1933年:第24页;邵象伊1934年:第2页。关于欧洲和美国的妓女来自无产阶级队伍,见乙枫1933年之二:第26页。关于男人因经济原因而推迟结婚并嫖妓事,见荆祥鼎1934年:第884页;孙昌树,1933年:第31页;以及房龙1935年:第31页。

⑧⑨ 关于适当的生产技能,见徐亚生1930年;钱一苇1937年;叶德荣1936年。唐国桢于1932年提出一项特别复杂的计划,让妓女到工厂去半工半读,把社会工作者也派驻到工厂去。唐建议,每一个妓女要被管制二至三年,毕业后,由当地政府分配到工厂、商店、公司等地方去工作。这一改造计划是20世纪50年代共产党改造运动的先声。见唐国桢1932年:第19页。关于对妇女采取更广泛的法律、教育、福利方面的措施以及性自由问题,见以文1933年:第20—21页。另见林崇武1936年:第221—223页。

⑨⓪ 林崇武1936年:第221页。

⑨① 郭崇阶1936,年:第27页。

⑨② 林崇武1936年:第222页。

⑨③ 林崇武1936年:多处。林的观点又有一些相互矛盾的地方;他在对儒家德行的辩护之前有一番对"三从四德"的攻击,认为这些是男人奴役女人的手段(第215页)。

⑨④ 社英1933年:第1页。

⑨⑤ 珊1934年:第35页。

⑨⑥ 社英1933年:第2页。

⑨⑦ 记者1933年:第75页。

⑨⑧ 珊1934年:第35页。

⑨⑨ 社英1933年:第3页。关于反对开禁的其他观点,见国桢1933年:第16页;维誉1933年;以及无名1933年。

⑩⓪ 所非1933年。

⑩① 房龙1935年:第32页。

⑩② 罗天文1934年:第258页。

⑩③ 确切的计算如下:按照一项日本对上海娼妓业的研究,如果上海的妓女数大致为30 000,其中1 200为长三妓女,每晚出局差5次,每次1元,这样每个妓女就是5元。如果每个妓女与一个客人过夜,或与其对酌,她每次收入12元。幺二妓女为500人,如果她与一个客人过夜,每次收入8元。野鸡和其他妓女为28 400人,每人与一个客人过夜,每次5元,那么总数为:长三应召费(1 200×5元):6 000元;长三宴席费等(1 200×12元):14 400元;幺二应招费(500×8元):4 000元;野鸡

等其他妓女的应召费用(28 400×5 元):142 000 元——每日总数为 166 400 元;每月 4 992 000 元;每年 60 736 000 元。见阿木《支那研究》,第 18 期,转引自乙枫 1933 年之二:第 32—33 页。原文见彭阿木(Ho Aboku,笔名阿木),1928 年:第 745—746 页。

⑭ 唐国桢 1932 年:第 17 页。

⑮ 朱美予 1933 年:第 29 页。

⑯ 曹公奇 1934 年:第 854 页。

⑰ 曹公奇 1934 年;苏明 1936 年;叶德荣 1936 年。有些作者不同意这一判断。王以仁(1935 年:第 1 024 页)指出,娼妓现象存在于诸多不同的环境之下——包括中国的唐代和宋代,欧洲(尤其是巴黎)和美国、日本(包括整个明治时期),乃至一直到现在——因此并不能只说是因为乡村经济崩溃的缘故。持同样观点的还有邝剑平(1934 年:第 866 页)。关于马克思主义的分析,所谓妓女比普通劳动者受到更深的剥削,世界经济萧条更增加了她们的人数,并减少了她们的收入,见罗琼 1935 年。1949 年以后,罗成为中国妇联的高层领导人之一。

⑱ 曹公奇 1934 年;邵元成 1936 年;绥之 1936 年:第 968 页。

⑲ 《妾婢妓女女丐与失业妇女往何处去》,1936 年:《妇女生活》第 2 卷第 2 期(2 月 16 日),第 30—32 页;谭凤阳,1934 年。关于解决办法的争论,见姚少梅 1935 年。永和在 1933 年号召"我们知识分子的妇女"深入到下层妇女当中,提高她们的觉悟,领导她们参加反对帝国主义和日本的斗争,反对军阀战争,反对苛捐杂税。只有这样,才能推动政府替妇女做一点积极有益的事情,让她们有工作,有饭吃,在教育和健康方面能有与男人一样的权利。到那个时候,娼妓问题自然也就消失了。永和 1933 年:第 28 页。

⑳ 乙枫 1933 年之二:第 36—37 页;永和 1933 年:第 4、26—27 页;张家良(Zhang Jialiang 音译)1934 年;张鹤群 1935 年;邵元成 1936 年;敬芷 1936 年;林崇武 1936 年:第 221 页。在他们之前,还可以见瑟庐 1920 年:第 2 页。

㉑ 《娼妓问题的症结》1934 年;孙昌树 1933 年:第 32 页。

㉒ 乙枫 1933 年之二:第 37 页。

㉓ 周时贤 1934 年。

㉔ 敬芷 1936 年。

㉕ "淫窟"亦可指女性生殖器,在此是一个非常能说明问题的比喻。对理查德·凡·格拉恩(Richard van Glahn)先生的这一指教谨表谢意。

㉖ 碧瑶 1938 年:第 10—11 页。剧作家和抵抗者李健吾也有类似之言,见傅葆石(Poshek Fu)1993 年:第 86 页;关于傅曾暗示通敌本身常常以猥亵淫荡作比,见第 89 页。傅还详细叙述了汪精卫汉奸政府于 1940 年插手上海小报的过程,小报用对"社会丑闻、晚间指南以及黄色事件"的报道来遮掩政治上通敌的企图。傅葆石(Poshek Fu)1993 年:第 114—155 页。

⑰ 傅葆石（Poshek Fu）1993 年：第 64 页。

⑱ 柯丽德（Carlitz）1994 年。

⑲ 傅葆石（Poshek Fu）1993 年：第 90—91 页。

⑳ 转引自傅葆石（Poshek Fu）1993 年：第 145 页。

㉑ 林崇武 1936 年：第 223 页。林的一个设想被共产党采纳，即嫖客也应拘留关押，并以引诱和强奸罪起诉。

㉒ 除了希望之门，报纸上偶尔还提及另外两个机构：新普育堂和慈善团，前者在 1915—1917 年间运作，后者则在 1917—1922 年间出现在报纸上。妓女在寻求帮助时，警方就把她们送到上述机构。关于新普育堂，见《申报》1915 年 1 月 5 日、1 月 20 日；《申报》1916 年 8 月 18 日；以及《申报》1917 年 12 月 11 日；另可见以下所引骚扰事件的报道。关于慈善团，见《申报》1917 年 12 月 22 日；《申报》1918 年 3 月 3 日、9 月 7 日、10 月 7 日；《申报》1919 年 5 月 12 日、6 月 3 日；申报》1922 年 12 月 20 日。关于 1929 年对上海改造机构的调查，大多数被查者都经费不足，肮脏不堪，见吴若华 1929 年。关于美国西部救援团一事，有些试图援救在旧金山的中国妓女，见帕斯科（Pascoe）1990 年。

㉓ "希望之门"是休·格朗沃尔德（Sue Gronewold）1995 年在哥伦比亚大学所做博士论文的话题（见格朗沃尔德 1995 年）。有关当时人们对于该机构工作的高度赞扬，见莫里斯（Morris）1916 年；哈定（Harding）1917 年；以及丹尼特（Dennett）1918 年：第 664 页。（当时中文中称"希望之门"为"济良所"——译注）

㉔ 达温特（Darwent）1920 年：第 154 页；格姆维尔（Gamewell）1916 年第 190 页。

㉕ 哈定（Harding）1917 年：第 5 页。

㉖ 格姆维尔（Gamewell）1916 年：第 190—191 页。张贴收容所地址的规定，可见黎床卧读生 1905 年：卷七，第 4 页。

㉗ 达温特（Darwent）1920 年：第 154 页。1927 年，上海工部局向希望之门捐赠了纹银 4 000 两。见《工部局公报》1927 年：20,1060（1 月 21 日），第 19 页。

1921 年时，北京也有一个像希望之门一样的机构，但那是由警察局设立的。据西德尼·甘布尔（Sidney Gamble）称，妓女若被迫卖淫，受到虐待，想离开妓院或无处可去，警方就会把她们送交到这里。一旦来到这里，她们就再也不能离开北京的这一机构，除非她们结婚。她们的照片挂在门外，以便路人选择其中的某一个当老婆。北京希望之门的经济来源是：税收，娶此机构中的人为妻所付的婚姻登记费，其他一些登记费，房租，警方提供的基金等。被收容者要学习语文、道德训诲、算术、艺术、烹饪、绘画、垫上运动以及音乐，另外也做一些工业活计。凡是违反了规定的将受到一系列的处罚，包括"学习古今道德箴言警句，记小过，记大过，面壁反省一至三个小时，罚一顿饭不许吃菜等。"见甘布尔（Gamble）1921 年：第 249、260—262、480—485 页。哈定（Harding 1917 年：第 6 页）说，苏州和广州警方也设立了希望之门。

⑱ 关于警方或法庭将妓女送交希望之门事,见《申报》1915 年 1 月 6 日、1 月 10 日;《申报》1916 年 3 月 30 日、4 月 14 日、4 月 23 日、7 月 24 日、8 月 10 日;《申报》1917 年 11 月 13 日、12 月 23 日、12 月 26 日;《申报》1918 年 3 月 8 日、3 月 22 日、4 月 3 日、4 月 19 日、9 月 17 日、10 月 25 日;《申报》1919 年 1 月 1 日、2 月 16 日、6 月 21 日、7 月 4 日、7 月 9 日、8 月 13 日、10 月 24 日;《申报》1920 年 2 月 11 日、5 月 17 日;《申报》1921 年 1 月 11 日、2 月 14 日;以及《时报》1929 年 2 月 23 日,第 7 页;7 月 15 日,第 7 页。关于希望之门工作人员将妓女送人之事,见《申报》1922 年 7 月 26 日。

关于妓女自愿投靠希望之门事,见《申报》1915 年 5 月 3 日、6 月 4 日;《申报》1917 年 6 月 7 日、12 月 21 日;《申报》1918 年 3 月 13 日、3 月 25 日、4 月 15 日;《申报》1919 年 5 月 7 日、7 月 17 日、7 月 25 日、11 月 19 日、12 月 17 日;《申报》1920 年 3 月、26 日、3 月 27 日、4 月 26 日、7 月 24 日、10 月 26 日;《申报》1921 年 6 月 9 日、6 月 27 日、6 月 28 日;《申报》1922 年 4 月 8 日、4 月 29 日、7 月 3 日、7 月 16 日、10 月 11 日、10 月 18 日、12 月 16 日、12 月 26 日;《申报》1923 年 5 月 2 日、5 月 3 日、5 月 14 日、5 月 18 日、5 月 19 日、5 月 21 日;以及《申报》125 年 4 月 29 日、12 月 15 日、12 月 27 日。

从 1913 年到 1924 年,每年到会审公廨寻求希望之门保护的妓女,人数为 24 人至 50 人不等。见科特涅夫(Kotenev)1925 年:第 315—316 页。

⑲ 格姆维尔(Gamewell)1916 年:第 192 页。1920 年中文《妇女杂志》上的一篇报道说,有意娶希望之门中女子为妻者需要付 105 元。这一笔钱中,30 元返回给希望之门,另 75 元给被娶的女人买点衣物用品。没有女人是被迫结婚的。《妇女杂志》1920 年:第 5 卷第 8 期,第 2—4 页。

⑳ 达温特(Darwent) 1920 年:第 155 页。

㉑ 上海巡捕房 1932 年(盒 112,MIS 8,第 3 页)档案记录表明共有 51 人被送到希望之门。

㉒ 胡怀琛 1920 年:第 8—9 页。

㉓ 《字林西报》1922 年 9 月 2 日,第 643 页。虽然这篇社评没有明说,但作者似乎是在谈论那些外国妓女,因为他后来提出要把那些妓女运到别的地方去,"在一个新的国度开始一种新的生活。"

㉔ 关于希望之门中的肇事记录,见《申报》1916 年 8 月 17 日;《申报》1918 年 10 月 17 日;《申报》1920 年 12 月 29 日;《申报》1922 年 12 月 29 日。关于新普育堂中的肇事记录,见《申报》1915 年 1 月 5 日(挖掘地道);《申报》1916 年 3 月 8 日、3 月 19 日(纵火和喊叫)。

㉕ 廖国芳 1919 年:第 34—35 页。廖当时是在江西的一所女子学校为上海出版的一份杂志撰稿。

㉖ 陈露薇 1938 年:第 21—23 页。致力于改革的外国人,即使在激烈地争论是否需

要更严厉地打击人口贩卖的法律和加强救援工作的时候,他们也还是承认,"许多从事这一行当的妓女已经产生一种非常奇特的心理,她们对于任何试图改变她们生活方式的做法都非常反感。"《中国批评家》(China Critic)1937 年:第 7 页。

第十一章 管理者

① 有关这些运动的概况,见安克强(Henriot)1988 年:第 76—87 页;以及贺萧(Hershatter)1992b:多处。
② 并不是所有的中国人都钦佩欧美人关注的程度。在 1892 年发表的一份材料里,一名中国作者讽刺派驻上海的外国行政当局,说它们只颁布一些涉及区区小事的规章制度,如限制马车载客人数、车夫的清洁卫生、旅馆有责任不把生病或死亡的宾客抛弃到街头等,却忘记了一些更严重的问题,如妓院、人口贩卖和老鸨等。见黄式权[王韬]1975 年:第 200—201 页。
③ 杰米逊(Jamieson)1870 年:第 221 页。但是,杰米逊并不相信废止是可行的:"废止这样的罪恶是永远无法成功的,因此……理智的人们应该把他们的能量施放到压缩这些不可避免的罪恶的发生范围和减轻它们的影响上。"他说英格兰传染病法案作为一种补救措施,"其作用是非常有限的,其措施是非常累赘的,而它运作起来也是拖泥带水的。"但是,他觉得,它仍在帮助减少娼妓现象和性病。他在最早的一份检验制度派的陈述中曾提出这样的结论:"用简单的话说,每一个妓女,不管是外国的还是本地的,在上海租界范围内做她的生意的,就应该注册、抽税,并定期进行体检。"
④《中华医学杂志》1924 年第 38 卷第 1 期(1 月),增刊,第 11 页。
⑤ 杰米逊(Jamieson)1870 年:第 211 页。
⑥《字林西报》1917 年 11 月 3 日,第 259 页;另见《中华医学杂志》,特别是 1917—1930 年。
⑦ 不清楚的是在这一期间上海的性病发生率是否上升了,或是否因为对性病意识的增强和恐慌心理的加剧影响了对未来流行状况的讨论。《中华医学杂志》(1924 年第 38 卷第 1 期[1 月],增刊,第 19 页)上关于在综合性医院治疗病例的统计数字,并未显示明显的上升(1910—1914 年:599 例;1915—1919 年:507 例;1920—1922 年:591 例)。而从这一统计数字中性病病例数与医院就诊总人数之比来看,性传播疾病发病率实际上是下降的:1910—1914 年:7.5%;1915—1919 年:6.6%,而这一时期的争论还更加激烈了。1920—1922 年的百分比增加到 8.2%。
⑧ 淫风调查会(SVC)1920 年:第 83—84 页。该报告发现,妓院的数量从 1871 年的 463 家增加到 1920 年的 633 家,增加了三分之一还多,而了解到的妓女数则将近原来的三倍,从 1 612 人增加到了 4 575 人。法租界的妓女估计数使总人数还要多。当然,正如第二章所指出的,这些数字一方面表明了实际数字的增加,但同时也表明对于统计和分类本身也愈加重视了。

⑨ 关于当时他们的社改方案,可见丹尼特(Dennett)1918年:第657—664页;以及《中国童工问题》1924年:第923—929页。

⑩ 格姆维尔(Gamewell)1916年:第48页。

⑪《字林西报》1916年12月16日,第571页。

⑫《字林西报》1917年9月8日,第557—558页。这样的对于妓女的谴责一直贯穿在整个20世纪20年代的禁娼运动中。例如,1922年给《字林西报》的一封信把这些妓女称为"一群寄生虫,她们淫荡的职业是这个城市中许许多多男人和男孩堕落的渊薮……人们或许愿意承认邪恶一直在我们身边,但这根本不是这些塞壬女妖就应该被奉为一个体制的殉道者的理由。"《字林西报》1922年9月9日,第741页。

⑬《字林西报》1917年9月15日,第614页。但另一封持反对意见的给编者的信则回答说:"众所周知,把溃烂之处遮盖起来并不等于把它治好。而每一个正直的人都知道,把烂泥堆从自己的门口挪到邻居家门口也不能让这个城市洁净……社会从来没有谴责过(那些经常光顾这些地方的)男人,公众对它认可,市政当局从中得到税收,因此'普赖德清洗'如果想要得到反响的话,最好还是谈点更要紧的,而不要做遮盖恶行的事情。"见《字林西报》1917年9月22日,第675页。(Pride指英国历史上查理一世失败后、带兵清除长期国会中一百多名保王分子的普赖德上校。——译注)

1919年,中文小报上也奇怪地登出一篇谴责在教堂附近开妓院的报道。一位作者注意到,清真寺附近的妓院到了一定的钟点必须停止歌舞奏乐,可是对三马路上的基督教教堂和一所私立女中附近的妓院,却没有作出类似的规定。这篇文章质问道:"难道基督教徒不像穆斯林那样尊重自己的宗教吗?如果他们也同样尊重的话,他们为什么不要求租界警方的帮助对周遭环境来一番清理呢?"《晶报》,1919年11月24日,第3页。

⑭《字林西报》1917年11月3日,第289页。

⑮《字林西报》1918年12月21日,第748页。

⑯《字林西报》1917年2月10日,第284页。在这个问题上怀特与其他活动家一样,对她所看到的上海工部局的消极态度是不满的。她说工部局的态度可以归纳为"别朝钢琴师开枪,他已尽其所能。"(原文"Don't shoot the pianist; he's doing his best."出处是英国作家王尔德[Oscar Wilde]在《美国印象》中讲的一个故事。他在落基山里旅行,当地矿工剽悍无比,人人带枪,动辄交火。王尔德去后给他们读意大利文艺复兴时期雕塑家塞里尼的自传,感兴趣的矿工责备王尔德为什么不把塞里尼一起带来,当他们听说塞里尼已死,便脱口问道,"谁开枪杀了他?"他们把王尔德带到一个舞厅,在钢琴上方贴着一张告示,上面写"Please do not shoot the pianist. He is doing his best."王尔德接着说,当地钢琴家死亡率之高令人咋舌。怀特引文的意思大概是"不要迁怒于人"。见王尔德的 *The Artist as Critic*,

Richard Ellmann 编,芝加哥大学出版社 1982 年版,第 9—10 页。——译注)关于其他妇女所说女性优越的话,见《字林西报》1919 年 4 月 12 日,第 101 页;7 月 5 日,第 49 页。费斯蒂娜·伦特(Festina Lente)4 月 12 日的信中有一部分是这样的:"整个问题基本上是要靠妇女来解决的——男人在这种问题上太笨拙,脑子太慢——我们希望在不远的将来,受过良好教育的进步的中国妇女将对这一庞大阶级的不幸给予强烈的积极的关注。"

⑰《字林西报》1918 年 2 月 9 日,第 325 页。

⑱《字林西报》1918 年 5 月 25 日,第 469 页;12 月 14 日,第 644 页;威利(Wiley)1929 年:第 94—96 页。芬奇(Finch 1953 年:第 46—48 页)似乎有点不合情理地认定,美国老鸨格雷茜·盖尔(Gracie Gale)是这场运动的攻击目标。有关大致同时在广州爆发的一场运动,见弥弼 1922 年;《申报》1922 年 4 月 8 日;《中华医学杂志》1923 年第 37 卷第 1 期(1 月),第 105 页;以及奥尔特(F. Oldt)1923 年。广州的活动是由广州基督教青年会发起的净化运动的一部分,它于 1921 年 9 月开始,基本上采取开大会、游行、向市政府发起禁娼请愿等形式。市长表示他本人是同情的,但又担心这样会导致税收的流失,而娼妓业的税收据说要占市政预算的四分之一。他还担心福利开支的增大和无照卖淫的增加。同时,一名在越南的中国留学生于 1922 年写信给《妇女杂志》,抱怨说在广州被禁的妓女跑到越南去行业了。见《废娼运动》1922 年。同一杂志上的另一位作者批评广州运动中的基督教倾向,称这些改造者的动机是怜悯、慈善以及一种拯救个别妓女的愿望,而不是一种更彻底的社会改革。见瑟庐 1923 年:第 4 页。关于 1923 年在天津爆发的运动(其发起者号称是天津学生同志会妇女权益分会)声称将吸取上海和广州的教训一事,见《妇女杂志》1923 年:第 9 卷第 7 期(7 月 1 日),第 125—127 页。

⑲《字林西报》1918 年 12 月 21 日,第 748 页;但还应注意《字林西报》1916 年 8 月 19 日第 358 页上发表的一封信,信中说:"还有这样一种意见,即在来自欧洲的罪恶被根治之前,任何要医治当地这些流行病的说道都理所当然会遭到反对:'医生,你医治自己吧。'引文出自《圣经·新约·路加福音》第 4 章第 23 节,为耶稣说的话。——译注)"

⑳《字林西报》1919 年 4 月 5 日,第 7 页。科特涅夫(Kotenev)1925 年:第 574 页。这一补充条例的全文见第八章。

㉑《字林西报》1919 年 4 月 12 日,第 114 页。

㉒《字林西报》1918 年 12 月 14 日,第 645 页。

㉓《字林西报》1918 年 12 月 21 日,第 748 页。

㉔《字林西报》1919 年 4 月 12 日,第 114 页。

㉕《字林西报》1919 年 4 月 5 日,第 7 页。

㉖《字林西报》1918 年 12 月 14 日,第 645 页。

㉗《字林西报》1919 年 4 月 5 日,第 5 页,第 45 页;《中华医学杂志》1924 年第 38 卷

第 1 期(1 月),增刊,第 15 页。

㉘ 所谓的"淫风调查会"(SVC)由九人组成:三名由工部局指定,三名由道德促进会指派,另外三人由前六人指定。该委员会在其存在过程中一共开过 22 次会议,调查过 25 名目击者,查阅过市政档案,通过中国总商会征询过中方的看法。见"淫风调查会"1920 年:第 83 页。

㉙ 《字林西报》1919 年 7 月 5 日,第 48—49 页。(维多利亚女王 1901 年去世,标志着一个大时代的结束;当时的人猛烈抨击维多利亚时代的"假正经",维多利亚中期是英国的鼎盛时期,集中体现了当时的价值观;20 世纪初,特别是经过第一次世界大战后,原有的价值体系更是受到全面挑战。——译注)

㉚ 如第八章所详细陈述的,所有这些规定都已付诸实行。

㉛ "淫风调查会"1920 年:第 84—86 页。有关当时赞扬这一报告的记载,见《米拉德评论》(Millard's Review)1920 年:第 207—210 页。

㉜ 例如,它建议卫生官员在治疗性病方面要加强责任心,并要加强教育,病历要保存好。它赞同对希望之门加大资助力度,加强对拉客、淫秽广告以及在无照区域售酒的打击力度。但是,对于卖淫问题本身,与在妓院售酒问题相比,工部局认为颁发执照比压制更加可行。最后,工部局认为,对妓女的体检应该继续。《工部局公报》1920 年 4 月 1 日,第 124 页。

㉝ 《工部局公报》1920 年 4 月 9 日,第 164 页。工部局立场的支持者显然没有对这次会议做好充分的准备。几年后,当有关政策的辩论再一次爆发的时候,《字林西报》发现,1920 年的表决是"在房间里只有赞成者的情况下通过的,根本无视工部局所急切坚持的意见。"《字林西报》1922 年 8 月 26 日,第 571 页。

㉞ 《申报》1920 年 7 月 2 日。

㉟ 《工部局公报》1920 年 5 月 13 日,第 192—193 页;关于不合格高等妓院之事,见《申报》1920 年 7 月 2 日。

㊱ 一封由十人签署的信这样评论道:"我们对过去数年里卖淫业在外国租界中的空前增长感到震惊,认为必须立即采取果断措施才能制止其蔓延的势头。"另一封内容相似的信署名为江苏教育协会、上海教育协会、全国职业教育协会、中国侨联、上海西方归国同学联合会、世界中国学生联盟以及上海中国基督教青年会。《字林西报》1920 年 4 月 10 日,第 85 页。

㊲ 作者自忖道,将来当纳妾被废止以后,妓女或许会成了社会主义体制下的"共妻"。《晶报》1920 年 3 月 27 日,第 2 页。

㊳ 《晶报》1920 年 6 月 15 日,第 2 页。

㊴ 《工部局公报》1920 年 7 月 8 日,第 259 页。

㊵ 《工部局公报》1920 年 7 月 8 日,第 259—260 页。

㊶ 上海方言"只卖口,不卖身"。勒米埃(Lemière)1923 年:第 128 页。
并不是所有的人都同意歌姬是干净的另一类。基督教传教士弥尔顿·斯托

夫(Milton Stauffer)在1922年写道，“‘歌姬’或‘一流妓女’的地位问题是一个经常要提出的问题。这一类妓女既是献艺者，又是妓女，她们所得到的报酬是最高的。但中国一般的舆论总是把她们划入妓女一类。她们在上海公共租界对按照最新的工部局规章注册妓女执照并没有提出什么反对意见。按照中国政府颁布的妓院监管法规，她们毫无疑问被纳入四类需要监管的妓女中的第一类。”斯托夫(Stauffer)1922年：第396页。

㊷《工部局公报》1920年7月8日，第259—260页；此信也在勒米埃的书中印出，见勒米埃(Lemière) 1923年：第128—129页。

㊸《字林西报》1923年4月14日，第115页。

㊹《字林西报》1923年，4月21日，第176页。

㊺《工部局公报》1920年7月8日，第260页。

㊻ 至少有这样一个例子，新闻记者把关于公娼制的争论纳入他们有关高等妓女社交 508
生活的轻松报道中。1924年，《上海时报》的英文标题为：“歌艺之王秦寓小姐由于在永安顶楼花园的花榜选举中当选为‘香国大总统’，因而也成为上海歌女之王。此女为苏州本地人，数百年来，苏州一直因出美女而闻名天下，然而任凭她的魅力和美貌，也未能拧过工部局的操纵登记注册之手。”引自《晶报》1924年6月21日，第2页。这一选举显然是沿袭了第六章中描述的早先的花榜选举，该选举于1920年以后就停止了。

㊼《申报》1920年10月4日、10月8日、10月30日、11月19日、11月24日、12月12日、12月13日。

㊽《申报》1921年1月25日、5月26日。

㊾ 关于法租界事，见《申报》1920年7月2日；另见汪了翁1922年：第13页。关于闸北区事，见《晶报》1920年3月27日，第2页。

㊿ 汪了翁1922年：第23页。

(51)《申报》1920年5月31日。

(52) 汪了翁1922年：第23页。

(53) 彼得斯(Peters)1937年：第208页。

(54)《工部局公报》1920年：12月23日，第434页。《字林西报》评论说，完成摇珠抽签的过程中出了一点小小的麻烦：“三个数字蹦出后，击鼓出了一点错，本应该是第四个数字蹦进容器，谁知那整个881个号都翻了出来。这样一来……只好又重摇了一次。”《字林西报》1920年12月25日，第876页。

(55)《工部局公报》1921年：12月15日，第407页；《工部局公报》1923年12月13日，第435页。关于首批被关闭的妓院名单，见汪了翁1922年：第186—196页；第二次摇珠抽签，见第196—204页。汪(第204—214页)称，到1922年摇珠抽签之前，公共租界还有124家高等妓馆，401名高等妓女，而法租界还有2家高等妓馆，16名高等妓女。这两个租界合在一起还有7家幺二妓院，83名妓女，而两租界的高等妓女总数为 500 名。1922 年,《申报》报道说,12 月 5 日举行的第三次摇珠抽签涉及 343 家妓院。其中的三分之一,即 114 家,定于 1923 年 4 月 1 日前关闭停业。这一组包括 56 家长三妓院和 2 家幺二妓院。剩余的都是野鸡窝、广州人窑子以及花烟间了。见《申报》1922 年 12 月 4 日,12 月 6 日,12 月 18 日。

(56)《工部局公报》1924 年 4 月 3 日,第 138 页。

(57) 例如可见《字林西报》1921 年 3 月 26 日,第 813—814 页。

(58)《工部局公报》1922 年 4 月 13 日,第 120 页。

(59)《工部局公报》1922 年 6 月 22 日,第 223 页。

(60)《字林西报》1922 年 8 月 26 日,第 571 页。

(61)《字林西报》1922 年 8 月 26 日,第 574 页。

(62)《申报》1922 年 12 月 8 日。这并不是该会开展社会活动的最后一招。1923 年,它又提议为希望之门设立一辅助性机构,称之为“会审公廨之家”,被指控上街拉客的妓女可送到这里。“会审公廨每个月要审理 30 多例控告妓女上街拉客的案件。……通常是一小笔罚款,由妓院老板支付,妓女则又回到她原先那污浊不堪的生活环境中”,提出建议的伊萨克·梅森如是写道。他还说,警方对此建议是同
509 意的,会审公廨也鼓励设立这样一个机构,这样妓女们可以被送到这里来度过几天以替代罚款,她们在这里收押,同时也等候庭审。梅森还写道:“希望她们在此期间能悟到某种新的生活的希望。对有意利用这一机会者应尽可能予以帮助,使她们获得新生,在社会上做好人。”此机构将由中外妇女联合管理,设立一个由中国人担任的所监。《字林西报》1923 年 5 月 19 日,第 468—469 页。会审公廨之家于 1923 年 9 月开设,到了 1924 年 1 月,它收留了 51 名妓女,都是短期收留。《字林西报》1924 年 1 月 19 日,第 98 页。它延续了约一年的光景,收留了 100 多名妓女,从工部局获得 500 两银子的资助,但它最终因财政资助告罄而关门。《字林西报》1925 年 2 月 7 日,第 224 页。

(63)《字林西报》1921 年 1 月 24 日,引自上海巡捕房档案,盒 103,D3572。

(64)《字林西报》1923 年 1 月 6 日,第 32—33 页。关于 1885 年在伦敦发生的关于“少女贡物”的争论,其语言和分类均在上海的这些外国人的讨论中产生反响,见沃科维茨(Walkowitz)1992 年:第 81—134 页。

(65)《字林西报》1923 年 1 月 13 日,第 103 页。

(66) 胡寄凡 1930 年:第 8 卷,无页码;乙枫 1933 年之一:第 40 页。关于幺二妓院的迁移,见郁慕侠 1935 年:续集,第 34—35 页。

(67)《中国周报》(*China Weekly Review*)1927 年 8 月 20 日,第 8 页。有些高等妓院在第一次摇珠抽签后就已搬迁,这样它们就可以免交合法期限过后的季租,或不必费力地在关门以后向嫖客收债。《申报》1921 年 1 月 4 日。公共租界警方为便于对妓院进行检查,于 1921 年 1 月发布一项命令称,高等妓院不得按通常的习惯在春节期间更换场所。每年经常发生的多达三次的搬家使妓院得到一个邀请其客

人来访的借口。《申报》1921 年 2 月 11 日。有关高等妓院按节度结算的规矩，见第三章。

(68) 郭崇阶 1936 年：第 26 页。

(69)《字林西报》1924 年 1 月 19 日，第 98 页。

(70)《字林西报》1924 年 3 月 15 日，第 408 页。

(71) 芬奇(Finch)1953 年：第 11 页。

(72)《工部局公报》1924 年 3 月 6 日，第 92—93 页。

(73)《字林西报》1924 年 2 月 9 日，第 218 页。

(74)《字林西报》1924 年 10 月 18 日，第 115 页。

(75)《字林西报》1924 年 1 月 19 日，第 98 页；1923 年 10 月 20 日，第 187 页。

(76) 这篇文章的作者还指出，虽然彻底的禁娼需要经济和道德方面的改革，因而很难实现，但这并不是可以不用诸如 1920 年禁娼这样的短期措施的理由。文章说，实行了公娼制以后，人口贩卖更方便了，老鸨可以任意地虐待妓女，年轻人更容易走上歧路，性病的传播更厉害。《妇女杂志》1924 年：第 10 卷第 7 期(7 月)，第 1 067—1 068 页。有一份小报上也有谴责重发执照一事，见《晶报》1924 年 4 月 30 日，第 2 页。

(77) 这些规定从商务印书馆得到，1926 年：第 2 卷，第 46 页。

15 岁的年龄限制是《工部局公报》(1925 年 3 月 26 日，第 107 页)按外国人的算法规定的，这相当于中国人算法的 16 岁，此事在第八章中有描述。我无法获得 510
最早的关于妓院中年轻女孩的年龄规定材料，但关于因违反此规定而被罚款的这些场所的新闻报道至少从 1915 年开始。见第八章。

关于 1924 年的补充条款中对以往几项有更加严厉的规定一事，见《工部局公报》1925 年 3 月 26 日，第 107 页；1926 年 11 月 19 日，第 377 页；1929 年 8 月 9 日；第 325 页。

(78)1920—1926 年的执照税收材料，见《上海工部局报告暨预算案，1925 年》：第 43—44 页；又见《上海工部局报告暨预算案，1926 年》：第 412 页。

(79)《申报》1924 年 12 月 1 日；《申报》1925 年 4 月 13 日。

(80) 关于这方面的违规事例，见《申报》1922 年 12 月 11 日；《申报》1923 年 5 月 13 日，10 月 31 日；《申报》1925 年 4 月 19 日 11 月 16 日，12 月 7 日，12 月 21 日和 12 月 217 日。

(81)《字林西报》1923 年 4 月 28 日，第 270 页。

(82) 上海特别市政府秘书处 1928 年：第 1 卷，第 76 页 A。关于将卖淫业清除出旅馆一事，见《人言周刊》1934 年：第 1 卷第 4 期(3 月 10 日)，第 74 页。

(83) 会审公廨从 1912 年到 1924 年审理的上述两类案件数，见科特涅夫(Kotenev)1968 年：第 315—316 页。1925 年至 1926 年，见《上海工部局报告，1925 年》：第 42—43、56—57 页；以及《上海工部局报告，1926 年》：第 41—42、55—56 页。

㉘《中华医学杂志》1924年第38卷第1期(1月),增刊,第16—17、26—29页;《工部局公报》1924年1月17日,第15—16页;又见《字林西报》1923年1月13日,第102页;以及《工部局公报》1924年3月27日,第114页。

㉙《字林西报》1923年10月20日,第187页。

㉚《字林西报》1924年2月2日,第179页。南非籍法官R.C.菲瑟姆在他1931年给工部局准备的关于上海市行政管理的报告中说,这一运动是一个失败。他写道:"如何对一项根本无法消灭的邪恶实行有效的控制问题,一直没能解决,在现行法律之下,反对继续执行公娼制的决定给警方造成了一项极其困难的任务。目前警方的精力只限于把妓女围堵在某一些地区,并对上街拉客实行一定的控制。然而,近年来的治安形势对警方提出的特别要求使之很难再抽出人力来完成这样的任务。"菲瑟姆(Feetham)1931年:第2卷,第89—90页。

㉛《人言周报》1934年:第1卷第10期(4月21日),第203页;北京市公安局1988年:第209页;《晶报》1929年5月3日,第3页;5月27日,第3页。在许多其他城市,持照娼妓仍是合法的。例如,可参见北平社会调查所1931年:第8页的图表表示,在1930年,北平市从娼妓业征收营业税(妓捐)70 000元。在广州,当局于1935年制定了一个三年禁娼的计划。他们建议首先为妓女注册登记,以获得一个确切的数字,然后劝她们从良嫁人或另找一个工作。他们打算为剩余的提供社保福利,也准备采用其实在上海已经被证明无效的抽签吊销执照的办法。省市两级对广东妓女抽税相对来说是比较重的。《妇女月报》1935年:第1卷第3期(4月1日),第40—41页;《妇女共鸣》1935年:第4卷第11期(11月20日),第86—87页;李(Edward Bing-shuey Lee)1936年:第95—96页;以及林崇武1936年:第219—220页。

㉜《晶报》1929年5月3日,第3页;5月18日,第3页。

㉝《妇女共鸣》1934年:第3卷第12期(12月),第54页;孙玉声1939年:第3页。

㉞例如,《晶报》1929年3月21日,第3页;5月21日,第3页。

㉟《晶报》1929年2月15日,第3页;2月21日,第3页;3月12日,第2页;3月24日,第3页;4月21日,第3页;5月24日,第3页。这一问题的许多方面尚不清楚。2月15日的文章指名道姓说印花税务局的主事人为关炯之(音),而斯蒂芬斯(Stephens 1992年:第49、52页)认定他为1911年至1927年会审公廨中方高级法官。但这样一个著名的前任高官去当印花税的收税官好像不太可能。如若印花税的收税方案的确由他提出,那表明该事与公共租界当局的关系要比《晶报》所说的密切得多。

㊱关于禁娼问题的论点已在第十章中做了概述。开禁的命令是在1933年下达的,但实际正式开禁则定于1934年,还有一些报道说1935年时这个问题还在讨论。开禁后,娼妓业被局限在特定的地区,并限于16岁或以上的妇女(年龄大的女子也被禁止,但究竟多大未予说明)。这些妓女要经过体检。曹聚仁1933年;

《人言周刊》1934年:第1卷第4期(3月10日),第74页;《女声》1933年:第2卷第4期(11月25日),第1页;《妇女共鸣》1935年:第4卷第9期(9月20日),第59页。

最讨巧的开禁意见来自一名南京的警官。1935年1月,他在一次公开的讲演中指出,由于南京的男人数比女人多10万,这些男人感到性压抑,因此在南京嫖娼是不可避免的。此言使一妇女杂志的评论者大感讶异,为何在一次世界大战期间,德国和法国女性过剩却并未出现男妓以解决她们的性压抑问题;他反问警方,当南京的那些过剩男人离家出走后,谁又来解决他们妻子的性压抑问题呢?《妇女共鸣》1935年:第4卷第2期(2月20日),第32—33页。

还有人用南京禁娼一事来证明在中国现行社会体制下卖淫是无法消灭的,见李姗瑚1933年。关于抗议解禁的妇女团体的信件、电报及新闻发布会,见《妇女共鸣》1933年:第2卷第5期(5月),第40—44页。

关于苏州解禁后对卖淫颁发执照问题,见《市政评论》1936年4月16日,第31页。

㊓ 关于这一时期国民党统治上海的具体情况,见佩珀(Suzanne Pepper)1978年:第17—24、27—28、33—35以及121—128页。

㊔ 上海市秘书处1945年:第1卷第5期(12月15日),第11—12页;上海市档案馆1945年:卷宗1-62-44,第3页。

㊕ 上海市档案馆1945年:卷宗1-62-44,第3页。

㊖ 该条例的草稿存放在上海市档案馆1945年:卷宗1-62-44,第7—10页。正式发表的文本,日期为1946年12月11日(草稿拟订一年多以后),见上海市警察局法规汇编1947年(第20—21页)。

㊗ 上海市档案馆1945年:卷宗1-62-44,第25—26页。

㊘ (上海)《大公报》1946年1月21日。

㊙ 上海市档案馆1945年:卷宗1-62-44,第3页。实际上,政府最后颁发执照的是四种妓院:长三、幺二妓院、咸肉庄和野雉妓院。郁维1948年:第11页。

⑩⓪ 上海市档案馆1945年:卷宗1-62-44,第3—4页。

⑩① 上海市档案馆1946—1947年:卷宗6-9-666,第5页。

⑩② 上海市档案馆1946—1947年:卷宗6-9-666,第17—18页。

⑩③ 上海市档案馆1946—1947年:卷宗6-9-666,第8页。

⑩④ 上海市档案馆1946—1947年:卷宗1-10-246,第16—17页。

⑩⑤ 上海市档案馆1946—1947年:卷宗1-10-246,第32页。

⑩⑥ 上海市档案馆1946—1947年:卷宗6-9-666,第5页。10月,市长收到丽新家庭工业社一名叫杨鸿奎的写来的一封信,愿意帮助被收留的妓女学习刺绣,为禁娼出力,他认为娼妓现象"败坏社会风气,摧毁国家种族,其危害之烈甚于猛兽洪水"。杨愿意雇佣这些妇女从事刺绣工作。市长把他的信批复给社会局,但未见

任何下文。上海市档案馆 1946—1947 年:卷宗 1-10-246,第 25—27、47—48 页。

⑩ 关于这方面的抱怨,见上海市档案馆 1946—1949 年:卷宗 011-4-163,案例第 9,12,14,15 号;以及上海市档案馆 1946 年:卷宗 011-4-162,案例第 3 号。

⑩ 除了在后面要引述的案例以外,还可见上海市档案馆 1946—1949 年:卷宗 011-4-163,案例第 1,3,4,11 和 14 号;以及上海市档案馆 1946 年:卷宗 011-4-162,案例第 6,7,和 8 号。

⑩ 上海市档案馆 1946 年:卷宗 011-4-162,案例第 5 号。

⑩ 接连不断的有关行贿的举报引发了警局内部的一次调查运动,并最终澄清了有关警官处置不当的指控。妓院院主和妓女被课以罚款,但调查者的结论称,他们是违反了治安条例,而不是触犯刑法,因为并未涉及强迫卖淫,而且那些女人都是过去的向导社雇员,"并非良家出身。"关于躲藏在床下的妓院院主,警方日志称,"查本案……蔡文元虽设私娼践踏法纪罪有应得,然其双目失明无业,揆情尚属可原。"上海市档案馆 1946 年:卷宗 011-4-162,案例第 9 号。

⑪ 上海市档案馆 1946—1947 年:卷宗 1-10-246,第 49 页。

⑫ 上海市档案馆 1946—1949 年:卷宗 011-4-163,案例第 2 号;亦见同一卷宗,案例第 3 号。

⑬ 上海市档案馆 1946—1949 年:卷宗 011-4-163,案例第 15 号。

⑭ 上海市档案馆 1946—1949 年:卷宗 011-4-163,案例第 13,16 号。

⑮ 上海市档案馆 1946—1949 年:卷宗 011-4-163,案例第 17,9 号。第二封信的作者还抱怨说,当地的巡警腐败,授受妓院院主的报酬。亦见案例第 18 号。

⑯ 上海市档案馆 1946—1949 年:卷宗 011-4-163,案例第 10 号。

⑰ 关于这些组织浮沉的材料都见上海市档案馆 1945—1947 年:卷宗 011-4-260,多处。(上海)《大公报》(1946 年 2 月 7 日)报道说,347 家妓院院主向市政府请愿,要求组织"花女联谊社",作为书寓和其他持照妓女的协会组织。当局同意考虑,不知这是否是同一个社团。

1949 年以后,报上登出惠根泉是"反革命恶霸分子"的消息,说他曾把某名叫小梅的妓女活活钉进一口棺材里。关于他罪行(不是对他最后的判决)的综述,见《解放日报》1951 年 11 月 27 日。

⑱ (上海)《大公报》1946 年 2 月 21 日,3 月 7 日。这一批受检人数未告。执行体检的组织是上海性病防治所,不知该组织是否是后来描述的于 1946 年底成立的组织的前身。

⑲ 上海市档案馆 1946—1947 年:卷宗 6-9-666,第 8 页;1946—1947 年:卷宗 1-10-246,第 21 页。

⑳ 上海市档案馆 1946—1947 年:卷宗 1-10-246,第 64 页。曾在性病防治所工作的医生徐崇礼回忆说,许多妓女只注射那一定量的针剂,只要性病血检转为阴

性,她们就又回去工作了。乐嘉豫和徐崇礼 1986 年。
⑫ (上海)《大公报》1946 年 3 月 14 日。
⑫ 上海市档案馆 1946—1947 年:卷宗 1 - 10 - 246,第 68 页。
⑫ 妓女受体检人数见郁维 1947 年:第 18 页。
⑫ 郁维 1947 年:第 18 页。
⑫ 这些数字引自 1946 年和 1947 年合并的统计材料。关于这份合并的材料,见郁维 1947 年:第 17 页;关于逐年的数字和感染人数,以及对医疗方式的批评,均见郁维 1948 年:第 11—13 页。
⑫ 乐嘉豫和徐崇礼 1986 年。
⑫ 上海市档案馆 1948 年:卷宗 011 - 4 - 171,多处。该卷宗共包括 13 份这样的命令。11 份来自老闸区,1 份来自新城,1 份来自提篮桥。
⑫ 郁维 1947 年:第 18 页。
⑫ 上海市档案馆 1946—1947 年:卷宗 1 - 10 - 246,第 60—61、70、72 页。
⑬ 有关这一类的抱怨和政府作出的反应,见上海市档案馆 1946—1947 年:卷宗 1 - 10 - 246,第 76—80、99—101 页。
⑬ 《市政评论》1946 年:第 8 卷第 9 期(11 月 11 日),第 42—43 页。该机构的名称为上海市救济院妇女教养所。有关该组织的条款,见上海市救济院 1947 年。
⑬ 上海儿童福利促进会研究调查组 1948 年:第 44 页;陈仁炳 1948 年:第 154—155 页。
⑬ 上海市档案馆 1946—1947 年:卷宗 6 - 9 - 666,第 9—10 页。
⑬ 上海市档案馆 1946—1947 年:卷宗 1 - 10 - 246,第 86、90 页。
⑬ 上海市档案馆 1946—1947 年:卷宗 1 - 10 - 246,第 92—95、96、98 页。
⑬ 上海市档案馆 1946—1947 年:卷宗 1 - 10 - 246,第 60 页;上海市档案馆 1946—1947 年:卷宗 6 - 9 - 666,第 9 页。根据 1948 年的调查,到 1946 年底,大约有 8 000 名注册妓女,而到了 1947 年底,该数字缩小到 3 000 多一点,而私娼数却一直在上升。郁维 1948 年:第 10 页。
⑬ 《上海警察》1948 年:第 2 卷第 5 期(1 月),第 71 页。警察局还备有供舞女、妓女、流浪者及其他人的特殊户籍登记卡,写明注册者的姓名、住址、别名、正常的迁移和活动等。这些登记卡在多大的范围内发放和使用则不清楚。见《上海警察》1948 年:第 2 卷第 5 期(1 月),第 31 页。在下一期上有一篇文章,其中谈到需要警方进行特殊调查和管理的场所和人员,在不良职业类别中包括有经营妓院和从事娼妓业(歌女和舞女也包括在内)。妓女被说成是对公共卫生和道德有害的人,精于搜刮客人的钱财,企图无照营业。但她们又容易成为人口拐卖和虐待的受害者,故警方应加以监管。此外,她们被认为可以帮助警方从事一些侦察工作。该文章说,经过一定的训练,她们可以帮警方了解谁私藏武器,谁有可疑的劣迹。见《上海警察》1948 年:第 2 卷第 6 期(2 月),第 35—39 页。

⑱《上海警察》1948年:第2卷第5期(1月),第46页。该页图表上所给总数有误,又重新作了测算。1948年,上海警察局的正俗股股长在一次访谈中说,大多数新的妓女来自乡下。《家》1948年:第25卷(1月),第24页。

⑲《上海警察》1948年:第2卷第7期(3月),第73—74页。

⑳上海市档案馆1946—1947年:卷宗1-10-246,第90,87页。1948年4月,警方加大抓捕私娼的力度,并开放注册,在1948年的6月,他们就注册了1万名妓女。郁维1948年:第10页。

㉑参见上海市档案馆1946—1947年:卷宗1-10-246,第106—108页。

㉒乐嘉豫和徐崇礼1986年。

㉓上海市政府秘书处1945年:第1卷第3期(12月9日),第11页。

㉔对这些人的规定草案由警察局宣铁吾局长于1945年11月24日呈交钱市长。上海市档案馆1945年:卷宗1-62-44,第42—52页。对舞女的批复规定的签发日期为1946年1月8日,发表后收入上海市警察局法规汇编,1947年(第19—20页)。对酒吧和咖啡屋舞女的规定在第21—22页上。

㉕上海市档案馆1945年:卷宗1-62-44,第29—30页。

㉖(上海)《大公报》1946年1月5日。

㉗(上海)《大公报》1946年1月5日,第3页;3月5日,第3页;屠诗聘1968年:下,第77页。

㉘《上海的特殊职业》1946年:第13页。

㉙(上海)《大公报》1946年3月5日,第3页。

㉚(上海)《大公报》1946年2月7日。6月21日报上也刊有同样的数字。

㉛(上海)《大公报》1946年8月8日,第4页。

㉜除特别注明者外,此处的陈述基本上依照刘华农1948年:第40—47页;范西频(音)1979年:第190—199页。

㉝《现代妇女》(1948年:第11卷第2期[2月1日],第3页)估计,该禁令将影响到4 000名舞女和数万名其他方面的就业者。但范西频(1979年:第190—191页)作了另一个更为保守一点的估计,称受影响的为2 000多就业者,包括800多名注册伴舞女。

㉞《现代妇女》1948年:第11卷第2期(2月1日),第3页。关于一舞女(或用舞女口吻写)的一封信,抱怨找不到维持生计的工作,见同期杂志的第18页。

㉟《家》1947年:第23卷(12月),第422页。

㊱刘华农1948年:第44—47页。舞厅行业人员协会是由三青团领导的,关于三青团一地方官员对这次骚乱的回忆,见范西频1979年:第190—199页。

第十二章 革命者

① 这一章的一个压缩文本曾发表在贺萧(Hershatter)1992b中。曹漫之是上海军

管会政务接管会的副主任、人民政府的副秘书长和民政局的局长。他是20世纪50年代妓业改造运动的主要负责人,从收容妓女到治疗她们的性病、给她们进行工作培训都管。他称对于妓女的改造是接管上海的工作中一个"最复杂最困难的"问题。曹漫之,"前言",收入杨洁曾和贺宛男1988年:第1—2页。除另行注明,以下所有关于曹漫之的活动,均见本作者于1986年11月10日和20日在上海对他所作的访谈录。

② 杨洁曾和贺宛男1988年:第28—30页。
③ 西安、南通、青岛和武汉与上海在差不多的时候开展了类似的运动。关于这些城市的详细情况,见杨洁曾和贺宛男1988年:第22—24页。关于北京的情况,也见萧侃(Hsiao Kan)1950年,以及北京市公安局的材料,1988年。
④ (上海)《解放日报》1951年11月23日。
⑤ (上海)《大公报》1950年6月11日,第4页。
⑥ (上海)《解放日报》1951年11月23日。
⑦ (上海)《解放日报》1951年11月23日;(上海)《大公报》1951年11月27日,第1页。
⑧ 杨秀琴和徐惠清1986年。
⑨ 杨洁曾1986年。
⑩ 杨秀琴和徐惠清1986年;杨洁曾和贺宛男1988年:第34—36页。
⑪ 杨秀琴和徐惠清1986年。
⑫ 杨秀琴和徐惠清1986年。
⑬ 黄石1986年。
⑭ 《新闻日报》1951年11月27日,第1页;(上海)《解放日报》1951年11月27日,第1页;(上海)《大公报》1951年11月27日,第4页。
⑮ 杨秀琴和徐惠清1986年。
⑯ 例如,(上海)《大公报》1951年11月26日,第6页;12月14日,第4页;《新闻日报》1951年11月25日,第4页;11月27日,第4页;以及晓文1957年:第24—27页。关于在20世纪80年代重述的一些有关拷打折磨的细节,见贺宛男1984年:第20—22页。
⑰ (上海)《大公报》1951年11月27日,第4页;《新闻日报》1951年11月27日,第1页。
⑱ 郁维1948年:第12页。
⑲ 郁维和阿莫斯·王1949年:第237页。
⑳ 杨洁曾1986年。曹漫之在1986年回忆说:

> 你把她们送到收容所,老百姓在两旁看着,会想:共产党怎么这么不讲道理?(他们也不知道这些人是妓女。)怎么随便把老百姓都抓到车上,一抓一车一车的,往郊区里送,共产党专门抓女人卖呀,谣言来了。第二天,我

们赶快通过电台广播,是收容妓女。……当时我们受了好多冤枉,老百姓也骂:共产党混蛋,你们解放军的纪律这么好,怎么可以把女人抓起?共产党没老婆,共产党不带老婆进城。外国的军队侵略中国的时候都带着妓院的。而共产党没有军妓,所以没办法了,到处抓妇女解决它的军妓。

㉑ 曹漫之 1986 年。
㉒ (上海)《大公报》1951 年 11 月 27 日,第 4 页。
㉓ 杨秀琴和徐惠清 1986 年。
㉔ 曹漫之 1986 年。
㉕ 杨洁曾 1986 年。除了这一章中所叙述的改造过程外,还可以见丘萨克(Cusack) 1958 年:第 237—259 页;陆绯云和张钟汝 1983 年;以及阿昭 1984 年。
㉖ 关于在中华人民共和国全国范围内消灭性病的计划,见科恩等(Cohen et al) 1993 年。在上海这样一些开放的港口城市,曾进行过群众性的梅毒普查。公共卫生部门的工作人员向人们提出的问题中,就包括你们是否有与妓女发生性关系的经历这样的问题。科恩等指出,"西方文明和资本主义"被认为是性病传播的元凶,而消灭这样的疾病被说成是爱国行为。
㉗ 贺宛男 1984 年:第 21 页。
㉘ (上海)《大公报》1951 年 11 月 30 日,第 4 页;杨秀琴和徐惠清 1986 年。
㉙ 上海市民政局 1959 年:第 3 页;贺宛男 1984 年:第 21 页。这是数量相当大的一笔钱。到 1958 年这个所撤销之前,到这个所来的妇女大概有 7 000 人。如果其中的一半患有性病(3 500 人),那么政府在每个人身上的平均花费是 51 元。粗略地比较一下,1952 年国内人口的平均产值是 126 元。金(King) 1969 年:第 181 页。
㉚ 乐嘉豫和徐崇礼 1986 年;杨洁曾 1986 年。
㉛ 曹漫之,见杨洁曾和贺宛男 1988 年:第 iii—iv 页;乐嘉豫和徐崇礼 1986 年。
㉜ 曹漫之 1986 年;杨洁曾,1986 年。
㉝ 《新闻日报》1952 年 8 月 22 日,第 4 页;上海市民政局 1959 年:第 2 页。
㉞ 上海市民政局 1959 年:第 2 页。
㉟ 杨秀琴和徐惠清 1986 年。
㊱ (上海)《大公报》1951 年 12 月 14 日,第 4 页。像对待官方报纸上大多数声称意识形态工作取得成功的文章一样,读这篇文章的时候也应留心。劳教所的女负责人杨洁曾在 1986 年的访谈录中说,"在一开始……她们视而不见、听而不闻,她们根本就不肯听。我们给她们看电影,她们也不看。"杨洁曾 1986 年。

禁娼运动开始后一段时间,上海电影制片厂拍摄了一部关于这场运动的电影《烟花女的新生》。顾良 1969 年:第 7 页。
㊲ 对 7 513 名被该所收容女子的统计表明,673 人来自上海,2 627 人来自江苏省各地区,2 379 人来自浙江,其余的来自其他省份。民政局,无日期。

㊳ 韩起澜(Honig)1986 年:多处。

㊴ 杨秀琴和徐惠清 1986 年。这一段陈述显然是基于改造者的回忆,而非被改造者。前妓女们在回忆起自己的籍贯地和等级类别归属感时,会与这段陈述不同,这当然是很可能的。

㊵ 黄石在这一阶段曾负责过刑警队的工作,他说,妓院中最厉害的并不是鸨母,而是男的业主,他与强人帮伙有联系。业主是被判刑入狱的,他们中的一些人与日本人合作或犯下其他"反革命罪行"的还被处决了。老鸨一般是由居委会的治保小组管制。黄石 1986 年。

㊶ 杨洁曾 1986 年;贺宛男 1984 年:第 20 页。

㊷ 杨洁曾 1986 年。

㊸《新闻日报》1952 年 8 月 22 日,第 4 页。

㊹《新闻日报》1952 年 8 月 22 日,第 4 页;杨洁曾 1986 年。

㊺ 上海市民政局 1959 年:第 2—3 页。

㊻ 杨秀琴和徐惠清 1986 年。

㊼ 贺宛男 1984 年:第 22 页。

㊽ 上海市民政局 1959 年:第 3 页。

㊾ 黄韵秋和王定斐 1986 年。关于她们的日常生活作息,见(上海)《大公报》1951 年 11 月 30 日,第 4 页。

㊿ 杨洁曾 1986 年。

(51) 当然,现存关于这一改造过程的所有的中文资料,都大谈其成功。而在 1958 年访问过这一劳教所的德国人彼得·施密特(Peter Schmid),却与这一热情相反,给人以一种心冷的感觉。他说该所的负责人杨洁曾是"一个反色情主义的化身:脸像一只蜘蛛,没有一点母性的慈祥,而人们本来无疑会以为处于她那个位置上的人应是体贴仁慈的。她一直冷到骨子里,所以也没生孩子,为献身工作——对堕落的女人进行再教育,她与丈夫也分了手"。施密特暗示,杨被授权管理这些漂亮的女人,心里有一种恶意的快感。他对劳教所的描写(施密特[Schmid] 1958 年:第 110—111 页),部分如下:

> ……这个劳教所与一所监狱差不多——四面灰墙,大门上方有一颗红五星,关在里面的人与外界隔绝,只有每两个月一次的亲属来访……院内有一块黑板,上面用中文大字骄傲地写着劳教所的宗旨:"我们与妇女的堕落进行战斗,努力创造新人。"
>
> 但当我满怀希望地搜寻这种"新人"的时候,我所发现的只是与过去一 518
> 样的混合物:生产指标就像揭示出来的最高真理,红旗,毛的画像。没有一处能看到一朵鲜花,一只小鸟,或任何能在这些被践踏的灵魂中点燃起真正的温柔的东西。我没有作任何隐瞒,告诉了杨女士我对她这个不入道的劳教所的看法。在车间里,从前的妓女们像沙丁鱼一样密集地坐在机器前,织着

袜子和手套。下午等着上夜班的人,也那样密集地挤在宿舍里小睡。我问杨女士这些女人一般得在这个魔窟般的工厂里呆多久,她的回答是"六个月"。

这一番描述裹挟在一个反对共产主义的非人道故事中,它与中国官方讲述其人道的立国学说,其实是一样的。两者对改造运动的评价截然相反,然而这两种故事都基于一种同样的假设,即只有诉诸女人的"自然"天性,才能接近她们。对施密特来说,这些天性包含在温柔、爱美,以及绝非是"冷到骨子里"的性感之中;而对于中国的改造者来说,这些天性则包含在女人作为女儿、妻子和母亲被重新纳入家庭之时。

㊾ 杨洁曾和贺宛男 1988 年:第 49—50 页。
㊼ 曹漫之 1986 年。
㊾ 杨秀琴和徐惠清 1986 年。
㊾ 杨秀琴和徐惠清 1986 年。舞女当年曾成功地阻止了国民党对她们的取缔,现在共产党政府又把她们召集起来,告诉她们说她们先要领取执照,然后再给她们找别的工作出路。曹漫之说,这个问题大概用了两个星期才解决,阻力主要在很难把这些舞女召集到一起,然后给这一屋子的浓施香水的女人们训话:

> 我们决定取消舞厅,因为舞厅有时和妓女是分不开的,跟败坏社会的风气分不开的,而且有时有些舞厅就是卖淫。另外,舞厅都是青红帮绝对控制的,因为赚钱赚得多……我在大光明开大会,舞女坐得满满的,座无虚席。
>
> 我给舞女作了两个大报告,所有的舞女都来。舞女(比妓女)好一点是好一点,不过撒在身上的香水,单独一个人在家,两个人马马虎虎,如果三个人以上,那味道就没办法在屋子里,那么一千多人都在一个屋里听报告,而且身上都喷了香水,你进去不吐就相当不错了……
>
> 后来文化程度高一点的,学习打字,做文书等,其他一般的是做工人。收入比过去少,也有怨言,也并不是很高兴,因为舞女的收入多,吃的也好……
>
> 曹漫之 1986 年。

㊽ 黄韵秋和王定斐 1986 年。
㊾ 杨洁曾 1986 年。
㊿ 杨秀琴和徐惠清 1986 年。
㊾ 杨秀琴和徐惠清 1986 年;另见上海市民政局 1959 年:第 4 页。杨洁曾(1986 年)估计,总共有 900 多人被送往新疆。

把这些妇女送出上海的决定在上海人中也不是没有争议。曹漫之回忆说,当时有一个计划要把一批人送到江苏北部的时候,

> 谣言又来了,说要把她们送到苏联的北部去,送到西伯利亚,苏联的北部去,"苏北"么。那个地方是零下四十多度,这些人一去就冷死了。说苏联的那个地方没有人,需要中国去一批人,给他们开荒。说半路上就都死光了。
>
> 曹漫之 1986 年。

⑥⓪ 杨洁曾 1986 年。
⑥① 杨洁曾 1986 年。
⑥② 1995 年在上海放映了一部电影《红尘》(英语译作《不受欢迎的女人》),讲的是西安的一个改造好的妓女一直被人背后议论的事。这女人和她丈夫被折磨了整整 30 年。到了 20 世纪 80 年代,那男人终于离去,而她自杀了;他懊丧地回来时却已经太晚了。对这个故事中所讲述的被改造的妓女的遭遇,要得出任何结论性的说法恐怕都是不明智的,但电影仍暗示,使这样的女人重新融入当地的社会,本身就包含了戏剧性冲突的可能性。我在此对凯塞琳·欧文(Kathleen Erwin)给我这部电影的情节概述表示感谢。
⑥③ 杨洁曾和贺宛男 1988 年:第 124 页。在这些人当中,858 名曾是注册妓女,而 6 655 名是无照妓女。民政局,无日期。
⑥④ 1951 年 11 月,当第一批妓女被收容进来时,《新闻日报》报道说,居民们都出来看公安局的人把妓院围得个水泄不通,他们说这一下令四邻不安的喧闹声、饮酒作乐和争吵终于要到头了。《新闻日报》1951 年 11 月 27 日,第 1 页。有关会乐里居委会和家庭主妇联合会给编者的信以及城里其他居民支持围捕的来信,见(上海)《大公报》1951 年 11 月 26 日,第 6 页。这一精心组织起来的声援,显然无法反映居民们在国家进入一个高效的地方化的控制状态时所经历的一种复杂的矛盾心情。
⑥⑤ 关于中华人民共和国国内对居民住户和工作场所的监管工作,见达顿(Dutton)1992 年:第 187—245 页。
⑥⑥ 关于这一问题,见斯泰西(Stacey)1984 年:第 203—247 页。
⑥⑦ 约翰逊(Johnson)1983 年。
⑥⑧ 艾华(Evans)1991 年;艾华(Evans)1995 年。
⑥⑨ 这一段文本曾出现在贺萧(Hershatter)1996 年:第 87 页。

第十三章　命　名

① 舍恩哈尔(Schoenhals)1992:第一章;引文出自第 1—2 页。
② 例如,在 1965 年 8 月,说社会主义社会是"有阶级的社会"是正确的,但说它是"阶级社会"就是不正确的。舍恩哈尔(Schoenhals)1992:第 7 页。
③ 高小贤和杜黎(音)1993。
④ 王行娟 1993 之二。
⑤ 但也可以参看 1927 年的一篇文章,作者黄石提出应区分"娼妓制度"和范围更宽的"卖淫制度",前者指有照卖性,后者包括无照经营和兼营卖性,人数多得多。黄石 1927:第 796—798 页。
⑥ 泰勒(Tyler)1993。邓小平在 1992 年的一次讲话中说,这一决定是他犯的一个大错。

⑦ 伯恩斯(Burns)1985;萨瑟兰(Southerland)1985;加根(Gargan)1988;伊格内修斯和梁(Ignatius and Leung)1989;孙(Sun)1992。

⑧ 加根(Gargan)1988;第4页。这方面报道的相似程度使人怀疑记者们是否都读了相同的背景材料,雇佣了当地的同一批线人,或只读了对方的报道。试比较加根的话和三年后莉娜·孙发表的报道:"在社会主义道德观成为信条之前,娼妓活跃在中国的口岸城市。三四十年代的上海因妓院泛滥而臭名昭著。1949年共产党接管后,根除娼妓业之类的社会罪恶成了首要任务。妓院被封,数千名妓女被送往教养所。此后数十年中,官员们声称娼妓业和性病已从大陆消失。"孙1992。

⑨ 孙(Sun)19920

⑩ 伯恩斯(Burns)1985;第12页;萨瑟兰(Southerland)1985;第A20页。改革政策是逐步出台的,实施情况也不均衡,其中包括实行农业的联产承包制,逐步实现工业企业自负盈亏,中央将更多的财政权、计划权下放到地方政府,发展个体企业,取消部分国家补贴,放宽对迁徙的限制,增加外国投资和贸易等等。

⑪ 顾良(Ku Liang)1969;第8—10页。

⑫ 雁平1977;第11—17页。

⑬ 雁平1977;第11—13页。

⑭ 中国学者用英语写的讨论娼妓问题的文章,见阮芳赋(Ruan Fangfu)1991;第73—84页。

⑮ 以海外华侨为读者的、根据中国新闻报道写的对性行业的一般描述,见《华侨日报》1986年3月1日;《世界日报》1993年10月18日。

⑯ 《公安部严惩卖淫嫖娼》(文稿)。北京新华社英文通讯(1991年9月6日,格林尼治时间8:47)。《外国广播监听局外国媒体每日摘要——中国》,1991年9月10日(PrEx 7.10:FBIS-CHI-91-175),第31页。("婊子贩子"英文原文"whoremongers"。——译注)

⑰ 《中国新闻文摘》1994年2月26日。另一个评估统计数字的方法是看深圳的一次整顿卖淫嫖娼的情况。这次运动在1992年4月1日至6月15日之间共拘留1 747人,其中53.5%是娼妓,40.5%是嫖娼者,6%是拉皮条的。见《世界日报》1992年7月6日,第13页。即使取1986年至1993年年中这段时间内较低的统计数字(根据附录一下的表2,这部分数字相加共计940 300人),再乘以上述百分比,可得出在七年半时间内,光是拘留的妓女就达503 061人。即使其中一些妇女拘留不止一次,但从大的数字范围说,仍关系到50万左右的妇女。

⑱ 王行娟1990;第5页。

⑲ 城市流动人口的规模、不稳定性和就业问题是中国官方和学者特别关心的问题。对上海、北京和杭州所作的调查发现,"1986年日均暂住人口上海为183.4万,在710.2万上海总人口中占25.1%;北京为100万,是596.7万总人口中的17.6%;

注 释

杭州为25万,占120万总人口中的20.1％。在改革开放前的1977年,上海、北京、杭州三市的暂住人口分别是60万、50万和8.62万。"周伟欣(音)《中国城市地区犯罪活动的分析》,《社会》第5卷第20期(1988年5月),第12—16页;译文见联合出版物研究处JPRS-CAR-88-047(1988年8月19日),第44—48页;统计数字在第44页。亦见李梦白和胡欣1991;柴俊勇1990;潘力(音)1991;苏黛瑞(Solinger)1991;苏黛瑞(Solinger)1992;韩起澜(Honig)1993。关于流动人口中的少女(15岁及以下)以及其中一小部分涉足娼妓活动的情况,见佟新1993。

⑳ 中国研究方面的例子见苏黛瑞(Solinger)1991:第11页,注释第60—63。

㉑ 高小贤和杜黎(音)1993。

㉒ 1985年开始对广州和周边地区的情况作详细报道,例子见《华侨日报》1986年3月1—3日。据报道,上海的娼妓活动在1989年和1990年左右明显化、公开化了。陆星儿1993之二。

㉓ 伊格内修斯和梁(Ignatius and Leung)1989。

㉔ 陈一筠1992;陆星儿1993之二。

㉕ 《全国人大检查卖淫嫖娼问题并制定对策》(文稿),香港《九十年代》(1991年10月1日)第216期,第11—13页。《外国广播监听局外国媒体每日摘要——中国》,1991年10月9日(PrEx 7.10:FBIS-CHI-91-196),第27—28页。

㉖ 关于部队的酒店,见伊格内修斯和梁(Ignatius and Leung)1989:第A23页;伊格内修斯和梁(Ignatius and Leung)1990?:第A11页。关于妇联宾馆的情况,见克里斯托夫(Kristof)1993。关于上海的妓院,见马尔霍特拉(Malhortra)1994及伯鲁玛(Buruma)1996:第48页。

㉗ 以上根据我本人1993年6月26日在上海的观察。马尔霍特拉(Malhortra)1994中生动地描写了好几个迪厅酒吧、私人夜总会和妓院中类似的活动。

㉘ 拉格(Lague)1993。

㉙ 但妓院并非完全不存在。1992年,华侨的报纸报道说有三个香港商人被捕,因他们企图在深圳的一个县里办一个兼营妓院的夜总会。同管理人员一起被拘留的有28个"公关小姐",她们接受培训,为富丽堂皇的夜总会拉客人,向客人出售高价酒并陪同他们喝酒。夜总会还有一条规矩,就是第一天上班的"公关小姐"必须以1000元的价钱陪同客人睡觉,收入与夜总会分成。警方发言人说,这些安排是模仿了香港夜总会的做法。《世界日报》1992年7月6日,第13页。关于上海出现妓院的情形,见马尔霍特拉(Mal-hortra)1994。

㉚ 王行娟1990:第5—6页。

㉛ 陆星儿1993之二(未注页码);陈一筠1992;我本人1993年6月26日在上海虹桥饭店从谈话中了解的情况;李(Nora Lee)1995。

㉜ 伊格内修斯和梁(Ignatius and Leung)1989:第A1页。

㉝ 《华侨日报》1986年3月1—2日。1988年,在对深圳公安局拘留的483名嫖客和

10个拉皮条人的访谈基础上整理的统计数字表明,43.1%的嫖客来自香港,43%是深圳和广东省各县市的,其余是外省市的。这些人的职业分类如下:

司机	37.3%
业务员、承包者或个体户	34.5%
干部	16.1%
无正当职业	12.1%

王行娟1990:第3—4页。

关于四川高层干部被捕的事情,见《世界日报》1993年10月18日。1992年在湖南益阳,政府部门一周内抓了28个嫖客,发现其中半数是50岁以上的退休人员。这14人中,两个是鳏夫,其余都有妻子。大多数人是初犯。新闻报道评论说,这些人退休后感到生活寂寞,想寻求刺激。一个生活富裕的67岁老人觉得退休后的日子很无趣,他在所住的街道上认识了几个妓女,就请她们每天上午10点钟来家"销魂",这时他的子女都已去上班。《世界日报》1992年7月28日,第13页。

㉞ 陆星儿1993之二。

㉟ 有一例涉及上海复旦大学的交换留学生。她们利用放假期间、通过学校被广东的一家歌厅录用。学生们发现,歌厅的经理要她们同职工和客人睡觉。复旦的发言人否认说根本不知道有这种安排。文章在结尾时说,"俄国和东欧的共产主义垮台后,那里的妇女涌入中国做买卖或当女招待;其中有些人当上了妓女,因为中国人有时认为白种女子比中国女子更吸引人,也更随便。沙琳·傅(Charlene Fu)1993。6月中旬,成都当局驱逐了9名俄国妇女,她们是几个月前被当地的公司和饭店雇用的。尽管警局过于显眼地不说她们犯了什么事,但含义很清楚,她们做了妓女。《9名俄国妇女》1993。关于上海的卖淫少女,见《中国新闻文摘》1994年3月22日。

㊱ 高小贤和杜黎(音)1993。

㊲ 陆星儿1993之二。中国工商业者中出现了有钱阶层,助长了"包二奶"的风气,当局将这些女人也划入卖淫之列。作家陆星儿讲述了一个包身女人、上海护士达琴的故事。达琴在某娱乐中心遇到海南来的一位公司经理。(海南和广州等南方地名一样,都意味着贪欲、邪恶、堕落。)他邀请她同去苏州,叫了一辆出租,车钱付了360元。达琴心想自己辛苦一个月,其中半个月要上夜班,拢总才挣300元。后来陪他去见苏州市领导,都是很有权的人物,便更受他吸引了。他对她说,除了老婆,她是第一位的,回海南后每个月都寄给她很多钱。虽说达琴有个男友,在合资企业工作,一月工资700元左右,但她算算两个人加起来不过上千元,"还不够买条裙子",所以就同他吹了。她其实并不爱那个海南的经理,但觉得他对自己挺好。下班后能随便打出租,能请朋友们出去吃饭,看着她们艳羡的样子,她觉得很开心。(那个不知疲倦的男人据说在上海还养了一个情妇,是他在南方遇到的一

个妓女。)陆星儿1993之一：第23—25页。

㊳ 王行娟1990：第4页。

㊴ 《引自官方报刊的娼妓活动案例》(文稿)。香港法新社英文通讯(1989年1月16日，格林尼治时间9:35)。《外国广播监听局外国媒体每日摘要——中国》,1989年1月17日(PrEx 7.10:FBIS-CHI-89-010),第34—35页；孙(Sun):1992；阿乔1993：第53—55页。

㊵ 《山东省召开取缔卖淫嫖娼讨论会》(文稿)。济南山东人民广播电台中文广播(1992年8月3日，格林尼治时间23:00)。《外国广播监听局外国媒体每日摘要——中国》,1992年8月5日(PrEx 7.10:FBIS-CHI-92-151),第50页。

㊶ 阿乔1993：第53页。

㊷ 阿乔1993：第53—55页。

㊸ 阿乔1993：第55页。

㊹ 《西安法治报》1993：第486期,7月2日,第2页。

㊺ 加根1988：第4页。

㊻ 叶坡1989：第8页。王行娟1990。拉皮条客有时成了保释保证人：有两位外国记者在广州火车站采访了一个姓冯的上海皮条客，他同从小认识的两个女人来到广州，三人住在旅馆里，同嫖客的联络由旅店方面负责。记者是在两个女人被拘留后采访冯的，他正准备回上海筹钱，以便打通关节好让"他的女孩"早点回去工作。伊格内修斯和梁(Ignatius and Leung)1990?：第11页。

㊼ 绑架胁迫卖淫的例子，见《世界日报》转载的《厦门日报》的报道。《世界日报》1992年7月31日,第11页。

㊽ 孙(Sun)1992；马尔霍特拉(Malhortra)1994。

㊾ 陆星儿1993之二。如下面的注释所示,1990年上海确实处决了两名拉皮条人。

㊿ 据《亚洲华尔街日报》1990年的报道,"去年[1988?]仅在广州就处决了15名拉皮条客。"伊格内修斯和梁(Ignatius and Leung)1989；第A23页。这些案子多属数罪并罚，不只是拉皮条，同时还犯有强奸、人身威胁等其他罪行。被处决的两个拉皮条客同时犯了抢劫、伤害客人罪，见《广州、上海严惩犯罪、卖淫》(文稿)。香港法新社英文通讯(1992年6月4日，格林尼治时间12:47)。《外国广播监听局外国媒体每日摘要——中国》,1992年6月5日(PrEx 7.10:FBIS-CHI-92-109),第25—26页。关于上海1990年的情况，见《上海市处决两名拉皮条客》(文稿)。上海市中文服务社(1990年11月30日，格林尼治时间23:00)。《外国广播监听局外国媒体每日摘要——中国》,1990年12月3日(PrEx 7.10:FBIS-CHI-90-232),第47页。北京处决一名胁迫妇女卖淫并杀人的拉皮条客，报道见《北京法院判处重犯死刑》(文稿)。《北京日报》,(中文,1990年11月18日),第1页。《外国广播监听局外国媒体每日摘要——中国》,1990年12月20日(PrEx 7.10:FBIS-CHI-90-245),第69—70页。

(51) 王行娟 1990:第 5 页。不论有无拉皮条的,显然团伙卖淫正呈上升趋势。对北京 100 名妓女劳教人员的调查发现,28 人曾与两人以上有互助关系,相互介绍嫖客,联系集体色情服务活动并收取费用。见北京市天堂河劳教所 1992?:第 3 页。一项调查表明农村妇女不只是单纯地流入了城市的卖淫业,而是组成了"卖淫专业户",家庭收入以卖淫所得为主,有时姐妹、姑嫂、母女或夫妻一同来到城市卖淫。刘达临等 1992:第 717 页;王行娟 1990:第 5 页;王行娟 1992 之一:第 426 页。

(52) 1991 年,一个叫张玉珍的上海妇女因充当老鸨被判处 7 年监禁。《上海法院判处淫秽罪》(文稿)。上海《文汇报》(中文,1991 年 1 月 15 日),第 2 页。《外国广播监听局外国媒体每日摘要——中国》,1991 年 1 月 24 日(PrEx 7.10:FBIS - CHI - 91 - 016),第 47—48 页。

(53) 萨瑟兰(Southerland)1985:第 A20 页;《华侨日报》1986 年 3 月 1 日。

(54) 文韦 1990:第 21—22 页。

(55) 如《华侨日报》1986 年 3 月 3 日。

(56) 北京娼妓教养中心于 1986 年在北郊成立。到 1991 年 9 月,总共收容过 427 名妓女。《娼妓教养中心简况》(文稿)。北京新华社英文通讯(1991 年 9 月 5 日,格林尼治时间 13:56)。《外国广播监听局外国媒体每日摘要——中国》,1991 年 9 月 6 日(PrEx 7.10:FBIS - CHI - 91 - 173),第 38—39 页。

(57) 例如,1987 年 9 月北京市天堂河劳教所建队的时候,96 个女劳教人员中,卖淫的 22 人(占 22.9%)。到 1991 年 8 月,对在押人员分类进行再教育时,171 个劳教人员中有 108 人当过娼妓(占 63.2%),卖淫的比例上升了 40.3%。北京市天堂河劳教所 1992?:第 1 页。据 1987 年对上海几所妇女和青少年劳教机构的一项调查,在三年内因卖淫进所劳教的妇女人数几乎增加了 4 倍。在刘达临进行的一项全国性调查中,调查对象 2 136 名男女性犯罪人员中,有 385 人是卖淫妇女,占妇女性罪错人数的 61.1%。刘达临等 1992:第 716 页。

(58)《公安部严惩卖淫嫖娼》(文稿)。北京新华社英文通讯(1991 年 9 月 6 日,格林尼治时间 8:47)。《外国广播监听局外国媒体每日摘要——中国》,1991 年 9 月 10 日(PrEx 7.10:FBIS - CHI - 91 - 175),第 31 页。其中大多数劳教机构的设立时间不详。1988 年 3 月,公安部副部长俞雷在报告中说全国已经设立 68 家卖淫妇女收容所和改造中心。王行娟 1992 之一:第 420 页。

(59) 王行娟 1992 之二。广州的收容所是 80 年代中期由地方政府花 600 万元资金建造的。《华侨日报》1986 年 3 月 3 日。北京妇女教养所于 1988 年 10 月建立,收容四五百人。王行娟 1992 之二。上海妇女教养所于 90 年代初建立,由公安局领
525 导。1993 年,该所收容了服刑 1—2 年的妇女 800 多名,其中大多数是下层妓女。陆星儿 1993 之二:未注页码。在北京天堂河劳教所的 100 名娼妓中,"一进宫的 90 人,二进宫的 9 人,三进宫的 1 人。"北京市天堂河劳教所 1992?:第 2 页。在王行娟做调查研究的一家广州的收容教养所里,98%的被收容者为初犯。王行娟

1990:第 7 页。
⑥⓪ 北京市天堂河劳教所 1992?:第 1 页。
⑥① 北京市天堂河劳教所 1992?:第 8—9 页。
⑥② 北京市天堂河劳教所 1992?:第 9 页。另有一篇纪实报告也说被管教的女人相互之间学坏、搞同性恋。见庞瑞垠等 1989:第 65 页。
⑥③ 王行娟 1990:第 7 页。
⑥④ 王行娟 1993。
⑥⑤ 王行娟 1990:第 7—8 页。关于劳动改造常进行不必要的劳动,见陈一筠 1993。
⑥⑥ 一项研究表明,对管教人员的保护措施很不够,不能保证使她们不染上性病。还有一些资料说,警察也可能染病。但这里说的是哪一种性病或什么样的传染途径则不明确,我们甚至不知道管教人员是否懂得各类性病是怎样传播的。王行娟 1990:第 8 页。
⑥⑦ 王行娟 1990:第 7 页;王行娟 1992 之二;陆星儿 1993 之二。
⑥⑧ 据 1985 年上海的一项调查,在女性犯性罪错的人中(包括因卖淫被收容者,但不限于卖淫),有 20%—30% 成为重犯。刘达临等 1992:第 742 页。1988 年,广东省司法厅对 1 133 名获释 3 年以上的女劳教人员所作的跟踪调查发现,表现好的有 23.9%,表现一般的 36.4%,表现差的 14.5%,有 14.5% 的人又回头从事非法活动,8.4% 成了罪犯。王行娟 1990:第 7 页。
⑥⑨ 陆星儿 1993 之二。
⑦⓪ 北京市天堂河劳教所 1992?:第 2 页。
⑦① 高小贤和杜黎(音)1993;陆星儿 1993 之二。
⑦② 陈一筠 1992。
⑦③ 《为洋人拉皮条被开除党籍》(文稿),北京《人民日报》(中文,1989 年 7 月 9 日)第 4 页,《外国广播监听局外国媒体每日摘要——中国》,1989 年 7 月 17 日(PrEx 7.10:FBIS-CHI-89-135),第 31 页;《法律惩治嫖妓干部》(文稿),北京新华社英文通讯(1989 年 12 月 7 日,格林尼治时间 9:08),《外国广播监听局外国媒体每日摘要——中国》,1989 年 12 月 7 日(PrEx 7.10:FBIS-CHI-89-234),第 13 页《广西指控 300 名干部犯有 6 项罪名》(文稿),北京中国新闻社(1990 年 1 月 25 日,格林尼治时间 13:17),《外国广播监听局外国媒体每日摘要——中国》,1990 年 1 月 26 日(PrEx 7.10:FBIS-CHI-90-018),第 44 页;《前官员因"不良行为"遭监禁》(文稿),香港中国通讯社(中文,1992 年 1 月 24 日,格林尼治时间 12:13),《外国广播监听局外国媒体每日摘要——中国》,1992 年 1 月 27 日(PrEx 7.10:FBIS-CHI-92-017),第 58 页。
⑦④ 北京市天堂河劳教所 1992?:第 2 页;全国的数字从刘达临等 1992:第 719 页推算。
⑦⑤ 叶坡 1989:第 8 页;王行娟 1990:第 3 页。

⑦ 在对广东省被收容妇女的调查中,社会学者陈一筠发现有50%的妇女来自破裂的家庭或忽视子女的家庭,因此她们都想离开家。陈一筠1992。王行娟(1992之二)也提到离异,并说许多娼妓小时候或青春期就遭到过强暴。1988年,冯天韵对上海市劳动教养所205名性罪错(不只是卖淫)妇女做了调查,在123名13—20岁之间的年轻妇女中,发现23.9%"因在幼女或少女时遭到性伤害而走上违法犯罪道路"。即使不认为其中必然有因果关系,我们也不会不注意到报告中提到的很高的性伤害发生率,而这个问题在中国一般是不会见诸报端的。冯天韵,《社会》1990:第7期,引证见刘达临等1992:第632页。

⑦ 北京市天堂河劳教所1992?:第2页;刘达临等1992:第719页。

⑦ 该调查的385个娼妓大样本(并没有全部填写初犯年龄)中,结过婚的占31.4%。刘达临等1992:第719页。我在此使用较小的样本,因为它的重点是婚后开始卖淫的妇女。

⑦ 陆星儿1993之二;陈一筠1992。

⑧ 王行娟1990:第2—3页。

⑧ 北京市天堂河劳教所1992?:第2页。

⑧ 叶坡1989:第8页。

⑧ 这些数字与1989年对广州一教养所内92名女性所做的调查相吻合。该调查没有提供职业分类总人数,故未收入附录一的表5。92人中,56.5%有工作,分别是工人、营业员、服务行业人员、护士、会计、个体经营者和临时工。工人(应是产业工人)占有工作人数的40.4%,或占总数的23%。叶坡1989:第7页。

⑧ 商欣仁1993:第32—33页。

⑧ 妓女的籍贯按前九位排分别是上海、四川、湖北、辽宁、广西、福建、江苏、吉林和河南。王行娟1990:第2页。这一发现与早些时候华侨报纸披露的数字吻合:1985年末至1986年初广州拘捕的524名妓女中,差不多三分之二(340人)来自外省市,其中最多的是湖南人,报纸文章认为这是省一级"左"的路线政策造成的灾害所引发的结果,位于湖南之后的是广西、四川、上海、北京和辽宁。《华侨日报》1986年3月1—2日。

⑧ 王行娟1990:第4—5页。

⑧ 关于辽宁女人,见陈一筠1992;关于新疆女人,见《华侨日报》1986年3月1日。

⑧ 王行娟1992之二。

⑧ 黄嘉欣(音)和叶敏(音),《这些人为何嫖妓宿娼?》,《社会》第82期(1991年11月20日),第35—37页。译文见联合出版物研究处JPRS-CAR-92-007(1992年2月18日),第41—43页。统计数字见译文第42页。

⑨ 伊格内修斯和梁(Ignatius and Leung)1990?:第11页。

⑨ 《"社会报道"检查艾滋病流行情况》(文稿)。北京《人民公安报》(中文,1991年1月22日),第4页;《外国广播监听局外国媒体每日摘要——中国》,1991年2月

28日(PrEx 7.10:FBIS-CHI-91-040),第20页。

⑫《健康报》1989年11月21日;该数据的引用见王行娟1992之一:第420—421页。

⑬ 孙(Sun)1992。这个数字很可能是1990年的,那一年中国的16家性病监测站报告了44 117个病例,而据1991年主要的城市监测中心报告,政府的努力有了成果,发病率下降了30%。《性病发病率下降》(文稿),北京新华社英文通讯(1991年9月6日,格林尼治时间12:20);《外国广播监听局外国媒体每日摘要——中国》,1991年9月9日(PrEx 7.10:FBIS-CHI-91-174),第41页。1982年北京发现第一个性病病例,到了1988年底,报告的病例就有1 098起,有关部门估计实际发病数字应翻倍。文韦1990:第21页。

⑭《世界日报》1993年10月18日。《人民日报》1993年12月1日有文章估计1980年以来已有83万中国人感染了性病;该数据的引用见科恩(Cohen)等1993:未注页码。

⑮ 我在1993年6月观察到的情形。

⑯ 文韦1990:第21—22页。据报道,1991年淋病占全部报告病例的60%,梅毒占1.2%。《性病发病率下降》(文稿),北京新华社英文通讯(1991年9月6日,格林尼治时间12:20);《外国广播监听局外国媒体每日摘要——中国》,1991年9月9日(PrEx 7.10:FBIS-CHI-91-174),第41页。

⑰ 陈一筠1992。两个妓女分别来自广东和四川。HIV阳性的病例中,有700人以上与云南的毒品市场有关;据估计,那里吸毒者有82%都是HIV阳性。1990年年底以来,携带艾滋病病毒者数字急剧上升:1990年有记录的HIV阳性493例,艾滋病6例;1991年11月这两个数字分别是607和8;到1992年中则分别达到705和8。《性病发病率下降》(文稿),北京新华社英文通讯(1991年9月6日,格林尼治时间12:20),《外国广播监听局外国媒体每日摘要——中国》,1991年9月9日(PrEx 7.10:FBIS-CHI-91-174),第41页;《卫生部官员谈艾滋病例统计和防治措施》(文稿),北京新华社英文通讯(1991年11月30日,格林尼治时间13:57),《外国广播监听局外国媒体每日摘要——中国》,1991年12月5日(PrEx 7.10:FBIS-CHI-91-234),第27页;《发现705例HIV感染者》(文稿),北京中国新闻社英文版(1992年6月10日,格林尼治时间14:04),《外国广播监听局外国媒体每日摘要——中国》,1992年6月12日(PrEx 7.10:FBIS-CHI-92-114),第22—23页。关于艾滋病传播,亦见《广东艾滋病例上升》(文稿),香港《文汇报》(中文,1991年7月25日),第4页,《外国广播监听局外国媒体每日摘要——中国》,1991年7月25日(PrEx 7.10:FBIS-CHI-91-143),第51—52页。1993年的统计数字来源于《中国新闻文摘》1993年12月2日;1994年的数字来源于《中国新闻文摘》1994年9月23日。94年的报告还说,"据政府公布的统计数字,中国查出的1 535例艾滋病病毒呈阳性者中,66%是以静脉注射方式吸毒者,16%是外国人,9.4%是在国外(主要是在非洲)工作期间受到感染的中国

人。"关于中国艾滋病性病防治网对艾滋病病毒携带者人数的估计,见《中国新闻文摘》1994年12月2日。

　　科恩(Cohen)等(1993)写道:"HIV感染病例集中在南方边疆省份云南,那里用静脉注射方式吸食毒品一直是个问题。中国制订了预防艾滋病的各项政策,但中国人民仍受到引导,认为HIV是外国人的病,国内极少有在大众中进行的防治性病教育。"

⑱ 文韦1990:第21页。1994年,国家检验检疫总局在北京和上海的机场办了体检站,对回国的中国公民及部分在华外国留学生进行强制性的HIV检验。要求外国人付检验费120元。《中国新闻文摘》1994年3月22日。

⑲ 陈业宏,《论卖淫嫖娼及刑法的适用性》(文稿),武汉《华中师范大学学报》第6期(1990年12月1日),第35—40页。译文见联合出版物研究处JPRS-CAR-91-005(1991年1月31日),第65—70页。引文见译文第68页。

⑩ 陆星儿1993之二。

⑩① 《华侨日报》1986年3月1日。全国40%的数据引自《性病发病率下降》(文稿),北京新华社英文通讯(1991年9月6日,格林尼治时间12:20),《外国广播监听局外国媒体每日摘要——中国》,1991年9月9日(PrEx 7.10;FBIS-CHI-91-174),第41页。北京的第一份样本为1988年被拘留的70名娼妓,其中59人感染性病。文韦1990:第22页。第二份样本100名收容妓女中,65人为性病患者。北京市天堂河劳教所1992?:第3页。广州的估计数字见陈一筠1992。

⑩② 陈一筠1992;王行娟1990:第8页。

⑩③ 1994年中发表的、得到国务院支持的一份报告号召加强有关艾滋病防治的教育。见《中国新闻文摘》1994年7月6日。1994年末,性病皮肤病专家、中国性病艾滋病防治网的创建者张孔来在谈到中国可能很快要面对的艾滋病病毒感染高峰时说,滥交、卖淫嫖娼和无知是病毒蔓延的主要原因。他提倡在中学和大学里进行艾滋病传播途径的教育;他还说,对在海外工作的人来说,应教会他们用自慰的办法解决性欲,也不要让他们去嫖妓。《中国新闻文摘》1994年12月2日。

⑩④ 见王行娟1990。

⑩⑤ 刘达临等1992:第833—834页。

⑩⑥ 刘达临等1992:第718—719页。

⑩⑦ 《论妓女》,《社会》1989年第6期;对此文的引证见王行娟1992之一:第423页。

⑩⑧ 王行娟1992之二。

⑩⑨ 北京市天堂河劳教所1992?:第3页。

⑩⑩ 北京市天堂河劳教所1992?:第4页。叶坡(1989:第7页)叙述了一个类似的故事:一个商店营业员下班后到酒店接客。

⑪⑪ 北京市天堂河劳教所1992?:第4页。

⑪⑫ 叶坡1989:第7页。

⑬ 陆星儿 1993 之二。
⑭ 王行娟估计 80 年代末到 90 年代初下岗工人中 70％是女性。王行娟 1993 之一。关于用工中的歧视妇女现象,见韩起澜与贺萧(Honig and Hershatter)1988;第 243—250、264—265 页;关于妇女就业问题,见李小江和谭深 1991 年集子中的许多文章。
⑮ 陈一筠 1992。
⑯ 陆星儿 1993 之二(未注页码)。
⑰ 关于港商和南方女子之间的这种同居关系,见诺拉·李(Nora Lee)1995。
⑱ 高小贤和杜黎(音)1993。
⑲ 陆星儿 1993 之二(未注页码)。
⑳ 王行娟 1990;第 3 页;陆星儿 1993 之二。
㉑ 陆星儿 1993 之一:第 20—23 页。
㉒ 关于将青春美貌当资本,见王行娟 1992 之二;关于积累资本的办法,见高小贤和杜黎(音)1993;陆星儿 1993 之二。
㉓ 《华侨日报》1986 年 3 月 1 日。
㉔ 王行娟 1992 之二。
㉕ 北京天堂河劳教所 1992?:第 4—5 页。
㉖ 例如陆星儿 1993 之一:第 18—20 页。
㉗ 刘达临 1992:第 725 页。
㉘ 王行娟 1992 之二。
㉙ 《华侨日报》1986 年 3 月 3 日。
㉚ 北京天堂河劳教所 1992?:第 6 页。
㉛ 阿乔 1993:第 55—57 页。
㉜ 刘达临 1992:第 725—726 页。
㉝ 王政 1993:第 161 页。其他人也提到娼妓中"只要不在这儿哪儿都行"的态度。另一个小说家、散文家陆星儿写道,妓女问她干吗要结婚、成家、生孩子,不得不做那么多家务活,还可能挨打或遇到别的问题。她们则相反,"她们要享乐。她们要嫁外国人,走得远远的。"陆星儿 1993 之二。
㉞ 阿乔 1993:第 58 页。

第十四章 解 释

① 提交第七届全国人大常委会第 20 次会议的《关于调查和取缔卖淫嫖娼的情况》于 1991 年 6 月 18 日印发;引证见《文件研究情况》(文稿),香港《九十年代》(中文,1991 年 10 月 1 日)第 216 期,第 19—21 页;《外国广播监听局外国媒体每日摘要——中国》,1991 年 10 月 9 日(PrEx 7.10:FBIS - CHI - 91 - 196),第 28—30 页。

② 例如,1985年12月25日,广东省人大常委会通过了《对社会秩序进行广泛、深入的综合治理》的决议,其中第一条,也是最突出的内容是强调严禁卖淫嫖娼。《华侨日报》1986年3月3日。也是在1985年,一个深圳市委委员对记者声明说:在深圳开赌场和妓院"不符合社会主义制度的原则",并表示要禁赌场和妓院。《赌场、妓院在深圳被禁》(文稿);香港《新晚报》(中文,1985年6月27日),第1页;《外国广播监听局外国媒体每日摘要——中国》,1985年7月11日(PrEx 7.10:FBIS-CHI-85-133),第W11—12页。

③ 孔杰荣(Cohen)1988:第102—103页。《刑法》第140条涉及的类型是"侵犯公民的人身权利和民主权利的罪行",条文如下:"凡强迫妇女卖淫者判处三年以上、十年以下的有期徒刑。"量刑幅度处于强奸罪和绑架、拐卖人口罪之间。《刑法》第169条的适用类型是"扰乱社会治安管理秩序罪",条文如下:"凡为营利目的引诱妇女卖淫或容留妇女卖淫者,判处五年以下有期徒刑、刑事拘留或管制;情况严重时应判五年以上有期徒刑,并可对犯罪人处以罚款或没收财产。"量刑介于赌博罪和制售黄色书籍和音像制品罪之间。《刑法》第79条条文:"本刑法条款没有明文规定的罪行,可以比照具体条款中最接近的类似条款予以量刑和惩处,但应提交最高人民法院审批。"《刑法》1984:第47、50、54、58、32页。虽然科恩说可以按类似的原理对卖淫提起公诉,但我为本书所查阅的所有材料中都没有提到过这样的案例。

④ 孔杰荣(Cohen)1988:第102—104页。科恩分析的是条例中适用于外国人嫖宿娼妓的规定。科恩对1957年《治安管理处罚条例》的一些特点的讨论,见科恩(Cohen)1968:第200—237页。

⑤ 孔杰荣(Cohen)1988:第106页。

⑥ 1987年6月,广东省人民代表大会通过了《广东省关于取缔卖淫、嫖宿暗娼的规定》。规定单独列出对"引诱、容留、强迫妇女卖淫的,依法追究刑事责任",但对拉皮条客和娼妓的处罚宽松得多。拉皮条客(应是累犯)可以拘留15日或判处劳教,也可以处以五千元罚款。妓女可拘留15日、罚款五千元或送劳教所,并"责令具结悔过"。对患有性传播疾病的卖淫、嫖娼者规定进行强制的检查和治疗,医疗费用由其本人或亲属支付。《广东出台条例取缔卖淫嫖娼》(文稿),广州《南方日报》(中文,1987年6月20日),第1页。译文见联合出版物研究处JPRS-CAR-87-038(1987年8月25日),第93—94页。1988年11月,海南省通过了一个基本相同的取缔卖淫嫖娼的条例。有意思的是,有一篇评论新规定的文章说,五千元还不到按摩女两个月的工资。见Fak Cheuk-Wan,《对待"首恶"标签》(文稿),香港(英文)《香港标准报》1988年11月15日,第7页;《外国广播监听局外国媒体每日摘要——中国》,1988年11月17日(PrEx 7.10:FBIS-CHI-88-222),第60—61页。1989年12月陕西省通过的条例内容大同小异。陕西省1992:第126—128页。1987年11月通过的国家对旅馆业的管理条例见科恩(Cohen)

1988:第 104 页注 16。

⑦ 韩起澜与贺萧(Honig and Hershatter)1988:第 289—291 页。最有力、最全面地揭露改革时期拐卖妇女问题的作品见谢致红和贾鲁生 1989。

⑧ 例如,《北京市法院判处累犯死刑》(文稿),《北京日报》(1990 年,11 月 18 日),第 1 页。《外国广播监听局外国媒体每日摘要——中国》,1990 年 12 月 20 日(PrEx 7.10:FBIS‑CHI‑90‑24.5),第 69—70 页。

⑨ 较早的同时打击拐卖妇女与诱使妇女卖淫的运动于 1982 年在四川展开。《世界日报》1982 年 12 月 31 日,第 3 页。亦见《乔石等出席打击买卖妇女会议》(文稿),北京电视台普通话节目(1990 年 12 月 18 日,格林尼治时间 11:00);《外国广播监听局外国媒体每日摘要——中国》,1990 年 12 月 19 日(PrEx 7.10:FBIS‑CHI‑90‑244),第 13 页。

⑩ 《世界日报》1993 年 9 月 9 日,第 A11 页;《年轻的大陆妹拉来做娼妇》(文稿),香港《明报》(中文)1989 年 7 月 27 日,第 9 页;译文见联合出版物研究处 JPRS‑CAR‑89‑103(1989 年 10 月 17 日),第 66—67 页。亦见王行娟 1990:第 6 页。

⑪ 《妇女权益保障法》,北京新华社国内中文部(1992 年 4 月 7 日,格林尼治时间 04:14);《外国广播监听局外国媒体每日摘要——中国》,1992 年 4 月 14 日(PrEx 7.10:FBIS‑CHI‑92‑072‑S),第 17—21 页。引文出自第 19 页。中文文本见关涛等 1992:第 193 页。

⑫ 关涛等 1988:第 120、127—129 页。

⑬ 陈业宏,《论卖淫嫖娼及刑法的适用性》(文稿),武汉《华中师范大学学报》第 6 期(1990 年 12 月 1 日),第 35—40 页。译文见联合出版物研究处 JPRS‑CAR‑91‑005(1991 年 1 月 31 日),第 65—70 页。另一篇类似论证的摘要,见王行娟 1992 之一:第 432—434 页。

⑭ 《严打卖淫嫖娼的决定》(文稿),北京新华社国内中文部(中文,1991 年 9 月 4 日,格林尼治时间 20:20);《外国广播监听局外国媒体每日摘要——中国》,1991 年 9 月 5 日(PrEx 7.10:FBIS‑CHI‑91‑17.2),第 28—30 页。到 1993 年夏,旅馆、酒店放在客房内的管理规则例行公事似的加上了禁止在本旅店卖淫嫖娼的条款,与贩毒、走私、赌博、斗殴、传播淫秽读物等违禁活动并置。见西安市西安宾馆的服务指南、上海和平饭店的服务指南等。论述《决定》的文章,见杨晓冰 1991:第 27—29 页。

⑮ 到 1990 年代初,"金钱万能、拜金主义也污染着社会环境",治理不善的旅馆和娱乐场所"污染了社会风气"等等一类的话在政府文件中已经常可以见到。北京天堂河劳教所 1992?:第 6—7 页。

⑯ 对于反资产阶级自由化运炎之模糊性的简短讨论,及其与中国工作单位中人事上的嫉妒心和骇惧纠缠在一起的情形,见林培瑞(Link)1992:第 177—178、245 页。

⑰ 《华侨日报》1986 年 3 月 3 日。关于广东的大拘捕行动,见《华侨日报》1986 年 3

月1—3日。1991年,《北京周报》报道,从1983年至1986年中国开展了为期三年的追捕"强迫、引诱、教唆妇女卖淫"的犯罪分子的运动。杨晓冰1991:第27页。

⑱ 常红(音),《公安部长谴责"社会六害"》(文稿),北京《中国日报》(英文,1989年11月14日),第1页;《外国广播监听局外国媒体每日摘要——中国》,1989年11月16日(PrEx 7.10:FBIS-CHI-89-220),第17页。《王芳部长宣布严打卖淫嫖娼》(文稿),北京新华社英文通讯(1989年11月13日);《外国广播监听局外国媒体每日摘要——中国》,1989年11月21日(PrEx 7.10:FBIS-CHI-89-223),第25—26页。

⑲ 事实上,《南华早报》评论说,"分析家们认为,'除六害'运动的方式使人想起已故的毛泽东主席为'纯洁人民的心灵'而发动的群众运动。"林(Willy Wo-lap Lam),《北京清除"非正统派党员"》(文稿),香港《南华早报》(英文,1989年11月27日,第9页);《外国广播监听局外国媒体每日摘要——中国》,1989年11月29日(PrEx 7.10:FBIS-CHI-89-228),第45页。

⑳ 《国务院号召除"六害"》(文稿),北京新华社国内中文部(1989年11月13日,格林尼治时间10:30);《外国广播监听局外国媒体每日摘要——中国》,1989年11月22日(PrEx 7.10:FBIS-CHI-89-224),第30—31页。

㉑ 《评论员文章谴责"六害"》(文稿),北京《人民日报》(中文,1989年11月15日),第1页;《外国广播监听局外国媒体每日摘要——中国》,1989年11月30日(PrEx 7.10:FBIS-CHI-89-229),第21页。

㉒ 《上海动员除六害》(文稿),上海市中文服务社(1989年11月9日,格林尼治时间10:00)。《外国广播监听局外国媒体每日摘要——中国》,1989年12月7日(PrEx 7.10:FBIS-CHI-89-234),第41—42页。

㉓ 《〈人民日报〉答读者问》(文稿),北京《人民日报》(中文,1989年12月31日),第3页;《外国广播监听局外国媒体每日摘要——中国》,1990年1月8日(PrEx 7.10:FBIS-CHI-90-005),第18页。

㉔ 《江西开展除"六害"行动》(文稿),北京新华社国内中文部(1989年11月13日,格林尼治时间11:30);《外国广播监听局外国媒体每日摘要——中国》,1989年11月21日(PrEx 7.10:FBIS-CHI-89-223),第45页。

㉕ 《江西召集会议讨论"除六害"》(文稿),南昌江西省中文服务社(1989年11月11日,格林尼治时间11:00);《外国广播监听局外国媒体每日摘要——中国》,1989年11月29日(PrEx 7.10:FBIS-CHI-89-228),第35—36页。

㉖ 《上海反卖淫嫖娼和毒品行动提要》(文稿),北京新华社英文通讯(1989年11月15日,格林尼治时间09:14);《外国广播监听局外国媒体每日摘要——中国》,1989年11月22日(PrEx 7.10:FBIS-CHI-89-224),第58页。

㉗ 《广东处决31名罪犯》(文稿),广州广东省中文服务社(1990年1月11日,格林尼治时间10:00);《外国广播监听局外国媒体每日摘要——中国》,1990年1月12

日(PrEx 7.10:FBIS‑CHI‑90‑009),第 38 页。按照 1992 年一篇文章的提法,广州的"七害"是卖淫嫖娼、色情服务(可能指制售淫秽物品)、赌博、吸毒贩毒、拐卖妇女儿童、搞封建迷信活动以及黑社会活动;最后一项未列为其他地区的清除目标。《世界日报》1992 年 7 月 6 日,第 13 页。

㉘ 《湖南展开除"六害"行动》(文稿),长沙湖南省中文服务社(1989 年 11 月 19 日,格林尼治时间 23:00);《外国广播监听局外国媒体每日摘要——中国》,1989 年 11 月 30 日(PrEx 7.10:FBIS‑CHI‑89‑229),第 54 页。《陕西动员除"六害"》(文稿),西安陕西省中文服务社(1989 年 11 月 19 日,格林尼治时间 00:30);《外国广播监听局外国媒体每日摘要——中国》,1989 年 11 月 30 日(PrEx 7.10:FBIS‑CHI‑89‑229),第 69—70 页。

㉙ 《广东部队首长谴责卖淫嫖娼》(文稿),广州广东省中文服务社(1989 年 11 月 18 日,格林尼治时间 00:40);《外国广播监听局外国媒体每日摘要——中国》,1989 年 11 月 30 日(PrEx 7.10:FBIS‑CHI‑89‑229),第 46 页。

㉚ 例如,《江西县城打击"六害"》(文稿),南昌江西省中文服务社(1989 年 11 月 20 日,格林尼治时间 11:00);《外国广播监听局外国媒体每日摘要——中国》,1989 年 1 月 30 日(PrEx 7.10:FBIS‑CHI‑89‑229),第 43 页。《福建发动除"六害行动"》(文稿),福建省中文服务社(1989 年 11 月 19 日,格林尼治时间 11:00);《外国广播监听局外国媒体每日摘要——中国》,1989 年 12 月 1 日(PrEx 7.10:FBIS‑CHI‑89‑230),第 30 页。《天津除"六害"传"捷报"》(文稿),天津市中文服务社(1989 年 11 月 21 日,格林尼治时间 10:00);《外国广播监听局外国媒体每日摘要——中国》,1989 年 12 月 1 日(PrEx 7.10:FBIS‑CHI‑89‑230),第 42 页。《黑龙江取缔"六害"》(文稿),哈尔滨黑龙江省中文服务社(1989 年 11 月 22 日,格林尼治时间 22:00);《外国广播监听局外国媒体每日摘要——中国》,1989 年 11 月 30 日(PrEx 7.10:FBIS‑CHI‑89‑229),第 62 页。《北京市长号召打击"六害"》(文稿),北京新华社英文通讯(1989 年 11 月 23 日,格林尼治时间 08:51);《外国广播监听局外国媒体每日摘要——中国》,1989 年 12 月 13 日(PrEx 7.10:FBIS‑CHI‑89‑238),第 61 页。《全国除六害运动取得成果》(文稿),北京电视台普通话节目(1989 年 12 月 7 日,格林尼治时间 11:00);《外国广播监听局外国媒体每日摘要——中国》,1989 年 12 月 15 日(PrEx 7.10:FBIS‑CHI‑89‑240),第 28 页。《安徽省长号召消灭六害》(文稿),安徽省中文服务社(1989 年 12 月 11 日,格林尼治时间 11:00);《外国广播监听局外国媒体每日摘要——中国》,1989 年 12 月 20 日(PrEx 7.10:FBIS‑CHI‑89‑243),第 28—29 页。《海南发动除六害行动》(文稿),海口海南省中文服务社(1989 年 12 月 15 日,格林尼治时间 23:00);《外国广播监听局外国媒体每日摘要——中国》,1989 年 12 月 20 日(PrEx 7.10:FBIS‑CHI‑89‑243),第 33 页。

㉛ 例如,宁夏抓了 1 300 名赌徒和 148 名卖淫嫖娼者。据说卖淫者中有很多"被陕

西、甘肃等邻近省份赶出来的人"。因容留卖淫嫖娼而被吊销营业执照的旅店有银川罐头厂的宾馆。《宁夏严打"六害"》（文稿），银川《宁夏日报》（中文，1989年12月12日），第1页；《外国广播监听局外国媒体每日摘要——中国》，1990年1月10日（PrEx 7.10:FBIS-CHI-90-007），第64—65页。

㉜ 然而《北京周报》1991年却报道说1990年5月又发动了一次严打卖淫嫖娼的行动。但这次行动留下的书面资料很少。杨晓冰1991：第27页。

㉝ 《广东面对"严酷的"法制环境和秩序》（文稿），香港《大公报》（中文，1990年9月7日），第2页；《外国广播监听局外国媒体每日摘要——中国》，1990年9月18日（PrEx 7.10:FBIS-CHI-90-181），第43页。《乔石允诺继续打击罪行》（文稿），北京新华社英文通讯（1990年10月22日，格林尼治时间08:35）；《外国广播监听局外国媒体每日摘要——中国》，1990年10月23日（PrEx 7.10:FBIS-CHI-90-205），第23页。

㉞ 杨晓冰1991：第28页。

㉟ 《世界日报》1992年7月6日，第13页；亦见《中国新闻文摘》1992年12月4日。

㊱ 陈一筠1992；《中国新闻文摘》1992年12月5日；沃克（Walker）1993；《世界日报》1993年7月31日，第A13页。

㊲ 《世界日报》1993年7月31日，第A13页。

㊳ 《中国新闻文摘》1993年10月29日。

㊴ 《中国新闻文摘》1995年8月8日。同年7月7日，国务委员罗干号召严格实行取缔卖淫嫖娼的法律，并要对卡拉OK厅、舞厅、桑拿浴室等地实行更严格的监督管理。《罗干谈禁娼禁黄毒》，北京新华社英文通讯（1995年7月21日，格林尼治时间16:08）；《外国广播监听局外国媒体每日摘要——中国》，1995年7月24日（PrEx 7.10:FBIS-CHI-95-141），第16页。

㊵ 阿乔1993：第53页。

㊶ 《华侨日报》1986年3月3日。

㊷ 《中国新闻文摘》1993年2月20日。

㊸ 《世界日报》1993年7月31日，第A13页。

㊹ 《世界日报》1993年9月9日，第A13页。1994年，政治局委员也作了类似的批判，见《世界日报》1994年1月10日。

㊺ 关（Daniel Kwan），《发言人痛斥干部对卖淫的自由主义观点》（文稿），香港《南华早报》（英文，1995年3月11日），第6页；《外国广播监听局外国媒体每日摘要——中国》，1995年3月13日（PrEx 7.10:FBIS-CHI-95-048），第63—64页。

㊻ 例如杨洁曾与贺宛男1988；北京市公安局1988。

㊼ 任平安和赵艳屏1987：第167—168页。

㊽ 任平安和赵艳屏1987：第171、184—185页。作者没有解释"杯水主义"，但这个用

语据说来自亚历克桑德拉·柯伦泰(Aleksandra Kollontai)与列宁的一次谈话。柯伦泰说发生性关系应该像喝一杯水那样简单,列宁问她谁愿意用肮脏的杯子喝水。感谢玛里琳·扬(Marilyn Young)告诉我这条出处。

㊾ 宁东 1990:节译见联合出版物研究处 JPRS-CAR-90-055(1990 年 7 月 26 日),第 88—90 页。 534

(50) 宁东 1990:节译第 89 页。

(51) 宁东 1990:节译第 89 页。

(52) 宁东 1990:节译第 89 页。

(53) 宁东 1990:节译第 89 页。

(54) 中华全国妇女联合会妇女研究所 1991:第 323 页。

(55) 宁东 1990:节译第 90 页。

(56) 宁东 1990:节译第 89 页。

(57) 刘达临等 1992:第 727 页。(金西[Alfred Charles Kinsey,1894—1956],美国研究人类性行为的专家,在印第安纳大学创建性研究所并任所长[1942—1956],调查过 18 500 人。——译注)

(58) 张一全(音),《卖淫嫖娼的社会背景》,《社会》第 68 期(1990 年 10 月 20 日),第 38—40 页。译文见联合出版物研究处 JPRS-CAR-91-005(1991 年 1 月 31 日),第 62—65 页。引文出自第 62 页。陈业宏对 1949 年前后卖淫嫖娼的差异作了激烈得多的评论,见陈业宏 1990:第 68 页。

(59) 张一全(音)1990:第 62 页。

(60) 张一全(音)1990:第 65 页。

(61) 王行娟 1992 之一:第 429—430 页。

(62) 张一全(音)1990:第 63 页。

(63) 张一全(音)1990:第 64 页。

(64) 王行娟 1992 之一:第 428 页。

(65) 陆星儿 1993 之二:未注页码。

(66) 刘达临等 1992:第 720 页。将这些结果与调查非娼妓类的已婚妇女得出的结果做仔细的比较将是很有意思的事情,但不幸的是,给后一组人的问卷略有不同。城市已婚妇女(4 215 人)中的 59%、农村已婚妇女(1 087 人)中的 65.2%称自己对婚姻“满意”。城市已婚妇女(3 870 人)中的 17.1%对婚内性生活“很满意”,41.8%对婚内性生活“比较满意”。农村已婚妇女(1 083 人)中 30.4%回答对婚内性生活“很满意”,33.3%回答“比较满意”。刘达临等 1992:第 289、435 页。几乎没有必要指出“满意”是个模糊不清的范畴,所有的数字都进行了量化但却不说明多少问题。特别有意思的是,这些性学学者自己就在报告中指出不应将卖淫女子的婚内性生活看得过于重要,他们论证说,对卖淫女子来说,“性要求是否能得到满足的问题并不是影响她们卖淫的主要问题,她们在性生活方面存在的问题不是性欲而是感情,是夫妻关系,是家庭和婚姻的向心力。"刘达临等 1992:第 721 页。
⑥⑦ 在一份海外华侨报纸上,熊仲协和孙云(1993:第 2 页)提出了稍稍不同的论点。他们同意张所强调的一点,即妇女对性的态度变了:"未婚年轻妇女中出现了新的动向,同从前的女人比,她们有更多的性自由和新观念。她们不再认为性必须由男子采取主动,或者说性仅仅是为了男人的快乐。"但另一方面,熊仲协和孙云论述说,在邓小平时代,社会开放了,中国又渐渐回到传统的男权社会。卖淫嫖娼、黄色文化和拐卖妇女等都可归结到男权的复苏。同时,他们批评说,引进西方的广告在中国制造出一个广告业,其实质是"伪装的色情产业,怂恿妇女用自己的身体作为资本达到挣钱的目的"。在这点上,他们与张的观点一致,即认为"传统男权社会"和"西方的现代性"都应对卖淫嫖娼现象负责。
⑥⑧ 张一全(音)1990;第 62 页。亦见《黄色冲击波下的青少年性犯罪》,《青少年犯罪问题》第 1 辑(1990),对该书的引证见王行娟 1992 之一:第 423—424 页。
⑥⑨ 王行娟 1992 之一:第 425 页。
⑦⓪ 王行娟 1992 之一:第 424 页。进一步阐述王行娟对卖淫嫖娼问题的观点的文章,见马莉《音》1991。
⑦① 刘达临等 1992:第 11—13 页。
⑦② 许多资料提出了这样的论点。这方面的概述见熊仲协和孙云 1993:第 2 页。
⑦③ 陈一筠 1992。
⑦④ 熊仲协和孙云 1993:第 2 页。
⑦⑤ 王行娟 1992 之一:第 426 页。
⑦⑥ 末名(笔名)1993。
⑦⑦ 王行娟 1992 之一:第 421—422 页。关于"主体素质低下",见第 425 页。"素质低"是讨论改革时期社会问题时最经常用的词。
⑦⑧ 张一全(音)1990;第 63 页。
⑦⑨ 王行娟 1992 之一:第 422—423 页。
⑧⓪ 王行娟 1992 之一:第 423 页。
⑧① 王行娟 1992 之一:第 427 页。
⑧② 王行娟 1992 之一:第 434 页。
⑧③ 王行娟(1992 之一:第 427 页)对这个观点的阐述很有意思。这个部分引用的王行娟的两篇文章对社会科学方面研究卖淫嫖娼问题的著作做了广泛的综述。
⑧④ 王行娟 1990;第 6 页。
⑧⑤ 王行娟 1992 之一:第 436 页。
⑧⑥ 王行娟 1990;第 6—7 页。
⑧⑦ 王行娟 1990;第 9—10 页;王行娟 1992 之一:第 438 页。
⑧⑧ 王行娟 1990;第 10 页;王行娟 1992 之一:第 439—440 页。

(89) 王行娟 1990:第 9—10 页。

(90) 王行娟 1990:第 11 页;王行娟 1992 之一:第 437 页。

(91) 王行娟 1990:第 11 页;王行娟 1992 之一:第 439、437 页。

(92) 刘达临等 1992:第 13 页。

(93) 伊妮,《阳光下的思考》(中国文联出版公司,1988 年)第 116—117 页;引文见刘达临等 1992:第 727—728 页。

(94) 庞瑞垠等 1989 之一、之二。这是不同作者写的系列文章,合成一卷。集子的题目就用了庞瑞垠文章的题目。该书有两个版本,用不同的书名分别在香港(1989 之一)和台湾(1989 之二)出版。我虽然没有见到大陆出版的版本,但猜想该文在大陆是发表过的,因为它符合中国报告文学中表现卖淫嫖娼问题的所有惯用手法。以下都用香港版本标出页码。

(95) 庞瑞垠等 1989 之一:第 3 页。

(96) 庞瑞垠等 1989 之一:第 6—7 页。

(97) 庞瑞垠等 1989 之一:第 8 页。

(98) 庞瑞垠等 1989 之一:第 41 页。 536

(99) 庞瑞垠等 1989 之一:第 54 页。

(100) 庞瑞垠等 1989 之一:第 66—67 页。

(101) 例如,前者见《西安法制报》1993 年第 486 期(7 月 2 日),第 2 页;后者的例子如商欣仁 1993,四川大学出版社出版;艳齐 1992,北京师范大学出版社出版;阳泉 1993 之一、1993 之二,内蒙古文化出版社出版。

(102) 商欣仁 1993。

(103) 凯(Kaye) 1993:第 40—41 页。

(104) 关于这些争端的概述,参看威廉斯(Williams) 1989:第 1—33 页。

(105) 商欣仁 1993:第 24、36—37 页。

(106) 商欣仁 1993:第 24—25 页。

(107) 商欣仁 1993:第 24 页。

(108) 海外华语出版物中也常流露出对女性身体暴露和国家丢脸面的忧虑情绪。例如,1986 年的一期《时报周刊》就登了一整版照片和文字,取了不太准确的题目“夜上海”,副标题是“大陆女学生为什么让日本人拍裸照?”照片有四张:1)站在广东一条船甲板上的裸体女人,她很有技巧地将脸转过去背对镜头,下身也罩在阴影中(照片下的说明:“广州饭店的女服务生临时充当日本人的模特儿”);2)一个对着镜头微笑的穿衣服的女人(文字说明:“方敏是上海艺大的学生,也让日本人拍裸照”);3)一幅夜景,在“黄浦路”的路牌下站着一个女人(说明:“广州黄浦路上的阻街女郎”);4)一个裸体女人坐在床上,手拿一条三角裤,正好遮住了下身,边上有一大堆内衣裤(文字:“日本人以大批廉价的三角裤送给大陆娼妓”)。大标题下还有大字说明文:“热衷性征服的日本人,近来又把战场推到中国大陆,他们不但找妓女拍裸照,甚至还找到艺术系的女学生,为什么她们愿意让日本人猎取镜头呢?"应注意华人世界中的民族主义情绪:过去日本占领期间,华人对于日本利用性色征服中国就表达了民族主义的焦虑。《时报周刊》1986:4月20—26日,第96页。

⑩ 商欣仁1993:第25页。
⑩ 商欣仁1993:第26页。
⑪ 商欣仁1993:第27—28页。
⑫ 商欣仁1993:第28—29页。
⑬ 商欣仁1993:第35—36页。
⑭ 商欣仁1993:第26—27页。
⑮ 商欣仁1993:第25—26页。
⑯ 商欣仁1993:第33—35页。
⑰ 福柯1980:第17—35页。
⑱ 这场论辩过于复杂,三言两语不可能在此说清楚。对"性奴役"立场的阐述参看巴里(Barry)1979及巴里(Barry)等1984。关于卖性是一种劳动的立场,见德拉考斯特(Delacoste)和亚历山大(Alexander)1987;斐特逊(Pheterson)1989;麦克林托克(McClintock)1992;第87—95页。
⑲ Fak Cheuk-wan,《失业问题趋于严重》(文稿),香港(英文)《香港标准报》1988年11月16日,第6页;《外国广播监听局外国媒体每日摘要——中国》,1988年11月17日(PrEx 7.10:FBIS-CHI-88-222),第62—63页。
⑳ 《海南书记谈社会秩序"压力"》(文稿),北京中国新闻社(中文,1989年3月27日,格林尼治时间08:45);《外国广播监听局外国媒体每日摘要——中国》,1989年3月29日(PrEx 7.10:FBIS-CHI-89-059),第57—58页。
㉑ 例如王行娟1992之一:第425—426页。
㉒ 例如刘伯红1992。
㉓ 《改革开放与妇女解放运动的新思路——妇女理论研讨会纪要》(文稿),北京《求是》杂志(中文)第5期(1989年3月1日),第42—45页。译文见联合出版物研究处JPRS-CAR-89-049(1989年5月19日),第36—40页。引文出自第39—40页。
㉔ 同上,第38页。
㉕ 提出这个意见的有陈一筠、戴晴和金南。同上,第38—40页。
㉖ 同上,第37页。
㉗ 王行娟1993之二。这也是研究者对为何用"卖淫妇女"而不用"娼妓"一词所提出的一种解释。
㉘ 潘绥铭,《解析卖淫之奥秘》(文稿),上海《社会》(中文)第87期(1992年4月20日),第25—26页。译文见联合出版物研究处JPRS-CAR-92-044(1992年6

月24日),第55—56页。引文出自第55页。
⑫⑨ 同上,第55页。

第十五章　历史、回忆与怀旧

① 例如周荫君等1980;周荫君等1981;华敏1986;祝天泽1988;杨洁曾与贺宛男1988;北京市公安局1988。
② 例如上海市文史馆1988;刘付靖和王明坤1992。上海的那卷有香港版,中原出版社1989年出版。
③ 康素珍的传记小说《青楼恨》也是这样一种混合体,既有谴责,也有大量细节描写。康素珍曾在成都、宝鸡和兰州做过妓女,后来被一个将军的手下买了当妾。康素珍1988。
④ 孙国群1988之一:序言第1—3页。比较简略地写同一历史时期的还有吴贵芳1980和汤伟康等1987:第261—274页。
⑤ 武舟1990:第420页。武舟使用了"女性"一词,英语中有时译为essential woman(基本、实质意义上的女人);她没有用"妇女",这个词在毛泽东时代及后来用以指"作为国家臣民的女人"。关于这两个词的深入讨论,见巴洛(Barlow)1994。
⑥ 武舟1990:序言(马积高),第1—4页。该序言将武舟的书捧为继续了1935年王书奴的《中国娼妓史》的工作,并有新的眼光,"在一些方面超过了"王。(序言,第3页。)
⑦ 单光鼐1995。这部丰富的资料出版时本书正要付印,故在此只能匆匆提几句。
⑧ 单光鼐1995:第2—3页。
⑨ 单光鼐1995:第537—578页。
⑩ 单光鼐1995:第515—523页。
⑪ 王书奴1988。
⑫ 海上漱石生1991;娑婆生(毕倚虹笔名)和包天笑1991。
⑬ 海上漱石生1991:序二,第3页。
⑭ 海上漱石生1991:序一,第2页。
⑮ 阳泉1993之二:第32—34页。
⑯ 阳泉1993之一:第26—28页。
⑰ 李少红1994。
⑱ 娑婆生(毕倚虹笔名)和包天笑1991:序(陈正书),第4页。在1990年出版的、根据对老上海的口头访谈写成的上海阔佬(多有帮派背景)故事集中,蓝翔也提出了类似的看法。关于妓女和包括老鸨在内的女歹徒的故事,见蓝翔1990:第235—273页。

引用文献[*]

阿乔,1993年,《路边黑店里的卖笑女》,《荷花淀》(双月刊)第28期,第52—59页。

阿昭,1984年,《上海改造娼妓史》,《九十年代》第4期,第8页。

Abu-Lughod, Lila(阿卜-卢格霍德),1990,"The Romance of Resistance: Tracing Transformations of Power through Bedouin Women"(《抵抗的浪漫传奇:从贝都因妇女看权利的变迁》),*American Ethnologist* 17.1(February):41—55.

Akutagawa Ryūnosuke(芥川龙之介),1977—1978,《上海游记》,《芥川龙之介全集》, Tokyo: Iwanami shoten, vol. 5, 3—59.

Anagnost, Ann(阿内诺斯特),1996, *National Past-times: Narrative, Writing, and*

---

[*] 关于书目的说明(译者):
① 维持原书目顺序,即按作者(篇名)字首英文字母排列。
② 中文发表的尽量用中文,实在查不到作者确切姓名的,在书目中给出拼音,并在中文名字边上注明(音);在英语刊物上发表的,仍按原条目给,标题译成中文。
③ 英文发表的,如华裔作者的姓氏拼法维持原样,先出英文姓名再出中文姓名,如"高彦颐"不出现在G的位置,而按其英文名Ko, Dorothy出现;又如"周策纵"也在Chow处出现。为方便读者、学者查阅,在能得到中文名的情况下,各章的注释中用中文名,再用括号给出英文;在使用书目时,中文拼音顺序找不到的,可在英文中找。
④ 西方人的姓名按原书目的字母顺序,如汉学家和其他研究中国的学者有中文名的,尽量同时给出中文名。书目中,英文名在前,中文名或姓氏汉译在括号内;注释中有时先用中文(译)名,再用括号给出英文姓氏,如"魏斐德"在书目中应找英文姓氏Wakeman。
⑤ 日本人姓名按西方人处理。
⑥ 香港等地采用广东话拼音的,凡由于译者知识有限,无法给出确切中文的,便仍维持原书目的拼音。

History in Modern China(《民族过时:叙述、写作与近代中国史》),Durham,N. C.:Duke University Press.

Arlington,L. C.(阿林顿),1923,"The Chinese Female Names"(《中国女性的名字》),China Journal of Science and Arts 1.4:316—325.

Arlington,L. C., and William Lewisohn(阿林顿和卢因森),1967(1935),In Search of OLd Peking(《寻找旧时的北京》),New York:Paragon Book Reprint Corporation.

Ballhatchet, Kenneth(巴尔哈切特),1980,Race, Sex, and Class under the Raj: Imperial Attitudes and Policies and Their Critics, 1793—1905(《英国统治下的种族、性和阶级:帝国态度、帝国政策及其批评者,1793—1905年》),New York:St. Martin's Press.

半痴生,1891年,《海上冶游备览》(未注页码),4卷。

鲍家麟,1974年,《辛亥时期的妇女思想,1898—1911年》,《中华学报》第1卷,第1—22页。

包天笑,1971年,《钏影楼回忆录》,香港:大华出版社。

包天笑,1973年,《钏影楼回忆录续编》,香港:大华出版社。

包天笑,1987年(1925年),《上海春秋》,广西:广西漓江出版社,2卷。

包天笑,1990年,《钏影楼回忆录》,张裕发(音)、张瑞德(音)编,中国现代自传丛书第2辑,台北:龙文出版社股份有限公司,3卷。

Barlow,Tani E.(巴洛),1994,"Politics and Protocols of Funü:(Un)Making National Woman"(《政治和妇女的礼仪:造就(拆解)民族妇女》),in Christina Gilmartin, Gail Hershatter, Lisa Rofel, and Tyrene White, eds. Engendering China:Women,Culture,and the State(柯临清、贺萧、罗丽莎和怀特编,《中国的产生/社会性别编码:妇女、文化和国家》),Cambridge, Mass.:Harvard University Press,339—359.

Barry,Kathleen(巴里),1979,Female SexuaL Slavery(《女性的性奴役》),New York and London:New York University Press.

Barry,Kathleen, Charlotte Bunch, and Shirley Castley, eds.(巴里等编),1984,International Ferminism: Networking against Fermale Sexual Slavery(《国际女权主义:建立反对女性性奴役的网络》),New York:International Women's Tribune Centre.

Beahan, Charlotte L.(比翰),1975,"Feminism and Nationalism in the Chinese Women's Press,1902—1911"(《1902—1911年间中国妇女出版物中的女权主义和民族主义》),Modern China 1.4(October):379—416.

Beahan, Charlotte L.(比翰),1976,"The Women's Movement and Nationalism in Late Ch'ing China"(《中国清末的妇女运动和民族主义》),博士论文,Columbia

University.

北海,1991年,《赛金花》,北市:海风出版社有限公司。

北京市公安局编,1988年,《北京封闭妓院纪实》,北京:中国和平出版社。

北京市天堂河劳教所,1992年(?),《关于100名女劳教人员入所前卖淫情况的调查》,教育改造卖淫女劳教人员工作座谈会参阅材料之九(未发表资料)。

北平社会调查所编制,1931年,《北平社会概况统计表》,北平:北平社会调查所。

北平市政府秘书处第一科统计股编,1936年,《北平市统计览要》,北平:北平市政府秘书处第一科编纂股。

Berkhofer, Robert F., Jr.(小罗伯特·伯考弗),1995, *Beyond the Great Story: History as Text and Discourse*(《伟大的故事之外:作为文本和话语的历史》), Cambridge, Mass.: Harvard University Press.

Bernhardt, Kathryn(白凯),1994, "Women and the Law: Divorce in the Republican Period"(《妇女与法:民国时期的离婚》), in Kathryn Bernhardt and Philip C. C. Huang, eds. *Civil Law in Qing and Republican China*(《清代和民国时期的中国民法》), Stanford, Calif.: Stanford University Press, 187—214.

Bernheimer, Charles(伯恩海默),1989, *Figures of Ill Repute: Representing Prostitution in Nineteenth-Century France*(《坏名声的符号:19世纪法国娼妓的再现》), Cambridge, Mass.: Harvard University Press.

Bernstein, Laurie(伯恩斯坦),1995, *Sonia's Daughters: Prostitutes and Their Regulation in Imperial Russia*(《索尼亚的女儿们:沙俄时期的妓女及对她们的管制》), Berkeley and Los Angeles: University of California Press.

碧璧,1936年,《有功祖国的赛金花》,《妇女月报》第2卷第11期(12月10日),第12页。

碧瑶,1938年,《孤岛的诲淫者》,《上海妇女》第1卷第8期(8月5日),第10—11页。

毕倚虹,1922年,《北里婴儿》,《半月》第1卷第18期(5月),第1—15页。

Britton, Roswell S.(布里顿),1966(1933), *The Chinese Periodical Press, 1800—1912*(《1800—1912年间的中国期刊》), Taipei (Shanghai): Ch'eng-wen Publishing Co.(台北:成文出版公司)(Kelly and Walsh).

Burns, John F.(伯恩斯),1985, "Prostitution Is Back, and Peking Isn't Happy"(《娼妓问题重新抬头,北京感到不快》), *New York Times* (October 6):12.

Buruma, Ian(伯鲁玛),1996, "The 21st Century Starts Here"(《21世纪从这里开始》), *Netw York Times Magazine* (February 18:):28—35, 47—48, 54, 58.

Butler, Anne M.(巴特勒),1985, *Daughters of Joy, Sisters of Misery: Prostitution in the American West, 1865—1890*(《欢乐的女儿,痛苦的姐妹:美国西部的娼妓,1865—1890》), Urbana and Chicago: University of Illinois Press.

Byron, John(拜伦),1987, *Portrait of a Chinese Paradise: Erotica and Sexual*

Customs of the Late Qing(《中国天堂的画卷:晚清色欲文学与性习俗》),London:Quartet Books.

曹公奇,1934年,《娼妓问题之根本救治》,《人言周刊》第1卷第41期(11月24日),第854—855页。

曹聚仁,1933年,《娼禁》,《申报自由谈》(6月22日)。

曹漫之,1986年,本书作者对前上海市民政局局长的访谈录。

Carlitz, Katherine(柯丽德),1994,"Desire, Danger, and the Body: Stories of Women's Virtue in Late Ming China"(《情欲、危险与肉体:晚明时期中国的妇德故事》), in Christina Gilmartin, Gail Hershatter, Lisa Rofel, and Tyrene White, eds. *Engendering China: Women, Culture, and the State*, Cambridge: Harvard University Press, 101—124.

柴俊勇,1990年,《流动人口:城市管理的一大困扰》,《社会》第10期(10月),第8页。

Champly, Henry(钱普利),1934, *The Road to Shanghai: White Slave Traffic in Asia*(《赴上海之路:亚洲的白奴买卖》), Warre B. Wells(威尔斯)译,London: John Long, Ltd.

忏情侍,1884年,《海上群芳谱》,上海:申报馆,4卷。

《娼妓问题的症结》,1934年,《女声》第2卷第16期(5月25日),第4页。

陈德征,1923年,《卖淫事业之经济的原因》,《妇女杂志》第9卷第3期,第13—18页。

陈定山,1967年,《春申旧闻》,台北(?):晨光月刊社,2卷。

陈方之,1935年,《谈谈可怕的花柳病》,《妇女生活》第1卷第4期(10月1日):第48—53页。

陈莲痕,1925年,《京华春梦录》,上海:广益书局。

陈露薇,1938年,《收容妓女的经过》,《上海妇女》第1卷第1期(4月),第21—22页。

陈仁炳,1948年,《有关上海儿童福利的社会调查》,上海:上海儿童福利促进会。

陈荣广[陈伯熙],1924年,《老上海》,上海:泰东图书局。

陈思和编,1990年,《文学中的妓女形象》,北京:人民日报出版社。

陈业宏,1991年,《论卖淫嫖娼及刑法的适用性》,[武汉]《华中师范大学学报》第6期(1990年),第35—40页。译文见联合出版物研究处JPRS-CAR-91-005(1991年1月31日),第65—70页。

陈一筠,1992年和1993年,本书作者对陈一筠的个人访谈,北京。

Cheng, Stephen(郑绪雷),1979, "Flowers of Shanghai and the Late-Ch'ing Courtesan Novel"(《上海名妓与晚清名妓小说》), Ph. D. dissertation, Harvard University(哈佛大学博士论文)。

Cheng, Stephen(郑绪雷),1982, "*Sing-song Girls of Shanghai* and Its Narrative Methods"(《〈海上花列传〉及其叙事方法》), *Renditions*(《译丛》)17—18:

111—136.

池志澄,1893年,《沪游梦影》(未正式发表),胡珠生编,温州博物馆抄本部影印件。

"Child Labour in China"(《中国的童工》),1924,*China Medical Journal*(《中华医学杂志》)38. 11(November):923—929.

China Medical Missionary Association(在华传教团医学联合会),1909—1930. *China Medical Journal*(《中华医学杂志》)23—44,Shanghai:Presbyterian Mission.(关于该杂志及其后续的《中国医学杂志》,见第9章注16的说明——译者)

China News Digest(《中国新闻文摘》),1992—,On-line journal available via Internet and Bitnet(因特网和比特网在线日报).

China Weekly Review(《中国周报》),Shanghai:1927—1935.

Chinese Medical, Journal(《中国医学杂志》),1932年起,Peiping:Chinese Medical Association.

Chinese Recorder(《中国记事录》),1920,August,579—580.

Chinese Recorder and Missionary Journal(《中国记事录与传教士日志》),1905,36. 6:307—308.

Chou,Eric(埃里克·周),1971,*The Dragon and the Phoenix:Love, Sex, and the Chinese*(《龙与凤:爱、性与中国人》),London:Michael Joseph, Ltd.

Chow,Rey(周蕾),1991,*Woman and Chinese Modernity:The Politics of Reading between East and West*(《妇女与中国的现代性:在东方和西方的夹缝之间阅读的政治》),Minnesota and Oxford:University of Minnesota Press.

Chow,Rey(周蕾),1993,"A Souvenir of Love"(《爱的纪念品》),*Modern Chinese Literature* 7(fall):59—78.

Chow,Tse-tsung(周策纵),1960,*The May Fourth Movement:Intellectual Revolution in Modern China*(《五四运动:现代中国的思想革命》),Cambridge, Mass.:Harvard University Press.

储袆,1927年,《关于废娼事件的讨论:(一)谈谈废娼的问题》,《妇女杂志》第13卷第12期,第12—17页。

春明书局编,1937年,《上海黑幕一千种》,上海:上海书局。

Coble, Parks(科布尔),1980,*The Shanghai Capitalists and the Nationalist Government, 1927—1937*(《上海资本家和国民政府,1927—1937年》),Cambridge, Mass.:Council on East Asian Studies, Harvard University;distributed by Harvard University Press.

Cohen,Jerome Alan(孔杰荣),1968,*The Criminal Process in the People's Republic of China, 1949—1963*(《中华人民共和国刑法程序,1949—1963年》),Cambridge,Mass.:Harvard University Press.

Cohen, Jerome Alan(孔杰荣),1988,"Sex, Chinese Law and the Foreigner"(《性、中

国法律和外国人》), *Hong Kong Law Journal* 18.1:102—110.

Cohen, Myron S., Gail E. Henderson, Pat Aiello, and Zheng Heyi(科恩、亨德森、艾洛和郑), 1993, "Successful Eradication of Sexually Transmitted Diseases in the People's Republic of China: Implications for the 21st Century"(《中国成功消灭性病:对21世纪的意义》), Paper presented at the tenth international meeting of the International Society for Sexually Transmitted Disease Research, Helsinki, Finland.

Cohen, Paul A.(柯文), 1974, *Between Tradition and Modernity: Wang T'ao and Reform in Late Ch'ing China*(《在传统与现代性之间:王韬与晚清改革》), Cambridge, Mass.: Harvard University Press.

Cooper, Frederick(库珀), 1994, "Conflict and Connection: Rethinking Colonial African History"(《冲突与联结:非洲殖民史的再思考》), *Armerican Historical Review* 99(December):1516—1545.

Corbin, Alain(考尔班), 1986, "Commercial Sexuality in Nineteenth-Century France: A System of Images and Regulations"(《19世纪法国的性买卖:形象和管理》), *Representations* 14(spring):209—217.

Corbin, Alain(考尔班), 1990, *Women for Hire: Prostitution and Sexuality in France after 1850*(《供租用的女人:1850年后法国的娼妓业和性》), Cambridge, Mass.: Harvard University Press.

Crad, Joseph(克拉德), 1940, *Traders in Women: A Comprehensive Survey of "White Slavery"*(《贩卖妇女的人:"白奴"买卖综合调查》), London: John Long, Ltd.

The Criminal Law and the Criminal Procedure Law of the People's Republic of China(《中华人民共和国刑法和刑事诉讼法》), 1984年, Beijing: Foreign Languages Press(外文出版社).

Cusack, Dymphna(丘萨克), 1985(1958), *Chinese Women Speak*(《中国妇女说话了》), London: Century Hutchinson, Ltd.

待秋, 1923年,《卖淫的动机》,《妇女杂志》第9卷第3期(3月3日),第22—24页。

Darwent, C. E.(达温特), 1920, *Shanghai: A Handbook for Travellers and Residents*(《上海:旅游和居住手册》), Shanghai: Kelly and Walsh, Ltd.

大通图书社编(未注明出版年份),《上海神秘指南》,上海:大通图书社。

de Beauvoir, Simone(德·波伏瓦), 1958, *The Long March*(《长征》), Cleveland: World Publishing Company.

De Leeuw, Hendrick(德利乌), 1933, *Cities of Sin*(《罪恶之城》), New York: Harrison Smith and Robert Haas.

Delacoste, Frederique, and Priscilla Alexander, eds.(德拉考斯特和亚历山大编),

1987, *Sex Work: Writings by Women in the Sex Industry*(《性工作:性产业从业妇女的作品》),Pittsburgh:Cleis.

"The Demi-monde of Shanghai"(《上海娼妓》),1923, *China Medical Journal*(《中华医学杂志》)37:782—788.

Dennett, Tyler(丹尼特),1918,"New Codes for Old"(《旧事新法》),*Asia*(August):657—664.

Dikötter, Frank(冯客),1992, *The Discourse of Race in Modern China*(《现代中国的种族话语》),Stanford, Calif.:Stanford University Press.

Dikötter, Frank(冯客),1995, *Sex, Culture, and Modernity in Early Republican China*(《民国早期的性、文化和现代性问题》),Honolulu: University of Hawaii Press.

Dirlik, Arif(德里克),1991, *Anarchism in the Chinese Revolution*(《中国革命中的无政府主义》),Berkeley and Los Angeles:University of California Press.

董德伦,1991年,《上海娼妓之研究》,私立东海大学历史学研究所硕士学位论文。

Drucker, Alison R.(德鲁克),1981,"The Influence of Western Women on the Anti-Footbinding Movement,1840—1911"(《西方妇女对反缠足运动的影响,1840—1911年》),in Richard W. Guisso and Stanley Johannesen, eds. *Women in China: Current Directions in Historical Scholarship*(《中国妇女:当前历史研究的方向》),New York:Philo,179—199.

督办上海市政公署秘书处,1938年,《市公报》第7期(8月),第96—98页。

Dutton, Michael(达顿),1992, *Policing and Punishment in China: From Patriarchy to "the People"*(《中国的治安与惩罚:从父权制到"人民"掌权》),Cambridge: Cambridge University Press.

"Editorial"(社评),1920,*China Medical Journal* 34.6(November):635—637.

Edwards, Louise(李木兰),1994,"Chin Sung-ts'en's *A Tocsin for Women*: The Dextrous Merger of Radicalism and Conservatism in Feminism of the Early Twentieth Century"(《金松岑之〈女界钟〉:20世纪初女权主义中激进与保守的巧妙结合》),《近代中国妇女史研究》第2期(6月),第117—140页(台湾中研院近代史部出版)。

Engelstein, Laura(恩格斯坦),1992, *The Keys to Happiness: Sex and the Search for Modernity in Fin-de-Siècle Russia*(《幸福的关键:世纪末俄国的性与寻求现代性》),Ithaca and London: Cornell University Press.

Esherick, Joseph W., and Mary Backus Rankin, eds(周锡瑞与兰金编),1990, *Chinese Local Elites and Patterns of Dominance*(《中国地方的上层圈子与统治模式》),Berkeley and Los Angeles:University of California Press.

Evans, Harriet(艾华),1991,"The Official Construction of Female Sexuality and

Gender in the People's Republic of China,1949—1959"(《中国官方对女性的性与社会性别的建构,1949—1959 年》),Ph. D. dissertation,University of London.

Evans,Harriet(艾华),1995,"Defining Difference:The 'Scientific' Construction of Sexuality and Gender in the People's Republic of China"(《界定差异:中华人民共和国的性与社会性别之"科学"建构》),*Signs* 20. 2(winter):357—395.

范绍增(口述),1986 年,《关于杜月笙》,对沈醉口述,见朱学范编,《旧上海的帮会》,上海:上海人民出版社,第 195—247 页。

房龙,1935 年,《从嫖妓说到贤夫良父》,《妇女共鸣》第 4 卷第 11 期(11 月 20 日),第 30—34 页。

Feetham,R. C.(菲瑟姆),1931,*Report to the Shanghai Municipal Council*(《给上海工部局的报告》),Shanghai:North-China Daily News and Herald(《字林西报》),Ltd. 3 vols.

《废娼运动》,1922 年,《妇女杂志》第 8 卷第 11 期,第 118—119 页。

Fewsmith,Joseph(傅士卓),1985,*Party, State and Local Elites in Republican China:Merchant Organizations and Politics in Shanghai, 1890—1930*(《民国时期的党派、国家和地方势力:上海的商会和政治,1890—1930 年》),Honolulu:University of Hawaii Press.

Finch,Percy(芬奇),1953,*Shanghai and Beyond*(《上海及其他》),New York:Scribner's.

Foreign Broadcast Information Service(外国广播监听局),1982—1995,*FBIS Daily Report—China*(《外国广播监听局外国媒体每日摘要——中国》),Washington, D. C.:Government Printing Office.

Foucault,Michel(福柯),1980,*The History of Sexuality*(《性史》),Vol. 1,*An Introduction*(《第一卷:引论》),New York:Vintage.

Fu,Charlene L.(傅),1993,"Foreign Students in China Accuse Fudan of Wrongdoing"(《在华外国留学生指责复旦不义之举》),Associated Press(February 4),electronically reprinted in *China News Digest*(February 8).

Fu,Poshek(傅葆石),1993,*Passivity, Resistance, and Collaboration:Intellectual Choices in Occupied Shanghai, 1937—1945*(《沉沦、反抗与通敌:上海沦陷时期知识分子的选择,1937—1945 年》),Stanford,Calif.:Stanford University Press.

《妇女共鸣》,20 世纪 30 年代。

《妇女月报》,1935 年。

《妇女杂志》,1915—1931 年,第 1—17 卷,上海:商务印书馆。

Furth,Charlotte(费侠莉),1994,"Rethinking Van Gulik:Sexuality and Reproduction in Traditional Chinese Medicine"(《重新审视高罗佩:中医中的性与生育》),in Christina Gilmartin, Gail Hershatter, Lisa Rofel, and Tyrene White, eds.

Engendering China:Women,Culture,and the State(柯临清、贺萧、罗丽莎和怀特编,《中国的产生/社会性别编码:妇女、文化和国家》),Cambridge,Mass.:Harvard University Press,125—146.

Gamble,Sidney(甘布尔),1921,*Peking*(《北京》),New York:George H. Doran Co.

Gamewell, Mary Ninde(格姆维尔),1916,*The Gateway to China: Pictures of Shanghai*(《通向上海之门:上海图景》),New York:Fleming H. Revell Co.

高小贤和杜黎(音),1993年,本书作者在西安对她们的采访录。

Gargan, Edward(加根),1988,"Newest Economics Revives the Oldest Profession"(《最新的经济振兴了最古老的职业》),*New York Times*, September 17, p. 4.

Garon, Sheldon(加隆),1993,"The World's Oldest Debate? Prostitution and the State in Imperial Japan,1900—1945"(《世界上最古老的争论?日本帝国时期的娼妓业与国家,1900—1945年》),*American Historical Review* 98.3(June):710—733.

葛元煦,1876年,《沪游杂记》(未注明出版社)。

Gibson,Mary(吉布森),1986,*Prostitution and the State in Italy,1860—1915*(《1860—1915年间意大利的娼妓业与国家》),New Brunswick,N. J.,and London:Rutgers University Press.

Gilfoyle,Timothy J.(吉尔福伊尔),1992,*City of Eros:New York City,Prostitution,and the Commercialization of Sex,1820—1920*(《情欲之城:1820—1920年间的纽约市、娼妓业与性的商品化》),New York and London:W. W. Norton and Co.

Gilmartin,Christina(柯临清),1989,"Gender,Politics,and Patriarchy in China: The Experiences of Early Women Communists,1920—1927"(《中国的社会性别、政治与男权:早期女共产党员的经历,1920—1927年》),in Sonia Kruks,Rayna Rapp,and Marilyn B. Young, eds. *Promissory Notes: Women in the Transition to Socialism*(克鲁克斯、拉普和扬编,《期票:社会主义过渡阶段的妇女》),New York:Monthly Review Press,82—105.

Gilmartin,Christina(柯临清),1995,*Engendering the Chinese Revolution:Radical Women,Communist Politics, and Mass Movernents in the 1920s*(《中国革命的产生/社会性别编码:20世纪20年代的激进妇女、共产党政治与群众运动》),Berkeley and Los Angeles:University of California Press.

Gipoulon, Catherine(吉泼隆),1989—1990,"The Emergence of Women in Politics in China,1898—1927"(《1898—1927年间妇女在中国政界的出现》),*Chinese Studies in History*(winter):46—67.

Goldman, Merle, ed.(戈德曼编),1977,*Modern Chinese Literature in the May Fourth Era*(《五四时期的中国现代文学》),Cambridge,Mass.:Harvard University Press.

《公娼是良制度么》,1924年,《妇女杂志》第10卷第4期,第586—587页。

公益书社编,1908年,《沪江色艺指南》,上海:公益书社。

Goodman, Bryna(古德曼),1995, *The Native Place and the City: Immigrant Consciousness and Organization in Shanghai, 1853—1927*(《籍贯与城市:外地移居上海者的意识和组织,1853—1927年》), Berkeley and Los Angeles: University of California Press.

Gordon, C. A., comp.(戈登编纂),1884, *An Epitome of the Reports of the Medical Officers to the Chinese Imperial Maritime Customs Service from 1871 to 1882*(《1871—1882年间派驻中华帝国海关的医官报告梗概》), Inspectorate General of Customs for China, London: Bailliere, Tindall, and Cox.

Gray, Francine du Plessix(格雷),1992, "*Splendor and Miseries*"(《辉煌与凄楚》), New York Review of Books 16(July):31—35.

Grieder, Jerome(格里德),1970, *Hu Shih and the Chinese Renaissance: Liberalism in the Chinese Revolution, 1917—1937*(《胡适和中国的文艺复兴:中国革命中的自由主义,1917—1937年》), Cambridge, Mass: Harvard University Press.

Gronewold, Sue(格朗沃尔德),1984, *Beautiful Merchandise: Prostitution in China, 1840—1936*(《美丽的商品:1840—1936年间中国的娼妓业》), New York: Haworth Press.

Gronewold, Sue(格朗沃尔德),1995, "Encountering Hope: The Door of Hope Mission in Shanghai and Taipei"(《遭遇希望:上海和台北的"希望之门"团的使命》), Ph. D. dissertation, Columbia University.

管可寿斋版,1884年,《申江名胜图说》,上海:揉云馆。

关涛、巫昌祯、王德意、杨大文,1992年,《〈妇女权益保障法〉基本知识》,北京:中国妇女出版社。

Guha, Ranajit(古哈),1988, "Preface", in Ranajit Guha and Gayatri Chakravorty Spivak, eds. *Selected Subaltern Studies*(古哈与斯皮瓦克编,《下属群体研究选集》之序言), New York and Oxford: Oxford University Press, pp. 35—36.

郭崇阶,1936年,《论肃清娼妓》,《社会半月刊》第1卷第6期(11月),第23—28页。

国桢,1933年,《对于京市娼妓问题的检讨》,《妇女共鸣》第2卷第5期(5月),第13—16页。

海上漱石生(孙玉声的笔名),1991年,《海上繁华梦》,上海滩与上海人丛书第2辑,上海:上海古籍出版社,4卷。

韩邦庆,1982年,"Sing-Song Girls of Shanghai",即《海上花列传》第一、二章英译,Eileen Chang译,《译丛》(香港中文大学)第17—18期,第95—110页。

韩邦庆,1985年(1894年),《海上花列传》,北京:人民文学出版社。

汉语大辞典编辑委员会,1989年,《汉语大辞典》,上海:汉语大辞典出版社。

Harding, Gardner L.(哈定),1917,"The Door of Hope"(《希望之门》),*World Outlook*(February):5—6.

Harsin, Jill(阿尔桑),1985,*Policing Prostitution in Nineteenth-Century Paris*(《19世纪巴黎的娼妓业管制》),Princeton,N.J.:Princeton University Press.

Hauser, Ernest O.(豪泽),1940,*Shanghai:City for Sale*(《上海:待售之城》),New York:Harcourt,Brace and Co.

何骥巍,1933年,《从"食""色"问题谈到取缔私娼办法》,《女子月刊》第1卷第10期(12月15日),第23—27页。

何其英,1934年之一,《北平的浴堂》,《上海周报》第3卷第11期(2月8日),第216—217页。

何其英,1934年之二,《北平的歌女》,《上海周报》第3卷第15期(3月8日),第292—293页。

贺宛男,1984年,《荡污涤垢话当年》,《民主与法制》第1期(1月),第19—23页。

Heath, Frances J.(希思),1925,"Venereal Diseases in Relation to Prostitution in China"(《花柳病与中国娼妓业的关系》),*Social Pathology* 1.6:278—284.

Henderson, Edward(亨德森),1871,*A Report on Prostitution in Shanghai*(《上海娼妓问题报告书》),Shanghai:North-China Herald Office.

Henriot, Christian(安克强),1988,"Prostitution et 'Police des Moeurs', à Shanghai aux XIXe-XXe siècles"(《19世纪和20世纪上海的娼妓业与"风化警察"》),in Christian Henriot, ed.,*La femme en Asie orientale*(安克强编,《东亚女子》),Centre Rhonalpin de Recherche sur l'Extrême-Orient Contemporain, Lyon:Université Jean Moulin Lyon Ⅱ,64—93.

Henriot, Christian(安克强),1992,"Medicine, VD and Prostitution in Pre-Revolutionary China"(《前革命时期中国的医学、性病与娼妓业》),*Social History of Medicine* 5.1(April):95—120.

Henriot, Christian(安克强),1993,*Shanghai 1927—1937:Municipal Power, Locality, and Modernization*,Trans. Noël Castelino(卡斯特利诺译,《1927—1937年间的上海:市政权力、地方性和现代化》),Berkeley and Los Angeles:University of California Press.

Henriot, Christian(安克强),1994,"Chinese Courtesans in Late Qing and Early Republican Shanghai (1849—1925)"(《清末民初上海的青楼女子,1849—1925年》),*East Asian History* 8(December):33—52。

Henriot, Christian(安克强),1995,"'La Fermeture':The Abolition of Prostitution in Shanghai,1949—1958"(《"停业":1949—1958年上海取缔娼妓业的行动》),*China Quarterly* 142(June):467—486.

Henriot, Christian(安克强),1996a,"'From A Throne of Glory to a Seat of

Ignominy': Shanghai Prostitution Revisited (1849—1949)"(《从荣耀的宝座到耻辱之境：重新审视上海百年娼妓业，1849—1949年》)，*Modern China* 22.2(April)：132—163.

Henriot, Christian(安克强)，1996b，*Belles de Shanghai：Prostitution et sexualité en Chine aux XIXe-XXe siecles*(《上海美人：19—20世纪中国的娼妓业与性》[法文])，Paris：CNRS-Editions.

Henriot, Christian(安克强)，1997，*Shanghai Ladies of the Night：Prostitution and Sexuality in Nineteenth-and Twentieth-Century China*(《上海妓女：19—20世纪中国的娼妓业与性》)，New York：Cambridge University Press.

Henriques, Fernando(亨里克斯)，1962，*Prostitution and Society*(《娼妓业与社会》)，London：MacGibbon and Kee.

Hershatter, Gail(贺萧)，1986，*The Workers of Tianjin*(《天津工人》)，Stanford, Calif.：Stanford University Press.

Hershatter, Gail(贺萧)，1989，"The Hierarchy of Shanghai Prostitution, 1919—1949"(《1919—1949年间的上海娼妓业等级制度》)，*Modern China* 15.4(October)：463—497.

Hershatter, Gail(贺萧)，1991，"Prostitution and the Market in Women in Early Twentieth-Century Shanghai"(《20世纪初上海的娼妓业和妇女买卖》)，in Rubie S. Watson and Patricia Buckley Ebrey, eds. *Marriage and Inequality in Chinese Society*(沃特森和伊沛霞编，《中国社会的婚姻与不平等关系》)，Berkeley and Los Angeles：University of California Press, 256—285.

Hershatter, Gail(贺萧)，1992a，"Courtesans and Streetwalkers：The Changing Discourses on Shanghai Prostitution, 1890—1949"(《高等妓女与马路拉客女：上海娼妓业的话语变化》)，*Journal of the History of Sexuality* 3.2(October)：245—269.

Hershatter, Gail(贺萧)，1992b，"Regulating Sex in Shanghai：The Reform of Prostitution in 1920 and 1951"(《上海的性管制：1920年和1951年的娼妓业改造》)，in Frederic Wakeman, Jr., and Wen-hsin Yeh, eds. *Shanghai Sojourners*(魏斐德和叶文心编，《侨居上海》)，China Research Monograph no. 40. Berkeley：University of California Institute of East Asian Studies, 147—186.

Hershatter, Gail(贺萧)，1992c，"Sex Work and Social Order：Prostitutes, Their Families, and the State in Twentieth-Century Shanghai"(《性工作和社会秩序：20世纪上海的娼妓、娼妓的家庭与国家》)，in *Family Process and Political Process in Modern Chinese History*(收入《中国现代史中的家庭进程与政治进程》)，Taipei：Academia Sinica, vol. 2, 1083—1124.

Hershatter, Gail(贺萧),1993,"The Subaltern Talks Back:Reflections on Subaltern Theory and Chinese History"(《下属群体回嘴说话:对下属群体理论和中国历史的思考》),*positions:east asia cultures critique* 1.1(spring):103—130.

Hershatter, Gail(贺萧),1994,"Modernizing Sex, Sexing Modernity:Prostitution in Early Twentieth-Century Shanghai"(《性的现代化,现代性的性化:20世纪初的上海娼妓业》),in Christina Gilmartin, Gail Hershatter, Lisa Rofel, and Tyrene White, eds. *Engendering China:Women, Culture, and the State*(柯临清、贺萧、罗丽莎和怀特编,《中国的产生/社会性别编码:妇女、文化和国家》),Cambridge, Mass.:Harvard University Press,147—174.

Hershatter, Gail(贺萧),1996,"Sexing Modern China"(《性化现代中国》),in Gail Hershatter, Emily Honig, Jonathan N. Lipman, and Randall Stross, eds. *Remapping China:Fissures in Historical Terrain*(贺萧、韩起澜、利普曼和斯特洛斯编,《重绘中国:历史地域中的裂缝》),Stanford, Calif.:Stanford University Press,77—93.

Hinder, Eleanor M.(辛德尔),1944,*Life and Labour in Shanghai*(《上海的生活与劳工》),New York:Institute of Pacific Relations.

Hinton, Carma, and Richard Gordon, directors(欣顿和戈登导演),1984,*Small Happiness:Women of a Chinese Village*(《小喜:一个中国村庄里的妇女》),Long Bow Group.

Hô Aboku [Peng Amu](彭阿木),1928,"Shanghai no baishōfu"(《上海の卖笑妇》),*Shina kenkyu*(《支那研究》),18(December):731—751.

Hoh, Chieh-shiang(何界相[音]),1928,"The Shanghai Provisional Court:Its Past, Present and Future"(《上海的临时法庭:过去、现在和将来》),*China Weekly Review* (October 10):162—165,193.

洪华,1935年,《倍倍尔论娼妓》,《绸缪月刊》第2卷第3—4期(11月25日,12月15日),第32—34、70—73页。

鸿涯,1933年,《上海爱多亚路之夜》,《妇女旬刊》第17卷第25期(9月10日),第4—6页。

Honig, Emily(韩起澜),1986,*Sisters and Strangers:Women in the Shanghai Cotton Mills,1919—1949*(《姐妹们与陌路人:1919—1949年间的上海棉纺厂女工》),Stanford,Calif.:Stanford University Press.

Honig, Emily(韩起澜),1992,*Creating Chinese Ethnicity:Subei People in Shanghai,1850—1980*(《构建中国的种族性:在沪苏北人史话,1850—1980年》),New Haven,Conn.:Yale University Press.

Honig, Emily(韩起澜),1993,"Regional Identity, Labor, and Ethnicity in Contemporary China"《当代中国的籍贯认同、劳工与种族性》),Paper presented at the conference "East Asian Labor in Comparative Perspective," Lake Tahoe, Calif.

Honig, Emily, and Gail Hershatter(韩起澜与贺萧), 1988, *Personal Voices: Chinese Women in the 1980s*(《个人的声音:20世纪80年代的中国妇女》), Stanford, Calif.: Stanford University Press.

Hsiao Kan(萧侃), 1950, "The Return to Daylight: The Reformation of Peking Prostitutes"(《天亮了:北京的娼妓改造》), *People's China* 1.12(March 16): 22—26.

Hsiao Wen(晓文[音]), 1957, "Shanghai Prostitutes Begin Their Lives Anew"(《上海妓女开始新生活》), *Women of China* 2:24—27.

胡怀琛,1920年,《废娼问题》,《妇女杂志》第6卷第6期,第7—11页。

胡季凡,1930年,《上海小志》,上海:传经堂书店。

胡珠生,1979年,《青帮史初探》,《历史学季刊》第3期,第102—120页。

华敏(刘修明的笔名),1986年,《畸形社会中的悲惨世界》,《人民警察》第10期(10月),第33—35页。

黄克武,1988年,《从〈申报〉医药广告看民初上海的医疗文化与社会生活,1912—1926年》,《中研院近代史研究所集刊》第17期(下)(12月),第141—194页。

黄人镜,1913年,《沪人宝鉴》(英文名:*What the Chinese in Shanghai Ought to Know*),上海:华美书局(卫理公会出版社,Methodist Publishing House)。

黄石,1927年,《废娼运动》,《新女性》第2卷第8期(8月1日),第795—805页。

黄石,1928年,《娼妓制度的雏形》,《新女性》第3卷第10期(10月1日),第1147—1157页。

黄石,1986年,本书作者对上海市公安局离休干部的访谈录,上海。

黄式权(黄协埙,王韬笔名),1975年(1892年),《淞南梦影录》,收入王锡祈编纂的《小方壶斋舆地丛钞》,台北:学生书局,第9卷。

黄韵秋和王定斐,1986年,本书作者对上海妇女劳动教养所前管教人员的访谈录,上海。

《华侨日报》,1986年。

花雨小筑主人,1892年,《海上青楼图记》,(未注明出版社),6卷。

Huebner, John(许布纳), 1988, "A Note on Prostitution in Shanghai during the 1910s"(《谈谈1910年代的上海娼妓业》), *American Asian Review* 6.3(fall): 93—99.

霍必烈,1991年,《赛金花传》,台北:国际文化事业有限公司。

Ignatius, Adi, and Julia Leung(伊格内修斯和梁), 1989, "What the Revolution in China Wiped Out, Reform Brought Back"(《中国改革捡回了革命革掉的东西》), *Wall Street Journal*(November 15): A1, A23.

Ignatius, Adi, and Julia Leung(伊格内修斯和梁), 1990? "For Ah Hong, Prostitution

Proves a Lucrative Field"(《对于阿红来说,卖淫是挣大钱的地方》),*Asian Wall Street Journal*(January?):1,11.

Jamieson,R. Alex(杰米逊),1870,"Memorandum on the Sanitary Condition of the Yang-King-Pang and Hongque Settlements at Shanghai(September 23,1869)"(《关于上海洋泾浜和虹口侨民区卫生状况的备忘录》),*North-China Herald*(March 22):211.

Jaschok,Maria(贾肖克),1988,*Concubines and Bondservants:The Social History of a Chinese Custom*(《妾与奴仆:中国纳妾风俗史》),London:Zed Books,Ltd.

《家》,1947—1948年。

蒋径三,1925年,《现代文明与卖淫问题》,《妇女杂志》第11卷第5期,第772—779页。

《解放日报》,1950年代,上海。

Jin Ping Mei(《金瓶梅》),1994,David Roy 译,Chicago:University of Chicago Press.

金文华编,1933年,《北平游览指南》,北平:中华印书局。

近贤,1935年,《香艳精华》,上海:新民书局。

荆祥鼎,1934年,《卖淫的需要之剖示》,《人言周刊》第1卷第43期(12月8日),第884—885页。

敬芷,1936年,《苏联娼妓改良所参观记》,《妇女生活》第3卷第5期(9月16日),第23—25页。

《晶报》,1919—1939年,上海。

记者,1933年,《娼妓问题与中外舆论》,《妇女共鸣》第2卷第6期(6月),第74—76页。

Johnson,Kay Ann(约翰逊),1983,*Women,the Family and Peasant Revolution in China*(《中国的妇女、家庭和农民革命》),Chicago:University of Chicago Press.

Joint Publications Research Service(联合出版物研究处),1987—1992,Washington D. C.:Government Printing Office.

Jones,T. K.(琼斯),1922,"The Canton Purity Campaign"(《广州洁净化运动》),*Chinese Recorder*(May):341—344.

Jones,William C. trans.(威廉·琼斯译),1994,*The Great Qing Code*(《大清律》),Tianquan Cheng and Yongling Jiang,assts(助手),Oxford:Clarendon Press.

Kafalas,Philip(卡法拉斯),1995,"Nostalgia and the Reading of the Late Ming Essay:Zhang Dai's *Tao'an Mengyi*"(《怀旧与阅读明末文章:论张岱的〈陶庵梦忆〉》),Ph. D. dissertation,Stanford University.

康素珍,1988年,《青楼恨》,延年编,哈尔滨:黑龙江人民出版社。

Kaye,Lincoln(凯),1993,"Reining in Erotica:China Bans Bestseller in New

Crackdown"(《严控色情出版物:中国在新一轮严打中禁畅销书》),*Far Eastern Economic Review*(November 18):40—41.

Key,Ellen(爱伦·凯),1911,*The Morality of Woman and Other Essays*. Trans. Mamah Bouton Brotherwick(布拉泽维克译,《妇德及其他》),Chicago:Ralph Fletcher Seymour Co.

King, Frank H. H.(金),1969,*A Concise Economic History of Modern China*,*1940—1961*(《现代中国经济简史,1940—1961年》),New York:Praeger.

Kisch, Egon Erwin(基希),1935,*La Chine secrète*. Trans. Jeanne Stern(斯特恩译,《秘密中国》),Paris:Gallimard.

Ko, Dorothy(高彦颐),1994,*Teachers of the Inner Chambers:Women and Culture in Seventeenth-Century China*(《闺塾师:17世纪中国的妇女与文化》),Stanford, Calif.:Stanford University Press.

Kotenev, Anatol M.(科特涅夫),1968(1925),*Shanghai:Its Mixed Court and Council*(《上海:会审公廨和工部局》),Taipei(Shanghai):Ch'eng-wen Publishing Co.(台北:成文出版公司)(North-China Daily News and Herald, Ltd.)

Kowallis, Jon(科瓦利斯),1995,"Depravity's Rainbow:Fan Zengxiang's *Caiyun qu* and the Legend of Sai Jin Hua, Cross-Cultural Courtesan of the Late Qing"《堕落的彩虹:樊增祥的〈彩云曲〉和清末跨文化青楼女子赛金花的传奇》),in Li Huayuan Mowry, ed.,*Stories and Songs*, Hanover, N. H.:University Press of New England.

Kristof, Nicholas(克里斯托夫),1993,"China Sees'Market-Leninism'as Way to Future"(《中国认为"市场列宁主义"是通向未来之路》),*New York Times* (September 6):1,5.

Ku Liang[Gu Liang](顾良[音]),1969,"Mainland Prostitutes under Chinese Communist Rule"(《中国共产党统治下的大陆娼妓》),*Xingdao ribao*[Hong Kong](December 8—10):4. Translated in JPRS(?)5292-CSO:3577-D:7—12.

邝剑平,1934年,《严厉拘禁下之娼妓问题》,《人言周刊》第1卷第42期(12月1日),第866—867页。

Lague, David(拉格),1993, Article in *The Weekend Australian Review*(April 4), Electronically reprinted in *China News Digest Books and Journals Review*(April 11).

蓝翔编,1990年,《上海滩大亨传奇》,上海:上海文艺出版社。

劳心,1934年,《广州的盲妓》,《人言周刊》第1卷第45期(12月22日),第927页。

乐嘉豫和徐崇礼,1986年,本书作者的个人访谈录,上海。

League of Nations(国际联盟),1924—1946,*Summary of Annual Reports Received from Governments Relating to Traffic in Women and Children*(《各国政府有关

妇女儿童买卖问题的年度报告摘要》),Geneva,Document C. 164. M. 40.

Lee,Edward Bing-shuey(李),1936,*Modern Canton*(《现代广州》),Shanghai:The Mercury.

Lee,Leo,and Andrew J. Nathan(李欧梵和黎安友),1985,"The Beginnings of Mass Culture:Journalism and Fiction in the Late Ch'ing and Beyondl"(《大众文化的开端:清末及其后的报业和小说》),in David Johnson,Andrew J. Nathan,and Evelyn S. Rawski,eds. *Popular Culture in Late Imperial China*(姜士彬、黎安友和罗友枝编,《清帝国晚期的大众文化》),Berkeley and Los Angeles:University of California Press,360—395.

Lee,Nora(诺拉·李),1995,"Duplicitous Liaisons"(《同居关系》),*Far Eastern Economic Review* (April 20):64—65.

Lee,Tahirih V.(塔希里·李),1995,"Coping with Shanghai:Means to Survival and Success in the Early Twentieth Century—A Symposium"(《在大上海生活:20世纪初的生存和成功之途》讨论会),*Journal of Asian Studies* 54. 1(February):3—18.

Lemière,J. Em.(勒米埃),1923,"The Sing-Song Girl:From a Throne of Glory to a Seat of Ignominy"(《歌姬生涯:从荣耀的宝座到耻辱之境》),*China Journal of Science and Arts* 1. 2(March):126—134.

Levenson,Joseph(列文森),1972,*Confucian China and Its Modern Fate*(《儒教中国及其现代命运》),Berkeley and Los Angeles:University of California Press.

Levine,Philippa(莱文),1994,"Venereal Disease,Prostitution,and the Politics of Empire:The Case of British India"(《性病、娼妓业和帝国政治:英国统治下的印度》),*Journal of the History of Sexuality* 4. 4(April):579—602.

Levy,Howard(利维),1966,Preface to *A Feast of Mist and Flowers:The Gay Quarters of Nanking at the End of the Ming*, by Yu Huai,trans. Howard Levy(利维译余怀《板桥杂记》,译本序),Yokohama,Japan,Unpublished typescript.

Li,Wai-yee(李惠仪),1993,"The Late-Ming Courtesan:Invention of, a Cultural Ideal"(《明末的青楼女:创造文化楷模》),Paper presented at the conference "Women and Literature in Ming-Qing China"(《中国明清时期的妇女与文学》讨论会),Yale University.

黎床卧读生,1905年,《绘图上海杂记》,上海:文宝书局石印本,8卷。

李大钊(笔名常),1981年(1919年),《废娼问题》,《每周评论》第19期(1919年4月27日);重印见中华全国妇女联合会妇女运动历史研究室编,《五四时期妇女问题文选》,北京:三联书店,1981年,第347—349页。

李家瑞编,1937年,《北平风俗类征》,上海:商务印书馆,2卷。

李景武,1967年,《北平风土志》,台北:中国文化学院风俗研究所。

李景禧,1935年,《卖淫在法律上的矛盾与调和》,《留东学报》第1卷第1期(7月1

日),第 88—96 页。

李梦白和胡欣,1991 年,《流动人口对大城市发展的影响及对策》,北京:经济日报出版社。

李然犀,1963 年,《旧天津的混混儿》,《文史资料》第 47 期(1 月),第 187—209 页。

李三无,1920 年,《废娼运动管见》,《妇女杂志》第 6 卷第 8 期,第 7—16 页。

李姗瑚,1933 年,《南京娼妓开禁问题》,《女子月刊》第 1 卷第 9 期(11 月 15 日),第 20—29 页。

李少红导演,1994 年,《红粉》,根据苏童小说改编,北京电影制片厂。

李盛平编,1989 年,《中国近现代人名大辞典》,北京:中国国际广播出版社。

李小江和谭深编,1991 年,《中国妇女分层研究》,知识妇女辑丛,郑州:河南人民出版社。

李渔,1990 年,*The Carnal Prayer Mat*(《肉蒲团》),韩南(Patrick Hanan)译,New York: Ballantine Books.

梁红英,1991 年,《阎瑞生诱杀妓女案》,见信之和潇明编,《旧上海社会百态》,上海:上海人民出版社,第 155—184 页。

廖国芳,1929 年,《不得解放的妇女》,《妇女杂志》第 15 卷第 2 期,第 33—35 页。

林碧瑶,1922 年,《倡门之女》,口述历史,姚民哀笔录,《半月》第 1 卷第 18 期(5 月),第 1—5 页;第 19 期(6 月),第 1—8 页。

林崇武,1936 年,《娼妓问题之研究》,《民钟季刊》第 2 卷第 2 期(6 月),第 215—223 页。

Link, Perry(林培瑞), 1981, *Mandarin Ducks and Butterflies: Popular Fiction in Early Twentieth-Century Chinese Cities*(《鸳鸯蝴蝶派:20 世纪初中国城市中的通俗小说》), Berkeley and Los Angeles: University of California Press.

Link, Perry(林培瑞), 1992, *Evening Chats in Beijing*(《北京夜话》), New York: W. W. Norton.

刘伯红,1992 年,《关于女性就业问题综述》,收入熊玉梅、刘小聪和曲雯编,《中国妇女理论研究十年》,北京:中国妇女出版社,第 310—357 页。

刘达临等,1992 年,《中国当代性文化:中国两万例"性文明"调查报告》(英文标题:*Sexual Behaviour in Modern China: A Report of the Nationwide "Sex Civilization" Survey on 20 000 Subjects in China*),上海:三联书店。

刘付靖和王明坤,1992 年,《旧广东烟赌娼》,香港:中华书局。

刘华农,1948 年,《禁舞前后》,《社会月刊》第 3 卷第 2 期(2 月 5 日),第 40—47 页。

柳培潜,1936 年,《大上海指南》,上海:中华书局。

Liu, Ts'un-yan(柳存仁), 1982, "Introduction: 'Middlebrow' in Perspective"(《序言:"中等趣味"透视》), *Renditions*(《译丛》)17—18: 1—40.

Lu, Hanchao(卢汉超), 1995, "Away from Nanking Road: Small Stores and

Neighborhood Life in Modern Shanghai"(《南京路以外的地方:现代上海的小商店和邻里生活》),*Journal of Asian Studies* 54.1(February):93—123.

卢大方,1980年,《上海滩忆旧录》,台北:世界书局。

陆绯云和张钟汝,1983年,《上海解放初期的妓女改造工作》,收入上海社会学学会编,《社会学文集》,(未注明出版地点),第121—136页。

绿荷,1934年,《中国妇女写真》,生活丛书之一,上海:广益书局。

陆秋新(音),1920年,《消灭"妾"和"妓"两个字》,《新妇女》第1卷第1期(1月1日)。

露薇(即陈露薇),1938年,《跳出火坑以后:妓女马瑞珍自述》,《上海妇女》第1卷第12期(10月),第14—15页。

陆星儿,1993年之一,《梦的系列——妇女教养所采访录》,《东方剑》第1卷第1期(1月),第18—25页。

陆星儿,1993年之二,本书作者对陆采访录,上海。

罗琼,1935年,《娼妓在中国》,《妇女生活》第1卷第6期,(12月1日),第34—40页。

罗天文,1934年,《娼妓问题》,《矛盾》第2卷第5期(1月1日),第256—258页。

罗志如,1932年,《统计表中之上海》,南京:"中央研究院"。

马莉(音),1991年,《不让历史丑恶现象复活》,《民主与法制》第1期,第32—34页。

马庸生,1930年(1876年),《上海繁昌记》,日本:(未注明出版社),3卷。

马芷庠,1935年,《北平旅行指南》,北平:经济新闻社。

MacPherson, Kerrie L.(麦克弗森), 1987, *A Wilderness of Marshes: The Origins of Public Health in Shanghai, 1843—1893*(《一片泥淖:上海公共卫生的起源,1843—1893年》), Oxford and New York: Oxford University Press.

Mahood, Linda(马胡德), 1990, *The Magdalenes: Prostitution in the Nineteenth Century*(《抹大拉的马利亚们:19世纪的娼妓业》), London and New York: Routledge.

麦情曾,1931年,《北平娼妓调查》,《社会学界》第5期(6月),第105—146页。

Malhotra, Angelina(马尔霍特拉), 1994, "Prostitution, Triads and Corruption—Shanghai's Dark Side"(《卖淫、帮派和腐败——上海黑暗面》), *Asia, Inc.* (February): 32—39. Electronically reprinted in *China News Digest Books and Journals Review* (March 20).

Mallon, Florencia(马伦), 1949, "The Promise and Dilemma of Subaltern Studies: Perspectives from Latin American History"(《从拉丁美洲史看下属群体研究的前途和困境》), *American Historical Review* 99.5(December): 1491—1515.

Mann, Susan(曼素恩), 1997, *Women in Eighteenth-Century China: Gender and Culture in the Lower Yangzi Region, 1683—1839*(《18世纪的中国妇女:长江下游地区的社会性别与文化,1683—1839年》), Stanford, Calif.: Stanford University. Press.

Martin, Brian G.（马丁）,1992,"'The Pact with the Devil': The Relationship Between the Green Gang and the Shanghai French Concession Authorities,1925—1935"(《"与魔鬼订约":青帮与上海法租界当局的关系,1925—1935 年》), in Frederic Wakeman, Jr. and Wen-hsin Yeh, eds. *Shanghai Sojourners*(魏斐德和叶文心编,《侨居上海》),China Research Monograph no. 40, Berkeley: University of California Institute of East Asian Studies,266—304.

Martin, Brian G.（马丁）,1995, "The Green Gang and the Guomindang State: Du Yuesheng and the Politics of Shanghai, 1927—1937"(《青帮与国民党政权:杜月笙和上海政治,1927—1937 年》), *Journal of Asian Studies* 54. 1 (February): 64—91.

Matignon, Jean-Jacques(马蒂依),1936,*La Chine hermétique: Superstitions, crime et misère*(《神秘的中国:迷信、犯罪和苦难》),Paris: Librairre Orientaliste Paul Geuthner.

McAleavy, Henry(麦卡利维),1959a, "Sai-chin-hua (1874—1936): The Fortunes of a Chinese Singing-Girl"(《赛金花(1874—1936 年):一位中国歌姬的沉浮》), *History Today* 7(March):191—199.

McAleavy, Henry, trans.（麦卡利维译）,1959b(1935), *That Chinese Woman: The Life of Sai-Chin-Hua*, by Zui Xu, Translation of *Sai Jinhua zhuan*(《那个中国女子:赛金花生平》,系从醉须所作《赛金花传》译出), New York: Thomas Growell Co.

McClintock, Anne(麦克林托克),1992, "Screwing the System: Sexwork, Race, and the Law"(《搞糟了制度:性工作、种族和法律》), *Boundary 2* 19. 2:70—95.

McClintock, Anne(麦克林托克),1993, "Sex Workers and Sex Work: Introduction"(《性工作者和性工作:序言》), *Social Text* 37(winter):1—10.

孟悦,1994,"A Playful Discourse, Its Site, and Its Social Subject: Shen Bao's *Ziyou Tan* 1911—1917"(《游戏话语,其场合与社会主题:1911—1917 年间的〈申报自由谈〉》), Unpublished paper.

弥弱,1922 年,《广州的废娼运动》,《妇女杂志》第 8 卷第 7 期,第 44—46 页。

Miller, G. E. [pseud.](米勒[笔名]),1937,*Shanghai, the Paradise of Adventurers*(《上海:冒险家的乐园》),New York: Orsay Publishing House.

民锋编辑所编,1945 年,《疯上海》,上海:民锋编辑所。

民政局(未注明日期),《妇女劳动教养所》,上海,未正式发表的报告。

Miyazaki, Ichisada(宫崎),1981,*China's Examination, Hell*(《中国的考试地狱》),New Haven, Conn. : Yale University Press.

末名(笔名),1993 年,《一个深圳女秘书的独白》,《世界周刊》(11 月 14 日),周日第 7 页。

莫若强,1930年,《跳舞场底存废问题》,《社会月刊》第2卷第3期(9月),第1—4页。

Morache, G. (莫拉锡), 1869, *Pékin et ses habitants: Étude d'hygiène* (《北京及其居民:公共卫生研究》), Paris: n. p.

Morris, M. C. (莫里斯), 1916, "Chinese Daughters of the Night" (《中国的午夜女郎》), *Missionary Review* 39 (October): 753—762.

木华,1936年,《公娼制度的弊害及其论据的荒谬》,《女子月刊》第4卷第4期(4月),第21—26页。

Municipal Gazette (《工部局公报》), 1920—1930, Shanghai.

Nakano Kōkan (中野江汉), 1926, *Shina no baishō.* (《支那の卖笑》[中国娼妓]), Shina Pekin: Shina fūbutsu kenkyukai (支那北京:支那风物研究会).

《9名俄国妇女被驱逐》,1993年,《中国日报》(6月24日),第3页。

宁东,1990年,《在卖淫妇女的心灵深处》,《社会》第5期(5月),第12—14页。

North-China Herald (《字林西报》), 1869—1871, 1916—1925, 上海。

《女声》,1934年。

O'Callaghan, Sean (奥卡拉汉), 1968, *The Yellow Slave Trade: A Survey of the Traffic in Women and Children in the East* (《黄奴交易:关于东方贩卖妇女儿童问题的调查》), London: Anthony Blond.

O'Hanlon, Rosalind (奥汉隆), 1988, "Recovering the Subject: Subaltern Studies and Histories of Resistance in Colonial South Asia" (《找回主体:下属群体研究和南亚殖民时期的抵抗史》), *Modern Asian Studies* 22. 1: 189—224.

Oldt, F. (奥尔德), 1923, "Purity Campaign, Canton" (《洁净化运动,广州》), *China Medical Journal* 37. 9 (September): 776—782.

Otis, Leah L. (奥蒂斯), 1985, *Prostitution in Medieval Society: The History of an Urban Institution in Languedoc* (《中世纪社会中的娼妓业:法国南部朗格多克地区的城市习俗史》), Chicago: University of Chicago Press.

Pal, John. (帕尔), 1963, *Shanghai Saga* (《上海传奇》), London: Jarrolds.

Pan, Ling (潘), 1984, *Old Shanghai: Gangsters in Paradise* (《旧上海:帮派的天堂》), Hong Kong, Singapore, Kuala Lumpur: Heinemann Asia.

潘力(音),1991年,《农村流动人口的地缘聚集效应和地缘连锁效应》,《社会》第6期(6月),第24—25页。

潘绥铭,1993年之一,"Changing Sexual Behavior in China and Its Gender Issues" (《中国性行为的变化及社会性别问题》),会议论文,北美华人社会学家协会第一届会议:《当代华人社会中的社会性别议题》, Miami Beach, July 1.

潘绥铭,1993年之二,"A Sex Revolution in Current China" (《当代中国的性革命》),未正式发表的论文。

庞瑞垠等,1989年之一,《中国娼妓新生代:大陆社会问题纪实》,香港:开益文化事业公司。

庞瑞垠等,1989年之二,《中国沉沦女:大陆社会问题纪实》,台北:风云时代出版公司。

Pascoe,Peggy(帕斯科),1990, *Relations of Rescue: The Search for Female Moral Authority in the American West, 1874—1939*(《讲述营救的故事:在美国西部寻找女性的道德权威,1874—1939年》),New York and Oxford: Oxford University Press.

裴锡彬,1905年,《绘图冶游上海杂记》(未注明出版地点),文宾书局。

Pepper,Suzanne(佩珀),1978, *Civil War in China: The Political Struggle, 1945—1949*(《中国的内战:1945—1949年间的政治斗争》),Berkeley and Los Angeles: University of California Press.

Perry,Elizabeth J.(裴宜理),1993, *Shanghai on Strike: The Politics of Chinese Labor*(《上海罢工:中国的劳工政治》),Stanford, Calif.: Stanford University Press.

Peters,E. W.(彼得斯),1937, *Shanghai Policeman*(《上海警察》),Ed. Hugh Barnes, London: Rich and Cowan Ltd.

Pheterson,Gail, ed.(斐特逊编),1989, *A Vindication of the Rights of Whores*(《为妓女权利辩》),Seattle: Seal Press.

平襟亚,1986年,《上海小报史料》,收入上海市文史馆,上海市人民政府参事室,文史资料工作委员会编,《上海地方史资料》,上海:上海社会科学院出版社,第5辑,第70—86页。

平襟亚,1988年,《旧上海的娼妓》,收入上海市文史馆编,《旧上海的烟赌娼》,上海:百家出版社,第159—171页。

Pomerantz, Linda(波梅兰兹),1978, "Prostitution as a Social Issue in Republican China"(《中国民国时期作为社会问题的娼妓业》),未正式发表的论文。

Poovey,Mary(普菲),1988, *Uneven Developments: The Ideological Work of Gender in Mid-Victorian England*(《不均衡的发展:英国维多利亚中期社会性别的意识形态作用》),Chicago: University of Chicago Press.

Prakash,Gyan(普拉卡什),1994, "Subaltern Studies as Postcolonial Criticism"(《作为后殖民批评的下属群体研究》), *American Historical Review* 99.5(December): 1475—1490.

"The Prostitution Problem in Shanghai"《上海的娼妓问题》),1937, *China Critic* 17.1(April):7—9.

栖霞和澹如编,1917年(1915年),《海上花影录》,修订版,上海:中国图书馆,3卷。

钱毅成,1938年,《谈按摩女郎》,《上海妇女》第1卷第5期(6月20日),第16页。

钱生可编,1933年,《上海黑幕汇编》,上海:上海侦探研究会,4卷。

钱一苇,1937年,《娼妓的产生及其救济》,《妇女月报》第3卷第2期(2月19日),第8—14页。

乔峰,1923年,《废娼的根本问题》,《妇女杂志》第9卷第3期,第6—8页。

《妾婢妓女女丐与失业妇女往何处去?》,1936年,《妇女生活》第2卷第2期(2月16日),第30—32页。

秦路(音),1920年,《近代思想家的性欲观和恋爱》,《妇女杂志》第6卷第10期。

秦路(音),1921年,《爱伦·凯女士与其思想》,《妇女杂志》第7卷第7期。

求幸福斋主(何海鸣的笔名),1922年之一,《倡门之子》,《半月》第1卷第14期(3月),第1—15页。

求幸福斋主(何海鸣的笔名),1922年之二,《倡门之母》,《半月》第1卷第22期(7月),第1—15页。

Rawski, Thomas G.(罗斯基),1980,*China's Transition to Idustrialism*(《中国向工业化过渡》),Ann Arbor：University of Michigan Press。

Rawski, Thomas G.(罗斯基),1989,*Economic Growth in Prewar China*(《战前中国的经济发展》),Berkeley and Los Angeles：University of California Press.

任平安和赵艳屏,1987年,《妇女心理学》,沈阳：辽宁大学出版社。

《人言周刊》,1934—1936年。

Ropp, Paul S.(罗浦洛),1996,"Ambiguous Images of Courtesan Culture in Late Imperial China"(《中国帝制时代后期名妓文化的多义形象》),in Kang-i Sun Chang and Ellen Widmer, eds., *Writing Chinese Women*(孙康宜和威德默编,《书写中国妇女》),Stanford, Calif.：Stanford University Press.

Rosen, Ruth(罗森),1982, *The Lost Sisterhood：Prostitution in America，1900—1918*(《失足姐妹：1900—1918年间美国的娼妓业》),Baltimore and London：Johns Hopkins University Press.

Rosen, Ruth, and Sue Davidson, eds.(罗森和戴维森编,),1977, *The Maimie Papers*(《风尘女子梅弥·品泽的信件》),Old Westbury, N.Y.：Feminist Press.

Ruan, Fangfu(阮芳赋),1991, *Sex in China：Studies in Sexology in Chinese Culture*(《中国的性：中国文化中的性学研究》),New York and London：Plenum.

若闻(音),1938年,《上海的卖淫者》,《上海妇女》第2卷第4期(12月5日),第29—30页。

Scherer, Renate(谢勒),1981,"Das System der chinesichen Prostitution dargestellt am Beispiel Shanghais in der Zeit von 1840 bis 1949"(《从1840—1949年间的上海看中国的娼妓制度》),Ph. D. dissertation, Free University of Berlin.

Scherer, Renate(谢勒),1986, *Das Systerm der chinesichen Prostitution dargestellt am Beispiel Shanghais in der Zeit von 1840 bis 1949*(《从1840—1949年间的上海看中国的娼妓制度》),Berlin：Papyrus-Druck.

Schlegel, G. (施莱格尔), 1866, *Ietsover de prositutie in China*(《中国娼妓杂记》), Batavia: Transactions of the Batavian Society of Arts and Scierices.

Schlegel, G. (施莱格尔), 1894, "A Canton Flowerboat"(《广州花舫》), *International Archives of Ethnography* 7:1—9.

Schmid, Peter(施密特), 1958, *The New Face of China*, Trans. E. Osers(奥瑟斯译,《中国新面貌》), London: George G. Harrap and Company, Ltd.

Schoenhals, Michael(舍恩哈尔), 1992, *Doing Things with Words in Chinese Politics: Five Studies*(《中国政治中词语的作用:五份研究报告》), China Research Monograph no. 41, Berkeley: University of California Institute of East Asian Studies.

Schwarcz, Vera(舒衡哲), 1986, *The Chinese Enlightenment: Intellectuals and the Legacy of the May Fourth Movement of 1919*(《中国的启蒙运动:知识分子和1919年五四运动的遗产》), Berkeley and Los Angeles: University of California Press.

Scott, Joan Wallach(斯科特), 1988, *Gender and the Politics of History*(《社会性别与历史的政治性》), New York: Columbia University Press.

瑟庐,1920年,《娼妓制度史考》,《妇女杂志》第6卷第9期,第1—8页。

瑟庐,1923年,《世界人类的耻辱》,《妇女杂志》第9卷第3期,第2—5页。

瑟庐,1938年,《补白》,《上海妇女》第1卷第1期(4月),第22页。

Sergeant, Harriet(萨金特), 1991, *Shanghai*(《上海》), London: Jonathan Cape.

Service Directory, 1993, Shanghai: Peace Hotel. (上海和平饭店服务指南)

Service Guide Book, 1993, Xi'an: Xi'an Hotel. (西安市西安宾馆服务指南)

陕西省人民代表大会法制委员会编,1992年,《陕西省地方性法规汇编,1980—1992年》,西安:陕西省人民代表大会法制委员会办公室。

山,1933年,《我对于杭州检验妓女之感想》,《妇女共鸣》第2卷第12期(12月),第30页。

山,1934年,《关于娼妓的意见一事》,《妇女共鸣》第3卷第7期(7月),第34—37页。

单光鼐,1995年,《中国娼妓——过去和现在》,北京:法律出版社。

商欣仁编,1993年,《来自打击卖淫嫖娼前线的实录》,收入《来自扫黄前线的报告》,成都:四川大学出版社,第24—37页(通俗杂志开本)。

Shanghai Bureau of Social Affairs(上海社会局), 1929, *Wages and Hours of Labor, Greater Shanghai, 1929*(《工薪与工时,大上海1929年》), Shanghai.

Shanghai Civic Association(上海市地方协会编辑), 1933, *Shanghai Statistics*(《上海市统计》), Shanghai.

(上海)《大公报》,1946—1948年。

《上海的特殊职业》,1946年,《上海十日》第2期(6月30日),第13页。

上海儿童福利促进会研究调查组,1948年,《上海市社会福利机关要览》,上海儿童福利促进会调查丛书,第2辑,上海:上海儿童福利促进会。

《上海警察》,1948年,上海。

上海工部局司法科译,1935年,《中国刑法、特别刑事法和行政法》,上海:商务印书馆。

Shanghai Municipal Council Report and Budget(《上海工部局报告暨预算案》),1877—,Shanghai:Kelly and Walsh.

Shanghai Municipal Police(上海巡捕房),Shanghai Municipal Police Files,1894—1947(上海巡捕房档案,1894—1947年)(formerly Security Classified Investigation Files,1916—1947),National Archives:Record Group 263(Central Intelligence Agency).

上海市档案馆,1945年,警察局对娼妓、舞女、歌女和女招待的管理条例,卷宗号1-62-440。

上海市档案馆,1945—1947年,《妓女团体组织案》,卷宗号011-4-260。

上海市档案馆,1946年,《查禁私娼案》,卷宗号011-4-162。

上海市档案馆,1946—1947年,社会局关于处理娼妓的文件,卷宗号6-9-666。

上海市档案馆,1946—1948年,《取缔妓女拉客案》,卷宗号001-4-170。

上海市档案馆,1946—1948年,《取缔妓院案》,卷宗号011-4-163。

上海市档案馆,1946—1949年,市政府处理娼妓的文件,卷宗号1-10-246。

上海市档案馆,1948年,《妓女不照规定检验身体案件》,卷宗号011-4-171。

上海市档案馆,中国救济妇孺总会,20世纪20年代和30年代,《市民关于妇女孩童被诱拐骗卖和虐待请求援助救济问题的书》,卷宗号Q—113—1—14。

上海市警察局编,1947年,《上海市警察局法规汇编》,上海:上海市警察局,第1卷。

《上海市救济院妇女教养所组织规程》,1947年,《社会月刊》第2卷第2期(2月5日),第69—70页。

上海市民政局,1959年,《上海市游民、妓女改造工作》(未注明出版地点)(10月)。

上海市文史馆编,1988年,《旧上海的烟赌娼》,上海:百家出版社。

上海市文献委员会编,1948年,《上海人口志略》,上海:上海市文献委员会。

上海市政府秘书处,1945年,《上海市政府公报》,上海:上海市政府秘书处。

《上海特别市公安局业务报告,民国十七年七月至十八年六月》,1929年,上海:上海特别市公安局,第2卷。

《上海特别市公安局业务纪要,民国十六年八月至十七年七月》,1928年,上海:上海特别市公安局。

上海特别市政府秘书处,1928年,《上海特别市政法规汇编初集》,上海:上海特别市政府秘书处(9月),2卷。

上海信托股份有限公司编辑部,1932年,《上海风土杂记》,上海:上海信托股份有限公司。

商务印书馆编辑所,1926年,《上海指南》(英文标题:*Guide to Shanghai:A Chinese Directory of the Port*),第22版(第1版1909年出版),上海:商务印书馆。

邵象伊,1934年,《我对于娼妓开禁问题的意见》,《医事公论》第2卷第5期(12月16日),第1—4页。

邵元成,1936年,《切实(?)禁娼》,《人言周刊》第2卷第45期(1月18日),第886—887页。

Shapiro,Hugh(夏皮罗),1994,"Syphilophobia in 1930s Peking"(《1930年代北京的梅毒恐惧症》),Paper presented at the annual meeting of the Association for Asian Studies,Boston.

社英,1933年,《消灭娼妓之根本方法》,《妇女共鸣》第2卷第5期(5月),第1—6页。

《社会月刊》,1930年,天津。

沈黎虹,1932年,《卖淫与社会因果》,《妇女共鸣》第1卷第11—12期(11月15日,12月15日),第31—36页(11月),第23—29页(12月)。

沈敩,1938年,《战后上海女招待的生活》,《上海妇女》第2卷第2期(11月5日),第24—25页。

《申报》,1875—1941年,上海。

《生活周刊》,1933年。

《时报》,1928—1936年,上海。

《时报周刊》,1986年。

《世界贩卖妇女之调查》,1933年,《妇女共鸣》第2卷第5期(5月),第46—47页。

《世界日报》,1982年,1992—1995年。

《市政评论》,1934—1936年。

Solinger,Dorothy(苏黛瑞),1991,"China's Transients and the State:A Form of Civil Society?"(《中国的流动人口与国家:一种市民社会?》),USC Seminar Series no.1,*Hong Kong Institute of Asia-Pacific Studies*:1—46.

Solinger,Dorothy(苏黛瑞),1992,"The Floating Population in the Cities:Chances for Assimilation?"(《城市中的流动人口:被吸收的机会?》),Paper presented at the Woodrow Wilson Center's "Urban China" conference,Washington,D. C.

Sommer,Matthew Harvey(萨默),1994,"Sex, Law, and Society in Late Imperial China"(《晚清帝国的性、法律和社会》),Ph. D. dissertation,University of California at Los Angeles.

Song Shisheng(宋石生[音]),1995,"The Brothels of Harbin in the Old Society"(《旧社会中哈尔滨的妓院》),in Søren Clausen and Stig Thøgersen,eds. *The Making of a Chinese City:History and Historiography in Harbin*(克劳森和索格森编,《一个中国城市的形成:哈尔滨的历史和修史工作》),Armonk, N. Y. ,and London:

M. E. Sharpe,103—108.

颂先,1930 年,《娼妓问题》,《社会月刊》第 2 卷第 1 期(7 月),第 1—7 页。

宋蕴璞,1931 年,《天津志略》,天津:天津协成印刷局。

Southerland, Danieli(萨瑟兰), 1985, "Prostitution Returns, Chinese Officials Say"(《娼妓问题卷土重来,中国官员如是说》),*Washington Post*(October 7):A20.

Spaulding, Jay, and Stephanie Beswick(斯波尔丁和贝斯威克), 1995, "Sex, Bondage, and the Market: The Emergence of Prostitution in Northern Sudan, 1750—1950"(《性、奴役和市场:北部苏丹娼妓业的兴起,1750—1950 年》),*Journal of the History of Sexuality* 5.4(April):512—534.

Special Vice Committee(审查淫业会,亦称淫风调查会), 1920, "Vice Conditions in Shanghai"(《上海淫业现状》),*Municipal Gazette*(《工部局公报》)13.681(March 19):83—86.

Spence, Jonathan D.(史景迁), 1982, *The Gate of Heavenly Peace*(《太平天国》), Harmondsworth and New York:Penguin Books.

Spence, Jonathan D.(史景迁), 1990, *The Search for Modern China*(《寻找现代中国》),New York: W. W. Norton.

Spivak, Gayatri Chakravorty(葛雅特里·斯皮瓦克), 1988a, "Can the Subaltern Speak?"(《下属群体会说话吗?》),in Cary Nelson and Lawrence Grossberg, eds. *Marxism and the Interpretation of Culture*(纳尔逊和格罗斯伯格编,《马克思主义和文化阐释》),Urbana and Chicago:University of Illinois Press,271—313.

Spivak, Gayatri Chakravorty(葛雅特里·斯皮瓦克), 1988b, "Subaltern Studies:Deconstructing Historiography"(《下属群体研究:解构史学方法》),in Ranajit Guha and Gayatri Chakravorty Spivak, eds. *Selected Subaltern Studies*(古哈和斯皮瓦克编,《下属群体研究选集》),New York and Oxford:Oxforcl University Press,3—32.

Stacey, Judith(斯泰西), 1983, *Patriarchy and Socialist Revolution in China*(《男权与中国的社会主义革命》),Berkeley and Los Angeles:University of California Press.

Stansell, Christine(斯坦塞尔), 1987, *City of Women:Sex and Class in New York, 1789—1860*(《女人的城市:纽约的性与阶级,1789—1860 年》),Urbana and Chicago:University of Illinois Press.

Stauffer, Milton Theobald, ed.(斯托夫编), 1922, *The Christian Occupation of China*(《基督教对中国的征服》),Shanghai:China Continuation Committee.

Staunton,George Thomas,trans.(斯汤顿译),1966(1810). *Da Tsing Leu Lee*(《大清律例》),台北:成文出版公司。

Stephens, Thomas B.(斯蒂芬斯), 1992, *Order and Discipline in China:The*

Shanghai Mixed Court 1911—1927(《中国的秩序与戒律：上海会审公廨. 1911—1927年》),Seattle and London：University of Washington Press.

Strand,David(史谦德),1989,*Rickshaw Beijing：City People and Politics in the 1920s*(《北京的人力车夫：1920年代的市民与政治》),Berkeley and Los Angeles：University of California Press.

苏明,1936年,《娼妓问题》,《女子月刊》第4卷第10期(10月1日),第11—14页。

Sues,Ilona Ralf(苏伊斯),1944,*Shark's Fins and Millet*(《鱼翅和小米》),Boston：Little,Brown and Company.

绥之,1936年,《禁蓄婢女、禁娼与农村妇女的买卖问题》,《人言周刊》第2卷第49期(2月15日),第967—968页。

Sun,Lena(孙),1992,"Prostitution Thriving Again in China"(《娼妓业在中国再度繁荣》),*Washington Post*(March 12).

孙昌树,1933年,《娼妓制度与社会经济组织》,《女子月刊》第1卷第6期(8月15日),第29—32页。

孙国群,1988年之一,《旧上海娼妓秘史》,河南：河南人民出版社。

孙国群,1988年之二,《论旧上海娼妓制度的发展阶段和特点》,提交上海社会科学院"上海历史讨论会"的论文,上海,1988年9月。

孙礼启、俞慧卿、袁祥美、张佩华、曹菊仙,1986年,本书作者对从前妓院区住户的采访笔录。

孙玉声(笔名海上觉悟生),1939年,《妓女的生活》,上海：春明书店。

所非,1933年,《卖淫救国论》,《妇女共鸣》第2卷第5期(5月),第39—42页。

娑婆生(毕倚虹的笔名)和包天笑,1991年,《人间地狱》,上海滩与上海人丛书(第2辑),上海：上海古籍出版社,2卷。

谭凤阳,1934年,《娼妓问题与经济制度》,《人言周刊》第1卷第44期(12月15日),第905—906页。

唐国桢,1932年,《如何解决娼妓问题》,《妇女共鸣》第1卷第3—4期(6月15日),第17—21页。

汤伟康、朱大陆、杜黎编,1987年,《上海轶事》,上海：上海文化出版社。

唐幼峰,1931年,《新上海》,上海：上海印书馆。

唐振常主编,1989年,《上海史》,沈恒春副主编,上海：上海人民出版社。

陶鲍家麟(Tao,Chia-Lin Pao),1994年,《中国晚清时期的反缠足运动：本土发展与西方影响》,《近代中国妇女史研究》第2期(6月),第141—178页(台湾中研院近代史部出版)。

天谛,1924年,《私娼与公娼的利弊》,《妇女杂志》第10卷第8期,第1264—1272页。

天笑[包天笑?],1922年之一,《妓之节操》,《星期》第21期,第1—12页。

天笑[包天笑?],1922年之二,《街头的女子》,《星期》第46期,第1—5页。

(天津)《大公报》,1929—1930年。

《天津妇女日报》,1924年。

天津市社会局,1930年,《天津市妓户妓女调查报告》,天津:天津市社会局。

《天津市周刊》,1947年,天津。

天津特别市公署社会局第三科,1939年,《社会统计月刊》第1卷第2期,第48页。

天津特别市公署社会局第三科,1940年,《社会统计月刊》第1卷第3期,第50页。

《天津特别市社会局一周年工作总报告,1928—1929年》,1929年,天津:社会局。

Tien, H. Yuan(田[音]),1973, *China's Population Struggle*(《中国的人口难题》), Columbus, Ohio: Ohio State University Press.

佟新,1993年,《不容忽视的流浪少女》,《妇女研究论丛》第2期,第25—29页。

"Traffic in Women Problem for China"(《中国的妇女买卖问题》),1935, *Trans-Pacific* 23(March 28): 15—16.

居诗聘编,1968年(1948年),《上海春秋》,香港:中国图书编辑馆。

屯民,1923年,《娼妓和贞洁》,《妇女杂志》第9卷第3期,第18—21页。

Tyler, Patrick E.(泰勒),1993, "Economic Focus in Shanghai: Catching Up"(《上海的经济焦点:赶上去》), *New York Times* (December 22): A1, A6.

"The Vice Committee Proposal"(《淫风调查会报告》),1920, *Millard's Review of the Far East* (April 3): 207—210.

U. U. 1922年,《妓女嫁后的心》,《星期》第28期,第1—11页。

Wakeman, Frederic, Jr.(魏斐德),1995a, *Policing Shanghai 1927—1937*(《上海的治安,1927—1937年》), Berkeley and Los Angeles: University of California Press.

Wakeman, Frederic, Jr.(魏斐德),1995b, "Licensing Leisure: The Chinese Nationalists' Attempt to Regulate Shanghai, 1927—1949"(《规范休闲业:中国国民党管制上海的努力,1927—1949年》), *Journal of Asian Studies* 54. 1 (February): 19—42.

Wakeman, Frederic, Jr., and Wen-hsin Yeh, eds.(魏斐德和叶文心编),1992, *Shanghai Sojourners*(《侨居上海》), Berkeley: University of California Institute of East Asian Studies.

Walker, Tony(沃克),1993, "Open Wide for a Dose of Ideology"(《大开放大灌意识形态》), *Sydney Morning Herald* (April 19). Electronically reprinted in *China News Digest* (April 20).

Walkowitz, Judith R.(沃科维茨),1980, *Prostitution and Victorian Society: Women, Class, and the State*(《娼妓业与维多利亚社会:妇女、阶级与国家》), Cambridge: Cambridge University Press.

Walkowitz, Judith R.(沃科维茨),1992, *City of Dreadful Delight: Narratives of Sexual Danger in Late-Victorian London*(《恐怖的欢娱之都:维多利亚后期伦敦

的性危险故事》),Chicago:University of Chicago Press.

万墨林,1973年,《沪上往事》,台北:中外图书出版社.

王达(音),1936年,《天津之工业》,《实业部月刊》第1卷第1期(4月),第109—218页.

王定九,1932年,《上海门径》,[上海]:中央书店.

王后哲,1925年,《上海宝鉴》,上海:世界书局.

汪了翁,1922年,《上海六十年花界史》,上海:时新书局.

王奇生,1993年,《民国初年的女性犯罪(1914—1936)》,《近代中国妇女史研究》第1期(6月),第5—18页(台湾中研院近代史部出版).

王树槐,1994年,《康有为对女性及婚姻的态度》,《近代中国妇女史研究》第2期(6月),第27—49页(台湾中研院近代史部出版).

王书奴,1988年(1935年),《中国娼妓史》,上海:三联(生活书店).

王韬,1929年(1878年),《海陬冶游录》,为《艳史十二种:笔记小说》之卷六,上海:汉文渊书肆.

王韬,1934年(1914年),《淞滨琐话》,上海:新文化书社,12卷.

王行娟,1990年,《当前卖淫嫖娼的特点、趋势及对策》(未正式发表).

王行娟,1992年之一,《关于卖淫嫖娼问题的研究》,收入熊玉梅、刘小聪和曲雯编,《中国妇女理论研究十年》,北京:中国妇女出版社,第420—441页.

王行娟,1992年之二,本书作者对王行娟的采访录,北京.

王行娟,1993年之一,本书作者对王行娟的采访录,北京.

王行娟,1993年之二,同本书作者的个人交流.

王以仁,1935年,《废娼的出路在哪里》,《人言周刊》第1卷第50期(1月26日),第1024—1026页.

王政,1993年,《三场采访:王安忆、竹林和戴晴》,收入 Tani E. Barlow, ed. *Gender Politics in Modern China*(巴洛编,《现代中国的社会性别政治》),Durham, N. C., and London:Duke University Press,159—208.

汪仲贤,(未注日期)(1935年),《上海俗语图说》,上海:上海社会出版社,1935年;重印版,香港:神州图书公司,1978年(?).

Wasserstrom, Jeffrey N.(华志坚),1991, *Student Protests in Twentieth-Century China:The View from Shanghai*(《从上海看中国20世纪的学生抗议运动》),Stanford, Calif.:Stanford University Press.

Wei, W. Lock(魏[音]),1930,"Sing-Song Girls"《歌姬》), *Mentor* 18(July):12—15, 50.

维誉,1933年,《公娼制度可行吗》,《妇女共鸣》第2卷第5期(5月),第33—36页.

文枢,1981年,《解放前蓉城妓女的悲惨世界》,《龙门阵》第2期,第24—29页.

文韦,1990年,《性病在北京蔓延不容忽视》,《妇女研究》第1期,第21—22页.

Weston, Kath(韦斯顿),1991, *Families We Choose : Lesbians, Gays, Kinship*(《我们所选择的家庭:女性同性恋、男性同性恋和家庭关系》), New York: Columbia University Press.

White, Luise(怀特),1990, *The Comforts of Home : Prostituttion in Colonial Nairobi*(《家的慰藉:内罗毕殖民地的娼妓业》), Chicago: University of Chicago Press.

Wiley, James Hundley(威利),1929, "A Study of Chinese Prostitution"(《中国娼妓业研究》), M. A. thesis, University of Chicago.

Williams, Linda(威廉斯),1989, *Hard Core : Power, Pleasure, and the "Frenzy of the Visible"*(《全暴露:权力、快感和"视觉的狂放"》), Berkeley and Los Angeles: University of California Press.

Witke, Roxane Heater(威特克),1970, "Transformation of Attitudes towards Women during the May Fourth Era of Modern China"(《近代中国五四时期对妇女态度的转变》), Ph. D. dissertation, University of California at Berkeley.

Wolf, Arthur P., and Chieh-shan Huang(武雅士和黄[音]),1980, *Marriage and Adoption in China, 1845—1945*(《1845—1945年间中国的婚姻与收养问题》), Stanford, Calif. : Stanford University Press.

Wolfe, Barnard(沃尔夫),1980, *The Daily Life of a Chinese Courtesan Climbing up a Tricky Ladder, with A Chinese Courtesan's Dictionary*(《中国青楼女子的日常生活:登攀难爬的梯子,暨中国青楼用语词典》), Hong Kong: Learner's Bookstore.

Wong, K. C.(王吉民),1920, "The Social Evil in China"(《中国的社会罪恶》), *China Medical Journal* 34. 6(November):630—634.

Wong, K. Chimin, and Lien-teh Wu(王吉民和伍连德),1936, *History of Chinese Medicine*(《中国医史》), Tientsin: Tientsin Press, Ltd.

Woo, Toh(吴拓[音]),1982(1931), *An Analysis of 2 330 Case Work Records of the Social Service Department, Peiping Union Medical College*(《北平协和医学院社会服务处2330例工作记录分析》), Bulletins of the Social Research Department 1928—1933, vol. 5 in the series *China during the interregnum, 1911—1949*, ed. Ramon H. Myers, New York and Lonclon: Garland Press.

吴瓯,1931年,《天津市纺纱业调查报告》,天津:天津市社会局。

吴瓯等,1931年,《天津市社会局统计汇刊》,天津:天津市社会局。

吴德铎整理,1985年,《赛金花本事》,长沙:岳麓书社。

吴贵芳,1980年,《近代上海的"十里洋场"篇》,《社会科学》第2期,第115—123页。

吴汉痴编,1924年,《全国各界切口大辞典》,上海:东陆图书公司。

吴趼人,1935年,《我佛山人笔记》,上海:大达图书供应社。

无名,1933年,《开放娼禁之理由安在?》,《妇女共鸣》第2卷第5期(5月),第37页。

吴若华,1929年,《上海妇女救济事业应有的改革》,《社会月刊》第1卷第2期(2月),第1—8页。

武舟,1990年,《中国妓女生活史》,长沙:湖南文艺出版社。

席涤称,1933年,《大闹公堂案》,《上海市通志馆期刊》第1卷第2期(9月),第407—440页。

夏衍,1984年(1936年),《赛金花》,北京(上海):中国戏剧出版社(生活书店)。

夏征农编,1979年,《辞海》,上海辞书出版社,3卷。

《西安法制报》,1993年。

《现代妇女》,1948年。

萧剑青,1936年,《漫画上海》,上海:上海经纬书局。

萧剑青,1937年,《上海向导》,上海:上海经纬书局。

萧苏(音),1946年,《娼妓生活苦》,《家》第9期(10月),第31页。

谢致红和贾鲁生,1989年,《古老的罪恶》,浙江:浙江文艺出版社。

新世界报社,1918年,《花国百美图》,上海:生生美术公司。

《新闻日报》,20世纪50年代,上海。

熊仲协和孙云,1993年,《妇女性解放,地位大下降》,《新闻自由导报》(2月19日),第2页。

徐迟等,1942年,《上海众生相》,上海:新中国报社。

徐惠芳和刘清於,1932年,《上海女性犯的社会分析》,《大陆杂志》第1卷第4期(10月),第71—92页。

许廑父,1922年,《倡门之父》,《半月》第2卷第3期,第1—7页。

徐珂,1920年,《清稗类钞》,上海:商务印书馆。

徐亚生,1930年,《娼妓与社会》,《妇女杂志》第16卷第6期,第16—27页。

薛耕莘,1986年,《我接触过的上海帮会人物》,收入朱学范编,《旧上海的帮会》,上海:上海人民出版社,第87—107页。

薛理勇,1988年,《明清时期的上海娼妓》,收入上海市文史馆编,《旧上海的烟赌娼》,上海:百家出版社,第150—158页。

严敦易,1923年,《废娼问题的重要》,《妇女杂志》第9卷第5期,第28—29页。

雁平,1977年,《广东妓女概况》,《北斗》[香港]第3期(8月1日),第11—18页。

艳齐,1992年,《京城舞女群》,北京:北京师范大学出版社。

杨洁曾,1986年,本书作者对上海妇女劳动教养所前负责人(1952—1958)的采访笔录。

杨洁曾和贺宛男主编,1988年,《上海娼妓改造史话》,上海:上海三联书店。

阳泉编,1993之一,《嫖客,原来是骗子》,《旧中国畸形家庭纪实》(6月),第26—28页,内蒙古文化出版社。

阳泉编,1993 之二,《妓女培养的总督》,《旧中国畸形家庭纪实》(6 月),第 32—34 页,内蒙古文化出版社。

杨晓冰(音),1991 年,"China Launches Anti-Prostitution Campaign"(《中国发动打击卖淫嫖娼运动》),*Beijing Review*(《北京周报》)34.50(December 16—22):27—29.

杨秀琴和徐惠清,1986 年,本书作者对上海妇女劳动教养所前工作人员的采访笔录。上海。

姚吉光和俞逸芬,1981 年,《上海的小报》,《新闻研究资料丛刊》第 3—4 辑(总第 9—10 辑),第 223—244 页(第 3 辑),第 245—291 页(第 4 辑)。

姚少梅,1935 年,《娼妓问题的总检阅》,《人言周刊》第 2 卷第 9 期(3 月 30 日),第 167—168 页。

叶德荣,1936 年,《中国娼妓问题的探讨》,《女子月刊》第 4 卷第 11 期(11 月),第 30—41 页。

叶坡,1989 年,《卖淫——黄色的潜流》,《妇女研究》第 6 期,第 7—8 页。

叶晓青,1991 年,"Popular Culture in Shanghai 1884—1898"(《上海的平民文化 1884—1898 年》),Ph. D. dissertation,Australian National University.

Yeh, Catherine(叶凯蒂),1990,"The Intellectual as a Courtesan:A Trope in Twentieth-Century Chinese Literature"(《作为娼妓的知识分子:20 世纪中国文学中的转喻》),Conference paper presented at Harvard University.

Yeh, Wen-hsin(叶文心),1992,"Progressive Journalism and Shanghai's Petty Urbanites"(《进步的新闻业和上海的小市民》),in Frederic Wakeman, Jr., and Wen-hsin Yeh, eds. *Shanghai Sojourners*(魏斐德和叶文心编,《侨居上海》),Berkeley:University of California Institute of East Asian Studies,186—238.

Yen, Ching-yueh(严[音]),1934—1935,"Crime in Relation to Social Change in China"(《中国社会变迁中的犯罪问题》),*American Journal of Sociology* 40.3.

乙枫,1933 年之一,《娼妓问题研究》,《妇女共鸣》第 2 卷第 2 期(2 月),第 31—44 页。

乙枫,1933 年之二,《娼妓问题研究(续)》,《妇女共鸣》第 2 卷第 3 期(3 月),第 25—37 页。

以文,1933 年,《娼妓开禁问题之我见》,《妇女共鸣》第 2 卷第 4 期(4 月),第 18—21 页。

逸霄,1938 年,《生活自述:舞女魏雪淑与杨玟时》,《上海妇女》第 1 卷第 2 期(5 月),第 14—15 页。

逸霄,1939 年,《一个舞女的来信》,《上海妇女》第 3 卷第 2 期(5 月),第 28 页。

永和,1933 年,《禁娼问题与整个妇女运动》,《妇女共鸣》第 2 卷第 5 期(5 月),第 23—28 页。

幼雄译,1923 年,《娼妓之卫生的取缔》,《妇女杂志》第 9 卷第 3 期,第 42—44 页。

郁慕侠,1935 年,《上海鳞爪》,上海:上海沪报馆出版部,上集,续集。

郁维,1947 年,《禁娼与性病防治》,《市政评论》第 9 卷第 9—10 期(10 月 15 日),第

17—18页,第45页。

郁维,1948年,《上海娼妓五百个案调查》,《市政评论》第10卷第10期(10月15日),第10—14页。

Yu Wei and Amos Wong(郁维和王),1949,"A Study of 500 Prostitutes in Shanghai"(《上海500名妓女研究》),*International Journal of Sexology* 2.4(May):234—238.

郁咏馥,1986年,《我所知道的杜月笙》,收入朱学范编,《旧上海的帮会》,上海:上海人民出版社,第268—283页。

俞云九,1986年,《我所知道的张啸林》,收入朱学范编,《旧上海的帮会》,上海:上海人民出版社,第347—349页。

袁是克等,1949年,《上海风情》,(未注明出版地点),蓝天书报杂志社。

Zarrow,Peter(沙培德),1990,*Anarchism and Chinese Political Culture*(《无政府主义和中国的政治文化》),New York:Columbia University Press.

Zarrow,Peter(沙培德),1988,"He Zhen and Anarcho-Feminism in China"(《何震与中国的无政府—女权主义》),*Journal of Asian Studies* 47.4(November):796—813.

曾迭,1935年,《关于娼妓调查》,《人言周刊》第2卷第36期(11月16日),第710—711页。

曾朴,1979年,《孽海花》,上海:上海古籍出版社。

詹垲,1917年(1914年),《柔乡韵史》,作者序1907年,上海:文艺消遣所,3卷。

张春帆[漱六山房],1917年,《绘图九尾龟》,上海:集成书局。

张春帆[漱六山房],1919年,《上海青楼之今昔观》,《晶报》3月3、6、9、12、15、18、21、24、30日、4月6、12、27日、5月6日,均为第3版。

张春帆[漱六山房],1932年,《海上青楼沿革记》,《万岁杂志》第1卷第2—9期(8月16日至12月1日)。

张鹤群,1935年,《苏联废娼之一法》,《人言周刊》第1卷第50期(1月26日),第1026—1027页。

张家良(音),1934年,《禁娼的根本办法》,《中国社会》第1卷第1期(7月15日),第54—56页。

张明园,1994年,《梁启超的两性观:论传统对知识分子的约束》,《近代中国妇女史研究》第2期(6月),第51—64页。

张寿,1884年,《津门杂记》,天津:(未注明出版社)。

张辛欣和桑晔,1985年,《北京人》,《作家》第1期,第1—17页。

张辛欣和桑晔,1987年,*Chinese Lives:An Oral History of Contemporary China*(《中国人:当代中国口述史》),编者和译者:W. J. F. Jenner and Delia Davin, New York:Pantheon Books.

张恂九,1934年,《上海历史演义》,上海:大南书局,2卷。

张一全(音),1990年,《卖淫嫖娼的社会背景》,《社会》第68期(10月20日),第38—

40 页。译文见联合出版物研究处 JPRS-CAR-91-005(1991 年 1 月 31 日),第 62—65 页。

峙山,1933 年,《娼妓问题的研究与首都开禁》,《妇女共鸣》第 2 卷第 5 期(5 月),第 7—12 页。

忠言,1927 年,《废娼事件的我见》,《妇女杂志》第 13 卷第 12 期,第 17—19 页。

中共中央马恩列斯著作编译局研究室编,1978 年,《五四时期期刊介绍》,北京:生活·读书·新知三联书店,2 卷。

中华全国妇女联合会妇女研究所、陕西省妇女联合会研究室编,1991 年,《中国妇女统计资料,1949—1989 年》,北京:中国统计出版社。

中华图书集成编辑所,1925 年(1918 年),《上海妇女孽镜台》,上海:中华图书集成公司。

《中外妇女》,1985 年。

周时贤,1934 年,《娼妓的造成》,《人言周刊》第 1 卷第 45 期(12 月 22 日),第 939 页。

周瘦鹃,1928 年,《老上海三十年见闻录》,上海:大东书局,2 卷。

周瘦鹃,(未注明日期,可能是 20 世纪 40 年代),《新秋海棠》,香港:大文书局。

周荫君、杨洁曾、薛素珍,1980 年,《一个妓女的血泪史》,《青年一代》第 6 期,第 31—32 页。

周荫君、杨洁曾、薛素珍,1981 年,《新社会把鬼变成人》,《社会》第 1 期(10 月),第 46—51 页。

祝均宙,1988 年,《上海小报的历史沿革》,《新闻研究资料》第 42—44 期(6、9、12 月),第 163—177 页(6 月),第 137—153 页(9 月),第 210—220 页(12 月)。

朱美予,1933 年,《中国娼妓问题之研究》,《妇女共鸣》第 2 卷第 10 期(10 月),第 28—40 页。

祝天泽,1988 年,《今日会乐里》,《人民日报(海外版)》,4 月 20 日。

朱学范编,1986 年,《旧上海的帮会》,上海:上海人民出版社。

朱枕薪,1923 年,《论娼妓问题》,《妇女杂志》第 9 卷第 3 期(3 月 3 日),第 9—12 页。

朱子家(金雄白的笔名),1964 年,《黄浦江的浊浪》,香港:吴兴记书报社。

朱作同和梅益主编,1939 年,《上海一日》,上海:华美出版公司发行,4 辑。

卓呆,1922 年,《妓女嫁后的心》,《星期》第 38 期,第 1—9 页。

Zito, Angela(齐托),1993,"Ritualizing *Li*:Implications for Studying Power and Gender"(《"礼"的仪式化:研究权力与社会性别的意义》),*positions:east asia cultures critique* 1.2(fall):321—348.

邹依仁,1980 年,《旧上海人口变迁的研究》,上海:上海人民出版社。

索 引
（索引中页码为本书边码）

A Mu,阿母 221
A Zhen,阿珍 258—259
A Zhu,阿珠 259—260
abolition,禁娼,废娼 3,6,19,181,200—201,240—241,271; campaigns of 1920s,1920 年代的运动 246,271—287; campaigns of 1930s,1930 年代的运动 246; debates about,关于禁娼的争论 253,272—287,322,504 第十一章注 3;1928 attempt,1928 年的禁娼努力 287—288; in 1950s,1950 年代的禁娼 30,32,65,267,303,304—324,367,393,396—397; recommended by foreigners,外国人的禁娼建议 229; as ultimate goal in 1940s,1940 年代作为终极目标的禁娼 288—289,295
abortion,流产,堕胎 175,316,348,463 第六章注 138
Abu-Lughod, Lila,莉拉·阿卜-卢格霍德 27
adoption,收养 75,85,176; by courtesans, 被高等妓女领养 143
Ah Hong,阿红 335,345,347,348
AIDS,艾滋病 348—350,377,527 第十三章注 97,528 第十三章注 103
Aiwen,爱温 84
ajie,阿姐 77
amusement halls,游乐场,娱乐厅 38,59; licensing and,娱乐场所注册 301
anarchism,无政府主义 247; critique of capitalism in,无政府主义对资本主义的批判 247
anchang. 暗娼,见 prostitutes, secret
Asian Wall Street Journal,《亚洲华尔街日报》348
Association of Shanghai Shuyu,上海书寓协会 299
Augustine, Saint,圣奥古斯丁 263
"ax chop","砍斧头",137

"bad girls","坏女人"143—152,164; characteristics of,其特征 144; class and,阶级 145; sexuality and,性欲,

649

淫荡 144—145

Bai Zhongxi,白崇禧 124

Ban Gu,班固 21

bankai men. 半开门,见 "half-open doors"

banquets,酒席,宴席,花酒 55,93,94—96,106,115,125,129—130,134,135; ceremony and,酒席礼仪 95—96; *changsan* and,长三应酬宴席 43; cost of,费用 81,442 第三章注 165; courtesan house income and,高等妓院的主要收入 94; courtesans and,高等妓女应酬酒宴 14; customers and,嫖客与酒席 94,104,107,madams and,老鸨与宴席 72; *shuyu* and,书寓与宴席应酬 42; terminology of,关于酒宴的一套用语 94—95,442 第 3 章注 167

Bao Lin,宝琳 76,437 第三章注 48

Bao Qin,宝琴 122—124

bao shenti,包身体。见 pawning

Bao Tianxiao,包天笑 30,217,416 第一章注 81

baofu,鸨妇 71

baomu,鸨母 71

baozhang,包账 197

Beahan, Charlotte,夏洛特·比翰 247

Bebel, August,奥古斯特·倍倍尔 253,260—261,497 第十章注 47

Beili,北里 15,146

benjia,本家 71

Berkhofer, Robert,罗伯特·伯考弗 13

Bi Yao,碧瑶 266

Bi Yihong,毕倚虹 30,257—258,395,416 第一章注 81,498 第 10 章注 68

"bitter-meat stratagem","苦肉计"137

"blockhead","阿木林"129—130,451 第五章注 8

Blue Bridge Villa,蓝桥别墅 171

"body price","身价"120,122,124

bolibei,玻璃杯,见 tea hostesses

Boxers,义和团,义和拳 147,173

boxiang ren,白相人 71

"breaking the melon","破瓜"107,133

"brothel prop","娼门撑头"71,487 第八章注 75

brothel servants,妓院的佣仆 77—81,82; becoming madams,成为老鸨 72; control over courtesans,对妓女的控制 77—78; female, financial power of,女佣,财务权 70,77—79,102; female, as investors,女佣,投资人 78; income of,仆人的收入 99; male,男仆 43,79—80,99,106,107; male, limited power of,无权的男仆 79,102; male, as transport,当捎车的龟奴 79—80,106,439 第三章注 78; sexual relations with,与仆人的性关系 77—78,80,106,114—115; social disorder and,社会等级乱套 78—79

brothels,妓院,堂子,娼寮 61,205,333,338,505 第十一章注 8; accounting practices in,妓院记账收账方式 72,74,90,95,97—99; adoption in,妓院里的收养关系 75; Cantonese,粤妓馆 52; children in,妓院里的儿童 44,75—76,105—106,175—176,213—214,280,285,437 第三章注 37,471 第七章注 76,486 第八章注 63,486 第八章注 64,509

第十一章注 77；citizen complaints about,市民的抱怨 291—294,478 第八章注 10；closing of,关闭妓院 305,308—309；as disorderly,有伤风化、扰乱安宁 293—294,298；Japanese,东洋妓院 52；kinship in,妓院内的家庭关系 76；licensing and,注册发照 206,277—287,290—291；location of,妓院的位置 36,273,298,420 第二章注 9；opium and,鸦片与妓院 49,280；organization of,妓院的组织 70,72—73；police and,警察和妓院 277—278；release from,脱离妓院 27；restrictions on,对妓院的严厉限制 308；Russian,俄妓馆 52；sexually transmitted diseases and,性传播疾病 235—236；as sites of danger,危险的地方 223；women outside of,妓院体制外的妇女 58—65；as workplaces,作为工作地点的妓院 289

Buddhism,佛教 100—101,109,169

"burning the road","烧路头"99

Burns, John F.,约翰·F·伯恩斯 331

"bustard","鸨"71

Calder, S. J.,考尔德 279

"calling moving tea","叫移茶"94

calls,叫局、出局、局差、堂差 114,125,129,130,159—160；courtesans and,高等妓女与局差 88—92；etiquette of,叫局出局的礼仪 91—92,134；fees for,叫局的资费 90；financial transactions and,付局账的方式 90；location of,叫局的地点 88；moralizing about,道德高调 89；playful treatment of,趣谈局差 89—90；terminology of,"局"的一套用语 89；tickets for,局票 89—90；transport to,出局的交通工具 89,106；trial,打样局 91；types of,"局"的种类 92

campaign,搞运动 363—367；bourgeois liberalization,资产阶级自由化 364；Seven Evils,"七害"366；Six Vices,"六害"364—367；spiritual pollution,精神污染 363—364

Cao Gongqi,曹公奇 265

Cao Manzhi,曹漫之 306—307,312—313,321,472 第七章注 79,515 第十二章注 1,516 第十二章注 20,518 第十二章注 55

Cao Xueqin,曹雪芹 84,146

capitalism,资本主义 261,365；prostitution and,娼妓问题和资本主义 252—255,322

Carpenter, Edward,爱德华·卡彭特 255

cautionary tales,劝诫性故事、警世故事,12,27,127—141,164,204,341,384；about courtesans,关于名妓的警世调子 26,31

"celebrating the flower","做花头"95—96

changmen chengtou.娼门撑头,见"brothel prop"

changsan,长三 42—44,48,52,54,57,60,75,90,94,100,102,121,290；age of,长三的年龄 44；banquets and,应酬酒宴 43；explanation of term,名词解释 43；as performers,作为说唱艺人的长三 43；sexual services and,性服务 44,109

Charlemagne,查理大帝 263
Chen Abao,陈阿宝 193
Chen Ayan,陈阿炎 216
Chen Daiyu,陈黛玉 171
Chen Dezheng,陈德征 253
Chen Dingshan,陈定山 57,162—164
Chen Xiaofeng,陈小凤 152
Chen Yehong,陈业宏 361—363
Chen Ying,陈英 195
Chen Yiyun,陈一筠 374,391,526 第十三章注 76
China 中国:future of,中国的前途 356;how to strengthen,如何使中国强大起来 245—246,292—293,307,378,384;modernity and,现代性与中国 305,322,378,383;Western representations of,西方人对中国的再现 103
China AIDS Network,中国艾滋病性病防治网 349
China Medical Journal,《中华医学杂志》229—231,233—234,491 第九章注 16
Chinese Academy of Social Sciences,中国社会科学院 394
Chinese Anti-Kidnapping Society,中国反拐骗救济会（即"中国救济妇孺总会"）184—185,201—202,465 第七章注 14,466 第七章注 15
Chinese Communist Party,中国共产党 250,289,300,307,313,321,346,382,516 第十二章注 20;and reform of prostitution,共产党与娼妓改造 23,303—307;Shanghai as birthplace of,中国共产党的诞生地上海 7;as subaltern,作为下属群体的中国共产党 28
chu tangchai,出堂差 89
chuju,出局 89
Civil Administration Bureau,民政局 306,310,320—321
civil-service examinations,科举考试,考状元 22,165,167,169,237
class 阶级,等级:"bad girls"and,"坏女人"和阶级问题 145;hierarchies of,阶级的等级 34,410 第 1 章注 26;prostitute consciousness of,妓女对阶级、等级的意识 57,314—315;regional divisions and,地区划分与等级 54;as unit of explanation,以阶级作为解释的基本单位 362,368
"closing the room","关房间" 50
Committee on Moral Improvements,道德促进委员会 274—275
Communist Youth League,共青团 377
concubines,妾,小老婆,27,82,119—125,137,141,142,204,247,250,251,256,277,449 第四章注 99,450 第四章注 123,courtesans as,被纳妾的高等妓女 31,80,120—125,135;dependence upon men,依靠男人 247
Confucian,孔子 41,245,262—263,268,304
Contagious Diseases Act,传染病法 227,490 第九章注 9
contraception,避孕 143,174—175,348,462 第六章注 137
Corbin, Alain,阿伦·考尔班 5
Courtesan Evolution Corps,青楼进化团 171—172,174
Courtesan houses,高等妓院,青楼 36,

186；Cantonese,粤妓馆 54—55；clientele in,高等妓院的嫖客 69；as commercial institutions,商业机构,生意场 31,69,81,278；decline of,走下坡路 116；décor of,妓院的陈设 86—87；great hall,大场户 72,435 第三章注 14；licensing and,注册发照 206,277,278—279,285,288,509 第十一章注 67；location of,高等妓院的地点 37；production of masculinity in,造就男子气的场所 69,104,127—129,131；residence brothels,住家妓院 72；rituals in,妓院的礼仪 73—74,98—99,99—103；rules of,妓院的规矩 69—102；as sites of danger,危险之地 222；as sites of pleasure,愉悦之地 70,105；tabloid press and,小报和高等妓院 73；taboos in,妓院中的禁忌 101—102,445 第三章注 208；as visible institutions,公开的机构 72

Courtesan National Salvation Corps,青楼救国团 173

Courtesan Relief Group,青楼救济团 45

courtesans,高等妓女,名妓,先生,妓女 287；access to,接近先生的门道 109—112；accessories of,珠宝首饰摆设 82,86；actors and,伶人与名妓 116—117；aging of,老年 176—177；as arbiters of behavior,男性行为的仲裁人 31,57,93—94,131；arrogance of,"乱癫狂"的妓女 92；as artistic performers,唱曲表演 34,37,38,91—92,95,103,105,423 第二章注 47；beauty of,妓女的姿色 80；big,大先生 104,134；on boats,船妓 36；calls and,出局 88—92；careers of,职业生涯 142—177；cemetery for,群芳义冢 170—171；childbirth and,生育 143；Chinese culture and,中国文化与名妓 21,24；choice of customers and,挑选嫖客 110—111,131,136；class consciousness of,妓女的门第等级意识 57；clientele and,嫖客与妓女 69,72,90,93—94,112；competition among,妓女之间的竞争 135,169；as crime victims,罪行的受害人 157—164；customers and,嫖客,狎客,客人 130,134—136；daily routine of,日常活动 88,106；danger and,带来危险 104；debt and,负债 74,98,105,122；as decorated objects,服饰精美的展品 81—88；discursive traces of,话语的印迹 26；distinction from streetwalkers,高等妓女与马路拉客妓女的区别 38,300；divorce and,离婚 31,450 第四章注 117,450 第四章注 123；drivers and,车马夫 116；education and,妓女与教育 171—173；emotional lives of,感情生活 112—113,121,126,138—139,141；as emotionally damaged,感情受到摧残的妓女 112,117；families and,家庭 199；fashion and,妓女与时尚 83—84,440 第三章,注 99；financial strategizing by,打顾客的钱财主意 8,26,64,82—83,98—99,102,105,122—126,137—141；free,自由身,自家身体 75,122；golden age of,名妓的黄金时代 37；guidebooks and,指南书 14；guile of,花招伎俩 128—139,137—141；high status of,优越的

653

社会地位 256—257；hiring of，聘妓女 73—76；history of，名妓史书 21；inaccessibility of，难以近身的高等妓女 91,99,104,109,114；income of，女的收入 74,99,111,115,436 第三章注 30；intimacy with，亲密关系 93,109—113,112—113,134,142；jewelry and，珠宝首饰 81—83,86—87,111；kidnapping and，拐卖 75；kinship ties among，妓女之间的亲缘关系 85；licensing and，颁发执照 279；lovers and，情人、相好 105,111—112,116—119,136，loyalty of，忠贞 119,135,141,267,395—396；luxury market for，精美奢华的行市 64；madams and，老鸨与妓女 69,70,73,76,98,104—105,107,137,142；marriage and，婚姻 74,106—107,120—126,199,449 第四章注 99；masculinity, elite and，男性、上层人士 11—12；mobility among，社会地位的变更 74；as mothers，为母的妓女 143,158—164,175—176；mothers of，妓女的母亲 75；murder of，被谋害的妓女 82,144,157；naming of，取花名 84—86；the nation and，国家与妓女 17,21,122,142,171—174,460 第六章注 122；networks among，妓女间的联系网络 31,85,169—171；nostalgia and，怀旧与妓女 35；not objects of pity，不是怜悯的对象 17；as objects of appreciation，赞赏的对象 8,16,86,181,393；as objects of nostalgia，忆旧的对象 11,38,46；passion and，情欲 132—133；patrons and，狎客 27,64,86,102,104；pawning and，典押、质押 74；photography and，照相 83—84,440 第三章注 100；pleasure and，愉悦 87—88,104,106,181；police and，警察与妓女 82；popularity of，走红的妓女 74；as powerful figures，有能力、有权力的人物 73,93—94,117—118,125,136；presents and，礼物 99；as public figures，公众人物 31,142,144,157,164；reemergence after marriage，婚姻之后的复出 125,142—143；refinement of，优雅 109；renting of，包租妓女 120；representation of, shift in，对高等妓女的再现、变化 111—112；ridicule by，被妓女耻笑 69,93—94,105,129—130,134；rituals and，仪式 99—102,100—101,107,444 第三章注 203；rooms of，房间 86—88；scams and，行骗 137—141；scholars and，学者、先生 41；servants and，佣仆和妓女 69；sexual encounters between，妓女之间的性爱 118,448 第四章注 92；sexual encounters with，同妓女的性关系 31,34,45,69,87—88,96,104,105—123,113—119,131—136,279；sexuality and，性与高等妓女 103,108；sexually transmitted diseases and，性传播疾病 235,300；sharp，尖先生 133；sisterhoods and，姐妹关系 169,173；small，小先生 104,133—134；as social companions，社交陪伴 20,34,37,87,103；sources about，关于妓女的文献资料 3；suicide and，自杀 83,136,176,439 第 3 章注

98; telephones and, 电话号码 73; theft and, 偷窃妓女 82; training of, 妓女培训 105—106; virginity and, 童贞与妓女 78, 104—109, 111, 131—134, 142, 445 第四章注 9; virginity and, control of, 童贞及对雏妓的控制 106, 218。亦见 banquets; *changsan*; elections of courtesans; festivals; gambling; religion; *shuyu*, tips; *yao er*

courts, 法庭 360, 377; authority over prostitutes, 法庭对妓女的权威 27; licensing and, 法庭与妓女注册 272; madams and, 老鸨与法庭 87, 203—204, 208, 213—214; prostitute use of, 妓女对法庭的利用 18, 26, 27, 32, 124—125, 203; soliciting and, 拉客与法庭 210; trafficking and, 拐卖人口与法庭 182, 187, 189—190, 192

Criminal Code, 刑法 162, 187—188, 204, 219, 468 第七章注 36, 468 第七章注 37, 469 第七章注 46, 474 第八章注 1, 476 第八章注 2

Criminal Law, 刑法 359, 362

Crystal,《晶报》17, 53, 57, 71, 73, 76, 109, 123, 150, 158, 160, 163, 173, 256—257, 277—278, 412 第一章注 48, 413 第一章注 50, 434 第二章注 235; contents of, 内容 142; courtesans in,《晶报》上的高等妓女 17; nostalgia and, 忆旧与《晶报》163

Cultural Revolution, 文化大革命 23, 332—333, 363, 376, 395

customers, 嫖客, 狎客, 客人, 嫖娼者 376, 522 第十三章注 37; arrests of, 拘捕嫖客 334, 338, 360, 366; banquets and, 酒宴与客人 94; behavior of, 客人的行为 109, 111; beloved, 恩相好 104, 105; class background of, 客人的阶级地位 34; competition among, 客人之间的竞争 135—136; connoisseurship among, 鉴赏力 81; courtesans and, 高等妓女与客人 130, 134—136; default and, 漂账 98; dry, 干客人 104, 445 第四章注 7; encounters with madams, 同老鸨打交道 69; encounters with servants, 同佣仆打交道 69; good looks and, 长相俊俏的客人 110, 133, madams and, 老鸨与客人 95; obligations of, 客人的责任义务 14, 69, 93, 96—98, 99—100, 104, 105, 107, 110—111, 116, 136; occupations of, 嫖娼者的职业 338—339, 522 第十三章注 33; penalized, 惩罚 277—278; relationships among, 客人之间的关系 69, 111, 130—131; retaliation against courtesans, 对妓女的报复 131, 134; self-assessment of, 客人的自我掂量 114, 129—130; self-presentation, 自我展示 1. 29—130; vulnerability of, 易遭伤害的客人 70, 125, 386—388; wet, 湿客人 104

da changhu, 大场户 72

Dagong bao,《大公报》296, 308

daidang, 带挡 78, 99, 102, 197, 436 第三章注 30

dajie, 大姐 77

dance halls, 舞厅, 舞场 34, 35, 37, 39, 59—60, 61, 186, 386; ban on, 禁舞厅 301—303; licensing and, 注册发照 301

danger, sexual: as theme, 危险, 性: 作

为主题 9
Daoism,道家 100,109
Daqiu Village,大丘庄 391
Darwin,Charles,查尔斯·达尔文 171
defloration,开苞 104—105,107—108,131—134,198,218; benefits to males of,对男人的好处 108; costs of,开苞的费用 107—108; terminology of,开苞的各种名称 107
Deng Liqun,邓力群 331
Deng Xiaoping,邓小平 333
Depression,经济萧条 39,208,261,265
Dikötter,Frank,弗·狄科特 232,234,239
dingpeng,钉棚,见"nail sheds"
discourse,话语 225,357; competing,相互竞争的话语 26,310—313; of danger,有关危险的话语 24; dissonances between,不协调的嘈杂话语 27; legal,法律话语 18,203—204; on lower-class prostitution,关于下层娼妓业 9; of pleasure,关于愉悦 24,305; reconfiguration of,话语的改造 19—20,33,65,328; regulatory,管理话语 390; relational,表示相互关系的话语 26; state appropriation of,国家对原有话语的吸纳 305; subaltern and,下属群体与话语 26; on upper-class prostitution,关于高等娼妓业 9
divorce,离婚 355。亦见 courtesans,divorce and
Door of Hope,希望之门（济良所）192,198,202,213—214,217,220,236,268—269,276,282,316,320,323,382,487 第八章注 83,503 第十章注 123,503 第十章注 127
Dream of the Red Chamber,《红楼梦》84,116,146
Du Yuesheng,杜月笙 467 第七章注 24
Duan Fang,端方 148

"eating vinegar",吃醋 136
economic reforms,经济改革 390,393,520 第十三章注 10; prostitution and,卖淫嫖娼与改革 327,334—335
education,教育 176,251; courtesans and,高等妓女与教育 171—173; of prostitutes,对妓女的教育 267; of women,妇女教育 247,254
elections of courtesans,高等妓女的评选,花榜评选 16,123,142,158,165—169,172; benefits to courtesans of,对妓女的好处 166; elite self-definition and,上层人士的自我界定 165—166; nomenclature of,选举的命名 165,167—168; nostalgia and,忆旧 168—169; press and,报纸与评选 165—167; as ritual,作为仪式 165—167; tabloids and,小报与花榜 166—167
elites,上层人士 3,7,8,33; changing concerns of,上层人士关注点的变化 65,167; the nation and,国家 167; prostitution and,娼妓业 9,41; reform and,改革 169,277—278; self-definition of,上层的自我界定 20,21—22,33,81; writings by,上层人士的文字作品 14,21,30,69,167
Ellis,Havelock,哈夫洛克·霭理士 261
Engels,Freidrich,弗·恩格斯 255,261,393

"epidemic victim","瘟生"129—130,137,139
Er Lanzi,二兰子 340—341,345
ersan,二三 44

"fairy jumps","仙人跳"139—140,453 第五章注 76
Fang Long,房龙 264
Fang Rishan,方日珊 159—160
fangjian,房间。见 courtesans, rooms of
Fate of Women and Prostitution,《妇女与卖淫的命运》262
feminism,女权主义 388;nationalism and,民族主义与女权主义 246—247
festivals:celebrations of,节日:庆典 100;courtesans and,高等妓女与节日 14,74,96;settling accounts and,清账 98;tips and,犒赏 80—81,99,100
feudal remnants,封建残余 394
fiction,小说 202,257—260,379,382,395—396,411 第一章注 29;as historical source,作为史料 30;reform and,改革与小说 260;scandal,黑幕故事 31,70,79,139—142,181,186—187,203,204,419 第一章注 82,456 第六章注 63;on social ills,写社会弊病 9,210
First Amendment,第一修正案 383
Flexner, Abraham,亚伯拉罕·弗莱克斯纳 262
flophouses,下等堂子,花烟间和钉棚 49—50,277
"flower-smoke rooms",花烟间 49—50,54,192,219—220,222,427 第二章注 125;sexually transmitted diseases and,性传播疾病与花烟间 237
"flowing rafts","淌排","淌白"62,433 第二章注 228
footbinding,裹脚 84,247
forced by life,生活所迫 193,212—213,256,350—351,371
foreigners,外国人 37;as disorderly customers,喧嚣扰民的外国嫖客 293—294;regulation of prostitution and,对娼妓业的管制与外国人 271—287,305;"saltwater sisters" and,"咸水妹"与外国人 56;on trafficking,外国人论拐卖问题 181,184,188
formulation:commonsense,提法:常识性提法 330—333;concept of,提法的概念 328—330;legal,法律上的提法 360—362;non-official,非官方的提法 328—329,332,358—359,368—388;official,官方的提法 328,331,358,394;scholarly,学者的提法 368—378;state, and,国家与提法 328—329
Foucault, Michel,米歇尔·福柯 388
Four Guardian Spirits,四大金刚 152,169—171;tabloid press and,小报与四大金刚 170
Frazier, Chester,切斯特·弗雷泽 234
French Concession,法租界 7,36,37,38,39,40,46,47,52,60,176,189,192,204,207,208—209,215—216,240,280,283—285,321,423 第二章注 45,490 第九章注 12
Fu, Poshek,傅葆石 266—267
Fujian,福建 330
Fuzhou Road,福州路 59,163,273,

283，300，393。亦见 Si Malu（四马路）

gambling，赌博，赌局 94—96，107，130，247，254，266，285，289，359，364—366；courtesans and，高等妓女与赌局 14；residence brothels，住家妓院 115

Gamewell, Mary Ninde，玛丽·宁德·格姆维尔 268—269，273

Gao Yayun，高雅云 136

Gargan, Edward，爱德华·加根 331，342

gender，社会，性别 141；discrimination，性别歧视 374—375；equality，平等 274，278，375，390—391；hierarchies of，等级区分 410 第一章注 26；justice，公正 211；modernity and，现代性与社会性别 8，30，327—328，359；nation and，国家与社会性别 7；norms，行为规范 351；study of，性别研究 368；subaltern and，下属群体与社会性别 29

Geng Jingzhong，耿精忠 113

genju，跟局 77

gezi peng，鸽子棚。见"pigeon sheds"

"glass cups"。"玻璃杯"，见 tea hostesses

"glass-of-waterism"，"杯水主义" 369，533 第 14 章注 48

Gong Fangzi，龚芳子 188—189

gonorrhea，淋病 229，231，295，297，349

"good girls"，"好女人" 164；characteristics of，好女人的特点 144，152—153

"grabbing small change"，"抄小货" 137

Great World，大世界 38，212

Green Gang，青帮 185，216，307，467 第 7 章注 24

Gross-Hoffinger，格罗斯-霍芬格 262

Gu Er，顾二 123—124

Guangdong，广东 54，330，332；as sites of danger，作为危险之地 290

guanren，倌人 41

Guha, Rananjit，拉纳吉·古哈 22

guidebooks，指南书，向导书，冶游指南 3，18，19，34，36，41，116；advice in，指南书的指点 110—111，112—113，127，130，136；brothel servants in，指南书中的妓院佣仆 79；casual prostitutes in，书中的零散卖淫女 58，62；cautionary material in，书中的警戒性材料 27，58，60，62，112，117，127—128，136—137，139—140，235—239；complaints in，书中的抱怨声 85；contents of，指南内容 14，87，114，120；courtesans and，高等妓女与指南书 14，58；denunciations in，书中的斥责声 108，197—198，226；as handbooks of behavior，作为行为规则手册 70，129；madams in，书中的老鸨 70，71；nostalgia and，忆旧与指南书 70，102，141；production of elite masculinity in，造就上层人物的男子气概 8，15，69，92，102，112；repetition of material in，书中材料的重复 21；sexual jokes in，书中的荤笑话 15—16，113；sexually transmitted diseases and，性传播疾病与指南书 239；trafficking and，买卖妇女与指南书 186

Guo Chongjie，郭崇阶 261—262

Guomindang，国民党 206，209，211，

658

212,271,295,300,304,307,311,320,322,332

Haikou,海口 389
Hainan,海南 389
"half-open doors","半开门"58,139—141,453 第五章注76,456 第6章注63
Han Bangqing,韩邦庆 416 第一章注81
Hao Guan,好冠 163
Harding, Gardner,加德纳·哈定 268
He Fenglin,何丰林 282
He Zhen,何震 247,495 第十章注6
He Zhi,何直 267
Health Bureau,卫生局 291,296—297,320—321
Heath, Frances,弗·希思 233
Heier Chen Jitai,黑儿陈吉太 146
Henderson, Edward,爱德华·亨德森 56,197,226—228,238
Henriot, Christian,克·亨利厄特 229
history,历史 393—398;ambiguities in,历史记载中的含混和暧昧 28;attempts to order,梳理出条理的努力 32;boundaries of genre and,文类的界限 12,71,164;boundary-making and,设定界限与历史 20;fact and,事实与历史 13,144,328;feminism and,女权主义和历史 10;Marxism and,马克思主义与历史 10;onion-peeling and,剥洋葱的比喻与历史 13;post-structuralism and,后结构主义和历史 10,13;as recoverable past,历史作为可以重新找回的过去 10;as representation,作为表征、作为再现性陈述的历史 10;representation and,表征与历史 144,174;retrieval method of,取回的方法,复原模式 4,19,24;silences and,静默、无声与历史 143,174,176
homosexuality,同性恋 63,118,264,344
Hong Kong,香港 331,332,335—338,348,354,360,379,383,394
Hong Miao Temple,虹庙 101
Hong Nainai,洪奶奶 118
Hongkou district,虹口区 37,50,52,300,490 第9章注5
Hongqiao district,虹桥地段 36,38,337
Hongqiao Hotel,虹桥饭店 336—337,392
hoodlums,地痞,流氓 87,169,215,299;madams and,老鸨与地痞 71
hotels,旅馆 115—116,207,280,284—286,291,335—338,360
Hu Baoyu,胡宝玉 117,146,176
Hu Huaichen,胡怀琛 269
Hua Sibao,花四宝 83
Hua Yunyu,花云玉 123,136
Huang Jingyi,黄静仪。见 Li Pingxiang.(李苹香)
Huang Ko-wu,黄克武 232
Huang Renjing,黄人镜 248
Huang Xiubo,黄秀伯 156
Huang Youpeng,黄又鹏 223
Huangpu River,黄浦江 36,54,83,145,285
huatou,花头 95
hua yan jian,花烟间。见"flower-smoke rooms"
Hugel, Franz,弗朗兹·休格尔 262
Hui Genquan,惠根泉 294—295,512 第十一章注117

Huile Li,会乐里 43,54,288,300,519 第十二章注 64

Huiran Laojiu,惠然老九 124—125

Humen,虎门 336

Ignatius, Adi,阿迪·伊格内修斯 331

imperialism,帝国主义 250,265,305,306,322,331

inspections,体检,检查 272; of foreign brothels,对为洋人服务妓院的检验 205; in 1940s,40年代的体检 289; "saltwater sisters" and,"咸水妹"和体检 227—228,238; sexually transmitted diseases and,性传播疾病与体检 226—227,275,296—298,490 第9章注 5

Institute for the Prevention and Treatment of STDs,性病防治所 296—298

intellectuals: semicolonialism and,知识分子:半殖民主义和知识分子 28—29; as voices for subalterns,为下属群体发言的知识分子 28

International Settlement,公共租界 7,19,36,37,38,39,40,46,47,56,60,62,63,79,82,101,115,118,151,161,176,188,197,204,207,208—209,213,215,220,240,248,269—270,271,272,273,275—277,280—287,288,320—321,423 第2章注 45

items,新闻报道 182

Jamieson, Alex,埃利克斯·杰米逊 272

Japanese invasion,日本入侵 39,62,264—265

Japanese occupation,日本占领 266—267,293; growth in prostitution during,占领期间娼妓业的上升 289; licensing and,发执照 206,480 第八章注 19,480 第八章注 20

Jia Pingwa,贾平凹 383

Jian Bing,鑑冰 123,172—174

Jiang Jieshi,蒋介石 287

jiaoju,叫局 89

Jin Hanxiang,金含香 131

Jin Qiaolin,金巧林 166

Jin Shuyu,金书玉 123

Jin Xiaobao,金小宝 152—153,170

Jinbao,金宝。见 Lin Daiyu(林黛玉)

Jing Zhi,敬芷 266

Jingbao,《晶报》。见 *Crystal*

Johnson, A. Hilton,约翰逊 284

"jostling through the city gate","挨城门"132

"jumping the old bug","跳老虫"50,109

"jumping troughs","跳槽"135

June 4,1989,六四 365

jupiao,局票 89

Kang Youwei,康有为 246,495 第十章注 2

kaoshan,靠山 71

Key, Ellen,爱伦·凯 261,500 第十章注 87

kidnapping,绑架 121,181—191,193—194,200,203,215,219,250,311,342; of children,绑架小孩 464 第七章注 2; courtesans and,高等妓女与绑架 75

Kinsey Report,金西报告 371,373,378

Kui Qingyun Laowu,葵青云老五 123,450 第四章注 118

Ladies' Journal,《妇女杂志》251—252,269

Lan Yunge,兰云阁 83

laobao,老鸨 71

law:madams and,法律:老鸨与法 204;prostitution and,卖淫与法 187,203—225,305,529 第十四章注 3;trafficking and,拐卖与法 187—188,200

Law Protecting Women's Rights and Interests,《妇女权益保障法》360—361

League of Nations,国际联盟 192,428 第二章注 137,429 第二章注 147

Lemière, J. E.,勒米埃 278

Lenin, Vladimir,列宁 306

lesbian,女性同性爱 118

Leung, Julia,朱莉亚·梁 331

Levenson, Joseph,列文森 21

Li Bai,李白 15

Li Boyuan,李伯元 16,167,169,171,412 第一章注 48,495 第十章注 4

Li Chunlai,李春来 146—147,149

Li Dazhao,李大钊 250—251

Li Hongzhang,李鸿章 75,176

Li Jinlian,李金莲。见 Li Pingxiang(李苹香)

Li Ming,李明 391

Li Ping,黎平 296

Li Pingxiang,李苹香 153—157,164;as painter,作为画家 156;poems of,李苹香的诗作 154—156

Li Qiang,李蔷 391

Li Qingzhao,李清照 156

Li Sanwu,李三无 254—255

Li Shanshan,李珊珊 75,176

Li Shaohong,李少红 396

Li Yunshu,李云书 156

Lian Ying,莲英 82,157—164;jewelry of,莲英的珠宝首饰 159—163;as popular legend,作为通俗传奇 163—164

Liang Caihua,梁彩花 183

Liang Deyu,梁德余 183

Liang Qichao,梁启超 149,246,495 第 10 章注 3

Liao Guofang,廖国芳 269

Liberation,解放 307,308,309,323

licensing,颁发执照 3,19,55,64,200,275—287,329,477 第八章注 4,478 第八章注 11,490 第九章注 12;amusement halls and,游艺场、娱乐厅与经营许可 301;brothels and,妓院与许可证 206;courtesan houses and,高等妓院与经营许可 206;dance halls and,舞厅与经营许可 301;debates about,关于注册发照的辩论 253,254—255,263—264,276—287,in French Concession,法租界的注册执照 38,205—206;in International Settlement,公共租界的注册执照 205—206;Japanese occupation and,日本占领与颁照 206;in 1940s,40 年代的颁照,289—291;police and,警察与执照 279—280;in PRC,中华人民共和国时期的颁照 308;sexually transmitted diseases and,性传播疾病与执照 240;taxi dancers and,舞女和执照 301;tea hostesses and,茶馆招待与执照 301

"light a cold stove","烧冷灶"114

"lighting the big candles","点大蜡烛"

107，132，445 第四章注 23
Lin Aiguan，林爱官 119
Lin Biyao，林碧瑶 259—260
Lin Chongwu，林崇武 239，262—263，267
Lin Daiyu，林黛玉 16，84，122—123，145—152，153，156，164，170—171，171，173，174；actors and，与戏子、伶人 117，146，149；age of，年龄 148—151；appearance of，相貌 146，148；customers of，林的客人 147—148；decline of，走下坡路 150—152；divorce and，离婚 151；early career of，早年的职业生涯 146；illness of，生病 151；lewd behavior of，淫荡行为 145—147，149；lovers and，情人 116；marriages of，婚姻 148—151；nostalgia and，怀旧情绪与林黛玉 152；other courtesans and，与其他名妓 148；as victim，作为受害人 149
Lincoln, Abraham，林肯 262—263
Link, Perry，林培瑞 257—258
little Spinach，小菠菜 145
lock hospital，性病医院 227—228，272，490 第九章注 6
Long Xiaoyun，龙小云 149
"lords of the sixteenth"，"十六大少" 100
love：romantic，浪漫爱情 211
Lu Lanfen，陆兰芬 16，117，148—149，170，459 第六章注 116
Lu Sanbao，路三宝 147
Lu Shaofen，陆绍芬 247
Lu Xing'er，陆星儿 346，353，373
Luo Tianwen，罗天问 264
Luopeng Ajin，落蓬阿金 145

Ma Jigao，马积高 394
Ma Ruizhen，马瑞珍 223—224
Macao，澳门 335—336，338，379
madams，老鸨，鸨母 8，133，198，298，342，362，377；abuse of streetwalkers，虐待马路拉客女 8，18，35，61，220；as adoptive mothers，作为养母 75—76，105—106，213—214；age of，年龄 72；authority over prostitute income，对妓女收入的支配权 27，34，110；banquets and，宴席与老鸨 72；control of courtesan marriage，对高等妓女婚姻的控制 120—121；control of prostitute labor，对娼妓劳动的控制 64，75—76，107—108，120，215—219，240；control of prostitute marriage，对娼妓婚姻的控制 217—220；courtesans and，高等妓女与老鸨 70，76，98，104—105，137，435 第三章注 17；courts and，法庭与老鸨 87，208，214—220；as cruel figures，残酷无情的形象 35，61，70，102，121，128，171，203，220—221，224，236，311，446 第四章注 27，498 第十章注 62；customers and，嫖客与老鸨 95，115，215；denunciations of，对老鸨的谴责 15；as entrepreneurs，创业经营才干 5，70，71—72，99；ex-courtesans as，先前的妓女当了老鸨 72，102；foreign，外国老鸨 478 第八章注 16；as hags，凶悍的老妪 46，143；hoodlums and，地痞流氓与老鸨 71，216，435 第三章注 17；law and，法律与老鸨 204；male backers and，男性

靠山与老鸨 71，224；nation and，国家与老鸨 256；as owners and managers，作为业主和经营者 70—73，102；police and，警察与老鸨 215—216；prostitutes and，妓女与老鸨 18，44，269；as secondary landlords，作为二房东 72；sexual encounters with，与老鸨的性关系 115；sued by prostitutes，被妓女指控 216—220；terms for，表明老鸨身份的各种用语 71；trafficking arid，拐卖与老鸨 189—190；virginity and，童贞与老鸨 105

mahjong，麻将 87，94—95，135—136

Mao Zedong，毛泽东 7，311，332，351，363，364

Maoist state，毛泽东式的国家 324

marriage，婚姻 75，324，392；companionate，志同道合的婚姻 120；courtesans and，高等妓女与婚姻 74，106—107，120—126；debates about，有关婚姻的大辩论 7；government changes in，政府导致在婚姻等问题上的变化 305；May Fourth and，五四运动与婚姻 20，254；prostitutes and，娼妓与婚姻 256；prostitution and，娼妓制度与婚姻 252，261—262；sexual dissatisfaction within，婚内性生活的不满意 372—373

Marx, Karl，马克思 265

Marxism，马克思主义 394

Marxism-Leninism，马列主义 306

masculinity, elite，男子气，上层人士的男性气概 8，43，93，102，142，181；courtesans and，高等妓女与男子气 11—12，69；nostalgia and，忆旧与男性 11—12；and reform，与改革 12

Mason, Isaac，伊萨克·梅森 282—283，286

massage parlors，按摩院 34，35，37，39，60—61，186，290，433 第二章注 219；ban on，禁令 301；cautionary tales about，关于按摩院的警示性故事 61；disease in，按摩院中的病 61；foreign，洋按摩院 60；sexually transmitted diseases and，性传播疾病与按摩院 230

May Fourth，五四运动 17，18，20，173，250—251，254—257，259—261，267—268，306，377，391，498 第十章注 67

May Seventh cadre schools，五七干校 332

memory，记忆 393—398

men: voices of，男人的声音 24

Mencius，孟子 41，249

Meng Yuesheng，梦月生 156

menstruation，行经 80，143

merchants，商人 54，57

Ministry of Civil Affairs，民政部 391

Ministry of Public Health，卫生部 349

Ministry of Public Security，公安部 334，349，359—360

Mixed Court，会审公廨 161—162，188，196，205—206，207，210，213，216，220，268—269，285，479 第八章注 17，481 第八章注 24

modernity，现代性 255；China and，中国与现代性 305，378，384；Chinese，中国的现代性 8，11，271；gender and，社会性别与现代性 8，20，30，245，327—328，359；national strength and, 国力与现代性 21, 307; prostitution and, 娼妓业与现代性 32, 251, 253—254, 266, 324, 327, 338, 378, 388; reform period and, 改革时期与现代性 328, 378, 390—392; sex and, 性与现代性 30, 327—328, 359; sexuality and, 性行为、性活动与现代性 324, 371—372; socialist, 社会主义现代性 307, 322, 324; sought by reformers, 改革者追求的现代性 7, 36, 245; statistics and, 统计数字与现代性 38

Moral Welfare League, 德福会, 进德会 248, 275—287, 320, 323, 508 第十一章注 62

Morals Correction, 正俗科, 正俗股 193, 421 第二章注 30

Morgan, Mrs. Evan, 摩根夫人 274

"mosquito press", "蚊虫报," 8, 15, 16, 18, 19, 120, 167, 410 第一章注 27。亦见 tabloid press（小报）

Mu Hua, 木华 260—261

Municipal Administration Council, 公董局 206

"nail sheds", 钉棚 49—50

Nanjing Road, 南京路 37, 101, 268, 273, 283

Nanjing Women's Association, 南京妇女协会 263

National People's Congress, 全国人民代表大会 362

national salvation, 民族救亡 173

nationalism, 民族主义 7, 306; feminism and, 女权主义与民族主义 246—247; Japanese prostitutes and, 日妓、东洋妓女与民族主义 53

native place, 籍贯 198, 342; hierarchy and, 等级与籍贯 53—56; prostitution and, 娼妓业与籍贯 34, 315, 347—348

New Culture, 新文化（运动）167。亦见 May Fourth（五四运动）

New Human,《新人》255

New World Amusement Hall, 新世界游艺场 168

New York Tirmes,《纽约时报》331, 374

Nian Nian Hong, 年年红 84

niangyi, 娘姨 77

Ning Dong, 宁东 370—371

Ningbo, 宁波 54, 55, 280, 290

North Sichuan Road, 北四川路 37, 52, 53, 54, 60, 282, 291

North-China Herald,《字林西报》159—162, 276, 281—282, 284—285; health of the nation and, 国民健康与《字林西报》273

nostalgia, 忆旧, 怀旧 20—22, 31, 32, 36, 113, 181, 364, 393—398, 411 第一章注 34; courtesans and, 名妓与怀旧 35, 168, 235, 414 第一章注 65; *Crystal* and,《晶报》与怀旧 163; for 1950s, 追怀 20 世纪 50 年代 24; guidebooks and, 指南书与怀旧 70; Lin Daiyu and, 林黛玉与怀旧 152; masculinity, elite and, 男子气、上层人士与忆旧 11—12, 177

novels: about courtesans, 名妓小说 30; castigatory, 谴责小说 16

occupations: ancillary, 附带（卖淫的）职业 58—65

"one cannon blast-ism", "一炮主义" 47,

52,61

"opening a room","开房间"115

"opening the teacup","打茶围"92—94,114;description of,对打茶围的描述 92;etiquette of,茶围仪式 93;yao er and,幺二的叫移茶 94

opium,鸦片 145,176,205,254,289,314,428 第二章注 132;brothels and,妓院与鸦片 49—50,186,280,428 第二章注 132

Pan Azhen,潘阿珍 83

Pan Qingyuan,潘青园 153—154

Pan Suiming,潘绥铭 392

Pang Ruiyin,庞瑞垠 379—382

Parent-Duchâtelet, Alexandre,巴朗-杜夏特莱 253,262—263

pawning,典押,抵押,质押 74,102,120,122,191,196—199,473 第七章注 97

Peiping Union Medical College,北平协和医学院 234

People's Daily,《人民日报》365

People's Government,人民政府 305

People's Liberation Army,人民解放军 306,312,314,332,336

People's Republic of China,中华人民共和国 194,271,304,379,388,391

People's University,人民大学 391

performers:striptease,脱衣舞女 58,62—63

Peters, E. W.,彼得斯 209,212

"pheasants","雉妓","野鸡"39,47—49,54,168,186,290,413 第 1 章注 54;age of,年龄 48;bawdy,卖弄风骚 210;brothel system and,妓院制度与野鸡 48;origins of term,用语起源 17,426 第二章注 97;police and,警察与野鸡 49,210;reformers and,改革者与野鸡 48—49;rituals and,仪式 444 第三章注 205;sexual services and,性服务 47—48;as social companions,作为社交陪伴 48;soliciting by,野鸡拉客 47—49,208,210,284,426 第二章注 98;as sources of danger,危险的来源 47;as sources of disease,作为疾病源 47;styles of dress and,衣着 47;venereal disease and,性病 49;as victims of madams,受老鸨的虐待 48—49。亦见 street walkers

photography:courtesans and,高等妓女的影集 83—84

"pigeon sheds","鸽子棚"46

pimps,拉皮条客 6,212,280,284,327,341—342,360,361—362,523 第十三章注 46;for White Russian prostitutes,为白俄堂子做"领港"52

Ping Jinya,平襟亚 498 第 10 章注 61

Pissing Bodhisattva,撒尿菩萨 101

playboys,白相人 71,128

pleasure,愉悦 358;erotic,色情 108,114,382—383,388

police,警察,巡捕 480 第八章注 21,483 第八章注 30,483 第八章注 31,483 第八章注 32,483 第八章注 33,484 第八章注 34;arrest of madams by,逮捕老鸨 193;arrests of prostitutes by,逮捕妓女 18,193,338;brothels and,妓院与警察 277;courtesans and,高等妓女与警察 82;criticisms of,对警察的批坪 292—294,485 第八

章注 44；interrogation of prostitutes by，对妓女的盘问 12，194，212—213；licensing and，颁发执照 200，206—207，272，279—280，298；madams and，老鸨与警察 215—216；"pheasants" and，"野鸡"与警察 49；in PRC，中华人民共和国的警察 305，327，377；records kept by，警方保存的记录 70，181，209，213；regulation of prostitution and，对娼妓业的管制 9，203—204，512 第十一章注 110；relief organizations and，救援组织和警察 299；trafficking and，拐卖人口与警察 187—190

Polk, Margaret，玛格丽特·珀尔克 274

pornography，黄色、色情、淫秽书刊物品 266，355，363—366，383—384，388

PRC，中华人民共和国。见 People's Republic of China

press，报纸 87，158，198；elections of courtesans and，花榜评选与报纸 165—166；mainstream，主流报纸 14，181，247，414 第一章注 55；in PRC，中华人民共和国的报纸 305；trafficking and，拐卖人口与报纸 183，186。亦见 *Shenbao*；*Shibao*；tabloid press（《申报》、《时报》、小报）

prostitutes：age of，娼妓、妓女、卖淫妇女：年龄 34，108，346，427 第二章注 109，446 第四章注 32；agency of，能动性 5，14，27，323，389—392；arrests of，拘捕妓女 334，366；Cantonese，粤妓、广东妓女 37，39，54—56，57，290；casual，临工性质的妓女 37；as cause of moral decay，造成道德堕落 239，306，388；classifying，分类 35，41—56；as commodities，作为商品 64，374；cotton spinners and，棉纺女工与妓女 40；counting of，计数 35，38—41；as daughters，作为女儿 33；as diseased，作为病体 226，236—237，241，273，514 第十一章注 137；as disorderly，妨害秩序 9，19，203，209，226，298，304；educational level of，受教育程度 346—347；as embodiments of dissatisfaction，作为不满情绪的化身 356，529 第十三章注 133；emotional states of，感情状况 36，311—313，314—315，344—345，346，352—357，369—371；examinations of，体检 290；family authority and，家长、家庭的权威 27，198，246，306，324，382；foreign，洋妓 8，50—53，109，290，478 第八章注 16，488 第八章注 97；foreign, and disease，洋妓与性病 51，230，238；free，自由经营自家身体者 34，420 第二章注 3；as heroic symbols，英勇举动的化身 266—267；husbands for，为妓女找丈夫 251，267，305，312，318—319；Japanese，日妓 4，37，39，52—54；Japanese, political tensions and，日妓、政治矛盾与娼妓 53；Japanese, sexual availability of，日妓、与之发生性关系之（不）容易 52；Korean，韩国妓女 37；labor market and，劳务市场与娼妓 19；lawyers and，律师与娼妓 217—219；literacy and，学文化 314；lovers and，相好 19，27；low quality of individual and，个人素质低下 375—376；madams and，老鸨与妓女 20，27，312，315—316；male homosexual,投龙阳之好的男妓 63; marital families of,妓女的夫家,婆家 18,191—192,194,318; marriage and,婚姻与妓女 256,346,353—354, 381,498 第十章注 63; medical inspection of,对妓女的医疗检查 6; as metaphor,作为隐喻 28; as mothers,作为母亲 316,382; motivation of,动机 12,194,212,248—249,253,263, 269,350—357,362,526 第十三章注 76; natal families of,妓女的娘家 8, 18,182,191—192,194,472 第7章注 79; networks among,家庭社会关系网 194—195,311,524 第13章注 51; Ningbo,宁波妓女 55,290; as parasites,作为寄生虫 310,323,505 第11章注 12; part-time,兼职妓女 39,347,526 第十三章注 83; patrons and,嫖客; 19; pawning of,典押、质押 34,191,196—199,217—218,220; pregnancy and,怀孕 36,143,174—176,290,348; private,私娼 58; psychology of,妓女的心理状况 334, 344—345,352—357,362,369—371, 472 第七章注 81,504 第十章注 136, 526 第十三章注 76; reeducation of,妓女的再教育 271,299—300,305, 310,313—318,343—345,360; regionalizing,籍贯区分 35,53—56; registration of,登记注册 6; release of,释放改造好的妓女 318—320; rental by foreigners,被外国人包租 338,449 第四章注 102; representations of,妓女的再现、表征 27,30—31,182,194,203—204,211, 225,311,379—388; resistance and,反抗 14,27; resistance to reform,抵制改造 269—270,299,311—313, 317—318,344—345,369—371,397; respectability and,受尊重,体面人家 194,199,204,273; sale of,买卖妓女 34,196,198,220,420 第二章注 2, 436 第三章注 35; secret,暗娼 58; self-representation and,妓女的自我表现 12,26; sexual attitudes of,对待性的态度 344—345,353—356, 369—371; sexual debasement of,性的堕落 64,385; sexual intercourse and,性交与妓女 36,198; social order and,社会秩序与妓女 27,32,380; the state and,国家和妓女 19; as statistics,作为统计数字 209; suicide and,自杀 222—223; support of families by,妓女养家 182,193—196, 199; surveys of,对妓女的调查 194; as swindlers,作为骗子 14,222,387—388; as victimizers,作为害人者 360—363,367,385—388; as victims,作为受害者 9,27,28,32, 128,203,209,222,236,251,253, 253—254,256,259,273,310,311, 322,358,360—362,367,379—382, 384—385,388,389,514 第十一章注 137; voices of,妓女的声音 4,24, 27,32—33,171,193,211,212—213; White Russian,白俄妓女 4,37,51, 51—52,53; White Russian, pimps and,白俄妓女,拉皮条人与俄妓 52; White Russian, trafficking and,白俄妓女,拐卖与俄妓 52; as wives,作为人妻 33。亦见 registration of prostitutes(娼妓登记)

prostitution,娼妓业,淫业,娼妓问题,倡（娟）门,卖淫嫖娼 3;anxieties about,有关娼妓业的焦虑 5;as attractive,有吸引力的行当 195—196;in Beijing,北京的娼妓业 31,419 第 1 章注 84,510 第十一章注 87;capitalism and,资本主义与娼妓业 252—255,307;casual,临工式卖淫 40,57—65;causes of,淫业存在的原因 251—253,260—261,368—376,380—382,394—395;in coastal cities,沿海城市的娼妓问题 330,334—336;in coffee shops,咖啡馆里的卖淫生意 341;contracts and,契约 198,220;as crime against social order,危害社会秩序罪 329,361—362,363,390,500 第十章注 85;cultural weakness and,文化的贫弱与娼妓业 250,355;debates about,关于娼妓问题的辩论 7,8;domestic clientele for,娼妓业的国内客源 338;as economic choice,作为经济选择 4,253,351—354,370—371,375;economic reforms and,经济改革与卖淫嫖娼 327—357,374—375;as economic transadtion,作为经济交易 211,342,375;elites and,上层人士与娼妓问题 9;as employment,作为工作、职业 39,63—64,195—196,307,342,353,389;as exploitation of women,对妇女的剥削 9,20,274,311,501 第十章注 107;feminist scholarship on,女性主义对娼妓问题的学术探讨 5—6;gender and,社会性别与娼妓业 12;in Guangzhou,广州的娼妓业、卖淫嫖娼问题 31,332—333,338,347,354,419 第一章注 85,506 第十一章注 18,510 第十一章注 87;as hardship for women,妇女的苦难 64,306;hierarchy of,娼妓业的等级制度 8,17,19,31,33—38,41—57,58,64,199,290,311,315,387;hierarchy of,enforced by prostitutes,娼妓本人所严格实行的等级制度 56—57;hierarchy of,as shared imaginary,存在于人们共同想象之中的等级制度 34—35;history of,娼妓业的历史 252,330,367,393—398;in interior,内地的卖淫嫖娼活动 335;as labor,作为劳动、工作 5,329,377,389—392;language of,指称娼妓业的语言 9,20,329,333,411 第一章注 31,423 第二章注 46;larger meanings of,更广泛的意义 24,328,357,392,398;law and,法与妓女 187,203—225,362—363;legal definition of,卖淫的法律界定 360,362;male,男妓 434 第二章注 237;Maoist past and,毛泽东时代与娼妓问题 32;marriage and,婚姻与娼妓业 20,64,252,261—262,500 第十章注 87;memory and,记忆与娼妓业 32,393—398;as metaphor,作为隐喻的娼妓问题 4;modernity and,现代性与娼妓问题 32,57—65,186,246,251,253—254,266,307,324,327,378;the nation and,国家与娼妓业 12,264,282,377,536 第十四章注 108;as national shame,作为国家的耻辱 9,292—293,294;as national weakness,国力单薄、贫弱的表现 9,63,249—250,355—356,378,385,

668

389,495 第十章注 4; native place and,籍贯与娼妓业 34,347—348; as natural feature of society,社会的自然成分 331; origins of,娼妓业起源 30; as product of market economy,市场经济的产物 331,374; proposals to legalize,卖淫合法化的提议 367; reappearance of,卖淫嫖娼死灰复燃 327,330—343; regulation of,对娼妓业的管制 6,329; as research topic,娼妓问题作为研究课题 23,32; revolution and,革命与娼妓问题 32; sex and,性与娼妓业 20; vs. sex work,"娼妓业"（或卖淫）还是性工作 329,388—392; as shameful,耻辱的表现 195,248,324; as sign of national decay or crisis,国家衰落或危机的标志 4,202,203,212,238,246—247,248,255—256,257,259,265,266,304,322,324,367; as site of danger,危险的场所 9,12,41,385—388; as site of pleasure,提供愉悦的场所 9,12,24,31; as social category,作为社会类别 64,65,328; as social illness,作为社会痼疾 305; as social problem,作为社会问题 327,358,376—377,389,500 第十章注 84; solutions for,解决娼妓问题的办法 376—377; spatial mapping of,娼妓业的空间分布 35,36—38; state histories of,国家主持下所写的娼妓史 13—14,22; status of women and,妇女地位与娼妓业 246,251,256,260; as symbol,作为象征 5; in Tianjin,天津的娼妓业 31,419 第一章注 86; at truck stops,货车站的卖淫活动 339—341; unlicensed,无照卖淫 19,39,58—65,65,209; as vice,作为罪恶 329,363—367,390; as violation of women's rights,侵犯妇女权益 329,361; women of good families and,良家妇女与娼妓业 9; as women's work,作为妇女的工作 4,199—200,329,374; in Xi'an,西安的卖淫活动 335,339

pu fangjian zhe,铺房间者 71

public health,公共卫生 56,255,272; debates about,关于公共卫生的辩论 7; prostitution and,娼妓业与公共卫生 18,19,20,39; sexually transmitted diseases and,性传播疾病与娼妓业 226,350

Public Security, Bureau,公安局 187—188,207—208,221,308—309,320,336,365—366

Qiao Shi,乔石 384

Qimei Milk Candy Company,企妹牛奶糖公司 168

Qin Lou,秦楼 83

Qin Yu,琴寓 83

Qing Bang,青帮。见 Green Gang

Qing Code,大清律 468 第七章注 35,474 第八章注 1

"raising a small devil","养小鬼" 117,448 第四章注 83

rape,强奸 188,264

Rawlinson, Frank,弗兰克·罗林森 280—281

Red Cloud,红云 221

Red Gang,红帮 307,467 第七章注 24

Red Guard,红卫兵 333

669

reform,改革,改造 197,517 第十二章注 51；arguments for,改革的论证 36；discourse of,改革话语 200—201,323；elites and,上层人士与改革 169；fiction and,小说与改革 260；productive labor and,生产劳动与改造 316,323,343—345,501 第十章注 89

reform agencies,改革社团活动 32

reformers,改革者 5,34,245—270；Christian,基督教改革者 6,7,19,32,201,248—250,273—277,474 第七章注 119；Communist, training of,共产党改革者,对她们进行培训 309—310；critique of capitalism and,对资本主义的批判与改革 245；debates with state authorities,改革者与国家当局的辩论 6；denunciation of madams by,改革者对老鸨的谴责 76,203；denunciation of prostitution by,改革者对娼妓业的谴责 9,11,20,32,106,201,211,223—224,251；feminist,女权（女性）主义改革者 6,20,24,29,246,251—255,253,265,271,274—277,288,302,460 第六章注 121；foreign,外国人中的改革者 200—202；gender equality and,性别平等与改革 245；modernity and,现代性与改革 36,411 第一章注 28；"pheasants" and,"雉妓"、野鸡与改革 48—49,209；sexually transmitted diseases and,性传播疾病与改革 226,239—241；statistics and,统计数字与改革 39,40；theories of,改革理论、改造理论 32,254,323,377—378

registration of prostitutes,妓女登记注册 205,227—228,271,300,514 第十一章注 137 和 140

regulation of prostitution,对娼妓业的管制 6,24,26,32,200,241,271—303,304,530 第十四章注 6；in colonies,殖民地娼妓业的管理 6；foreigners and,外国人和娼妓业管理 271；need for,管理的需要 19；in 1940s,20 世纪 40 年代的娼妓业管理 288—299；in 1980s—1990s,20 世纪 80 和 90 年代对卖淫嫖娼的管制 327—328,330,358—367；police and,警察（巡捕）与管理 9,207—208；quotidian,日常管理 225

relief organizations,救援组织 267—270,291,502 第 10 章注 122；families and,家庭与救援组织 201—202；police and,警察与救援组织 299；records kept by,救济机构的记录 181；streetwalkers and,马路拉客女与救援组织 18

religion：courtesans and,高等妓女的宗教祭祀活动 14

Renaissance, the,欧洲文艺复兴 373

reportage,报告文学,389；muckraking,揭露丑闻黑幕 9,379；in PRC,中华人民共和国的报告文学 327,379—382

resistance,反抗 28,174,415 第一章注 70；courtesans and,高等妓女与反抗性 143—144；pregnancy as,怀孕作为反抗手段 175；prostitutes and,妓女与反抗 14；romance of,反抗的浪漫传奇 27—28,416 第一章注 77；subalterns and,下属群体与反抗 23

revolution,革命 171,174,324；prostitution

and,娼妓问题与革命 32
Rosen, Ruth,露丝·罗森 5
Rousseau, Jean-Jacques,卢梭 262—263
Rubner, Max,马克斯·鲁布纳 262—263
Russo-Japanese war,日俄战争 248

Sai Jinhua,赛金花 461 第六章注 127
"salt-pork shops","咸肉庄" 45—46,109,216,280,425 第二章注 90;sexual services in,咸肉庄里的性服务 45—46
"saltwater sisters","咸水妹" 55—56,431 第二章注 183,431 第二章注 192;inspections and,体检 227
Salvation Army,救世军 255
Sao Muma,骚姆妈 76,437 第三章 48
scams,骗局 133,190,215,280,453 第五章注 76;courtesans and,高等妓女与骗人伎俩 137—141
Schoenhals, Michael,迈克尔·舍恩哈尔 328
Second Shanghai Correctional Facility,上海第二劳教所 348
Security Administration Punishment Act,《治安管理处罚条例》359—360,363
semicolonialism,半殖民主义 7,8,14,265,322,395;intellectuals and,知识分子与半殖民主义 28—29;subaltern and,下属群体与半殖民地状况 26,28
Semi-monthly,《半月》258—259
sex,性 157;modernity and,现代性与性 30,327—328,359
sex education,性教育 254,377—378

sex ratio: imbalance in,性别比:比例失调 40
sex work,性劳务,性工作 182,200,327—328,388—389;as casual labor,临短工 35;legal status of,性工作的法律地位 359—363。亦见 prostitution
sexologists,性学专家 374,378,392
sexual intereourse,性交 132,144,341,374,377,388;male attitudes toward,男性对性交的态度 252;terms for,用语 114
sexuality,性,性行为,性欲,性观念 233,392,534 第十四章注 67;"bad girls" and,"坏女人"和性 144—145;courtesans and,高等妓女与性 103;debates about,关于性的辩论 70,322,373—374,493 第九章注 44;female,女性的性观念和行为 4,212,371—372;foreign,外国人 234;male,男人 249,252,264;modernity and,现代性与性的问题 324,371—372;social order and,社会秩序与性 19;unrestrained in Shanghai,上海的淫风 36;West, and,西方性观念 373—374
sexually transmitted diseases,性传播疾病 3,18,56,175,198,205,226—241,271,283,290,348—350,356,367,392,489 第九章注 1,516 第十二章注 26,525 第十三章注 66;brothels and,妓院与性传播疾病 235—236;courtesans and,高等妓女与疾病 235—236;"flowersmoke rooms" and,"花烟间"与疾病 237;guidebooks and,指南书与性传播疾

病239;health of the nation, and,国家民族的健康与性病32,239—240,241,348,377,384—385;inspections and,体检与性病226—227,295—298;Japanese prostitutes and,日妓与性病53,238;law and,法律与性病问题363;licensing and,发执照与控制性病240;massage parlors and,按摩院和性病230,238—239,301;medical authority and,医学权威与性病问题226—227,229—234,286;newspaper advertisements and,报纸广告与性病231—232;public health and,公共卫生与性病226,229,234,241,296—298,305;rate of infection,感染率229—230,296,349—350,492第9章注22,505第十一章注7;reformers and,改革者与性病问题226,239—241;"saltwater sisters","咸水妹"238;spread by prostitutes,由妓女传播的性病230,234,241,273,274—275,345,348—349,384—385,491第九章注15;survival of the race and,关系到民族的生存239—240;as threat to foreigners,性病对外国人的威胁226—229;tour-guide agencies and,向导社和性传播疾病230,301;treatment of,治疗性病229,230—231,239,267,296,304,310,314,349,360,492第九章注29;White Russian prostitutes and,白俄娼妓与性病238;*yao er* and,幺二与性病236。亦见 AIDS;venereal disease

Shakespeare, William,莎士比亚152
Shan Guangnai,单光鼐394—395

Shang Xinren,商欣仁383—388
Shanghai:appropriate behavior in,上海:得体的言行58;foreigners in,上海的外国人7,234;occupational structure of,上海的职业结构20,54,64—65,422第二章注42;as "paradise of adventurers",上海作为"冒险家的乐园"50,53,60;population of,人口40;as site of danger,作为危险之地58,141,182—184,191,202;as treaty port,作为通商口岸7,70,103,271,395;as ungovernable city,作为无法治理的城市212

Shanghai Medical Society,上海医学学会232—233,286
Shanghai Moral Welfare Committee,上海道德促进委员会275。亦见 Moral Welfare League
Shanghai Municipal Archives,上海市档案馆184
Shanghai Municipal Council,上海工部局45,62,64,205—206,208,227—229,269—270,271,273,288,305—306,320—321,421第二章注30;campaign of 1920s,20世纪20年代的禁娼运动115,151,168,206,275—287
Shanghai Municipal Police,上海巡捕房39,207
Shanghai Prostitutes' Association,上海市花女联谊会294—295
Shanghai Venereal Disease Clinic,上海性病防治所314
Shao Meiting,邵美亭195
Shen Baoyu,沈宝玉83

Shenbao,《申报》17，136，230，232，236，248，255—257，414 第一章注 55；courtesans in,《申报》上的高等妓女 17，168；kidnappig in,报道绑架事件 183；streetwalkers in,报道野鸡 17，19

Shibao,《时报》189，414 第一章注 55

Shuangqing,《双清》267

shulou,书楼 42

shuyu,书寓 42—43，54，206，290，299—300；as performers,作为说唱艺人 42—43；and sexual services,书寓与性服务 42—43

Si Malu,四马路 37

sichang,私娼。见 prostitutes,private

Sima Qian,司马迁 21

sing-song girls,歌姬,歌女。见 courtesans（高等妓女）

Sisters Stand Up,《姐姐妹妹站起来》315

Small Happiness,《小喜》22

"small white faces","小白脸"110，135

SMC。见 Shanghai Municipal Council（上海工部局）

Social Affairs Bureau,社会局 174，188，207，291，295，299，302—303

social evil,社会罪恶 249，260，323

socialism：the end of,社会主义,其终结 11

social-purity campaigns,社会净化运动 245

Society for the Reform of the Family,改造家庭会 247

Society to Advance Morality,进德会 247

soliciting,拉客 190，206—207，208—213，273，277，284；arrests for,抓捕街头拉客女 209，286；Cantonese and,粤妓与拉客 208；courts and,法庭与拉客者 210；fines for,拉客罚款 208，209，210；ordinances against,禁止拉客的条例 188，203，208，290；"pheasants" and,"野鸡"与拉客 208；police on,警察通报拉客情况 212；White Russians and,俄妓与拉客 208

Solon,索隆 262

Southerland, Daniel,但尼尔·萨瑟兰 331

Soviet Union,苏联 265

"speaking bitterness","诉苦" 174—175，350，415 第一章注 70

Special Vice Committee,淫风调查会 39，276—277，506 第 11 章注 28

Spivak, Gayatri,葛雅特里·斯皮瓦克 24—26，415 第一章注 73

Spring and Autumn Period,春秋时期 252，254

Stansell, Christine,克里斯丁·斯坦塞尔 6

State Council,国务院 364

state, the,国家 181，271，304，358；formulation and,提法 328—329；language of,国家所提供的语言 23；limits of authority of,有限的国家权威 271—272，304，320—321，381；scope of power of,国家的权力范围 305—306，320—322；statistics and,统计数字与国家 38；subalterns and,下属群体与国家 23。亦见 regulation of prostitution（对娼妓业的管制）

statistics：creation of,统计：创建统计资料 38，334，346；inconsistency of,

统计的不一致 38, 334; modernity and, 现代性与统计 38; reformers and, 改革者与统计 39; uses of, 统计数字的使用 12; vagueness of, 模糊的统计数字 39, 41

"staying in the night room","住夜厢"50

Stewart, Potter, 波特·斯图尔特 383

storytelling houses, 书楼 38, 42

streetwalkers, 街头（马路）拉客女 39, 57, 414 第 1 章注 55; arrests of, 抓捕街头拉客妓女 26, 208; competition with, 面对竞争 34; as dangers to social order, 作为对社会秩序的威胁 19, 27; as emblems of national disaster, 作为国家灾难的象征 11; muckraking exposure of, 揭露丑恶的手段 35; police interrogations of, 警察的审讯 3; as sources of disease, 作为疾病来源 11, 19, 27; support of families by, 养家 192—194。亦见"pheasants"（野鸡，雏妓）

streetwalkers as victims：of abuse, 街头拉客妓女作为受害者：受到虐待 8, 18; of kidnapping, 绑架的受害者 8, 18; of trafficking, 拐卖的受害者 8, 11, 27

Su Tong, 苏童 397

Su Yuanyuan, 苏媛媛 145

subaltern: can the subaltern speak? 下属群体（身份），从属者，从属地位，位卑者，人下人：下属群体会说话吗？24—25; definition of, 下属群体的定义 22; discourse and, 话语与下属群体 26; experience of, 下属群体的经验 23; female, 女性下属群体 25; gender and, 社会性别与下属群体 29; hierarchy of, 下属群体的等级系统 70; intellectual as, 作为下属群体的知识分子 26; interests of, 下属群体学者的旨趣 22; nested, "套中人"下属群体 28—29, 248; revolution and, 革命与下属群体 23; semicolonialism and, 半殖民主义与下属群体 26, 28; socialist state and, 社会主义国家与下属群体 22—23; state and, 国家与下属群体 23, 305; subject positions of, 下属群体的主体位置 26; ubiquity of status, 下属群体身份的广泛性 28, 29; voices of, 下属群体的声音 14, 22, 24, 28, 35, 164, 415 第一章注 70

Subaltern Studies Group, 下属群体研究组织 22, 24, 415 第一章注 66, 415 第一章注 73

subalternity: relational, 从属性之关联意义 29

Subei, 苏北 54, 114, 183, 185, 430 第二章注 168, 465 第七章注 6, 476 第八章注 3, 519 第十二章注 59

Sun Guoqun, 孙国群 393

Sun, Lena, 莉娜·孙 331

Sun Yusheng, 孙玉声 30, 128, 416 第一章注 81

Suo Fei, 所非 264

Suzhen, 素珍 57

Suzhou, 苏州 54, 55, 134, 145, 152, 153, 165, 287—288, 420 第一章注 87

syphilis, 梅毒 146, 229, 231, 233—235, 240, 295—297, 349, 491 第九章注 18, 491 第九章注 19, 492 第九章注 22, 495 第九章注 79

tabloid press,小报 3,8,36,41,63,83,122,127,131,148—150,169,171,175,181,210,212,247,256,277,287—288,359,379,389,395—396,410 第一章注 27,412 第一章注 48; elections of courtesans and,高等妓女评选与小报 166; Four Guardian Spirits and,四大金刚与小报 170; madams in,小报上的老鸨 70; nostalgia in,忆旧 113; in PRC,中华人民共和国的小报 327,382—388。亦见 Crystal;"mosquito press"(《晶报》、"蚊虫报")

tadpoles,蝌蚪 175,316,462 第六章注 137

Taihang Mountains,太行山 340

taiji,台基。见 trysting house(韩庄)

Taiwan,台湾 331,335,338,347,360,394

"taking a bath","洗澡"、"淴浴" 122—124,146

Tan Yuxi,谈玉喜 190

Tang Guozhen,唐国桢 260,265

Tang Hualong,汤化龙 149

Tang Xiaolong,唐小龙 193

tangbai,淌白 290。亦见 "flowing rafts"

tangpai,淌排。见 "flowing rafts"

Tao Yuanming,陶渊明 121

taoren,讨人 75

taozhu,讨主 75

Tarbell, Ida,艾达·塔贝尔 254

taxation,抽税,征税 205—207,287—288,443 第三章注 174,477 第八章注 4,511 第十一章注 91

taxi dancers,（计时）舞女 39,58,59—60,318,432 第二章注 207,518 第十二章 55; licensing and,发执照与舞女 301—303

tea hostesses,女茶役,茶馆女招待 58—59; licensing and,发执照和女茶役 301; working conditions of,工作境况 59

Ten Sisters,十姊妹 169—170

Thailand,泰国 360

Three People's Principles,三民主义 264

Ti Hongguan,题红馆 159—160

Tibet,西藏 347

Tilan Qiao,提篮桥 291,309

tips,犒赏,赏钱,小账,下脚 106,114—115,439 第三章注 83; brothel servants and,妓院佣仆与赏钱 79,80—81; courtesans and,高等妓女与赏钱 14,27; festivals and,节日与赏钱 80—81

tour-guide agencies,向导社 34,39,58,61—62,186,207,290; ban on,查禁向导社 301; sexually transmitted diseases and,性传播疾病与向导社 230

trafficking,贩卖人口,拐卖人口 3,32,54,139,181,181—202,251,254,271,277,342,360—361,364,469 第七章注 44,476 第八章注 3; courts and,法庭与贩卖人口 182,187,189—190,192; disruption of families and,家庭联系的切断与人口买卖 181,185,186—187,191,203,304; families and,家庭与人口买卖 182,189—190,191—192,196; guidebooks and,指南书与贩卖人口 186; kidnapping and,绑架与贩卖人口 32; law and,法律与人口买卖 187—188,

204,469 第七章注 46；madams and,老鸨与人口买卖 189；market in female labor and,妇女劳动力市场 186；police and,警察与人口买卖 187—190；press and,报纸与贩卖人口 183,186；prostitutes and,娼妓与人口买卖 18,249,304；representations of,对买卖人口的再现 181—182,199—202；victimization and,受害故事与人口买卖 181—182；White Russian prostitutes and,白俄妓女与贩卖人口 52,428 第二章注 137,429 第二章注 147

Triads,黑帮,黑社会 342

trysting house,韩庄,幽会所 45,58,425 第二章注 77

Twenty-One Demands,二十一条要求 172

urbanity,温文尔雅,文雅举止 8,102,127；masculine,都市男子气 31,226；shifting meanings of,其不断变化的意义 33

venereal disease,性病,花柳病 5,8,19,56,226,250,251,263,489 第九章注 1；origins of,性病的来源 233—234；"pheasants" and,野鸡与性病 49。亦见 sexually transmitted diseases(性传播疾病)

Versailles,凡尔赛 250

victimization：of China,中国作为受害者 251；as theme,受害主题 9,19,61,144,171,204；trafficking and,拐卖与受害 181,189,199—200,202,203

virginity,童贞 80,152；courtesans and,高等妓女与童贞 78,105—109,218；madams and,老鸨与妓女的童贞 105

waichang,外场。见 brothel servants, male(妓院男仆)

Wakeman, Frederic,魏斐德 187

Walkowitz, Judith,朱迪斯·沃科维茨 6

Wall Street Journal,《华尔街日报》331,335

Wang Acai,王阿彩 311,313

Wang Anyi,王安忆 356

Wang Asan,王阿三 223

Wang Changfa,王长发 157

Wang Dingjiu,王定九 96

Wang Fang,王芳 364

Wang Hengfang,王蘅舫 146

Wang Lancui,王兰翠 183

Wang Lianying,王莲英。见 Lian Ying（莲英）

Wang Liaoweng,汪了翁 21,158

Wang Shunu,王书奴 395

Wang Suzhen,王素贞 189

Wang Tongzhao,王统照 267

Wang Xingjuan,王行娟 329,353,355,373—376

Wang Yiting,王一亭 156

Wang Yiyong,王一庸 258—259

Wang Yuanruo,汪渊若 156

Wang Yueying,王月英 217,487 第八章注 83

warlords,军阀 28,167,205

Washington Post,《华盛顿邮报》331

Wendi Laosi,文第老四 117

Weng Meiqian,翁梅倩 171,176

West, the; sexuality and,西方:性观念和性行为 373—374; as unspoken standard,西方作为没有明说的标准 22,414 第一章注 65

"white ants","白蚁"182,186

"white pigeons","白鸽"139,190

White, Laura,劳拉·怀特 274

White Russian prostitutes,白俄妓女 4; sexually transmitted diseases and,性传播疾病与俄妓 238

White Russians,白俄 430 第二章注 150; soliciting and,拉客与俄妓 208

"white-board face-off","白板对煞"135

Wiley, James,詹姆斯·威利 103

Wing On,永安公司 38

women,妇女 537 第十五章注 5; China and position of,中国与妇女的地位 245,305; familial protection of,家庭对妇女的保护 157,304; national strength and,国家实力与妇女 245—246; status of,妇女地位 247,250, 252,261,359,390—392,493 第九章注 44; as victims of men,作为男人淫欲的受害者 211,251,252,322

women of good families,良家妇女 190; definition of,良家妇女的定义 18; prostitution and,娼妓业与良家妇女 9,187

"women who sell sex","卖淫妇女"329—330

Women's Christian Temperance Union,基督教妇人矫风会 249,255, 273—274

Women's Federation,妇联 309,320—321,328,364,367,368,376,377,394

Women's Labor Training Institute,妇女劳动教养所 304,310—311,313—317,320

women's studies,妇女研究 327—328, 358,368,391,394

Women's Sympathetic Understanding,《妇女共鸣》263

Wong, K. C.,王吉民 234,249

World War Ⅰ,第一次世界大战 272

World War Ⅱ,第二次世界大战 188,209

Wu Caifeng,吴彩凤 311,313

Wu Chunfang,吴春芳 159—162

Wu Jianren,吴趼人 16

Wu Liande,伍连德 234

Wu Zetian,武则天 15

Wu Zhou,武舟 393—394

Wuer Kaixi,吾尔凯西 365

xiajiao,下脚。见 tips

xiangbang,相帮。见 brothel servants, male(妓院男仆)

xiangdao she,向导社。见 tour-guide agencies

xianrou zhuang,咸肉庄。见 "salt-pork shops"

xiansheng,先生 41,77,103

xianshui mei,咸水妹。见 "saltwater sisters"

Xiao bao,《笑报》16

Xiao Jinling,小金铃。见 Lin Daiyu(林黛玉)

Xiao Lin Daiyu,小林黛玉 159—160,164

Xiao Linglong,小玲珑 222

Xiao Linglong Laoqi,小玲珑老七 84

Xiao Qinglou,筱青楼 83

Xu Jingye, 徐敬业 15
Xu Chongli, 徐崇礼 297
Xu Di, 徐弟 158, 439 第三章注 98
Xu Dingyi, 徐定义 196
Xu Ke, 徐珂 166
Xu Shaoqian, 许少谦 124—125
Xu Shijie, 许士杰 389
Xuan Tiewu, 宣铁吾 211, 289—292, 296, 299

Yan Ruisheng, 阎瑞生 158—164
Yang Er, 杨二 200
Yang Guifei, 杨贵妃 16, 412 第一章注 44
Yang Jiezeng, 杨洁曾 309, 313, 315
Yang Xiuqin, 杨秀琴 309
yao er, 幺二 48, 52, 54, 57, 90, 94; Chrysanthemum Festival and, 幺二妓院的菊花节 100; "opening the teacup" and, "叫移茶" 94; as performers, 作为说唱艺人 44; sexual services and, 性服务 44, 109—110, 446 第四章注 27; sexually transmitted diseases and, 性传播疾病与幺二 236
yeji, 野鸡。见"pheasants"(雉妓)
Yi Feng, 乙枫 264
Yi Ni, 伊妮 378
Youxi bao,《游戏报》16, 167, 412 第一章注 48
Yu Shuping, 俞叔平 299—300
Yuan Shikai, 袁世凯 149

Zang Chunge, 藏春阁 173
Zeng Die, 曾迭 3

Zetkin, Clara, 克拉拉·蔡特金 306
Zhabei, 闸北 50, 221, 280, 293
Zhan Kai, 詹垲 21
Zhang Baobao, 张宝宝 85
Zhang Chunfan, 张春帆 21, 30, 416 第一章注 81
Zhang Laoyun, 张老云 85
Zhang Manjun, 张曼君 171—172
Zhang Shuyu, 张书玉 117, 170, 459 第六章注 115
Zhang Sibao, 张四宝 165
Zhang Suyun, 张素云 85
Zhang Xiuying, 张秀英 193
Zhang Yayun, 张雅云 85
Zhang Yiquan, 张一全（音）371—373, 375
Zhang Yuehua, 张月华 193
Zhao Xiuying, 赵秀英 219
Zhen Zhuhua, 珍珠花 82, 133
Zheng Mantuo, 郑曼陀 57
zhiji, 雉妓。见"pheasants"
Zhou dynasty, 周代 249
Zhou Liqiang, 周理强 366
Zhou Shixian, 周时贤 265—266
Zhou Shoujuan, 周瘦鹃 30, 416 第一章注 81
Zhu Bangsheng, 朱榜生 217
Zhu Baosan, 朱葆三 159
Zhu Meiyu, 朱美予 265
Zhu Ruchun, 祝如椿 171—172
Zhu Xiaofang, 朱小芳 152
zhujia, 住家 72
zhuzheng, 主政 71, 117
Ziar, Y. S., 贾 279
Zui Chun, 醉春 152

"海外中国研究丛书"书目

1. 中国的现代化 [美]吉尔伯特·罗兹曼 主编 国家社会科学基金"比较现代化"课题组 译 沈宗美 校
2. 寻求富强:严复与西方 [美]本杰明·史华兹 著 叶凤美 译
3. 中国现代思想中的唯科学主义(1900—1950) [美]郭颖颐 著 雷颐 译
4. 台湾:走向工业化社会 [美]吴元黎 著
5. 中国思想传统的现代诠释 余英时 著
6. 胡适与中国的文艺复兴:中国革命中的自由主义,1917—1937 [美]格里德 著 鲁奇 译
7. 德国思想家论中国 [德]夏瑞春 编 陈爱政 等译
8. 摆脱困境:新儒学与中国政治文化的演进 [美]墨子刻 著 颜世安 高华 黄东兰 译
9. 儒家思想新论:创造性转换的自我 [美]杜维明 著 曹幼华 单丁 译 周文彰 等校
10. 洪业:清朝开国史 [美]魏斐德 著 陈苏镇 薄小莹 包伟民 陈晓燕 牛朴 谭天星 译 阎步克 等校
11. 走向21世纪:中国经济的现状、问题和前景 [美]D.H.帕金斯 著 陈志标 编译
12. 中国:传统与变革 [美]费正清 赖肖尔 主编 陈仲丹 潘兴明 庞朝阳 译 吴世民 张子清 洪邮生 校
13. 中华帝国的法律 [美]D.布朗 C.莫里斯 著 朱勇 译 梁治平 校
14. 梁启超与中国思想的过渡(1890—1907) [美]张灏 著 崔志海 葛夫平 译
15. 儒教与道教 [德]马克斯·韦伯 著 洪天富 译
16. 中国政治 [美]詹姆斯·R.汤森 布兰特利·沃马克 著 顾速 董方 译
17. 文化、权力与国家:1900—1942年的华北农村 [美]杜赞奇 著 王福明 译
18. 义和团运动的起源 [美]周锡瑞 著 张俊义 王栋 译
19. 在传统与现代性之间:王韬与晚清革命 [美]柯文 著 雷颐 罗检秋 译
20. 最后的儒家:梁漱溟与中国现代化的两难 [美]艾恺 著 王宗昱 冀建中 译
21. 蒙元入侵前夜的中国日常生活 [法]谢和耐 著 刘东 译
22. 东亚之锋 [美]小R.霍夫亨兹 K.E.柯德尔 著 黎鸣 译
23. 中国社会史 [法]谢和耐 著 黄建华 黄迅余 译
24. 从理学到朴学:中华帝国晚期思想与社会变化面面观 [美]艾尔曼 著 赵刚 译
25. 孔子哲学思微 [美]郝大维 安乐哲 著 蒋弋为 李志林 译
26. 北美中国古典文学研究名家十年文选 乐黛云 陈珏 编选
27. 东亚文明:五个阶段的对话 [美]狄百瑞 著 何兆武 何冰 译
28. 五四运动:现代中国的思想革命 [美]周策纵 著 周子平 等译
29. 近代中国与新世界:康有为变法与大同思想研究 [美]萧公权 著 汪荣祖 译
30. 功利主义儒家:陈亮对朱熹的挑战 [美]田浩 著 姜长苏 译
31. 莱布尼兹和儒学 [美]孟德卫 著 张学智 译
32. 佛教征服中国:佛教在中国中古早期的传播与适应 [荷兰]许理和 著 李四龙 裴勇 等译
33. 新政革命与日本:中国,1898—1912 [美]任达 著 李仲贤 译
34. 经学、政治和宗族:中华帝国晚期常州今文学派研究 [美]艾尔曼 著 赵刚 译
35. 中国制度史研究 [美]杨联陞 著 彭刚 程钢 译

36. 汉代农业:早期中国农业经济的形成　[美]许倬云 著　程农 张鸣 译　邓正来 校
37. 转变的中国:历史变迁与欧洲经验的局限　[美]王国斌 著　李伯重 连玲玲 译
38. 欧洲中国古典文学研究名家十年文选　乐黛云 陈珏 龚刚 编选
39. 中国农民经济:河北和山东的农民发展,1890—1949　[美]马若孟 著　史建云 译
40. 汉哲学思维的文化探源　[美]郝大维 安乐哲 著　施忠连 译
41. 近代中国之种族观念　[英]冯客 著　杨立华 译
42. 血路:革命中国中的沈定一(玄庐)传奇　[美]萧邦奇 著　周武彪 译
43. 历史三调:作为事件、经历和神话的义和团　[美]柯文 著　杜继东 译
44. 斯文:唐宋思想的转型　[美]包弼德 著　刘宁 译
45. 宋代江南经济史研究　[日]斯波义信 著　方健 何忠礼 译
46. 一个中国村庄:山东台头　杨懋春 著　张雄 沈炜 秦美珠 译
47. 现实主义的限制:革命时代的中国小说　[美]安敏成 著　姜涛 译
48. 上海罢工:中国工人政治研究　[美]裴宜理 著　刘平 译
49. 中国转向内在:两宋之际的文化转向　[美]刘子健 著　赵冬梅 译
50. 孔子:即凡而圣　[美]赫伯特·芬格莱特 著　彭国翔 张华 译
51. 18世纪中国的官僚制度与荒政　[法]魏丕信 著　徐建青 译
52. 他山的石头记:宇文所安自选集　[美]宇文所安 著　田晓菲 编译
53. 危险的愉悦:20世纪上海的娼妓问题与现代性　[美]贺萧 著　韩敏中 盛宁 译
54. 中国食物　[美]尤金·N.安德森 著　马孆 刘东 译　刘东 审校
55. 大分流:欧洲、中国及现代世界经济的发展　[美]彭慕兰 著　史建云 译
56. 古代中国的思想世界　[美]本杰明·史华兹　程钢 译　刘东 校
57. 内闱:宋代的婚姻和妇女生活　[美]伊沛霞 著　胡志宏 译
58. 中国北方村落的社会性别与权力　[加]朱爱岚 著　胡玉坤 译
59. 先贤的民主:杜威、孔子与中国民主之希望　[美]郝大维 安乐哲 著　何刚强 译
60. 向往心灵转化的庄子:内篇分析　[美]爱莲心 著　周炽成 译
61. 中国人的幸福观　[德]鲍吾刚 著　严蓓雯 韩雪临 吴德祖 译
62. 闺塾师:明末清初江南的才女文化　[美]高彦颐 著　李志生 译
63. 缀珍录:十八世纪及其前后的中国妇女　[美]曼素恩 著　定宜庄 颜宜葳 译
64. 革命与历史:中国马克思主义历史学的起源,1919—1937　[美]德里克 著　翁贺凯 译
65. 竞争的话语:明清小说中的正统性、本真性及所生成之意义　[美]艾梅兰 著　罗琳 译
66. 中国妇女与农村发展:云南禄村六十年的变迁　[加]宝森 著　胡玉坤 译
67. 中国近代思维的挫折　[日]岛田虔次 著　甘万萍 译
68. 中国的亚洲内陆边疆　[美]拉铁摩尔 著　唐晓峰 译
69. 为权力祈祷:佛教与晚明中国士绅社会的形成　[加]卜正民 著　张华 译
70. 天潢贵胄:宋代宗室史　[美]贾志扬 著　赵冬梅 译
71. 儒家之道:中国哲学之探讨　[美]倪德卫 著　[美]万白安 编　周炽成 译
72. 都市里的农家女:性别、流动与社会变迁　[澳]杰华 著　吴小英 译
73. 另类的现代性:改革开放时代中国性别化的渴望　[美]罗丽莎 著　黄新 译
74. 近代中国的知识分子与文明　[日]佐藤慎一 著　刘岳兵 译
75. 繁盛之阴:中国医学史中的性(960—1665)　[美]费侠莉 著　甄橙 主译　吴朝霞 主校
76. 中国大众宗教　[美]韦思谛 编　陈仲丹 译
77. 中国诗画语言研究　[法]程抱一 著　涂卫群 译
78. 中国的思维世界　[日]沟口雄三 小岛毅 著　孙歌 等译

79. 德国与中华民国　[美]柯伟林 著　陈谦平 陈红民 武菁 申晓云 译　钱乘旦 校
80. 中国近代经济史研究:清末海关财政与通商口岸市场圈　[日]滨下武志 著　高淑娟 孙彬 译
81. 回应革命与改革:皖北李村的社会变迁与延续　韩敏 著　陆益龙 徐新玉 译
82. 中国现代文学与电影中的城市:空间、时间与性别构形　[美]张英进 著　秦立彦 译
83. 现代的诱惑:书写半殖民地中国的现代主义(1917—1937)　[美]史书美 著　何恬 译
84. 开放的帝国:1600年前的中国历史　[美]芮乐伟·韩森 著　梁侃 邹劲风 译
85. 改良与革命:辛亥革命在两湖　[美]周锡瑞 著　杨慎之 译
86. 章学诚的生平与思想　[美]倪德卫 著　杨立华 译
87. 卫生的现代性:中国通商口岸健康与疾病的意义　[美]罗芙芸 著　向磊 译
88. 道与庶道:宋代以来的道教、民间信仰和神灵模式　[美]韩明士 著　皮庆生 译
89. 间谍王:戴笠与中国特工　[美]魏斐德 著　梁禾 译
90. 中国的女性与性相:1949年以来的性别话语　[英]艾华 著　施施 译
91. 近代中国的犯罪、惩罚与监狱　[荷]冯客 著　徐有威 等译　潘兴明 校
92. 帝国的隐喻:中国民间宗教　[英]王斯福 著　赵旭东 译
93. 王弼《老子注》研究　[德]瓦格纳 著　杨立华 译
94. 寻求正义:1905—1906年的抵制美货运动　[美]王冠华 著　刘甜甜 译
95. 传统中国日常生活中的协商:中古契约研究　[美]韩森 著　鲁西奇 译
96. 从民族国家拯救历史:民族主义话语与中国现代史研究　[美]杜赞奇 著　王宪明 高继美 李海燕 李点 译
97. 欧几里得在中国:汉译《几何原本》的源流与影响　[荷]安国风 著　纪志刚 郑诚 郑方磊 译
98. 十八世纪中国社会　[美]韩书瑞 罗友枝 著　陈仲丹 译
99. 中国与达尔文　[美]浦嘉珉 著　钟永强 译
100. 私人领域的变形:唐宋诗词中的园林与玩好　[美]杨晓山 著　文韬 译
101. 理解农民中国:社会科学哲学的案例研究　[美]李丹 著　张天虹 张洪云 张胜波 译
102. 山东叛乱:1774年的王伦起义　[美]韩书瑞 著　刘平 唐雁超 译
103. 毁灭的种子:战争与革命中的国民党中国(1937—1949)　[美]易劳逸 著　王建朗 王贤知 贾维 译
104. 缠足:"金莲崇拜"盛极而衰的演变　[美]高彦颐 著　苗延威 译
105. 饕餮之欲:当代中国的食与色　[美]冯珠娣 著　郭乙瑶 马磊 江素侠 译
106. 翻译的传说:中国新女性的形成(1898—1918)　胡缨 著　龙瑜宬 彭珊珊 译
107. 中国的经济革命:20世纪的乡村工业　[日]顾琳 著　王玉茹 张玮 李进霞 译
108. 礼物、关系学与国家:中国人际关系与主体性建构　杨美惠 著　赵旭东 孙珉 译　张跃宏 译校
109. 朱熹的思维世界　[美]田浩 著
110. 皇帝和祖宗:华南的国家与宗族　[英]科大卫 著　卜永坚 译
111. 明清时代东亚海域的文化交流　[日]松浦章 著　郑洁西 等译
112. 中国美学问题　[美]苏源熙 著　卞东波 译　张强强 朱霞欢 校
113. 清代内河水运史研究　[日]松浦章 著　董科 译
114. 大萧条时期的中国:市场、国家与世界经济　[日]城山智子 著　孟凡礼 尚国敏 译　唐磊 校
115. 美国的中国形象(1931—1949)　[美]T.克里斯托弗·杰斯普森 著　姜智芹 译
116. 技术与性别:晚期帝制中国的权力经纬　[英]白馥兰 著　江湄 邓京力 译

117. 中国善书研究　[日]酒井忠夫 著　刘岳兵 何英莺 孙雪梅 译
118. 千年末世之乱:1813年八卦教起义　[美]韩书瑞 著　陈仲丹 译
119. 西学东渐与中国事情　[日]增田涉 著　由其民 周启乾 译
120. 六朝精神史研究　[日]吉川忠夫 著　王启发 译
121. 矢志不渝:明清时期的贞女现象　[美]卢苇菁 著　秦立彦 译
122. 明代乡村纠纷与秩序:以徽州文书为中心　[日]中岛乐章 著　郭万平 高飞 译
123. 中华帝国晚期的欲望与小说叙述　[美]黄卫总 著　张蕴爽 译
124. 虎、米、丝、泥:帝制晚期华南的环境与经济　[美]马立博 著　王玉茹 关永强 译
125. 一江黑水:中国未来的环境挑战　[美]易明 著　姜智芹 译
126. 《诗经》原意研究　[日]家井真 著　陆越 译
127. 施剑翘复仇案:民国时期公众同情的兴起与影响　[美]林郁沁 著　陈湘静 译
128. 华北的暴力和恐慌:义和团运动前夕基督教传播和社会冲突　[德]狄德满 著　崔华杰 译
129. 铁泪图:19世纪中国对于饥馑的文化反应　[美]艾志端 著　曹曦 译
130. 饶家驹安全区:战时上海的难民　[美]阮玛霞 著　白华山 译
131. 危险的边疆:游牧帝国与中国　[美]巴菲尔德 著　袁剑 译
132. 工程国家:民国时期(1927—1937)的淮河治理及国家建设　[美]戴维・艾伦・佩兹 著　姜智芹 译
133. 历史宝筏:过去、西方与中国妇女问题　[美]季家珍 著　杨可 译
134. 姐妹们与陌生人:上海棉纱厂女工,1919—1949　[美]韩起澜 著　韩慈 译
135. 银线:19世纪的世界与中国　林满红 著　詹庆华 林满红 译
136. 寻求中国民主　[澳]冯兆基 著　刘悦斌 徐硙 译
137. 墨梅　[美]毕嘉珍 著　陆敏珍 译
138. 清代上海沙船航运业史研究　[日]松浦章 著　杨蕾 王亦诤 董科 译
139. 男性特质论:中国的社会与性别　[澳]雷金庆 著　[澳]刘婷 译
140. 重读中国女性生命故事　游鉴明 胡缨 季家珍 主编
141. 跨太平洋位移:20世纪美国文学中的民族志、翻译和文本间旅行　黄运特 著　陈倩 译
142. 认知诸形式:反思人类精神的统一性与多样性　[英]G.E.R.劳埃德 著　池志培 译
143. 中国乡村的基督教:1860—1900江西省的冲突与适应　[美]史维东 著　吴薇 译
144. 假想的"满大人":同情、现代性与中国疼痛　[美]韩瑞 著　袁剑 译
145. 中国的捐纳制度与社会　伍跃 著
146. 文书行政的汉帝国　[日]富谷至 著　刘恒武 孔李波 译
147. 城市里的陌生人:中国流动人口的空间、权力与社会网络的重构　[美]张骊 著　袁长庚 译
148. 性别、政治与民主:近代中国的妇女参政　[澳]李木兰 著　方小平 译
149. 近代日本的中国认识　[日]野村浩一 著　张学锋 译
150. 狮龙共舞:一个英国人笔下的威海卫与中国传统文化　[英]庄士敦 著　刘本森 译　威海市博物馆 郭大松 校
151. 人物、角色与心灵:《牡丹亭》与《桃花扇》中的身份认同　[美]吕立亭 著　白华山 译
152. 中国社会中的宗教与仪式　[美]武雅士 著　彭泽安 邵铁峰 译　郭潇威 校
153. 自贡商人:近代早期中国的企业家　[美]曾小萍 著　董建中 译
154. 大象的退却:一部中国环境史　[英]伊懋可 著　梅雪芹 毛利霞 王玉山 译
155. 明代江南土地制度研究　[日]森正夫 著　伍跃 张学锋 等译　范金民 夏维中 审校
156. 儒学与女性　[美]罗莎莉 著　丁佳伟 曹秀娟 译

157. 行善的艺术:晚明中国的慈善事业(新译本) [美]韩德玲 著 曹晔 译
158. 近代中国的渔业战争和环境变化 [美]穆盛博 著 胡文亮 译
159. 权力关系:宋代中国的家族、地位与国家 [美]柏文莉 著 刘云军 译
160. 权力源自地位:北京大学、知识分子与中国政治文化,1898—1929 [美]魏定熙 著 张蒙 译
161. 工开万物:17世纪中国的知识与技术 [德]薛凤 著 吴秀杰 白岚玲 译
162. 忠贞不贰:辽代的越境之举 [英]史怀梅 著 曹流 译
163. "内藤湖南:政治与汉学(1866—1934) [美]傅佛果 著 陶德民 何英莺 译
164. 他者中的华人:中国近现代移民史 [美]孔飞力 著 李明欢 译 黄鸣奋 校
165. 古代中国的动物与灵异 [英]胡司德 著 蓝旭 译
166. 两访中国茶乡 [英]罗伯特·福琼 著 敖雪岗 译
167. 缔造选本:《花间集》的文化语境与诗学实践 [美]田安 著 马强才 译
168. 扬州评话探讨 [丹麦]易德波 著 米锋 易德波 译 李今芸 校译
169. 《左传》的书写与解读 李惠仪 著 文韬 许明德 译
170. 以竹为生:一个四川手工造纸村的20世纪社会史 [德]艾约博 著 韩巍 译 吴秀杰 校
171. 东方之旅:1579—1724耶稣会传教团在中国 [美]柏理安 著 毛瑞方 译
172. "地域社会"视野下的明清史研究:以江南和福建为中心 [日]森正夫 著 于志嘉 马一虹 黄东兰 阿风 等译
173. 技术、性别、历史:重新审视帝制中国的大转型 [英]白馥兰 著 吴秀杰 白岚玲 译
174. 中国小说戏曲史 [日]狩野直喜 张真 译
175. 历史上的黑暗一页:英国外交文件与英美海军档案中的南京大屠杀 [美]陆束屏 编著/翻译
176. 罗马与中国:比较视野下的古代世界帝国 [奥]沃尔特·施德尔 主编 李平 译
177. 矛与盾的共存:明清时期江西社会研究 [韩]吴金成 著 崔荣根 译 薛戈 校译
178. 唯一的希望:在中国独生子女政策下成年 [美]冯文 著 常姝 译
179. 国之枭雄:曹操传 [澳]张磊夫 著 方笑天 译
180. 汉帝国的日常生活 [英]鲁惟一 著 刘洁 余霄 译
181. 大分流之外:中国和欧洲经济变迁的政治 [美]王国斌 罗森塔尔 著 周琳 译 王国斌 张萌 审校
182. 中正之笔:颜真卿书法与宋代文人政治 [美]倪雅梅 著 杨简茹 译 祝帅 校译
183. 江南三角洲市镇研究 [日]森正夫 编 丁韵 胡婧 等译 范金民 审校
184. 忍辱负重的使命:美国外交官记载的南京大屠杀与劫后的社会状况 [美]陆束屏 编著/翻译
185. 修仙:古代中国的修行与社会记忆 [美]康儒博 著 顾漩 译
186. 烧钱:中国人生活世界中的物质精神 [美]柏桦 著 袁剑 刘玺鸿 译
187. 话语的长城:文化中国历险记 [美]苏源熙 著 盛珂 译
188. 诸葛武侯 [日]内藤湖南 著 张真 译
189. 盟友背信:一战中的国 [英]吴芳思 克里斯托弗·阿南德尔 著 张宇扬 译
190. 亚里士多德在中国:语言、范畴与翻译 [英]罗伯特·沃迪 著 韩小强 译
191. 马背上的朝廷:巡幸与清统治的建构,1680—1785 [美]张勉治 著 董建中 译
192. 申不害:公元前四世纪中国的政治哲学家 [美]顾立雅 著 马腾 译
193. 晋武帝司马炎 [日]福原启郎 著 陆帅 译
194. 唐人如何吟诗:带你走进汉语音韵学 [日]大岛正二 著 柳悦 译

195. 古代中国的宇宙论　[日]浅野裕一 著　吴昊阳 译
196. 中国思想的道家之论:一种哲学解释　[美]陈汉生 著　周景松 谢尔逊 等译　张丰乾 校译
197. 诗歌之力:袁枚女弟子屈秉筠(1767—1810)　[加]孟留喜 著　吴夏平 译
198. 中国逻辑的发现　[德]顾有信 著　陈志伟 译
199. 高丽时代宋商往来研究　[韩]李镇汉 著　李廷青 戴琳剑 译　楼正豪 校
200. 中国近世财政史研究　[日]岩井茂树 著　付勇 译　范金民 审校
201. 魏晋政治社会史研究　[日]福原启郎 著　陆帅 刘萃峰 张紫毫 译
202. 宋帝国的危机与维系:信息、领土与人际网络　[比利时]魏希德 著　刘云军 译
203. 中国精英与政治变迁:20世纪初的浙江　[美]萧邦奇 著　徐立望 杨涛羽 译　李齐 校
204. 北京的人力车夫:1920年代的市民与政治　[美]史谦德 著　周书垚 袁剑 译　周育民 校
205. 1901—1909年的门户开放政策:西奥多·罗斯福与中国　[美]格雷戈里·摩尔 著　赵嘉玉 译
206. 清帝国之乱:义和团运动与八国联军之役　[美]明恩溥 著　郭大松 刘本森 译
207. 宋代文人的精神生活(960—1279)　[美]何复平 著　叶树勋 单虹泽 译
208. 梅兰芳与20世纪国际舞台:中国戏剧的定位与置换　[美]田民 著　何恬 译
209. 郭店楚简《老子》新研究　[日]池田知久 著　曹峰 孙佩霞 译
210. 德与礼——亚洲人对领导能力与公众利益的理想　[美]狄培理 著　闵锐武 闵月 译
211. 棘闱:宋代科举与社会　[美]贾志扬 著